中国社会科学院
老年学者文库

国情、传统与现代化

以农户经济为中心

林 刚 著

目录

第一部分　导论

第二部分　中国古代农业文明与小农经济

第三部分　中国近代工业化与小农经济

第五部分　实际生活中的城乡关系——经验与教训（典型案例调研）

第一部分　导论

导　言

中国是世界拥有最悠久古文明的国家之一。中国古代文明源于农业，已是学术界不争的事实。特别值得注意的是，近数十年来，日本、中国已有学者明确提出，农业的发展和延续是一种“生命逻辑”的体现。2019 年去世的我国著名经济史学者、农业经济史学家、中国社会科学院经济所研究员李根蟠先生于 2017 年后[①]连续发表多篇论文，继一些日本著名思想家和农史专家提出“生命农学”论题之后，继续深入讨论了农业与生命逻辑问题，引起笔者的关注和思考。因为这恰好与本书所欲论述的中心——中国农民家庭经济对中国历史发展的长期影响——有重要的关联。[②]

以上先贤所探讨的问题，已经远远超过农业作为一个经济产业部门所包含的内容。其中对我个人有重大启发的内容有以下四点。

第一，人类生命的意义和价值问题亦即人生的意义问题，即前辈们认为的，包括生命和生活的人本身的价值高于一切。

第二，如何在人类思维的最高层面即哲学思维中把握这个价值观，关键是处理好人与大自然之间的关系，人类的生命活动应与大自然的基本规律相一致而非破坏之。而现在大量消费、大量废弃已经极为普遍，直至严重污染环境甚至陷地球于危机之中，威胁到整个人类的生存。[③]

第三，具体到农学，认为作为生命系统的综合性科学，农学的最大价值在于通过对技术的、经济的和社会的问题的解决，服务于人类的安康和幸福，

---

① 李先生多年前就关注农业与社会、生态、环境等问题，曾在 2016 年 3 月 28 日于《人民日报》发表《农业现代化要遵从生命逻辑》一文。

② 对本小节的较详内容，在本书的最后一段中有大略说明。这里不再赘述。

③ 〔日〕祖田修：《农学原论》，张玉林等译，中国人民大学出版社，2003，第 24 页。

而不仅仅是满足欲望。这应当以大地、自然、农业和农村为基础。[①]

第四，实行以上理想的可借鉴的仍然富有生命力的形式，对中国现实而言，是农村和农民的家庭组织的新建设。[②]

哲学是关于人类要做什么和如何生存的世界观、人生观的学问。[③] 农学是讨论以农为研究范围的哲学问题。先贤们所论的虽然是农学（农业哲学），但对上述问题的研究思考，已远远超出单一“经济发展”的思维局限及衡量标准，如商品经济、市场经济与计划经济等问题，也远远超出了个别国家的利益问题，其所包含的内容和意义，已经提升到“人类的存在和生存问题，关系到人类文明向何处去的问题”[④]。

本书自不可能深入讨论上述问题，只是奢望依据基本的史实，对农民家庭经济对中国经济发展的长期影响问题提出一点看法，以求得到批评和指正。虽然如此，深为笔者赞同或同感并嵌入笔者头脑的诸前辈先贤们的思考和卓见，可能会有形无形地影响本书的重要方面。

本书以农民家庭经济为线索，讨论中国大生存环境对其经济长期发展的影响、制约以及由此形成的中国长期发展的基本特点和问题。

这里所谓的大生存环境是指，一是人类生存活动的外在自然环境，如地理环境、位置、气候、水资源、土地、矿藏等的状况。这是决定人类产生和变化的物质基础，它是大自然的产物，非人类所能为，或许可以换个角度说，人类的行动虽然可以在某些方面影响自然界，但绝不可能违背自然界的基本规律，否则定会受到惩罚。二是人类的社会关系状况。人作为社会生物的主体，是在一定的社会关系中存在和开展一切活动的。他们之间的相互关系必然要体现在政治、经济、社会等方面，这就是所谓社会关系的具体体现。

本书希望从最简单的基本事实出发去认识问题：任何人类都是在特定的自然条件下生存和发展的，无论人类社会“发展”到何种程度，都不可能超越大自然及自然界基本规律的约束。同样，任何人类都是在一定的相互关系

---

① 〔日〕祖田修：《农学原论》，张玉林等译，中国人民大学出版社，2003，第 3 页。

② 这是本书的中心，将在全书中力求按历史顺序尽可能努力论述，尽管达不到先辈们的理论和思维高度。

③ 〔日〕祖田修：《农学原论》，张玉林等译，中国人民大学出版社，2003，第 4 页。日本西田几多郎的论点，对此笔者深以为是。

④ 〔日〕祖田修：《农学原论》，张玉林等译，中国人民大学出版社，2003，第 12 页。

中开展自身的所有活动的[①]。这应属常识。我们的讨论就建立在这种常识的基础上。

本书的主要观点如下。

以希腊海上文明为原点的西欧文明与中国大陆农业文明在生存环境上的一个根本性差异，是获取生存资源——包括生产资源和生活资源——的来源不同，内涵有异。这是由两者所处的地理区位不同以及对外交往状况包括经济政治方面对外关系极不相同所导致的。在工业革命以前的“有机物质社会环境”下，地理区位和由它决定的自然条件，是人类生存环境的基础，而对外交往状况又会对原住民的生存条件的变化产生重大影响。这使得西欧各国的生存条件有可能通过国际交往大为扩充，而中国基本局限于本土。随着时代变迁，中、外各方的国内外状况都发生了巨大变化，但是，只要上述的生存环境未发生根本变动，即中国仍只能主要依赖本土资源去解决巨量人口的生存和发展问题，中国与“西方世界”生存环境的大差异就不会消除。这不仅决定了二者的资源总量的供给弹性不同，而且决定了二者的资源状况包括优化资源配置的方式对经济生活的影响不同，并导致中西双方社会经济发展路径与基本规律的特点不同。中国的根本问题是人口多而人均资源少，又不能指望通过国际交换来解决生存和发展所需要的基本资源而只能靠自己。这极大影响了中华民族的生存基础，决定了中国在经济、政治、社会、文化等方面具有自身的特殊发展特点和规律。所谓特殊，绝非说中国特点完全背离人类社会发展的基本规律[②]，而是指，在诸多方面，中国不同于那些主要依赖国际交换——既可能包括正常的国际贸易，也不排除以一些罪恶血腥的手段——获取所需，从而生存和发展的国家。[③]

---

① 诚如马克思所说：“人们在生产中不仅仅同自然界发生关系。他们如果不以一定方式结合起来共同活动和互相交换其活动，便不能进行生产。为了进行生产，人们便发生一定的联系和关系；只有在这些社会联系和社会关系的范围内，才会有他们对自然界的关系，才会有生产。”［马克思：《雇佣劳动与资本》，载《马克思恩格斯选集》（第1卷），人民出版社，1972，第362页。］

② 例如，“人类企望改善生活状况”“阶级斗争在人类社会的发展中有过重要作用”等。

③ 在以宏观角度观察中国自古代至当代的演变时，注重具体的特征极为必要。吴承明在评述经济史研究的社会学方法时曾指出，社会学认为每个民族以至每个地区都有自己的社会结构和文化传统，其发展也非同一条道路。这就摆脱了西欧中心主义的偏见（吴承明：《市场·近代化·经济史论》，云南大学出版社，1996，第73页）。关于人类社会的历史发展受自然环境的影响问题，可参考〔美〕贾雷德·戴蒙德《枪炮、病菌与钢铁》，谢延光译，上海译文出版社，2016。

可以说，这一基本特征决定了中华民族产生以来直至当前的所有宏观层面的主要问题。本书自不可能就此全面论述，只拟围绕农民家庭经济这个中心，去思考上述基本特征对中国经济社会的长期发展的影响。

笔者的初步结论如下。

第一，吃饭是人类生命活动的第一需要，但中国只能主要依赖自身内部资源解决生存和发展的最基本问题即吃饭和饭碗（工作机会—就业）问题，这与相当部分西方国家的早期状况[①]有极大不同。这一特点深刻影响了中国古代农业文明，也深刻影响了中国古代向现代的转型，并一直影响到当前的社会经济。它使农业和粮食生产、农民以家庭为基本组织的生产经营方式、现代工业与农业、城市与农村关系、城市化和就业等问题在中国经济社会的长期发展中具有特殊的表现形式与意义，与一般资本主义市场经济的发展特点有重大区别，在中国经济发展的理论和实践中需要高度关注。

第二，小农经济作为一种经济形态和经济组织，构成中国古代、近代的基本社会经济单位：既是基本的生活单位，又是基本的生产和再生产单位。它具有很高的经济效率和很低的运作成本，是符合中国国情的产物。但是，小农经济又不是孤立于中国所具有的“大生态环境”之外的事物。它不能不受外在自然和社会环境的根本制约。中国历史上反复出现的“治乱兴亡”，就是小农经济体与外在环境相互关系的体现。

第三，晚清中国已经到了历史上人口与耕地比例最紧张时期，农民只能靠农业与手工副业进一步密切结合，在小块土地上以最密集的劳动集约方式维持生存。国内生存条件的恶化使得传统农业的效率大为下降，农民的生存质量受到严重威胁。

在西方资本主义大举攻入后，中国面临着从未有过的“数千年未有之奇变”。新的国内外生存环境的变化预示着中国历史不能再沿袭原有道路，需要开辟一个全新方向。但是，无论国际还是国内状况都使近代中国难以仿效西方资本主义的成功之路：它不仅不能以建立国外殖民地和侵略为方式掠夺原料和市场来为本国工业建立发展基础，自己却成为被侵略掠夺的对象。而就国内看，适合国情的小农家庭经济仍然在国民经济中占绝对优势。至少在起步阶段，中国全然不具备向西方式资本主义转变的社会经济条件。

第四，工业化的基础是市场的扩充，近代中国只能依赖非自主的国内市

---

① 以古典时代的希腊、罗马为典型。

场，国内市场中的大城市和消费力又在很大程度上为洋货所占据，那么，中国工业化所能依靠的就只能是由普通民众主要是占人口 80% 以上的农民大众的购买力所形成的国内农村市场，这又只能建立在帮助和提高农民大众发展经济、提高生活水平这个前提下才有可能。这在事实上和逻辑上似乎毋庸置疑。

第五，因此，至少在“向现代转型”初期，中国不但在农业发展上而且在现代工业的发展上，都只能主要靠自身的资源、力量和积极因素去探索和争取一条新道路。这使得中国的“现代化”不能不具有很不同于西方“已发达国家”的某些特点，最重要的一点是只能依靠自身因素。就经济层面看，中国主要的自身因素是什么？最深厚、最有基础、生命力最长远又最顽强的自身因素是什么？当然非农民家庭经济莫属，当然是农民家庭经济的主体农民。然而至清末，这个中华民族的立身之本已经面临重大危机。这危机看来仅靠自己难以摆脱。于是对中国社会经济乃至对中华文明的健康延续而言，合乎逻辑的又符合中国国情的历史选择只能是，在获取民族独立和主权的同时，借助于西方资本主义的诸种先进，再去帮助、改进、提升中国的小农经济。务请注意，关键词是帮助、改进、提升而绝非打压、改造和取而代之。

然而逻辑的合理性不等于实际生活。资本主义列强入侵中国的主观意图自然不是为中国贫苦农民带来福音。更大的障碍是指导中国现代化的理论观念：主导的经济学理论认为传统小农经济是推行先进资本主义生产方式必须铲除的首要阻碍。经过鸦片战争后 180 年的“现代化”历程的无数次失败和成功，这个“现代化”指导思想的误区方在一定程度上被部分人士逐渐认识，至于具体落实到实践和行动上，那还差得很远。

新中国成立已 70 余年，社会经济发生了极大变化。但是，由国情决定的主要历史特点仍然存在：中国仍需自己解决基本粮食供应而不能依赖外国；中国人的就业只能主要依赖国内解决；人口总量和资源、能源的紧张状况要远远超过历史以往；城市化率即便达到发达国家水准，农村仍将有数亿农民，超过任何一个发达国家人口总和；同样，伴随着经济发展，中国国际贸易依存度虽然到了很高程度，但同时也产生了巨大风险和不确定性，高度外贸依存对国家整体经济发展的推动不可能一直延续；同时，资源、能源和生态环境对经济发展的硬约束愈来愈大，特别体现在对以“传统方式”即依赖大量资源（包括土地）和人力投入推进工业化和城市化方面。只要这些特点仍然存在，中国经济最基本的问题仍然是只能主要依靠自身力量去满足人民大众的基本生存——谋生问题，即在可持续前提下解决庞大人口的吃饭和就业问题，在保证这个基础之上谋求其他发展。当然毫无疑问，这绝不排斥尽一切可能从国际交往中获取我们需要的所有一切。

对中国而言，它意味着，在任何情况下，判断经济是否成功首先取决于民生问题解决得好与坏。这也就意味着，在一个极长历史时期内，以农民家庭为基本单位的农业、农村经济依然具有特殊的重要性，“三农”仍然是社会经济的基础，而这个基础，又绝不能退回到古代社会的农民家庭的一统天下、以损耗自然环境与人类谋生之矛盾的周期性冲突方式去重建，而必须形成一种融现代科学技术与中国传统精华为一体的新型的社会生产方式来建设，以人类与大自然真正和谐共处的“天人合一”精神去重建，以仁爱、平等、包容的理念去创新。

正因为以上诸点，中国现代化从一开始就走上了与典型资本主义国家（如英国）发展资本主义完全不同的道路：它不可能以掠夺“落后民族”和建立全球霸权作为“现代化”的前提条件；不能以此为前提，先实行国内的资本主义原始积累，剥夺和消灭小农，将他们变为一无所有的无产者而进入工厂，然后再依赖攫取海外乃至全球的暴利将劳动者又变为“工人贵族”；而只能沿着如下道路为“现代化”的切入点，即在现代经济和科技力量的帮助下，依靠农民生活改善和农村经济提升来发展自己，由此形成一条工农业相互依赖且相互补充、现代经济和现代产业在很大程度上具有民生性质的现代化之路。

以下开始我们的讨论。

第一章　重温顾准

一　问题的提出

本书希望与读者——包括前辈与同人们——展开交流、对话与求教。但没有一个基本共识作为前提，任何对话或讨论都将会十分困难。本书的讨论也将建立在某一共识的前提之下。不过这个共识只是一个基本常识而已，即人类的生存活动必须依赖于自然界提供的物质条件才有可能进行。如果我们都承认上述前提，那么就可能会认可这样一个观点，即人类生存活动主要内容之一的经济生活——生存需求和满足需求的生产活动——也首先是建立在如上前提之下的。借用一位学者的观点来说，在叙述历史事件时必须要考虑到这一事实，人类是生态系统的一部分。人类社会所发生的一切都是一个生态过程……自然界可分成不同的部分和功能，组成各个动态系统；生态系统便是这些系统的成员。而人类又是生态系统的组成部分，参与到生态过程中，受生态过程改变……人类必须遵循生态原则，而且人类为了生存必须继续遵循这些原则。[①]

马克思也曾说过：“我们首先应当确定一切人类生存的第一个前提也就是一切历史的第一个前提，这个前提就是：人们为了能够‘创造历史’，必须能够生活。但是为了能够生活，首先就需要衣、食、住以及其他东西。因此第一个历史活动就是生产满足这些需要的资料，即生产物质生活本身。同时这也是人们仅仅为了能够生活就必须每日每时都要进行的（现在也和几千年前

---

① 〔美〕J. 唐纳德·休斯：《世界环境史》，电子工业出版社，2014，第6页。

一样）一种历史活动，即一切历史的基本条件。”①

无疑，人类的物质生活又是分为不同层次的。为了不致冻饿而死以维持最低水平的吃、穿、住，是最基本的第一层次的物质生活，其中吃饭更是“天下第一大事”。在基本物质生活的基础上，便会产生第二层次的物质生活，即生活质量的改善和提高，亦即吃、穿、住、用、行的“相对高级化”消费。② 显然，第一层次的物质条件是人类社会存在的基础和保障，只有在满足这个基本保障后，才可能谈得上过渡到第二层次。这也是人所共知的事实。

经典作家在上述方面早已进行过“经典性概括”。对于上述人所共知的最基本事实即常识问题，本书不拟赘论。但问题在于，如何认识吃饭和饭碗问题在一国国民经济中的地位和重要性，如何去解决这一问题，在经济史、现实经济和经济理论中大有研究之必要。在有的国家中，“吃”早已不成问题，而在一些国家中，饥饿仍是困扰经济社会的头号矛盾。有的国家主要依靠自己的内部资源解决这一问题；有的国家要通过交换——商业贸易，从国外输入食品以解决吃饭问题。如果将“吃饭”理解为包括吃、穿、住在内的生存基本需求，将饭碗理解为就业，则直至现阶段，对任何国家而言，这都不仅仅是一国经济的基本问题，也是社会、政治的基本问题。仅就经济领域而言，它的状况、变化规律和特征，将直接和间接影响各项经济问题的状况和变化特点。换个角度说，一个国家的各项经济活动的状况和变化，最终要受吃饭和就业机会这些根本问题的制约。因此，一个国家的一切经济活动，第一位的是紧紧围绕着解决好吃饭和就业问题而展开的。③

为什么面临吃饭和就业，不同国家在不同的历史时期会产生不同的问题？据我们的认识，最初的也是最基本的原因，是不同国家所处的不同生存环境使然。不言而喻，人类在不同环境中具有不同的应对方式，这应对方式随着时代而变化，又对环境产生了巨大影响。但人类社会毕竟不能超越大自然的根本制约，而只能在环境的总制约条件下去改变自身。一方面，愈在人类历史的早期，自然环境对人类社会的影响愈大；另一方面，随着人类“战胜自然”的手段愈强，大自然对人类违反自然规律的惩罚也愈大，

---

① 马克思、恩格斯：《费尔巴哈》唯物主义观点和唯心主义观点的对立（《德意志意识形态》第一卷第一章），载《马克思恩格斯选集》（第1卷），人民出版社，1972，第32页。

② 在物质生活之外，人类社会还有政治、精神、文化等方面的要求，本书暂置不论。

③ 在人类社会的不同阶段，吃饭的含义各有不同。此处“吃饭”系泛指维持生存的广义的“吃”，如在原始社会中可能是捕猎。

这又反过来对人类产生愈来愈多的制约，迫使人类按照“可持续”的方向去“科学发展”社会经济。从这个认识出发，本书首先讨论：生存资源的产生状况与获取来源不同，对中国与西方早期资本主义国家经济演化道路的不同影响问题。

所有的经济理论，所有的经济学家，都应该在这个基本事实的前提或框架下去进行经济分析，才能符合常识。可惜事实并非如此。当前，不顾西方经济学产生的历史背景和前提条件而将其奉为“放之四海而皆准”的真理者实大有人在。

为了说明问题，这里不得不从西方经济学古典作家的认识开始。以下，就围绕“人类基本生存条件——吃饭”在社会经济发展中的作用和影响问题开始我们的追溯。

二 “顾准问题”

伟大的无产阶级革命者、20世纪中共党内真正杰出思想家顾准，在告别人世的前一年间即1973~1974年，提出了一个迄今仍震撼人心的思想：海上文明与非海上文明即农业大陆文明——包括中国文明，是人类历史上走向不同的两类文明。

> 埃及、巴比伦那样的亚细亚国家，和海上文明的城邦走的又不是一条路，在其间画上等号，真是误尽苍生。①
>
> 资本主义是从希腊罗马文明产生出来，印度、中国、波斯、阿拉伯、东正教文明都没有产生出来资本主义，这并不是偶然的。②
>
> 认为任何国家都必然会产生出资本主义是荒唐的……特别在中国，说会自发地产生出资本主义，真是梦呓！③

简言之，顾准提出的问题明确表达了他的一个十分重要思想：中国与西欧走的是两条不同的社会经济发展道路，中国文明自身产生不出西方式的资本主义。

---

① 《顾准文集》，贵州人民出版社，1994，第286页。

② 《顾准文集》，贵州人民出版社，1994，第318页。

③ 《顾准文集》，贵州人民出版社，1994，第326页。

三 顾准的理论依据：海上文明与大陆农业文明

顾准的上述思想依据何在？

他是如何论证的？

顾准说：

> 海上文明者，从土生土长的地方飘洋过海移民到新地方去之谓也。
>
> 反之，非海上文明的文明，则都是部族胞族形成集团，出现部族王，各部族王之间相互征伐，兼并，逐步扩大成为大王国和大帝国。[①]

为什么所谓海上文明与大陆农业文明是两种根本不同的文明？它们之间的主要特点是什么？为什么会形成文明类型的差别？[②]

顾准是从希腊城邦的形成这个根源上去认识海上文明的基本特征的。

海上文明的形成原因是陆地居民向海上移民，建立海岛殖民地，并在殖民地上建立城市，形成独立的城市国家。这是一个基本特征。

> 公元前11世纪左右，北方希腊的多里安人在迈锡尼旧壤上已建立起诸多邦国，“多里安人的入侵，大大推进了迈锡尼时代早已开始的海外殖民。迈锡尼旧民，一部分屈从于被征服者的地位，一部分避难到例如伯罗奔尼撒的阿卡亚山区，更有一部分移居海外，到海岛上去，到小亚细亚沿岸一带去，到迈锡尼时代已经建立起来的殖民地去，或者开辟新的殖民地。远古的灿烂的希腊文明中心东移了，而那里正好是希腊城邦的发源之地”[③]。

---

① 《顾准文集》，贵州人民出版社，1994，第283页。

② 这方面的研究在海外学人中已关注和讨论了相当长时间，很多学者已对那种全球化并导致一个西方资本主义发展方向的理论进行了严密的批判性思考。较近的理论著作可以参考〔美〕贾雷德·戴蒙德：《枪炮、病菌与钢铁》，上海译文出版社，2016。出版者评论说：“本书是理解人类发展史方面的一个重大进展，揭示了有助于形成历史最广泛模式的环境因素，从而以震撼人心的力量摧毁了以种族主义为基础的人类史理论。”关于古代希腊、罗马的基本经济情况，其域邦经济与海上文明的起源与发展，〔美〕杰里·本特利、赫·齐格勒的《新全球史》（第五版），北京大学出版社，2014，第10~11章提供了有价值的说明。

③ 《顾准文集》，贵州人民出版社，1994，第100页。

> 移民并不限于迈锡尼遗民，入侵者的多里安人也大批向外移居……公元前8世纪，希腊所谓有史时期开始的时候，所谓的希腊，就已经不光是希腊本土，而是包括爱琴海上诸岛与小亚细亚两岸的海外殖民地在内了。[①]

在公元前8～前6世纪发生的大移民和希腊本土外诸多殖民地的建立，以及本土的城邦化及集团化，是古代地中海希腊世界形成的根本动因。

> 城邦希腊的发展和希腊城邦制度的最后形成，都以希腊人得以比较自由地殖民于东西南北为其先决条件。[②]

顾准高度关注的是城邦的社会组织和政治体制的特点，这已在《希腊城邦制度》一文中有较透彻的分析，不拟多谈，这里想集中讨论他关于海上文明形成过程的社会经济因素。顾准研究的重心虽然在政治体制，但他对于海上文明的经济动因和后果的思考在今天也有被充分重视和继续思考的必要。

顾准认为，经济方面的要求是海外殖民的基本动因之一，这就是在母邦的生存环境恶劣乃至威胁到正常生活和生产时，必须脱离本土去寻找可以解决生存问题的新地方。对于这个大移民和建立大量殖民地发生的原因，顾准引用了古罗马学者的概括：

> 这些移民“有的是遭敌人侵略，城池被毁坏，物品被抢光。被迫流落出走的；有的是由于内战而被驱逐出境的；有的是由于人口过多，为了减轻负担出走的；有的是由于瘟疫、地震或不幸土地遭到难以克服的天灾而离乡的；另有一些人则是由于受到外方土地肥沃景物美妙等夸大传说的诱惑而出走的”[③]。
>
> 希腊人原来是蛮族，他们来到希腊半岛和爱琴海诸岛屿，开始也是务农，然而那里土壤太贫瘠，而爱琴海和东地中海的曲折海岸和多岛而不广阔的海域，使他们很快进入到以通商、航海和手工业为生。[④]

殖民的直接后果是移民有可能获得满足自己需要的经济发展空间、条件和机会，包括土地、发展手工业的原料、农产品、手工业产品的市场等。需

---

① 《顾准文集》，贵州人民出版社，1994，第104～105页。

② 《顾准文集》，贵州人民出版社，1994，第192页。

③ 〔法〕杜丹：《古代世界经济生活》，商务印书馆，1963，第25页，转引罗马哲学家辛尼加之语。

④ 《顾准文集》，贵州人民出版社，1994，第106～107页。

要强调，上述经济发展空间除土地外，均依赖于商业和交通运输的良好条件或发展潜力。顾准认为：

> 初期移民，目的是到海外去寻找可以安家落户的新土地，目的不在商业。但是聚集于一个城市中的独立社会势必要谋求经济上的自给，因而除农业以外必定要发展必要的手工业，要作对外的商品交换。一旦商业和手工业发展起来，交换范围的扩大简直是没有限制的。而古时小亚细亚这个地方的状况，又十分有利于希腊人城市工商业的发展。
>
> 希腊移民通过民族混合和其他途径，在小亚细亚广泛吸收了先进的古代巴比伦文明，有助于它们的手工业发展。另一方面，海滨的殖民城市背后有广阔的腹地，可以取得手工业原料，可以用手工业品交换粮食，而且还据有发展海上贸易的有利的地位。地中海的海上贸易，早在克里特时代已经开始，迈锡尼衰落之后，腓尼基人继起贩运其间。当希腊人在海外城市定居下来的时候，星罗棋布的希腊人海外殖民地实际上组成了一个希腊人的海上贸易商站网。这些条件，使多数希腊城市走上农工商兼营的道路。农业是他们最初得以取得生活资料的行业，工商业发展以后，他们当然不会放弃。因为无论哪个城市，某种程度的粮食自给自足总是十分必要的。不过，有些城市尤其是某些海岛，后来大种葡萄，酿酒出口了。工业，有钢铁制造业，陶器，纺织，制革，其中尤以米利都最为著名。商业的扩展尤为积极，因为开通新商路，寻求新的市场和新的原料来源，是市场经济获得新发展的首要条件。①

由于继而发展的对外交换产业即商品手工业、商品农业和海上商业在经济上的重要性超过自给性，契约关系代替血族关系就绝不仅仅体现在政治体制的变化上，它在海上移民的城邦国家中还引起了一系列经济体制和社会制度方面的根本变化，从而使海上文明成为一种具有特殊性的不同于大陆农业文明的文明类型。顾准对此论述说：

> 海上贸易和海上交通的发达，反过来对希腊各殖民地城邦和本土诸国的经济又产生巨大影响。它使本土诸国古老的自然经济，迅速转为商品货币经济，使海外和本土原先的工商业城邦，由于粮食和原料供给方

① 《顾准文集》，贵州人民出版社，1994，第109~110页。

> 便，而得以不受限制地扩大它们的工商业。同时，也使某些单一经济的殖民城邦，扩大多种经营，力谋自给自足。雅典本以粮作农业为主，大移民中及其后发展起来更加适合于其土壤条件（丘陵、沙地）的葡萄、橄榄、果园与其他园圃农业，粮食逐渐取给于进口。由于输出油和酒需要容器，因此它又迅速发展起陶器业，不久它的陶器就超过了科林斯。米利都、科林斯、卡尔西斯等老早就是工商业城邦，粮食原料供给充分了，商业的发展更加迅速。与此相反，有些殖民地建立之初，虽不过是一个商站，但因周围农业资源丰富，当它的人口因新移民的到来日益增多时，就兼营农业。后来，它们逐渐发展成为自给自足的共同体，于是对母邦的依赖日益减少。①

顾准的“中、西——大陆、海洋”是两类不同文明之路的观点，是“革命性”的理论突破。之所以称为“革命性”的，是因为它打破了斯大林“人类社会发展五阶段”的“公理”，它完全不认可中国文明和西方文明一样，必然要经过——按照西方历史经历之标准定义的——奴隶制—封建制—资本主义—社会主义程序而发展，而是追根溯源，认为自文明起源之后，“东方型——大陆型”国家和“西方型——海洋型”国家就沿着不同的变迁道路，在所谓中国古代文明时期，不存在可以发展成西方式资本主义社会政治经济体制的土壤或基因。

顾准立论的核心根据，是海上文明与中国大陆农业文明在生存环境上的一个根本性差异，即获取生存资源——包括生产资源和生活资源——的来源不同，笔者认为，这不仅决定了二者的资源总量的供给弹性不同，而且决定了二者的资源在经济生活中的性质不同。这直接影响到中西文明的生存大环境，进而导致二者不同的社会经济发展路径与基本规律。

顾准的观点，不是一种逻辑推理或理论思辨，而是他认真研究古希腊历史后得出的认识总结。判断顾准观点的正误，唯一标准只能依据历史——包括西方和中国历史本身发展的史实。按顾准原定的计划，准备再花 10 年时间系统研究西方和中国历史，并对《希腊城邦制度》进行修改，以做出包括对中国在内的人类社会发展规律的研究。但因身体健康原因，病魔很快夺走了他的生命，仅就《希腊城邦制度》而言，本身也未及过多

---

① 《顾准文集》，贵州人民出版社，1994，第 151 ~ 152 页。

论证中国问题。

因此，顾准在给世人留下极其宝贵的精神遗产的同时，也给后来者提出了需要继续完善甚至是辨伪的大问题：生存环境，具体到生存资料和生产资料获取来源的不同，会对一个社会的发展道路和历史走向产生何种影响？具体到中国，这种生存环境的主要特征会长期延续还是会随着“社会生产力提高”而得到根本改变？中国的社会经济发展的长期特点和基本规律与此关系如何？

第二章　西方资本主义的形成是特定条件的产物

本书认为，现代西方资本主义的形成是特定条件的产物。特定条件中最基本者，就是西方资本主义是通过国际交换、国际贸易获取外部资源，以获取发展经济的条件的。

为什么这样认为，有多少根据？以下，拟从市场经济形成的背景和条件、市场经济与外在自然条件的关系、西方经济学理论对自然环境限制因素的弱化、非市场经济体制这四个方面的问题展开讨论。

让我们首先继续沿着顾准问题开始，然后重点追踪亚当·斯密（以下简称斯密），进而考察李嘉图、马尔萨斯的古典理论，接下来再看看新古典学说和当代发展经济学理论中的某些思考。

一　顾准与斯密对市场经济形成背景和条件的思考

顾准不是一般意义上的历史学者，而是一个大思想家。他之所以研究古希腊史，目的是解答中国问题。《希腊城邦制度》一书，处处透露著者提出的特有“中国问题”、将西方世界与中国比较的思维关怀。

正因为如此，顾准在总结古希腊历史之时，绝非仅局限于古史本身，而是着眼于古代西方历史发展的原因和特征与后来的资本主义兴起的关联。顾准特别提出的关于早期城邦国家是通过海外殖民而发展壮大，并将此与以后西方资本主义起源的原因相联系，可谓抓住了15世纪以后西方国家发展出资本主义生产方式的关键所在。顾准睿智、准确地抓住了两者的历史承接脉络。

> 假如我们把资本主义和希腊罗马文明两者间的关系弄得十分紧密的话，我们未始没理由把资本主义定义为产业革命以后那种现代化的生产方式和生产关系，而把产业革命以前的工场手工业，有组织的金融方法、规模十分宏阔的航海、商业、殖民，都看作现代化资本主义的准备阶段。①

历史验证了顾准观点的正确性。西方资本主义形成的历史过程，清晰地表明了极大规模的航海、商业、殖民与资本主义兴起的前提关系。在西方古典政治经济学的鼻祖斯密看来，促使欧洲经济发生从“古代到现代”重大变化的基本原因，就是地理大发现和西欧国家海外殖民地的建立与开拓。斯密说：

> “美洲的发现及绕好望角到东印度通路的发现，是人类历史上最大而最重要的两件事。”之所以最大最重要，是因为“这二发现的一个重要结果是，促进重商主义的发展，使其达到非此决不能达到的那么显著、那么壮大的程度。这个主义的目标，与其说是由土地改良而富国，不如说是由商业及制造业而富国，与其说由农村产业而富国，不如说由都市产业而富国。但这二发现的结果，欧洲商业都市，不仅成为世界极小部分的制造业者和运送业者，而且成为美洲许多繁荣耕作地区的制造业者，和亚洲、非洲、美洲各地的运送业者，并在若干方面，亦是这各地的制造业者了。这样就给他们的产业开拓了两个新世界，每一个都比旧世界大得多广得多，其中一个市场，还在日益扩大起来”。②

如果我们细察历史，就不难发现，“西方世界的兴起”，它们向资本主义生产方式的演进，与地理大发现和海外殖民地的建立之关系是多么密切，与斯密的历史总结是多么吻合。

马克思、恩格斯对于世界市场对资本主义的产生和发展之重要性有着充分认识，可以说他们完全承接了斯密在这一问题上的看法。马克思指出：没有世界市场，资本主义是不可想象的。在斯密《国富论》发表约一百年后的

---

① 《顾准文集》，贵州人民出版社，1994，第323页。

② 〔英〕亚当·斯密：《国民财富的性质和原因的研究》（简称《国富论》）（下卷），郭大力、王亚南译，商务印书馆，1974，第195～196页。

《共产党宣言》中，马克思、恩格斯对此论证道：

> 美洲的发现、绕过非洲的航行，给新兴的资产阶级开辟了新的活动场所。东印度和中国的市场，美洲的殖民化、对殖民地的贸易、交换手段和一般的商品的增加使商业中心、航海业和工业空前高涨，因而使正在崩溃的封建社会内部的革命因素迅速发展。
>
> 大工业建立了由美洲的发现所准备好的世界市场。世界市场使商业、航海业和陆路交通得到了巨大的发展。这种发展又反过来促进了工业的发展……
>
> 资产阶级，由于开辟了世界市场，使一切国家的生产和消费都成为世界性的了……新的工业的建立已经成为一切文明民族的生命攸关的问题；这些工业所加工的，已经不是本地的原料，而是来自极其遥远的地区的原料；它们说产品不仅供本国消费，而且同时供世界各地消费。旧的、靠本国产品来满足的需要，被新的、要靠极其遥远的国家和地带的产品来满足的需要所代替了。

马克思、恩格斯与斯密都将世界市场的开辟作为现代资本主义兴起的先决条件，而顾准将国际贸易的开展作为市场机制的形成源头，追溯到公元前8～前6世纪的古希腊世界的历史中去。道理何在？我们认为，这就是现代资本主义作为一种最大规模、最高水平的商品生产和消费方式，它的内在机制，不能不要求一种特定的生产的供给条件和销售条件。而这种特定的生产供给和商品销售市场，是任何一个国家在单独封闭的国内环境中不可能形成的，这里的实质，其实也就是一个国家或社会获取资源的来源问题：一方面是维持基本生存的资源，另一方面是社会经济进一步发展的资源。斯密和马克思、恩格斯都极其准确地抓住了这一关键。还是让我们看一下市场经济和市场机制的祖师斯密的分析吧。

二　斯密对市场经济与市场机制的分析

斯密在理论上对西方资本主义兴起和发展进行的分析总结值得高度注意。他将国内和国际间的充分交换作为西欧各国经济发展的根本原因和内在机制，这就是当今学术界最常说的“市场机制”的由来。斯密的高妙之处是，他以

“分工”作为经济学的最基本原理，将经济发展的根本原因归之于分工的发展程度，而将商业贸易、市场和国际交换作为分工的具体体现和实现形式。如此，商业贸易和市场交换就在“经济学”——实质是资本主义经济学——中获得了统率一切的、根本原理的地位。

分析斯密理论，我们可以看到，①分工与交换及市场经济的关系。②斯密理论的核心是通过交换和贸易，某些国家将获得自己所不具有的资源优势，从而在这种“资源配置优化”中得以发展出原本难以得到的经济发展成果。③将这种理论与它得以形成的时代背景相联系，人们应该认识到斯密的“市场配置资源”原理是有前提和限定条件的，是特定历史条件的产物。斯密本人并不认为其能适合于所有国家的一切时代。

为了较准确地说明这个问题，我们不得不大量引用斯密本人的原著。

（一）斯密的分工理论和研究对象

斯密分工理论研究的对象，是处于“完全”“彻底”社会分工和交换中的“文明而富裕”的社会，是特定历史条件下的产物，这就是后代学术界所称的“早期资本主义生产方式”居统治地位的社会。斯密的经济原理，正是对这一社会实际的理论概括，而不适用于其他性质的社会。

斯密说：“真正的政治经济学，即讨论国民财富的性质与原因。”① 他的大作《国民财富的性质和原因的研究》简称《国富论》，书名已可说明斯密关注的核心问题是个人和国家的财富最大化问题，而国民财富及其最大化问题本身的提出，就可以表明一个社会经济发展阶段的重要性质，这是“典型的封建社会”的主流意识不会认可的论题。

值得高度注意的是斯密所说的财富不是一般意义上的财富，而是“交换价值”，即通过市场交换能够增值的财富，他认为，只有这种财富才有快速和大量增加的可能，也才可能实现普通国民和一个国家的财富最大化。

正因为斯密的财富是交换价值，所以斯密注意的并非是一切形式的生产，而是能够增加交换价值的生产，即“纯粹”的或现在可称之为“资本主义性质”② 的商品生产。像为自己生活需要而直接进行的生产，或是产品的各个部

① 〔英〕亚当·斯密：《国富论》（下卷），郭大力、王亚南译，商务印书馆，1974，第246页。

② “资本主义”概念有多种解释，本书采用的是：在同一场所，雇用一定数量工人进行商品生产，是资本主义生产的起点。无疑，这种生产的发展常常达到大规模的甚至具有国际和全球规模的商品生产。

分从原料到成品都是自己进行无须通过市场交换的生产，或是自给与商品相结合的生产，或是为直接换取生活必需品而进行的“使用价值”意义的商品交换和生产，都不是斯密所关注和要解答的问题，[①] 尽管斯密在论生产时，对上述生产中的某些形式曾略有涉及。

斯密学说的核心，是认为分工、交换及市场对经济发展和国民财富具有决定性意义。在《国民财富的性质和原因的研究》一书中，第一章的标题就是“论分工”，该章的第一句话就是“劳动生产力上最大的增进，以及运用劳动时所表现的更大熟练、技巧和判断力，似乎都是分工的结果”。

必须注意的是，斯密这里所说的分工、交换、市场、生产力理论，有其特定的时代背景、特定的内涵及关注问题；这整整一套观念，互相关联，紧密配合，有其严密的内在思维逻辑，也有其必需的前提条件。

斯密所论的分工，不是泛泛而谈的分工，不是国人习以为常的原始社会后期发生的所谓采集业、畜牧业、农业的“人类历史上的三次社会大分工”，也不是所谓“脑力劳动与体力劳动”的分工，而是斯密时代“进步社会”中已经发生并且方兴未艾的“完全的分工制度”[②]。斯密在论述分工时所举的著名的扣针制造业之例，讲的是一个不大的手工工场，已经有 18 种专业分工。但这只是工业制造业的企业内部的技术分工。斯密更加注意的是能够促使社会经济整体分工程度的行业之间的社会性分工。他说：

> 各种行业之所以各各分立，似乎也是由于分工有这种好处。一个国家的产业与劳动生产力的增进程度如果是极高的，则各种行业的分工一般也达到极高的程度。未开化社会中一人独任的工作，由在进步的社会中，一般都成为几个人分任的工作。在进步的社会中，农民一般只是农民，制造者只是制造者。[③]
>
> 文明社会的重要商业，就是都市居民与农村居民通商。这种商业，有的是以原生产物与制造品直接交换，有的是以货币或纸币作媒介交换。农村以生活资料及制造材料供给都市，都市则以一部分制造品供给农村居民……这里，分工的结果，像其他方面的分工一样，对双方从事各种

① 这类生产在资本主义生产方式产生前是世界各地经济生活的主体，在西方资本主义产生后，也仍广泛存在直至今天，中国就是其中最大的经济体。

② 〔英〕亚当·斯密：《国富论》（上卷），郭大力、王亚南译，商务印书馆，1974，第 7 页。

③ 〔英〕亚当·斯密：《国富论》（上卷），郭大力、王亚南译，商务印书馆，1974，第 7 页。

职业的居民都有利益。农村居民，与其亲自劳动来制造他们需要的制造品，无宁作这种交换，因为由这种交换，他们可用较小量的自身劳动生产物购得较大量的制造品。都市是农村剩余产物的市场，农民用不了的东西，就拿到都市去交换他们需要的物品。都市的居民愈多，其居民的收入愈大，农村剩余产物的市场愈广阔。①

在无分工，少交换，自己所需要的一切物品都由自己供给的原始社会状态下，要经营社会事业，无须预储资财。人人都力图依靠自己的劳动来满足自身随时发生的需要。饿了便到森林去打猎；衣服坏了便剥兽类的皮革来穿；房屋破了，便就近伐取树枝草皮……在彻底实行分工之后，一人自己劳动的产物，便仅能满足自身随时发生的需要的很小部分。其大部分需要，必得仰赖他人劳动的产物来供给。这种产物由购买而得。购买的手段即是他自己的产物，或者说，他自己产物的价格。②

人类如果没有互通有无、物物交易的倾向，各个人都须亲自生产自己生活上的一切必需品和便利品，而一切人的任务和工作全无分别，那么工作差异所产生的才能的巨大差异，就不可能存在了。③

斯密为了说明这种社会分工，以“一个文明而繁荣的国家的最普通技工或日工所穿的粗劣呢绒上衣”为例说明，生产这种呢绒上衣，需要“难以数计的劳动者联合劳动的产物”。“如果考察这一切东西，并考虑到投在这每样东西上的各种劳动，我们就会觉得，没有成千上万的人的帮助和合作，一个文明国家里的卑不足道的人，即使按照他一般适应的舒服简单的方式，也不能够取得其日用品的供给的。”④

显然，斯密在这里论证的分工已不是一般意义的家庭内部家务分工，也主要不是企业内部的分工，而是能够使生产方式发生关键性的变化，即促使“资本主义”商品生产产生和发展的“完全的分工制度”。这种分工，固然可促进生产本身和提高技术，但更为主要的是分工可以促进市场交换的深度和广度，从而促使市场主导的商品生产增长。⑤ 正如著名学者乔万尼·阿里吉在

① 〔英〕亚当·斯密：《国富论》（上卷），郭大力、王亚南译，商务印书馆，1974，第345页。
② 〔英〕亚当·斯密：《国富论》（上卷），郭大力、王亚南译，商务印书馆，1974，第252页。
③ 〔英〕亚当·斯密：《国富论》（上卷），郭大力、王亚南译，商务印书馆，1974，第15页。
④ 〔英〕亚当·斯密：《国富论》（上卷），郭大力、王亚南译，商务印书馆，1974，第11~12页。
⑤ 林刚：《关于斯密型动力及其对中国经济的影响》，《中国经济史研究》2006年第4期。

《亚当·斯密在北京：21世纪的谱系》一书中所指出的：

> 斯密的叙述开始于一个针厂的例子，用来说明分工如何改善了劳动力的生产能力。但是，自那以后，他的注意力就离开了隐蔽的生产场所，转而继续聚焦于社会分工（城乡之间，或不同经济部门和活动之间的分工）；聚焦于把专门从事不同经济活动的单位联结起来的市场交换；聚焦于推动贸易和生产部门之间进一步分工和专业化的竞争；聚焦于政府能够采取什么行动，来促进、调节和利用竞争和分工的协作。只是在将近结尾处提倡政府在大众教育上采取行动的时候，斯密才含蓄地回到了技术分工上。但是，他并没有像叙述开始时那样强调技术分工对生产能力的积极影响，反而谴责它对劳动力的毒害。[①]

那么，分工又是由谁决定的呢？斯密认为是交换。斯密认为“当初产生分工的也正是人类要求互相交换这个倾向”[②]。斯密谈到交换，曾列举原始的交换，普通的物物交换。但斯密要讨论的不是这类交换，而是决定社会分工、对社会分工的扩大有决定性影响的交换。这是通过市场，并且以货币为媒介，以国际贸易为重要内容的交换。这种分工和交换的综合体现，就是斯密称之为“商业社会”（即现今所谓“资本主义性质”或“市场经济”）的社会经济形态：“分工一经完全确立，一个人自己劳动的产物，便只能满足自己欲望的极小部分。他的大部分欲望，须用自己消费不了的剩余生产物，交换自己所需要的别人劳动生产物的剩余部分来满足。于是，一切人都要依赖交换而生活，或者说，在一定程度上，一切人都成为商人，而社会本身，严格地说，也成为商业社会。”[③]

《国富论》反复提到的这一思想，可以被认为是斯密经济理论的精髓。斯密之所以强调分工，正因为分工在充分发展（完全确立）后，将使得全社会都变为以市场生产和交换为导向的“商业社会”（即今天所谓的“市场经济”）。分工源于交换，而交换的平台是市场，分工、交换和市场这三种经济现象，在斯密那里，是互为因果、互相影响、互相强化的不可分离的一个整体。

---

① 〔意〕乔万尼·阿里吉：《亚当·斯密在北京：21世纪的谱系》，路爱国、黄平、许安结译，社会科学文献出版社，2009，第44~45页。

② 〔英〕亚当·斯密：《国富论》（上卷），郭大力、王亚南译，商务印书馆，1974，第14页。

③ 〔英〕亚当·斯密：《国富论》（上卷），郭大力、王亚南译，商务印书馆，1974，第20页。

斯密的分工理论既是斯密本人对欧洲“文明而富裕”国家和国民获取财富的经验总结和理论探索，即西欧国家经济发展成功经验的总结，也可以看作是欧洲经济较发达国家经济发展的基本道路或主要模式。这条道路的形成有着悠远历史，顾准就将西欧的这条发展道路追溯到希腊、罗马时期。[①] 而斯密则重点考查了这条道路自罗马帝国崩溃后直到自己所处的“资本主义”时代的发展历程。尽管在斯密时代这一经验并不成熟或充分（与资本主义经济的生产水平尚未发展到大机器工业时代有关）。

正因为这是一条“外向的、通过市场交换发展经济的道路”，所以，市场需求的大小是其命脉。因此，西欧诸国家的文明史：从战争到殖民、从陆地到海洋到世界性战争、从经营国际商业到争夺海上霸权、从商品贸易到成品输出到资本输出再到跨国公司，一脉相承，清晰地勾画出这条道路的演变轨迹。

正因为这是一条“外向的、通过市场交换发展经济的道路”，所以，国际贸易、分工、专业化、提高劳动生产率，成为以最低成本获取最大利润的基本途径；而分工、专业化、提高劳动生产率，本身也通过商品生产和追逐利润的扩张得到进一步发展。

斯密理论体系要解决的问题是如何致富，其核心思想是：牟利性的交换（斯密称之为“做买卖”），从交换中获取最大的利益（交换价值）是致富的根本要义。交换价值的最大化又取决于商品生产的最大化；而这不仅是有牟利的愿望就可实现，它更取决于一种能够通过交换使人获取“附加值”——增加价值（或可称之为“利润”）——的社会环境和经济机制，这就是可以自由生产和自由交换的自由市场经济，由“看不见的手”调节经济的运行是这类经济的“自然法则”，实现和确立这种经济统治地位的一个基本前提则是西欧从15世纪左右经由世界市场而形成的资本主义国际分工。

不同历史时期，分工对经济发展的作用不一。在人类社会早期，交换和分工完全受自然条件影响，与发展水平无关。在前资本主义的漫长时期中，有限分工和有限交换与经济的长期低水平一致。只是在资本主义的生产方式确立后，即商品生产和通过交换获得最大利润的经济取向确立并在相应环境下，分工交换和完全的市场经济才导致全部经济快速变化和发展。斯密所论述的分工对提高生产力的作用，也只是在这一时期才得以确立，才得到较充分体现，当然，这经过了一个从量变到质变的历史发展过程。至19世纪70

① 《顾准文集》，贵州人民出版社，1994，第323页。

年代马克思、恩格斯在写作《共产党宣言》时，世界在他们的眼睛里已经变成了如下景况：

> 资产阶级，由于一切生产工具的迅速改进，由于交通的极其便利，把一切民族甚至最野蛮的民族都卷到文明中来了。它的商品的低廉价格，是它用来摧毁一切万里长城、征服野蛮人最顽强的仇外心理的重炮。它迫使一切民族——如果它们不想灭亡的话——采用资产阶级的生产方式；它迫使它们在自己那里推行所谓文明制度，即变成资产者。一句话，它按照自己的面貌为自己创造出一个世界。①

斯密的《国富论》发表于《共产党宣言》完成前约一百年即 1776 年。对于斯密思想产生的历史背景和时代特征，经济学界和历史学界已有了相当充分的研究。虽然结论有所不同，但有着一个基本认识，即自《国富论》发表前的两个多世纪至发表后的数十年间，已是世界历史发生“根本性突破”的巨变时期。这一巨变的“断裂点”发生的年代，至少可以归结为三种意见。一种意见认为是 1500 年前后，该认识主要强调“一个与其他经济模式相区别的资本主义世界体系的建立”；还有一种意见认为是 1650 年前后，强调第一批“资本主义”国家（不列颠和尼德兰）出现的时间；再有一种意见认为是 1800 年前后，强调把工业主义看成是一种巨变。一批马克思主义学派学者认为：1500～1750 年是向资本主义转变时期，1750 年以后是资本主义确立时期；有人区分了中世纪晚期的“早期资本主义”和 19 世纪的“发达资本主义”，并清楚划分了“从马基雅维利，从哥伦布至沃伦·哈斯廷斯，从福格尔家族至阿姆斯特丹的衰落，从焦托至蒂耶波罗的第一阶段的界限。它到亚当·斯密，詹姆斯·瓦特，罗斯柴尔德家族，拿破仑，罗伯特·欧文”② 之时为止。

总之，无论从时代背景，还是从斯密的“经济发展理论”讨论的对象、提出的和要解决的基本问题上，都可清楚看出，斯密讨论的是未使用动力机器生产的资本主义性质的商品经济和生产方式问题，而不是前资本主义经济和非资本主义经济的问题③。斯密的分工理论建立在颇为严密的资本主义性质

---

① 马克思、恩格斯：《共产党宣言》，《马克思恩格斯选集》，人民出版社，1972，第 254～255 页。

② 〔美〕伊曼纽尔·沃勒斯坦：《现代世界体系》（第二卷），高等教育出版社，1998，第 3～5 页。

③ 斯密被认为是古典经济学的主要代表，是“著名资产阶级经济学者”。这在理论经济学中毋庸置疑。为节省篇幅，不拟大量引用《国富论》论证。仅以《国富论》的中文版译者之一王亚南对该书背景的介绍“那时正是英国资本主义的成长时期”作为学术界的总体认识。

的商品经济的分析框架中。

（二）斯密论市场经济发展的自然环境条件

斯密不愧为一代天才的伟大思想家。他虽然着重研究由社会分工和市场交换主导的社会经济形态对国家和国民财富增长问题，但并未仅仅局限于此而就事论事，他将与“市场经济”的产生历史、运行环境、运行条件等密切相关的因素综合起来审视和思考，因而，他的经济理论和思想是多角度的、有历史纵深的、包含人文和社会科学的丰富思想宝库。这和后世诸多经济学家的愈来愈趋于“专门化”“精细化”、然而也愈来愈孤立和片面的理论研究比较，其深度和厚度有极大区别。不过，由于斯密并未像其后世的诸多作者那样，将论点和论据分门别类地进行“教科书式”的阐述，因此他的许多丰富思想，需要后人从其著作的整体论述中去潜心体会和探索、思考，方能理解。斯密理论的这些特点，也是同一时代一批古典学者共同具有的。正如约瑟夫·熊彼特（以下简称熊彼特）在评论斯密理论时所说，“每一部古典学派境地的著作都要总结或巩固那些导致这一境地所做的工作——真正有创造性的工作——因而无法根据它本身来了解它”①。熊彼特就是从经济学思想最早的开始时期到《国富论》出版后二十年的整个二千多年的思想史，来进行评价工作，来认识包括斯密在内的古典学派之思想。

本书自然难以做到如前辈大师熊彼特那样，但“高山仰止”之余，也不能不激励自己去尽可能认真对待所研究的对象。

毫无疑问，斯密的商业社会——市场经济理论，绝非凭空杜撰，也绝非在任何时代、任何社会中都可以产生或出现。像任何一个严格意义上的学说原理一样，斯密的相关理论同样有其成立的必要前提条件。按斯密自己多次说明的，他所关注的经济现象和问题，只是存在于“富裕和文明”的社会之中，即“一个国家的产业与劳动生产力的增进程度是极高的，则各种行业的分工一般也（才能）达到极高的程度”的社会。他所阐述的理论观点，正是对这样一个社会的经济问题的分析。

那么，作为斯密的研究者，我们是否能够从其本人的著作中发掘出或认识到斯密经济原理的前提和限制条件？以下试论之。

虽然斯密并未专门论述他所处时代的经济活动的层次、相互关系、以及

---

① 〔美〕约瑟夫·熊彼特：《经济分析史》（第一卷），商务印书馆，1996，第84页。

各个层次受外在环境的制约问题，但是我们还是可以从他的言论中分析出他的思想逻辑关系。这就是，①粮食和农业对于所有人类社会是最重要的，它们决定了工商业活动的基础。②人类经济活动不能超越外在自然环境和条件的制约。③斯密所论的市场机制有其不言自明的先决条件。

1. 粮食和农业决定了工商业活动的基础

斯密说：

人类最需要的东西，除了食物，就是衣服及住宅。[①]

在各种土地生产物中，似乎只有人类食物是必然提供地租的；其他生产物，随着不同情况，有时提供地租有时不提供地租。[②]

食物不仅仅是地租的原始来源，就后来才提供地租的土地的其他生产物说，其价值中来源于地租的部分，亦来自生产食物的生产力的增进，而劳动生产力这样的增进，是土地改良和耕作的结果。[③]

国家的人口，不和它们的衣住材料所能提供的人数成比例，而和它们食物所能供给的人数成比例……就野蛮或未开化民族说，为获得这种衣服（指兽皮衣）及住宅，所费不过占全年劳动的1%，而其余99%的劳动，用于获取食物，往往勉强够用。[④]

一切都市的生活资料与工业原料，全都仰给于农村。[⑤]

无论哪一个国家，通过工商业而获得的资本，除非某一部分已在土地耕作与改良事业上得到保障和实现，总是极不确定的财产。[⑥]

战争与政治上的一般变革，可以容易地使以商业为唯一来源的富源趋于耗竭。通过比较可靠的农业改良而产生的富源就比较持久得多。[⑦]

2. 人类经济活动不能超越外在自然环境和条件的制约

斯密充分注意了农业——粮食生产对人类全部活动的基础作用，但并未止于此，而是从更深层次论述了其中道理：人类不能超越自然力的作用去从

---

① 〔英〕亚当·斯密：《国富论》（上卷），郭大力、王亚南译，商务印书馆，1974，第155页。
② 〔英〕亚当·斯密：《国富论》（上卷），郭大力、王亚南译，商务印书馆，1974，第155页。
③ 〔英〕亚当·斯密：《国富论》（上卷），郭大力、王亚南译，商务印书馆，1974，第158页。
④ 〔英〕亚当·斯密：《国富论》（上卷），郭大力、王亚南译，商务印书馆，1974，第157页。
⑤ 〔英〕亚当·斯密：《国富论》（上卷），郭大力、王亚南译，商务印书馆，1974，第118页。
⑥ 〔英〕亚当·斯密：《国富论》（上卷），郭大力、王亚南译，商务印书馆，1974，第381页。
⑦ 〔英〕亚当·斯密：《国富论》（上卷），郭大力、王亚南译，商务印书馆，1974，第382页。

事基本的生产活动，在农业等基础产业上，人类的能动作用是有限的。

斯密说：

> 农业家资本所能推动的生产性劳动量最大。他的工人是生产性劳动者，他的牲畜也是生产性劳动者。在农业上，自然也和人一起劳动；自然的劳动虽无须代价，它的生产物却和最昂贵的工人生产物一样，有它的价值。农业最重要的任务，与其说是增加自然的产出力，无宁说是指引自然的产出力……人工以外，尚有大部分工作，非赖自然力不可。
>
> 减除了一切人的劳作之后，所余的便是自然的劳作。它在全生产物中，很少占1/4以下，很经常占1/3以上。用在制造业上的任何生产性劳动，都不能引出这样大的再生产。在制造业上，自然没做什么，人做了一切……在各种资本用途中，农业投资最有利于社会。[①]

斯密充分注意到，在众多原生物的生产中，自然条件，如地理位置、地理环境、土地和矿藏分布和储量等，常常较人工劳动对产业发展有更重要的作用，他举例：

> 人类勤劳增加羊毛、生皮所收的效果如此，人类勤劳增加另一种极重要的生产物即鱼的上市量所收的效果也如此。这方面的努力，势必受当地地理位置的限制。距离海洋远吗？内地江河湖泊多吗？此等海洋江河湖泊产出量丰富吗？这些都很有关系。[②]
>
> 无论什么国家，其所拥有的贵金属的多寡，多取决于以下两种情况。第一，取决于该国的购买力，取决于其产业状态，取决于其土地和劳动的年产物。因为这些因素决定它能用以开采本国矿山的金银或购买他国矿山的金银这一类非必要品的劳动与食品的量是多还是少。第二，取决于在一定时期内以金银供给世界商场的矿山的肥瘠程度……能否发现新矿山是极无把握的事，绝非人类技巧和勤劳所能保证。[③]

如上所述，斯密论证的中心是社会分工和市场交换问题，他并未就这个中心问题的限制因素和前提条件专门详谈，但从以上论述中，还是可以确切

---

① 〔英〕亚当·斯密：《国富论》（上卷），郭大力、王亚南译，商务印书馆，1974，第333～334页。

② 〔英〕亚当·斯密：《国富论》（上卷），郭大力、王亚南译，商务印书馆，1974，第227页。

③ 〔英〕亚当·斯密：《国富论》（上卷），郭大力、王亚南译，商务印书馆，1974，第228～229页。

认识到，斯密在思考和论证自己的经济原理时，是考虑到人类社会的经济活动有其最基本的基础层次的，这就是维持生存的第一需要——粮食。农业生产是所有社会经济的第一层次，以商品交换和社会分工构成的商业社会并不例外。而农业生产、畜牧业、渔业以及矿业等产业，又在很大程度上受自然力和自然条件的影响，非人力所能完全左右。这些，斯密都充分了解。似乎可以认为，斯密实际上是不言自明地将自己的理论观点置身于上述认识的大前提之下的。因而，它们都构成了斯密经济学说的外部的、自然环境层面上的约束条件。

不仅从斯密的论述中，从我们的常识中也完全可以确知，经济活动中的人类基本生存保障层次和生活改善提高层次，不可能不受外在的自然资源和自然环境的根本性制约。这意味着，尽管这两个层次的经济在维持人类生存中的作用和意义不同，但它们都不可能完全满足人类社会所有的、任意的需求，至少在一定时期和一定地域中，都必然会出现供求不平衡问题。

那么，斯密是如何对待这类问题的？斯密所信奉和宣传的市场经济原理有解决之道吗？[①]

3. 市场机制有其不言自明的先决条件

从斯密开始的西方经济学的主流理论认为，在资源的供给与需求不平衡的状况下，市场经济最重要的功能，是调节资源配置——可以根据市场价格，调节生产要素，达到供给与需求的相对平衡。这是一种最有效（在成本和效率上）的自动调节机制。

市场机制为什么能够起到调节作用？是否在任何情况下都能如此，还是需要其他一些特定条件？[②]

斯密没有正面提出这个问题更没有加以回答，但是从《国富论》中，我们还是可以分析出，斯密关于市场、分工、交换的学说能够成立、能够起作用，是有基本前提的，这就是，市场经济机制若要起到调节资源配置的功能，使市场中的某种商品达到供需平衡，必须要有能够满足该商品的供给与需求的商品量。只有在这个前提下，市场机制才能够形成并发挥功能。

---

① 对应中国，似可以联想到两种供需矛盾：绝对—相对。这里不能展开。

② 理论经济学对市场经济运行的条件有大量研究，但这似是在已经存在市场经济的前提和范围内的研究，这方面的简明而有说服力的评论，可见左大培《混乱的经济学》。但本书这里所讨论的市场经济存在的前提问题与之不同，是指市场经济能否成立和存在的前提条件，缺乏这些条件，市场经济及其机制就难以确立。

乍一听，这简直像故事《皇帝的新衣》，这是个最简单、最起码的事实，难道还要作为问题提出？岂不令人笑掉大牙！

但斯密之后的经济学中产生的一系列问题可能正出于此。就单一国家经济体制而言，市场经济若要成立，市场机制若能够起到经济学中赋予的功能，前提必须是有能够满足供给与需求的物质产品的总量。决定供需总量能否满足实在有大量因素，包括自然环境、人口数量质量与结构、生产方式与生产力水准、国内外贸易条件、社会制度、政治体制等，这绝非各个时代的各类国家社会都可实现。正因为如此，从世界历史看，市场交换从古代至今的数千年中，有过多种类型不一的交换形式；而约自公元1500年前后逐渐发展起来的西方国家经济，方开始奠定了现代市场经济的基础。而在西方“资本主义”市场经济大体成形后的二三百年中，全球也只有少数国家能够实行之或模仿之，另有许多是“混合型”，更多的国家虽然孜孜以求之，却仍距离“市场经济”标准差之甚远。

我们感兴趣的是斯密的理论逻辑。斯密认为，市场经济的大前提必须是已经实现了“完全彻底”的分工、交换经济，在此大背景下，在供给方面，第一，国内有相应的生产要素资源储备，在市场价格释放信号后，在一定条件下可以由资本带动劳动、土地资源形成生产能力流动进入某产业。第二，若国内资源不足，可以通过国际贸易，输入原材料形成生产能力。在斯密时代，北美殖民地与英国的关系是典型范例。

在需求方面，仅就一个国家范围内观察，它仍然要取决于一个社会经济整体状况（为使讨论明白易懂，本节此处先集中讨论需求中支付能力的形成问题，至于需求本身如何形成是另一方面的大问题，暂不讨论）。支付能力本身首先意味着要形成相应的交换能力亦即产出能力，这又是一个能否形成和迅速扩大生产的问题。在这里，我们将其简化为生产—供给问题一并处理。

在供需之外，当然还有第三方面的问题即如何形成有效的交易平台、如何进行公平交易、破除或避免垄断交易等，但此类问题产生于供给和需求条件满足之后，请容许这里暂置不论。

请看斯密就上述问题的论述。

(1) 斯密论述的市场机制，是在资本、土地和劳动力有充分供给的前提或有潜力提供的状况下形成的。而这种状况，显然是特定的历史时代、特定的地理区域、特定的生产方式的产物。

请看斯密是如何说的[①]：

但由于土地改良和耕作的结果，一家的劳动，能供给二家的食物，于是半数人口的劳动便足以生产供给全社会的食物，所以其余半数，至少其中的大部分的劳动，能用来生产其他物品，即用来满足人类其他欲望和嗜好。衣服、住宅、家具，以及所谓成套的应用物品……[②]

在富裕国家，市场一般都是那么广阔，以致任何一个行业，都能够容纳这行业的全部劳动和资本。[③]

在各部分有自由通商和自由交通的广大产麦国内，最不好的年成也不会产生那么大的粮食不足，以致引起饥馑……只要政府允许自由贸易，饥馑就可避免。[④]

无限制无拘束的谷物贸易自由，既是防止饥馑痛苦的唯一有效方法，所以亦是减轻粮食不足痛苦的最好办法。[⑤]

设若一切国家都采用输出入自由制度，那么大陆内所分成的各个国家，都会像大国内所分成的各个省一样。按道理，据经验，大国内各省间的国内贸易自由，不仅是缓和粮食不足的最好方法，而且是防止饥馑的最好方法。[⑥]

谷物自然是一切新殖民地耕种的最初的和主要的对象。法律准许殖民地有极广阔的谷物市场，这样就鼓励它们推广这种耕作，使其产品大大超过稀少人口的消费，从而，预先为不断增加的人口，储存着丰富的生活资料。[⑦]

就几乎任何位置的土地说，其所产食物，除足够维持它上市所需要的劳动外，还有剩余。而这剩余，又不仅仅足够补偿雇用劳动所垫付的资本及其利润，还留有作为地主地租的余额。[⑧]

---

① 要完整理解引文的含义，一定要查阅原作者的全话，甚至需要对相关内容进行融会贯通式的思考。这里为了节省篇幅，不能过多引用全文，建议读者查看原著。

② 〔英〕亚当·斯密：《国富论》（上卷），郭大力、王亚南译，商务印书馆，1974，第157页。

③ 〔英〕亚当·斯密：《国富论》（上卷），郭大力、王亚南译，商务印书馆，1974，第111页。

④ 〔英〕亚当·斯密：《国富论》（下卷），郭大力、王亚南译，商务印书馆，1974，第97页。

⑤ 〔英〕亚当·斯密：《国富论》（下卷），郭大力、王亚南译，商务印书馆，1974，第97~98页。

⑥ 〔英〕亚当·斯密：《国富论》（下卷），郭大力、王亚南译，商务印书馆，1974，第110页。

⑦ 〔英〕亚当·斯密：《国富论》（下卷），郭大力、王亚南译，商务印书馆，1974，第148页。

⑧ 〔英〕亚当·斯密：《国富论》（上卷），郭大力、王亚南译，商务印书馆，1974，第139页。

从上述论述中可以看出，斯密论证的经济学思想和原理，无一不是置身于具体的历史时代，无一不是针对有特定的社会经济发展程度的国家或社会，这就是“经过土地改良”、富裕的、有输出入自由和国内贸易自由的国家，而在这些国家中，又都无例外地拥有极其优厚富足的生产要素潜力或通过各种方式获取这些潜力，首先是丰厚的以土地和矿藏为代表的自然生产条件。

（2）斯密以美洲为个案具体论述市场经济发展的条件与限度问题。以美洲为代表的殖民地，对英国等老牌资本主义的兴起有极大贡献，斯密对此充分高度重视。正是在殖民地的兴起中，在美洲殖民地这样的自然资源、土地与人口比例、经济体制等前提条件下，斯密的市场机制理论得到了最充分的体现。从另一个角度说，市场机制最充分的发挥优势，需要拥有美洲殖民地这样的前提条件才有可能。

斯密说：

> 在新殖民地中，资本对领土面积的比例以及人口对资本的比例，在一定时期内必定比大多数国家低。他们所有的土地，多于他们资本所能耕作的土地，所以他们只把资本投在土质最肥沃和位置最适宜的土地上……此外，购买这等土地的价格，往往低于其自然生产物的价值。为购买并改变这等土地投下的资本，必然产生极大的利润，因而使他们能够支付非常高的利息。①
>
> 谷物自然是一切新殖民地耕种的最初的和主要的对象。法律准许殖民地有极广阔的谷物市场，这样就鼓励它们推广这种耕作，使其产品大大超过稀少人口的消费，从而，预先为不断增加的人口，储存着丰富的生活资料。②
>
> 购买土地，在欧洲，是小资本利润最少的用途……一个青年，如果不愿从事工商业，而用二三千镑资本购买一小块土地来开发，固然也可希望生活愉快，不依靠人，但要希图成为大富翁、大名人，就绝对不可能了。如果他把资本用于别的用途，他就可望发大财或享大名，和别人一样。而且，这样的青年人，虽不希望成为地主，但大都不愿为农民。这样，任人购买的土地既少，土地的卖价又高，结果，使许多原来可能用于改良土地开发土地的资本都不投到这方面来。反之，在北美洲，则

① 〔英〕亚当·斯密：《国富论》（上卷），郭大力、王亚南译，商务印书馆，1974，第85页。
② 〔英〕亚当·斯密：《国富论》（下卷），郭大力、王亚南译，商务印书馆，1974，第148页。

有五六十镑的资本，便足够用来开办一个农场。那里，未开垦土地的购买与开发，既为最大资本最有利的用途，亦为最小资本最有利的用途。在那样的地方，这既是最直接的致富方法，也是最直接的成名方法。那里的土地，几乎可全无代价取得，即使须出代价，亦比其自然生产物的价值少得多。这种事在欧洲是绝对不可能的；在土地早已成为私有财产的任何国家都是不会有的。①

价格调节资源配置的原理为什么能够起作用？其发挥作用和客观资源环境之间有着何种互动关系？从斯密以下论述中可清楚体现：

价格随社会进步而腾贵的第二类生产物，其数量能应人类需要而增加。它们包括那些有用的动植物，当土地未开辟时，自然生产物很多，以致无价值可言，到了耕作进步，就不得不让位给那些更为有利的别种产物。在社会日益进步的长期过程中，此类产物的数量日益减少，而同时，其需要却继续增加。于是，其真实价值，换言之，它所能购入或支配的真实劳动量，逐渐增加，终而增加到这么多，以致与他种由人力在土壤最肥沃、耕作最完善的土地上的任何物品比较，也不相上下。但是，一旦达到这高度，就不能再增高了。如果竟然超过这限度，那马上就会有更多土地和劳动，用到这方面来生产此等物品。②

例如，牲畜价格腾贵程度，如果使人们觉得，开垦土地以生产牧草，和开垦土地以生产人类食物，有同等利益，那就不能再进一步上涨了，如果更上涨，马上就会有更多的谷田转化为牧场……在牲畜价格尚未达到这高度以前，就是适于深耕细作的土地，也必有大部分不能完全耕作。在土地广大的国家，常有大部分农地，位于僻远地方，其肥料不易仰给于都市，因此，耕作优良的土地其数量一定和农地自能生产的肥料成比例；而农地自产肥料量又一定和农地所维持的牲畜数成比例……但如果只饲养耕作所必需的牲畜，则所得肥料，决不够供给可耕地的全部，使其不断保持良好状态。肥料既不够供给全部农地，农民自然会拣最有利最便当，即最丰饶而位于农家庭院附近的土地，进行施肥，结果，在全部农地中，常保持良好耕作状态的，就单是一部分土地，而其余大部分

---

① 〔英〕亚当·斯密：《国富论》（上卷），郭大力、王亚南译，商务印书馆，1974，第379页。

② 〔英〕亚当·斯密：《国富论》（上卷），郭大力、王亚南译，商务印书馆，1974，第211页。

土地，则惟有任其荒芜……苏格兰在未和英格兰合并以前，其低地一带的土地，大都在这种方式下经营。当时能够不断靠肥料而维持良好状态的土地，常常仅占全农地的1/3甚至1/4，有时甚且不到1/5、1/6。[①]

一切新殖民地，都有大量荒芜的地。[②]

在垦殖改进的过程中，一切肉食达到最高价格的时候，必定是在辟地生产此等动物食料成为通常作法的前夕。[③]

不论任何国家，必须依人力生产的一切土地生产物的价格，要是不足以偿还土地的改良费用及耕作费用，该国内的土地，决不会完全用来耕作，完全得到改良。要使全国土地完全用于耕种和得到改良，各种生产物的价格，第一，要足够支付良好谷田的地租，因为其他大部分耕地的地租，都视谷田的地租为转移；第二，要能对农家所付的劳动和费用，给予同良好谷田通常所提供的一样好的报酬。换言之，农家必须由这价格，取回其资本，并获得资本的普通利润。[④]

以上论证，再清楚不过地说明了，正是有充裕的土地资源储备，才可能在价格有利时导致荒地被开垦，才可能据价格指引，导致资本劳力和土地在不同行业间的流动。

斯密充分认识市场需求是经济发展的基本因素。因为市场开发的过程就是新生产力形成的过程，亦即新购买力形成的过程。斯密时代，社会消费是在生产发展基础上形成的，这和当今经济学家强调的扩大支出即花钱、单纯靠刺激消费来扩大市场有重大区别。这是我们理解古典经济理论需要十分注意的。在斯密时代的市场需求和生产的关系，才是“健康的良性循环”。

在这个意义上，完全有理由认为，充分的或有可能开发的自然资源——不论采用何种途径和方式——是现代资本主义产生和发展的绝对前提条件。之所以强调自然资源，因为它是人力和技术不能创造的。对于这一点，斯密以后的西方经济学或是强调得很不够，或是被基本忽略。

斯密说：

自美洲发现以来，一直到现今，其银矿出产物的市场都是在逐渐

---

① 〔英〕亚当·斯密：《国富论》（上卷），郭大力、王亚南译，商务印书馆，1974，第211~213页。

② 〔英〕亚当·斯密：《国富论》（上卷），郭大力、王亚南译，商务印书馆，1974，第214页。

③ 〔英〕亚当·斯密：《国富论》（上卷），郭大力、王亚南译，商务印书馆，1974，第216页。

④ 〔英〕亚当·斯密：《国富论》（上卷），郭大力、王亚南译，商务印书馆，1974，第219页。

扩大。

第一，欧洲市场已逐渐扩大。美洲发现后，欧洲大部分都有很大进步。英格兰、荷兰、法兰西、德意志、瑞典、丹麦，甚至俄罗斯，都在农业及制造业上着着向前发展。意大利似乎也不曾退步……西班牙及葡萄牙据说是退步了，可是葡萄牙只占欧洲的极小部分；西班牙的衰退亦没有达到一般想象的程度。

第二，美洲本地，是它的银矿产物的新市场。这地方农业、工业及人口的进步，比欧洲最繁荣的国家也快得多，因此对银的需求的增加也自然快得多。英领殖民地，完全是一个新市场。那里，以前一向对银没有需求，现则一部分因为铸币，一部分因打制器皿，而不断增大银的需求了。大部分西班牙领和葡萄牙领殖民地，也全为新市场。新格伦纳达、尤卡登、巴拉圭、巴西等地，在未被欧洲人发现以前，其居民纯为不知工艺不知农业的野蛮民族。可是他们到现在，大部分都有了相当的工艺与农业了。墨西哥与秘鲁两国，虽不能全然视为新市场，但确是比过去扩大了的市场。

第三，东印度为美洲银矿产物的另一市场……16世纪中，与东印度进行正规贸易的欧洲民族，只有葡萄牙人。但同世纪末，荷兰人起来竞争。不数年，就把葡萄牙人赶走。英国人和法国人在前世纪即与印度进行交易，到这一世纪，他们间的贸易大大扩大了。瑞典人和丹麦人的东印度贸易开始于本世纪。俄罗斯人，最近也组织所谓商队……赴北京与中国进行正规的贸易……①

斯密认为：

文明国家的殖民地，其土地荒芜，或人口稀少而土人容易对新来的殖民者让步的，往往比任何其他人类社会富强得更快……每个殖民者所得的土地，都多于他所能耕作的土地。他无须支付地租，大都不纳税。没有地主分享他们的收获，君王所分掉的通常都很少。他自会使生产物增加，因为这生产物几乎全是他自己的。但他所有的土地往往是那么广阔，以致尽它一己的劳动，以及他所能雇用的他人的劳动，也不能使土地生产出它所能生产的数量的十分之一。所以，他极想从各地搜集劳动

① 〔英〕亚当·斯密：《国富论》（上卷），郭大力、王亚南译，商务印书馆，1974，第194～197页。

者，并以最优厚的工资来作报酬。但此等优厚的工资，加上土地的丰饶低廉，不久就使那些劳动者要离开他，自作地主，以优厚的工资，报酬其他劳动者。正如他们离开他们的主人一样，这些其他劳动者不久也离开他们。优厚的报酬，奖励了结婚。儿童们，在幼年时期中得到很好的教育。到长大时，他们的劳动价值，大大超过其抚养费。到成年时，劳动的高价格与土地的低价格，又使他们能够自立，像他们的祖先那样。

在其他国家，地租和利润吃掉工资，两个上层阶级压迫下层阶级。但在新殖民地，两个上层阶级的利害关系，使得他们不得不更宽宏更人道地对待下层阶级……生产力极大的荒地，只须付出很小的代价就可获得。身兼企业家的地主，希望从改善耕作增加其收入，这种增加的收入便是他的利润。在这种情况下，利润一般极为丰厚。但这种丰厚的利润，除非雇用他人的劳动来开垦土地耕种土地，就无法取得。在新殖民地上，土地面积的大与人口之少，其间的不相称现象使他难于取得这种劳动。所以，他不计较工资，愿在任何价格下雇用劳动。劳动工资的高昂，鼓励了人口的增殖。良好土地的丰饶与低廉，又鼓励了耕作的改善，使地主能支付这样高的工资。土地的全部价格，几乎由此种工资构成。①

以下，斯密根据历史实际加以经济学分析，提出了对欧美资本主义形成的极为重要的一些关键点，即可以形成新生产力的大规模自然资源储备的潜能，而这些潜能，对绝大多数国家而言是不可想象的。

斯密认为：

进步最速的殖民地，要算英国的北美洲殖民地了。

一切新殖民地繁荣的两大原因，似乎是良好土地很多，和按照自己方式自由处理自己事务。②

斯密说：

肥沃土地的丰饶与低廉，是殖民地迅速繁荣的主要原因。土地的独占，事实上破坏了这种丰饶与低廉。未耕地的独占，又是土地改良的最

① 〔英〕亚当·斯密：《国富论》（下卷），郭大力、王亚南译，商务印书馆，1974，第136～137页。

② 〔英〕亚当·斯密：《国富论》（下卷），郭大力、王亚南译，商务印书馆，1974，第143页。

大障碍。[1] 英国殖民地，在处置其剩余生产物即自己消费不了的生产物时，比任何其他欧洲国家的殖民地，都处于更有利的地位，而且拥有更广阔的市场。[2]

作为一个大国，欧洲从美洲的发现和拓殖取得了以下利益：（一）这大国的享乐用品增加了；（二）这大国的产业增大了。

输入欧洲的美洲剩余生产物，给这个大陆居民提供了许多种类的商品，要不是由于美洲的发现和拓殖，他们是不可能有这些商品的……

显而易见，美洲的发现与拓殖，促进了以下各国的产业：（一）与美洲直接通商的国家，如西班牙、葡萄牙、法国、英国；（二）不直接与美洲通商，但以他国为媒介，把大量麻布及其他货物送到美洲的国家，如奥属法兰德斯和德国的某几省。这一切国家显然都有比较广阔的市场来销售他们的剩余生产物，因而必然会受到鼓励来增加剩余生产物的数量。

这类大事件，对于不曾把自己生产的物品输出到美洲去的国家如匈牙利和波兰，是否也产生促进产业的作用……却是无可怀疑的。美洲的生产物，有一部分是在匈牙利和波兰消费；那里，对于新世界的砂糖、巧克力、烟草，亦有若干需要。这类商品的购买，必须用匈牙利和波兰产业产物或用若干此等产物购入的东西来购买。美洲的这类商品，乃是新的价值，新的等价物，输出到匈牙利和波兰，交换那里的剩余生产物。这类商品输到那里去，就给那里的剩余生产物开辟出一个新的较为广阔的市场，提高它的价值，因而促进它的数量的增加……[3]

在自然与自由状态下，殖民地贸易给英国产业的邻近市场即欧洲市场与地中海沿岸各国市场所不能容纳的那一部分产物，开辟了一个虽是很远但却很大的市场。在自然与自由状态下，殖民地贸易，不会使英国从原来运销邻近各市场的产物中抽出任何部分，却会使殖民地不断提出新等价物来交换英国剩余生产物，从而鼓励英国不断增加其剩余生产物。在自然与自由状态下，殖民地贸易，倾向于增加英国生产性劳动量，却不倾向于改变其原先的用途。在自然与自由状态下，殖民地贸易得由其他一切国家进入竞争，这样就使新市场或新行业上的利润率不会上升到一般水平之上。新市场，用不着从旧市场吸收任何东西，就会创造一个

① 〔英〕亚当·斯密：《国富论》（下卷），郭大力、王亚南译，商务印书馆，1974，第144页。
② 〔英〕亚当·斯密：《国富论》（下卷），郭大力、王亚南译，商务印书馆，1974，第146页。
③ 〔英〕亚当·斯密：《国富论》（下卷），郭大力、王亚南译，商务印书馆，1974，第162页。

新生产物来供给自己。而这新产物就会构成一个新资本，来经营新行业……①

殖民地贸易所开拓的新市场，与其说是欧洲原生产物的新市场，倒不如说是欧洲制造品的新市场。农业是一切新殖民地的适当业务，因为其土地低廉，故与他处相比，农业显得更有利。所以，殖民地富有土地原生产物，它们不但不要输入土地原生产物，通常有大量的剩余输出……殖民地贸易对于欧洲农业的鼓励，主要是间接的，即鼓励欧洲制造业，从而间接鼓励欧洲农业。殖民地贸易所维持的欧洲制造业，是欧洲土地生产物的一个新市场。我们说过，最有利的市场即谷物和牲畜、面包和家畜肉的国内市场，在这种情况下，赖美洲贸易而大大扩张了。②

从上述斯密论述中，极清晰地表明，他的市场经济、市场机制形成和发挥作用的必要环境条件，是既有可供开发的、有巨大潜力的生产条件，又有可能去进行开发的资本和劳动力，同时还有保障开发者获利的政治和经济机制。以上三方面，也就是资本主义生产方式得以形成的原因，即其形成的必要前提条件。

上述表明，斯密对农业和粮食生产对所有人口的生命保障作用和城市工商业的基础作用有足够的认识，他也认为在许多地区，由于未开发而存在大量可供利用的荒地和土地后备资源，可以在市场—价格机制作用下得以开垦利用，这些都是一个整体的市场经济得以形成的必要条件。但是斯密也看到，在一些国家内、在一些城市的外围及腹地，并不具有良好的、可以支持工商业和城市经济发展的农业和发展农业的潜力。那么，这类地方能否发展起兴盛的工商业呢？斯密的答案是肯定的：只要实行国际贸易，以自身的产品交换外国外地的农产品就有可能。斯密还特别从历史角度，论证了西欧各国的发展所走的道路是与自然顺序相反的、以工商业带动农村发展的道路。

（3）斯密对农业和工商业关系的论述。

以下，我们专门注视斯密关于农业与工商业关系的论述，以从中进一步全面而非片面孤立地领会他的市场经济必要前提对于市场机制的作用思想。

斯密说：

---

① 〔英〕亚当·斯密：《国富论》（下卷），郭大力、王亚南译，商务印书馆，1974，第179页。

② 〔英〕亚当·斯密：《国富论》（下卷），郭大力、王亚南译，商务印书馆，1974，第179～180页。

任何一国的贸易，都以城乡之间的贸易为最大而最重要的部门。城市居民的工作材料及生活资料基金，仰给于农村的原生产物，而以一定部分制成了的、适于目前使用的物品送还农村，作为原生产物的代价。这两种人之间的贸易，最终总是以一定数量的原生产物，与一定数量的制造品相交换。①

按照事物的本性，生活资料必先于便利品和奢侈品，所以，生产前者的产业，亦必先于生产后者的产业。提供生活资料的农村的耕种和改良，必先于只提供奢侈品和便利品的都市的增加。乡村居民须先维持自己，才以剩余产品维持城市的居民。所以，要先增加农村产物的剩余，才谈得上增设都市。但因为城市生活资料，不一定要仰给于附近的农村，甚至不一定要仰给于国内的农村，而可以从远方运来，所以，这虽然不是一般原则的例外，却使各时代各国家进步繁荣的过程，因而有所差异。②

按照事物的自然趋势，进步社会的资本，首先是大部分投在农业上，其次投在工业上，最后投在国外贸易上。这种顺序是极自然的……这个自然的顺序，虽然在所有进步的社会里都已在某种程度上发生，但就今日欧洲各国的情状说，这个顺序却就许多方面说，似乎是完全相反。它们的精制造业或适于远地销售的制造业，多由国外贸易引出。农业大改良，也是制造业和国外贸易所产生的结果。这种反自然的退化的顺序，乃是风俗习惯迫成的。③

城市居民的食品、材料和产业手段，归根结底，都出自农村。但近海岸沿河边的城市居民，却不一定只从邻近农村得到这些物品。他们有大得多的范围。他们或以自身工业的制造品作交换，或经营遥远国家间的运输业，以甲国产物交换乙国产物。而从远地取得他们所需要的种种物品。一个城市不但在其附近农村都很贫乏都很衰落，而且它所与通商的各个农村也都很贫乏很衰落的情况下，仍可发达起来，日臻于富强。因为单个地说，每个农村对它所提供的食料与雇用机会也许有限，但综合起来说，它们所能提供的却极可观。不过，在商业范围还极其狭隘的那时，就有些国家很富裕、产业很发达了。④

---

① 〔英〕亚当·斯密：《国富论》（下卷），郭大力、王亚南译，商务印书馆，1974，第251~252页。
② 〔英〕亚当·斯密：《国富论》（上卷），郭大力、王亚南译，商务印书馆，1974，第346页。
③ 〔英〕亚当·斯密：《国富论》（上卷），郭大力、王亚南译，商务印书馆，1974，第349页。
④ 〔英〕亚当·斯密：《国富论》（上卷），郭大力、王亚南译，商务印书馆，1974，第366~367页。

在欧洲，最早由商业致大富的，似为意大利各城市。十字军虽然破坏了许多资财，但却非常有利于意大利若干城市的发展。

在欧洲大部分地方，城市工商业是农村改良与开发的原因，而不是它的结果。①

都市对这些资料与原料给付代价的主要方法有二：第一，把那些原料中的一部分加过工制成成品送还农村，这样，那些物品的价格，就因劳动工资及老板或直接雇主的利润而增大了。第二，把由外国输入或由国内遥远地方输入都市的粗制品或精制品一部分，送往农村；这样，那些物品的原价，就因水陆运输的劳动者工资及雇用这些劳动者的商人的利润而增大了……只要会使那些工资和利润……有所增加的，就会使都市能以较少的都市劳动量购买较多的农村劳动量。此等规则（指城市中同业组合与组合法规），使都市商人和技工享有比农村的地主、农场主及农业劳动者更大的利益，因而破坏了都市与农村商业上应有的自然均等……由于有了此等规则，都市住民，就享有此等规则未制定前所不会有的较大份额，而农村住民，却享有较少的份额。

都市对每年由农村输入的食品和原料，实际上所给付的代价，乃是它每年输往农村的制造品及其他物品的数量。输出品的卖价愈高，输入品的买价便愈低。都市产业就更为有利，而农村产业就更为不利。

所以，都市产业的报酬，必然比农村产业优异。都市的劳动工资和资本利润，也明显地比农村大。但是，资本与劳动，自然要寻找最有利的用途。它们自然要尽量汇集于都市而离开农村。②

近代欧洲各国的政治经济学，比较有利于制造业及国外贸易，即城市产业，比较不利农业，即农村产业……③

（三）斯密市场机制—市场理论的局限——非市场经济社会的发展问题

1. 斯密市场理论的特定条件

从以上斯密本人的论述中，已经说明，其市场—分工理论是有特定历史

① 〔英〕亚当·斯密：《国富论》（上卷），郭大力、王亚南译，商务印书馆，1974，第378页。
② 〔英〕亚当·斯密：《国富论》（上卷），郭大力、王亚南译，商务印书馆，1974，第119页。
③ 〔英〕亚当·斯密：《国富论》（下卷），郭大力、王亚南译，商务印书馆，1974，第246页。

背景的，是有必须满足的前提条件的。虽然斯密并未明确地将其普适化为全世界经济发展的一般规律，但应该说，对一些特定国家而言，斯密的分工—市场理论确实含有“经济发展一般原理”的意义。最大的问题在于，很多人包括斯密以后的众多经济学家们，他们有意或无意地忽略了斯密提出理论的时代背景，更将斯密理论赋予一种经济发展的历史普遍规律和经济学的基本定律的意义，即从不完全的交换到充分的市场经济，从局部贸易到世界范围内的国际贸易，从不完全的分工到彻底完全的社会分工。这个逻辑的最终结果就是：最大最充分的交换亦即国际贸易，几乎不可避免地在理论上被冠以最充分完全的“社会分工”桂冠，定性为“文明进步社会”发展最重要的基本条件。其实质就是通过最大限度的商业贸易即斯密所言的“做买卖”以博取利润的最大化。这既是资本主义经济的核心，也是以斯密为代表的西方资本主义经济学的基石。

同时，我们也充分注意到，斯密的分工理论的实证基础源于西欧国家，且以英、法、荷、葡、西、意等国家为主。这既给斯密型动力提供了实证案例，也给斯密型动力的“可靠性”和“普适性”设定了严格的界限。至少斯密本人并未论证其他各国都会遵循欧洲国家的经济发展规律。在关于分工、交换对经济发展的影响方面，他特别提到中国、印度等国家与欧洲的重要差别。

2. 斯密不是一味将自己的理论建立在以人类社会各种生产方式为基础的分析之上，而是集中讨论其时代方兴未艾的“资本主义”社会经济

凡不符合上述发生和发展基本条件和环境的社会经济，斯密并非完全未加注意乃至论及，但是均不在他深入研究的范围之内，这就在西方古典经济学的理论基础上“开了一个天窗”，即允许人们推论：严格来说，斯密理论体系（原理）是不包括或不适用于上述社会经济的。

斯密本人对于非资本主义的经济形态的表述相当简略。他自己列举的生产方式包括：①未经过社会分工者；②未确立私有制者；③经济发展到极限，已无潜能扩大供给与需求者；④有特定的自然环境等条件制约，而不能产生资本主义生产方式者（人类劳动与自然界的三种关系）。

斯密自己解释如下。

关于①和②：

在土地尚未私有而资本尚无积累的原始社会状态下，劳动的全部生产物属于劳动者，既无地主也无雇主来同他分享……但劳动者独享全部劳动产物的这种原始状态，一到有了土地私有和资本积累，就宣告终结了。所以，在劳动生产力尚未有显著改善之前，这种原始状态早已不复存在了；要就此种状态对劳动报酬或劳动工资所可能有的影响作进一步的探讨，那是徒劳无功的。① 我相信，在现在世界通商的状态下，即使最不开化的民族，只要土地所有制已经确立，就在一定程度上有这种对外贸易……于是，此等材料的价格，就给地主提供了若干地租。②

关于③：

一国所获得的财富，如已达到它的土壤、气候和相对于他国而言的位置所允许的限度，因而没有再进步的可能，但尚未退步，那么在这种状态下，它的劳动工资及资本利润也许都非常的低。一国人口的繁殖，如已完全达到其领土所可维持的或其资本所可雇用的限度，那么，在这种状态下，职业上的竞争必然非常激烈，使劳动工资低落到仅足维持现有的劳动者人数……③

从斯密学说中，人们虽然可以分辨出他不予论证的数种社会形态，但并不能就此简单地认为这些是其理论缺陷。任何理论都有自己的特定内涵，所谓适用一切状况、能解决一切问题的“真理”是不存在的。斯密理论的真正问题是，其一，没有确立土地私有制的社会，是否就等同于“原始社会状态”？或者说，在土地作为私有制下的私人资本出现前，人类的社会经济形态究竟如何？这需要很好地讨论。其二，在大规模国际贸易出现后，就最简单的双边贸易而言，据现有的世界经济史和国际贸易史来看，贸易双方至少有如下状况：第一，文明进步富裕的国家之间的交换贸易；第二，与文明进步富裕的国家贸易的另一方，按斯密“完全彻底分工”的标准衡量，是比较落后的国家和地区；第三，与文明进步富裕的国家贸易的是十分原始的“野蛮部落”为主的地区。国际贸易的结果，对处于很不相同状况的国家而言，其后果是否都一样呢？精确地说，“落后国家和地区”在经过与西方的国际贸易

① 〔英〕亚当·斯密：《国富论》（上卷），郭大力、王亚南译，商务印书馆，1974，第58～59页。

② 〔英〕亚当·斯密：《国富论》（上卷），郭大力、王亚南译，商务印书馆，1974，第155～156页。

③ 〔英〕亚当·斯密：《国富论》（上卷），郭大力、王亚南译，商务印书馆，1974，第87页。

后的数十或数百年后，是最终走上了西方世界的道路，还是依然贫困落后，处于世界经济的“边缘化”状态呢？而对于包括中国在内的一些国家，在“向现代转型”的过程和道路上，其进步和发展，是西方资产阶级的商品重炮摧毁民族仇外心理的结果，还是这类国家民族传统的积极因素与世界先进相结合的新产物作用的结果呢？

毫无疑问，完全分工、充分交换直至完全的国际贸易理论，对早期资本主义国家，是绝对有利、绝对不可或缺的。西方古典经济学诞生于世界资本主义形成和发展初期，这一时期，迅速扩大的国际贸易是经济增长的基本原因之一，也是经济学家形成和构建自己理论的主要内容之一。熊彼特曾一针见血地指出：

> “古典”作家大多是热心的自由贸易论者，他们无疑都急于指出国际贸易给一个国家带来的好处或利益……这些东西实际上就是他们在该领域所取得的最重要的成就。①

但斯密理论对于最充分的分工即国际分工（国际贸易）对“发达国家”的贸易的另一方即“欠发达地区”贸易对象所带来的后果和影响问题，在《国富论》中几乎完全没有提及。其后最著名的古典学派国际贸易理论家李嘉图的论述核心，是讨论处于文明程度大致相当国家之间的双边贸易对各自的资源配置作用问题，亦完全不涉及其他类型的国际贸易（而且即便在这种“文明国家”之间的贸易理论中，李嘉图也有需要重加补充之处，古典学者中大概只有马尔萨斯补上了这个不足，容后详论）。

三　经济理论中资源限制条件对经济发展作用的弱化

在古典经济学家那里，对经济发展的自然环境限定条件有一个理论认识过程。如果高度概括地介绍之，可以说这是一个随着交换、社会分工和市场化的扩展，自然环境对于经济发展的制约作用被愈益淡化的过程。

西方古典经济学诞生于世界资本主义形成和发展初期，迅速扩大的国际贸易是经济增长的基本原因之一，也是经济学家形成和构建自己理论的主要

① 〔美〕约瑟夫·熊彼特：《经济分析史》（第二卷），商务印书馆，2005，第359页。

内容之一。许多人认为，对这一时期的主要资本主义国家而言，国际贸易可以使他们获得进行贸易前所不能得到的多项“比较利益”，支撑这种认识的理论根据主要来源于李嘉图的“比较成本”理论①。

（一）李嘉图

如果说，在斯密理论中，人们可以捕捉到他对市场经济机制的限定条件，特别是在社会分工亦即市场经济“不充分”地区，对于解决人类社会最基本的生存问题仍存在着若干不确定性，那么在李嘉图的理论中，这些不确定性就大大减轻甚至消失了。

人们可以从李嘉图的一段话中清楚地看到他对完全自由的国际贸易带来的“巨大贡献”的充分肯定，他说道：

> 《英国百科全书补遗》最后一卷里，《谷物法与贸易》条目下有下述杰出的议论和评论：“如果我们在未来的任何时候中想要缩回我们的脚步，以便有时间从耕种贫瘠土地的用途中撤出资本，并把它投入更有利的企业中去，我们可以采用一种递减的关税税则……那时商港就可以安全地开放，限制制度就可以永远废除。当这种快意的情形出现时，就没有必要再以人力强制自然了。国家的资本和企业就可以转到我国自然环境、国民性格或政治制度使我们最能发展长处的工业部门中去。波兰的谷物和卡罗林纳的原棉，将会和伯明翰的制造品以及格拉斯哥的棉布相交换。保障国家永久繁荣的真正商业精神与愚昧而偏狭的独占政策是全然不能相容的。世界各国正象一个王国的各行省一样，不受束缚的自由贸易既然能产生普遍利益，也能产生各地区的局部利益。”整个这一条都很值得注意，富于启发性，写得很精彩，说明作者完全精通了这一问题。②

值得注意的是，在上述李嘉图的评论中可以使人得出三个印象，其一，国际贸易可以使贸易各方都获得最大利益。其二，开展国际贸易，可以使一个大国如英国，放弃部分农业，并进口粮食，以将这部分资本配置到工业中

① 即李嘉图著名的“葡萄牙葡萄酒与英国毛呢交换”的说明，详见〔英〕大卫·李嘉图《政治经济学及赋税原理》，郭大力、王亚南译，商务印书馆，1962，第113~115页。

② 〔英〕大卫·李嘉图：《政治经济学及赋税原理》，商务印书馆，1962，第227页。

去。其三，充分开展的国际贸易可以达到这样的局面：世界各国甚至可以如同在一个国家之内一样，完全按照自身的特点，不受任何束缚地获取普遍的和自己的最大利益。

这样，比较成本和比较利益学说，就在理论上为突破自然资源和自然条件对经济发展的限制打开了大门。可以使贸易国家发展出原先因为自身的自然条件限制而难以形成的经济优势，从而为经济的充分发展创造条件。

（二）马尔萨斯

古典经济学家中，可能只有马尔萨斯，对“国际分工”能否解除各类国家（哪怕局限于“已发展国家”）的粮食生产对一国的经济安全保障之威胁，提出了重大理论挑战。

个人认为，马尔萨斯可谓是古典经济学家中对经济发展与人类基本生存条件的相互关系研究得最深的学者。

可能是马尔萨斯的“人口按几何级数增长，生活资料按算术级数增长”的论点过于著名，很多人只以此评判马尔萨斯的经济思想，并以此对马氏大加鞭笞，这实在过于简单化了。如果平心静气地读一下《人口原理》，当不难发现，马尔萨斯的中心思想可以理解为：人类的繁衍和所有的生命活动，都不能超出他们可能获取的生活资料的供给数量。这是统率马尔萨斯全部经济思想的总纲和灵魂。正是在这个最高指导思想的统率下，马尔萨斯才将其具体化为人口原理的原则范式：“对人口增长的最后抑制是食物的缺乏”①，“必须永远把人口抑低到和生活资料相适应的水平”②。

应该注意的是，马尔萨斯讨论的人类生活资料的保障问题不是一般的泛泛之谈，而是将理论重心放在商品经济、工商业发展与基本生存产业——农业、粮食生产——的相互关系方面。因此，在理解和分析马尔萨斯思想时，最重要的是应该明白，他是在研究、讨论和诠释作为社会经济问题的基础即第一层次的、事关人类最基本的生存保障条件，以及这些条件对于经济发展的关系问题，亦即经济发展的安全底线和最低保障问题，而不是如同绝大部分经济学家那样，完全不涉及，或以此问题已“不成问题”为前提，去讨论经济的增长问题。他的论述和结论，都严格地以这安全底线为发展经济的不

---

① 〔英〕马尔萨斯：《人口原理》，商务印书馆，1961，第7页。

② 〔英〕马尔萨斯：《人口原理》，商务印书馆，1961，第5页。

能突破的前提。正是在这个范围内，马尔萨斯提出了农业和工商业之间的关系：

> 商业和工业对于农业是必需的；但农业对于商业和工业更为必需。农耕者的剩余产品（从最广泛的意义来说）衡量并限制不用在土地上的那部分社会力量的发展，这是永恒的真理。在全世界任何地方，一切制造业者、商人、业主以及从事各种文武职业的人员的数目都必须完全与这种剩余产品相适应……因为制造工人们必须先有生活资料，然后才能完成他们的工作。除非耕种者从土地上所获得的东西多于他们自己消费的东西，任何其他工业都是一筹莫展的。①

如果不明白马尔萨斯论证问题的对象和范围，笼统地将其论点视为研讨一般的、特别是资本主义生产方式已占主体的社会的经济增长问题，进而评头品足，那就是将时代背景环境和讨论的问题范畴完全丢弃的“乱说一通”，是完全应该被摒弃于科学研究对话的平台之外的。

在《人口原理》中，除了从历史事实出发论证人口数量与粮食生产的关系外，马尔萨斯还专门针对农业与工商业的相互关系对于一个国家经济发展的影响问题，对一些国家分类进行较深入的研究。其分类是，第一，只是农业发达而工商业欠发达。第二，工业、商业都较发达而农业欠发达，需要依赖从国外进口粮食的国家。第三，工商业与农业均较发达。

马尔萨斯深入比较了第一种类型即国内农业发达但工商业欠发达与第二种类型即工业、商业都较发达而农业欠发达、主要依赖从国外进口粮食的国家在发展道路上的区别。

马尔萨斯把第一类国家定义为农业生产状况较好且有开发耕地的储备资源，从而可以向国外输出粮食。但是工商业尚欠发展。他将此类国家称为“农业制度”类国家。他认为，这样的国家的人口增加，不会因为土地生产力缺乏或其实际产品不足以供人口所需而受到直接的抑制。但由于需要以农产品出口换取工业品，而农产品比价较低，该国的劳动人民在人口增长上受到“实际工资调节的获取生活资料的能力”的局限。马尔萨斯认为：

> 在农业制度之下，社会低层人民生活极其艰苦的实例比较多，但这

① 〔英〕马尔萨斯：《人口原理》，商务印书馆，1961，第378～379页。

并不能归咎于农业本身：那些居民努力主要用在土地方面，并且一直有谷物出口的国家，可以依照它们所碰到的特殊情况，有时富裕，有时贫困。一般地说，这些国家不易于受到由于季节变化而来的暂时缺粮的灾难……这些国家的情况是否前进、停滞或后退，将取决于其他原因，而不取决于他们的注意力主要用在农业上的原因。[①]

马尔萨斯将工业、商业都较发达而农业欠发达、主要依赖从国外进口粮食的国家，与第一类国家在经济安全保障和发展前景方面进行了比较：

一个商业和工业比较发达的国家可以从各色各样的其他国家购得粮食；也许可以认为，根据这种制度，它可以继续多购买一些谷物，维持迅速增长的人口，直到一切与它有贸易的国家的土地完全都耕垦了为止。[②]

马尔萨斯紧接着批驳了上述看法：

第一，专靠资本和技能以及现在掌握的特殊商务途径而存在的种种利益，其性质并不是永久的……要想任何一个国家，仅仅靠着技能和资本，就能掌握它所有的市场而不受外来的竞争的干扰，这是一种不合理的希望。[③]

第二，即使在相当长的期间之内能够排斥任何强有力的外来竞争，可是也会发觉本国的竞争几乎是不可避免地产生着同样的结果。[④]

第三，一个不但必须从外国输入工业原料而且也必须输入人民生活资料的国家，其财富和人口的增加，几乎完全取决于与它有直接贸易关系的那些国家的财富和需求的增加。

有人说：工业国对供应它以粮食和原料的国家的信赖程度，并不比农业国对为它制造工业品的国家的信赖程度高；但这是一种用词不当的说法。一个拥有大量土地资源的国家，把主要部分的资源都用于耕种，工业品由外国输入，一定是于它有利的。这样做常常可以最有效地利用它的全部劳动，并且最迅速地增加它的财富。一个粮食和原料可以自给的国家，即使

① 〔英〕马尔萨斯：《人口原理》，商务印书馆，1961，第 376 页。

② 〔英〕马尔萨斯：《人口原理》，商务印书馆，1961，第 380 页。

③ 〔英〕马尔萨斯：《人口原理》，商务印书馆，1961，第 380 页。

④ 〔英〕马尔萨斯：《人口原理》，商务印书馆，1961，第 381 页。

它的邻国的工业情况不振或其他原因大大限制或完全阻碍它所需的工业品的输入，也不至于长期没有办法。

另一方面，假如一个只是从事制造业的国家不能获得粮食和原料。显然它就不能长期存在……不仅这种国家的绝对存在有赖于它的对外贸易，而且它的财富的增进也几乎完全是由与它有贸易关系的那些国家的发展和需求来决定的。①

第四，一个必须从其他国家输入几乎全部原料和生活资料的国家，不仅完全依靠它的顾主的需求（因为这种需求可以受到懒惰、勤劳或无恒心的各种各样的影响），而且在这些国家自然而然地发展那部分它们可以合理希望在一定时期以后能够具有的技术和资本的过程中，它还要受到必不可免的需求减少的影响。②

马尔萨斯在列举了威尼斯遭受葡萄牙竞争、弗兰德斯遭受安特卫普竞争、安特卫普遭受阿姆斯特丹竞争等事例后说道：

在所有这些商业国的例证里面，财富与人口的增进似乎是受到了上面提到的一个或较多的原因的限制，因为这些原因或多或少都必须要影响到那种获得生活资料的力量的。③

在马尔萨斯看来，农业发达国家虽然较工商业发达国家略胜一筹，但两者均有明显不足。他认为最完满的是“农业与商业制度的结合”，即土地资本和工商业资本相当大，而且其中一个并不比其他一个更重要的国家。他认为，这种国家，可以兼具两种制度的优点，同时它还能避免每一种制度单独存在时所特有的弊病。马尔萨斯就此论证道：

一个粮食可以自给的国家，就不会因为任何外来竞争的缘故而使人口必须立即减少。倘使一个单纯商业国的出口货物由于外国竞争的缘故而大为减少，它就可以在极短时间内失去维持同样数目的人口的力量。但是一个拥有土地资源的国家，倘使其出口减少，它只不过是损失一些外国的便利品和奢侈品；最大的和最重要的贸易亦即在各城市和乡区间

① 〔英〕马尔萨斯：《人口原理》，商务印书馆，1961，第382～383页。

② 〔英〕马尔萨斯：《人口原理》，商务印书馆，1961，第383页。

③ 〔英〕马尔萨斯：《人口原理》，商务印书馆，1961，第387页。

进行的国内贸易，仍将不会受到什么影响。①

在我们所比较的两种国家里，国内贸易的影响也是同样不同的……在专门从事制造业与商业的国家里，国内竞争和资本充斥的两个因素可以降低工业品对农产品的比价，以致投在制造业的增加资本不一定可以在交换上获得更多的粮食。在拥有土地资源的国家里，这种事情是不会发生的……②

在一个国家里，倘使它的收入只是利润和工资，那么利润和工资的减少就可以大大减少它所能支配的收益……但是如果国家的收入是由地租以及利润和工资构成的，那么利润和工资的损失的一大部分能够在地租上收回来……③

富于土地而且商业和工业都很发达的国家，另外还有一种显著的利益，就是它的财富和人口的增加，不大依赖其他国家的情况和发展。④

商业国家的人口的达到极限，是在国外市场的实际情况使他们不能按时输入更多的粮食的时候。在自己国内生产它所需的全部粮食的国家，其人口的达到极限，是在土地已经完全被占有被耕种到了这种程度，以致加雇一个工人所多产的粮食平均起来还不能养活一个可以使人口增加的家庭的时候。显然这就是人口增加的实际极限，这种极限任何国家从来没有达到过。⑤

马尔萨斯的结论是：

要使国家有最大的繁荣，就需要把农业和商业结合在一起，而不能只具有二者之一。⑥

从上面马尔萨斯的观点中不难看出，他的理想的“繁荣富裕”之国，是农业和工商业都有很好发展的国家。这样的国家，并非是占据了当时世界各国中多么领先的地位（按现时之话，在全球的 GDP 中占有多大份额），而是在各种不利因素特别是国际竞争中的种种不利因素中，能够有极强大的抵御

① 〔英〕马尔萨斯：《人口原理》，商务印书馆，1961，第 389 页。
② 〔英〕马尔萨斯：《人口原理》，商务印书馆，1961，第 389 页。
③ 〔英〕马尔萨斯：《人口原理》，商务印书馆，1961，第 389 页。
④ 〔英〕马尔萨斯：《人口原理》，商务印书馆，1961，第 390 页。
⑤ 〔英〕马尔萨斯：《人口原理》，商务印书馆，1961，第 392 页。
⑥ 〔英〕马尔萨斯：《人口原理》，商务印书馆，1961，第 396 页。

和抗击能力，可以立于不败之地。

而这种不败之地的基础之一就是粮食可以自给而不依赖外国或国际市场。马尔萨斯在《论谷物法》中对粮食出口津贴的支持和反对对进口粮食的限制的论述，使人们对其思想的了解更加明确了。下面的话并非马尔萨斯原文，但笔者认为符合他的意思。

> “倘使一个（对一个具有农业资源和工商业发展优势的）国家，由于所有这些原因或其中的任何一个原因，竟习以为常地依赖外国来养活相当大的一部分人口，那么在这种情形存在的时候，显然它会受到一个纯粹从事工商业的国家往往会受到的那些祸害。”而反过来看，如果我们一向出产自己所消费的粮食，如果一次严重的歉收迫使国家进口外国粮食，那么进口粮的数量也一定会大大减少。在价格上的不利、吃亏也一定会大大减轻。①

特别值得注意的是，马尔萨斯在阐述自己的观点时相当谨慎地区分了不同讨论对象的不同特点，从而尽可能避免某种公式化、概念化倾向。这使得他的论点更有说服力了。在讨论粮食是否应该主要从国外进口时，他认为要区分几种不同情况的国家。

第一，有许多曾在历史上放过异彩的国家，它们的领土与它们的主要城镇对比起来简直小得太不相符，因此绝对没有能力来供应所有的人口所需的粮食。在这种国家里，所谓大国的主要国内贸易亦即城市与乡村之间的贸易，一定是国际贸易，而外粮的进口是它们生存所必需的。这些国家可以说是天生就享受不到土地的好处的。不论一种单纯的重商或重工的体制将遭受怎样的危险和不利，它们都没有选择任何其他道路的力量。

第二，外粮进口的限制办法显然是不能适用于这类国家的，它们由于本国的土壤和气候关系，在国内供应上，收成的变化很大，往往会遭受很大的突然的变化。一个处境如此的国家，无疑地会尽量多开辟一些进出口市场，以便增加获得可靠的粮食供应的机会，并且实际上大概也如此，即使其他国家有时会禁止自己的粮食出口或对出口粮食征税。这样的国家所必然遭受的特种灾祸，只有通过鼓励最自由的国际粮食贸易才能减轻。

第三，限制进口的办法是不能适用于土地非常贫瘠的国家的，虽然它的

---

① 〔英〕马尔萨斯：《人口原理》，商务印书馆，1961，第399～400页。

面积也许是相当大的。

马尔萨斯认为，有上述情况的国家不能实行限制粮食进口政策。但除此之外就要另当别论了。他针对某种说法毫不留情地评论道：

> 有人建议（当然只是一种戏言而不是认真的），欧洲应该在美洲种植它的谷物，并且作为一种最好的世界分工方法，它应该用它的全力专门从事于工商二业。但是即使在这种痴心梦想的假定之下，以为事物的必然过程一定会在短期内达到这样一种分工，而且欧洲或者可以通过这种方法养活更多于它的土地所能养活的人口，其结果也一定是很可怕的。①

马尔萨斯还指名道姓地抨击了主张谷物自由贸易的说法：

> 有人就一再重复说——显然是毫无一点事实作为根据的——谷物的自由贸易一定能够保证我们不会受到饥荒。《英国百科全书》附编里《谷物法令》一文的作者甚至这样说："常常会有这样的事，一个国家歉收的时候，其他某些地方都会遇到丰收……全世界的粮食总是很充裕的。只要我们抛弃了我们的禁令和限制并且不再与上苍的智慧对抗，那就保你可以常常得到丰足的粮食。"同样的文字一再见之于上述的论文中……现在我们有充足的理由相信这些话与最广博的实际经验一定是相矛盾的。②

马尔萨斯宣称：

> 这是一种无可怀疑的真理，就是，每一个领土国家，在它向富裕展进的自然过程中，应该为自己生产工业品……但是当美国依照这条原则开始对欧洲停止谷物的供应，而且欧洲在农业方面的努力又不能充分补给所缺的粮食的时候，我们一定就会感到，这种在财富和人口方面较大的暂时利益是用长期的退步和贫困这种高昂的代价换来的。③

马尔萨斯引用亚当·斯密的话以加强自己观点的正确性。亚当·斯密说："任何一个工业国家通过工业和商业得来的资本，在其中一部分已经在土地耕

---

① 〔英〕马尔萨斯：《人口原理》，商务印书馆，1961，第411～413页。

② 〔英〕马尔萨斯：《人口原理》，商务印书馆，1961，第424页。

③ 〔英〕马尔萨斯：《人口原理》，商务印书馆，1961，第413～414页。

耘和改进中保存和实现以前，都是一种不稳定的和不可靠的所有物。”[①] 在一个拥有大量土地资源的国家里，对外粮进口的限制，不但会把从商业和工业中得来的利益，不管是永久的或是暂时的，散布在土地上，并且因此而（用亚当·斯密的话来说）保持和实现它；而且还能防止农业和商业改进中常常带来灾害的那些动荡。[②]

但是，在市场经济在全球不断扩张、经济发展突飞猛进的大趋势下，马尔萨斯的理论在很长时期内被抛弃了。正如熊彼特所指出的：在拥护自由贸易和反对加诸生产的限制的论证中“读者可以欣赏到这样一幅关于资本主义过程的图画：它只表现了工业的胜利向前推进，除了局部性的失调和限制性的政府政策以外，没有什么东西阻碍工业在充分就业条件下的持续发展”[③]。

直至今天，在全球陷入环境和资源的严重困境中，以致威胁到人类整体的生存时，部分清醒的学者才重新认识马尔萨斯理论的重大价值。

罗伯特·艾尔斯[④]指出：

> 当我们到了20世纪末的时候，人类比两个世纪前马尔萨斯写作的时候要多得多，而且更富有（平均水平）。特别是那些率先工业化的国家现在已相对富裕。大多数人居住在城市。人工资本（基础设施、机器、知识）的大量积累已经发生，土地不再是国内财富的主要源泉，今天的马尔萨斯受到了保守主义经济学家和技术乐观主义者放肆的嘲笑，他们误以为，资本主义经济体系具有奇迹般的繁衍能力。
>
> 然而，一些国家财富增长的关键特征是，富裕是通过对自然资本禀赋的开采和耗竭而实现的，这不仅指的是化石燃料，还包括森林、渔业、良田和矿产。对于像石化燃料这样的某些资源，技术是最终能够提供替代物……但自然赋予的其他一些资源，特别是表层土、清洁水、新鲜空气、宜人气候和生物圈及其许多重要功能不是这类技术可以替代的。
>
> 如果今天马尔萨斯还活着的话，毫无疑问，他会按照最近的发展和信息来修改他最初的理论。他必然会认识到这样的人口特征：由于生育

---

① 〔英〕马尔萨斯：《人口原理》，商务印书馆，1961，第420页。

② 〔英〕马尔萨斯：《人口原理》，商务印书馆，1961，第421页。

③ 〔美〕约瑟夫·熊彼特：《经济分析史》（第二卷），商务印书馆，2005，第379页。

④ 罗伯特·艾尔斯，欧洲工商管理学院经济学教授、管理学和环境科学教授，被称为新古典经济学最著名和富有创见的批评者之一。

> 率的逐渐下降，欧洲人口增长实质上已经停止，而全球人口增长也正在减慢。但是他识别出的基本问题依然存在，只是表象有了变化。新马尔萨斯理论大体上可以归纳如下：资本主义工业体系由于其今天的功能决定，倾向于增长至它的维持生存的极限。经济增长倾向于指数形式（事实上，自从工业革命以来，经济增长一直是极度指数方式的，经济增长速度是加速的）。另一方面，尽管自然资源基础存在替代的可能性，但是它仍然是有限的。尽管技术进步使自然资源的发现、开采、处理和利用的效率得以提高，但从长期看，资源可获得性的增长速度不可能是指数形式的。因此，经济指标指数增长与支持它的可获得自然资源之间是不匹配的。①

之后，在19世纪后期发展起来的“新古典”经济学，似乎更进一步将“非市场经济现象”排除于研究视角以外。

（三）新古典经济学

然而，在以新古典经济学为代表的当代主流经济学理论中——增长和发展是其关注的中心问题——却在很大程度上忽视了或者说没有科学处理好经济发展过程中经济增长与环境的相互关系这一最基本的问题。

对这一问题，学术界已经有了相当深入的研究。

取代古典经济学的是新古典经济学。新古典经济学是进一步深入细化研究“市场经济”的学问。在所谓的经济增长、市场机制、资源配置等问题上，新古典经济学是古典经济学的继承和发展，在分析问题的概念、分析工具和问题本身都向细微化、抽象化、逻辑推理方面大幅推进。例如，马歇尔在《经济学原理》中，将“市场”的研究细化到对“消费”和“需求欲望”等方面的理论层次，用“价格”和“边际价格”统一理解和分析供求关系、报酬递增与递减等。② 这种研究实际上暗含着一个大前提，即不能用价格衡量的经济现象是被排除的。这也就意味着，人类社会和经济中，存在绝对稀缺资源状况的社会经济问题，或者完全不能以价格衡量的社会经济问题，都不是新古典经济学的研究对象。这也就是说，有两大领域问题被排除在外，一是

---

① 〔美〕罗伯特·艾尔斯：《转折点：增长范式的终结》，上海译文出版社，2001，第213～214页。

② 这里不可能详细讨论新古典经济学的问题，马歇尔的研究可参考马歇尔《经济学原理》第三、四篇，商务印书馆，1964。

绝对短缺状况的经济发展问题，即不能用市场机制解决的经济问题，例如，在某一无对外贸易关系的国家，其基本生产要素土地、资本、劳动力中，如果和自然直接相关的土地因缺乏水而不能使用，又不能代替之，其经济如何发展？又如战争时期极端的食品匮乏只能用计划分配。二是在经济进行中如何处理自然界无偿加入生产过程中的成本计算，以及人类生产和经济活动中的废弃物向自然界“无价”排泄。

新古典经济学在漠视上述领域的同时，也将自然环境和资源对于经济增长的制约问题进一步“遗忘”在理论研究的视角之外。加之19世纪末以后的经济和科技发展的突飞猛进远远超过以前，古典作家的一些论断更被认为已经过时。马歇尔认为，“马尔萨斯不能预料到海陆运输使用蒸汽机的巨大进步……使现代的英国人能以比较小的费用，得到世界上最肥沃土地的生产物”，因此马尔萨斯的人口理论的三个推论中后两个已经过时。[①]

不过，值得注意的是，随着生态平衡和资源问题的日益严重，晚近的经济理论界对新古典经济学的相关论点提出了重要质疑。

赫尔曼·E. 戴利在《超越增长：可持续发展的经济学》一书中说：

> 不像古典经济学家的理论，今天的标准（新古典）经济理论是从非物质的参数（技术、偏好、收入分配都被看作是给定的）开始的，要求所生产的物品和所使用的资源数量的物质变量必须调整以适合由非物质参数决定的均衡（或均衡的增长率）。非物质的定性条件是给定的，物质的定量规模必须调节。
>
> 新古典经济学连同它的主观主义的价值理论，使得人们的注意力离开了资源和劳动而转向效用、交换和效率。主观主义和边际主义的革命连同它的有关价值的边际效用理论，对于理解价格和市场肯定是一种进步，但是，这种收益是以太快地把物质因素放入背景为代价而获得的。[②]

夏明方指出，马克思、恩格斯等经典作家，虽然对经济增长的原因中人与自然之间的关系予以了充分注意，但毕竟还是将技术变革看作是经济发展的原动力；他们对人与环境关系的论述主要还是从单纯的经济活动本身以及技术运

---

① 〔英〕马歇尔：《经济学原理》，商务印书馆，1964，第199页。

② 〔美〕赫尔曼·E. 戴利：《超越增长：可持续发展的经济学》，上海译文出版社，2001，第5～6页。

用的角度出发的。[①] 他还指出，从表面看，新古典经济学并不忽视自然资源的重要性，甚至把资源稀缺性假设为一切经济分析的前提，并认为经济理论的目标和任务就是研究稀缺资源的优化配置问题。然而他们所指的稀缺的内涵只是一种“相对稀缺”，是一种甲资源相对于乙资源的稀缺，关注的是在“一种物品生产较多就会导致另一种物品生产较少”这种相对稀缺的世界里社会是如何优化资源配置的抉择问题，与生态学意义上的资源的绝对稀缺相去甚远。[②]

戴利质疑：

> 任何人，包括经济学家，都完全懂得经济增长要从环境中提取原材料，并向环境排放废物。那么为什么这个众人皆知的事实会在循环流程的范式中被忽视呢？经济学家只是对稀缺性感兴趣。不稀缺的事物被省去。相对于经济需求，环境的资源供给和接收废物的能力被认为是无限的，在经济理论形成的年代里，这或多或少是一个事实。[③]

夏明方也指出，这种过度简单的新古典模型或类似的理论模式之所以超脱于人类生态系统之外，就在于它们完全根植于近代工业文明的核心理念之中，即人类可以无限度地征服大自然而大自然只能被动地响应。[④]

是否可以有些极端地认为，新古典经济学，是在不考虑自然界提供的经济发展物质（这类物质只能是大自然给予的而不是人类用各种手段能大规模生产出来的，例如，阳光、土壤、水、空气、石油和各种矿藏、森林资源等，又如特定的自然地理位置、气候特征等）绝对稀缺条件下（即不能用人类的生产活动取得）经济增长和发展的理论。

> 新古典经济学，像古典物理学一样是和一个特例相关的，即假设我们远离极限……在经济学上是远离地球承载能力的生物物理限制和已“饱和”的社会伦理的限制。因此在经济学中就像在物理学中一样，古典

① 夏明方：《近代华北地区的环境变迁与农村市场——关于黄宗智过密化理论的一个修正》，《中国社会历史评论》（第二卷），2000，第153页。

② 夏明方：《近代华北地区的环境变迁与农村市场——关于黄宗智过密化理论的一个修正》，《中国社会历史评论》（第二卷），2000，第153页。

③ 〔美〕赫尔曼·E. 戴利：《超越增长：可持续发展的经济学》，上海译文出版社，2001，第47页。

④ 夏明方：《近代华北地区的环境变迁与农村市场——关于黄宗智过密化理论的一个修正》，《中国社会历史评论》（第二卷），2000，第154页。

理论在接近极限的地带无法很好地起作用。①

四　“国际分工—国际贸易”对“非市场经济”国家的影响

对“国际分工—国际贸易”在“非市场经济”国家的发展影响做出全面评价的，是第二次世界大战后特别是20世纪60年代发展起来的发展经济学中的一个流派。该流派注意到外在自然环境、历史基础对众多国家经济发展的制约性影响，并强调了现存国际贸易—分工格局对“发展中国家”的不利因素。

关于发达国家在国际贸易过程中对不发达国家的影响问题，早已被国际学术界高度关注并有了大量高质量的成果。即便对这些成果进行简单介绍，也绝非几部专著就可完成，这已是一个日益丰富和深入的专门研究领域。我国著名学者吴大琨在1980年代初就曾指出：

第二次世界大战以后，在西方经济学界讨论得最多、争辩得最激烈的问题之一，是有关发展中国家的经济发展问题，特别是有关发达与不发达的问题……西方当前多数的经济学家都是“传统派”经济学家，也就是说，都是肯定资本主义制度的经济学家。他们认为今天发展中国家所存在的经济问题都是发达资本主义国家早期存在过的问题，两者之间的不同只是现代化的时间先后而已。所以，今天的发展中国家只要在经济上模仿西方的发达资本主义国家，按西方标准积极追求“国民生产总值”的提高，经过一段时间，就会和今天的发达资本主义国家同样地“发达”起来的。但是，这一理论近年来已受到愈来愈多地对资本主义制度持批判态度的“激进派”经济学家们的抨击。按照这一派学者们的意见，今天发展中国家的社会经济结构是和今天的发达资本主义国家完全不相同的。发达资本主义国家之所以会富起来，发达起来，是和长期以来多数发展中国家的人民受帝国主义、殖民主义侵略、剥削而不断贫困化分不开的。因此，一个发展中国家在政治上取得独立以后选择经济发展道路时，绝不能忽略与发达资本主义国家在经济结构上并不相同这一客观事实，而只单纯地追求“国民生产总

① 〔美〕赫尔曼·E. 戴利：《超越增长：可持续发展的经济学》，上海译文出版社，2001，第52页。

值”的提高。因为，二十多年来发展中国家经济发展的实际情况已经证明，一个发展中国家按西方标准的“国民生产总值”即使有提高，只要这一国家占百分之六十到八十的贫民生活非但不能提高反而还要下降的话，那么这样的经济发展只能称作是“不发达”的发展。这种“不发达”的发展愈发展，就愈会使发展中国家和发达国家之间的经济差距强大而绝不是相反。对于这一“不发达”问题的提出，我认为是战后西方关于经济发展理论的一个很重要的发展与进步。①

限于笔者个人学力和篇幅，以下仅以举例方式进行挂一漏万的简介。

有越来越多的证据说明，从十五世纪起，欧洲的扩张就已经对世界其余地方的社会和经济产生了深刻影响。换句话说，最近五个世纪中不发达国家的历史，主要是欧洲国家扩张后果的历史。我们的初步结论是，欧洲所支配的国际经济的自动作用首先造成了不发达，然后又阻挠摆脱不发达的行动。总之，不发达是历史过程的产物。②

当一个有等级的社会和经济体系正在崩溃或者被另一个体系所代替时，贫困的文化就往往发展起来……它往往是帝国主义的征服造成的。在帝国主义的征服下，本地的社会和经济结构被摧毁，本地居民处于被奴役的殖民地地位，有时，这种殖民地地位会延续许多世代。③“我们相信，不发达国家，正如我们今天看到的那样，是历史力量的产物，特别是由于欧洲的扩张和它对世界的支配地位所产生的力量的产物。因此它们是比较晚近的现象。并不是欧洲‘发现’了不发达国家”；相反，正是欧洲制造了不发达国家。事实上，在许多情况下，同欧洲接触的那些社会曾经是高级的、有文化的和富裕的。④

1944 年 1 月罗斯福总统在同哈利法克斯勋爵谈话时曾评论说，法国拥有印度支那“将近一百年，而印度支那人民的状况却比开始时更糟

① 〔美〕查尔斯·K. 威尔伯主编《发达与不发达问题的政治经济学》，中国社会科学出版社，1984，中译本前言。

② 〔美〕查尔斯·K. 威尔伯主编《发达与不发达问题的政治经济学》，中国社会科学出版社，1984，第 110 页。

③ 〔美〕查尔斯·K. 威尔伯主编《发达与不发达问题的政治经济学》，中国社会科学出版社，1984，第 114 页。

④ 〔美〕查尔斯·K. 威尔伯主编《发达与不发达问题的政治经济学》，中国社会科学出版社，1984，第 114 页。

了”。这个评语适用于整个亚洲。①

直到17世纪初叶，印度在经济方面仍比欧洲先进。它拥有一个规模相当大的制造业部门，主要生产包括金银物品大部分奢侈品，加上玻璃器皿、纸制品、铁制品和船舶。其中很多项目以及棉布、丝绸、靛蓝和硝石都是输往西方换取黄金的。印度工业的衰落是由于下列几种因素：欧洲由于工业革命而出现的技术进步，东印度公司的统治地位，以及英国在不平等的条件下强加给印度的自由贸易理论。1833年以后，非工业化的过程加速，强调发展面向出口的经济作物农业。到了19世纪80年代时，工业已全面衰落。②

在18世纪后半叶，特别是整个19世纪期间，资本主义生产方式和伴随它的社会与政治秩序，为生产率和物质福利水平的持续和重大提高打下了基础……但这种物质（和文化）的进步不仅在时间上不均匀，而且在空间上也分布得极不平衡。这种进步局限于西方世界……

如果说资本主义不能改善大部分落后地区全体居民的物质条件的话，那么，它却带来了深刻影响不发达国家社会和政治条件的某种因素。它以惊人的速度把资本主义秩序中固有的一切经济和社会的紧张关系传入这些国家。它有效地破坏了落后国家中残存的“封建”内聚力。它用市场契约代替了世世代代保留下来的那种宗法关系，它把农业国家的那种部分自给自足或完全自给自足的经济引向市场商品生产的方向。它把这些国家的经济命运同变化无常的世界市场联系起来并使它们的命运和热病般忽上忽下的国际价格运动连在一起。③

以资本主义市场的合理性全面替代僵化的封建或半封建奴役状态，尽管经历了种种痛苦的转化，总是走向进步的一个重大步骤。然而，实际情况是，不发达国家人民所遭受的本国领主的长期剥削却不受封建转变过程中日益减弱的约束。地主分子的古老压迫加上这种商业压迫造成

① 〔美〕查尔斯·K. 威尔伯主编《发达与不发达问题的政治经济学》，中国社会科学出版社，1984，第115页。

② 〔美〕查尔斯·K. 威尔伯主编《发达与不发达问题的政治经济学》，中国社会科学出版社，1984，第116页。

③ 〔美〕查尔斯·K. 威尔伯主编《发达与不发达问题的政治经济学》，中国社会科学出版社，1984，第128～129页。

了双重的剥削、变本加厉的腐败和更加明目张胆的不公正。①

过去一百年间在落后地区发展起来的那些工商业都已迅速地纳入了垄断集团——寡头统治者的富豪伙伴——的控制之下。其结果是，产生了一种封建主义和资本主义这两种世界的劣点兼而有之的政治经济混合体，而且有效地堵塞了经济增长的一切可能性。②

按照进步资本主义的方针来解决不发达国家现有经济和政治僵局的可能性已经完全消失。资产阶级中等阶层同统治阶级中所有其他阶层结成联盟的时候，它就从一个个战略阵地上后退了。中等阶层生怕它同地主阶级的争吵会被激进的人民运动所利用，于是就放弃了它在土地问题上采取的一切进步态度。中等阶层生怕它同教会和军方的冲突会削弱政府的政治权威，于是就离开了一切自由派与和平主义的潮流。本国资产阶级生怕敌视外国利益集团会使他们在发生革命的紧急情况时失去外国的支持，于是就抛弃了过去反帝和民族主义的纲领。③

一般认为，经济发展出现于一系列的资本主义阶段，而今天的不发达国家则仍然处于现在的发达国家早已经历过的原始历史阶段。然而甚至稍有一点儿历史知识就可以看出，不发达状况既不是原始的也不是传统的，而不发达国家的过去或现在同发达国家的过去也无任何重大类似之处……历史研究表明，当代的不发达状态大部分是不发达的卫星国和现在发达的宗主国之间过去和当前经济等关系的历史产物。而且，这些关系正是全世界资本主义制度整个结构和发展的一个主要组成部分。一种主要是错误的有关观点认为，这些不发达和它们国内大部分不发达地区的发展，必须依靠国际和本国的资本主义中心向它们扩散资本、机构和价值观等来加以促进或给以刺激。以不发达国家过去经验为根据的历史观说明，恰恰相反，不发达国家只有在目前摆脱了大部分的这种扩散关系以后才有可能取得经济发展。④

---

① 〔美〕查尔斯·K. 威尔伯主编《发达与不发达问题的政治经济学》，中国社会科学出版社，1984，第129页。

② 〔美〕查尔斯·K. 威尔伯主编《发达与不发达问题的政治经济学》，中国社会科学出版社，1984，第131页。

③ 〔美〕查尔斯·K. 威尔伯主编《发达与不发达问题的政治经济学》，中国社会科学出版社，1984，第133页。

④ 〔美〕查尔斯·K. 威尔伯主编《发达与不发达问题的政治经济学》，中国社会科学出版社，1984，第146页。

作为世界银行官员的一位专家在1970年代曾指出：

富国和穷国之间极其不平等的关系，正在很快成为当代的中心议题。他认为，不平等关系的原因，应该归结到对第三世界相当不利的国际结构和机制上来，从而要求对这种结构和机制加以彻底的体制改革。其论据如下。（1）在国际储备的分配方面今天是非常不平衡的。1970年到1974年期间，占世界人口70%的穷国在1310亿美元的国际储备中所占的份额不到4%，这只是因为富国通过它们扩大本国的储备货币（主要是美元和英镑）……美国在第二次世界大战以后的时期中，实际已成为世界的中央银行，它可以通过增加本国货币的简单手段就可轻而易举地弥补它的国际收支赤字。换句话说，世界上最富有的国家拥有取得国际信贷的无穷尽的便利条件。（2）发展中国家和发达国家之间的贸易商品增加价值的分配是大大有利于发达国家的。与发达国家不同，发展中国家在国际市场买主购买它们商品而支付的最后价格中只得到很小一部分，这只是因为许多发展中国家太穷太弱，不能对它们出口初级产品的加工、运输和销售进行任何有效的控制。（3）发达国家建立的保护性壁垒妨碍发展中国家在全球财富中获得应有的份额。富国使“自由”国际市场机制越来越不可能发挥作用。在亚当·斯密的经典结构中，自由市场机制的基石是劳动力和资本以及商品和劳务的自由流动，因此生产要素的报酬在全世界都是均等的。然而几乎所有富国的移民法却使得非熟练劳工不可能在全世界进行寻求经济机会的大流动。越过国际边界的资本并不多，这既因为穷国的敏感性，也因为富国本身的需要。对商品和劳务的自由流动还建立起另一道障碍——如富国仅为保护本国农业而发放的农业补贴一项就超过200亿美元，为抵制发展中国家的纺织品和皮革制品等简单消费品进口而实行了累进制高关税和进口限额。换句话说，富国在它们的生活方式周围树立起了一道保护性壁垒，一面告诉穷国，它们不论在劳力上或商品上都无法与之竞争，一面却大谈其国际市场机制“自由”作用的漂亮话。（4）穷国和富国不平等的讨价还价能力表现得十分突出的另一个领域就是跨国公司和发展中国家之间的关系。（5）穷国只是在形式上参加了世界的经济决策。①

① 〔美〕查尔斯·K. 威尔伯主编《发达与不发达问题的政治经济学》，中国社会科学出版社，1984，第251页。

笔者注意到，距离上述学者的论述又已过去了30余年，但在国际经济格局中，富国与穷国、发达国家与不发达国家之间的种种不均等和差距依然明显存在。资本主义发达国家对国际重要的经济、政治领域的控制或霸权，在许多方面与历史表现如出一辙。针对红极一时的“全球化”浪潮，一位学者指出：

> 一，由于实行自由贸易，发展中国家产业结构技术密集化的过程将极为困难。如果发展中国家不能采取有效的措施冲破这方面的阻力，它们的经济发展就可能陷入停滞，像19世纪到20世纪初的拉丁美洲国家那样无法摆脱经济不发达的地位。二，资本的自由流动使发达国家的资本可以很容易地夺走不发达国家最有利的投资机会。特别是发达国家的跨国公司可以抢到不发达国家中资本回报最高的投资项目，获取巨额利润。中国提供了一个典型例子。三，当前的经济全球化不一定能使不发达国家真正吸入资金，反而可能导致资金倒流向发达国家。在上世纪90年代后半期，国际资金流动的方向是最发达的西方国家特别是美国。①

以上在国际贸易中“不发达国家”的境况分析，在多方面与中国近代被迫开关后的境遇极为类似，如下。

第一，由于贸易双方的国情不同，落后国不具备通过“国际分工”输出输入于己有利的，或利于资源配置优化的商品或生产要素。如中国不可能大规模输入因可耕地约束而紧缺的粮食，同样，也不可能大规模输出最丰富的过剩劳力以优化资源配置。

第二，由于西方列强是以军事力量和经济优势控制“国际秩序”的，因此形成了完全有利于自己的国际贸易中的资本流、商品流、技术和设备流的流向。如列强运用坚船利炮之武力，在正常贸易无法赢利时，先以鸦片战争强行输出鸦片，后在不平等关税条约下大量输出过剩工业品，等等。结果造成中国对外贸易从历史上的经常性顺差变为难以逆转的逆差。

第三，后果更为长期和更加严重的是毫无主权的不平等国际贸易极大地破坏了在长期历史中形成的符合国情的中国经济运行基本规律，从而对中国向“现代转型”造成极大破坏性。

以上三点，后文还将详述。

最近的统计数据说明：“在过去几十年中，只有少数的东亚经济体实现了

---

① 左大培：《混乱的经济学》，石油工业出版社，2002，第390~392页。

从低收入到高收入的转变。此外，从1950至2008年间，世界上只有28个经济体——其中只有12个非西方经济体——能够以10个百分点或者更快的速度缩小与美国的人均收入差距。与此同时，150多个国家被困在低收入或中等收入状态中。缩小与高收入工业化国家的差距依然是世界发展所面临的主要挑战。"①

① 林毅夫：《发展经济学3.0》，联合早报网，2012年6月20日。该文还提道：二战后的后殖民时期，主流的发展模式是一种结构主义模式（structuralism）：目标是把贫困国家的产业结构改变得与高收入国家的相似。一般上，结构主义者会建议政府采取进口替代战略，通过公共部门的干预来克服"市场失灵"。我称这为"发展经济学1.0"。采用这种方式的国家，取得了初期的投资导向型成功，紧随其后的却是重复的危机和停滞。接着，对发展的观点转变成新自由主义华盛顿共识（Washington Consensus），私有化、自由化及稳定化把发达国家已建立起来的理想化市场体系推介到发展中国家，我称这为"发展经济学2.0"。华盛顿共识改革的结果最多也只能说是具争议性，一些经济学家甚至将20世纪80、90年代描述为许多发展中国家"失去的数十年"。

第二部分　中国古代农业文明与小农经济

导 言

中国古代的整体生存环境，使其难以凭借国际交往——包括贸易乃至战争等手段获取民生必需的生存资料，只能自行解决国计民生所需的基本需求。而要靠国内资源解决吃、穿、住、用、行等问题，只有首先从事农业一途。粮食产量决定了人口数量，也决定了非农人口就业和生活的数量，以及各个产业之间的分工程度问题。

中国的自然环境为发展农业提供了较好的先天条件：黄土土壤的特性对北方农作物生长、南方多水的特性对南方农作物的生长都有利。这种土壤和水文条件同时也利于发展小规模的家庭生产。这就使得中国先民们具有生存和生产的得天独厚之利：可以以相对便利、省工和低成本的生产方式去发展人民最需要的产业——农业。这一点带来的便利，促使中国在世界古代史上远胜他国，独领风骚三千年。

根本的深层原因还在于：中华民族求生存动力导致的小农家庭极顽强的、任何力量难以阻止的自发性和凝聚力，推动它生成了对国情高度适应的内部机制，使其极具生命力和扩张力，这使中国自秦汉开始逐步扩张为统一的大帝国，并借助于精耕细作的技术和传统，在一定程度上缓解了土地不足、地力衰竭、人口过快增长造成的粮食供给与需求之间的不平衡问题。

然而，任何人类社会的经济和社会生活都不能超越自然界的基本规律——有限自然物质、能源条件对一切生物生存发展的限制。小农家庭生产在低成本和高效生产的同时，一方面促使人口的大量繁殖，另一方面又大大加剧了耕地紧张。在土地可以自由买卖、上层利益集团无从约束自身行为的经济政治格局中，不能不导致阶级斗争激化。同时，随着时代迁移，粮食种植与畜牧业等之间、农作物与其他生物之间争夺生存空间的张力趋于强化，从而影响到人类与大自然的和谐共生关系。在漫长的历史中，以上诸方面的种种矛盾，是通过周期性的社会大冲突，以改朝换代形式来缓解的，这本质上可以说是一种自然环境提供的物质条件不能满足人口生存、导致损耗自然环境与人类谋生之矛盾的周期性冲突。

在清代的中晚期，中国已经到了历史上人口与资源比例最为紧张时期，社会大冲突迫在眉睫。这预示着，虽然以一乱一治的数千年传统方式继续中国的历史仍有可能，但空前尖锐的自然与社会双重压力，很难使人们对中国历史能否再现往日的辉煌抱有乐观。在这个历史节点上，西方列强入侵中国，与很快发生的太平天国大起义汇合，中国几乎是不可避免地掀开了历史的全新一页，迈入近代。

第三章　古代中国的生存环境与小农经济体的产生

一　古代中国地理环境

如果按照顾准对以古希腊为代表的海上文明特点的分析，古代中国可以看作标准的大陆农业文明。根本性差异是二者所处的生存环境不同。

长期以来，在某些理论中，生存环境对人类文明变化演进的作用被严重低估。应该看到，越是在人类社会的早期，自然环境对人类活动的制约就越明显，追溯不同文明形态的产生与发展，自然环境特征应该是最需要考虑的基本因素之一。正如芝加哥大学考古学教授兼近东考古发掘所所长 Robert G. Braidwoot 多年前所言：农业革命的多度（独立）发生，指示着农业很可能是人类文明演进与特殊环境因素相互影响下产生的结果。[①] 也正如另一些学者近年来所反复强调的：人类活动与自然的相互影响在每个历史时期都一直发挥着作用。政治史和经济史长期以来忽视地理学、地质学以及生物学，这对其发展有害无益，因为后者揭示了前者事物运行法则的方方面面，并且是其赖以生存和发展的基础。不论人类是否愿意或是否意识到，经济、贸易以及世界政治都受到经济学术语中所谓的“自然资源”的可用性、位置及范围的管理和制约。类似的看法还可见麦克尼尔《阳光下的新事物：20 世纪世界环境史》、马立博《现代世界的起源：全球的、环境的述说，15—21 世纪》等著作。[②]

---

① 何炳棣：《黄土与中国农业的起源》，香港中文大学出版社，1969，第 210～211 页。

② 〔美〕J. 唐纳德·休斯：《世界环境史》，电子工业出版社，2014，第 8～9 页。类似看法还可见〔美〕J. R. 麦克尼尔《阳光下的新事物：20 世纪世界环境史》，商务印书馆，2013；〔美〕马立博《现代世界的起源：全球的、环境的述说，15—21 世纪》，商务印书馆，（转下页注）

中华民族的形成、古代中国作为一个完整的统一国家的形成，有一个漫长的历史过程。在形成统一国家之前、之后，其国土边界也多次变动，本书对此不拟详述，只是极概要地将现今中国大陆所在地域的大致范围作为讨论中国古代农业文明的参照地理位置，以简化问题的讨论。

古代中国生存环境的突出特征，是它在地理位置上的相对“封闭”。与境外世界交往的高度困难，是产生封闭的主要原因和体现。有学者将古代中国的这种地理环境的封闭特征表述为“独立性”。当然，这种“封闭性”系指与西欧、地中海周边诸国的交通便捷相比较而言。

中国地理环境的基本特征是一个地理常识问题，毋庸赘言，这就是：北部是漫漫的蒙古戈壁沙漠，西北部是巍峨的帕米尔高原，西南部是世界最大最高的青藏高原和喜马拉雅山，东北部是兴安岭和长白山，东面和东南则是茫茫无际的太平洋。这对中国古代仅靠牲畜乃至双脚长途跋涉的先民而言，地理环境极不利于和外界交往，从而使中国的古代世界成为一个相对独立的地理单元，有学者称其为“东亚大陆”：我国各族人民的祖先劳动、生息、繁育的亚洲东部广袤土地，在历史上自成一个单位，可以称之为“东亚大陆”。“东亚大陆”大致呈一个自西向东倾斜的大三角形。它以帕米尔高原为顶点，以向东北和东南延伸的两组山脉带为两边。向东北伸展的一组包括天山、阿尔泰山、萨彦岭、外兴安岭山脉一直到鄂霍次克海；向东南伸展的一组包括喀喇昆仑山、喜马拉雅山、横断山脉一直到南海岸。这个大三角形的底边则是太平洋岸。

受到太平洋的浩瀚、风浪与强季风的影响，古代中国的生产水平使海运和海上交通的困难和风险远大于陆路运输，[①]“东亚大陆”与境外主要文明中心的往来通道主要靠陆路。当时的“陆路通道主要有三条，即帕米尔一带的山口、天山与阿尔泰山之间的山口和阿尔泰山以北的通道，由此可以通向印度、中亚、中近东和欧洲。帕米尔和天山、阿尔泰山之间的山口是古代中国

(接上页注②) 2017。总之，导致某些国家比其他国家更富有的原因多样而复杂……主要原因就是我在此业已讨论的制度和地理原因……两个主要原因彼此之间并非完全无关。良好制度并非与地理毫无关系，不会从天上掉下来，仅凭运气降落在某些国家。相反，良好制度都有其自身的历史，其中部分取决于农业及其成果，包括国家政府、市场等复杂制度的发展。〔美〕贾雷德·戴蒙德：《枪炮、病菌与钢铁》，谢延光译，上海译文出版社，2016，第502页。

① 古代中国还可以由海路与外界交往，海路主要有两条，一是经大陆东部港口到朝鲜半岛和日本，一是经南海到南洋群岛、印度、阿拉伯、非洲和欧洲。宋以后，经过南海的海路的重要性逐渐超过了西北方向的陆路。参见宁可的《中国古代历史发展的地理环境》。

通向西方及印度的商路（即所谓‘丝绸之路’）的孔道，而天山、阿尔泰山之间及阿尔泰山以北的通道则是本地区民族向西迁徙的主要道路”①。当然，这种有限的陆路通道是极为艰险的。

交通的艰险之外，古代中国西北边境之外的游牧民族及其政权，对汉人来往于西方较“发达世界”的贸易和文化活动也造成了很大阻碍。

上述状况，我们可以从汉代与西方诸国的往来状况中窥视一斑。② 汉武帝初年，长城以北的匈奴人势力强大。匈奴单于控制的地域东自兴安岭辽河上游，西至祁连山、天山，北至贝加尔湖，南至长城。匈奴主要游牧在瀚海沙漠以南，沿着数千里的长城经常侵扰汉北边地，抄掠农业地区。此外，新疆南部也在匈奴势力控制之下。天山以南昆仑山以北的塔里木盆地古称西域。其中间是戈壁沙漠，在沙漠的边缘高山山麓之下是一圈散在绿洲。自然条件使每个绿洲自成国家，当时约有三十多个小国家。大漠南北两串绿洲形成两条交通线，东会于楼兰，西会于疏勒。从疏勒往西越过葱岭便达到中亚的大宛、康居诸国。从楼兰往东跨过白龙堆便到达玉门敦煌而至兰州。这条交通线在战国时期已成为西方商运孔道了。③

但这是一条千难万险的交通线，中国与西方世界的交往极其不易。

司马迁在《史记·大宛列传》中，根据张骞出使西域得知的传闻，记载有“条支”一地，“条支在安息西数千里，临西海”，这是汉武帝时代中国对西域最西端地区的认识。但在当时这只是传闻而已。百余年后，班固在其撰写的《汉书·西域传》中，在条支的具体位置认识上较司马迁有所前进，对于如何抵达条支的陆路线路有了确切认知，并知道从条支还可以渡水西航，可以到达更远的西方。在东汉时，特别是公元 73～127 年，经过班超、班勇父子等在西域的长期活动，中国对西方的知识更进一步增加，对条支的风土人情有较详细的描述。这样，自张骞以后，历经三百余年，对条支才有了一定的认知。虽然如此，汉代所云条支的具体位置究竟在哪里？相当于现今世界的什么地区？直至 20 世纪中叶，国内外学者仍无法确定。直至 80 年代后，孙毓棠先生再次考证，提出：条支就是古波斯湾头三河汇流处的著名喀拉塞城。该城“地处要冲，交通便利，人口众多，在公元前后二三百年，希腊、

① 宁可：《中国古代历史发展的地理环境》，载《平准学刊》第三辑，中国商业出版社，1986。

② 此段内容主要参考孙毓棠《汉与匈奴西域东北及南方诸民族的关系》，载《孙毓棠学术论文集》，第 373～384 页。

③ 孙毓棠：《孙毓棠学术论文集》，中华书局，2005，第 373～382 页。

罗马、阿拉伯、波斯、东非乃至印度商舶贾人云集于此。当时它在西方世界的经济繁荣仅次于埃及的亚历山大城”①。这才使“条支”得到了明确释疑。

汉代张骞出使西域，唐代玄奘“西天取经”，所经历的千辛万苦，都是古代中国与西方世界来往困难的很好例证，为人熟知，恕不详述。

交通艰险困难，还只是古代中国在粮食等大宗物品上必须自给的原因之一。重要因素之二，是从中国的全局和宏观上看，庞大人口所需要的粮食，在古代绝无可能由外国供给②。尽管古代中国在陆地上开辟了丝绸之路，之后又在沿海地区开辟海上丝绸之路。但通过这两条贸易路线与中国发生贸易的国家和地区，均没有大量粮食出口的能力，史料记载和考古发现，古代中国陆途出口的商品主要是丝绸类和香料、药材等，进口的西方商品主要是“奇珍异物”类奢侈品。如在西汉时期，西方进口货主要为珠玑、琉璃、象牙、犀角诸珍奇异物，以及红兰、葡萄、苜蓿种子，等等。③

在中国古代大部分时期内，与西方世界的贸易只依赖于经由西域的丝绸之路，所输出的商品顾名思义是昂贵和有限的高档奢侈品丝绸之类。宋元以后海上贸易虽较前发展，但主要商品以高档瓷器类为主。对外贸易直至晚清开关前，对中国本土经济的影响均无足轻重。清乾隆帝所言，“天朝特产丰盈，无所不有，原不藉外夷货物以通有无”，虽是清统治者对于世界形势了解甚少、妄自尊大的体现，但在相当程度上的确反映出古代中国社会经济的重要特点。

正如已故史学大家宁可先生所分析的：

> 东亚大陆的地形由西向东倾斜，面对大海。与位于西面及西南面的其他古代文化中心距离较远，位置正好相背。与这些文化中心的海上交通要绕远道，而且相当艰险。因此，在古代，海洋在本区及其他文化中心的交往中障碍的作用大于联系的作用，这与古代地中海周围的情况正好相反。本区与其他古代文化中心的交往主要经过大陆，但陆路比较险隘，尤其是离西亚和印度较近的西部和西南部，高山、高原和沙漠地带可以通行商队，却不利于民族的大规模活动与迁徙。天山以北的绵亘草原地带是游牧民族活动的天然舞台，但距西亚和印度远，文化的传播交

---

① 孙毓棠：《孙毓棠学术论文集》，中华书局，2005，第385～389页。

② 这并不排除在东南沿海的局部地区，在一定时期内，可以由国外输入部分粮食。

③ 孙毓棠：《孙毓棠学术论文集》，中华书局，2005，第397页。

流，只是靠草原上的游牧民族间接进行。①

中国处于古代大国带或文明带的最东端，与西方世界与历史大国之间阻隔了难于通行的青藏高原和辽阔的中亚沙漠、草原。直接处于中国西方的民族比较分散，而且不大可能形成一股强大的军事政治经济力量。东亚大陆北面由蒙古高原北部经阿尔泰山、萨彦岭以北的草原带及由准噶尔盆地向西是一条游牧民族大规模迁徙的通道，但它离欧亚非大国带或文明带距离颇远，而且历史上游牧民族大规模迁徙的走向多是自东而西，如匈奴、突厥、契丹、蒙古等，而绝少自西而东。对古代中国历史发生重大影响的天山以南的通道即丝绸之路较近大国带，但只宜商队和少量人员往来。因此大国带的国家东向不易，至多至中亚而止。②

这种状况对于中国对外交往产生了如下后果：极大妨碍了中国与境外先进文明的经济和文化往来；也从根本上阻碍了以农为业的“大陆内地”的民众向境外大规模迁徙（不排除边境地区游牧少数民族的流动）。最终形成如下局面：无论是通过陆路或海路，中国都不可能从国外进口满足于国内众多人口需要的大宗生活必需品如粮食和衣被之类；同时也不可能向国外输出大量物品以交换进口货。正如宁可先生所总结的：

东亚大陆的核心地区经济发达，交通便利，形成一个大的经济区，周边地区的游牧经济、原始农业经济乃至采集渔猎经济与核心地区的农耕经济与手工业经济有互补作用。这个地区内部的经济具有很大的自给性质，而贸易则具有互补性质，基本需求在地区内部都可以满足。而对西方、南方的长途贸易，输出的主要是丝绸以及后来的茶叶、瓷器，输入的则主要是珍宝香药。这种贸易在历史上很著名，但在东亚经济、贸易总体中所占的份额并不大，影响也有限。③

古代中国是一个大国，各地自然条件、自然资源不同，产业有别，彼此分工交流，起着互补的作用，无须过多地依赖境外，也不好依赖境

① 宁可：《中国古代历史发展的地理环境》，1956 年初稿，1984 年 5 月五稿，载《平准学刊》第三辑，中国商业出版社，1986，又载《宁可史学论集》，中国社会科学出版社，1999，第 230～255 页。

② 宁可：《中国古代历史发展的地理环境》，载《平准学刊》第三辑，中国商业出版社，1986 年。

③ 宁可：《历史上的中国》，载《国学网—中国经济史论坛》，原载于《光明日报》2009 年 8 月 10 日。

外，因为路途远、交通不便。而境内广大地区却有着充分发展的余地，从而使中国形成了古代一个具有极大的独立性、自给性而多少有些封闭性的经济大国。直到鸦片战争前夕，欧洲已经开始产业革命时，中国的国内生产总值仍居世界第一，在对外贸易上也一直居于出超地位。中国人之所以长期形成了“中土”“中国”“中朝”“天朝”这类观念，其中的一个原因恐怕就是因为中国是一个独立发展而又略带封闭性的经济大国。①

二 原始农业的产生与原始个体家庭经济之出现

中国的地理位置虽使其与周边各主要文明中心相对隔绝，大规模贸易往来颇为不便，但其内部的自然条件有得天独厚之处，即较为便利农业的发生和发展。

中华文明的主要发源地之一在黄河流域中游的黄土高原。“中国的黄土分布，西起新疆、青海的一部分，被盖甘肃、陕西、山西、河南、河北的大部分，向东延到山东、内蒙古、东三省的一部分，向南大体以秦岭、伏牛山、大别山为界”，“最典型的黄土集中在甘肃东部，秦岭以北的陕西、山西西部和河南伏牛山以北地区”。② “中国黄土面积是440680平方公里，次生黄土或黄土状岩石面积是191840平方公里，二者共计为632520平方公里，占全国面积的6.3%。”③ “如果包括黄淮平原的次生黄土，我国黄土的总面积至少应该超过1000000平方公里，约占全国总面积的1/10。”④ “在中国，黄土分布面积约44万平方公里，主要在黄河中游形成一个中心区。这就是由厚层黄土覆盖的黄土高原，面积约27.3万平方公里，是世界上最大的黄土堆积。如将华北和黄淮平原视为次生黄土区，则中国的黄土分布面积便超过100万平方公里，迄今仍有2亿多人口居住其间，而在隋唐以前，大多数中国人就居住在

---

① 宁可：《历史上的中国》，载《国学网—中国经济史论坛》，原载于《光明日报》2009年8月10日。

② 何炳棣：《黄土与中国农业的起源》，香港中文大学出版社，1969，第13页。

③ 刘东生等：《中国的黄土堆积》，科学出版社，1965，第1页，转引自何炳棣《黄土与中国农业的起源》，香港中文大学出版社，1969，第13页。

④ 何炳棣：《黄土与中国农业的起源》，香港中文大学出版社，1969，第14页。

这一区域。”①

“根据考古学已经取得的成果，在旧大陆，以伊朗、伊拉克、小亚细亚、叙利亚和巴勒斯坦一带的所谓‘肥沃的半月形地带’和中国的黄河、长江的中下游地区，是世界农业的发源地。”“时当新石器时代，我国黄河中下游当时的气候比之今天在暖湿度方面要高2度左右，大体相当于现今淮河流域的水平，从总体讲还较为湿润，而土质为疏松易耕、本身又具有‘自行加肥’性能的黄土。在新石器时代，这样的气候和土壤条件自然就成为人类发展农业的理想环境。”②

“我国的黄土，地层比较最为完全，厚度也比较最大，黄土颗粒中矿物成分也最为复杂，堪称‘经典型’的黄土。”③ 黄土的主要特性是既细密疏松又肥沃，“黄土质地疏松多孔，与其他土壤相比，颗粒甚细。其风化程度微弱，土壤颗粒中的矿物质包括易流失的碳酸盐，还基本保留着，所以黄土是天然肥沃和疏松的”④。“黄土疏松，犹如海绵，内含的无机和有机质只要有适当水分，就能通过黄土的高孔隙性和强毛细管吸收力使蕴藏在深土层中的机质上升到顶层，从而使其具有‘自行加肥’的特殊性质。”⑤

疏松而肥沃的深厚黄土层，极利于最简易的如木、骨、石质原始农具进行耕作，从而使处于很低生产力水平的人类在较早时代就可以从事农业生产活动。据考古发现，在夏商周时期，主要农具无论是整地用的耒耜还是耨草用的钱镈或是收获用的铚，也无论其是石质、骨质还是木质，在三代时期均无重要变化。更令人吃惊的是，如果拿三代的农具与新石器时代出土者相比较，竟基本相同。⑥ 中国先民可以用最简陋易制的农具从事农业达数千年之久⑦，由此可见疏松黄土层对于中国古代农业产生和初期发展的重大便利和推助作用。

除黄土之外，气候对中国农业的早期发生也有着关键性作用。学界早已确认，目前华北平原的年平均气温在5~10摄氏度，原始农业发生时期的新

---

① 孙达人：《中国农民变迁论——试探我国历史发展周期》，中央编译出版社，1996，第39~40页。

② 孙达人：《中国农民变迁论——试探我国历史发展周期》，中央编译出版社，1996，第98页。

③ 何炳棣：《黄土与中国农业的起源》，香港中文大学出版社，1969，第13页。

④ 李根蟠、黄崇岳、卢勤：《中国原始社会经济研究》，中国社会科学出版社，1987，第71~72页。

⑤ 孙达人：《中国农民变迁论——试探我国历史发展周期》，中央编译出版社，1996，第38、62页。

⑥ 孙达人：《中国农民变迁论——试探我国历史发展周期》，中央编译出版社，1996，第44页。

⑦ 据考古发现，中国最早的农业约始于迄今8000年前。若夏商周三代截至西周灭亡即公元前771年，则使用最原始农具的延续时间可达5000余年之久。

石器时代迄今7500～5000年，平均气温要较今天高2～3度，降水量比目前多500～600毫米。当时华北气候要比今日温暖湿润，同时在河流两旁还存在较多的薮泽，植被较丰盛，这些都是便于农作物生长的有利条件。“黄河流域自然环境的上述特点，对该地区原始农业的发生有极为深刻的影响。肥沃疏松的黄土利于原始人类的垦耕活动，黄河流域因此成为我国农业发生的最早地区之一。”①

史学界确认，在距今七八千年左右，中国北方特别是黄河中下游地区已经普遍存在着农业文化。当时，石器中用于生产的已占大宗，主要类型是铲、刀、镰，谷物加工工具主要有大型石磨盘和石磨棒；种植的谷物是粟、黍；饲养的家禽有猪、狗、鸡。而这类考古遗址距离其起源已经走过了很长的时期。② 黄河流域早期的农业遗址以裴李岗文化、磁山文化为著，距今约七八千年。稍后是仰韶文化，距今约七千至五千年。仰韶文化是中国新石器时代最重要的文化之一，以关中、豫西、晋南一带为中心，延续两千年之久。③ 仰韶文化时期的农业村落遗址显著增加，规模扩大。种植谷物除粟、黍外，还发现有水稻。④ 在与中原仰韶文化同期略晚的山东大汶口文化，距今六千三百至四千五百年，原始种植业也较仰韶文化已呈现明显的发展。⑤ 在黄河流域，继仰韶文化之后的龙山文化，距今五千至四千年。龙山文化分布地域更广，西起陕西，东到海滨，北达辽东半岛，南到江苏北部。从使用农具、农作物品种、窖穴形态等遗留物看，有比仰韶文化更为发达的原始农业，已进入以犁耕为补充的发达锄耕阶段，农业种植业的主导地位已毋庸置疑。⑥ 在黄河上游的甘肃、青海、宁夏地区分布的马家窑文化，约在公元前3100～前2200年，经济类型与仰韶文化基本相同，以种植业为主，农、牧、采、猎相结合。⑦ 在中国东北和西北地区的东北大平原中南部出土的沈阳新乐下层文化（迄今约六千八百年）、内蒙古赤峰一带的红山文化（迄今约五千余年）、巴林左旗富

① 李根蟠、黄崇岳、卢勤：《中国原始社会经济研究》，中国社会科学出版社，1987，第75页。

② 周自强主编《中国经济通史·先秦经济卷》，经济日报出版社，2000，第56页。

③ 李根蟠、黄崇岳、卢勤：《中国原始社会经济研究》，中国社会科学出版社，1987，第81页。

④ 周自强主编《中国经济通史·先秦经济卷》，经济日报出版社，2000，第58页。

⑤ 李根蟠、黄崇岳、卢勤：《中国原始社会经济研究》，中国社会科学出版社，1987，第102页。

⑥ 李根蟠、黄崇岳、卢勤：《中国原始社会经济研究》，中国社会科学出版社，1987，第90～95、97、138页。

⑦ 李根蟠、黄崇岳、卢勤：《中国原始社会经济研究》，中国社会科学出版社，1987，第102～103页。

门沟河遗址的富河文化（迄今约五千三百年）等，均是以农业为主。[①]

黄土高原和黄土层极利于中国原始农业的产生，但这并不是中国农业发源的唯一条件。即便在广泛的非黄土地区，在中国现有地域中仍然有宜于农业的有利条件。我国南方是世界稻作农业起源之一，长江中游的彭头山遗址发现的水稻遗存，距今有九千至八千年，不仅是中国最早的稻作农业证据，也是现阶段世界上最早的稻作资料之一。[②]

原始农业的产生，奠定了中国古代农业文明的基础。有学者认为，就粟的人工种植而言，农业确已开始。仰韶时期农业的基础，和世界其他温带地区古农业相同，是成长在粮食作物之上，而不是像若干热带地区的农业，最初是成长在芋薯这类根块植物和香蕉、面包果这类富于淀粉的果实之上。唯有成长在粮食作物基础上的农业才会产生高等文化。这在人类史上没有例外。原因有二，一是从营养学观点看，粮食颗粒的皮壳中不但包有代表新生命的种子，而且含有使种子生长发育的种种营养素。二是粮食作物的播种、耕耘、收获都需一定的时节，因此原始时代的耕作者不得不遵守一定程度的生活纪律，不得不观察四季、气候、日月、星辰等自然现象。旧大陆和新大陆天文、历法、算术、符号、文字的发明无不由于粮食作物的耕种。人类只有种植粮食作物以后，才会有物质剩余和空间，才能产生高等文化。[③]

虽然黄土区域的自然环境有诸多利于农业产生的方面，但也有不利于农业的因素。有学者认为，我国黄土区域最不利的自然因素是半干旱的气候。该区域的降雨量虽在理论上可以满足农业需要，但雨量集中于夏季，气温及蒸发量均较高，土壤中的水分很难保持，只有最耐旱、生长最快的植物才能生存繁殖。仰韶时代的人民，只能在植物资源并不丰富的黄土高原就地采集野生的粟，进而种植驯化，绝非偶然。由粟、黍、稷组成的“小米群”，终先秦之世，是华北农作系统的重心。[④]

从事农业的个体家庭生产很早产生，是中国历史中又一需要高度重视的现象。

虽然因古代文字资料的不足，学术界尚不能确切说明农民家庭生产起源

---

① 李根蟠、黄崇岳、卢勤：《中国原始社会经济研究》，中国社会科学出版社，1987，第106～107页。

② 周自强主编《中国经济通史·先秦经济卷》，经济日报出版社，2000，第59页。

③ 何炳棣：《黄土与中国农业的起源》，香港中文大学出版社，1969，第122页。

④ 何炳棣：《黄土与中国农业的起源》，香港中文大学出版社，1969，第179～180页。

的确切状况，存在着诸多争论，但可以说，随着农业的产生和家庭的出现，古代中国出现以个体家庭从事农业生产的现象是相当早的。有可能，正如原始农业发生很早与较适宜的土壤和气候条件密切相关，较容易开展种植业使得以家庭拥有的劳动力可以独立进行和完成小规模农业生产活动并满足一家人的最低需要。只要生产力达到这个水平，那就没有任何组织形式比家庭有更主动的生产积极性和更高的效率了。

从事农业的个体家庭经济出现于何时？

由于可靠实证资料的缺乏，我们还不能做出肯定结论。① 有学者根据考古学资料研究，得出的结论是，在我国新石器时期原始种植业出现后，拥有自己农具和粮食的家庭就已经出现。

仰韶文化时期“普遍存在着拥有独立经济的个体家庭住房，它反映了个体家庭已经成为社会的经济单位”。“最能反映仰韶文化时期社会性质的，应是当时最普通最常见最大量的小型和中型房屋”，“每座这样的小房子中央差不多都有一个灶坑，有的房屋中还发现了日常生活使用的陶器、磨谷器和石斧等生产工具”。“有的房子内部或外部还有储藏粮食的窖穴。”“居住在仰韶文化小房子中的家庭，已经不是单纯的婚姻单位或共同居住的单位，它们既是消费单位，又是生产单位……它们已经建立起自己的独立经济。”②

从仰韶文化墓葬遗址中，也可以发现大量的农民家庭私有经济存在，并且出现财富不均的现象。这主要体现于随葬品的厚薄不均，以及葬式的不平等。在与仰韶文化晚期相当、农业与手工业生产均居于同时代之首的大汶口文化墓葬中，随葬品的种类和数量都要比仰韶文化时期多得多。在随葬品中有各式各样的生活用品，包括各式陶器、骨器和高级消费品，如骨牙雕嵌工艺品等；有生产工具如石斧、石铲、石凿等。从随葬品中显示各个家庭已出现明显的贫富差距，墓穴中随葬品少的只有一件甚至空无一物，多者达55件。在龙山文化和同期文化中，阶级分化和斗争现象更为明显。③

作为有文字可考的“信史”，至迟在西周时代，农民家庭拥有土地使用权

---

① 王利华在《中国家庭史》第一卷序言中指出：“对当前中国家庭史研究而言，目前所存在的主要问题有以下几个方面：其一，是由于史料相当缺乏，学者对于中国家庭历史的源头尚未形成共识。”

② 李根蟠、黄崇岳、卢勤：《中国原始社会经济研究》，中国社会科学出版社，1987，第432～434页。

③ 李根蟠、黄崇岳、卢勤：《中国原始社会经济研究》，中国社会科学出版社，1987，第440～445页。

以获取家庭经济收入，已是社会普遍现象，并作为通行制度得到国家正式实施。《周礼·地官·小司徒》说："上地家七人，可任也者家三人；中地家六人，可任也者二家五人；下地家五人，可任也者家二人。凡起徒役，毋过家一人，以其余为羡。"① 可见当时的国家制度中，农民家庭已既是生产单位又是征役单位，农户经济早已确立。有学者认为：周代仍然对农户实行"授田制"，这在《周礼》《汉书·食货志》等文献中说得很清楚。先秦诸子中也屡次提到"一夫百亩""百亩之守"。睡虎地秦简也有授田的明确记载，所以周代实行过"授田制"已成铁案，毋庸辞费。②

李文治先生对西周普遍出现的农民家庭个体经济有令人信服的分析。

> 我们并不否认，奴隶制社会的农民也可以有独立的个体经济，但像西周时期存在的那种男耕女织、自负盈亏如此完整的个体经济，把它同封建经济联系起来更容易理解……各级贵族所辖土地，除自留部分作为"公田"外，其余大部分被其分给所辖农民，并作为农民的"私田"……每户农民都是一个独立的经济实体。③ 经过分封，广大鄙野地区，出现公田与私田对立统一体。各级贵族对公田和私田具有实际所有权……广大农民对所耕种的私田可以长期使用，可称之为"占有权"。④

钱穆先生在论述"井田制"时，结合考证夏商周时期的税制，认为这是"由大小封建主将土地分配给农民（佃户）耕种，但土地所有权仍属封建主"⑤ 的生产体制。可视为与李先生看法一致。

杨振红教授据1983年发现的张家山汉墓牍简释文，对秦汉时期的土地制度进行了创新性研究，将当时的田宅制度定名为以爵位名田宅制。认为名田宅制是战国秦商鞅变法时期确立的，并作为基本的田宅制度为其后的秦帝国和西汉王朝所继承，此外不存在其他的田宅制度。⑥

概之，家庭作为独立从事农业生产的基本单位，最早可能在原始农业时期即行产生，具体时期虽然还需要进一步确证，但是家庭生产的较早出现

---

① 李根蟠、黄崇岳、卢勤：《中国原始社会经济研究》，中国社会科学出版社，1987，第390页。
② 李根蟠、黄崇岳、卢勤：《中国原始社会经济研究》，中国社会科学出版社，1987，第413页。
③ 李文治、江太新：《中国地主制经济论》，中国社会科学出版社，2005，第35～36页。
④ 李文治、江太新：《中国地主制经济论》，中国社会科学出版社，2005，第43页。
⑤ 钱穆讲授：《中国经济史》，北京联合出版公司，2014，第14～15页。
⑥ 杨振红：《出土简牍与秦汉社会》，广西师范大学出版社，2009，序2～3页。

（不迟于西周）似已为经济史学界大致共识。这应该是中国经济史上的一大特点，它与诸多西方国家历史上农业生产长期以村社为单位、家庭相互协作共同完成生产的状况不一样，值得深入探讨。至少，中国历史的这一状况本身就足以表明家庭为单位的生产经营方式对古代中国农业和经济发展的高度适应性。自小农家庭生产方式出现后，在数千年的中国古代全部历史中，它都成为农业和整体经济的根本和基石。

第四章　小农经济是古代中国环境下保障国计民生的唯一选择

一　古代中国独立小农家庭经济的产生及运行概况

中国以家庭为单位的农业经营形式大体出现于何时，学术界有不同看法。这牵涉中国古代社会的性质分期这一大问题，即西周是奴隶制还是封建制，这不是本书所能解决的。虽然如此，我们还是不愿放弃对问题的探讨。这里最重要的是先提出“独立家庭从事农业生产的组织形式”这一概念，将它与土地所有权区分开来，而对这种经营的“经济属性”（例如，是奴隶制下的个体农民还是封建制中的小农经济等）搁置不论。

我们所说的独立家庭从事农业生产的组织形式，是指一家一户为生产单位，主要或完全依靠家庭成员的劳动，首先尽量满足自己需要的生产组织形式。它在一定程度上类似于马克思所说的“在这种生产方式中，耕者不管是一个自由的土地所有者，还是一个隶属农民，总是独立地作为孤立的劳动者，同他的家人一起生产自己的生活资料”①。

从这个概念出发，我们便可以看到，即便主张西周是奴隶社会的学者，也不否定即使在奴隶社会中，独立家庭从事农业生产的组织形式也早已出现了，这在公认最早期的文献《诗经》中已有反映。《中国经济通史·先秦经济卷》认为，一家一户为单位的小农经济生产已在西周占有重要地位，但不占主导地位。但又说，西周时期的农民，是具有独立经济的小生产者。

---

① 《马克思恩格斯全集》（第二十五卷），人民出版社，1962，第999页。

认为西周是封建领主制社会的学者，更认可在这一时期已经出现了个体家庭的经营体制。

以李文治为代表的具体见解认为，古代中国虽然很早就出现了以家庭为单位的农业生产组织形式，但这种家庭生产组织在早期社会经济体制中还不具有完全独立的地位，它们还从属于各级贵族即“封建领主制”经济，农民使用土地的最终所有权属于领主，农民要向领主承担劳役地租和各类实物贡纳，农民对于领主均有人身依附关系。

李文治认为，西周时期，以封建领主制为内核的等级所有制制约着社会等级关系，无一不与土地有直接关系。按土地关系可以把所有人划分为三大类。第一类是封建贵族，他们是垄断土地的寄生者和统治阶级。第二类是“国人”，主要是中小土地所有者，他们属于生产劳动者，主要是周人中沦为平民者，在政治上有发言权但又不属于贵族等级，处于贵族与庶民之间，是“农民阶级中的一个特殊等级”。第三类是无地权而遭受压迫剥削的社会下层，其中又可分为不同等级：一种是古文献中一再出现的庶人、庶民，主要是那些助耕公田的劳动者，由于要向领主提供劳役地租而形成与封建领主的较严格的人身依附关系；另一种是各种依附民，主人对其有生杀予夺之权，处于社会最下层。①

在始于春秋之际的土地制度变革中，西周时期的社会等级关系发生重大变化，其中生产者阶级的变化有：一是属于特殊等级的具有“国人”称号的农民向一般庶民转化；二是原来的类似于农奴身份的依附民向租佃农、自耕农等一般民户过渡；三是沦为奴隶身份的贱民以各种渠道向庶民转化；四是农业雇工的出现，它代替了过去的农业奴隶。

笔者关注的中心问题是农民家庭经济为什么较早出现，并一直延续到今天。

有学者认为，独立的农民家庭经济的产生是当时历史环境中旧有的奴隶制或农奴制生产关系出现了内部不可克服的矛盾的产物。农民家庭经济是为家庭本身每个成员的生活——生存而工作的载体，因此作为一种生产组织，它具有最大的积极性和自主性。正是因为这种特性，原来的“公作”才不能不让位，农民家庭经济才成为中国古代决定性的生产组织形式。有论者说：从经营管理方面看，小农家庭经济与“公作”式集体主义经营形式是不相容

① 李文治、江太新：《中国地主制经济论——封建土地关系发展与变化》，中国社会科学出版社，2005，第63～64页。

的。农业的经营单位始终是个体的“私作”，决定了我国的基本生活和基本生产单位，在2000多年前就已合二为一，并使一夫一妻的小家庭长期成为社会的独立细胞。其结果使中国农业创造了大大高于古代也大大高于同时代世界其他地区甚至足以与现代农业相比较的单位面积产量，而且这种结构极为简单的家庭农业极易水平位移，普及到能适合于它存在的一切地方。[①]

以上所谓“不相容”，最主要的是生产、经营主体小农家庭的生产积极性与大规模“公作”的生产形式不相容。

甚至有学者对于是否真正存在过这种大规模的共同生产表示质疑。

可以从战国时期早期的文献推测，至春秋时代的中期，个体农民家庭经济已经相当普遍地出现了。这种家庭经营中极为突出的是劳动报酬与劳动者付出的正相关关系，由此激发出劳动者的前所未有的主动性和积极性。对此，战国时期的大思想家无不予以高度重视。

《吕氏春秋》云：“今以众地者，公作则迟，有所匿其力也；分地则速，无所匿迟也。”[②] 墨子说：“今也农夫之所以早出暮入，强乎耕稼树艺，多聚菽粟而不敢怠倦者何也？曰，彼以为强必富，不强必贫；强必饱，不强必饥，故不敢怠倦。今也妇人之所以夙兴夜寐，强乎纺绩织纴，多治麻丝葛绪，织布帛而不敢怠倦者何也？曰，彼以为强必富，不强必贫；强必暖，不强必寒，故不敢怠倦。”[③] 作者理解，墨子所说，是对当时普遍存在的“农夫家庭”生产生活状况的描述和机制分析。针对当时战争频繁、人口大量伤亡、地广人稀的情形，墨子还提出早婚、节葬、非攻等保护和增加家庭劳动力的主张。李悝在魏国推行“尽地力”政策，提出“治田勤谨，则亩益三斗，不勤，则损亦如之”[④]。《管子》《八观》篇说，“谷非地不生，地非民不动，天下之所生，生于用力”[⑤]；《牧民》篇说，“量民力，则事无不成”[⑥]；《乘马》篇说，“均地分力，使民知时也。民乃知时日之早晏，日月之不足，饥寒之至于身也，

---

① 孙达人：《中国农民变迁论——试探我国历史发展周期》，中央编译出版社，1996，第102～103页。

② 《吕氏春秋集释·审分》，许维遹：《吕氏春秋集释·卷第十七》，中华书局，2016，第374页。

③ 《墨子·非命下》，孙诒让：《诸子集成：墨子间诂》，世界书局印行，民国二十四年，第176页。

④ 《汉书·食货志》，转引自巫宝三《经济问题及经济思想史论文集》，山西经济出版社，1995，第780页。

⑤ 巫宝三：《经济问题及经济思想史论文集》，山西经济出版社，1995，第780页。

⑥ 巫宝三：《经济问题及经济思想史论文集》，山西经济出版社，1995，第780页。

是故夜寝早起，父子兄弟不忘其功，为而不倦，民不惮劳苦”[①]。

我们认为，以上所提到的“农夫”“民”，都是个体家庭中的农民，似应无疑，各说所反映的现象，都是个体家庭经济机制的体现。在这一时期，个体农民家庭经济已是农业生产的比较成熟的主要组织形式了，正因为如此，各大思想家才得以将其与以往形式进行比较，并认识、分析其特点。

但是，春秋时期发生的已经不是单纯的农民家庭经济的普遍化，更重要的是，“各国”通过“改制”，变革了农民身份和土地所有权，“这是具有划时代意义的巨大变化”。[②]

“改制”的中心内容是废除西周时期的“助法”，将原来的领主制下农民耕种的“私田”改为由耕种者直接向国家纳税的税亩制，而原有的“公田”也改为由领主直接向各国国君交税。“改制”过程在西周时期即已萌生，[③] 春秋时期整体可视为土地私有制发生和变化期，战国时期是土地私有制继续发展期，以后占据主导地位。[④] 齐、晋等国的土地“改制”发生在春秋前期，鲁、楚、郑等国在春秋中期，魏、秦等国在春秋后期，燕、赵等国则迟至战国时期。[⑤]

这种经济体制在春秋时期发生了重大变化之后，中国历史上出现了长达二千余年的地主制经济和独立的自耕农农民家庭经济即小农经济。在这一变革中，农民最终解除人身依附，成为除缴纳国家租税以外土地所获均归自己的土地“主人”，并出现向土地主人即地主租田耕作、向地主交纳田租的佃户。因此，这一土地制度变革的实质是将原有的有浓厚身份依附性控制的不完全土地私有制度变为只向国家纳税的完全意义上的个人土地私有制。原有浓厚“农奴”色彩的土地实际耕种者变为自耕农，[⑥] 原有的旧贵族领主成为

---

① 《管子·乘马》。巫宝三对管子及《乘马》篇有深入研究，参见《经济问题及经济思想史论文集》，山西经济出版社，1995，第469~508页。

② 李文治、江太新：《中国地主制经济论——封建土地关系发展与变化》，中国社会科学出版社，2005，第67页。

③ 李文治、江太新：《中国地主制经济论——封建土地关系发展与变化》，中国社会科学出版社，2005，第49页。

④ 李文治、江太新：《中国地主制经济论——封建土地关系发展与变化》，中国社会科学出版社，2005，第51页。

⑤ 李文治、江太新：《中国地主制经济论——封建土地关系发展与变化》，中国社会科学出版社，2005，第49页。

⑥ 李文治、江太新：《中国地主制经济论——封建土地关系发展与变化》，中国社会科学出版社，2005，第52页。

地主。以后在兼并战争中又发展起一批读书入仕和作战立功的新兴地主。

春秋时期开始的土地制度变革是中国古代社会影响最深、意义最大的一次经济体制变革。以后中国“封建社会”历史的发展，可谓均在此基础上进行。它的根本意义，是在中国确立了以农民家庭为单位的生产组织，以此作为古代中国社会经济的运行基础。而这个农民家庭生产组织是最能适应中国古代国情和社会生产力水平的生产关系之体现。

前已说明，早在中国原始农业产生之时，就可能出现了家庭私有经济力量从事农业生产活动。这是中国早期“农民”的生产能力能够以家庭劳动力独立进行生产和维持生存的体现。在之后的漫长历史时期中，无论“国家社会”的政治体制发生了何种变化，无论是否存在奴隶制社会或封建领主制社会，无论实行何种赋税制度和劳役制度，家庭一直是全社会中起决定性作用的最基本生产和再生产单位。尽管由于史料缺失令人难以备述其详，但从最古老的《诗经》等文献中，已大量显示西周时代的主体生产方式已经是农民家庭生产。① 而在春秋时期，各国相继进行的“改制”，无非是为早已存在并普遍推行的家庭生产解除体制障碍，使生产关系适应生产力的发展而已。

农民家庭经营一旦登上历史舞台，就牢牢地站稳脚跟，始终成为中国农业生产的主要形式。农民家庭生产从数千年前的原始农业开始，一直延伸到中国古代社会终结，并且经历了外国资本主义生产方式的“全球性冲击”，又经历了1950年初至1970年末为时近30年“社会主义革命”的毁灭性冲击，但迄今依然在农业生产中居于主体。家庭生产经营具有的顽强生命力和适应性，为中国历史本身所充分证明，不容置疑。这不能不说是中国社会经济发展中的最大特色。之所以如此，是和农民家庭经营的特点和内在机制分不开的。

二　小农家庭经济的定义与基本形态

如果从春秋时期计算起，作为一种可以明确划分、有其特定内涵的经济组织形式，中国农民家庭经济从古代社会一直延伸至今已有三千余年的历史。

---

① 李文治、江太新：《中国地主制经济论——封建土地关系发展与变化》，中国社会科学出版社，2005，第37~41页。

虽然其间经历过多种变化并在一定程度上影响到它的形式和内涵，但似乎仍可从中抽象出一些共同特点。以下试概述之。

在中国数千年的农业文明中，进行农业生产的组织形式实在是极其复杂和变化多端的。就大端言，农作方式首先就和土地的所有制所有权特别是经营权密切相关。例如，在西周时期的“公田”“私田”制下农民的“不完全”家庭经济；在战国之后私有土地确立后，仍有大量的国有（包括地方政权和军阀割据政权）土地，所谓官庄、屯田、营田之类。这类土地由农民劳作，他们与完全私有土地上的农户经济大有分别。而对于完全拥有私有权的土地，经营方式又有地主土地所有制下的租佃农经营、自有土地中的自耕农经营，以及半自耕农、半租佃农经营。在自耕农经营中，富农、中农、贫农的经营又显有不同，等等。胡如雷先生在《中国封建社会形态研究》一书中，曾对中国封建社会的各种土地所有制中的农民经营方式进行深入分析，在此不赘。本书以下所研究的，限于私有土地中的自耕农和租种地主出租地的佃农。半自耕农不另外专述。

自耕农是拥有自己的土地，拥有自己的生产工具，以自己家庭中的劳动力从事生产经营的独立核算、自负盈亏的经济体。拥有自己的独立经济，使自耕农有进行生产的最高积极性。

毫无疑问，佃农与自耕农的经营有重大区别。最主要者，是佃农租种土地要付地主地租。虽然在漫长的历史时期中，租佃形式发生变化并显著影响地租形态和地租率，如实物地租和货币地租，分成地租、定额租乃至永佃制，等等，但总的看来地租常常占收获总量的一半左右。[①] 尽管是佃农，作为一种经济和社会生活的组织形式，佃农和自耕农有着基本共同点。

著名经济史家方行认为中国封建社会的“地主制经济”的基本特征是“土地买卖，实物地租和小农经营”。[②] 吴承明先生评价此说“极精当”[③]。方行教授对他所论的小农家庭经营有如下概括。

“在中国封建社会中，广大农民以家庭为单位，耕种小块土地，解决自己的生产和生活问题。一家一户就成为社会的基本经济单位，构成封建社会的经济基础。”“这种农民经济是以生产资料个体所有制为基础的经济。他们中

---

① 中国封建社会的地租及其变化问题，可参考李文治、江太新《中国地主制经济论——封建土地关系发展与变化》、胡如雷《中国封建社会形态研究》等书相关内容。

② 方行：《中国封建经济论稿》，商务印书馆，2004，第 27 页。

③ 吴承明：《关于传统经济的通信》，《中国经济史研究》2012 年第 2 期。

的自耕农，拥有自己的土地和农具、耕牛、种子等其他生产资料；他们中的佃农，根据约定，租种地主的土地，并或多或少地拥有农具、耕牛、种子等其他生产资料。从理论上说，他们根据生产资料所有权，对自己的生产资料享有占有、使用、收益和处分的权利。在此基础上他们可以建立自己的经济，相对独立地按照自己的意志，去配置和使用劳动力和生产资料，从事生产经营以获得经济利益，实现自己财产的保值与增值。概括地说，这就是自主经营，自负盈亏，以实现自我生存，自我发展。”①

“在中国地主制经济下，农民将所有者、经营者和劳动者统一于家庭之中，家庭成员具有经济利益的高度一致性，可以有强烈责任感来关注生产的全过程。农民又将农业生产和手工业生产、自给性生产和商品性生产结合于家庭之中，而他们比西欧中世纪农奴又有较大的人身自由，对生产经营有较大的独立性，这都有利于农民根据当地的自然条件，自身的耕地、资金和劳动条件，以及产品的比较利益，灵活地安排自给性生产与商品性生产的比例，以解决家庭温饱问题，并推动农村商品生产的发展。”②

我们认为，这里所说的小农经营，包括了自耕农经营和佃农经营两种类型，如果进行抽象的理论概括，它当包括以下内涵。

其一，生产经营是由农民家庭为单位进行的，每一个农民家庭都是自负盈亏的独立经济体。除去农民不能左右的外部环境如国家徭役等对农业生产时间的干扰外，实际生产者农民拥有对农业和家庭工副业的全部生产、经营自主权，即对于生产什么、如何生产完全自主，并对于除去地租（对自耕农而言是国家赋税）外如何处置剩余生产物有完全的自主权。

其二，农民家庭经济是指一种以家庭为单位的经济组织形式，而不是单个农民单独经营和生产的经济单位。这意味着家庭的有劳动能力的成员（不论是整劳力或半劳力）都作为家庭这个经济组织的“从业人员”，各尽所能，相互配合，为家庭的经济总收入贡献自己的全部力量；同时，每个成员又“合理合法”地享有家庭经济收入，并共同承担经济收入的盈亏。③

其三，《管子》曰，民之所生，衣与食也。农民家庭最基本的目标是解决

---

① 方行：《中国封建经济论稿》，商务印书馆，2004，第 96 页。

② 方行：《中国封建经济论稿》，商务印书馆，2004，第 39 ~ 40 页。

③ 本书的农民经营概念不包括雇用农民（雇农）进行生产的地主经营，即通常所谓的经营地主（在很宽泛意义上，经营地主似乎也可视为农民的一种，但他们在经营机制上与本书所论述的农民家庭经济有重大不同，在农民的比例上亦占很小部分）。

吃、穿这两个生存必需。因而一般来说，农民家庭经济具有以农为主、兼营他业的特点。这里的“农”主要指自给性的粮食生产，也包括粮食在内的为市场生产的商品性农作物。“兼营他业”主要指主要农业劳力在农闲时期从事的各种农业和非农业的活动，而农家妇女的家庭纺织业，在大量地区更是一种传统，即所谓的“男耕女织”。

享誉世界的俄国经济学家 A. 恰亚诺夫曾经为农户经济定义：“这种家庭不雇用家庭外劳动力，有一定数量的土地可供利用，自己拥有生产资料，并且有时不得不将其劳动力的一部分用于非农业经济活动，如商业和手工业。”① 他的学术背景虽然是 19 世纪末 20 世纪初的俄国，但对照中国古代的农民家庭经济组织，如果“生产资料”包括实际使用的土地（自有或租赁），其定义也可适用。

这里应予强调的是，小农经济在中国数千年的历史中，有其萌发、产生、发展和变化的过程，它的界定、功能和运作机制也随之发生了若干重要变化，而非一成不变。虽然从理论分析上可以将中国小农经济视为一种经济形态、一种经济组织形式、一种生产方式而加以理解和进行静态分析，但在这种分析中，是无论如何也不能忘记它是一个在历史长河中变化的“动态事物”。当然我们也应该承认，小农经济在总体上没有发生根本性质的变化，也正是在此意义上，可以将数千年以来的农户经济的形态和作用归之为“小农经济”的概念中。

三　小农家庭经济根本特点与内在机制

（一）根本特点：农民家庭经济体是生物、社会与经济细胞的统一单元

农民家庭是人类社会中家庭组织的一个类别。认识农民家庭，不能不从社会学意义的家庭组织、生物学意义的家庭和经济学意义的家庭生产经营这三个方面观察。社会学、生物学意义的家庭，是一个具有社会和生物细胞功能的最基本组织。“家庭是一个社会组织，但基于生物根基之上。不论社会属何种类型，家庭普遍存在。但是，每个社会又由于其人口结构、经济组织及

① 〔俄〕A. 恰亚诺夫：《农民经济组织》，中央编译出版社，1996，第 19 页。

宗教信仰不同，分别给家庭打上独具特点的烙印。”① “几乎是所有人类社会的建筑单元都是核心家庭。无论是美国工业城市中的平民，还是澳大利亚荒原中的一队狩猎—采集者，都是围绕这一单元组织起来的。”② “血缘关系几乎遍及整个人类社会，这也是我们这个物种的独有生物学特征。”③

这提示我们，至少就社会性和生物性分析，家庭组织具有“二元本质，它既建立在生物性需求（生儿育女等）之上，又受某些社会方面限制的制约”④。生物特性使家庭具有固定的结构和机能，不会随社会形态的变化而变化，这是它适应人类作为生物物种生存的需要而形成的，否则就会影响生存。而作为社会的基本构成单位，家庭又在不同社会中具有相适应的特性，否则也无法存在。如果家庭作为社会、生物基本单位的同时，又是经济——生产单元，情况就变得更加复杂。它对学者提出的起码要求是，观察和分析这样的基本单元，不能用经济学、社会学、生物学中的任何单一方法和理论框架，而必须综合考虑自然生态环境影响下的血缘亲情、社会习俗、家庭人口及需求、生产方式、投入产出、经济核算等多方面因素，才有可能接近事物的本来面目。在这些方面，伟大的俄罗斯学者 A. 恰亚诺夫在分析俄国劳动农户时给了我们很好的方法论上的启发。他说：“农民家庭劳动农场只要以其固有的面貌存在而没有开始重建为其他类型的经济组织，这个经济细胞的组织结构就将维持不变。如果说有什么变化的话，那只是某些具体特征的改变以此来适应国民经济一般的环境变化。”⑤ 他还进一步指出：“要研究劳动农场组织，就必须从考察农场的主体即作为经营者的家庭入手，首先分析农民家庭的组成成分和规律。”⑥ A. 恰亚诺夫的论说，使我们体验到了他研究俄国农户经济时的生物学、社会学和经济学的综合性眼光。

已故大经济学家、经济史学家吴承明在 2004 年曾指出，“耕织结合的小农经济是一种经济结构，也是一种社会组织。它的形成、发展以至解体，与传统的义利观、本末论、家庭观念、多子继承，以及国家巩固自耕农的政策，

---

① 〔法〕安德烈·比尔基埃等主编《家庭史》，生活·读书·新知三联书店，1998，第 8 页。

② 〔美〕爱德华·O. 威尔逊：《社会生物学——新的综合》，北京理工大学出版社，2008，第 519 页。

③ 〔美〕爱德华·O. 威尔逊：《社会生物学——新的综合》，北京理工大学出版社，2008，第 519 页。

④ 〔法〕安德烈·比尔基埃等主编《家庭史》，生活·读书·新知三联书店，1998，第 6 页。

⑤ 〔俄〕A. 恰亚诺夫：《农民经济组织》，中央编译出版社，1996，第 10 页。

⑥ 〔俄〕A. 恰亚诺夫：《农民经济组织》，中央编译出版社，1996，第 20 页。

权关制度，等等，都是分不开的。对小农经济的研究，从经济学方面转入社会学方面，加上非经济因素的分析（当然都需要实证），就大有可为了”①。吴老此论，实际上对那种完全用经济学理论框架对小农经济的分析进行了批评，认为局限于经济学理论是远远不够的。对我等后学而言，真是胜读十年书矣！

前辈大师虽然为我们指明了方向，但由于笔者学力的浅薄，也由于接触古代文献的有限，目前我们在对小农经济的研究上，尚远远不能做到从实证到理论的完满统一，因而无法达到吴承明先生所期望的“大有可为”。不过尽管如此，这里还是愿意就直接相关的问题最低限度地尝试思考，以为铺路之石。

中国的农民家庭正是集生物、社会、经济功能于一体的社会经济细胞单元。它的生物性初步可从家庭内部成员的血缘关系及其持久（遗传）性加以认知。

正如社会生物学奠基者爱德华·O. 威尔逊教授所指出，家庭具有的天然生物性是人作为一个物种的根本特性之体现。可以认为，这种生物性是天生的、自然的，超出社会经济文化范畴，超越历史发展的特定形式，不能再简化和分割。这种生物性，使家庭天然具有最顽强的生命力、最坚固的难以变迁的结构。这使得：第一，家庭内部的向心力大于任何组织；第二，家庭成员间的血缘关系及由此形成的亲情关系，天然地远远超过社会中存在的其他的人与人之间的关系。这种在任何社会中都会天然存在的家庭成员之间的关系，与“商品交换”“市场机制”中的社会、企业、团体之间人和人之间的关系不属于同一层次和范畴。虽然当代市场经济中的金钱至上常常可能对正常家庭亲情造成威胁和破坏，但这至少不是得到统计资料证实的普遍公理，在我们所论及的中国古代社会更当如此。

（二）行为准则与内在机制

在中国古代农民所处的农耕社会中，家庭的这种生物性与农民家庭的生活、生产功能融为一体，形成了中国农民家庭经济体的一些最基本的内在机制和特征。主要如下。

① 吴承明：《关于传统经济的通信》，《中国经济史研究》2012 年第 2 期。

1. 农民家庭是一种最坚固、最持久、最富于生命力的利益共同体

在中国古代社会这种利益共同体的价值观念就是保护每个成员的生老病死，家庭是每个成员的最后归宿和避风港。家庭对于每个成员的合理需求会尽最大努力去满足，而每个成员对于家庭的利益都会无保留地尽力维护，典型体现了“有福同享，有难同当，生死与共”的真谛。

2. 没有工资和个人劳动报酬概念的生产经营组织

在经济行为和机制方面，家庭经营极为突出的一点是家庭成员投入家庭生产的所有劳动均不计算“工资”，不考虑劳动报酬。

“织与不织，总要吃饭，不计工食，自然有赢。”这简单的“经验之谈”，透露了农民家庭经营的一些重要准则：作为家庭经营体，家庭天然要负责每个成员的生老病死，每个成员的生活耗费，都是家庭生产的“固定支出”，只要从事生产，无论多少，无论是否能够弥补成员的生活费用，都会在家庭支出之外增添一份收入（方行讲：“棉布作为手工业品，又有较高的附加值。农民如果让妇女劳动力闲置，而卖粮买布，总是不经济的。”①）

从另一角度看，每个成员似乎又都是家庭经营体的“固定资产”。但严格说，这里用属于资本主义经济范畴的固定资产概念并不很合适，因为这些家庭成员是活的劳动力，为了全家增加总收入，他们可以不计时间、不计年龄、不畏劳苦程度，以最大的主动性去进行生产活动。

我们没有发现可说明上述问题的中国古代文献中的统计数据，但是并不缺少一些文字记录。清代农村家庭棉纺织业的情况是：“四时可纺织，无冬夏也。七岁女七十岁妪皆可纺，无老少也。”② 康熙、乾隆年间人说，江南农家妇女“自幼习劳”，“女子七八岁以上，即能纺絮；十二三岁即能织布。一日之经营，足以供一日之用度而有余”。③ 清代南昌县，“乡村无不纺纱织布之家，勤者男女更代而织，鸡鸣始止”④。陕西洵阳县（今旬阳县）则是“洵河大半楚人家，夜夜篝灯纺手车”⑤。

农村家庭丝织业的情况是：江南一带从事丝织业的农家，一般家有织机

---

① 方行：《清代经济论稿》，天津古籍出版社，2010，第50页。

② 道光《保安州志》卷七，转引自方行《清代经济论稿》，天津古籍出版社，2010，第50页。

③ 尹会一：《清经世文编》卷三六，转引自方行《清代经济论稿》，天津古籍出版社，2010，第35页。

④ 光绪《南昌县志》卷五六，转引自方行《清代经济论稿》，天津古籍出版社，2010，第36页。

⑤ 光绪《洵阳县志》卷一三，转引自方行《清代经济论稿》，天津古籍出版社，2010，第68页。

一台，劳动力多的可达二三台。织绸前的一系列工作，从络丝、摇纬、牵经等都由家内劳动力完成，“贫者皆自织，而令其童稚挽花，女工不治纺绩，日夕治丝。故儿女自十岁以外，皆早暮拮据，以糊其口”①。

与此相关的另一特点是在家庭小农经济内，任何成员都从属于家庭整体，只有家庭整体的经济利益而无个人的经济利益概念。

3. 自给性粮食生产与商品性工副业密切结合

农业、手工业、各种副业的尽可能互补，粮食自给与市场挣钱互补，以达到家庭资源利用的最佳配置，同时努力做到在风险最小化的同时收入最大化，是小农经济在进行经营活动时的又一重要行为准则，从而形成其内在经济机制。

中国古代小农经济的显著特点是农业与家庭工副业的密切结合。这是毋庸置疑的事实，从古代文献到当代领袖的“权威论述”都指出过这个特点。在独立农民家庭经济这一新生事物问世不久，如何按照它的“性能”来合理发挥它的功用，就引起当时政治家们的高度关注。有学者认为，《管子·乘马》篇中的“均地分力”说，“分力”已体现出封建制下一家一户小农经济的内容。② 因此，在早期农户经济确立时代，孟子就勾画出一幅实现小农经济“安居乐业”和君主“王天下”的标准图景……养生送死无憾，王道之始也。五亩之宅，树之以桑，五十者可以衣帛矣。鸡豚狗彘之畜，无失其时，七十者可以食肉矣。百亩之田，勿夺其时，数口之家可以无饥矣……黎民不饥不寒，然而不王者，未之有也。③ 韩非讲：“丈夫尽于耕农，妇人力于织衽。”这些话，都透露出农家经济已有明确的家庭分工。小农家庭经济出世伊始，“男耕女织”就是农民家庭经济的基本功能。

这里不拟过多申引史料。但值得思考的是，这种现象产生的原因是什么？如何看待或解释之？

最常见的是记述农民家庭工副业生产的史料总是和农民土地不足、口粮不够有关。它是用以补充农业收入不足的基本手段。农业和工副业是小农维持家庭生计的两条腿，缺一不可。

因此才可以理解，明清以来特别是清代并延及近代，大力推广农村工副业都是政府的一项重要民生政策。所谓“重农抑商”被认为是中国历代的官

① 乾隆《吴江县志》卷三八，转引自方行《清代经济论稿》，天津古籍出版社，2010，第37页。

② 巫宝三：《经济问题及经济思想史论文集》，山西经济出版社，1995，第780页。

③ 《孟子》，梁惠王章句上。

方政策，农民从事工副业看上去是“非农产业”。但至少在有清一代，政府不但不压制反而努力推广之。在此时的政府看来，农民商品性工副业的主要属性已是农业和农村产业的重要组成部分，是一项重要的农民生计。这是符合当时实际的（这也提醒治史者不可教条式地从概念出发去理解农业和工商业之关系）。

在明清时期的“经济发达地区”江南，松江府是棉纺织手工业最发达之地，“从明到清，其所属各县的地方志一直有‘田所获，输赋偿租外，未卒岁，室已罄，其衣食全恃此’之类的记载”①。无锡农村“乡民食于田者，惟冬三月”，其余则是“抱布易米而食”。② 河南孟县（今孟州市）“地狭人稠，按口计地，每人不足一亩，通邑男女唯赖纺织营生糊口”③。江西南昌县农户“耕以足食，织以致余，农家未有不勤织而富者”④。清乾隆年间，河北永清县“东乡滨河东韩村、陈各庄一带，土地硗瘠，多沙碱，不宜五谷。居民率种柳树，柳之大者伐薪为炭，细者折其柔枝，编辑柳器”，“老幼男妇穷日所为，八口乃可给也”。⑤ 山东齐东县“土田硗瘠，计其所入，仅足以糊口，而赋徭婚丧之费，漠无所藉”，有些农民只得“专务纺绩，一切公赋及终岁经费多取办于木棉”⑥。

农民开展家庭工副业还有其特别的优势和功用。农业是季节性产业，每年都有很长的间隙时间，如不利用，劳动力白白闲置。

农民家庭是由男女老少组成，家庭工副业种类多样，专门手工业生产一般也有准备工作、辅助工作、主要工作等工序，这些都为充分利用不同性别、不同年龄的家庭成员从事不同难度、不同强度的工作打开了空间。

农业中的粮食生产主要是为了解决口粮等基本生存需要，这是刚性的需求，但常有不足。此外，其他日常用度，就只能利用家庭生产要素，以生产商品性工副业产品从市场交换中获取。粮食生产虽然是保障基本生存的第一

---

① 〔清〕黄印：《锡金识小录》卷一，转引自方行《清代经济论稿》，天津古籍出版社，2010，第35页。

② 〔清〕黄印：《锡金识小录》卷一，转引自方行《清代经济论稿》，天津古籍出版社，2010，第35页。

③ 乾隆《孟县志》卷四上，转引自方行《清代经济论稿》，天津古籍出版社，2010，第36页。

④ 光绪《南昌县志》卷五六，引同治府志。转引自方行《清代经济论稿》，天津古籍出版社，2010，第36页。

⑤ 乾隆《永清县志》户书第二，转引自方行《清代经济论稿》，天津古籍出版社，2010，第39页。

⑥ 康熙《齐东县志》卷八、卷一，转引自方行《清代经济论稿》，天津古籍出版社，2010，第56页。

需要，但受自然和天气影响很大。工副业产品虽然在市场上颇有风险，但不受天气气候的影响。这两者的紧密结合，是农民在数千年的生活实践和经验中获得并得到验证的风险最低、收益最高的经营方式，成为农民家庭最顽强持久的经营机制。

本书对以粮食生产为主的中国古代农业有一个基本判断：不能说数千年以来人均口粮始终处于十分紧缺状况，这是一个动态的不断变化的过程。在各个王朝的中期以后，通常都会达到繁荣的顶点：人口趋于高峰，土地兼并盛行，城市工商业畸形发展，社会分配不公加剧，小农经济受到严重危害。这是该王朝从盛转衰的开始，直至土地问题、农民生计问题和全国的粮食供给都出现危机，进入了社会大动荡。在历经严重灾难后，人口大幅减少，土地荒芜，于是农民重新开始聚集、生产。由此开始一个新周期。在每一周期中，从开始、前期至中期，大致是小农用力最多而生活改善也最显著之时。但之后，人口大增，土地趋紧，小农经济步入紧张状况。这时农民必须大力发展家庭手工业和各种副业以补充农业和粮食之不足。因此，农家工副业的发展包括其中商品性生产的发展，是其商品生产发展本身的生产量增加、交换范围扩大、商业流通渠道和方式改进等“发展规律”的必然显现，但也常常是土地、农业粮食生产发生问题的产物。如果商品生产和交换可以从根本和总体上帮助国民经济克服困难和危机，如同西欧一些国家那样，中国古代社会经济就可能发生质的变化。但中国的问题正在于，它不能从国际贸易和海外移民的途径发展起商业和商品经济，不能通过国际贸易来解决庞大人口的吃饭、生存和就业问题，而只能主要依赖自己的国内资源。而正是国内资源的生产和分配出现了大问题，即在粮食供应和分配出现问题的大宏观环境下，商业乃至工副业都不可能不受到根本性制约。

这突出体现在手工棉纺织业与粮食生产的关系上。①在全国农业发展较好、全国经济形势也处于较好阶段，口粮有相对保障，农民只要能够获取原料棉花，就可以大量生产棉布并获得较好价格。②当农业收成不好特别是小农经济受到损害而出现全国性经济问题时，因为粮食腾贵，衣被穿着需求立即让位，市场萎缩，布价大跌。往昔因织布收益高而收缩粮食生产的农户，不能不重新回头，大大减少棉田，将其恢复为粮田，哪怕自然条件很不利于种粮。在清中期以后，全国的宏观经济正是如此。

“乾隆间，米价渐涨，终乾隆之世，迄未停止。”“事情发生转折在嘉庆道光间，在这段时间里，江南地区米价涨风逐渐中止，但米价总水平仍超过乾隆间。突出的问题是棉贵布贱，农民生计受挫。”“比年木棉常贵，布值常贱，所以小民生计日艰”，“花、米腾贵，布价日落，生计微矣”。嘉庆九年，松江府地区大水“木棉价贵布价贱，爨火欲断心皇皇”。道光初年，江南地区连遭水灾，“此邦自癸未以来，民气未复，辛卯壬辰又值淫潦。今春多苦雨，秋来有恒寒之象。黍稷方毕，不实者比比矣。吴中妇女业绩者什九，吉贝之植多于艺禾。频岁木棉皆不登，价倍于昔，而布缕之值反贱。盖人情先食后衣，岁俭苦饥，衣虽敝而惮于改为，其势然耳，小民生计之蹙，未有甚于今日也”。①

而一旦失去工副业收入，完全依赖农田粮食，对农户经济核算来说极为不利，“纺织无赢，只好坐食”②。这实在是万般无奈。若粮食不够，则日子就过不下去了。

一些史料载：江南地区农民纺织收益，嘉庆道光间较之康熙乾隆间大约降低了一半。“昔一丈之布，羡米五升，而今二升有奇。”光绪间又比道光间降低了一半，“往者匹夫匹妇五口之家，日织一匹，赢钱百文。自洋布盛行，土布日贱，计其所赢仅得往日之半耳”③。

正因为吃饭是农民生存的最重要条件，故虽然有些地方的工副业农民家庭中工副业已超过甚至远远超过粮食种植业收入，也有若干农户因人手不够放弃了部分农作以致出现“田功半荒”现象，但估计这毕竟只是少数现象。即使在浙江濮院镇这种丝织业最发达地区，尚有农家雇人种田之事，“近镇领多业机杼，间有田业者，田事皆雇西头人为之。西头谓石、桐邑界，其地人多而田少，往往佃于他处，每于春初挈眷而来，年终挈眷而去，名曰种跨脚田”④。

清代的农村商品性工副业虽然发展到了中国封建社会的最高峰，但方行认为“自给性的粮食生产仍然在农民的生产中保持着自己的重要地位”。“基于粮食生产对于商品生产具有基础作用的普遍原则，从每个农户来说，自给性的粮食生产仍然是他的商品性生产赖以存在和发展的基础与前提。”⑤ 我们认为，这个论点是应该高度重视和进一步强调的：正因为清代的粮食生产和

① 光绪《青浦县志》，转引自方行《清代经济论稿》，天津古籍出版社，2010，第 77 页。

② 姜皋：《浦泖农咨》，转引自方行《清代经济论稿》，天津古籍出版社，2010，第 77 页。

③ 光绪《嘉定县志》卷八，转引自方行《清代经济论稿》，天津古籍出版社，2010，第 78 页。

④ 沈廷瑞：《东畲杂记》，转引自方行《清代经济论稿》，天津古籍出版社，2010，第 38 页。

⑤ 方行：《中国封建经济论稿》，商务印书馆，2004，第 130、131 页。

供给在人地比例、继而又在土地分配等问题上引发日益严重的问题，所以农村商品性工副业才呈现一个空前“发展繁荣”之象。此时的商品经济，应是伴随农业粮食生产、供给出现不足时的产物，它与斯密式的“完全的社会分工”所引发的商品经济有不同性质。因此人们看到的是自给性农业与商品性工副业的愈益紧密的结合而不是相反。

一些已有的史实，似可以较明确地证实上述看法。据方行研究，清代前期，社会经济环境最重要的变化是人口迅速增加。在乾隆一朝的六十年间，人口翻了一番。这给农民经济带来了一些重要影响。耕地面积减少导致农作规模缩小。中国多子分家析产的制度，本来就会造成田产的不断分割。而人口的大量增加，更会加强这种趋势。一些原来耕地比较充裕、农民占田较多的地区，自耕农拥有的田地大大减少了。其转折点大都在乾隆中叶。有人说，“雍乾以后，生齿日繁，文化亦隆。大姓中有人口千余者，财产则非所重。在咸同以前，上户无千亩者。同光以来，大族之人数数分产，贫者亦众”①。

在一定地区，与当地耕作条件相适应，一个农户依靠家内劳动力所能耕种的土地，大体是一定的。由于人口剧增，耕地不足，农民的耕地大都达不到这种适应规模。许多自耕农的耕地面积甚至还少于佃农。以江南地区为例，这里是“一夫耕不过十亩”。在嘉庆间，“佃农工本大者不能过二十亩，为上户。能十二三亩者为中户，但能四五亩者为下户”②。到道光以后，“往时江南无尺寸隙地，民力田，佃十五亩以上者称上农，家饶给矣”。“次仅五六亩，或三数亩，佐以杂作，非凶岁亦可无饥。何者？男子耕于外，妇人蚕织于内，五口之家，人人自食其力，不仰给于一人也。”③

农民的耕地既一再分割，经营规模缩小，就只能从发展商品性生产上找出路。许多农民不得不腾出部分耕地来种植经济作物、来支付家用，以换取部分口粮。有些农民不得不用更多的以致全部耕地来种植粮食以自给口粮，而另谋兼业，手工业也就成为他们维持生存的天然出路。

由于耕地的增加赶不上人口的增加，粮食供求关系就会日趋紧张。乾隆

---

① 民国《安县志》卷五，转引自方行《中国封建经济论稿》，商务印书馆，2004，第150页。

② 章谦存：《清经世文编》卷三九，转引自方行《中国封建经济论稿》，商务印书馆，2004，第151页。

③ 薛福保：《皇朝经世文续编》卷四一，转引自方行《中国封建经济论稿》，商务印书馆，2004，第151页。

以后，大量农民涌向闽浙赣皖山区、湘鄂西山区、鄂北川北陕南山区等从事开垦。玉米、甘薯、高粱等高产作物在全国广大地区推广。

雍正乾隆以后，还出现了全国性的粮价持续上涨。这些都无疑是粮食供求关系紧张的反映。

清代康熙年间，经济作物的种植即开始发展。乾隆年间更日益扩大。许多农民都是用粮田来种植经济作物，即所谓“多夺五谷之地以与之”。在粮食供应紧张之后，许多农民又回过头来重新调整自给性生产与商品性生产的比例，增加口粮种植。如江南地区的嘉定县（今上海市嘉定区），“嘉土沙瘠，不宜于禾。外冈地势高阜，尤不宜于禾。往者皆种木棉。近因米价昂贵，每石有五两外者，始多种稻”①。在四川，巴州“旧擅蚕桑之利……近年乡民垦地为田，嫌桑树浓阴，蔽覆田亩，多被砍伐，故所出较少，而利亦减杀”②。在浙江，泰顺县“嘉庆以前多种蓝靛，今则多种蕃薯”，“农家多以薯米为粮”。③

方行认为：种植经济作物比种植粮食作物需要更多的资金投入和劳动力投入，也有大得多的自然风险和市场风险。手工业商品生产的市场风险也是不言而喻的。这对于经营规模小、储积不多的农民来说，要求他们摆脱自给性的粮食生产，无疑是困难的。在粮食供求关系紧张的条件下，更会如此。清代前期，人口滋繁，粮食供求的压力越来越大，许多农民不论他们商品性生产的比重如何大，他们都要保留一定的口粮生产作为自己最后的生存保障。这就是无锡从事棉纺织的农民也要种植够吃三个月口粮的原因。

在这种生产模式之下，农民对于自给性粮食生产，只要能够满足口粮供应，是不计成本的。不论粮食收获量能否补偿生产资料和消费资料的消费，他们都会耕种土地。是否有剩余产品，并不是耕种土地的界限。④

也正因为如此，方行的研究指出：清代前期，农民的自给性生产与商品性生产相结合的模式，已获得了普遍而充分的发展。当时，不论南方和北方，许多地方官在“劝农”之时，都总是按照这种模式来为农民设计生产。乾隆间，河南嵩县知县康基渊就提出，农民应当生产“谷米布帛”以“务本”，

---

① 乾隆《续外冈志》卷一，转引自方行《中国封建经济论稿》，商务印书馆，2004，第152页。

② 道光《巴州志》卷一，转引自方行《中国封建经济论稿》，商务印书馆，2004，第152页。

③ 光绪《泰顺分疆录》卷二、卷三，转引自方行《中国封建经济论稿》，商务印书馆，2004，第152页。

④ 方行：《中国封建经济论稿》，商务印书馆，2004，第153～154页。

又应当种植经济作物进行“调剂”以“兼权钱币”。他要求农民的耕地在收“麦后，八分种粟，二分莳蓝。以十亩计，可获粟二十四石，收蓝易价，蓝后种蔬二亩，所收亦可获缗钱二十四千文，利反倍多也”①。康熙年间，湖南长沙县知县朱前诒在《劝民开塘示》中说，农民种田，“大率三十亩，以二十亩栽禾，以八亩种豆，备二亩以种果芋蔬菜等，按时播种，早晚灌溉，便可取利养家”②。

民间的规划也是这样。清初，浙江桐乡县（今桐乡市）张履祥的友人病故，“遗田十亩，池一方，屋数楹”。家有老母、寡妻、长子、稚子与侄。张履祥为其家所规划的生产是：由于“瘠田十亩，自耕仅可足一家之食”，加以家庭人口老弱多，“力不任耕”，难以种稻，遂安排种豆三亩，豆起种麦。种桑三亩，种竹二亩，种果二亩，池畜鱼，还养羊五六头，以其粪畜桑养蚕。这样，“豆麦登，计可足二人之食”，丝绵可以易衣，竹、笋、果与鱼、羊，“俱可易米”。“如勤力而节用，佐以女红，养生送死，可以无缺。”③

这充分体现了以谷粮为本，以商品工、副生产为末，“本末相权，庶谷不致于竭，而凶年亦可无虞矣”④ 的农户经营之内在精要。即以自给性粮食生产与商品性工副业生产密切结合的两条腿走路的办法，力避风险又力求较高收入，尽最大努力在可能范围内求得最低生存保障。

四　天地人系统中的小农精耕细作

精耕细作是中国古代农业的生产和技术方式最可贵的精华所在。它与小农家庭经济密不可分。

它的产生是小规模土地利用和小规模农业生产方式的结果。这是以撂荒、易田制为特点的战国时期以前的大规模粗放式农业无从延续的产物。它的实行和推广，只有实行家庭制特有的劳动方式、经营准则和经营方法才有可能实现。

---

① 乾隆《嵩县志》卷一五，转引自方行《中国封建经济论稿》，商务印书馆，2004，第131页。

② 嘉庆《长沙县志》卷一七，转引自方行《中国封建经济论稿》，商务印书馆，2004，第132页。

③ 〔清〕张履祥：《补农书·附录》，转引自方行《中国封建经济论稿》，商务印书馆，2004，第132页。

④ 张履祥：《补农书·附录》，转引自方行《中国封建经济论稿》，商务印书馆，2004，第132页。

在推广以家庭农业为载体的精耕细作中，中国农业提炼总结和融入了“天地人”三才理念，将古代农业提升到与自然环境、劳动对象、劳动者最大限度地相互配合、相互补充、和谐共荣的境地，对人类文明的可持续发展做出了伟大贡献。

（一）精耕细作的产生[①]

战国以前，土地耕作采用的是撂荒、休耕形式的易田制，通过撂荒让耕地休耕以恢复地力。这就是元人王祯所说的“古者，分田之制，上地，家百亩，岁一耕之；中地，家二百亩，间岁耕其半；下地，家三百亩，岁耕百亩，三岁一周。盖以中下之地，瘠薄硗确，苟不息其地力则禾稼不蕃”[②]。实行易田制的前提，是地广人稀，农业中主要缺乏人力而土地空旷。但至战国时期的黄河流域，随着人口不断增加，多余土地愈来愈少，已经没有可能再实行撂荒式的易田制了。为了满足人民生存的需要，只能在原有的同一块土地上实行连作制即连续耕作。为了使土地连作仍能保持较高产量而不致因地力衰竭减产，只能充分发挥人的劳动作用，农民需要充分认识并遵循自然规律和农作物生长规律，在遵循客观规律的前提下如何在土地连作状况下维持土壤肥力，就成为当时农业生产的一大关键。而注重追肥，正是精耕细作农作的首要内容。

促使土地连作制取代原来易田制的重要原因，也可能与战国时期土地所有制的大变动相关。正是在这一时期，以家庭为单位的农业生产组织在各国陆续建立，小农家庭经营形式成为普遍的常态。从孟子屡次提到的一家拥有“百亩之田”[③] 作为农村社会合理基础的思想分析，这一时期拥有小块土地的农户经济（自耕农是大多数）已经是各国的经济组织基本单位。正是有了小农经济这个基本单位，精耕细作的耕作方式才有可能形成和展开。前辈学者傅筑夫先生早已指出，“随着土地制度的变革和土地兼并的发展，土地经营单位在不断分散，不论佃农或自耕农，其所经营的土地都是小规模的，故小农经济遂成为自战国以后直到近代社会经济结构的基本形态，这也决定了农业生产不能不是精耕细作”[④]。

---

① 本节主要参考并综合了韩茂莉《中国农业历史地理》第四章第四节，以下不一一注明。

② 韩茂莉：《中国农业历史地理》，北京大学出版社，2012，第194页。

③ 当时的百亩相当于现今的三十余亩。

④ 韩茂莉：《中国农业历史地理》，北京大学出版社，2012，第194页。

（二）精耕细作的主要内容

施肥和田间管理是精耕细作的重要内容。如何在土地连作制下保持土壤肥力，是战国时期耕地失去易田休耕条件后农业生产面临的首要问题。施肥从而成为耕作方式从粗放转为精耕的基本标志之一。孟子说“一夫百亩，百亩之粪”为上农，荀子说“多粪肥田，是农夫众庶之事业”，韩非子说“积力唯田畴，必且粪灌”，都说明了战国时期粪田是农业生产的基本内容，这已是一种“社会共识”。①

中国古代以何种肥料施肥，如何施肥，值得思考。小农户的家庭组织形式和机能看来极好地适应了这种分散经营土地的施肥需要。所谓适应即最有效率而成本最低。除绿肥外，猪粪是主要肥料之一。养猪作为农户的副业，可获肉或钱以及肥料等经济收入，益处多多；但投入相对低廉，如养猪诸事包括猪草在内的饲料、煮拌、喂食之类，老妇幼孺均可随时行之。对此古人早有充分认识：“古老云：种田不养猪，秀才不读书；又云：棚中猪多，囤中米多。”② 仅从养猪这一点看，由农户施行的精耕细作生产方式能延续数千年，实在有其内在的优良机制。

（三）精耕细作的推广与贡献

战国时期精耕细作农业区主要分布在黄河中下游地区。据司马迁《史记》载，从关中向东沿黄河一线直到山东，均为“地小人众”之区，那里农业开发程度很高，百姓向来重农，经济繁荣富裕。这与精耕细作农业生产方式的应用有直接关系。③

由战国至汉代，农业生产在精耕细作道路上不断进展，西汉时期尤为突出。西汉时期有几个大事对小农经济精耕细作大有助益。一是关中地区兴修了白渠、六辅渠等水利工程。二是犁耕与铁制农具的推广。这促使西汉时期精耕细作农业生产进一步发展和成熟，在耕田整地、作物栽培、灌溉施肥、中耕锄草、田间管理、防旱防虫、选种留种、农产品加工等方面都显示了进

---

① 韩茂莉：《中国农业历史地理》，北京大学出版社，2012，第194~195页。

② 韩茂莉：《中国农业历史地理》，北京大学出版社，2012，第212页。有学者认为，即使在宋代，在乡村农家养猪的大都是富裕户，小户人家是养不起猪的（邢铁：《唐宋家庭经济运行方式研究》，人民出版社，2018，第67页）。

③ 韩茂莉：《中国农业历史地理》，北京大学出版社，2012，第196页。

步。三是实行了代田法与区田法，更对北方干旱少雨条件下的农业生产的进一步发展起了重大作用。此两法实行之前，关中多为漫田法，即不做垄沟，漫式播种。代田法是在垄作基础上圳垄年年互易，土地自然轮换，每年都得到一次休耕机会，地力因此得到休息。区田法是在小块土地上采用密植、深耕、集中利用水肥等精耕细作的手段以耕作。区田法与代田法都是精耕细作的耕作方式，起到了提高农作物产量的作用，在不太长的时间内得到推广，除关中平原外，还在黄河中下游地区相当于今天的山西、河南、陕西、甘肃的一部分都先后采用了代田法。[①] 西汉在代田法的推广过程中还出现了向西北边境延伸的趋向。[②] 有学者称：代田法为用地与养地的有机结合，这一土地利用方式的出现不但保证了农作物产量，而且将精耕细作农业生产技术提高到了一个新阶段。[③]

西汉时期，江南广大地区仍然森林茂密，沼泽遍地，人口稀少。部分地区虽然出现了农业，但属于“火耕水耨”的原始粗放农业。只是在历经东汉末年、永嘉之乱、安史之乱、靖康之乱几次大战乱后，中原人口大量迁移至江南，江南地区才逐渐摆脱了地广人稀的未开化状况，形成以水田为核心的精耕细作农业区。

江南与黄河流域精耕细作主要的不同在于，黄河流域主要种植旱地作物，其农业技术体系主要围绕旱地作物为对象，江南地区的核心作物是水稻。不过江南虽然以水稻为主，但也有大量丘陵和山地不能植稻，而且水稻区也存在稻麦两熟、水旱轮作。因此长江流域下游以水田为核心的精耕细作包括了水旱两套生产方式的技术体系，在这一体系中，水旱轮作的技术转换是要点。在宋代江南出现了一年两熟稻麦轮作制，不仅是因为土地轮作和复种指数提高了产量，而且标志着江南已经完成了从单一水稻到水旱兼容技术体系的一大跨越。[④]

精耕细作是中国古代农业生产方式和技术方式的精华，由于中国地缘广阔，各地状况悬殊，并非都能实行精耕细作农业。但是应该说，中国农业的主体是精耕细作农业，中国农业的主产区是精耕细作农业区。“在各个历史时

① 韩茂莉：《中国农业历史地理》，北京大学出版社，2012，第55页。
② 韩茂莉：《中国农业历史地理》，北京大学出版社，2012，第199页。
③ 韩茂莉：《中国农业历史地理》，北京大学出版社，2012，第197页。
④ 韩茂莉：《中国农业历史地理》，北京大学出版社，2012，第203页。

期，农业开发的核心地带就是精耕细作生产方式的主要实施地带。”① 它的主要贡献：一是最大限度地提高了农产品的产量，二是合理协调了古代自然生态与社会生态这个人类生存根本系统中的天地人之间的关系。

秦汉时期，中国的重心在北方，长江以南开发程度甚低，而北方的精耕农业区位于黄河中下游地区的平原或山前冲程扇上，如关中平原、汾涑河谷平原、豫中平原、太行山东麓地带等，最发达的中心区域在关中、关东地区。这些区域是人口最为密集之区，也是粮食产量最高、最多之区。这些地区的粮产，供养了全国大部分人口。有研究称：“西汉时期全国人口较战国时期增加了大约两千万，这增加的人口大多分布在黄河中下游地带。支撑人口增加的基础是粮食。历史地理学家葛剑雄论证说，‘从关中、关东这些主要农业区的情况分析，西汉期间全国粮食生产的年平均增长率为6‰～7‰。西汉末期的粮食总产量大约为初期的3.3～4倍’。关中、关东之间，关中的粮食增长幅度又大一些，‘自汉初至元始二年约二百年间，三辅地区的粮食产量净增约四倍，年增长率约8‰’。200余年内，在粮食产区空间没有变化的情况下，农业生产技术提高是促使粮食增产的唯一原因，即汉代不断进步的精耕细作生产技术导致粮食大幅度增长。”②

唐宋时期，中国古代经济重心移向江南，精耕农业区亦延伸至长江流域。唯此时期精耕细作农业区局限于长江三角区、太湖流域平原、成都平原及宁绍平原等地。③

宋代东南地区的精耕细作农业已达到很高水平。以太湖平原为例，苏州一带正常年景亩产一般在二三石之间，“上田一亩收五六石”。这样的产量除满足本地消费外，其运销地几乎遍及南北各地，故谚曰“苏湖熟，天下足”④。

明清时期中国农业技术格局又发生变化，突出特点之一是精耕细作农业区的扩展。在原有基础上，江汉平原、鄱阳湖平原、衡阳盆地、福建沿海平

---

① 韩茂莉：《中国农业历史地理》，北京大学出版社，2012，第206页。在论及中国古代精耕细作农业方式时，应特别注意南北方之间的差异：“自古以来，南方和北方农民家庭的生计体系都是判然有别的……针对不同的自然生态环境、南方和北方农民发展了不同的生产项目组合，构成了不同的家庭生计体系和经济类型”（邢铁：《唐宋家庭经济运行方式研究》，人民出版社，2018，第108页）。

② 韩茂莉：《中国农业历史地理》，北京大学出版社，2012，第198～199页。

③ 韩茂莉：《中国农业历史地理》，北京大学出版社，2012，第206页。

④ 〔宋〕高斯得：《耻堂存稿》卷五《宁国府劝农文》，转引自韩茂莉《中国农业历史地理》，北京大学出版社，2012，第204页。

原、珠江三角洲地带等相继进入精耕农业范围。[①] 这一时期的精耕细作在农业技术层次和劳动力的精心投入方面又较前有明显提高。农业土地利用从平面式转向复式结构即农作物的多熟制。长江流域从一年两熟发展到珠江流域的一年三熟。江南地区的一年两熟，在明清时期也有重要变革，即原来的以冬小麦和晚稻为主，又出现以早稻为核心的新水旱轮作体系，出现双季稻，实行早稻晚稻的连作制。或增加了棉花等经济作物种植。复种指数的提升，客观上产生了增加地亩的作用，它在很大程度上缓解了明清以来中国人口的大量增加所产生的粮食压力。有学者认为，复种轮作的出现，为土地带来了第二次开发的特点。如果说，第一次开发是农业种植空间的延伸，那么第二次开发不仅提升了土地的利用强度，且叠加了更多的技术元素。[②]这就进一步提升了精耕细作的劳动操作技术含量。其直接后果，就是增大了我国农产品——以粮食为主也包括经济作物——的总供给。明清时期，由于太湖平原注重发展经济作物，粮食生产退居次要，代之而起的是江汉平原，成为全国重要的商品粮输出地，销售市场达南北十余省。“苏湖熟，天下足”变成了“湖广熟，天下足”[③]。

精耕细作农业，不仅对解决当地密集人口的吃饭问题有重大作用，对提供全国的商品粮总供给有重大作用，也无疑是保障国家政权生存的基础——粮食供应——的基本支柱。供给京城中央政权和各等官吏的粮食，供给国家军队的粮食，都要靠粮食主产区供给。保障这类粮食供给的主要输送渠道就是漕运。

汉唐两代均定都关中长安，为了维持国家政权机构的运转，每年需要从关东地区调运大量粮食。西汉武帝时，由于对外用兵，漕运粮食从汉初的数十万石增至四百万石，这巨额粮食主要来自黄河下游地区的精耕细作农区，这里与国家政治中心关中连为一体，是全国经济最发达之地。有唐一代，关中地狭，仍需由外地转运漕粮，唐中期漕粮数亦达四百万石之多。唯粮食取给地较汉代略向南扩展，反映了粮食主要产区的扩张。安史之乱后，国家漕粮的供应地再次变为江南一带。江南地区不但是北方政治中心维持运转的支撑，而且成了全国的经济重心和主要的粮食供应地。韩愈指出“当今赋出天下而江南居十九”[④]。这些，都完全是以江南的精耕细作农业为基础的。

北宋末年的“靖康之乱”造成第三次全国人口大量南迁，使江南全国经

---

① 韩茂莉：《中国农业历史地理》，北京大学出版社，2012，第210页。

② 韩茂莉：《中国农业历史地理》，北京大学出版社，2012，第8页。

③ 韩茂莉：《中国农业历史地理》，北京大学出版社，2012，第62页。

④ 韩茂莉：《中国农业历史地理》，北京大学出版社，2012，第61页。

济重心的地位愈加巩固。这里有发达的经济、丰富的物产及众多的人口，其中最为重要的是粮食的产出，仅在有限的平原地区内，就养活了近全国总人口22%的民众，同时负担了国家大量粮赋。包拯说“东南上游，财富攸出，乃国家仰足之源，而调度之所也”。在运往京师的巨额漕粮中，“江南所出过半”，而来自太湖平原者又“素甲于江浙”，故宋人说“苏常湖秀膏腴千里，国之仓廪也”。[①]

中国是一个经济不平衡的大国，平原只占少数，有大量丘陵和山区，有许多地区农业自然条件不佳。在南宋后特别是明清时期，已充分开发地区的人口压力和政治社会矛盾促使相当部分的人口向地旷人稀的山区迁徙以求解决生计问题，但是在地旷人稀地区难以实行精耕细作的农业生产。虽然如此，由于迁徙民众多为内地农民，精耕细作生产方式中的诸多生产方法已经是他们祖祖辈辈从事农作的习惯，原有的基本习惯如勤恳劳作、不违农时以及施肥对增产的重要等，在可能条件下，他们仍会尽可能保留。唐宋以后对长江以南地区的农业开发，正是在这种情况下才得以展开的。因此，除精耕细作农区外，随着各地自然条件的差异和限制，还同时出现了许多半精耕细作区，以及许多粗放农作区。大致趋势是，随着人口的增多，农区开发度加深，精耕细作农区在扩大。至明清时期，南方粗耕区主要局限在蛮、夷民族聚居的山区，其他丘陵山区农业生产技术均有所提升，表现出半精耕半粗放的特征。[②] 这也可视为精耕细作传统在不同地区、不同时段的体现。

从一些半精耕细作区的例证看，是否能够实行精耕细作，取决于自然环境、人口密度的因素很大，并不全取决于人的主观努力。从历史唯物主义角度看，只要能够因天时、顺地利、尽人事、因地制宜，就把握住了精耕细作生产方式的本质要素。至于精耕细作到何种程度，产量有多高，采用了哪些技术方法，等等，这些都主要取之于具体的外在自然条件，并非精耕细作的本质所在。从这个角度看，精耕细作本质上是中国农民的生活方式和思维方式的一个重要体现。传统中国人敬畏自然，尊重自然，但并不是一切屈从自然，不是在大自然面前毕恭毕敬，不是完全被动地服从自然的安排。我们可以说，中国农民在数千年的农事实践过程中，积累了极为丰富的经验，这种经验教会他们要尽一切可能寻求人类和自然界的互动和谐关系，在遵从自然

① 韩茂莉：《中国农业历史地理》，北京大学出版社，2012，第61页。

② 韩茂莉：《中国农业历史地理》，北京大学出版社，2012，第214页。

界规律的条件下利用和改造自然，使之为人类自身服务。当然，和自然界的无穷奥秘和千变万化相比，人类的认识终归有限，更何况千百年前的小农。在中国农民从事农业开发的过程中，愈到晚期对自然的破坏性愈明显，这不容置疑。但如果仔细辨认，这些破坏主要发生在山区的粗放型农业活动中，是不能归罪于精耕细作农业的。

（四）精耕细作与天地人系统

精耕细作农业生产技术得以伴随中国农业延续两千余年，得益于天地人三才理论。天地人三才理论是中国古代以农业生产为背景形成的人地关系论，也是指导精耕细作农业生产技术的思想基础。几乎在人们致力精耕细作的同时，三才思想就融入其中。成书于战国时期的《吕氏春秋·审时》载有中国人早期的三才思想："夫稼，为之者人也，生之者地也，养之者天也。"这句话概括了农业生产对象、生产者和生产环境三方面的关系。"通过农业生产技术因天时、顺地利协调三者的关系是三才理论的核心。"①

天—农作物—劳动者关系：

在三才理论中，天是万物的主宰，世上万物包括人和农作物在内，都只能遵从天的意志安排。天意是不可违的。

但在三才理论中，天又并非是任意而为的，它是自然规律的最终体现和代表。人们只要认识了自然规律，按照自然规律从事农作，在很大程度上是可以获得好收成的。"夫稼，为之者人也，生之者地也，养之者天也"可以理解为，农业和农作物必需人的努力，必须有土地才能生长，但能否最终有成，还要取决于天即大自然的综合因素。有人对于南宋陈旉所说的"农事必知天地时宜，则生之，蓄之，长之，育之，成之，熟之，无不遂矣"解释道：如果说因天时的本质在于农作物的时间安排，那么顺地利则表现在空间选择……②

自产生以来，小农家庭作为中国古代经济的基本生产和再生产组织，是中国古代文明主要的创造者。这可以从两方面加以观察，第一个方面，小农家庭是开发中国国土的主要力量。小农家庭经济的总量增长和活动区域的扩大，就是中国国土耕地面积总量增长和农业生产增长和扩张的过程。第二个方面，小农生存状态决定了中国历代历朝的兴衰存亡。

---

① 韩茂莉：《中国农业历史地理》，北京大学出版社，第200页。

② 韩茂莉：《中国农业历史地理》，北京大学出版社，第202页。

第五章 小农经济的变化与古代中国兴衰

一 小农经济与中国国土的开发

中华民族源起于土地和农业，形成并发展于耕地的开发和农业的拓展。开发土地和发展农业的历史就是一部中华民族的古代文明史。

人口数量与人们所能获得的食物是严格遵循一定比例的。古文明初期地旷人稀，只要采取撂荒式原始农业，辅之采集、狩猎等活动，大致可以满足当时人类的生存需要。但是，在古代中国特定的自然环境中，随着人口的增多和人类活动能力的加大，凭借自然界原生动物、植物供给人类生存物质的余地越来越小。就整体而言，中国原始生态环境中不似西欧那种海洋生态、森林生态，也不似欧亚大陆的草原生态。最能以有限土地面积供养最多人口的是农业种植业。而发展农业的基本前提是将荒地僻为农田。只要不发生疾病、饥荒或人口过剩，粮食的耕作本质上意味着一种扩张和繁衍，而疾病、饥荒或人口过剩又会使人们迁移和拓植新的土地。① 为了使增加的人口得以存活，这种垦荒活动在不断地、极顽强地进行着。在中国的这片土地上所发生的一个重大变化，就是中华民族的不断扩张并将其法律和文化规范推广到了幅员之内的所有地方，同时也用汉人关于土地及其最高效使用方式的观念取代了土著族群原有的思想。这是一个非常漫长的过程，从3500年前的商朝开始一直持续到今天内蒙古自治区曾经的牧民身上。② 当原有的最宜于开垦的平

① 〔美〕马立博：《中国环境史：从史前到现代》，中国人民大学出版社，2015，第264页。

② 〔美〕马立博：《中国环境史：从史前到现代》，中国人民大学出版社，2015，第450页。

原和山前坡地被渐次开发完毕，进一步发展只能向次等宜农地开发，历经千年，最终形成了由北而南、由平原而丘陵山区、由陆地向水面和湖区的农业发展史。韩茂莉认为，土地空间的拓展是中国历史上解决民生问题的主要途径[①]，空间扩展是中国古代农业开发中的主旋律[②]。中国农民对土地的选择也经历着从优至劣的过程[③]，“中国历史上农耕区的扩展基本以黄河流域为核心，逐渐向长江流域、珠江流域扩展；自中心区向周边扩展；从平原向山区扩展”[④]。当然，在指出空间拓展的重要之外，学者们也非常重视农业生产技术的提升在农业发展中的重大作用：“融空间与技术为一体是中国农业地理格局形成的基本途径”[⑤]。本书在“精耕细作”一节中略有涉及，不赘。

（一）农地垦辟

有学者针对这种农业发展的空间运动，形象地概括之为“农民的造田运动”[⑥]：“我国传统的农业的一个主要特点是，种植业在广义的农业中占了极大的比重，而这种情况在我们的历史初期已很明显。在古代从事种植的人远远比从事养畜的人更有必要考虑对土地进行改造。把处于天然状态的土地改造成为农田，这就是所谓‘造田’。在我国历史上，为了增加农产品的收获，除了充分使用现有的耕地，更致力于扩大耕地面积。可以说，不断增加耕地面积成为土地利用发展的主流，或者说，在我们的历史上经常存在着一种造田运动。”[⑦]“从远古时期开始，我们祖先的农业生产活动就走上了以种植，特别是种植粮食作物为主的道路。为了多生产粮食，就得不断扩大耕地面积。可是我们的土地天然宜于耕种的却相对地不多，这就决定了我们的土地利用的发展趋势。我们必须努力改造自然，多方设法增辟耕地。”[⑧]

“本着‘避难就易’的总体思路，中国古代农民的国土开垦大致是：首先

---

① 韩茂莉：《中国农业历史地理》，北京大学出版社，第6页。

② 韩茂莉：《中国农业历史地理》，北京大学出版社，第8页。

③ 韩茂莉：《中国农业历史地理》，北京大学出版社，第34页。

④ 韩茂莉：《中国农业历史地理》，北京大学出版社，第5页。

⑤ 韩茂莉：《中国农业历史地理》，北京大学出版社，第6页。

⑥ 王毓瑚：《我国历史上的土地利用》，载王秀清、谭向勇主编《百年农经》，中国农业出版社，2005，第429页。原刊于1980年北京农业大学《科学研究资料》第8005号。

⑦ 王毓瑚：《我国历史上的土地利用》，载王秀清、谭向勇主编《百年农经》，中国农业出版社，2005，第429页。原刊于1980年北京农业大学《科学研究资料》第8005号。

⑧ 王毓瑚：《我国历史上的土地利用》，载王秀清、谭向勇主编《百年农经》，中国农业出版社，2005，第443页。原刊于1980年北京农业大学《科学研究资料》第8005号。

在居住区附近开垦，然后推向平坦的草原和平原地带；当平坦原野开发殆尽后，再转向山区和湖泊、江河可能利用的地带发展。从开垦范围和走向看，在全国未统一前，是在各国所辖领土内开发，在秦统一全国后的千百年中，则在开发黄河中下游地区后，首先向北开发西北、东北方地区；在黄河流域以北区域大力开发后，转向淮河流域和长江以南区域。”①

（二）草原、平原的开垦

早期的农民开辟农田主要还是在天然草原上打主意。到后来种植业在平原地方得到了更顺利的发展，专事养畜的人逐渐集中到山区和高原上。因此，广大平原地区的土地利用基本上就是开辟耕地，天然放牧场在那里逐渐消失了，出现了几乎单纯的耕地景观。这种情景至迟到了战国时期就已经固定下来了。②

扩展耕地在最初主要就是开垦比较平坦的荒地，主要是平原地区。

以上讲的扩大耕地，主要指的是平原地区。所谓平原自然也不是绝对平坦的，也不应设想早期的农民所利用的只限于那些最平坦的土地。尽管是地广人稀，人们还是先不去开辟远离聚居点的平坦土地而宁愿利用附近的坡陀地和低洼地。但最宜于耕种的较平坦土地总是有限的，随着对农产品需求量的不断增加，必须开垦平地之外田土，于是出现“就山泽”即上山下水。③

从开发空间看，中国历史时期农耕区的开发大体是以黄河流域为先导，沿着由北到南，由黄河流域到长江流域，再到珠江流域的进程。④ 从自然地貌上看，则是一个由平原到丘陵、从丘陵到山区的进程。

应该指出，除上述农业区域的开发总方向外，还应重视秦统一前和清中期后农耕区域向北方的扩展。主要是草原被辟为农地，正如王毓瑚教授指出：我国的农业生产自古以来以种植业为主。随着人口的不断增多，首先对粮食的需要不断加大，因此需要开辟新的农田。从地理形势来说，传统的农业区的东、南两面为海洋所限制，西面是青藏高原，发展种植业的条件比较差，

---

① 王毓瑚：《我国历史上的土地利用》，载王秀清、谭向勇主编《百年农经》，中国农业出版社，2005，第430~431页。原刊于1980年北京农业大学《科学研究资料》第8005号。

② 王毓瑚：《我国历史上的土地利用》，载王秀清、谭向勇主编《百年农经》，中国农业出版社，2005，第430页。原刊于1980年北京农业大学《科学研究资料》第8005号。

③ 王毓瑚：《我国历史上的土地利用》，载王秀清、谭向勇主编《百年农经》，中国农业出版社，2005，第430~431页。原刊于1980年北京农业大学《科学研究资料》第8005号。

④ 韩茂莉：《中国农业历史地理》，北京大学出版社，2012，第63页。

所以北面很自然地成为发展的方向。

这里所说的北面，也包括西北方和东北方。现在的内蒙古地区东北的一部分，以及新疆特别是北疆一带，本是辽阔的欧亚大陆干草原的一部分，自古就是许多游牧部族先后活动的场所。黄河流域原先也是间杂着一片片森林的草原，那里的原始居民有农民也有牧民。直到春秋时期，还是华、戎杂处的局面。所谓“华”就是种地人，“戎”就是养畜者。只是到了后来，可以耕种的土地大体上开垦了出来。有的牧民，可能是其中的大部分，逐渐接受了农耕文明，定居下来，另一部分显然是一步步向北转移，终于进了塞北大草原。这是秦统一六国前的大致情况。①

（三）山区开垦

韩茂莉认为，史前时期黄河中下游地区以暖温带为主的疏松冲击沃土，降低了农业开发的艰辛，使这一地区成为早期农业开发的热土。继承了这一基础，时至西汉铁器已大量进入农业生产之中，相对于长江流域亚热带环境中的森林植被，黄河中下游地区以草原为主的原生态植被仍然有助于农业开发。②

而后，在相当长的历史时期内，人口规模相对于全国已开垦的土地基本平衡，因此人们的开发利用重点多限于平原范围内。战乱爆发后，突发性的灾难降临，打破了常规，导致人口大量流移。与此同时人口迁入区在短时期内承受明显的土地压力，加之各种社会因素，人口与土地之间出现失调现象，无地可种的农民在平原地区失去立足之地后，其出路只能投向尚未开发的山区。③

以人口迁移为标志，古代中国的山区开发可以分为东晋南朝时期、隋唐两宋时期、明清时期。在东晋南朝时期，大量南迁人口中有部分人口主要是贫民，在获取平原土地的过程中失败，只好前往丘陵和山地开垦荒地从事农业种植业。在唐至两宋时代，东南地区人口激增，人们虽然采取了精耕细作和围湖造田等农业生产方式，但仍然无法缓解平原地区的人口压力，只能走

---

① 王毓瑚：《我国历史上农耕区的向北扩展》，载王秀清、谭向勇主编《百年农经》，中国农业出版社，2005，第430～431页。原刊于《中国历史地理论丛》第一辑，陕西人民出版社，1981。

② 韩茂莉：《中国农业历史地理》，北京大学出版社，2012，第38页。

③ 韩茂莉：《中国农业历史地理》，北京大学出版社，2012，第63页。

向丘陵山地开拓新土地。①

王毓瑚认为：

> 江淮和江南地区以丘陵和山地为主，发展这些地区的农业无疑就是要开发丘陵山区："我国有广大的丘陵地带和山区，而我们的农业自古就是以大田种植业为主。因此，向山坡扩展耕地就是必然的趋势了。"
>
> 显然是先有的一般山田，然后才造出来梯田。特别是可以想象得到，梯田的修造大约是针对了水土流失的祸害，而当初简单地顺坡垦田乃是贫苦的农民迫不得已、只顾眼前生活的权宜之计，只是后来认识到了它的后遗症才又创造出梯田这种田法来的。
>
> 汉帝国崩溃以后，北方人大量南迁，南方的广大丘陵地带的居民也多了起来，可以想见，很多农民是会上山坡开辟耕地的。
>
> 古代称长江以南的土著为"越人"，所谓山越，就是中原人大量南迁，土著的越人被逼进了山区，他们要种田，自然只有在山坡上开垦，可以想象，那个时期一定是开出了不少的山田。
>
> 那几个世纪里可以说是一个广泛开辟山田的时期。耕种山田应该说是在当时南方农业生产中也占有颇为重要的地位的。唐代诗人所歌咏的正是这种生产活动的继续。唐朝元结的《次山文集》里有"问进士"一条说，"开元天宝之中，耕者益力，四海之内，高山绝壑，耒耜亦满"。这虽然是夸大的说法，确也反映了那个时代的真实情势。从土地利用的角度来说，总应该说是与汉帝国时代大不相同了。②

（四）向水面要地

山区而外，水面和低洼地的开发亦是小农开发国土的重要方面。

耕地向低处扩展——从开发沮洳沼泽地到与水争地。

最宜于耕种的是比较平坦的土地，但这样的土地总是有限的，随着对农产品的需要的不断增加，自然要向平地以外去开辟新的农田。《管子·八观》篇

① 韩茂莉：《中国农业历史地理》，北京大学出版社，2012，第63～68页。

② 王毓瑚：《我国历史上的土地利用》，载王秀清、谭向勇主编《百年农经》，中国农业出版社，2005，第436页。原刊于1980年北京农业大学《科学研究资料》第8005号。

说，凡田野万家之众，可食之地方五十里，可以为足矣。万家以上，则就山泽可矣；万家以下，则去山泽可矣。这可以说是简单的土地利用规划思想。“可食之地”可以理解为较早开垦出来的平地，“就山泽”的意思就是上山下水。大致说来，临近山区的就向高坡推进，水流和沼泽较多的地方就在低洼地上找出路。原来种植业最为发展的中原地区，地势平坦，耕地自然主要是向低洼地扩展。古籍中记载着那里散布着许多沼泽，有的显然还是很不小的，可是到了汉朝时候，大部分不再提及了，不用说，那是改变成了农田。从黄河中下游比较平坦的地区继续扩展农田，向北面就是往今天所谓复种区的北界那条线推进，向南面就得进入长江流域，特别是江水以南的森林沼泽区。本来古代的中原人是不愿去“卑湿”的江南的，可是北方广大的天然草原那时是由强大的游牧部族控制着，开辟新的种植区是很费力的，因此开拓者的活动还是在南方比较顺利。只是因为那里居民稀少，所以耕地扩展的进度是很有限的。汉帝国崩溃以后，北方人大量南迁，这才引起了一定变化。

南方自来就是以水田为主，种植业在那里显然是从那些河谷地带发展起来的，这就决定了农民首先注意到的是水和低洼地。那时天然沼泽比较多，水田的水源问题不是迫切的，由于人口增加得快，增辟水田倒是当务之急。因为种的是水田，所以很自然地首先往低洼地上着想。低洼地是积水的所在，这就是要向水索田，那里的湖泊多，滨湖的土地多是比较肥沃的，这对造田的人特别具有吸引力，因此围湖造田应该很早就已经被人想到了。《汉书》里面记载着翟方进的故事，那还是在北方，不过直到汉末以前这样的事情还是个别的。北方人大量南迁之后，随着对农田的需求急剧增加，围湖的活动也逐渐多了起来。

湖泊之外，南方更多有沼泽沮洳地带，农民在这种地方也想出来一种类似的造田方法，这就是“围田”。根据地势把一大片低洼地筑堤圈起来，把水挡在外面，里面开垦成田，在围堤的适当地点开口设闸，要灌溉时，放水进来，多余的水，另由别的水口排走，这样就能做到水旱无忧。这种围堤一般都很高大。

圩田显然就是从围湖造田衍变出来的。

湖田和圩田之外，南方水田区的农民还有其他的向水夺田的方式。江河傍岸以及水流里往往有沉积起来的沙滩和沙州，一般是不固定的，常常是依水流的趋势而改变面积的大小，而且有的还出没无常，“水激于东，则沙涨于西，水激于西，则沙复涨于东”。缺少耕地的农民就是对这种土地也不肯弃而不顾。这种沙滩和沙州都是冲积的泥沙，土质是很肥沃的，周边芦苇丛生，在一定程度上有保护边岸的作用。在上面挖通沟渠，也能引水排水，做到水旱无忧。这样的田，长江下游的人叫它“沙”。

还有靠海岸地方以及近岸的岛屿边缘，泥沙借潮汐的冲荡，堆积起来，成了陆地，沿海的农民把这种土地也利用起来，先种水稗，等到土里的盐碱含量减降之后，再种植各样的农作物。在水边上筑起短堤，或者栽上一排排水桩，抵制着海水的冲击。同时又在田里开沟，排去多余的雨水，又可收到洗碱的效果。《王祯农书》中把这种田名之曰“涂田”。①

二 农业、人口与经济区变迁

在古代中国农业社会中，农地的开垦和农作物的种植活动，最主要的生产力是劳动者农民。有学者认为：农业生产是一个劳动力密集型的生产部门，劳动力的多少是生产力大小的直接标志。特别是在传统农业阶段，对农业生产发展几乎起决定作用。人口数额是劳动力多少的直接反映。人口数额增减反映了农业生产发展的稳定状况及发展规模。② 又认为“在以农为本的国家经济中，经济重心必然也是农业重心，人口重心”③。

一般而言，可以将人口数量的多少，以及人口移动迁徙的动向，还有不同区域人口在国土范围内比例的变动状况，作为判断农业是否发展、农业发展的程度、农业区域的变动等状况的重要依据。而因为自春秋晚期至战国时期，小农家庭经济就已确立，成为古代中国从事农业的基本力量。农业的发展标志着小农经济的发展；了解了农业区域的变化和发展程度，也就是了解了小农经济对国土开发的贡献。

黄河流域的农业最初主要分布在沿河两岸的冲击沃土上。这里地势平坦、气候温和，加以疏松易耕的黄土冲击层，自然条件适宜农业。从仰韶文化、龙山文化等史前社会开始，该地域就出现了原始农业。但此时人口稀少，生产工具极简陋，被开垦的土地只是聚落周围的狭小地块，由此形成的农田景

---

① 王毓瑚：《我国历史上的土地利用》，载王秀清、谭向勇主编《百年农经》，中国农业出版社，2005，第431~435页。原刊于1980年北京农业大学《科学研究资料》第8005号。

② 韩茂莉：《中国农业历史地理》，北京大学出版社，2012，第37页。

③ 韩茂莉：《中国农业历史地理》，北京大学出版社，2012，第39页。

观只是散布在莽原中的小片点状区域。经历了夏商周三代的农业开发，农耕区扩大，主要分布在汾河、伊河、洛河、沁河下游一带，中国古人将黄河支流汇入干流的三角地带称为“汭”。这些三角地带既有肥沃的冲击土壤、便利的交通，又有可依凭的地势，有助于人居安全保障，因此自然成为早期农业的首选之地。司马迁在《史记》中盛赞的三河地带，就是大河干支流汇成的诸“汭”。这里既是中国历史上开发最早的农区，也是当时全国经济最发达区域。①

但是三河范围并不大，也没有完全为农耕民族所占有。由于人口稀少、劳动力不足，农田主要分布在这一地带的城邑附近，远离城邑的地方还是草莽荒原，或为游牧民族活动区域，或仍保持原始面貌，农耕区呈岛状分布。②所谓岛状分布，是形容最早的农耕区局限于适宜简陋工具的冲击土壤上，有如大海中的岛屿，零星分散在四处。③

随着人口繁衍、农业逐渐发展，岛状农耕区沿河谷延伸，连成一片，渐成带状。④ 北方岛状农耕区的消失发生在春秋末和战国时期。原因是人口的增加、小农家庭经济的形成和由此推动的农业发展。这与春秋末和战国时期各国为富国强兵大力推行重农政策，并强制实行核心式小家庭以建立农民家庭所有制的生产组织，有直接关系。秦国的商鞅变法是典型。随着人口的增殖和农业发展，岛状农耕区逐渐消失，许多未被人类活动干预的地区及游牧民族活动区域相继被僻为农田。整个黄河流域经济发达地区不再限于三河一带。⑤

公元前221年，秦帝国建立。汉承秦祚，继续开辟疆土，奠定了中国疆域的基本轮廓。秦汉时代，黄河中下游区域成为全国经济最为富庶、人口最为稠密、农业生产水平最高的经济中心。这是小农家庭经济发展的直接后果。

司马迁在《史记》中将秦汉时期的中国划分为四个经济区，据后人整理，见表5-1。

---

① 韩茂莉：《中国农业历史地理》，北京大学出版社，2012，第52页。
② 韩茂莉：《中国农业历史地理》，北京大学出版社，2012，第53页。
③ 韩茂莉：《中国农业历史地理》，北京大学出版社，2012，第22页。
④ 韩茂莉：《中国农业历史地理》，北京大学出版社，2012，第22页。
⑤ 韩茂莉：《中国农业历史地理》，北京大学出版社，2012，第53页。

表 5－1　秦汉时期中国的四个经济区

地区	面积（顷）	占比（%）	户数（户）	占比（%）	人口数（人）	占比（%）
合计	4443319	100	12356431	100	57671399	100
山西	1201853	27	2269978	18.4	9677694	16.8
山东	501313	11.3	7554423	61.1	35799075	62.1
北方	1304644	29.4	1259707	10.2	5820200	10.1
南方	1435509	32.3	1272323	10.3	6374430	11
全国耕地面积（顷）		耕地/全国土地面积（%）			户均耕地（亩）	
8270536		8.58			66.9	

资料来源：孙达人《中国农民变迁论——试探我国历史发展周期》，中央编译出版社，1996，第112 页。

表 5－1 中的“山西”即太行山以西地区，即秦地；“山东”为太行山以东地区，即黄淮大平原；“北方”系指《史记》中提到的碣石、龙门北地区；“江南”指长江流域以南区域。

众所周知，战国时期由于商鞅推行变法，小农经济最早在秦国得到普遍推行，这是使秦成为经济实力最强者并最终称霸的主因。因此在当时的中国地域内，秦地即关中地区是小农经济最先发展、精耕细作的家庭农业最先得到推广普及、农业生产水平相对最高的地区。如司马迁所言：“故关中之地，于天下三分之一，而人众不过什三，然量其富什居其六。”① 推测“山西”地区的人口在秦汉时期增长了 227%。②

秦统一后不久，始皇下令“使黔首自实田”，这显然给东方各国的农民解除了“以百亩之不易为己忧”的大患，加之铁器牛耕的普及，造成了农民对黄淮大平原的开发高潮。这时的东方农民先是临时性地对离黄河 25 里远的滩地开垦，长久便形成农民村落，③ 而且还排干原来蓄水的湖泽，使成农田。这样，在黄淮平原上土地得到越来越多的开垦。④ 有学人推测，“山东地区”在西汉的 200 多年中，净增了 600 多万户，在我国有史以来，西汉是黄淮大平

① 司马迁：《史记·货殖列传》，转引自孙达人《中国农民变迁论——试探我国历史发展周期》，中央编译出版社，1996，第 83 页。

② 孙达人：《中国农民变迁论——试探我国历史发展周期》，中央编译出版社，1996，第 116 页。

③ 《汉书·沟洫志》，转引自孙达人《中国农民变迁论——试探我国历史发展周期》，中央编译出版社，1996，第 113 页。

④ 孙达人：《中国农民变迁论——试探我国历史发展周期》，中央编译出版社，1996，第 113 页。

原上第一次规模空前的人口增殖期。[①]

长城内外的“北方区”的开发亦是当时一大事业。此地区西起临洮，东到辽东，本是一个宜于畜牧业的广阔高原地区，人口较稀。当西周到春秋时期气候发生干凉转变之时，这是中原不断输入人口的地方。而到了秦汉时期，情况发生了根本性变化。当中原农民学会了精耕细作技术时，就不仅仅具有返回这里进行旱作农业政策的条件，而且还带来了水利灌溉技术，在“朔方、西河、河西、酒泉皆引（黄）河及川谷以溉田”。其中朔方郡的灌溉工程规模很大，曾动用数万人修筑了二三年。秦汉时期，这个地区的人口增长率不下于山东区，反映在地方行政机构的设置上，秦时在此设置了陇西、北地、上、九原、云中、雁门、代、上谷、渔阳、右北平、辽东、辽西 12 郡。至汉时，又增置金城、安定、武威、张掖、酒泉、敦煌、朔方、西河、五原、定襄、玄菟、乐浪 12 郡，变成 24 郡。占到当时全国 104 个郡的近 1/4。

有学者认为，经过秦汉 200 多年的发展，“山西”“山东”“北方”相加，为 11084108 户，占全国总户数的 89.7%，口数 51296969 口，占全国总口数的 88.9%。如按现在已知的当时全国耕地面积总数 8270536 顷计算，以户均耕地面积 66.9 汉亩乘以当时黄河流域上述三区的户数 11084108 户，估算耕地总数达 741 万余汉顷，折合 341894 平方公里，黄河流域的垦殖指数为 11.37%，大大高于全国平均水平。经过秦汉 200 年的发展，几乎整个黄河流域都已人烟密集。[②]

另有学者认为，人稠地富是这一时期黄河中下游地区显著特征，据《汉书·地理志》载，汉平帝元始二年（公元 2 年）全国人口 5700 万，实际人口可能还多。据当时的人口分布，以秦岭、淮河为南北交界，北方人口约占全部人口的 4/5。公元 2 年全国垦田 800 多万顷，若人口数与垦田数成正比，则此时北方垦田数达 640 万顷，是全国生产水平最高，分布最集中的农耕区。[③]

东汉末年，天下大乱。战乱中心在黄河流域一带。在四百年的战乱中，昔日的全国经济中心区域受到毁灭性打击。直至公元 589 年隋文帝统一中国。紧接着，唐继隋起，方出现了又一个空前强盛的王朝。

唐朝是中国农业的一个大发展时期，也是一个大转变时期。大发展，主

① 孙达人：《中国农民变迁论——试探我国历史发展周期》，中央编译出版社，1996，第 113 页。

② 孙达人：《中国农民变迁论——试探我国历史发展周期》，中央编译出版社，1996，第 116 ~ 117 页。

③ 韩茂莉：《中国农业历史地理》，北京大学出版社，2012，第 56 页。

要表现在当时农业的总产和单产都是我国有史以来增长幅度最大的时期；大转变，集中表现在中唐以后我国的经济重心从此开始由黄河流域转向长江流域。汉唐两代虽然都定都长安，以关中为全国政治中心，但隋唐时期的经济重心已不同于西汉。东汉末年以降，在长期战乱中的数次大规模移民，已逐渐使江南一带摆脱了明显的原始遗迹，成为又一处重要的经济区。这时关中所仰仗的已不仅是关东的漕粟，而是远及东南地域。表明这时已打下了安史之乱后全国经济重心南移的基础。①

唐宋时期，以小农家庭生产为细胞的农业生产获得了中国历史上空前的大发展。这是通过以农民为主体的北方人口向南方的大规模移民实现的。开发长江流域，解决劳动力不足是一个关键问题。自西汉末随着北方的动乱，人口始大量南迁，这对南方劳动力的补充及农业开发起到了一定作用。公元4世纪初的西晋永嘉之乱，中原人民又一次大规模南迁。据有关研究，到刘宋为止，即公元420年前后，南渡人口共约90万，占当时全境总人口500多万的1/6。中原人民南下大大加快了南方的开发步伐，以致沈约在《宋书》论道，江南地区“自晋氏迁流，迨于太元之世，百许年中，无风尘之警”，于是“地广野丰，民勤本业”，太湖平原一带良田数十万顷，其中“膏腴之地，亩值一金”，地价超过当年最富裕的关中之地。②

从黄河、长江两大流域人口总变化来看，自东汉末年后，黄河流域人口额及在全国所占比例呈递减趋势，长江流域则是增加。封建社会农业是主要生产部门，劳动力多少是生产力大小的直接标志，人口增长直接促进了农业发展。“安史之乱”后，大量人口南迁进一步促进了江南经济的发展。北宋末年的“靖康之乱”再次导致北方大量人口南迁，使江南经济重心的地位日益巩固。③

唐、宋以后，长江流域以南的广大地区，先有其下游的开发，然后再有中游和上游的开发，反映在整个南方的经济文化上就有一个自东北向西南逐步扩展的过程。④

江南地域开发的一个重要之点是对丘陵山区的开发。

明清时期，全国人口迅速增长，平原地区大部开发完毕，少地和失地农民只能奔向人口相对稀少、尚待开发的山区。对山区开发有较大影响的移民

① 韩茂莉：《中国农业历史地理》，北京大学出版社，2012，第57～58页。

② 韩茂莉：《中国农业历史地理》，北京大学出版社，2012，第59～60页。

③ 韩茂莉：《中国农业历史地理》，北京大学出版社，2012，第60～61页。

④ 孙达人：《中国农民变迁论——试探我国历史发展周期》，中央编译出版社，1996，第146页。

有如下数支。

①自宣德至成化年间，从北直隶、山东、河南、山西、陕西等地逃亡的农民，迁徙至豫、鄂交界的荆襄地区者约有一二百万人，以后又向秦岭、大巴山迁徙。②东南地区的无田农民多向闽浙皖南岖进发，在这里形成以棚户为主要劳动力的农业开发。③“江西填湖广，湖广填四川”是这一时期长江中游地区的主要移民方向，来自江西、湖南的农民一部分进入湘西山区，另一部分经由江汉平原转入川、陕。④闽粤流民大多迁往荒岭僻壤的赣南山区，形成棚户。在各路移民的作用下，这一时期大部分山区得到开发。[①]

三　历代兴亡——小农经济的运行概况及其对中国古代历史的影响

中国小农经济自春秋战国时期诞生并作为社会经济的基本细胞——不论是自耕农或是租佃农均是生产的基本单位和社会生活的基本单位，是社会财富的最主要生产者——其家庭生产的组织形态变化与在各个时期的运行状况，毫无疑问地会对社会经济产生根本性、决定性的影响。

从小农经济诞生直至鸦片战争外国资本主义生产方式进入中国的2000余年中，人们可以发现一个中国古代历史中十分明显的特征，即凡是小农经济获得发展和运行顺利时，国家在整体上就呈现发展和兴盛的面貌。反之，当小农经济遭到破坏和摧残时，国家社会一定会出大的问题。中国历史已充分表明了这一特点，并得到了绝大多数尊重历史事实的人们的公认。

小农经济确立后，在秦至西汉中期的约二百年间，得到了比较好的发展。重要标志是农民小土地所有制占较大比重。广大农民拥有生产和生活的最重要的物质条件——较为（与其他时期相比）宽裕的耕地，这使农业生产和农民生存状态均有了发展的前提条件。《史记》载西汉武帝时社会财富状况：“汉兴七十余年之间，非遇水旱之灾，民则家给人足，都鄙廪庾皆满，而府库余货财。京师之钱累巨万，贯朽而不可校。太仓之粟陈陈相因，充溢露积于外，至腐败不可食。众庶街巷有马，阡陌之间成群，而乘字牝者傧而不得聚会。”

① 韩茂莉：《中国农业历史地理》，北京大学出版社，2012，第69页。

自西汉后期起，特别是到东汉中叶后至三国时期，小农经济受到越来越大的破坏。再经魏晋南北朝的战乱和大分裂，小农经济空前衰落，大量自耕农沦为佃户，社会地位日趋下降，沦为贵族豪强的依附农甚至奴隶；众多中小庶民地主趋向没落，被权贵豪门地主取代。社会经济陷入长达三百余年的混乱和破坏之中；农业生产严重下降，商品经济衰退，相当地区和时期中，商品交换被物物交换所取代。西晋时甚至呈现“中原萧条，千里无烟，饥寒流陨，相继沟壑”①。

隋唐至两宋相当长的一段时期中，小农经济再次恢复和较好发展。唐代从开创到开元年间，成为中国历史上最兴盛强大的时代之一。这与一定时期中农民能够获取较为充裕的耕地、农民因能够满足基本生活从而提高生产积极性有直接关系。有学者认为，占有少量土地的自耕农民是隋唐五代时期庶民民户的主要部分。② 由隋至唐玄宗的一百多年中，均田制虽未能按原规定执行，但对抑制权贵地主侵占公田山泽、阻止他们对农民土地任意侵吞等，都起过一定作用，农民小土地所有制得以长期持续。据《隋书·高祖纪下》，这时呈现“君子咸乐其生，小人各安其业，强无凌弱，众不暴寡，人物殷阜，朝野欢娱”③ 的太平景象。有学者估算，唐代每个劳动力占有垦田数为今15.7市亩，亩产量以粟计，折合今市亩154斤，较汉代的1市亩产粟140斤高出14斤，每个劳动力年产粮2417余斤，较汉代每个劳动力产粮2000斤左右高20%，是我国封建社会最高的农业劳动生产率。在天宝年间，全国人均占有粮食数量为902斤。④ 时有人称：“开元、天宝中，耕者益力，四海之内，高山绝壑，耒耜亦满。人家粮储，皆得数岁。太仓委积，陈腐不可较量。”⑤

但是，唐自安史之乱后，政治日趋腐败，社会矛盾尖锐，战争连绵不断，社会经济遭受严重破坏。户籍法、均田法均不能有效施行。这使阶级分化加剧，少地农民因负担过重而纷纷破产，有的出卖土地，出现大量农民离乡逃亡的“逃户”。越来越多的自耕农民成为地主的佃农。针对当时极其严重的贫

---

① 李文治、江太新：《中国地主制经济论——封建土地关系发展与变化》，中国社会科学出版社，2005，第149页。

② 宁可主编《中国经济通史·隋唐五代经济卷》，经济日报出版社，2000，第182~183页。

③ 李文治、江太新：《中国地主制经济论——封建土地关系发展与变化》，中国社会科学出版社，2005，第176页。

④ 宁可主编《中国经济通史·隋唐五代经济卷》，经济日报出版社，2000，第34~35页。

⑤ 《元次山集》卷七《问进士》第三，转引自宁可主编《中国经济通史·隋唐五代经济卷》，经济日报出版社，2000，第35页。

富和阶级分化状况，陆贽在奏折中指出："今制度驰紊，疆聘隳坏。恣人相吞，无复畔限。富者兼地数万亩，贫者无容足之居。依托强豪，以为私属，贷其种食，赁其田庐，终年服劳无日休息……贫富悬绝，乃至于斯。"① 唐武宗之后各朝，政治经济形势迅速恶化。公元 875 年，即僖宗朝乾符二年，爆发了王仙芝、黄巢大起义，唐王朝已穷途末路。特别值得注意的是，唐末农民大起义中，王仙芝自称"天补平均大将军"，黄巢自称"冲天太保平均大将军"，说明严重的阶级对立和贫富不均是造成农民反抗的主要原因。②

在两宋时期尤其是北宋时，拥有自己土地的自耕农阶层扩大，租佃农相对缩小。自耕农在总农户中的比例约占 55% 以上。这为社会经济的繁荣创造了最基本条件。③ 特别是江南农业进一步发展，沈约在《宋书》中写道，江南"地广野丰，民勤本业。一岁或稔，则数郡忘饥"④。

但是，至北宋后期的徽宗时期。权贵强宗地主势力嚣张，兼并剧烈。地权集中现象在南宋时愈演愈烈，自耕农地位趋于下降，数量减少，最终激起农民起义。北宋末年的方腊起义提出"平等"口号，两宋之交的钟相、杨幺提出"等贵贱，均贫富"的口号，都充分表明广大农民失去土地、地权严重失衡对民生的破坏已经使小农无法生存下去了。

明初，由于元末大战的混乱局面，大量农户流亡，大量土地荒废，朱明政权的当务之急是招抚流亡，奖励垦荒，以应对百姓最迫切的生存吃饭问题，以解决国家最需要的财政税收问题。明太祖将扶持自耕农作为最重要的社会经济政策之一，颁布诏令，肯定农民开垦荒地的所有权，并严格限制原有地主对已荒而被垦僻之地的旧产权。同时禁止功臣勋贵正当买卖外掠夺兼并耕地的行为。这使得农民小土地所有制在明中期以前曾广泛存在，自耕农在农民阶级中占有多数比重。⑤ 明代和中国古代社会一样，自耕农是社会的中坚力量。正是在这个社会中坚力量保持和发展基础上，明朝前期的生产力和社会

---

① 《陆宣公集》卷 22《均节赋税恤百姓》第六条，转引自宁可主编《中国经济通史·隋唐五代经济卷》，经济日报出版社，2000，第 14 页。

② 李文治、江太新：《中国地主制经济论——封建土地关系发展与变化》，中国社会科学出版社，2005，第 13 页。

③ 李文治、江太新：《中国地主制经济论——封建土地关系发展与变化》，中国社会科学出版社，2005，第 221 页。

④ 沈约《宋书》卷五四，转引自孙达人：《中国农民变迁论——试探我国历史发展周期》，中央编译出版社，1996，第 130 页。

⑤ 王毓铨主编《中国经济通史·明代经济卷》，经济日报出版社，2000，第 14 页。

经济达到并在多方面超过了前代的最高水平。正如史家所述："洪、永、熙、宣之际，百姓充实，府藏衍溢。盖是时，农务垦辟，土无莱芜，人敦本业，又开屯田园盐以给边军军饷不仰藉于县官，故上下交足，军民胥裕。"① 但至明中期的一个半世纪中，因当权的统治集团和官绅地主损害了自耕农的经济利益，社会局面数度紧张。唯官吏中尚有健康力量，使统治者能保持一定的克制，国家政策和社会经济关系还为自耕农经济的发展和再生保有一定余地。自耕农的数量虽有下降但仍可继续发展，这是明中期农业生产还有一定提高，特别是商品农业可以高度发展的重要原因之一。②

但是明中期以后，由于政治腐败、田赋管理混乱和大富豪地主的逃避赋役、肆意兼并等，自耕农受到严重危害，最终引发李自成农民大起义。

富豪权势之家广占田地、规避赋役，同时大肆兼并小农土地在明宣德、成化年间已十分普遍。如宪宗成化十年，定西侯蒋琬上奏："大同府诸塞下腴田，无虑数十万，悉为豪右所占；八府良田，半属势家，细民失业。"③ 国家田赋的主要负担阶级自耕农，迫于重赋，大量逃亡。因豪强用各种方式大量逃避税赋，田赋主要落在自耕农身上。当自耕农不胜负担时，便只有逃亡到富豪大户门下，万历年间已是"今天下浮户，依富豪而为佃客者何限"④。"大致晚明时，东南复为人口集中劳力过剩之区，所谓欲耕而无地；故其民多投靠富豪为佃客为人奴。而北部以勋戚权幸，广占闲田，不供赋税，坐收自然芦苇薪刍之利，名曰私庄，实多旷废，有劳力者，又不得而耕之……卒至农民义军兴起，而明以亡。"⑤ 起义的基本要求就是"均田"，可见土地分配不均是晚明的主要社会矛盾。正是农民丧失了土地所有权，方导致明朝之灭亡。

四　小农经济的社会经济功能

上述已大致说明，小农家庭以其内在机制的优越性，在可能范围内为解

① 王毓铨主编《中国经济通史·明代经济卷》，经济日报出版社，2000，第1~2页。

② 王毓铨主编《中国经济通史·明代经济卷》，经济日报出版社，2000，第15~17页。

③ 李剑农：《中国古代经济史稿》（第三卷），武汉大学出版社，1990，第199页。

④ 徐贞明：《潞水客谈》，转引自李剑农《中国古代经济史稿》（第三卷），武汉大学出版社，1990，第200页。

⑤ 李剑农：《中国古代经济史稿》（第三卷），武汉大学出版社，1990，第204页。

决吃饭问题，为解决衣、住、行、用等其他生活必需问题，为解决“就业”（生计）问题做了最大限度的努力。适应中国国情的小农经济体做到了在古代社会条件下唯一可行的、也是唯一最有成效的维护自身生存的事情。

小农经济对自己求生存的种种行为和结果，同时为国家和社会在宏观上整体解决了吃穿住行问题。这很容易理解，古代中国人口的主要成分是农民，可能要占人口总数的90%，而农户经营在解决生存问题的同时，就是在整体和宏观层面解决了全国的“生计—就业—饭碗”问题。

中华文明起源于土地农业，在当时的环境下又特别适宜家庭生产劳作，因此从西周时起，以家庭为单位从事农业生产，就成为国人维持生存的基本形式。

家庭是由血缘纽带维系的最为紧密的“利益共同体”，只要它有借以生存的生产资料——土地，经过家庭成员的劳动，就可以取得食、衣、住、用的基本物质产品（不足部分可以通过交换获取），在古代中国这一既定的环境中，就没有其他更好的维持民众生活生存的方式了。

在中国古代国情下，只有小农经济才是唯一能够解决中国人吃、穿、用等基本生存需要及满足这些需要的手段的方式方法。

第一，中国古代家庭的基本含义是：家庭为生产经营的基本单位，它有独立的安排生产的自主权；有对劳动产物处置的分配权（这种处置权是与作为生产经营主体的家庭对生产资料的所有权关系密不可分的，当生产资料属于农民家庭自己时，这种处置权是完整的，例如自耕农。如果生产资料——以土地为主要体现——属于地主，则该处置权只能是地租以外的剩余）。这是激励作用最大、最能激发生产者积极性、最直接地将劳动成果与所付出的劳动相联系的生产组织形式。

第二，农民家庭经营是在古代生产力和技术条件下即非动力机械工具的手工劳动中，最适宜甚至是唯一能够进行的生产方式。

在古代的自然条件下，农业生产中使用人力的生产方式约有三种：奴隶制的“集体”生产（详情待考）、经营地主制的“雇工生产”和农民家庭所有制生产（包含租佃制）。毫无疑问，最有效率的生产方式是农民家庭生产。

第三，家庭经营成本最低。作为家庭成员，生产行为是无须付“工资”的。干与不干，总要吃饭。另外，家庭生产分为自给性生产与商品性生产，而且经常两者密切结合。凡能够自给的部分，如部分原料和工具之制造，特别是作为“工人”生产者的吃、穿、住等，均尽可能靠自给，这就极大减轻了“交易成本”，除了家庭生产、自给与商品相结合的组织形式外，任何生产方式均做不到。

第四，农民家庭经营有效实现规避风险与谋取利益的“双赢”。

农民家庭经营的主要特点是农副结合、耕织结合、自给生产与商品生产结合。这是中国农民在千百年的实践经验中总结出来的、农业社会中最有效地实现规避风险与谋取利益的“双赢”的生产方式。

第五，农民家庭经营能够最充分地利用家庭成员的劳动力。家庭生产是男女老少充分齐上阵、强劳力与半劳力、弱劳力尽可能结合的生产方式。根据生产需要，所有家庭成员的劳动在各个时间段内均充分利用以避免“吃闲饭”现象的发生。

上述五点，是本书从微观角度分析家庭经营生产方式“为什么在中国古代成为最具生命力的生产方式”的尝试。当然，这是在尽可能吸收前人思想成果的基础上才有可能实现的。

应该指出，仅仅进行微观分析还不够。家庭经营的微观功效离不开宏观大环境的影响，也可以认为，其微观功效也是宏观环境的必然产物。

中国古代的宏观环境至少在两个方面对家庭经营体制产生重大影响。

其一，由于古代中国只能、必须依靠国内资源解决粮食等基本生存资料的供给；只能、必须依靠国内资源及资源的相应配置解决庞大人口（就总体和长时段而言）的就业—饭碗问题。因此，在数千年的时段内，相对于人口需求，中国国内的生活资料和生产资料的总供给是低水平和相当紧张的，这就不允许脱离农业生产的非农消费超过可能的供给水平和再生产需要，也不允许城市和非农产业“超速发展”。这一宏观环境，使得城市和非农产业吸收的劳动力十分有限，绝大多数人口和劳动力只能在农村从事农副结合的家庭生产。

其二，古代中国的地理和自然环境，使得全国在整体上形成一个大自给经济体，它只能靠自身而不能依靠国际贸易去解决全国民众的吃饭和就业问题。这种宏观环境，使得只有通过国际贸易形成专业化商品生产的资本主义生产方式难以发展起来，也就不能对已有悠久历史和坚固基础的“尽量自给、有限商品交换”的经济传统产生多少破坏、瓦解作用。

当然，积极性只是家庭经营富有生命力的主要原因之一。它对中国国情的适应性是另一个主要原因。这种适应性集中体现在生产经营的效率方面。其一就是家庭劳动力的合理配置与以“最低成本”去最大限度地发挥每个成员的生产性功用，最终达到整个家庭整体的最大利益。这绝非“单位劳动生产率”这一单一指标可以代替。这个所谓的家庭整体最大效益，特别体现在农业与手工业的完美结合以及多种经营的施行方面。

中国古代的农民家庭之巨大生命力也特别体现在它的社会功能方面。由于它是社会生产和再生产的最基础单位，它决定了全社会的经济与生产的主要供给、社会主要消费结构和消费水平、社会民众的求生手段即就业的状况和水平。它还决定了国家的赋税和财政收入之主要部分。因而，它也就决定了古代社会的生死存亡。

第六章　小农经济难以逾越的生存条件

一　自然条件的制约

（一）气候、自然生态变化对中国古代农业的巨大影响

在人类活动与大自然的相互关系上，毫无疑问，人类只是大自然系统中的子系统，它只能受大自然根本规律的制约而不能超越自然规律之上。人类对自然界的利用和改造，只能建立在遵从自然规律的前提下才有成功的可能。

中华民族先民们活动的早期，生产力十分低下，更不能不在极大程度上受制于大自然。

中国最早建立的几个朝代——夏商周——的灭亡，据说都和大自然灾害有直接关系。

有学者就此问题论证道：

> 从“三川竭，岐山崩”的记载看，幽王二年的大旱灾是和大地震同时发生的，灾情范围和严重程度显然都超过第一次。对于西周末年的这场大旱及其影响，古今学者看法很不相同。伯阳甫的看法在古代学者中颇有代表性。他十分重视这常大灾的严重性，做出了周亡“不过十年”的预测。从我国黄土地上发展起来的原始旱作农业完全依赖天气提供的雨量多寡。正因为在距今大约8000～3000年的时候，天气较现在暖湿，温度约高2摄氏度，雨量较为充沛，湿度比今天高10%左右，一般的年份总有足够的水分供给作物，作物自然就能丰收，农民也就有足以生存的衣食之源。此之谓“夫水土演而民用也”。但是，当气候总体处于暖湿

的时代也不免会周期性地发生一时性的气候波动和变异。当某一年份的雨量比当时的常年量有所减少，农业便发生歉收，而当突发天气变异，出现了严重的干旱之时，其结果势必造成农业绝收。此之谓“无土所演，民乏财用，不亡何待”？十分明显，三代之时，如果一般气候正常的年份，完全依赖自然的恩赐正好是原始旱作农业得以顺利发展的优点的话，那么，在气候发生异变之际，这种“靠天吃饭”的特点恰好就成为我国原始农业的致命弱点。①

然而，西周末年发生在陕、甘一隅的持续干旱却标志着距今 8000 ~ 3000 年全新世气候温暖期的终结，又一个漫长的干凉期的开始。距今 3000 年前后的气候变化对我国历史新的影响是极其重要和深刻的。

对农业和农民而言，最重要的有两方面。

一方面是推动农民根本改造原始农业的动力和耕作系统。在原先的草莱制定期抛荒农业中，由于耕作的主要工序是菑田以除草木和开沟洫以作畎亩，后代最重要的工序——翻耕当时尚未出现，锄地还不是一道独立工序。这样，播种在浅层黄土中的作物，一旦遇到气候日益干凉自然免不了歉收甚至绝收。由于木石农具决定的耕作方式的原始性，宗法农民只能适应风调雨顺的气候条件。面对黄河流域气候发生由暖湿向干凉变迁的新情况，当时农业的关键就在于如何保住土壤中的水分。也就是说，我国农民只有创造出一整套以保墒为核心技术的精耕细作农业以取代原始旱作农业才有可能应付这场挑战。

这首先必须深耕和多次松土以保持土壤水分。而要如此，又必须首先用铁器牛马耕取代木石工具。从技术角度看，铁器和牛耕是原始农业能否迈进新阶段的物质前提。②

春秋战国时期，牛耕和铁器首先在秦、楚、晋等国使用，随后推广至中、东部各国而普遍化。其最重要的结果就是我国原始的旱作农业发展为精耕细作农业，“五口百亩之家”的农户经营成为中国农村经济的主体。③ 这成为中国农业此后 2000 余年的基本生产方式。

另一方面，自然生态环境的制约是人类社会永远不能超越的硬约束，其表现是极其复杂的，其中气候的影响较大。有学者研究，自春秋战国时期我

---

① 孙达人：《中国农民变迁论——试探我国历史发展周期》，中央编译出版社，1996，第 57 ~ 59 页。

② 孙达人：《中国农民变迁论——试探我国历史发展周期》，中央编译出版社，1996，第 62 ~ 63 页。

③ 孙达人：《中国农民变迁论——试探我国历史发展周期》，中央编译出版社，1996，第 64、71 页。

国北方地区的气候干凉变化在东汉后进一步加剧，“李剑农曾将两汉天灾之见于有关记载的资料做了统计，西汉 214 年中有灾之年 32 年，无灾之年 182 年……东汉 195 年中，西汉时代严重的河决未遇，有灾之年 119，无灾之年仅 76。其有灾的 119 年中，水灾 55，风雹之灾 25，旱灾 57，蝗螟之灾 37，三灾并起之年 6，二灾并起之年 31”。东汉各年灾害明显多于西汉，旱灾更甚，平均达到每 3.2 年一次。此为气候加剧干凉趋势之一证。[①]

气候进一步干凉，对于原先发展起来的“深耕细锄”就可以获得高产的一整套农业技术的效果提出了挑战。原先可以获得高产的，现在就可能无法达到或少能达到。

（二）人口与资源的失衡

气候对古代农业固然有重大影响，但是更为明显、更为严重的是人口与资源的失衡。这里的所谓失衡，并非说在绝对数量上古代中国已经人满为患、中国的土地上已容纳不下众多人口，而是指，在数千年的历史变迁中，由于中国的整个国土面积是相对固定而非随意扩张的，而人口数量总体却呈现较快增长，在一定时期和一定地区中——特别是在经济较发达地区——以土地为代表的生存生产资料的相对紧张，这种现象随朝代更替反复出现，在其长期影响下，最终对生态环境造成重大问题，并严重影响小农经济的整体运行态势。

1. 小农家庭经济促使的人口增加大大超过耕地面积的增加

由于缺乏统一口径的历代人口与耕地面积的完整、准确资料，详细论证中国古代社会的人口与耕地面积数据是难以做到的，学术界也有不同看法。[②]虽然如此，根据前人的深入研究和积累（集大成者为梁方仲的《梁方仲文集：中国历代户口、田地、田赋统计》，中华书局，2008），这里还是尝试提出一些轮廓性的判断以帮助我们理解问题。

葛剑雄《中国人口发展史》论证如下。

西汉元始二年，人口 6000 万人，东汉永寿年间 6000 万人，三国末 3000

---

① 孙达人：《中国农民变迁论——试探我国历史发展周期》，中央编译出版社，1996，第 127 页。李剑农原文载李剑农《先秦两汉经济史稿》，生活·读书·新知三联书店，1957，第 162 ~ 164 页。

② 王育民：《中国人口史》“绪论”，江苏人民出版社，1995，第 1 ~ 41 页。限于学力，笔者不能就本节所举各项数据详加辩证，只能供读者参考。

万人，西晋八王之乱前3500万人，南北朝时期北魏与南朝梁合计5000万人，隋代5000万至5800万人，唐天宝十四年达8000万至9000万人，北宋末年大观年间人口增至1亿人，元朝至正年间8500万人，明朝万历年间1.97亿人，明末2亿人。清道光三十年为人口峰值，达4.3亿人。葛剑雄指出，若将二千年内人口发展分为几个阶段，则各阶段的间隔越来越短，每个阶段人口增加的幅度越来越大。

农业生产中，人口是生产者也是消费者。人口扩展增加了劳动力，同时也增加了对土地、对粮食的需求。中国历史上农业的开发经历了从黄河流域向长江流域、从中心向周边、从平原向山区的空间发展过程，就是在人口压力推动下的土地寻觅过程，且进入全面开发的明清时代，正是人口增长幅度最大的时期。①

汉代是学术界研究较多的时代，其人口与耕地状况是有说明意义的。因研究成果较多，兹不赘。

唐代的农民利用比较有利的国内外条件大大推动了当时的农业，这种农业反过来又为人口的巨大增殖创造了可能性。自西汉末人口达到1235多万户5767多万人之后，我国人口一直低于甚至大大低于此数据……天宝元年的全国口数应为8050万人，与西汉末的户口数相比，此时户数约增长165万以上，增长率为13%以上；人数约增长2289万以上，增长率为39%以上。②

金、南宋人口又进一步上升。据南宋光宗绍熙四年（1193年）统计，南宋12302873户27845085人。金章宗泰和七年（1207年），8413164户53532151人。南宋、金合计，全国总计20716037户81377236人。如此则唐天宝后的400多年中，又增加671万户，增长率为48%。至于人数，金国当时每户平均6.36人，可能接近事实，而南宋只有2.26人，明显不实。以每户5口推测，南宋人数当在6150万以上。南北相加，此时期全国总口数已突破1亿人，达11503万人左右。若以此数与天宝年间相比，人数已增长3453万，增长率为43%左右。总之，经过唐宋这两次的人口增加，我国的农民总量又上了一个新高峰，这是我国农业大发展的集中表现和必然结果。③

---

① 韩茂莉：《中国历史农业地理》，北京大学出版社，2012，第37～38页。

② 孙达人：《中国农民变迁论——试探我国历史发展周期》，中央编译出版社，1996，第139页。户口资料分别据《文献通考》卷十一《户口》二，《玉海》卷二十。增长和增长率的推算参考了《中国历代户口、田地、田赋统计》甲表44和《宋代户口》（《历史研究》1957年第3期）。

③ 孙达人：《中国农民变迁论——试探我国历史发展周期》，中央编译出版社，1996，第140页。

我国农民把精耕细作农业发展到高峰的直接结果之一就是有很高的单位面积产量，与此相适应，它的另一个结果就是产生了庞大的人口。在明朝以前，每一个皇朝的开国之初能控制的户、口两项数字一直都较低甚至很少。直到唐宋，也仍然要等到100多年后，到中期才可能使其超过西汉末年的1200多万户5959多万口的指标。但自朱元璋1368年建立明朝后，为时不过14年，全国已有1065多万户5947多万口。这在中国历史上是一个空前未见又非常值得注意的现象……可以肯定，明中期以后的户口数已远远超过了宋金时期。①

2. 与农民人口总量不断增长的总趋势相伴的是人均耕地面积长期中的不断趋紧

毫无疑问，不断增长的人口会形成最为强烈的开发生存资源——对农民而言即开发土地——的动机和行为。中国历史确凿地记录了这一点。但土地变为可耕地需要诸多条件而在数量上受到严格制约。在工业革命前，农业生产手段和条件的“进步”是逐步积累而缓慢的这一特点，更限定了一定历史时期中耕地面积的扩张。

一旦易于开发的土地被开发殆尽，难以开发、甚至不适宜开发的土地也被大量开发后，耕地面积总量也不能不大体被限定在一个固定数量上。原因很明显：其一，中国的国土面积是固定的；其二，相当面积的耕地在长期开发中，随着自然条件的变化和人类过度开发和使用土地造成的对大自然的破坏，耕地的质量和使用价值会遭到损坏，从而减少一定耕地面积。

耕地面积不可能随人口总量而持续不断扩大，人均耕地面积趋紧就成为中国古代的长期趋势。尽管每一王朝的变更中都会出现相反状况，尽管历史统计资料不可能提供精确数据，但这个长期趋势是可以肯定的。

有学者论证说，土地总量在一般情况下是一个稳定的常量。耕地受土地总量的制约不能不是有限的。封建时代的前期，我国的人口总数还较小，相对而言可耕地也较为宽余，在正常情况下自然可能不断增加。但可耕地变为耕地绝不是随心所欲的易事，它要受到当时的生产力、农家的经济实力、行政管理等诸因素的制约，即使在最有利的时代，其增速也不能不是很有限的。

---

① 孙达人：《中国农民变迁论——试探我国历史发展周期》，中央编译出版社，1996，第151~152页。《明实录·太祖实录》卷一四零：“是岁（洪武十四年）计天下人户一千六十五万四千三百六十二，口五千九百八十七万三千三百五。”但据直隶和各部政司户口相加所得总数为户10654412、口59473305。

相比之下，人口的增长要快得多，因为它以几何级数递增。

孙达人认为：从整个中国封建社会的历史看，由于人口增长率大大高于耕地的增长，所以农民的人均耕地呈现与日俱减的趋势。[①]

继永嘉我国第一次大移民之后，在唐末和北宋末年又发生过二次大移民高潮。除此之外，平时还有虽然分散却持续不断的移民活动。正是这长达近千年的移民活动之结果，终于使中国南北的农民构成发生了根本性逆转。如果在汉代的元始元年（公元 2 年）长江流域以北，户占 78.8%，口占 77.5%，那么到宋金时代的 1193～1207 年，南方的户已占全国的 59.4%，口占 53.5%左右。即在唐以前，中国农民的主要代表是黄河流域的农民，则在唐以后，长江流域的农民就成为主要代表了，这是中国农民演变中的一个极其重要的转折点。[②]

从长江下游向湖南的移民自宋开始，规模日益增大，至明代达到顶峰。然而到了这个时期，长江下游已经难以满足自身的粮食需要，必须依赖长江中游地区的补给。关于此，明代的邱濬说："以今日言之，荆湖之地，田多而人少，江右之地，田少而人多。江右之人，大半侨居寓于荆湖，盖江右之地所出，不足以给其人，必资荆湖之粟以为养也。"[③]

如果说，唐宋时期的经济重心南移曾经给长江下游创造了一个以扬州、苏州、杭州为核心且经济文化足以与过去黄河流域文明相媲美的先进地区，那么以后，无论是长江中游还是上游地区的开发，都没有再创造出一个能够与前述先进地区相比的新经济中心或重心。[④]

如果说在唐、宋时代长江下游还给北方农民留下了广阔的开发中心余地，那么在明、清时代即使在这一地区的丘陵地带，也逐渐达到了饱和的程度。于是在整个大江以南地区发生了新的移民活动。[⑤] 先是长江中游的湖广成为长江下游的移民输入地，后来长江上游的四川又成为长江中游以南地区移民的输入地，即"湖广填四川"。

---

① 孙达人认为：秦汉至唐宋时段，由于还有相当广阔的土地可供开发，农民的土地占有（包括租赁）量，在每经过一次农民战争后基本上仍然可以恢复，甚至还可以超过李悝所说的"五口百亩之家"的水平。孙达人：《中国农民变迁论——试探我国历史发展周期》，中央编译出版社，1996，第 109 页。

② 孙达人：《中国农民变迁论——试探我国历史发展周期》，中央编译出版社，1996，第 144～145 页。

③ 《大学衍义补》卷一三《治国平天下之要·固邦本之道》，转引自孙达人《中国农民变迁论——试探我国历史发展周期》，中央编译出版社，1996，第 148 页。

④ 孙达人：《中国农民变迁论——试探我国历史发展周期》，中央编译出版社，1996，第 149 页。

⑤ 孙达人：《中国农民变迁论——试探我国历史发展周期》，中央编译出版社，1996，第 148 页。

从清初开始的“湖广填四川”大移民，输出地主要包括四川的周围各省，其中最重要的是今湖北、湖南、广东等省。四川终于成为我国农民人口最多的大省，同时取代湖广成为我国最重要的粮食输出省之一。[①]

除长期形成的农民为开辟土地四处移民而形成人口与耕地的紧张态势外，单就某一王朝分析，还有一个促使人地关系紧张的因素是地主人口的超高速增长会导致农民负担的增长大大高于农民人口的增长，这就造成了对我国小农再生产极为有害的倒宝塔型结构，正是这种结构决定在一个王朝的前期小农经济还可能有的生产余额，到后期便化为乌有，而且结果总是不弄到“男子力耕不足粮饷，女子纺绩不足衣服”的地步不止。[②]

史志宏对中国古代历史中的人口与耕地的比率有新的考证，并提出了耕地与农民最低生活保障之关系的数量联系，见表6-1。

表6-1　中国历朝耕地面积

年　　份	史籍记载耕地数（百万亩）	校正数字（百万市亩）
2（西汉）	827	506
105（东汉）	732	535
755（唐）	—	600
1072（北宋）	462	660
1600（明）	700	830
1911（清）		1460

原说明：此表的历代耕地数字均只按最高时期截取。西汉、东汉和北宋的数字据赵冈、陈钟毅《中国土地制度史》，新星出版社，2006，第96页表2-7；唐、明两代为笔者估计。

注：清代数字见史志宏《清代农业的发展与不发展（1661—1911年）》，社会科学文献出版社，2017，第131页。

资料来源：史志宏《清代农业的发展与不发展（1661—1911年）》，社会科学文献出版社，2017，第130页。

史志宏认为，中国历史上的人均耕地数量，统一按市亩计，汉代为8~9亩，唐代为7亩上下，宋代为5~6亩，明代约为5.5亩稍多（6明亩）[③]。如上的人均耕地水平是与各代的生产力水平相适应的，大体能够满足当时人们

① 《四川历史农业地理》第三章第三节《第二次“湖广填四川”与清代垦殖高潮》，转引自孙达人《中国农民变迁论——试探我国历史发展周期》，中央编译出版社，1996，第149页。

② 孙达人：《中国农民变迁论——试探我国历史发展周期》，中央编译出版社，1996，第108页。

③ 史志宏：《清代农业的发展与不发展（1661—1911年）》，社会科学文献出版社，2017，第144页。

的吃饭需要和社会正常发展对土地产品的需求。清代的人均耕地，除在早期与明代大体相当甚至还多一些外，从 18 世纪中期以后，就下降到 4 市亩以内，19 世纪以后几个时点更只有 3 ~ 3.2 市亩，即便按清亩计量也不足 4 亩了。人均 3 ~ 4 亩是一个什么概念？清对维持温饱所需的耕地数量有过估计，为 3 ~ 5 亩。近人罗尔纲认为在晚清中国，人均 4 亩耕地为维持“温饱常数”的最低指标。此外，如王育民、吴彗等人口史、经济史学者，也都将人均 4 亩耕地看作“饥寒界限”或“才过得去”的人均耕地数量。①

史志宏进一步论证说，从人均粮食占有量更可以看清楚问题的严重性。清代自 19 世纪以后的人均粮食占有量只有 800 ~ 900 斤，约比明代下降了 1/4 到 1/3，而且从动态的角度观察一直呈不断下降的趋势。这里的人均粮食是按未加工的原粮计算的，换算为成品粮只有四五百斤。这样的人均粮食数量，如果单只满足当时人口的口粮需求自然没有问题，但问题是生产出来的粮食并不能都用来吃。口粮以外的如下几项用途也是必不可少的，①种子。留种为次年连续生产所必需。②工业用粮。酿酒、棉纺织业中的棉布上浆每年都要消耗掉大量粮食，此外还有其他一些手工业也以粮食为生产所必需的原辅材料。③饲养家禽家畜的饲料粮。另外，粮食生产出来以后在运输、储藏过程中的消耗和损失也是考察口粮问题时不能忽略、需要扣除的重要因素。如上几项口粮以外的必要需求，在 19 世纪以后的社会条件下，将其比例估计为当时粮食总产出的 20% ~30% 应该并不为过。因此，考察到口粮以外的必要用途，19 世纪以后的人均粮食占有量不仅不能说没有问题，而且应该说问题很大。表 6 - 2 是对 19 至 20 世纪初几个时点的口粮需求及其在粮食总产出的占比的估算。

表 6 - 2　1812 ~ 1911 年口粮需求及其占粮食总产量的比例估计

年份	人口（亿人）	口粮需求（亿石）	粮食总产量（亿石）	口粮占粮食总产量比例（%）
1812	3.67	17.9	23.4	76.5
1850	4.36	21.2	26.2	80.9
1887	4.36	21.2	25.6	82.8
1911	4.50	21.9	25.6	85.5

原注：口粮需求按总人口中的 60% 为成年大口、40% 为成年小口，大口每人每日吃粮 1 升，小口每人每日半升（均为成品粮）估算，估算结果按 60% 的原粮出品率折算为原粮，计入表内。

资料来源：史志宏《清代农业的发展与不发展（1661—1911 年）》，社会科学文献出版社，2017，第 145 页。

① 罗尔纲：《太平天国革命前的人口压迫问题》，《中国社会经济史集刊》第 8 卷第 1 期。转引自史志宏《清代农业的发展与不发展（1661—1911 年）》，社会科学文献出版社，2017，第 144 页。

史志宏分析表6－2说，如表所示，当19世纪初人口不足4亿时，粮食在扣除人口的正常口粮后尚余23.5%的剩余可以供种子、工业、饲料及备荒等项之需，虽不充裕，但总算还能大体满足需要，然而随着人口增长，到了世纪中期即1850年时，扣除正常口粮以后的比例就降到不足20%了，以后进一步下降，到清亡时扣除口粮以后的余粮比例只有14.5%。如此低的余粮比例，无论如何也是不能满足口粮以外的“必要扣除”的。在这种情况下，必然出现人口的生存需要与社会经济正常发展需要“争粮”的局面：满足前者就不能满足后者，反之亦然，最终的结果是两者都不能得到充分满足。这是19世纪中期中国进入近代社会以后面临的一个非常大的困难。[①]

（三）过度开发造成的人为灾害

任何生物在数量上的增长以及空间分布上的扩散达到一定程度后，某种环境因素便会抑制其进一步发展。发展会受到最不可用因素的制约，因为任何资源都是有限的。[②] 小农家庭经济对土地的开发行为造就了中国古代社会经济的繁荣兴盛。但在一个大体固定疆域而不能越境扩充经济活动的大陆农业国家范围内，小农经济的扩张必定要受限于国内资源首先是农业可耕地资源的刚性限制。于是，人们清楚地看到了古代小农家庭如何在开发了一个地区并使之高度繁荣后，由于生存环境的恶化（原因诸多，例如，户口繁殖致使生存资源下降，战争等政治动乱和外族入侵，等等），紧接着又去开发一个新地区。随着新地区的不断开发和扩大，全国最终得到整体开发（个别地区除外），在当时的世界上中国成为人口最多、经济总量最大的国家。但是这种繁荣和强大的背后，隐藏着资源限制下小农经济发展的困境乃至危机。这其中既有不以人的意志为转移的初始生态环境的限制作用，也有人类生存活动造成的生态和资源危机，还有历代沿袭而成的人为的政治、社会体制的痼疾所造成的危机。

小农无限扩散，不可避免地会对自然生态形成破坏。随着农业开发的大范围展开，生态环境问题陆续出现，问题的实质，就是随着小农数量越来越多，生态环境和资源难以满足人口越来越多的生活生产的物质需求。小农经济主体在黄河流域这样的高度开发终究遇到了越来越大的问题。典型案例如

---

① 史志宏：《清代农业的发展与不发展（1661—1911年）》，社会科学文献出版社，2017，第145页。

② 〔美〕J. 唐纳德·休斯：《世界环境史：人类在地球生命中的角色转变》，赵长凤、王宁、张爱萍译，电子工业出版社，2014，第5页。

黄土高原的水土流失在东汉后愈益明显。

黄土的优点是疏松、肥沃，但它的致命弱点也就在于因此而来的水土流失。当农业还处于田莱制的原始农业时，土地的返草休闲和不进行翻地的耕作方法，再加上黄河下游当时低下的平原尚是一片沼泽，黄河自然能长期安流。据史籍载，春秋以前只发生过一次因自然原因导致的决口。但是在汉文帝十二年（前168年）“河决酸枣”，特别是到36年后的武帝元光年间黄河再一次“决于瓠子”之后，竟不断发生决、溢之灾，其中五次酿成黄河改道。这是整个黄河流域过度开发所带来的必然后果。

黄河上中游的泥沙不断大批量下泄，其结果是灾难性的。对于上游至中游第二段禹门口即龙门以北地区来说，这意味着疏松而肥沃的黄土极其严重的流失。对于中游第二段地区即“山西”区的心脏地带关中来说，除肥沃的黄土流失外，还体现在该区域内诸河流的渐被淤塞，以致像春秋时上游仍可通航的渭河，到汉武帝时连长安以下的通航也“时有难处”，以致不得不新修了一条渭渠。而对于下游，大量泥沙日复一日地输入越来越狭小的黄河河道，势必只有年复一年地增高其河堤，到西汉末，遮害亭一带已“高四、五丈”，使黄河终于变为“悬河”。在这种情况下，一旦遇到大洪水，下游堤的溢决难以避免。

总之，黄河流域在汉武帝以后的过度开发的同时也造成了自然环境的破坏，其中那些开发最充分地区破坏也最严重。[①]

由于黄河屡次泛滥，加以秦汉时期水利工程“灌溉技术还没有过关”[②]，在黄河流域还出现了大批耕地的盐碱化问题，这无疑会对农业造成损害，进一步减少粮食产量。[③]

大运河诞生后的经历也是很好的说明。起初由于黄河流域的自然条件还较好，气候和植被均较后来优越，湖泊和河流较多且水源较为充沛。但随着农民人口的迅速增加，垦殖荒地、砍伐林木、侵蚀草原的规模也同比例推进，于是水土流失以及河流淤积、湖泊干涸由此必然加速发生。尽管最初以经常疏浚来保证通航，但后来即使年年疏浚也难以为继。关中漕渠早在唐“大历之后，渐不通舟”。汴河自开封至雍丘、襄邑一段，至宋熙宁年间“河底皆高

① 孙达人：《中国农民变迁论——试探我国历史发展周期》，中央编译出版社，1996，第121～123页。

② 孙达人：《中国农民变迁论——试探我国历史发展周期》，中央编译出版社，1996，第129页。

③ 孙达人：《中国农民变迁论——试探我国历史发展周期》，中央编译出版社，1996，第127页。

出堤外平地一丈二尺余”。靖康以后漕运不通，汴河即告淤废。大运河的其他沟通黄淮的河段或先或后地都存在着类似问题。大运河之所以如此易于淤塞，根本原因就在于对黄淮大平原的开发。① 黄河流域半干旱的气候和疏松的沙土对于刚刚迈入农业文明的古人来说，是特别有利的自然条件。唯其易于开发，也就同样易于造成破坏，如水土流失。在这片黄土地上最先创造的灿烂中华文明，也最先从这里开始衰落。②

何炳棣先生对于小农经济对国土开发中人口、耕地、自然环境的变化有重要之研究。他的观点大致可概括为：小农对土地的开发是我国整体开发的基本力量，主要是通过人口的迁移性垦殖进行。在明清时期，以农民为主体的中国人口从战乱中恢复和迅速增加，通过省际大量移民，农业开发从人口密集地区向稀疏区域、从平原向山区扩展，至鸦片战争后的1850年代左右，中国国土的绝大部分已被开发完毕，形成了高度紧张的人—地资源关系。

官方人口数字说明，中国的人口已从洪武三十一年的大约6500万人增加到了道光三十年的4.3亿人。③

元末农民起义和推翻元朝的战争，使华北平原和淮河流域的户口锐减，大量农田荒芜。明太祖采取一系列步骤，将人口从稠密地区迁往战乱区。至14世纪末，已有15万户无地佃农从苏南、浙西被迁往皖北凤阳一带。又将晋南的泽州、潞安二府农民迁往河北、山东、河南的平原地区。明成祖迁都北京后，进一步将山西农民迁入新的京畿地区。几乎每一次移民都对农业发展有直接影响。④

明太祖为国防需要，还在边疆各战略要地设置军事屯垦区（卫所）。14世纪末至15世纪初，在南部满洲、黑龙江下游广大地区的真空地带都设置了卫所。据说仅云南一地，驻军屯垦之土地超过100万亩。在军事屯垦的同时，鼓励平民在边远地区建立垦殖区。直到明末，军事屯垦还是政府的一项重要措施。⑤

在明朝，自发移民可能要较政府主导的移民对农业开发区的扩展作用更

---

① 孙达人：《中国农民变迁论——试探我国历史发展周期》，中央编译出版社，1996，第140～141页。

② 孙达人：《中国农民变迁论——试探我国历史发展周期》，中央编译出版社，1996，第142页。

③ 〔美〕何炳棣：《明初以降人口及其相关问题》，生活·读书·新知三联书店，2000，第117页。

④ 〔美〕何炳棣：《明初以降人口及其相关问题》，生活·读书·新知三联书店，2000，第160～161页。

⑤ 〔美〕何炳棣：《明初以降人口及其相关问题》，生活·读书·新知三联书店，2000，第161页。

大。有理由相信，汉人的移民和开垦，对西南地区的开发起了重要作用。但清代和近代的省际自发性移民则要比明代的规模还要大得多。因为明代广阔的淮河流域和湖北平原人口还是相对较少，有大量土地未垦，与清代相比，明代的耕地与总人口比例是相对充裕的。

清代最为人熟知的农民移动是19世纪著名学者魏源所说的“江西填湖广，湖广填四川”。明末张献忠农民大起义使四川人口锐减。顺治十年（1653年）新建立的清政府宣布该省由兵民开垦，由官府发给耕牛和种子。有清一代，移民四川的行动持续了二百多年，四川成为最大的移民省份。

四川的登记人口，自乾隆五十一年（1786年）的8429000增加至道光三十年（1850年）的44164000，增幅高达424%。这也说明在两个世纪的大移民中，主要的移入发生在18世纪末至19世纪前期。

据详尽的地方资料可以断定，在降水充沛的平原、盆地，甚至在倾斜的坡地上，广泛种植了稻米。北方旱地生长的作物在四川都能发现，该省的肥沃红壤尤其适宜玉米和甘薯的生长。四川从乾隆、嘉庆年间已经成为全国的主要玉米、甘薯产地。甚至土豆在道光三十年前也已在缘边的高峻山岭间普遍种植了。至道光三十年，四川的土地利用已经形成了现代的格局，已跻身于农业全面开发的前列。①

但是即使在湖南，在清代也远非是一个人口净输出之地。直到18世纪初，南岭山脉的大部分丘陵和山岭还覆盖着森林，农业较少开发。东南沿海各省日益增加的人口压力，最终迫使那里的贫困农民开始开垦长江流域内地省份的丘陵和山区，这一过程可能一直延续到太平天国时期。进入山区垦荒的农民住在临时搭起的棚屋中，以后被称为“棚民”。他们主要以种植玉米和甘薯维持生活，这两种作物是16世纪后传入中国的，成为使长江流域高地得到系统开发的主要手段。②

首先是福建和广东的农民开垦原始的丘陵和山岭，但并非局限于这二省的移民。在江西特别是赣西北与湖北相邻的县份中，主要移民来自湖北平原。仅武宁一县，到18世纪中叶就有湖北移民10万户以上。由于玉米和甘薯在经济上的好处越来越明显，连本地的贫苦农民也向山区迁移。到18世纪初期，长江流域的山地已开垦得如此之多，以东外来移民和本地汉人侵占了苗

① 〔美〕何炳棣：《明初以降人口及其相关问题》，生活·读书·新知三联书店，2000，第167～168页。

② 〔美〕何炳棣：《明初以降人口及其相关问题》，生活·读书·新知三联书店，2000，第170页。

族人的家园——湘西山区，结果引起了18世纪后半期苗人的叛乱。①

甚至像云南这样的偏远山区，也由于农民移民的不断迁入而得到明显开发。随着玉米在16世纪传入，云南山区开始了以种植玉米为主的开垦陡峻山岭的过程。它一直持续到19世纪中叶。云南最南部的开化、广南和普洱三府中，曾以疟疾流行闻名的原始森林，在道光三十年（1850年）前已被湖南、湖北、四川和贵州的移民砍伐殆尽。在19世纪，广西北部主要由少数民族居住的地区，也有许多山地被来自湖北、湖南、广东、福建的移民垦殖。

所有这些例证都说明了18世纪及19世纪初所进行的土地利用的重大革命的地理范围。由于广大的长江流域大多数是丘陵山地，也由于种植玉米、甘薯的土地利用实际上扩展到了整个长江流域，增加的农田总数是相当可观的。②

大规模移动的农民同样推动了汉水流域的开发。

汉水流域是由甘肃南端、整个陕西、鄂西高原北部的三分之二和豫西南构成。这里再加上清代的宜昌、施南二府。就历史而言，这一区域与川东北密不可分。据方志，这片以秦岭为主干的广大山区，直到康熙三十九年（1700年）为止，除了少数几个有历史地位和战略意义的市镇开发较早外，依然人烟稀少，大多为原始森林所覆盖。鄂西南尤其落后，甚至到18世纪20～50年代，仍由土司治理。但至迟至嘉庆五年（1800年），整个秦岭山脉和汉水流域基本都已开发了。玉米成为最主要的作物及山民的主食。甘薯是重要的补充。移民蜂拥而至，必须开垦新的土地，甚至于那些连种玉米和甘薯都不适宜的过于陡峭、土层太薄的土地。

东北地区在19世纪后期，人口仍十分稀少。在中国本部各省份的边远地区已经开发，太平天国后对于长江流域下游区的移植接近完成时，东北是唯一尚未开发的地区，该区域的肥沃土壤和丰富矿藏足以供养来自华北的大量过剩人口。17世纪后期，随着华北人口的增长，已有相当数量的华北农民不时偷偷进入东北禁区。至康熙五十一年（1712年），仅山东一地进入东北的农民就不止10万人。③ 因不时有成千上万外来移民户被发现，清廷早期的排

① 〔美〕何炳棣：《明初以降人口及其相关问题》，生活·读书·新知三联书店，2000，第171～172页。

② 〔美〕何炳棣：《明初以降人口及其相关问题》，生活·读书·新知三联书店，2000，第172～173页。

③ 〔美〕何炳棣：《明初以降人口及其相关问题》，生活·读书·新知三联书店，2000，第186～187页。

外政策实际已失败，又由于满族旗人已多穷困潦倒，从乾隆五年（1740 年）起，政府颁布了一系列法令，允许在京旗人返回满洲承垦。大多数旗人只能依靠汉人佃农生产，更多汉族农民进入东北。至乾隆四十四年（1779 年），奉天归旗人所有、实际由汉人耕种的土地统计数为 6275835 亩，吉林为 6337360 亩。实际上，东北在 18 世纪已经很少将华北农民拒之门外了。在光绪三十三年（1907 年）满洲建为东三省之前，对汉人的一切禁令均已取消。[①]

东北以外，清代较大数量的农民垦殖活动还有东南沿海地区向台湾、广东西部和海南岛的客家移民等。这些，无一例外地都促使了大量移民所定居的地区的开发。[②]

王毓瑚先生对小农的农业开发对中华民族发展的贡献有足够的认识，对开发的负面作用，特别是对山区和草原的滥垦滥伐也有深刻洞察和批评。他的见解如下。

山田一般都是瘠薄的，只能种些杂粮，而且收获又很有限，都是那些贫苦无地种和灾年逃荒的农民为了眼前的生活被逼上了山。这种田种起来自然是极度粗放的，谈不上施肥和灌溉，春天撒下种籽，基本上就不再去管，只等到秋季收获，产量高低，全凭天时。这样的地，接连种上两三年，也就无法再种，如果人还不能离开那里，就得把它放弃，在旁处另开一块。像这样完全自发地垦种，自然是不会做长远的考虑，首先是山坡上的天然植被越来越受到破坏，水土流失逐步趋于严重，造成的灾害是极其显然的。而且一般的趋势是，较低处和较缓的坡开过之后，接着又去开较高处和较陡的坡，从而山上的降水往下流泄起来势头也就越猛，对坡上土壤的冲刷也就越有力。而水土流失越是厉害，山田的开垦也就越向不合理的方向发展。这就形成了一种恶性循环，结果是越种越高，也越来越陡。这种情况大约到了宋朝就达到了严重的地步。西北方黄土高原上尤其情势恶劣。欧阳修到过山西的河东地区，就说过“河东山险，地土平阔处少，高山峻坂，并为人户耕种”[③]。

在山坡上开田越来越多，天然植被的破坏越来越广泛，水土流失的影响自然也越来越显著。首先是山中的林木逐渐消除了。本来古代人民生活所需

① 〔美〕何炳棣：《明初以降人口及其相关问题》，生活·读书·新知三联书店，2000，第 188～189 页。

② 〔美〕何炳棣：《明初以降人口及其相关问题》，生活·读书·新知三联书店，2000，第 192～196 页。

③ 《乞罢刘白草札子》，转引自欧阳修《欧阳文忠全集》卷一一六，上海锦章书局印行，1911。

的燃料主要是木材，尤其是山区经常有不少的人以樵采为业。他们的活动是自发的，历代的统治者又从来没有什么保护和经营林业的政策可言。因此，滥伐滥采是必然现象。山田的开垦自然是更促进了这种恶劣的影响。只是先前大约还没有达到严重的程度，因此在文献当中很少有反映。可是到了北宋的初期，史书上已记载了不少权势之家比较大规模地经营采伐林木贩销谋利的事，那大都是在西北方。

宋代以后，梯田仍然逐步有所推展，不过必须指出，一般的山坡田并不是因此而趋于绝迹。梯田修筑起来是很费事的，一般小农没有这个力量，特别是那些更贫苦一些的还得依旧去“种畲”。由于人口的自然增殖，对可耕地的需要越来越紧张，总起来说，不合理的山田不是日渐减少而应该是更多了。

可是不管怎么说，山坡上总不能算是宜于耕种的地方，我们的祖先那样积极地开垦山田，应该认为是出于不得已。开垦山田自然就要破坏天然植被，日子一久，水土流失的灾难性的影响就越来越显著。高处破坏了植被，下面平地上的耕地就直接承受祸害，这就是这样地区的农民所说的“上游开垦，下游遭殃”。而常是上头开了一块地，下面就有几块地遭受水冲和沙淤，就无法再种了。后来有的地方修起来梯田，单就技术上来说确实进步了，如果从整个农业生产的角度来评价，是否值得称赞，却是个尚待商榷的问题。

我国农业发展较早的黄河中下游，自然条件是不好的，除了气候之外，还有水的条件，都是很不理想的。又加上宜于耕地的平原基本上可以说是一个大泛滥区。这个广大地区首先是由于气候干燥，经常春旱秋涝，而涝后又旱，旱涝交错，又常常大旱大涝，一般说来，土壤里的盐分比较多。再就是降雨集中于夏秋二季，雨水可以压盐下沉，但雨后蒸发很大，冬春二季又多风而旱，又促成“返盐”。这是一。平原坡度一般较缓，河道大都浅平，又很少或从未经过治理，因而到处形成大大小小的内涝区，排水不良，地下水位偏高。这是二。地下水位高而上面蒸发又强，地下水的“临界深度”（即引起土壤开始“返盐”的地下水位的深度）也就越大。这是三。再加上这个地区的土壤大部为壤土和沙壤土，毛细管作用更便于地下水上升。以上种种情况在一起，就决定了这个地区土壤盐碱化必然是严重的。

长城内的农民向草原寻求新耕地。

开辟新的农耕区，总是先在那些自然条件比较适宜于种植的地方下手。就内蒙古草原来说，东部的自然条件比西部好，尤其是草原东边各处，像今天的松辽平原更是如此。在那一带，可能很早就出现了种植业。

从史书的记载来看，种植业当时在那一带绝不是什么新鲜事。那里的耕地显然是原来的农民开垦出来的，而且至迟也不会晚于战国时期。最先到那里去的应是内地极为贫苦的农民，为数不会很多。后来内地，尤其是沿边一带每遇兵乱或天灾，就有不少人逃往那儿去谋生，如果灾难延长，他们就留下不走，安家落户了。战国时期以及秦末楚汉相争时期，也有不少内地的农民逃了去，就这样，开垦出来的土地必然是越来越多，垦农聚居的所在也就多少呈现一些农区的景象。虽然在那一望无垠的大草原上，这些零散的小种植点至此还有如晨星，但毕竟算是一种新事物的萌芽。后来游牧部族重复控制了这一带地方后，由于谷物也是他们所需要的，已经发展起来的种植业也就得以保存下来。

满族人是女真人的后裔。种植业对他们来说并不陌生。在他们早期控制的地区内，对原有的不少汉族人，后来也照满洲八旗格式编成汉八旗。

清代初年，结束了蒙古、汉、满三族之间的兵争，种植业在草原上有了在和平环境中发展的有利条件。

清朝建立起来之后，实行一种大规模向满蒙移民开垦的政策，可以说条件已经成熟。此外，清朝的统治者完全继承历代传统，以保卫和推广耕稼文明作为自己的当然任务，这更加提供了一层保证。

满族进关后，一上来是奖励内地人出关开垦。那是因为满族的人数很少，绝大部分进入了内地，因而本来就非常空旷的东北地区更加人烟稀少了，往那里大力移民是完全合适的。显然，涌向关外的汉族农民之多，远远超出了满族统治者的预料，使他们吃紧，因而很快就转了念头，倒回来制止汉人向那里迁移。他们设立了一条有名的“柳条边”。这条“插柳结绳”的象征性的界限，是限制内地人以及蒙古人进入满洲的。可知“柳条边”是顺治十八年的前几年设立的，也就是距下令招垦的顺治八年不过仅仅几年。那一定是在这短短的几年里，进入东北的汉人，为数达到了惊人的程度。弄清楚这个事实很重要，它足以说明内地饱受压榨的广大贫苦农民是如何如饥似渴地得到耕地，而空旷的东北地区对他们来说是具有非常大的吸引力的，那是十分自然的。

如果说古代内地人民缺少耕地还只是相对的，因为生产潜力还没有发挥出来，而到了清代，传统的小农经济制度下的农业生产效率实际上已接近饱和，贫苦农民缺少地种。因此黄河流域“多余的”劳动力转向满族地区去谋生的要求空前强烈。

说到西部，原察哈尔部接近长城一带，早就有内地农民到那里垦地耕种。

方观承于雍正十一年写的《从军杂记》里说："自张家口至山西杀虎口，沿边千里，窑民与土默特人咸业耕种，北路军粮，岁取于此，内地无挽输之劳。"所谓"窑民"，指的就是汉人。

大致可以说，开垦的活动，从南向北，在康熙末年已达到了西自归化城一带，往东到滦河上游的郭字屯、唐山营，再东北直到开原。而到了乾隆年间，这条界线又向北推到了乌兰察布盟（今乌兰察布市）乌拉山到兴安岭南端，再沿兴安岭的东麓直到嫩江的下游一带，内蒙古东四盟中的昭乌达盟和哲里木盟（今通辽市）的大部分有了不少的耕种地。嘉庆以后，禁垦的法令几乎已是有名无实，鸦片战争和太平天国起义以后，政府的权威更加降低，禁令更是无人过问，草原以及东北各地的开垦可以说是全面开花，耕种地在北面，尤其是东北方面的推展也就进入了一个新的阶段，成了一个事实上几乎是放任自流的阶段了。从此以后，决定开垦进程的，主要是移民人数以及流动的势头。半殖民地、半封建社会的贫苦农民，越来越感到生活的压迫，因此奔向草原和东北寻找出路的越来越多，势头越来越猛，新农田也就加速开辟出来。多少世纪以来，一直没有停顿过的农耕区向北推进这一历史过程，终于达到了空前的规模。

以往历史上内地农民的移垦完全是自发的性质，他们是简单地把故乡那种传统的农业经营方式移植到草原上去。在当时的具体条件下，他们也只能这样干。由于我国内地的传统的农业是一种不完全的农业，种植业占了绝大的比重，而养畜部门却若有若无，成了一种瘸了一条腿的农业。这样一种发展不太平衡的农业是应该来一番改造的，而不要再继续加以推广。①

韩茂莉近年对农业开发对环境造成的负面影响在总体上有如下评价。

中国是农耕历史悠久的大国，数千年的农业垦殖既造成了灿烂的文明，也积累了许多环境问题。总的看来，农业开发对环境造成的负面影响，主要表现在三个方面。②

第一，两宋之际"靖康之难"迫使中原士庶纷纷南下，南方人口激增。由于人口激增，原来已感到十分狭迫的土地，这时显得更为紧张。在这种情况下，人们势必要努力扩大耕地范围。开禧二年朝廷"以淮农流移，无田可

---

① 王毓瑚：《我国历史上农耕区的向北扩展》，载王秀清、谭向勇主编《百年农经》，中国农业出版社，2005，第456～469页。原刊于《中国历史地理论丛》第一辑，陕西人民出版社，1981。

② 韩茂莉：《中国农业历史地理》，北京大学出版社，2012，第25页。

耕”的原因，不得不开放一度下达的围田禁令，“诏两浙州县已开围田，许原主复围，专召淮农租种”。“围田初行之时，其意义本在‘围田’，即将濒临湖陂的土地用堤坝圈围起来，使之淤填成田，以后则变成‘围水’，这也就是所谓的‘盗湖为田’。南宋时期势家大户盗湖为田之风愈演愈烈，以致成为当时朝政上的一件大事。”“宋代是历史上围湖造田的第一个高峰期，这一时期以江浙一带围田量最大，以后，特别是明清两代南方各地围水造田的事例越来越多，大片湖泊消失。湖泊水面的减少，不但影响农业生产灌溉，而且造成生态环境恶化以及江河水量调蓄能力降低，这一切又影响到农业生产的正常发展。”①

第二，宋元明清以来南方山区的开发与水土流失。宋代东南地区人口增长，山区植被被破坏引起的环境问题主要集中在这一地区。环境问题主要体现在：山上失去植被，导致水土流失；山下泥沙壅堵，河道不通，舟楫无法通行；农田为泥沙覆盖，难以耕作。

明清时期山区开发进入一个新阶段。人口多，土地开垦范围大，是这一时期山区开发的突出特点。由此引起的水土流失问题也更甚于前代。山区开发多采取刀耕火种，在砍伐焚烧之下，山地植被受到根本破坏。

玉米、甘薯等作物根系粗大，加剧了山区的水土流失。玉米、甘薯的引进对解决人口增加带来的粮食问题起了很大作用，但是这种作物“根入土深，使土不固，土松遇雨则泥沙随雨而下”。前往山区垦荒的棚民往往以三年为契约期，因此耕种方式粗放，全无涵养土壤意识。“种苞谷三年，则石骨尽露，山头无复有土矣。山头无土，则不能蓄水，泥随而下，沟渠皆满，水去泥留，港底填高，五月间梅雨大至，山头则一泄靡遗。”三年之后，由于水土流失，“棚民又赁垦别山，而故所忌处，皆石山不毛矣”②。

第三，明清以来沿长城地带的农业开垦与土壤沙化。长城沿线是中国北方环境脆弱地带。“走西口”“闯关东”的移民，开荒拓垦的正是这片土地，然而未满百年，土壤沙化已相当严重。

入清以来，长城外蒙地相继开垦为农田……清同光放垦后，关外土地大片开垦，农牧交错带东段经辽河中上游、大兴安岭东麓向北转向，这一界限基本是中国湿润、半湿润气候的北界，这里自然条件对农业产量最大的障碍

① 韩茂莉：《中国农业历史地理》，北京大学出版社，2012，第27页。

② 韩茂莉：《中国农业历史地理》，北京大学出版社，2012，第29页。

因素是降雨量不足。由于气候干旱，植被稀疏，土壤层一般较薄，一经开垦极易沙化。西辽河一带天山、鲁北、林东等地放垦后，人们砍伐林木，开垦土地，由于耕作粗放，一块地耕作几年即被抛荒。这种现象在放垦以后的农牧交错地带沿线到处都存在，严重影响了这一地区当时及后代的生态环境。①

韩茂莉认为，回顾农业发展历程与环境的关系，一个不可避免的事实摆在人们面前，即农业的产生繁衍了人类自身，造就了人类文明，同时农业每前进一步都伴随着环境代价。农业与环境之间存在不可分割的互动关系。传统农业时代就有人提出环境破坏现象，但真正将其列为事关人类发展的重大问题是在20世纪中期。这时数千年人类活动积累下的环境问题已经严重影响了全人类的生存与发展，影响了整个地球的共同利益。②

中国古代的人口与耕地关系，是中国经济长期发展中的关键性议题，也是小农经济及经营体制的必然产物。我们当然不能简单地将人口、资源、环境与某种经济发展方式相联系去评价。首先需要将基本情况搞清楚。

史志宏教授对中国古代史特别是明清时代的人口和耕地有深入精确的数量化研究，以下借用他新近的成果来帮助我们认识问题。

史志宏教授对清代农村经济的总体看法是，人口与耕地资源的失调严重影响了清中期以后农业和农村经济的发展。

虽然在一系列总量指标上清代农业达到了中国传统农业发展的最高峰，但从生产效率上观察，清代农业不是历史上最高的。清代农业在劳动生产率（见表6－3）以及一系列按人口平均的农业指标如人均耕地面积（见表6－4）、人均粮食占有量（见表6－5）等方面，都不但低于传统农业历史上曾经达到的高点，而且从变化的趋势上观察，至少从18世纪中期以后就在不断恶化。

表6－3　清代各时期的农业劳动生产率估计

年份	粮食总产量（亿市斤）	粮食总产值（亿两）	农业总产值（亿两）	劳均粮食产量（市斤/每人每年）	劳均粮食产值（两/每人每年）	劳均农业产值（两/每人每年）
1600	1858	12.8	18.0	4021.6	27.7	35.1
1661	1706	11.4	16.0	4623.3	30.9	39.0

① 韩茂莉：《中国农业历史地理》，北京大学出版社，2012，第30页。

② 韩茂莉：《中国农业历史地理》，北京大学出版社，2012，第30页。

续表

年份	粮食总产量（亿市斤）	粮食总产值（亿两）	农业总产值（亿两）	劳均粮食产量（市斤/每人每年）	劳均粮食产值（两/每人每年）	劳均农业产值（两/每人每年）
1685	2014	13.5	18.8	4705.6	31.5	39.5
1724	2573	17.2	23.8	4773.7	31.9	39.7
1766	2988	19.4	27.2	3816.1	24.8	29.5
1812	3345	22.3	32.3	3517.4	23.4	27.2
1850	3746	25.0	36.1	3315.0	22.1	25.5
1887	3660	24.4	37.2	3570.7	23.8	27.2
1911	3660	24.4	37.8	3459.4	23.1	26.8

注：本表摘自史志宏《清代农业的发展和不发展（1661～1911年）》，社会科学文献出版社，2017，第142页。

表6－4　清代各时期的人均耕地面积及指数

	1661年	1685年	1724年	1766年	1812年	1850年	1887年	1911年
耕地（亿市亩）	7.17	8.23	9.97	10.71	11.77	13.20	13.89	14.58
人口（亿人）	1.2	1.39	1.75	2.78	3.67	4.36	4.36	4.50
人均耕地（市亩/人）	5.98	5.92	5.70	3.85	3.21	3.03	3.19	3.24
人均耕地指数	108	107	103	70	58	55	58	59

原注：明万历中（1600年）总耕地面积为8.3亿市亩（9亿明亩），人口1.5亿，人均耕地5.53市亩。

注：以明万历中（1600年）人均耕地面积为100。本表摘自史志宏《清代农业的发展和不发展（1661～1911年）》，社会科学文献出版社，2017，第143页。

表6－5　清代各时期的人均粮食占有量及指数

	1661年	1685年	1724年	1766年	1812年	1850年	1887年	1911年
粮食总产量（亿市斤）	1706	2014	2573	2988	3345	3746	3660	3660
人口（亿人）	1.2	1.39	1.75	2.78	3.67	4.36	4.36	4.50
人均粮食（市斤/人）	1422	1449	1470	1075	911	859	839	813
人均粮食指数	115	117	119	87	74	69	68	66

原注：明万历中（1660年）粮食总产量为1858亿市斤，人口1.5亿，人均占有粮食1239市斤。

注：以明万历中（1600年）人均粮食占有量为100。本表摘自史志宏《清代农业的发展和不发展（1661～1911年）》，社会科学文献出版社，2017，第143页。

有人认为，小农经济是导致古代环境问题的罪魁祸首。

还有人认为，中国根本不应以农为主，我们的老祖宗应该像西方国家那样，面向大海，走“蓝色海洋文明”的社会发展道路而不是搞“黄色农业文明”。

笔者认为，以上论调，实在不能称之为严肃的有学术意味的论点。问题在于，除了小农经济以外，是否有其他的更好的农业经营方式？这就提出了“小农经济与自然环境的关系”这一值得思考的问题。

二　政治—阶级关系对小农经济的巨大影响

1. 小农的分化与分配不公的出现

春秋战国时期各国改制后，自耕农与地主制经济同时出现。地主制经济即田主将田出租于佃户来收取地租。在这一时期内，地主由贵族地主与庶民地主构成。据记载，当时贵族地主对农民的地租率很高。《孙子兵法・吴问》载，晋国的韩、赵两卿的地租率都在50%，而范氏中行氏地租率更高。孙子认为这种高地租率将使地主灭亡，地租率最高者先亡。齐国的姜氏地租率更高，“民参其力，二入于公，而（农民）食其一”，其结果是“公聚朽蠹，而三老冻馁”，意思是说，姜氏地租率达2/3，收藏的粮食多到腐朽，而大量农民却不能维持饱暖。[①] 自耕农一登上历史舞台，分化就开始发生了。由于种种原因，农民中有的日益贫困，有的趋向富裕。

自耕农的土地可以“自由”买卖，土地的集中与分散就是不可避免的。宋代王安石曾指出：“大抵数口之家，养生送死皆自田出，州县百需又出于其家。今桑田之家，尤不可时得者钱也，责购不可得，则其间必有鬻田以应责者。”[②] 但中国古代土地问题之所以构成严重的社会问题并不是普通农民之间的少量买卖，而是使大量农民失去生存资源的土地兼并之愈演愈烈，从而产生极其严重的社会经济灾难。

战国时期，在土地私有出现不久，土地买卖就逐渐频繁。购置地产者，主要是官僚军功地主之类，也有靠种田致富的庶民地主。出现了积累财富的富商，如范蠡，力田致富后仕齐为相，后又弃官从商，“致富累巨万”[③]。而

① 李文治、江太新：《中国地主制经济论——封建土地关系发展与变化》，中国社会科学出版社，2005，第69页。

② 王安石：《上御史孙监书》，转引自李剑农《中国古代经济史稿》（第三卷），武汉大学出版社，1990，第173～174页。

③ 李文治、江太新：《中国地主制经济论——封建土地关系发展与变化》，中国社会科学出版社，2005，第71页。

商人财富转化为地产者也势力所必然。[①] 农民中的贫富分化加速，孟子在《滕文公上》说，农民“终岁勤劳，不得以养其父母，又称贷而易之”[②]。汉时董仲舒说：“秦用商鞅之法，改帝王之制，除井田，开阡陌，民得买卖，富者田连阡陌，贫者无立锥之地。”《通考·田赋考》说，商鞅改制后果，造成“兼併之患自此始，民田多者以千亩为畔，无复限制矣”[③]。《汉书·食货志》载，秦孝公时，“庶人之富者累巨万，而贫者食糟糠”[④]。

田地兼并大量出现及其严重化，与国家阶级的构成、政治体制和政策演变、利益集团的行为有重大关系。

2. 政府的涉农政策及实行效果

在秦统一后的数十年间，秦王朝实行农民“自实田”制度，即自行耕种土地，只需上报国家就可获取地权。[⑤] 这是以国家耕地资源相对丰裕为前提的。之后大致说来，在中国古代历史上历代政权对于农业和农民的政策有一个大体一致的内容。当一个朝代建立的前期，或由于刚刚经历过农民战争的冲击，或由于战争和社会大动乱的严重破坏，大量农田荒芜，大量农民流离失所。中央政府在这种状况下大都采用招抚游民、鼓励垦荒、大力推进恢复农业生产政策。而其中最重要的措施之一就是给耕种的小农以土地所有权。这种政策的推行，必须同样依赖于战乱后出现大量荒废耕地为前提条件。

但是当一个朝代的中期以后，土地兼并集中就几乎不可避免。此时无任何一个帝王可能采用任何一种办法制止之。

王莽大约可算是推行“反土地兼并”政策最全面的当权者，最后以失败告终。

问题是，为什么会出现这种现象？

---

① 李文治、江太新：《中国地主制经济论——封建土地关系发展与变化》，中国社会科学出版社，2005，第71页。

② 李文治、江太新：《中国地主制经济论——封建土地关系发展与变化》，中国社会科学出版社，2005，第71页。

③ 李文治、江太新：《中国地主制经济论——封建土地关系发展与变化》，中国社会科学出版社，2005，第71页。

④ 李文治、江太新：《中国地主制经济论——封建土地关系发展与变化》，中国社会科学出版社，2005，第71页。

⑤ 对秦时和西汉初期的田制学术界看法不一，杨振红将此时期的田制定名为“以爵位名田宅制”。解释说，名田宅制是战国秦商鞅变法时确立，并作为基本的田宅制度为其后的秦帝国和西汉王朝所继承，此外不存在其他的田宅制度。名田宅制以爵位划分占有田宅的标准，以户为单位名有田宅，田宅主要通过国家授予、继承、买卖等手段获得。爵位减级继承制是名田宅制得以长期延续的配套制度。见杨振红《出土简牍与秦汉社会》，广西师范大学出版社，2009，序第3页。

这必须寻找出土地兼并的主要原因。这里只列举几个朝代。

当汉高祖刘邦夺取天下后，即对宗室勋戚功臣大举分封，按功分封土地和民户，令衣食田税。最高者封王，次列侯，列侯之下也赐食邑，并对官吏亲属分赐食邑。当时曹参封为懿侯，食一万零六百户，即享受一万零六百家农民的土地税收。汉高祖统一时共封一百一十侯，食封约二十三万户。这表明中国封建时代土地是最主要的财富，而且就是以土地财富为纽带建立起以皇帝为首的统治集团的。

在土地为主要财富又可以任意买卖的时代，没有力量能够阻止土地的兼并集中，而历代的地权兼并多以权贵为首要。西汉中后期，权贵豪族大地主的土地兼并日趋激烈，致使东汉时期权势地主迅速膨胀，自耕农大为缩减，中小庶民地主走向没落，东汉建立之始，就是一个代表门阀豪族等特权地主的政治集团。这开启了之后长达三四百年的大混乱时代，有学者称之为“地主制经济的逆转倒退阶段”[①]。这一时期的重要特征是“封建阶级的经济特权与政治特权紧密结合，门阀权贵地主集地权、政权于一身。权贵地主垄断土地产权则是这种畸形状态产生和形成的经济基础”[②]。历史表明：任何一代王朝治理国家的最终目的是维护自身的统治，而绝不会反其道而行之。皇帝是统治集团的总代表，等差有别的权贵则是统治集团的各级成员。“坏皇帝”是在所有事情上完全代表统治集团短期和当前利益的。“好皇帝”出于对王朝长远利益的考虑，可能会对权贵们的肆意妄为进行某种限制。但是这种限制不会危及统治集团的整体利益。当统治集团已视土地为最大财富、各级权贵都将利益与土地收益联为一体、限制权贵的土地兼并危及统治集团的整体利益时，“好皇帝”的任何政策不可能出台，更不可能被贯彻执行。

对中国任何时代的普通农民和所有“老百姓”而言，最无可怀疑的是他们的基本生活目标是求生存，然后的问题是如何生活得更好些。虽然生存的标准和底线随时代不同而有所不同，但一些客观标准至今仍为众所公认，即求得一家之温饱。

---

① 李文治、江太新：《中国地主制经济论——封建土地关系发展与变化》，中国社会科学出版社，2005，第6页。

② 李文治、江太新：《中国地主制经济论——封建土地关系发展与变化》，中国社会科学出版社，2005，第105页。

小　结　小农经济与中国古代社会基本规律

一　古人对当时社会关键问题的认识

明显的相对独立性、与发达经济体交往艰难的地理环境，相对有利于农业、种植业的自然生态环境，以及很早就确立了以小家庭为单位的生活生产组织，都是古代中国的基本国情。它一方面为繁衍众多人口创建了初始条件；另一方面也使农业和粮食生产的尽量自给，成为社会经济维持运转的第一要务。解决吃饭问题，成为百姓生存的第一大事。

原本，解决好吃饭问题是一切人类社会求生存的先决条件，绝非中国一国使然。但由于各国和各民族初始条件不同，有相当一些民族（以及他们形成的社会组织）可以通过移民或发展有独特优势的工业和手工业并进行海外贸易的途径，去利用本土以外的资源获取粮食等基本生存资料。这在西方早期的地中海文明诸国以及中世纪后的西欧各国都是屡见不鲜的。中国农业文明则从源头开始就很不同（前述顾准的研究已注重从中、西政治体制的形成过程中做了极好的思考），之后，终于形成了“具有中国特色”的发展历程。在本书前几章中，已经在中国历史进程的长河中就最基本的事实进行了概述。为了进一步深入认识这些特点，我们还可以从中国古代的思想家们在长期对中国基本状况的认识中加以把握。中国两千余年的古代社会中，涌现出众多伟大思想家，在他们对国家、民众的深切关怀中，对治国、强国、富民之道有着极为宝贵的思考，使后人得以从中汲取对于中国古代社会和历史传统的根本特点和规律之认识。由于这方面是一个极丰富的宝库，本书不能深入涉及，这里挂一漏万，在前人基础上，围绕农业、农户经济略谈浅见。

中国古代的农业和农户经济有显著的自身特点。

（一）将“农”视为国泰民安的最主要乃至唯一重要的事情

从各种文献看，中国古人所说的“农”，是一个系统性的综合概念，实包含了农民、农业、农村经济的基本内涵。融合了自然、经济、社会三大领域。

早在中国形成大一统的国家实体之前，古代先贤们就对“农”的国计民生的根本性作用有了清醒认识。

春秋战国时期的诸子百家关注的重大问题离不开治国安民、富国强兵。从他们所讨论的治国、安民、强兵的方略中，正显示出古代圣贤对中国国情特点的认识。

能否安民，关系到国家社会的根本，也直接关系到统治者及其政权的稳固。安民的实质就是解决好民生问题。而这里的民，主体是农民。古代一些大政治家，将民看得非常重要，认为其在一定程度上决定了国家的生死存亡。

孟子告齐宣王：“乐民之乐者，民亦乐其乐，忧民之忧者，民亦忧其忧；乐以天下，忧以天下，然而不王者，未之有也。”①

孟子将能否安民、乐民，作为君王临天下的前提。

《管子》曰：“凡治国之道，必先富民。民富则易治也，民贫则难治也……故治国常富而乱国常贫。是以善为国者，必先富民，然后治之。”②又说：“富上而足下，此圣王之至事也。”③

有学者认为，中国自有文字记载起到19世纪中叶这几千年内的思想家，除极其少数的几个特殊人物外，无不重视农业、农民。④早在周朝时，就有“以九职任万民”的说法，即将人民分成九类职业，第一类“曰三农，生九谷”；第二类“曰园圃，毓草木”；第三类“曰虞衡，作山泽之材”；第四类“曰薮牧，养繁鸟兽”。这四类都属农牧业，尤其是第一类的“三农”，指居于平原、山区、湖泽之地的农民，为所有职业之首。⑤

春秋时期，管子就明确指出了富国强兵的根本是发展以农民家庭为基本生产单位的农业：“民事农则田垦，田垦则粟多，粟多则国富，国富则兵强，

① 《四书章句集注》，《孟子集注》卷一，梁惠王章句下，中华书局，第217页。
② 《管子·治国》，转引自胡寄窗《中国经济思想史简编》，中国社会科学出版社，1981，第128页。
③ 《管子·小问》，转引自胡寄窗《中国经济思想史简编》，中国社会科学出版社，1981，第128页。
④ 胡寄窗：《中国经济思想史简编》，中国社会科学出版社，1981，第106页。
⑤ 胡寄窗：《中国经济思想史简编》，中国社会科学出版社，1981，第5页。

兵强则战胜，战胜则地广。”[①]

“我国最早特重农业的思想家”[②]——战国时的魏国宰相李悝认为，“农伤则国贫”，主张“尽地力之教”[③]。

战国末期大政治家韩非主张，“夫明王治国之政，使工商游食之民少，而名卑以寡，趣本务而外末作”[④]。

先秦思想家关于农业对国家重要性的最突出的认识和具体措施，莫过于商鞅的“农战”政策。他说：“故治国者欲民之农也。国不农，则与诸侯争权不能自持也，则众力不足也。”[⑤]

商鞅在秦推行变法，数年间，秦国从相对落后的西方弱国变为七雄之首，横扫天下，奠尊于一，这是古代中国以强盛农业为基础、以强兵为手段的经济政治大获成功的最好说明，它无可争辩地证明了农业在中国古代的重要性，证明了以农民家庭为单位的农村经济对国民经济、国家强盛的无与伦比的强大作用。正是因为农业和农户经济体的这种作用，中华文明才在统一为一个国家后，可以在各种外敌侵扰和内部矛盾中岿然屹立数千年之久，成为世界上唯一延续不绝者。

至明后期，对农业的重视程度丝毫不减，所谓“衣食之源，立命之本，所持者惟农耳”[⑥]。

（二）特别重视百姓的吃饭即足食问题

治国安民的最低限度是要使百姓有饭吃。这是古人重农的第一原因。“五谷者，民之司命也”，“万物之主也”。[⑦]春秋时期，子贡问政，孔子答曰：“足食、足兵，民信之矣。”[⑧]“仓廪实则知礼节，衣食足则知荣辱”[⑨]，这是

① 《管子·治国》，转引自巫宝三主编《中国经济思想史资料选辑（先秦部分）》，中国社会科学出版社，1985，第162页。

② 胡寄窗：《中国经济思想史简编》，中国社会科学出版社，1981，第105页。

③ 胡寄窗：《中国经济思想史简编》，中国社会科学出版社，1981，第106页。

④ 韩非：《五蠹篇》，转引自胡寄窗《中国经济思想史简编》，中国社会科学出版社，1981，第124页。

⑤ 《商君书·农战》，转引自胡寄窗《中国经济思想史简编》，中国社会科学出版社，1981，第124页。

⑥ 嘉靖《光山县志》卷四《贡赋》，转引自《中国历史农业地理》，北京大学出版社，2012，第216页。

⑦ 胡寄窗：《中国经济思想史简编》，中国社会科学出版社，1981，第144页。

⑧ 《论语·颜渊》，转引自胡寄窗《中国经济思想史简编》，中国社会科学出版社，1981，第46页。

⑨ 胡寄窗：《中国经济思想史简编》，中国社会科学出版社，1981，第128页。

《管子》中最广为人知的名言。

（三）特别重视普通百姓拥有基本生存手段

要使百姓吃饱穿暖，则必须使百姓要有能够养活自己的谋生手段——饭碗，如此才能够“安居乐业”（即当今所说的“就业”）。

唐庆增先生认为孟子的经济思想的核心是他的富民政策。这其中有六个方面：恒产、重农、井田、薄敛、荒政、劳民。[①] 唐先生将恒产列为孟子富民思想的第一位，非随意而为。

而孟子所说的“有恒产者有恒心，无恒产者无恒心”[②] 也成为影响从古至今中国经济思想的一个极重要的“信条”。

孟子还说：“无恒产而有恒心者，惟士为能，若民则无恒产，因无恒心，苟无恒心，放辟邪侈，无不为已。”如何理解孟子的恒产概念？多有歧见。现在最常见的是将恒产等同于财产或资产，此种认识至少不够确切。唐庆增先生认为，“恒产的产，意指产业，我国在昔经济组织形式简单，所谓产业者，当然指不动产而言”。如果完全依照此意，笔者认为这个解释也不尽确切。其实，朱熹的注释已讲得很清楚，他说，恒，常也；产，生业也。恒产，可常生之业也。[③] 换句话说，恒产的含义是可以维持长久生存的手段——谋生手段及相应的生产资料，即就业。[④] 对所谓的“产”更准确的理解，不应是资产而是谋生之道，不应是静止的名词而应是动态的。

现今多有孤立地将“产”理解为财产、资产者，恐有违孟子原意。

中国古代，人口绝大多数是农民。只要农民能够拥有可养活自家的小块土地，吃饭和就业问题就都解决了。吃饭、生存问题和就业问题都融于农业和农村经济一个范围内。中国的生存环境和基本国情，使得在古代文明的早期，农民、农业和农村经济的重要性就被提到治国安民的最先日程之上。

---

① 唐庆增：《中国经济思想史》，商务印书馆，2010，第107页。

② 《孟子·滕文公上》，转引自胡寄窗《中国经济思想史简编》，中国社会科学出版社，1981，第58页。

③ 朱熹：《四书章句集注》，中华书局，1983，第211页。

④ 唐庆增先生其实是很理解“恒产”的真实含义的。他又指出，孟子以为富民政策之第一步，在使人民有一定之产业，人民有恒产后，不致流离失所，有冻馁之忧，然后国君始能行仁政。又直接认为，孟子之所谓恒产者，即系指农地而言。我们认为此见精当，这才是对“恒产”的确切理解。

（四）特别重视财富主要取决于土地分配的均平

唐庆增认为，均富是儒家主张的最终目标，不但可以代表他们的目的，即便是数千年来中国历代经济政策，也无一不是本着这个目标行事。商鞅废井田，以及汉代之后的名田、限田、均田等政策，无一不包含小农家庭平均土地、平均生产资料以求均产、均富的主张。不唯儒家，墨家、法家、农家等，他们的思想都有这种精神。而分配的均平，实是儒家所最注重的。[①] 他又说，中国历代经济政策，亦以均富为主。井田制度及商鞅之开阡陌，不过为实行均产之一种方法而已。墨子经济政策之最后结果，不但与儒家一致，且与我国历代之经济设施，亦有同一之趋向。[②] 管仲也坚定认为贫富悬殊会导致国家不能有效治理："民富则不可以禄使也，贫则不可以罚威也。法令之不行，万民之不治，贫富之不齐也。"[③]

中国古代社会财富的主要代表和体现是土地。《管子》认为："地者，万物之本源，诸生之根菀也。"[④] 作为农民，要安居乐业，第一条就是要有能够满足其最低生活水平的生产资料即土地。但是，之所以出现土地问题，极其重要的原因在于自战国时期土地私有制确立后，由于土地可以自由买卖，出现了土地分配、地权不均的现象。早在管子时期，土地分配就出现了值得注意的问题，以致管子认为"地者政之本也。是故地可以正政也。地不平均和调，则政不可正也。政不正，则事不可理也"[⑤]。土地分配不均愈趋严重，西汉时出现了所谓"富者田连阡陌，贫者亡立锥之地"[⑥]。这成为贯穿和困扰古代农业社会的一大问题。数千年中，无数思想家和政治家围绕土地问题进行着思考和争论。

土地分配不均的问题主要在西汉时期开始显现，由于中国古代的财富主要以土地为体现，土地分配不均实质上是社会各阶级阶层之间的财富不均。这其实早在土地私有化大面积实行以前就引起了人们的思考。财富不均引起的直接问题是社会不安定和动荡。早在孔子时代稍前，齐国的晏婴就提出过

① 唐庆增：《中国经济思想史》，商务印书馆，2010，第 154 页。

② 唐庆增：《中国经济思想史》，商务印书馆，2010，第 226～227 页。

③ 胡寄窗：《中国经济思想史简编》，中国社会科学出版社，1981，第 135 页。

④ 胡寄窗：《中国经济思想史简编》，中国社会科学出版社，1981，第 130 页。

⑤ 胡寄窗：《中国经济思想史简编》，中国社会科学出版社，1981，第 130 页。巫宝三认为，"政"可以做征收田赋讲。

⑥ 董仲舒：《汉书·食货志上》。

“权有无，均贫富”[①]，可见当时贫富差距已是一个明显问题。孔子对财富分配的均平有一段极有名的言论：“闻有国有家者不足患寡而患不均，不患贫而患不安。盖均无贫，和无寡，安无倾。”[②] 这段话“第一次明确指出了财富分配不均是引起社会不安和骚乱的首要原因”[③]。

生活在战国时代的孟子，在对梁惠王论政时述说当时民间极其严重的社会贫富差距时说：“狗彘食人食而不知检，涂有饿莩而不知发”，“庖有肥肉，厩有肥马，民有饥色，野有饿莩”，“父母冻饿，兄弟妻子离散”。[④]

自秦统一后的两千余年中，以土地分配为基点引发的贫富差距在总趋势上愈演愈烈，成为社会经济难以治愈的痼疾，也成为封建君王治理天下的头等难题。如西汉晁错所言：“人情一日不再食则饥，终岁不制衣则寒。夫腹饥不得食，肤寒不得衣，虽慈母不能保其子，君安能有其民哉。”[⑤]

为了抑制土地兼并，西汉董仲舒提出了“限田”的建议。他说：“孔子曰，不患贫而患不均。故有所积重则有所空虚矣。大富则骄，大贫则忧……使富足者足以示贵而不至于骄，贫者足以养生而不至于忧，以此为度而调均之，是以财不匮而上下相安。”[⑥] 具体办法是，限制个人私有土地的最高亩数，“限民名田，以澹不足，塞兼并之路”[⑦]。有学者认为，自董仲舒提出限田思想后，这一思想及类似主张，即成为以后中国封建时期的重要土地思想或政策。因此，限田思想在我国历史上自有其深远意义。[⑧]

（五）特别重视国家在宏观政策方面对农户、农业、农村经济的保护

主张国家采取宏观整体性措施，调整或确定相应的产业政策，控制对农不利的各类产业和行为以保护“农”，大约以商鞅（公元前 395 ~ 前 338 年）为最著。他主张限制商业活动并大力扶助农业。他说，“民之内事，莫苦于

① 胡寄窗：《中国经济思想史简编》，中国社会科学出版社，1981，第 43 页。
② 《论语 · 季氏》，转引自胡寄窗《中国经济思想史简编》，中国社会科学出版社，1981，第 44 页。
③ 胡寄窗：《中国经济思想史简编》，中国社会科学出版社，1981，第 44 ~ 45 页。
④ 唐庆增：《中国经济思想史》，商务印书馆，2010，第 115 页。
⑤ 《汉书 · 食货志上》，转引自胡寄窗《中国经济思想史简编》，中国社会科学出版社，1981，第 191 页。
⑥ 胡寄窗：《中国经济思想史简编》，中国社会科学出版社，1981，第 194 页。
⑦ 《汉书 · 食货志上》，转引自胡寄窗《中国经济思想史简编》，中国社会科学出版社，1981，第 195 页。
⑧ 胡寄窗：《中国经济思想史简编》，中国社会科学出版社，1981，第 196 页。

农……农之用力最苦而赢利少”，“商贾之士佚且利”。[①] 要使民众安心务农，就要限制商贾。商鞅推行“重农抑商”，采取了大量措施，单就鼓励农业的措施来看，“从其周密程度来说，至少在中国历史上是独一无二的”[②]。以下仅略述其涉及农商关系的一些政策。

第一，只有从事农战者方可得到官爵；凡努力耕织并有成绩者，可免除劳役。

第二，直接以政治手段限制非农业活动。如“事末利及怠而贫者，举以为收孥”[③]，即从事工商业者及疏于农事而致贫者，会沦为官奴。又如，对不利于农事的种种活动严格限制以至禁止。如为保证农民不受干扰从事农业，禁止各县的娱乐活动，废除旅店，禁止自由迁徙。一家中的余夫如不务农则须担负官役，等等。

第三，限制从事工商业的人数，包括使商家按人口服劳役并不许多用家奴，限制富人任意雇人大兴土木，使劳动者除农耕外所就食，等等。

第四，管制粮食贸易，禁止私商经营粮食买卖。抬高粟价。

第五，对农业以外的税多征重征，“不农之征必多”。

荀子（公元前 313 ~ 前 238 年）说，“士大夫众则国贫。工商众则国贫……田野县鄙者，财之本也”，“轻田野之税，平关市之征，省商贾之数，罕兴力役，无夺农时，如是则国富矣”。[④] 他也主张限制商人和商业活动，鼓励农业生产。

韩非（公元前 280 ~ 前 233 年）在商鞅之后力主耕战政策，并第一次明确将农业定为本业，工商业定为末业，提出了“农本工商末”的思想观点。此后，重农轻工商的概念逐渐格式化为“重本轻末”，成为二千多年来约定俗成的惯用语。[⑤]

很值得注意的是，无论是商鞅、荀子还是韩非，虽然都肯定农业的首要作用并认为要保护农业须控制工商业，但均非绝对否定工商业的社会经济功用。《荀子》中说过，“农以力尽田，贾以察尽财，百工以巧尽器械”，“夫工

---

① 《商君书·算地》，转引自胡寄窗《中国经济思想史简编》，中国社会科学出版社，1981，第 112 页。

② 胡寄窗：《中国经济思想史简编》，中国社会科学出版社，1981，第 115 页。

③ 胡寄窗：《中国经济思想史简编》，中国社会科学出版社，1981，第 116 页。

④ 《荀子·富国篇》，转引胡寄窗《中国经济思想史简编》，中国社会科学出版社，1981，第 98 页。

⑤ 胡寄窗：《中国经济思想史简编》，中国社会科学出版社，1981，第 124 页。

匠农贾未尝不可以相为事也”，等等。[①] 商鞅认为“农、官、商三者，国之常食官也。农辟地，商致物，官法民”，又说“农贫、商贫、三官贫，必削”。[②] 韩非认为“舟车机械之利，用力少，致功大，则入多”，“利商市关梁之行，能以所有致所无。客商归之，外货留之……则入多”。[③] 由此可见，上述诸君是从国家经济的整体关系角度考虑和提出农工商三者关系的，重心是突出农业的重要和保证农业在有限资源中得到最有利的配置。

（六）特别重视节、俭、省，克制个人欲望

现代西方经济学特重市场消费，而刺激消费的关键在于刺激人的各类生活消费欲望。这与古代中国截然相反。

先秦时期，“管子深不以纵欲之论为然，曰：人惰而侈则贫，力而俭则富”[④]。主张个人平时消费应持一个标准即“饮食有量衣食有制”[⑤]。

老子一派主张杜绝欲望，自不必说。而后来成为主流观念的儒家，主张克制、限制欲望。孔子曰：“放于利而行，多怨”，认为无限度地追求财富是引起社会纷乱的根源。[⑥] 孔子的消费概念，总的说来是崇俭。[⑦]

荀子认为，人天生有各种欲望，是不能绝灭的；但如不加克制则必产生罪恶：“天下害生纵欲，欲恶同物，欲多而物寡，寡必争矣”，“欲而不得则不能无求，求而无度量分界，则不能不争，争则乱，乱则穷”。[⑧] 有学者就该话的含义评论道：盖人类欲望多而世间货物少，以有限之货物供无厌之求，其不起争执，酿成天下乱也几希![⑨] 对于国家财政，荀子主张开源节流，开源指开发利源，节流指节俭开支，此四字已沿用了数千年。对个人家庭，荀子依然强调俭约。他说，今人之生也，方如蓄鸡狗猪，又蓄牛羊，然而食不敢有酒肉；余刀布，有，然衣不敢有丝帛；约者有筐箧之藏，然行不敢有舆马，是何也?非不欲也，几不长虑顾后，而恐无以继之故也……今夫偷生浅知之属，曾此

---

① 胡寄窗：《中国经济思想史简编》，中国社会科学出版社，1981，第100页。

② 胡寄窗：《中国经济思想史简编》，中国社会科学出版社，1981，第124页。

③ 《韩非子·难二篇》，转引自胡寄窗《中国经济思想史上》，上海人民出版社，1962，第474页。

④ 唐庆增：《中国经济思想史》，商务印书馆，2010，第249页。

⑤ 唐庆增：《中国经济思想史》，商务印书馆，2010，第250页。

⑥ 胡寄窗：《中国经济思想史简编》，中国社会科学出版社，1981，第43页。

⑦ 胡寄窗：《中国经济思想史简编》，中国社会科学出版社，1981，第45页。

⑧ 唐庆增：《中国经济思想史》，商务印书馆，2010，第134~135页。

⑨ 唐庆增：《中国经济思想史》，商务印书馆，2010，第134~135页。

而不知也，粮食太侈，不顾其后，俄则屈安穷矣。[①] 对于消费与生产的关系，荀子持同样理念："强本节用，则天不能贫……本荒而用侈，则天不能使之富。"[②] 韩非说"侈而惰者贫，而力而俭者富"[③]，与荀子一脉相承。

（七）特别重视对农民家庭完整生存条件的维护

中国古代思想家对人的生命之重要有特殊的理解。最早的经典之一《易经·系辞》中说"天地之大德曰生"，后来成为民间的习俗观念——"人命关天"。值得注意的是，古代的"人"的理念，常常从国家整体和宏观角度着眼。古人所说的民生，从来不是单指个人或个人的简单总和，而是以家庭为单位的"全民总体"，个人包含于家庭之中。古人所论述的治国方略，也从来都是从国家整体出发的宏观概念。例如，谈到所谓"经济问题"，常常是和社会联在一起。众所周知，中国古代民众的绝大多数是农民。古人谈及"民"，其内涵的主体为农民和农民家庭，自是题中应有之义。

关于家庭，《礼运篇》中的大同思想："大道之行也，天下为公，选贤与能，讲信修睦。故人不独亲其亲，子其子，使老有所终，壮有所用，幼有所长，矜、寡、孤独、残疾者皆有所养。男有分，女有归……"[④]，将当时人的最高社会理想与家庭的亲情与美满紧紧联系起来，认为家庭中的每一个成员在一生中各阶段都能得到应有的照顾，发挥自己的作用，就是家庭的最大美满和成员的最大幸福；而全社会若能像对待自己家人那样对待他人，社会也就达到了最理想的境界。

孟子认为，民生的基本要义是家庭的维护和延续。他追念周文王的话："老而无妻曰鳏，老而无夫曰寡，老而无子曰独，幼而无父曰孤。此四者，天下之穷民而无告者，文王发政施仁，必先四者。"[⑤] 又说："是故明君制民之产，必使仰足以事父母，俯足以畜妻子，乐岁终身饱，凶岁免于死亡。"[⑥]

将家庭和亲情的完美作为人类社会最核心的内容，足见家庭在中国人的人生观念中所具有的超越一切的地位。这在外国特别是西欧各国是难得一见

---

① 唐庆增：《中国经济思想史》，商务印书馆，2010，第146～147页。

② 胡寄窗：《中国经济思想史简编》，中国社会科学出版社，1981，第103页。

③ 胡寄窗：《中国经济思想史简编》，中国社会科学出版社，1981，第122页。

④ 《礼记·礼运》。

⑤ 《孟子·梁惠王》，转引自唐庆增《中国经济思想史》，商务印书馆，2010，第106页。

⑥ 《孟子·梁惠王》，转引自唐庆增《中国经济思想史》，商务印书馆，2010，第106页。

的。先秦时代，国人对血缘亲属——家族家庭关系予以特殊重视，成为中华民族的一个极为重要的民族传统，一直延续。在近代直至当代，还有其浓厚影响。这与西方国家资产阶级社会产生后重社会公共事务、重社会团体关系之类形成重大差别，虽然家庭血缘关系在中国现代化历程中屡遭严厉批判。但问题在于为什么会如此？其对中华民族形成和发展的作用是什么？这自然不是这里能回答的问题。唯有一点是肯定的，我们可以看到的是，这种家庭血缘关系与小农经济是不能分离的，是相互依赖、相互补充的，至少在春秋战国时期，它已经在中国的社会关系中、在人和人的关系中居于首要地位，当毋庸置疑。

（八）特别重视家庭工副业与农业的结合

古代中国，吃饭靠种田，穿衣靠家庭纺织。早在周代，《周礼》就有“宅不毛者有里布”之说，朱注云：“宅不种桑麻者罚之，使出一里二十五家之布，民无常业者罚之，使出一夫百恶战之税，一家力役之征也。”①

《管子》云：“一农不耕，民或为之饥；一女不织，民或为之寒。”②

之所以会产生上述种种“特别”，看来与当时的社会生产与社会需求之间出现了愈来愈大的矛盾或缺口而又无法加以平衡有重要关系。

春秋时期，墨子说：“民有三患：饥者不得食，寒者不得衣，劳者不得息，三者民之巨患也。”③

这至少从一个角度说明，在墨子看来，他自己生活的时代，食不果腹、衣不蔽寒的百姓数量不小，已构成民生的“巨患”。

商周时代，土地的供给多而人民少。而至管子时代，距周公时期已较远。此时人口渐增而土地有不足之虑，民生需要与可取得的生存物质之间的缺口已相当明显，因此，管仲对民生是否有最基本的保障予以特别关注，认为“视民产之所有余不足，而存亡之国可知矣”④。《管子》全书开首《牧民》篇即曰，“仓廪实则知礼节，衣食足则知荣辱”，成为管仲全部经济思想的纲领。管仲时代早孔子约百年，管子都如此，怪不得孔子主张先富后教，孟子特别

---

① 唐庆增：《中国经济思想史》，商务印书馆，2010，第114页。

② 《管子》《轻重篇》，转引自唐庆增《中国经济思想史》，商务印书馆，2010，第252页。

③ 《墨子·非乐上》，转引自胡寄窗《中国经济思想史简编》，中国社会科学出版社，1981，第78页。

④ 唐庆增：《中国经济思想史》，商务印书馆，2010，第248页。

重视恒产矣。[①]

孔子则说："生财有大道：生之者众，食之者寡；为之者疾，用之者舒，则财恒足矣。"[②] 他已经意识到民众的消费不能超越供给数量的可能。在当时的社会生产水平已经"给定"的状况下，欲使国民财富充裕，只能增加生产者之数量而同时减少消费者数量。

韩非生活在战国末期（公元前280～前233年），距孔子时代（公元前551～前479年）又前进了数百年。他描述自身时代的人民需求与物质供给状况时说："古者丈夫不耕，草木之实足食也，妇人不织，禽兽之皮足衣也。不事力而养足，人民少而财有余。故民不争……今人有五子不为多，子又有五子，大父未死而有二十五孙，是以人民众而货财寡，事力劳而供养薄，故民争……故饥岁之春，幼弟不让，穰岁之秋，疏客必食。非疏骨肉爱过客也，多少之实异也。是以古之易财，非仁也，财多也。今之争夺，非鄙也，财寡也。"[③]

正因为中国古代很早就基本形成生存资财总量难以轻易扩大而消费者却在不断扩大的状况，因此形成了三大经济观念和相应经济行为。①尽一切努力保证和发展以粮食生产为核心的农业，高度重视农民问题；②极力提倡个人消费的节俭；③尽可能避免财富分配过于悬殊（如确立严格的身份等级以按级分配，抑制兼并，等等）。这甚至影响到皇帝与百姓的分配格局："百姓足，君孰与不足；百姓不足，君孰与足。"[④]

问题是，为什么会如此，而在其他各国却否？

根本在于中国的大生存环境。中国历史上呈现的所有特点，无论是社会、经济、政治乃至文化传统，都是对既定环境的适应和反应的产物，这是从数千年（从远古农业文明和家庭经济产生至秦统一已数千年，从秦统一至清末又有数千年）之久的无数次变化中、从数不尽的失败和成功的经验教训中总结而成的。这是对中国古代社会的生存所必须遵循的客观规律的认识和遵从的产物。

这个生存环境，就是我们一再强调的：中国只能自己解决基本的、主要

---

① 唐庆增：《中国经济思想史》，商务印书馆，2010，第242～243页。

② 《孔子大学》，转引自胡寄窗《中国经济思想史简编》，中国社会科学出版社，1981，第51页。

③ 韩非：《五蠹》，转引自唐庆增《中国经济思想史》，商务印书馆，2010，第344页。

④ 《伦语·颜渊》，转引自胡寄窗《中国经济思想史简编》，中国社会科学出版社，1981，第47页。

的生存物质，而不能通过领土扩张、国际贸易去获取。正因为如此，人们可以有充分根据地从前述的中国历史发展历程和中国古代先贤的思想发展脉络中，分析出之所以有显著的“中国特色”的原因所在。

因“农战”政策使秦国强盛而独霸的商鞅，其治国之举，核心在于使贫困农民富裕起来，而办法是分配关系上的“劫富济贫”，如他本人所说的“治国之举，贵令贫者富，富者贫。贫者富、富者贫，国强”①。

这和亚当·斯密的“人人谋取自己的最大利益就会为社会整体带来最大利益”的理论恰恰相反。原因极简单，就是两者的生存环境不同：一个是难以根据人的主观能动性扩大生存空间以获取生存资料，另一个则相反。

当然不能简单比较中国古代农业社会与西欧早期资本主义工商业社会的“经济特点”与“运行规律”。之所以不能简单比较，是指不能罔顾二者的历史生存环境之差距而简单进行经济体制和经济政策、经济思想的横向比较以得出优劣高低的判断，如当下极为流行者。当然，对于严肃的思考，恰恰要求反其道而行之，即从中西体制或政策的不同中，考察影响这不同的背后原因。

我们可以看到，中国大生存环境形成了。

第一，至少在春秋战国时期中叶时，物质生产与社会大众之间的需求已显现愈来愈多的不适应。

第二，由于不能通过国外（“国”指包括各列国在内的“大中国”疆域）解决内部需求的供给问题，又由于当时生产水平所限，中国疆域内的物资供给总量是有一个既定上限的。在这个限量内为了众多人口的存活（否则国家、社会不能存在），只能力求财富的均平，反对个体私利的过分膨胀。

第三，国家要尽可能保护好最重要的生存基础产业——农业，要尽可能解决绝大多数国民——农民及其家庭——的生计问题。

二　小农经济与中国古代社会经济特征

以上，在参考前辈研究成果的基础上，我们以基本事实简单概括了中国农业文明产生发展的线索、发展的主要因素等方面的历史。它或可启示人们：

① 商鞅：《商君书·说民》。

中国古代文明是特定环境下历史形成的产物，这是天—地—人三大系统、人和大自然因素共同作用的产物。它绝非是某些帝王将相的主观设计，也不单纯是阶级斗争、农民起义的产物，更非某种学说理念的产物。这是不以人的意志为转移的。当然不容置疑，各色人物都会为历史的步伐打上自己的烙印，增添独特的色彩，但不可能改变历史发生发展的总轨迹和总规律。

什么是中国古代文明的本质特点？它有哪些基本规律？

从历史演化的过程和主要变动来看可以认为有以下几点。

第一，中华文明是在相对封闭，与各个文明大国交往困难的大陆地理环境中产生和发展起来的。当时生产力的水平局限，使它只能依靠自身的资源解决国内民众的民生问题，首先是吃饭和饭碗——就业问题。

第二，要靠国内资源解决吃饭和人民生计即就业问题，只有首先从事农业一途。因为粮食产量的多少决定了人口的数量，决定了其他非农产业的就业人数即规模。从这个意义上说，农业的发展程度、粮食剩余量的多少，是决定社会产业分工程度的基本因素。

第三，古代中国的农业绝大部分是依靠农民家庭进行的。完全可以说，中国农业从原始时期始，家庭生产就是基础。这个现象从古代一直延续到当代。而农民家庭生产既是生产组织又是生活单位，二者融为一体。农业与家庭副业、手工业密切结合，自给生产与商品出售相结合是家庭经营的最重要特点。

第四，农民家庭生产是基本生产组织形式，决定了每个家庭从事生产的最重要条件是拥有生产资料——土地。农民最看重的，就是能够拥有一块自己所有的土地。完全可以说，就古代中国而言，农民家庭是否拥有自己的土地，不仅仅决定农业生产的总产量，而且是农业生产能否持续进行、社会能否安定的根本问题。

自中国小农经济生产方式确立后的2000余年中，虽历经变化和各个王朝的兴亡波动，但总是能够恢复本身的“固有状态”而延续下去。这是中国古人在客观上遵从“中国社会经济发展规律”的结果。这个规律就是：在水平和界限上，国人是不能控制（防止、阻止、制止）自然生态对生存方式的根本制约的，这意味着，既定的生存环境只能允许一定数量的人口生产和生存，超过了这一界限（这一界限取决于人口数量、土地、国家政策、自然条件及其变化乃至周边民族或国家的生态环境等），社会就无法继续下去。这一界限常常以皇朝政权危机等“人为因素”出现。虽然古人不会像今人那样对此有明晰的理论认识，但数百年一个轮回的改朝换代，被认为是“天意”“天命”而不可违。其实其背后则是根本性的生态制约问题。虽然如此，中国传统社会却有着在每一周期中有效恢复“正常”、将社会生活纳入“正轨”的方略和思想、政策资源，这就是如何对待小农经济。“以农为本”从先秦时期就成为治国安邦的根本大计。国家会尽最大努力维护农民经济的运转：重农抑商，打击豪强，重视兴修水利，重视赈灾，整顿吏治，抑制兼并……越是开国皇帝，在这些方面抓得越紧。其根本，无非是认识了中国基本国情的要旨：依赖和稳定国内的农业和农户经济，以农为根本解决民众的生存问题，维持国家的长治久安。

以最低成本获取多重目标的最大收益，绝不仅仅体现在生产经营一个方面，更不能用“利润最大化”的单一概念概括其目标和成果。它有着经济、社会等多重内涵：在家庭范围内，对家庭成员一生的生存、生活和工作（就业）的保障协调；对处理基本生命要素——吃、穿、住特别是口粮的尽可能自给；农业、土地难以满足最低需求而求诸市场时，以家庭生产要素中最便宜又最丰富的劳动力发展商品性工副业，以补充农业之不足；等等。

对于这一点，古代思想家、政治家早有洞察，无论早期、晚期，基本思路没有根本性变化，他们在古代中国大陆这块相对固定、自成体系的生存环境中，找准并牢牢把握住了对国家和百姓命运有关键影响的环节——农业家庭。农业家庭是不可分的整体，是社会经济的基本构成细胞。如何使小农家庭生存和延续，是古代中国一切问题的总根。

方行认为：“农民经济是所有者、经营者和劳动者统一于一个家庭之中，所有成员在经济利益上具有高度一致性。因此，对外部信号具有独立和迅速做出决策的能力，对生产也具有主动和协调精神。农民的这种经营独立性，正适应农业生产的要求及其发展的需要。”①

方行在论述中国古代小农经济时说，历史实践说明，这种习俗经济是在农业小生产方式基础上形成和发展的。这是一种在一家一户范围内能优化资源配置的经济模式，是一种最能发挥这种生产方式生产能力，从而也是最能发挥其生存能力的经济模式。随着这种经济模式的巩固和发展，广大农民越来越把这种世代相传的经验与规范，作为认识自然、组织生产和配置资源的

① 方行：《中国封建经济论稿》，商务印书馆，2004，第96～97页。

手段。在人多地少的条件下，更会如此。①

方行又说，中国农业人口巨大，不论城市化如何发展，吸纳大多数农民进入城市就业，实际上是不可能的。清代农民因地制宜，发挥地区资源优势，发挥生产的历史传统优势，就地实行分工，发展专业生产，这应当是适合中国国情的最广阔的发展生产的途径。清代农民也为中国的非农化事业创造了一种历史经验。②

农民家庭经营的这些特点和机制，对古代中国的社会经济和数千年的农业文明的发展和延续起了决定性作用。正因为小农经济这个社会经济细胞的机能特性，古代中国才得以在只能依赖自己的内部资源维持生命活动的宏观环境下，养育了极其庞大的人口，解决了他们的吃、穿、住、行的主要问题，承传和发扬了中国文化传统。中华文明之所以成为世界诸古老文明中唯一迁延不断者，就在于有小农经济为基础性的支撑。

① 方行：《清代经济论稿》，天津古籍出版社，2010，第48页。

② 方行：《清代经济论稿》，天津古籍出版社，2010，第52页。

第三部分　中国近代工业化与小农经济

导　言

古代中国赖以生存的物质资源基础是土地。经历了从黄土高原开始的原始农业最初的土地利用，继而向黄河中下游区域延伸，再向北方其余地区扩展，历经千万年，最终越过长江，开发了江南、岭南广大地域。可以认为，至清中叶，在当时的农业生产条件和水平下，全国地域绝大部分可以农耕的土地基本开发殆尽。

土地的开垦和充分利用是国计民生的基础。而土地开发和利用的原动力、农业生产和再生产的基本单位是农民家庭。在生产和再生产过程中，小农经济体既维护了自身的生存，也为全国的民众和国家提供了生存的根基。然而无论如何应该承认，小农经济从其产生之时起，就是为了解决自身生存和改善生存条件而不断向大自然的空间扩展的社会经济细胞。随着“人地关系”的总体趋紧，大量小农经济仅靠种地维生困难，他们愈来愈多地依赖农业与工副业的密切结合、自给性经营与商品性经营相互补充以维持生存。但在古代的生产方式下，这毕竟不能超越当时大自然能够提供的以土地为基础、以土地产物为内容的物质资源条件——这是全国人口吃、穿、住、用、行的唯一来源。至清中叶，这个物质来源与人口的增长和消费需要相比，似已接近极限。毋庸置疑的明显事实是，至清中期以后，小农经济中的农业与工副业相结合已达到前所未有的高度，其“效用”已发挥到极致。

回顾从远古时代中华民族的先民们在“中国”大地上生存和变迁的历史，我们认为，至鸦片战争前，中国“传统农业社会”的基本矛盾或主要矛盾清晰可见，这就是：人类生存与可能获得的生存资料短缺之间的矛盾。在古代各个时期，这个基本矛盾随着每个王朝的兴亡周而复始，在清末又到了一个历史周期裂变的关头。

在人口与自然环境的相互关系中，人和外在可获取资源（以人地关系为代表）的关系愈紧张，人与人之间为争夺生存空间和谋生条件的斗争就愈激烈、尖锐。影响这种斗争的重要因素包括国家政策、各利益集团之间的斗争、统治集团豪强势力与被剥削被压迫的弱势群体主要是劳动农民之间的阶级斗争。作为掠夺和剥削者，其目标无非是财富的最大化，而被剥削者只能是最大限度地力保最低数量的谋生资料。在土地可以买卖、特权集团扩张利益不可能自我约束的社会经济机制下，矛盾不可避免，总爆发就是农民大起义。[①] 而在清末，就是鸦片战争后不久爆发的太平天国农民起义。

在传统农业和小农经营方式难以解决的中国“传统社会”基本矛盾日臻深化、即将总爆发的背景下，西方资本主义大工业和生产方式以武力打破国门，愈来愈深地影响了中国的命运。

如果说，古代中国是建立在土地、农业、农产物为基础的物质供给大舞台上的，演出了融经济政治社会文化思想为一体的千万年历史大剧的话，那么在西方列强势力侵入中国后，舞台的架构就增加了新的材料和成分——以现代资本主义生产方式进行的工业经济和国内外贸易。这给舞台上演的剧目以很大影响，从此，中国历史由完全以农业文明为内容，转变为由农业、工业、国内外贸易共同支撑，由此产生的种种动能、矛盾、变迁，都取决于农业、工业包括国内外贸易的相互关系是否协调或不协调，农业、工业和国内外贸易将共同主导中国未来的历史。

这确是中国“数千年未有之巨变”，是人们解读近代以来中国社会经济变迁原因的根本所在。

很可能有人会发出疑问：你说得不对。自资本主义生产方式进入后，中国的历史就应该是资本主义工商业战胜和取代农业经济的历史，怎么会是由两者共同决定，取决于两者的相互关系是否协调呢？

这正是本书要详加讨论的中心议题。

资本列强可以凭借坚船利炮打败中国的木船大刀，但是它不能有充分把握占领中国市场，因为它无法强迫中国人去购买外国的“洋货”。资本主义是商品交换经济的最高形式，它能否在某一地方“安营扎寨”，能在多大范围内

---

① 葛剑雄曾认为，每一王朝末期所出现的社会、政治、人地关系等大危机，都不可能用行政手段、用政治改革去解决，而只能靠战争动乱，用农民战争的方式，导致地主大批死亡或丧失权力、财产而脱离地主阶级去解决。孙达人：《中国农民变迁论——试探我国历史发展周期》，中国编译出版社，1996，第108页。

和多大程度上发挥强大作用，归根结底要看这种生产方式及其产品在一个新的非资本主义的社会经济中能否获得市场。只有在非资本主义社会中对资本主义工业品具备“有效需求”即有货币购买力时，它才可能战胜传统社会中的固有产品及其背后的生产方式。而若要如此，首先是要在传统社会中能够产生以购买洋货（机货）的货币购买力，诚如马克思所说，最终摧毁古代自然经济“长城”的是“资本主义商品重炮”。这该是一个常识。

然而，并非所有人类社会都能够轻而易举地实现这一点。中国传统经济是一个运行了数千年之久的在全国范围内可以基本自给自足的经济。就个体来说，中国的绝大多数民众——普通农民——为了满足最基本的生存条件——吃饭穿衣——祖祖辈辈就在自给性生产与商品性生产的密切结合方式中为求得生活的温饱而拼命努力乃至在生死存亡的边缘挣扎，在没有获得新生产方式——这种新生产方式可以使他们在数量和质量（包括家庭完整和解决生老病死）方面能够优于祖祖辈辈——的状况下他们会轻易或自然而然地放弃自己的传统生存手段，放弃自己生产基本需求品的生产方式，并由此产生足以让资本主义企业产生利润的商品购买力和商品市场，这近乎天方夜谭。

因此就宏观经济总体而言，资本主义商品特别是大规模的资本主义工业生产方式要在中国生存下来以致进一步发展，只能取决于它们能否有助于解决传统经济难以解决的改善国民的吃饭和就业问题。

就微观个体而言，能否学习、吸收、发展资本主义生产方式，同样要取决于广大民众是否视其有助于基本生活和就业问题的解决。晚清以降，中国普通农民大众最渴望、最需要的是什么？无疑就是全家的温饱。这温饱不可能从天而降，在原有的小块土地上继续靠农业与工副业的结合显然又难起显效（甚至难以为继）。只有提高劳动收入或增加就业人数才有可能，而这只有全新的经济成分出现后才有机会。因此，当西方资本主义的产品和生产方式进入中国时，农民们是否接受它，在多大程度和范围内接受它，均取决于这种新的生产方式能否改善他们的生存境况。

回顾历史，在涉及“先进”生产方式、“先进”生产力与中国“传统经济”的相互关系方面，有一点是明确的：所有的外国“先进”，都只能在适应中国人需要、中国人也有能力获取这种需要的大前提下，才可能被接受并在中国确立地位。

历史事实如此，历史的内在逻辑亦然：对中国这样一个主要不依赖贸易（特别是外贸）而是以农业和农民家庭经济立国的社会，最终决定社会经济运行和发展新走向和大趋势的是生产者——农民，他们的产出能力决定了他们的超出自给需要的商品购买力，后者又决定了商品市场的广度和深度。事情很明白，农民的切身利益和需求而非外国商人或本国统治阶级才是决定历史走向的动因。这与经济学的基本道理之一即满足市场需求的供给才是“有效供给”如出一辙。

之所以如此，是由中国的国情和历史土壤决定的，原因如下。

第一，中国是一个只能自己解决庞大人口吃饭所需要的粮食的大国；而不能主要依赖国外进口。

第二，中国是一个只能自己解决庞大人口就业的大国，而不能依赖向国外输出劳动力。

第三，中国人口的大多数是生活在农村的农民，无论城市化的水平有多高，甚至达到发达国家水平，农村人口都将达数亿，超过任何一个已经“现代化”国家的全部人口总和。

第四，中国发展工业所需的原材料和能源是高度紧张的，中国要想达到发达国家的工业化和城市化水平，其规模和总量将远远超出本国所能拥有的自然储备。与此同时，绝大部分生产和生活的废弃物和污染都会留在本土。像西方发达国家那样的消费和生产，不但不可持续，在客观上也是不可能的。

第五，中国不可能主导国际市场。无论是主要原材料和能源的进口还是产品的输出，至少从当前看，中国都不居于可控地位而是受制于人。

因此，从最基本的生存保障到最乐观的工业发展和国际贸易前景，中国都不是一个能够主要依赖国外资源解决国民基本生存问题的国家，不能不仍然以农业和农村为基础，不能不高度重视和妥善处理好农业与工业、城市与农村的相互关系，其中如何对待农民家庭经济可谓关键。

鸦片战争以来的一百七十余年的历史，已经一再证明了这一点。

在本节开始之前，为使读者更易于理解，我们先简要介绍一下近代的背景，即自西方资本主义入侵中国以来至1949年新中国成立这百余年的整体状况与特征。

19世纪中后期，随着西方列强侵略导入的资本主义生产方式在中国逐渐扩张，中国出现了“数千年未有之奇变”。重大变化起因于随鸦片战争失败而来的国内外危机：中国受列强侵略，危在旦夕。要避免亡国灭种，必富国强兵。依靠传统农业和手工业经济已完全不济，只能也必须效法西方，建立强大新式工业。中国出现了近代工业及以工商业为主的近代城市。

新生产方式的出现，为中国走出传统的城乡关系规律，开辟新的生产和生活方式，从而改善和提高生存、就业水平和提高生活质量提供了某种可能。截至20世纪中期新中国成立前的百年中，中国的社会经济也确实发生了某些重大变化。

城乡关系方面：

第一，现代工业、科技的影响和成果，如作物和畜种的优良品种，化肥、农药、农业机械等，对农业生产提供了帮助；对农民工副业的帮助，如机纱对手工织布业的促进作用；

第二，国内经济环境的变化对农业生产和农产品商品化的促进，如城市扩张，增加了对商品粮、经济作物、“郊区农业”的需求，提高了农产品价值，从而提高了部分农民的收入；

第三，国际贸易的展开，使部分农产品包括半成品作为原料输出，在一定时间内增加了此类产品的价值，从而提高了部分农民的收入。

农民的非农就业方面：

工业和城市的发展，吸收了部分农民永久性地脱离农村成为工人和市民。

农民自身利益的保障方面：

第一，新思想、新政党大大提高了农民的组织程度和“维权意识”，在减轻地租到争取土地所有权等方面有重要进展——农会组织、农业合作社的出现，地区性的“二五减租”到“三七五租额”，共产党领导的土地革命之类；

第二，乡村建设运动的展开。

如果上述新变化能够持续扩大和深化，就有可能发展到新生产方式和新生活方式，从弱到强，最终取代“传统农业文明”而进入“现代社会”。因为世界上现有的“发达”国家，确实经过不同道路，通过从传统到现代的转化，实现了“现代化”。

不过，大多数“发展中国家”和“不发达国家”尽管受资本主义影响多年，但它们仍远离西方国家的“现代化”。就中国而言，从西方列强攻破国门迄今已有170余年，也依然是“转型尚未成功，同志仍须努力”。原因何在？如果在主观上竭力学习、推行资本主义体制却长期不能成功，则不能不令人思考成功“现代化”所需要的基本前提条件，思考“发展中国家”与“发达国家”在实行现代化过程中的历史基础与时代条件的差异。

中国的“现代化”是在特定的、极为不利的生存环境下进行的：它面临的国际环境，使其不仅不能利用国外资源发展工业，本有可能成为启动工业化的资金却成了巨额赔款；原有的国内市场也被潮水般涌入的洋货大量占领，国内的一些对发展工业有重要意义的矿产和农产品资源在不平等条件下输出国外。中国传统经济的根本问题——吃饭和就业，仍然必须靠国内资源解决。

导致中国引入西方资本主义的原因在于列强入侵。这迫使中国在建立新式工业之时，不能不将主要资金首先投入军事和工矿等重工业，而不能根据国情，选择对带动国民经济有整体效益（即对解决全国人口吃饭和就业问题有重要作用）的产业。自 19 世纪 60 年代，清政府从“求强”再至“求富”的洋务开始，至 1894 年甲午战争止，所推行的新式工业主要是军工、矿冶、交通、棉纺。除棉纺织工业外，前者与推动解决吃饭和就业问题并无直接作用。相反，由于在这些部门的巨大投资而造成清政府财政危机，进而加大农村税赋征收，可能会加重农民经济负担并影响全部经济①。

这就产生了：在一个极为恶劣——在许多方面大大劣于清前期——的经济政治社会环境制约下，在经济发展所必需的生产要素和生产资源（资金、市场、原料、能源条件等）更趋刚性约束条件下，中国如何处理“现代化建设”与国民“吃饭”“就业”的关系问题，如何处理现代化过程中“现代部门”与“传统部门”的关系等问题。无疑，这都是中华文明能否延续、能否复兴的极其重要的大问题。近代中国的基本状况是，虽然出现新式工商业和生产型工业城市，但它们在国民经济中的比重仍然十分弱小，新型城市工业对全国经济的拉动作用十分有限，从整体上看，它们毫无疑问仍处于汪洋大海的农村经济包围之中。② 它们难以凭借自己单一之力，使农民能够脱离农村进城就业。因此，解决全国人口的吃饭和饭碗问题，仍只能依靠农业和农民家庭经济，依靠农业与工副业相结合。

尽管如此，新式工业的出现毕竟标志着新生产力和新生产方式的出现。对中国“现代化”有重大意义的问题是，在出现新生产力和新生产方式，但其本身又远远达不到形成强大的新式经济部门以拉动全部经济从“传统”状态中转型的状况下，如何使新生产方式发挥作用，使其有利于解决旧生产方式即单一的农业与手工业相结合的生产方式下难以解决好的、处于高度紧张

① 尚需进一步研究。

② 据吴承明 1994 年《论二元经济》的研究，1933 年，全国人口约 5.108 亿，非农就业人数约 0.3912 亿（主要在城镇），占总人口 7.7%；而在非农就业人数中，85%是在传统部门如手工业、人力搬运、建筑等行业中，现代化部门仅占 15%，又主要由第三产业吸收，现代化工业只吸收 100 余万人。

状态中的吃饭和饭碗——就业问题。之所以提出这个问题，是因为源于西方资本主义历史的社会经济发展观坚持认为传统农业和手工业是现代经济发展的主要障碍；而西方列强的商品和生产方式也在事实上对中国小农经济产生了巨大的冲击和局部破坏。

回顾历史，从两方面分析便于看清楚问题所在。一是近代工业的发展；二是吃饭和就业问题的解决。

首先看近代工业发展方面。

中国的近代工业化一开始就处于十分不利的国内外条件下。体现在工业化的必要条件——资金积累、市场、原料三方面。

第一，初期不能不把有限资金投入军事工业。

第二，资本积累因无国外市场，只能靠国内市场——农村，而这又只能建立在农民家庭经营、农业、农村手工业的繁荣之上。

第三，工业原料基本靠国内，主要工业——轻工业——的生产原料要靠农业、农村。

以上就决定了工业化只能建立在农村、农业、农民经济的发展和繁荣基础上。

再看吃饭与就业问题。

近代新式工业部门和新式经济的有限发展不可能吸收多少农民进城就业。维持庞大人口的吃饭和饭碗——就业问题，只能依照传统的农业与家庭工副业相结合的方式。但传统生产方式已到极限，要提高收入只能依靠新生产力的帮助，依靠新生产力帮助农民发展农业和家庭副业手工业。如果得不到新式工业的帮助而是适得其反，则必动摇国家社会经济基础。这又决定了改善传统产业及根本的吃饭就业问题只能依靠工业的帮助。

于是，中国现代化一开始就在客观环境上决定了工农城乡关系的良性互动而绝不能互损。这应是十分简单明白的道理。

170 年后，当我们重新审视这段历史时，可以发现中国的“早期现代化”正是依照这个逻辑在展开。当工农—城乡经济关系处于“良性互动”时，国民经济就得以较好运行，反之，就陷入恶性循环。

第七章　近代工业的农村市场

一　概述：历史新时期的新问题

1840 年第一次鸦片战争，中国惨败，被迫洞开国门，外国资本主义生产方式进入中国，自此，中国历史开始了“从传统向现代过渡”的新的一页。

但是，中国的历史和国情与西方各国极大不同，开始“现代化”的时代背景、原因亦极大不同，这不能不影响其现代化的路径、特点、内涵甚至目标和方向。

中国开始现代化时基本国情如下。

第一，所谓鸦片战争后在中国开始的某种程度的资本主义生产方式，绝非中国历史本身发展的结果，它不是自发产生的而是外国武力入侵的一个方面的后果。当时中国的经济基础、产业结构与劳动力结构均与资本主义生产方式有极大差距。

第二，中国是一个必须自己解决世界上最多人口的吃饭和工作——就业问题的农业大国、农民大国。这个根本性的国情特点并没有在“欧风美雨”的侵袭下发生改变。

第三，中国是一个具有数千年未曾中断过农业文明传统的农民国家，农民占据人口的绝大多数。这个基本特点没有因外国资本主义的入侵而遽然变化，它对中国国情的巨大影响一直延续到今天。

因此，1840 年之后的晚清中国在面对突如其来的外来工业化、资本化浪潮时，在理论逻辑上和实际生活中均面临着以下关键性问题。

第一，只能依靠自身资源解决数亿人口的吃饭和谋生问题的大国，如何在现代工业和资本主义进入之时，不影响本国的吃饭和就业两大民生问题。之所以必然会出现这个问题，是因为按照一般西方资本主义世界经济的发展规律，现代工业是以破坏和取代农民家庭手工业为前提才可能获得市场和劳动力的，并在此条件下方得产生和发展。然而中国的农民家庭经济是靠农业与手工业相互支撑维持的。中国农民的主体早已不能仅仅依靠农业单独谋生。在手工业被破坏而同时不能大量转变为新式工业部门——即以非人工为动力的机器生产、为大规模专门化的商品市场生产——的状况下（请注意中国人口总数在清末已超过四亿，其中绝大多数是农村人口。而至20世纪初的1917年，主要资本列强的人口总数也只约3.02亿人，这意味着全世界的现代工业部门即便全部换成中国农民为工人，也远远无法吸收）[①]，手工业的破坏就意味着农民家庭经济的整体破产，如此，也就意味着中国的农业、粮食生产失去了正常生产和再生产的主体。

第二，当时处于被列强任意宰割、濒临亡国灭种的中国，在武力强迫的“通商”中，无任何手段有效保护自己的国内市场，完全谈不上具备西方古典学说中作为资本主义国际贸易中的根本法则的“比较利益”。如何能够彻底放弃传统的“以农为本”而代之以“工商立国”，作为改变弱势的法宝？

第三，中国绝大多数农民是以家庭手工业品来解决（或自产或与其他农户交换）除粮食以外的“服”“用”品需求，以及出售手工业品来部分换取货币以应付交纳赋税等。手工业破产意味着农民失去了日常生活必需品的供给来源而难以继续正常生存，在这种状况下他们如何能成为大工业产品的消费者，并为资本主义工业提供国内市场？

在清末受到资本列强的猛烈冲击后，中国的朝野上下就开始了“如何立国”——以农还是以工商——的激烈论争，这场论争实际延续了多年，表明上述问题对中国而言确实是一个根本性问题。而在实际生活中，这些问题都实实在在地出现了，且远比当初的争论——在较大程度上尚陷于理念，不可能结合实际检验——要深化和复杂得多。

在中国受资本主义影响开始发生变化后的170年之后，人们重新审视历史，比较客观地说，应该承认在“中国现代化”的转变过程中，一切具有长远意义的变化都离不开现代经济因素与以“传统”农民家庭经济为中心的农

① 这里的主要资本列强指美、英、法、德、日五国，数据来源见苏联科学院世界经济与国际关系研究所《第二次世界大战后资本主义国家经济情况（统计汇编）》，世界知识出版社，1962，第6页。

村经济相互关系问题。

以下我们以小农家庭经济为中心，通过实证，检视资本主义生产方式影响后的中国社会经济变化。为了确切说明问题，这里需要了解两方面的历史情况：一是农民家庭手工业的变化，二是新式近代机器工业的状况。

二 洋货的中国市场

鸦片战争前，中国只有广州一个口岸与外国正式通商。战后签订不平等的《南京条约》，将通商口岸辟为五口。此时与中国通商的进口货物以英为主，美国次之，其他国家很少。英国是当时世界上工商业最发达的资本主义国家，鸦片战争后，对打开拥有四亿人口的中国这个世界最大市场既十分迫切又抱有极大期望值："在 1843、1844 和 1845 年，北方各口开放通商不久，英国国内的人们兴奋若狂。谢尔菲德一家著名商行运来大批刀叉，并声言将以刀叉供应所有中国人。然而中国人向不用刀叉，而是用筷子的，对这种东西当然连看也不要看。""有一家伦敦著名的商行运来一大批钢琴。大概这笔投机买卖一定是根据中国有二亿妇女，而'现在中国开放通商了'，至少二百个妇女中一定有一个是愿意学钢琴的这一推论而决定的。可中国人始终不忘情于他们的铜锣和喇叭，对于这种方形、直立而横陈的不速之客，概予拒绝。"①

以上两例，现在看上去颇引人发笑，但应予以严肃思考：它直接表明了中、英两个民族间在使用餐具和乐器方面的不同，而希望在中国做大生意的英国人却毫不了解中英之间的差别，将中国人的消费习俗视同英人一样，结果闹出笑话。所幸涉及的商品仅限于餐具和钢琴。但是作为 19 世纪世界最大的工业国，纺织品是英国对华贸易可供的最强项商品，如果在纺织品的种类上英国仍然不清楚中国市场的真正需要，问题就大了。

但在很长期间内，英国对华输出的纺织品中是以毛织品为大宗的，直到鸦片战争后才由棉纺织品所取代。有人评论道，鸦片战争后"最堪注意者，即为英国制品在华之销场，棉货取代毛货而展第一位。查输入中国之英制毛货，在道光二十四年（1844 年）共值银 1375000 元，至咸丰三年（1853 年），则跌为银 740000 元"。评论者论其原因时，引用了 1847 年（道光二十七年）

① 姚贤镐编《中国近代对外贸易史资料（1840—1895）》（第一册），中华书局，1962，第 632 页。

英国驻沪领事阿礼国的看法："查本省及邻近各省居民冬季御寒之具，多为皮货。而英制毛货则殊鲜服用。夷考其故，殆因皮货之保暖性及经久性俱较毛货为优。而毛货又非多数华人所易置办也。"评论者感慨道："毛货本非华人所需之适宜衣料，自不能在华畅销，其理甚明，惜英商费时百年之久，始行觉悟耳。"①

表面看来，问题出在英国对中国市场需求的陌生，而实际上，对中国人习惯服装材料的准确把握居然要一百年之久，不能不认为真正的原因是两国间国情的巨大差异，影响了对彼此之间很多事物的理解，由此才产生了种种认知障碍。随着时间的延续，可以发现国情差异对中英间贸易扩大的影响愈来愈大，最终的结局与始初的意愿实大相径庭。

问题并未就此结束。在英国人终于明白了中国市场需要的是棉纺织品而非毛织品后，开始向中国大量输入英国细布。《南京条约》签订后，英国代表璞鼎查兴奋地宣告，世界 1/3 人口构成的庞大棉纺织品市场已经打开，兰开夏全部棉纺织厂的产量未必能供给中国一省的需求。但这种乐观的预想很快变为泡影。② 1843 年，英国输入的棉纺织品在数量上虽然首次超过毛织品，但历经十年，棉织品输华数量一直停滞不前，见表 7－1。至 1854 年，上海、广州两口岸的英国棉织品总量尚不及 10 年前，详见表 7－2。

表 7－1　英国棉织品输华数量（1843～1856 年）

单位：匹

年份	线织品	染色及印花布	平织布	棉布合计
1843	7278	169521	1228796	1405595
1844	14265	242197	2375225	2631687
1845	13569	100615	2988126	3102310
1846	8415	81150	1859740	1949305
1847	9409	81010	1365360	1455779
1848	9322	90100	1738835	1838257
1849	7959	88030	1838450	1934439
1850	5630	126970	1831522	1964122

① 姚贤镐编《中国近代对外贸易史资料（1840—1895）》（第一册），中华书局，1962，第 568 页。

② 赵冈、陈钟毅：《中国棉纺织史》，中国农业出版社，1997，第 186 页。

续表

年份	线织品	染色及印花布	平织布	棉布合计
1851	7878	233599	2741125	2982602
1852	10935	366973	3325557	3703465
1853	10262	154680	2396997	2561939
1854	4640	95650	941630	1041920
1855	1620	198105	1804958	2004683
1856	7428	281784	2817624	3106836

资料来源：徐新吾主编《江南土布史》，上海社会科学院出版社，1992，第 148 页。

表 7－2　英国棉织品输入上海、广州数量（1852～1856 年）

单位：匹

	年份	线织品	染色及印花布	平织布
上海	1852	3610	256343	2281932
	1853	2170	88340	1868575
	1854	120	41700	374100
	1855	1020	69025	1310350
	1856	2800	159362	1651094
广州	1852	7325	110630	1043625
	1853	8092	66340	528422
	1854	4520	53950	567530
	1855	600	29080	494608
	1856	4628	122422	1166530

资料来源：徐新吾主编《江南土布史》，上海社会科学院出版社，1992，第 149 页。

在 1845～1855 年的 10 年中，英国输华的棉纱由 260 万磅上升到 290 万磅，增加仅 11% 多，棉布则由 310 万匹下降到 200 万匹，减少 30% 以上。从 1856 年起，再过 10 年到 1867 年，棉纱的全国进口量仍不过 360 万磅，棉布不过 420 万匹，和战前的 1838 年比较，棉布进口略有上升，棉纱进口反而减少了 25 万磅。这就是说，开放了五口，经历了 30 年的光阴，外国棉纱布的入侵，基本上在原地徘徊。①

在生产成本核算上，据当时香港方面的报道，以棉布运销中国的英国布

① 严中平：《中国近代经济史（1840～1894）》，人民出版社，2012，第 334 页。

商在 1844 ~1845 年平均亏损 35% ~40%。[①]

鸦片战争后，若说英国布在中国的销路难以迅速扩大仍然是英人对中国衣物需求特点的不明，那真是委屈了他们。在 1852 年，英国厂商就曾收集了 40 种不同的中国土布样品，20 年后，又弄来更大一批土布样本进行研究，[②] 但仍然于事无补。英国布在中国的销路虽然有所增加，但从 1870 ~1890 年的“正常年景”观察，进口总量只从 1440 万匹增加到 1550 万匹。[③]

原因何在？

一些学者认为，绝大多数中国人服用的是中国土布。这些土布约近一半是自己制造的。与洋布比较，土布质地厚重，结实耐磨，保暖性和防晒性都好，适于体力劳动者。而轻薄漂亮的洋布，主要消费者是城市中的部分人。至 1890 年代中期，重庆仍有报告称：目下外国棉布销路限于本府及近旁数市府，且被视为奢侈品，仅止于中等社会以上使用。一位学者就此论道：可见，薄而柔的机布，与其说是厚而硬的荆州土布的竞争对手，倒不如说是奢侈品亦即丝绸的替代品，其对传统棉制品的影响自然有限。[④] 类似看法，在当时的外商到当前的学者中并不罕见。

本书则认为，更根本的原因，是当时的中国还远远不是外国机器生活消费品的广阔市场。对以农民为主的大多数中国人而言，无论是吃饭还是穿衣，主要是靠自己的劳动生产解决问题，而这是不用花钱买的。他们在解决温饱问题都很吃力的状况下，无论洋货多么便宜，广大农民也无钱购买，[⑤] 他们根本没有可能成为洋货生活用品的大宗买主。还是在五口通商不久后的 1846 年，外国人在海关报告中谈到厦门的情况时说：“一个完全不了解这个民族的性格的人，在这个岛上走过一趟以后，从他所看到的一切得出的推断只能是：这个地方正在衰落中，至少是在停滞中。当然，他会看到耕种得很好的田地和许多舒适而富足的宅院。但是，他也会看到更多破败的住宅、荒废的庙宇和广大的肮脏地区。这些东西当然绝不表示普遍的繁荣。劳动力的供应是充

① 赵冈、陈钟毅：《中国棉纺织史》，中国农业出版社，1997，第 186 页。

② 赵冈、陈钟毅：《中国棉纺织史》，中国农业出版社，1997，第 187 页。

③ 赵冈、陈钟毅：《中国棉纺织史》，中国农业出版社，1997，第 188 页。1861 ~1865 年美国内战时期，世界供棉紧张，英国棉制品生产成本增加，对华出口大幅下降。

④ 〔日〕森时彦：《中国近代棉纺织业史研究》，社会科学文献出版社，2010，第 63 页。

⑤ 即便有部分农民需要购买衣被，但这极其有限，因为农民要靠出卖农产品换取货币，而可以出售的农产品不可能多。何况普遍的做法是尽量买棉自纺自织，或买纱织布，总之要充分利用自身劳动，将用钱解决衣被的花费降到最低限度。

足的，并且远远超过了，因此，田地耕种得很好，富人也住着漂亮的宅院，但劳动者自身处于饥寒交迫的困境中。只有少数人经商赚了钱、过着优裕的生活，大多数人则只是勉强度日——今天把所挣的一点点钱花掉，明天的事只好到明天再说。”① 厦门是东南沿海经济发展较好地区，内地广大农村社会经济状况当远不如之，是可想而知的。

餐具、钢琴、洋布，都属于生活消费品，但在打开中国市场的过程中都遭到严重阻碍。其中既有文化习俗方面的缘由，也有中国民众的购买力水平的局限。从长期看，在开关后的一百余年中，西方世界的文化习俗可能会被部分中国人逐渐了解以至接受，但经济收入水平的差距，在一开始就在布匹这类日常生活用品的消费上遭到农民消费者和农村市场的“刚性”制约。

与生活消费品洋货市场的尴尬局面相反，作为生产资料的洋纱即外国机纱，却在输入中国后大受欢迎，呈现极为红火的供销两旺局面。原因只有一个：洋纱是中国农民进行家庭织布业的生产原料。

说明这一原因应并不困难，从中国市场对洋纱的需求种类即可明证。自19世纪60年代后，输入中国的洋纱主要是英国和印度产品。英国纱支数较细，价格也高，不适宜于织造土布，因此在中国市场上的销路扩展有限。而印度纱是粗支纱，和中国土纺纱粗细相差无几，在价格上更有优势：由于生产率的提高和金贵银贱现象，印度纱价格自19世纪70年代后明显下降，而国产棉花价格却维持稳定且略有上升。中国本来有不少地方，农民因本地棉产不丰，需要从外地购入棉花，纺成纱再织布。在棉贵纱贱情势下，与其买进棉花，纺纱织布，不如直接买进洋纱织布更合算。华南一些地区农民，历来购入印度棉花纺纱织布，当花、纱价格接近时，自然减少购买棉花转而买进洋印纱织布。据统计，1867年全国棉花进口33.6万担，价值516.4万关两，几乎全部从华南广州、汕头、厦门三口岸进口。而当年全国棉纱共进口3.4万担，值161.6万关两，上述三口岸共3.31万担，占97.4%。至1894年，上述华南三口岸进口棉花只有2万担，只有1867年的6%，而棉纱进口达34.88万担，为1867年的10.25倍。②

机纱以后在中国市场的历史变化状况，可以进一步证明，中国的广大市

① 姚贤镐编《中国近代对外贸易史资料1840—1895》（第一册），中华书局，1962，第584页。

② 上海社会科学院经济研究所：《上海对外贸易》，上海社会科学院出版社，1989，第48页。

场是农村市场，这是一个农民发展家庭工副业的生产资料市场而非日常生活消费品市场。可以认为，这一点甚至决定了中国“现代化转型”的主要性质和特征。

三　近代支柱工业的国内市场

（一）从织布局到纱厂

棉纺织工业是近代中国最重要、对国民经济影响最大、市场最广泛的工业。

中国人自己开办的最早的机器棉织工厂，现公认为 1890 年建立的上海机器织布局。

近代中国兴办民族工业的重要原因是抵御因外国商品大量进口造成的利益外流，保护民族权益。棉纺织工业的举办更是如此。清政府负责新式工业的主要官员李鸿章在 1882 年（光绪八年）的一则奏折中说：“查进口洋货，以洋布为大宗。近年各口销数至二千二三百万余两。洋布为日用所必需，其价又较土布为廉，民间争相购用。而中国银钱耗入外洋者，实已不少。臣拟遴派绅商，在上海购买机器，设局仿造布匹，冀稍分洋商之利。”① 既然办纺织厂是为了抵御大量进口的外国纺织品布，因此工厂的主要产品就定为模仿外国洋布：“务使织成之布与洋布无二，自可广为销售。”② 这第一家纺织厂也就名为机器织布局。上海机器织布局在初建时，虽然厂中同时设有织布机与纺纱机，但纱机是为本厂织布的前道设备。1890 年 8 月，具体负责办厂的马建忠说，该厂已置织机二百张，但“现有纺纱之机，仅供织机四五十张之用，故每日只开机四十张”，他建议李鸿章火速将在国外订购的纱机尽快运来，“径托汇丰即日电取纱机，以期速到”，③ 还极其乐观地建议，再“速添纺织机三百张，合成五百张”，如此，便能够“日夜出布千匹，每年按三百天计，共出布三十万匹，约计毛利三十万两”。④ 显然，当时从中央大吏到具体

① 李鸿章：《试办织布局折》，光绪八年三月初六日，《李文忠公全书》奏稿，卷 43，第 44 页。

② 陈旭麓、顾廷龙、汪熙主编《上海机器织布局》，上海人民出版社，2001，第 147 页。

③ 陈旭麓、顾廷龙、汪熙主编《上海机器织布局》，上海人民出版社，2001，第 153 页。

④ 陈旭麓、顾廷龙、汪熙主编《上海机器织布局》，上海人民出版社，2001，第 152 页。

筹办新厂的商人，大约都未仔细考虑作为生活消费品的布匹在中国的销路和市场究竟有多大，及它的大量消费需要何种社会经济条件。

中国首批纺织厂自然而然成为地道的生活消费品制造厂，但是工厂以生活消费品——布为主产品的市场经营方针很快受到重创。开工不过二年的1892年7月，盛宣怀就颇为沮丧地向李鸿章禀告："上海织布局奏设已逾十年，官商资本已逾百万……今则织布无利，非藉纺纱不能保全已耗之本。"①盛宣怀提出的以机纱取代机布为纺织厂产品的营销方针看上去既理由充分又冠冕堂皇，"谨查洋棉纱一项，光绪四年进口只有十万八千余担，九年增至二十二万八千余担……十七年则有一百二十一万一千担，值银二千九十万两，比较洋布更甚，若不及早设法塞此漏卮，是于洋药洋布之外，又添一大宗出款。民间妇女织而不纺，只图目前之便宜，孰知洋纱不用土花，恐田间棉花之利，不久尽为所夺"②。我们已可看出，此刻盛宣怀或模糊意识到或已经敏锐地觉察到，对中国的广阔市场来说，真正的潜力是机纱而非机布，因为普通百姓需要的并不是用洋布来使自己的日常生活用品"更新换代"，而是"织而不纺，只图便宜"，以洋纱作为家庭手工业的生产资料来谋利。

无独有偶，中国另一家最早的官办纺织企业——张之洞创办的湖北织布官局，也在主产品布匹的销路上遇到了颇大麻烦。

（二）大生纱厂的成功之道——大生纱厂产生的市场条件与农村手工织布业

相反，早期唯一成功的棉纺织厂——南通大生纱厂，成功的原因恰恰是得益于集中力量生产机纱。

在创办大生纱厂的过程中，最引人注目的是资本和市场问题，筹集大生纱厂建厂资本的极大困难，早已被学术界称为"工业投资困难的一个典型"③，而大生纱厂市场条件的特性及其对大生纱厂成功的重要作用，也完全堪称中国近代企业特殊市场条件即不同于通常西方资本主义工业市场条件的一个典型。

1. 南通土布的早期发展与障碍

南通、海门早在明末清初即开始大规模植棉，并随之兴起了相当发达的

---

① 陈旭麓、顾廷龙、汪熙主编《上海机器织布局》，上海人民出版社，2001，第162页。

② 陈旭麓、顾廷龙、汪熙主编《上海机器织布局》，上海人民出版社，2001，第162页。

③ 汪敬虞编《中国近代工业史资料》（第二辑），科学出版社，1957，第1024页。

农民家庭商品性土布纺织业。乾隆年间，“海门兴仁镇值播迁转徙之余，尚能自食其力：家有机杼，户多篝火，一手所制，若布、若带、若巾帨，易粟足活三口，三手事事，则八口无虞”①。这里所说的“播迁转徙”，是指海门一带濒临大海，历史上常发生海岸坍塌，仅清代当地农民曾数次被迫迁徙，仅靠农业，收入十分艰难且不稳定。这是海门农民进行商品性家庭纺织业的重要原因。

但无论从南通土布的发展规模还是从产品规格上看，这一时期土布生产的进展还不能算快。在鸦片战争前的两百余年中，通布的主要品种只有长约一丈、宽七八寸、重量不满一斤的“稀布”，土布产地也主要分布在通海地区的崇明、海门一带。这种状况，直到鸦片战争之后，特别是洋纱输入南通后才发生了明显变化。

鸦片战争以来，由于早已开始的关内流民的持续涌入，沙俄在北满猖獗活动，加之朝廷财政困难，清政府不得不取消严禁移民开垦东北的命令，陆续开放了大量围场、禁地。于是，来自关内的贫苦农民大量涌入东北，这就必然造成棉布消费量的激增，为南通土布北销创造了一个逐步扩大的市场。

取代我国产量最大的商品土布——苏松土布的部分内地市场，是通布市场扩大的又一方面。以松江府为中心的苏、松、常一带，鸦片战争以前是我国主要商品土布生产和交易地。由于江北通州、海门一带处于战区之外，当地织户便乘机发展土布生产。正是在这段时期，“关庄布已改为尺套布，畅销关外。小布在苏北的去路，亦日见推广。江南土布不能北来，通海产品又在逐步提高，销路自畅”②。

除市场扩大的因素外，鸦片战争后流通渠道的改进，如新商埠的开辟和交通运输方式的变化，也便利了通布的北销和中转。《南京条约》将上海辟为商埠后，通布改由上海出口。海运比原先的陆路运输，不但大大缩短了运输路线，降低了运输成本，运输量也大为增加，这有利于南通土布站稳在东北市场的阵脚。咸丰时期，“关庄布”的大名终于确立。③

总之，市场的扩大和流通运输条件的改善有力促进了南通土布商品化的发展规模和商品规格的改进。通布不但由保持了数百年的长一丈、宽七八寸的“稀布”进化为长二丈二尺、宽近一尺的“尺套”，还根据布的不同质量，

---

① 乾隆《直隶通州志·风土志》。

② 林举百：《近代南通土布史》，南京大学学报编辑部，1984，第57页。

③ 林举百：《近代南通土布史》，南京大学学报编辑部，1984，第9、25页。

逐步建立了布的牌名。1862年，知名的布牌有“鼎茂”“天茂”“天和”等。

但是，南通土布是由手纺土纱织成的。小农家庭手工纺纱这种生产方法质量不均匀且工效低，不能适应增加土布产量的需要，从而限制了通海地区土布产量的扩大。

南通地区尽管很早就出现了商品土纱，并曾远销南京，但因产量有限，难以解决众多农民购纱织布之需。

由此，在南通土布市场不断扩大的情况下，解决织布的半成品原料——纱的供应问题，就成为南通土布扩大生产的关键。

2. 大生纱厂诞生的市场条件

正当土纺不能供应土织之需、土布不能满足市场之求时，约在1884年前后，印度机纱开始由上海传入南通。最初在南通销售的大都是10支、12支规格的洋纱，价格并不比土纱低廉。10支价格与好土纱相当，12支较土纱价格还高。但织户们并未因此拒用。相反，原先不大销行的12支纱，“经过农民试用后，因线条长，出布多，而且好织，渐被采用。据云比本纱价高一半，逐步高到百分之五十”①。

机纱织布在许多方面弥补了土纱织布的不足。“土纱采用洋纱作原料后，省却了纺捻土纱和以前的各道工序，只要买进洋纱，摇在筒管上作经、上浆摇纡子纱，即可上机织布。即使仍用土纱作纬的，也省却了纺经纱的时间。由于纬纱粗而松，对质量的要求不若经纱高，因而单纺纬纱，土纱的收得率也较前提高。”② 据估计，织洋经土纬布要比纯土布工效提高20%，织洋经洋纬布会再提高工效10%。③ 此外，机纱“条干均匀，不易断头”④，纱质也优于土纱。

正因为作为生产原料的机纱有着诸多优点，较之土纱，更有利于农户进行生产，带来更多收入，所以在南通农村中很快推广。在1890年至90年代中后期，上海及江南建立起来的十余家纺织厂，都向通海地区大量推销机纱。各厂生产的“红团龙”“蓝团龙”“天龙”“双虎”“云鹤”“天宫”“四海升平”等牌号机纱，当时都是畅销货。与此同时，南通销售机纱的纱庄、纱号也随之发展。在葛锦成之后，开设皮货店的程玉岗开始兼营机纱，由于发展

① 林举百：《近代南通土布史》，南京大学学报编辑部，1984，第31页。

② 徐新吾主编《江南土布史》，上海社会科学院出版社，1992，第245页。

③ 徐新吾主编《江南土布史》，上海社会科学院出版社，1992，第246页。

④ 林举百：《近代南通土布史》，南京大学学报编辑部，1984，第30页。

很快，便停歇了皮货店，“在西门彭家巷口开设溪记纱庄，兼营机纱”。接着，刘汉章开设了长泰纱庄，张秉钧开设了祥泰炳纱庄，“其他各钱业、布业也辟专柜售纱，东门永昌林钱庄也是其中之一，并派职员林欣荣为驻申庄客，专办机纱”[①]。1895 年，张之洞在上奏中说到当时的情形是：“近日洋纱内灌，通海乡人利其匀细，竞相购买，掺织土布，每年耗四十余万金。”[②] 同年，潘华茂等人也向朝廷禀告：“通海土产棉花，乡人以纺织为生计，近来外洋纺织机器盛行，洋纱洋布，销售日广，本纱土布，去路滞减。乡人穷极思变，购用洋纱，掺织大小布匹线带，以致洋纱倒灌内地，日甚一日。查计现在通海两境，每日可销洋纱二十大包，已合机器一万锭之数。”[③] 至 1897 年，机纱销量已增至日销 80 大包，年销值约 200 万元上下[④]。上述种种，都说明在 1899 年以前，由于农村家庭纺织业的发展需要，通海地区已经形成了一个不断扩展的、规模可观的机纱市场，从而为大生纱厂的诞生准备了必备的市场前提条件。

3. 土布生产的兴旺使大生纱厂起死回生

张謇在创办大生纱厂时历尽艰辛，困难重重，对此他曾简明概括为“千磨百折，忍侮蒙讥，首尾五载，幸未终溃”数语。集资难是最主要的困难，被学者们称为“工业投资的困难的一个典型”[⑤]。创办近代大机器工厂，自然需要大量资金。在西方资本主义国家中，资金可以通过银行借贷。但在 19 世纪末的中国大地上，特别是在相对落后的南通，这种条件根本不具备。筹建大生纱厂的数十万元资金，全要靠张謇个人设法筹措。然而，中国传统的资金流向是投资土地、从事商业和投放高利贷，在没有亲眼看见获得稳定厚利之前，有钱人是不愿将巨额资金投办大工业的。因此，张謇在筹集大生股本时不能不极度艰难：“通州本地风气未开，见闻固陋，入股者仅畸零小数。上海各厂因连年花贵……坐是凡迭次劝成之股，一经采听他厂情形，即相率缩首而去。甚者以鄂厂之商本无着、苏厂之股息难收为例，一闻劝人厂股，掩耳不欲闻。”[⑥] 在 1895 年议创大生纱厂时，原定集商股 60 万两。购纱机 5 万

---

① 林举百：《近代南通土布史》，南京大学学报编辑部，1984，第 31 页。

② 《通州兴办实业章程 · 大生纱厂》，南通翰墨林印书局编印编译，1910。

③ 《潘华茂等遵办通纱丝厂禀》，《通州兴办实业之历史》（上册）。

④ 曹从坡：《张謇的悲剧》，《江海学刊》1962 年第 7 期。

⑤ 汪敬虞：《中国近代工业史资料》（第二辑），科学出版社，1957，第 1024 页。

⑥ 《承办通州纱厂节略》，载张季直先生事业史编纂处《大生纺织公司年鉴（1895—1947）》，江苏人民出版社，1998，第 32 页。

锭。但由于集资不利，在1896年不得不改变“商办”的原旨，将张之洞准备办湖北纱布官局南纱局所购放在上海的4.08万纱锭，作价50万两，由张謇“认领”。大生改为“官商合办”，另再筹商股50万两。但是，至1897年春，只招引商股1811股，实收银7.89万两。不得已之下，1897年夏，刘坤一又决定将原值50万两的官机一分为二，由张謇、盛宣怀各领一半。张謇所领2.04万枚官机作价25万两，作为官股，商股亦减为25万两。纱厂从此进入“绅领商办”阶段。[①]

即便如此，大生仍招不足所定商股。张謇不得不四处借贷，直至1899年阴历四月十三日纱厂正式开车前，大生纱厂所收商股仅为银17.83万两[②]。

1899年阴历四月十四日，大生纱厂在资金极度缺乏中正式开车营运。但流动资金的短缺，使工厂随时有停工的危险。“既开车日，冀出纱之多，而用花亦多，益难周转。”[③] 张謇在这种状况下，不得不向刘坤一提出辞职，但刘坤一未准。张謇无计可施，一度欲将大生纱厂出租于人，亦未成。

就在大生纱厂处于“其势岌岌，朝不保暮”的生死危急关头时，大生纱厂所具有的特殊有利的机纱市场条件挽救了它。正如前文所述，此时的南通土布生产正处于方兴未艾之势，大量农民需要机纱扩充土布产量，引起外地机纱涌入南通。大生机纱全用优质通棉。质量好，特别是可以就地供应农民织户，一出厂就受到农民的欢迎。通海土布“四大关庄”之一“同兴宏”布庄老板沈敬夫，精于土布销售和原料需求规律，看准了当地机纱市场行情看好的形势，向张謇提出“尽花纺纱，卖纱收花，更续自转”以维持工厂营运的办法，果然获得成功。大生机纱销路很好，价格持续上升，“至九月，纱厂以售值日起，展转买棉供纺，得不停辍”[④]，纱厂终于保存下来。

4. 大生纱厂的发展与南通土布

大生纱厂建立后，以生产12支粗纱为重点，全部供应本地农民手织业之需。机纱首先解决了手工纺纱效率太低从而影响土布产量的问题，为农民土布生产的发展解决了一个基本障碍。1895年，南通地区每日销纱量为20大包，远不能满足农民织布的需求。大生纱厂投产后，就地源源不断向农村销

---

① 《大生系统企业史》编写组：《大生系统企业史》，江苏古籍出版社，1990。

② 《大生系统企业史》编写组：《大生系统企业史》，江苏古籍出版社，1990，第16页。

③ 张謇：《张季子九录·专录》卷七，文海出版社，1965。

④ 张季直先生事业史编纂处：《大生纺织公司年鉴（1895—1947）》，江苏人民出版社，1998，第54页。

售机纱，使农村土布产量迅速增长。至1904年前后，关庄布年销量已达到600万匹。此时关庄布已全为机纱织成，在不足十年的时间中，掺织机纱的土布产量已翻了近10倍。

土布在以机纱为原料后，不但在数量上大增，而且质量、规格、品种均有很多改进。使用机纱前，南通土布虽已有数百年历史，但品种只是由原来的“稀布”发展为鸦片战争后的“尺套”。使用机纱后，短短数十年的变化超过以往的数百年。仅就关庄布而言，“自有机纱后，小牌、群牌与提牌，改为洋经本纬，规格又提高了，加宽加长，为大尺布奠定了基础。此后自‘次中’逐步提高”①。

正因为土布对农民生计有极大影响，而机纱对于扩大改进土布生产又是必需的，所以农民很自然地对机纱乃至于对纱厂抱着欢迎的情感。1917年10月21日《通海新报》报道：“海门茅镇正街东市新设崇明大生分厂发行所，批发寿星机纱，已于旧历八月二十八日开幕。凡织布乡民闻之，莫不喜形于色，极表欢迎，销路颇广云。”形象地说明了这一点。

农村手织业的发展，导致了对机纱需求的日益增多，这就促使了大生纱厂的迅速扩充发展。

大生一厂1899年阴历四月开车时，日产粗纱20余包，同年九月，日产达36包。1900年，开机2万余锭，日产45包，90%是供关庄布织制需要的12支纱。但这一时期，关庄布年产量已达400万匹，日需机纱120大包，大生产纱远不敷求。这不但使大生建立后迅速获利，从而站稳脚跟，还直接推动了它增添纺锭、开设分厂以大步扩充。1903年，大生一厂增锭20400枚，日产机纱达104包，但此时关庄布猛增至600万匹，日需纱量达185包，大生机纱产量仍不敷求。张謇当时针对这种情况说：“通布以销东三省为大宗，日俄事定，通布畅销实过于前……查考三十一年通州地方销纱之总数，本厂所出裁当十分之五六，崇明所需不在此内，扩张之计，来日方长。”② 由于机纱市场的迅速扩大，在1904年阴历六月大生纱厂已开始集股，创办崇明大生分厂。原计划再增纱锭2万枚，年产12000箱（包），但考虑到这远不能满足当地需求，后计划再增纱锭6000枚。③

正是在这种农村土布业大发展、机纱市场空前扩张的情势下，再加以其

---

① 林举百：《近代南通土布史》，南京大学学报编辑部，1984，第34页。

② 《大生纱厂第七届说略》（1905年）。

③ 《大生系统企业史》编写组：《大生系统企业史》，江苏古籍出版社，1990，第37、42~44页。

他有利条件，才使得大生一厂在1915年，纱机增为61400枚，股本增为200万两。1916年，大生二厂股本增为119万余两。1919年，一厂再增股本至250万两。1921年，成立海门大生三厂。就这样，1899～1923年，在短短的20余年内，大生系统从一个资本不满50万两、纱锭2万余枚的中小型棉纺厂，发展到有4个厂（第四个厂即大生八厂，1923年厂房落成，1924年开工），纱锭16万余枚，布机1300多台，形成一个包括垦牧、盐业、交通运输、机器制造、粮油加工、造纸、印刷、房地产等在内，控制总资金达2480余万两的企业集团。[①]

正由于大生纺织系统的市场在极大程度上取决于土布，故大生企业的领导层对南通土布的产销状况高度注意。“通崇海三境之纱，向视营口布市畅滞为升降”[②]，“纱市关系于布，布销畅则纱销旺，反是则否”[③]，诸如此类的论断在大生各纱厂账略上屡见不鲜。在南通土布不景气的时期，大生纺织系统还计划直接采取措施扶助土布生产。1934年，大生一厂经理报告书中说：“通海两县土产关庄布，向销东北三省，年额在一千万元以上；销于淮扬闽粤者亦达一千万元。自东北沦变，关东销路顿绝，其于平民生计及本公司营业所受影响，殊非浅鲜……本公司因土销锐减，营业已蒙受最大危机……欲谋挽救，自非利用家庭织工，推广通海土布，不足以收速效。因另谋组织土布运销机关，并建立印花工厂，以求土布花色适合市场需要。庶县区土布之销额既增，本公司之棉纱销路自广，此实挽救本厂营业与贫民生计之唯一政策。”[④]

南通农村土布业与近代纱厂的相互依存、相互促进，在相当长的一段时期内不仅促使了农村家庭经济和城市纺织工业的发展，也有力地促进了南通城市向近代的转化。南通成为民国时期全国著名的模范县，它的先进市政建设、文教设施、社会福利机构等，都离不开大生企业系统的资金援助，准确地说，离不开大生一厂这个南通近代企业母体的滋养。从这个意义上，可以毫不夸张地说，南通农户经济与近代工业的相辅相成，奠定了整个南通地区早期现代化的物质基础。

对大生一厂历年账目的仔细核查，证明了上述论点的正确。1900～1922

---

① 《大生系统企业史》编写组：《大生系统企业史》，江苏古籍出版社，1990，第142～149页。

② 《崇明大生第二纺织公司第十五届说略》（1921年）。

③ 《崇明大生第二纺织公司第十七届说略》（1923年）。

④ 张季直先生事业史编纂处编《大生纺织公司年鉴（1895—1947）》，江苏人民出版社，1998，第303～304页。

年，仅以企业盈余的直接提款形式及以企业资金支出的形式，大生共拨款规元36.4万两，无偿资助兴办学校、医院、育婴堂、公园、剧场、俱乐部，以及修建道路、开浚河流等地方公益事业。企业用于“善举、酬应费”的支出达规元35.4万余两。

（三）长江三角洲新型农民家庭手工棉织业的形成与近代棉纺工业的诞生

任何商品生产从生产过程看都需要具备生产原料供给和产品拥有销售市场这两个最基本条件（当然还有另外一些基本条件）。近代长江三角洲的农民家庭手织业与近代纱厂的经济互补关系正是建立在纱厂对农民手织土布原料——机纱的供给，与农民大量购买机纱并形成纱厂的广阔产品市场这一基础上。

变化开端，始于使用机纱大大便利了农民织布，提高了生产效率。一方面，大大节省了织布时间。在农民完全靠自纺土纱织布时，纺纱效率太低是制约农民织布数量的主要瓶颈：据20世纪60年代对江南织布老手的调查，一般农家用单锭纺车纺纱，织一匹“稀布”（长20尺，宽1.2尺）需要纺纱4日，织布一匹则只需1日①。使用机纱，可完全省去纺纱时间，仅此一举，织布效率就一跃而提高数倍。另一方面，使用机纱明显改进了土布质量。著名的松江布区一带的情况是：“洋纱条杆均匀，织出来的布比土经土纬的平整，外地客帮欢迎，农民买洋纱织布比自己纺纱织布方便。”② 南通的情况是：机纱经农民试用后，因为“条干均匀，不易断头”“线条长，出布多，而且好织”③ 渐被采用。使用机纱织布，比用土纱织布操作起来既方便又快捷：“土纱容易断头，织的布不光洁，织起来也要比洋纱慢些。”④

织是纺织生产的最终工序，纺是为织服务的，农民最终是通过织布来获取收入。正因为机纱利于织布，而织布对广大农民来说是维持生计的重要途径。尽管用机纱织布在开始曾受到布商的抵制，但势不可挡，很快在大江南北的农村织布区中流行开来。19世纪90年代后期，上海近郊、松江、无锡、江阴、常州、常熟、镇江、南通、海门一带，农民使用机纱织布已渐呈普遍

① 徐新吾主编《江南土布史》，上海社会科学院出版社，1992，第53页。

② 徐新吾主编《江南土布史》，上海社会科学院出版社，1992，第133页。

③ 林举百：《近代南通土布史》，南京大学学报编辑部，1984，第30页。

④ 徐新吾主编《江南土布史》，上海社会科学院出版社，1992，第135页。

之势。有人回忆，1895 年前后，上海一家布庄门市收的土布中，“约有 60% 已是洋经洋纬（即经纬线全用机纱），40% 是洋经土纬（经为机纱，纬为土纱）”①。

农民普遍使用机纱织布，为长江三角洲一带民族纺织工业的建立奠定了市场基础。1895 年，无锡第一家近代纱厂——业勤纱厂建成投产，就与面临一个相当有利的机纱市场有关，其产品“供销常州、江阴、镇江及本县其他市镇，该厂虽然昼夜开工，对于常州府和苏州府的各个乡镇对该厂需要，尚无法全部供应”②。继业勤之后，在 20 世纪 30 年代前的数十年间，无锡又有振新、业勤、申新三厂、豫康、庆丰、丽新等纺织工厂陆续成立，无锡遂成为除上海而外的长江三角洲最大的棉纺织工业中心。而在这一时期，无锡纺织工业的大宗产品始终是生产供农村织土布之用的粗支纱。直至 20 年代末，一项调查显示，无锡各纱厂的产品，仍以土布所用的 10、12、14、16、20 支纱为最普遍。③ 无锡附近农村及江阴土布主产区如青砀、峭岐、顾山、北涸、周庄、华墅、杨库等地，都曾是无锡机纱的重点销区。④

由于机纱织布的诸多优点解决了个体农民家庭土纱织布难以解决的数量、质量问题，因此运用机纱后，在相当长的一段时期中农村织布业也获得了明显发展，大大增加了农民家庭手工织布的市场竞争力，大大扩充了农民家庭织布的区域。获取机纱条件的优劣，在不小程度上成为决定农村织布业是否得以推广的先决条件。即使在 20 世纪 30 年代初，在农村土布已受到机制厂布、洋布强劲竞争的困难状况下，家庭织布仍是江苏农村中最普遍的副业。一项调查指出：“织布久为我农家副业，但曩昔均为农村妇女自纺土纱所织成。自纱厂在通商口岸设立后，农民纷纷采用洋纱，而农村织布业遂亦有变迁。在交通便利纱厂发达之区，如上海与无锡，两县农民以织布为业者固多，他如苏州、武进、镇江、丹阳、嘉定、太仓、松江、南汇、青浦、金山、宜兴、溧阳、溧水、高淳、句容、崇明等县，农民亦得采购厂纱织造土布。即淮阴、涟水、宿迁方面，亦以运河之交通得采办沪锡棉纱，机织土布；南通、海门、靖江、启东四县，则以南通有纱厂，棉纱供应便利，亦有土布之出产，

---

① 徐新吾主编《江南土布史》，上海社会科学院出版社，1992，第 133 页。

② 汪敬虞：《中国近代工业史资料》（第二辑下册），科学出版社，1957，第 689 页。

③ 国民政府主计处统计局编印《统计月报》二卷六期，1930 年 6 月。

④ 张泳泉、章振华：《无锡纱号业的经营方式及其特点》，转引自李祖法、茅家琦主编《无锡近代经济发展史论》，企业管理出版社，1988，第 243 页。

其余泗阳、睢宁、萧县、邳县（今邳州市）、砀山等处其有织布副业之存在，皆仰赖徐州为纱布进出之门户。他县织布一项间亦有之，皆不如上列诸县之普遍，地位关系使然也。”该调查把江苏农家副业分为七类，其中“以纺织类之土布，最为普遍，计全苏六十一县中，以此为主要副业者，凡三十一县”①。

以上的历史情况表明：我国近代工业的主要支柱之一——棉纺织工业在长江三角洲地域的创立和发展绝非凌空而起，而是建立在一些基本条件之上的。其中极为重要者，就是紧紧依赖于传统农村家庭织布业这一本土的优势传统，依赖于这一传统产生的对机纱的需求市场。在一定意义上可以说，近代棉纺工业是依靠为广大农民织布业“提供服务”来立足并求得发展的。近代大工业尽管有许多外来的“先进”性，但要在中国的社会土壤中成活，必不能脱离中国本土的诸多内在因素。

（四）近代中国农村手工织布业的发展与棉纺织工业的农村市场

中国农村的家庭棉纺织手工业的产生发展有着久远的历史。其中又包含各种类型，有的只是满足自家衣、被、服用者，有的主要是商品性生产、用以交换者。从生产过程看，有从棉花到纺纱、织布全部由本家庭完成者；也有购买棉花，再纺纱、织布者；还有购买纱线，只是织布者。后两种的织布原料都可以说已经是商品了。这几种类型，可能同时并存，其中商品性生产和用商品原料进行的生产，在总量上和地域上看来有逐渐扩大的趋势。

从明清时期中国最著名的松江府地区看，棉花种植和棉纺织业的商品性生产，似乎在植棉推广不久后就开始了。陶宗仪在《南村辍耕录》中说：“闽广多种木棉，纺绩为布，名曰吉贝。松江府东去五十里许曰乌泥泾。其地土田硗瘠，民食不给，因谋树艺，以资生业，遂觅种于彼。初无踏车椎弓之制，率用手剖去子，厥功甚艰。国初时有一妪名黄道婆者自崖州来，乃教以做造捍弹纺织之具。”② 这里已清楚说明，松江府兴起植棉纺织的起因，是因食粮不足，农民们迫切需建立一种手工业技能进行商品生产以补农之不足。

南通、海门一带的农村植棉、纺织商品性生产发生亦较早，本书前已谈及，不赘。

在华北地区，农村商品性家庭棉纺织业亦较普遍。据史建云研究，在清

① 民国实业部国际贸易局编《中国实业志（江苏省）》，1933，第二编第三章，第63～69页。

② 陶宗仪：《南村辍耕录》卷24，中华书局，1959。

前期的冀、鲁、豫一些农村中，商品性纺织业已变为家庭主业的现象也早已出现了。[①] 但与家庭生产要素相配合的传统工具和技术极大阻碍了农民家庭纺织业的产量提高和质量的改善。土布是由手纺土纱织成的。手纺土纱粗细不匀、拉力弱、容易断头，既影响了土布质量的改进，也大大增加了织布时间和劳力支出。更重要的是，一个农妇每织一匹布，大约需要三四个整劳力纺纱才能供应得上，一般农民家庭不可能在主要劳力从事农作的情况下，再提供如此数量的劳动力去专门纺纱。这不能不使织布过程经常中断。因此，无论是农民主观上想提高土布的产量和质量，还是市场扩大需要增加土布的供应量，固有的土布生产方式都不能满足需要。这是传统经济所难以解决的。因此，在前近代中国，实际上潜藏着一个范围极广、要求极强、力量极大的基本要求：如何解决在家庭生产中提高棉纺织业产量的问题，从而使亿万农民能够从提高产量中提高收入。这实际构成这一历史阶段的国民经济能否前进的一大经济瓶颈。正因为如此，机纱出现后迅速获得广大农民的欢迎，很快形成极为广阔的农村市场。

机纱是生产资料而绝非生活资料，这是判断中国近代经济关系、近代经济与传统经济关系的关键性问题。正因为作为生产原料的机纱有着诸多优点，较之土纱，更有利于农户进行生产、扩大产量、改进质量，从而带来更多收入，所以才在全国各地的农村中很快推广。对农民而言，机纱是用来作为家庭织布业的生产原料。它清楚表明，近代中国农村经济和农民的首要需求是发展生产、提高收入水平，只有将基本生活水平提高到维持最低水平之上，才可能扩大消费，若不能维持温饱，谈何扩大生活消费！而近代中国的大多数农民之生活水平，离温饱水平尚相去甚远。他们日夜辛劳全家上阵从事的纺织业，不是为了满足自身消费，而是用来换钱，以购买自己家庭所不能生产的最必需的生产资料和生活资料，去缴纳各种租赋，去应付各种必然和意外的、必须花钱的各种事情。农民从事商品性家庭手工业并极力提高之，是因为这和农业一起，构成了农民维持简单再生产和延续生命的基本支柱，无其即无农民经济存活的最基本条件。

为了以实证说明问题，我们不能不尽可能检视一下全国范围的近代农村土布纺织业的发展及原料状况。

---

① 从翰香主编《近代冀鲁豫乡村》，中国社会科学出版社，1995，第339页。

1. 手织业的分布及概况

严中平先生曾对 20 世纪 30 年代的手工业织布业深入考查，研究了 16 省 536 县（地区）的手工纺织资料，认为“直到 1937 年，手工业棉纺织业在中国人民衣料的制造上还占有极重要的地位”①。这里，我们拟在严中平先生的基础上，对 1928 年至抗战前主要是 30 年代的中国手工棉织业的分布状况稍事补充。

河北　据 1928 年对全省 129 县家庭手工业之调查，内 93 县有手纺织业。为：香河、宝坻、武清、霸县（今霸州市）、雄县、临榆、丰润、蓟县（今蓟州区）、遵化、玉田、平谷、三河、清苑、蠡县、高阳、任丘、新镇、曲阳、获鹿、宁津、武强、新城、抚宁、昌黎、唐县、完县（今顺平县）、望都、安新、肃宁、文安、新乐、定县、行唐、平山、藁城、栾城、南皮、交河、景县、邢台、钜鹿、故城、内邱、宁晋、广平、肥乡、沙河、固安、定兴、涞水、卢龙、滦县、乐亭、迁安、容城、安固、博野、河间、正定、灵寿、深泽、元氏、赞黄、东光、饶阳、吴桥、深县（今深州市）、阜城、武邑、任县、南和、广宗、南宫、冀县（今冀州市）、新河、隆平、尧山、临城、柏乡、赵县、高邑、大名、清丰、濮阳、东明、长垣、成安、曲周、威县、清河、鸡泽、平乡、永年。又据 1931 年河北实业厅的统计，有织布业的总县数又有增加，其中井陉、磁县、徐水、邯郸、静海、无极、涿县（今涿州市）、枣强、束鹿等县为 1928 年统计所无。

山东　据实业部 1934 年调查，山东全省 148 县中有 99 县均有棉织工厂。从资本和布机状况分析，这些工厂中绝大部分是手工织布。② 全省 72 县有农村棉纺织业，据不完全统计，每年生产农村土布约 1715 万余匹，价值 7560 万元。其中潍县一地产量即达一千余万匹，昌邑年产布匹百余万匹，菏泽、即墨、寿光、广饶、郓城等县产额约 30 万至 50 万匹。③ 有人估计全省可达二千万匹。④

山西　山西棉织业不算发达，主要分布在晋南各县，据 1934 年调查，全省 105 县中，产布者 75 县，其中家庭手工业达 66 县。⑤。

陕西　陕西棉产丰富，全省 92 县，产棉者共 85 县。⑥ 但经济落后，交通

---

① 严中平：《中国棉纺织史稿》，科学出版社，1955，第 254 页。

② 民国实业部国际贸易局编《中国实业志（山东省）》，1934，第 27～44 页（辛）。

③ 民国实业部国际贸易局编《中国实业志（山东省）》，1934，第 48～49 页（辛）。

④ 严中平：《中国棉纺织史稿》，科学出版社，1955，第 258 页。

⑤ 民国实业部国际贸易局编《中国实业志（山西省）》，1937，第六编第二章，第 25（巳）、37～38 页（巳）。

⑥ 铁道部业务司商务科编《陇海铁路西兰线陕西段经济调查》，第 49 页。

不畅，农村手织业并不十分发展，尤其在陕北、陕南的贫困地区更如是。据1933年考察，所查陕南12县中，农民副业有手织业者仅镇安、西乡、城固3县。

江苏　江苏植棉、纺织历史悠久，唯纺织大部集中于长江三角洲一带，是我国手工棉纺业最发达的地区之一。据1933年调查，全省61县中有25县有农村手纺织业，主要有南通、崇明、海门、启东、江阴、常熟、武进、太仓、松江、川沙、青浦、宝山等县。① 1934年棉统会对17县调查，布产量达1400万匹。

浙江　浙江土布纺织不如江苏，1934年棉业统制委员会对上虞、余姚、海宁、镇海、鄞县（今宁波市鄞州区）、绍兴、杭县、金华、兰溪、平湖、嘉兴、嘉善12县调查，共产布600万匹，其中平湖约200万匹，海宁、绍兴各约80万匹，其余除余姚、镇海两县外，均在10万匹以上。② 浙江一些产布区历史悠久，长期保持着“土经土纬”特色，余姚、慈溪两县直至1949年前仍然如此。硖石是浙江著名土布产地，至抗日战争前，估计年产在250万匹。③ 国民党实业部在20世纪30年代调查浙江农村有20县产布。

安徽　1934年统计安徽全省土布产量，共42县产布。其中合肥年产90余万匹。10万匹以上、不足20万匹者为合肥、怀宁、芜湖、舒城。全省年产土布200余万匹。④

湖北　湖北是产棉大省，也是土布产出和输出大省。全省69县，据1934年棉统会的部分调查，已有黄冈、孝感等17县产布690万匹。⑤

湖南　棉纺织业是湖南农村重要家庭副业。据1935年对64县的调查，有棉纺织业者27县。

福建　该省为缺棉区，但据20世纪20年代末对沿海29县调查，手工织布仍较普遍。总计29县中，有土布产出记录者为福鼎、福安、宁德、罗源、连江、长乐、闽侯、同安、龙溪、云霄、建瓯11县。⑥

广东　广东手织布多城镇工场手工业，以广州、佛山、兴宁为中心，在

---

① 民国实业部国际贸易局编《中国实业志（江苏省）》，1933，第二编第三章，第68页。
② 严中平：《中国棉纺织史稿》，科学出版社，1955，第261页。
③ 徐新吾主编《江南土布史》，上海社会科学院出版社，1992，第664～669、693页。
④ 安徽省政府统计委员会：《中华民国二十三年度安徽省统计年鉴》，安徽省政府统计委员会编印，第330页。
⑤ 严中平：《中国棉纺织史稿》，科学出版社，1955，第262页。
⑥ 铁道部业务司调查科：《京粤线福建段经济调查报告书》，1929，第79页。

潮州、南海等地亦有。据1935年报道，“往昔每年输出约一千五百万元”[①]。广州布业在1933年前一度较兴盛，每年市面销额总在三四十万元，输往南洋各地在百万元以上。又据国民经济建设运动委员会广东分会调查委员会1937年发表的调查报告书，广东有广州、汕头、南海、从化、惠阳、灵山、钦县、合浦、防城、曲江、廉江、潮阳、揭阳等县有棉织工场，广州有62家，为最多，潮阳有40家。除揭阳未计外，全省共144家。1936年全省各工场产布1510666匹，值6476681元（缺潮阳、揭阳数据）。

四川　据四川省府1936年调查，全川出产土布者，凡四十七县。战前估计有手织布机十万台，土布产量656万余匹。又据该调查，1936年四川有成都、灌县等48县有手工织布工场。[②] 重庆是川省手工织布工场中心，1926～1934年初是棉织业极盛期：“产量以宽窄布合计，总在百万匹以上。销路之广，北达陕甘，南至滇黔，西及康藏。斯时厂数虽有增加，而货品犹有供不应求之势。”[③] 1934年后至抗战前则显见衰落。

贵州　贵州地处云贵高原，千山万壑，植棉甚少。但有手织布业之区仍不少。据20世纪30年代初一项调查，贵阳年产手织布约10万8千匹。[④] 另据1937年资料，已调查贵州有53县产手织布，其中“贞丰、安龙、关岭、炉山、都匀、湄潭、罗甸、安顺、独山、印江、定番、大定、毕即、紫云等之手工棉纺织业，皆相当发达，但……自给者仅为1296188匹，约及半数”[⑤]。

云南　我们没有对云南全省的调查资料。据20世纪30年代初对计划中的粤滇线云贵段、湘滇线云贵段的调查，有手织布者为昆明、嵩明、曲靖、宣威。[⑥] 另据报道，云南手织布主要产区约有河西、玉溪、开远、蒙自4县。各县年产量：河西约60万匹，玉溪约35万匹，开远约30万匹，蒙自约40万匹。[⑦] 不过，据抗战初期调查，云南织布业要比人们想象的远为普遍：“各县最普遍之工业，当推织布业为第一，土法木机，几于无县无之，家数少者5家，多

---

① 彭泽益编《中国近代手工业史资料（1840—1949）》（第三卷），中华书局，1962，第463～464页。

② 彭泽益编《中国近代手工业史资料》（第四卷），中华书局，1962，第143～147页。

③ 张肖梅：《四川经济参考资料》，中国国民经济研究所，1939，第B1页。

④ 铁道部财务司调查科：《渝柳线川黔段经济调查总报告书》，第54～56页。

⑤ 张肖梅：《贵州经济》，中国国民经济研究所，1939，第L38页。

⑥ 铁道部财务司调查科：《湘滇线云贵段经济调查总报告书》《粤滇线云贵段经济调查总报告书》《湘滇线云贵段附近各县经济调查》。

⑦ 严中平：《中国棉纺织史稿》，科学出版社，1955，第264页。

者至五百家以上，产量少者二千匹，多者七万匹以上。”“织布方面，是农村家庭妇女闲暇或夜晚的副业……如玉溪、通海、河西等县农村里，差不多每家都有木机三五台……”①

2. 手织业的原料与市场

中国近代手织业的发展兴衰与织布原料和市场变化息息相关。我们首先检视一下20世纪30年代的手织布原料问题。以下从商品土布生产中心、一般性土布生产区域、棉产区、非棉产区和边远地区这些不同类型区域来研究。

（1）商品土布生产中心

20年代中期至抗战前，几个全国性土布生产中心的土布生产绝大部分已采用机纱。但各地所用机纱品种因所出土布种类不同而异，机纱而外，还有用其他原料者。

高阳　高阳布区在20世纪初的兴起与使用机纱有直接关系。开始时使用16、20支以下的粗纱，部分与土纱合织。至1914年前后，已少量使用32支、42支等细纱。1916、1917年，出现用日本厂生产的42支电光线为原料的布。1921年前后，人造丝交织布在高阳问世。1925年，浆麻（人造丝浆经）法传入，是高阳布业革新的重要一步。织人造丝布在高阳风行一时。1928、1929年，每年麻丝（人造丝）输入不下2万箱之多，然棉纱仍为主，年输入七八万包。1929年后，又输入软麻丝。1931年始，土布生产急剧下降，1932年全年输入机纱不过2.5万包，麻丝4000箱。1933年输入机纱2.1万包，麻丝约2000箱。②

宝坻　“宝坻手织工业之兴起，即系受新式织布机及洋纱输入之影响。”洋纱约在19世纪末20世纪初输入该地。布业最盛时的1923年，年机纱用量为53140包，此后逐年减少，1928年为32000包，1930年为26500包，1931~1933年依次为21409包、18095包、13473包。③

潍县　据1933年调查，“潍县织布所用之纱，全为厂纱……每日需用之纱达三四百件，为16支、20支、32支、40支、42支等”。又据另一调查，潍县每日销纱约350大包（同件），价达9万元左右。如按每年350日计，该县年销

① 彭泽益编《中国近代手工业史资料》（第四卷），中华书局，1962，第244~245页。

② 吴知：《乡村织布工业的一个研究》，商务印书馆，1936，第1~289页。

③ 方显庭、毕相辉：《由宝坻手织工业观察工业制度之演变》，载《方显远文集》③，商务印书馆，2013，第136~193页。

纱可达 122500 大包，实为庞大。实际上是否可达如此数量？尚待细考。[①]

江苏与南通　江苏是我国土布主产区之一。南通、松江两大产地均位于此。值得注意的是，自机纱盛行后，土布产区大为扩充，产量也明显增加，这是农民广泛应用机纱的结果。从 1933 年进口的机纱数量或价值中，可略见各地农村布业的原料需要，如：川沙县（已撤销），棉纱 50 万元；上海县（今上海市闵行区），棉纱 5 万包；宝山县，机纱三千件；崇明县（今上海市崇明区），机纱二千余件；溧阳县（今溧阳市），棉纱 700 件；六合县（今南京市六合区），棉纱 15 万元；宿迁县（今宿迁市），棉纱 1500 件；睢宁县，棉纱二千件；铜山县（今徐州市铜山区），棉纱二万件；等等。[②] 当然，这些数据未必精确，也可能有少量用于织布工场者。在南通，20 世纪 30 年代绝大多数土布已用机纱为原料。据 1933 年的调查数据，63140 家织户当年共织布 6109480 匹，全用机纱，为 1586053 包（合 39651 件），价值 7568988 元。织布所用之纱"十之八九，系当地大生厂的出品：用上海申新等厂的，为数极少"[③]。

（2）一般性土布生产区域

我们仅以四川、湖南为代表。

四川　据 1934 年考查，四川所输入棉纱，每年 15 万余包，合 48.8 万余担。[④] 据其他一些调查报告来看，此数可能偏少。又据调查，四川输入外地机纱口岸集中在重庆、万县、成都三地，然后再向各县乡分流。棉纱入口，占重庆入口贸易第一位。该市棉纱贸易，1935 年曾高达 14.3 万余包。1936 年减至 9.5 万余包。重庆本地消用棉纱约 10%，其余分小河路、大河路、中路、下东路四路，分销合川、广安、遂宁、江津、合江、泸县、永川、荣昌、长寿、涪陵等地。万县进口棉纱，本县销用六七千包，约合 1200 至 1300 吨。此外分陆路、水路销各县。陆路销路以开县为最大，年销 8 千至 9 千包，约合 1500 至 1700 吨，梁山 6000 至 7000 包，约合 1200 至 1300 吨，达县 3000 至 40000 包，约合 580 至 770 吨。水路方面，忠县、云县各自年销 2000 至 3000 包，各合 390 至 580 吨。成都为川西棉纱集散地，双流、温江、崇庆、灌县

---

① 《山东潍县之织布业》，《工商半月刊》1934 年 1 月 1 日第 6 卷第 1 号。

② 民国实业部国际贸易局编《中国实业志（江苏省）》，1933，第二编第五章，第 103～112 页。

③ 蔡正雅：《手工业试查报告》，转引自彭泽益编《中国近代手工业史资料》（第三卷），中华书局，1962，第 761～763 页。

④ 中国工程师学会：《四川考察团报告》，中国工程学会，1935，第 58 页。

等地之纱商，都在成都买纱。[①]

湖南　湖南棉产不丰，20 世纪以来，每年要从外省输入大量棉纱以满足本省织布业主要是手工织布的需要。据湖南棉业机构调查，1922 年以来，该省入口机纱价值，除个别年外，平均每年约占入口货物总值 20% 左右，为进口大宗。[②] 抗战前调查，全省销纱年约 10 万件（同包）。其中湖南第一纺织厂年产 2.5 万余件，“尚有四分之三须仰给于外纱”[③]。湖南棉纱主要销路为织布业和针织业，织布业当为其首。“以织布业言，全省如长沙、湘阴、浏阳、平江以及茶攸常澧均为土布业最发达之区，近年湘南郴县祁阳一带土布工业亦渐兴起。”[④]

（3）棉产区

湖北　湖北棉花产量在 20 世纪 30 年代中期曾为全国第一，手工织布业相当发达。就棉产区看，有输出大量棉花，输入大量机纱的现象。随县是湖北第一产棉大县，30 年代中期每年平均输出棉花 135000 市担，运往汉口，但同时要输入棉纱，据不完全调查，年约 200 件。枣阳棉产仅次于随县，为湖北第二，棉田占农田面积 70%。民国前，用本地棉纺纱，织成土布，畅销河南、陕西等地。近二十余年来（指自民国后），洋纱进口，其价值较本地所纺土纱为低，且以洋纱织成之布，既细且廉，故乡间织户，均乐用洋纱，其结果，使洋纱进口日增，本地纺土纱者大减。由于运入本地棉纱仅供县境北西乡销售，其他乡民往随县、樊城购纱，故“本地棉纱进口不多，普通每年约在 300 至 400 件左右”[⑤]。樊城是鄂西北重镇之一，经此大量输出农副产品，输入布匹棉纱等工业品。30 年代中期年输入棉纱约 3500 件，价值 770000 元，其中销襄阳（今襄阳区）县境四乡及樊城镇内者合计约三千件，销往河南新野县者约 300 件，唐县约 200 件。[⑥]

浙江平湖　平湖物产丰饶，盛产棉花，20 世纪 30 年代中期棉产值达 150 万元以上，棉花占县出口物品总值第一位，价值 120 万元。县内农家织布业较兴盛，约有布机 5 万架，1931 年产小布 120 万匹，1932 年约产 90 余万匹。

① 张肖梅：《四川经济参考资料》，中国国民经济研究所，1939，第 S1～6 页。

② 孟学思：《湖南之棉花及棉纱》，湖南省经济调查所，1935，第 18 页。

③ 平汉铁路管理局经济调查组：《长沙经济调查》，平汉铁路管理局经济调查组，1937，第 78 页。

④ 孟学思：《湖南之棉花及棉纱》下编，湖南省经济调查所，1935，第 25 页。

⑤ 《平汉铁路老河口计划支线经济调查报告　随县经济调查报告　枣阳经济调查报告》。

⑥ 《平汉铁路老河口计划支线经济调查报告　樊城经济调查报告》。

但平湖农民织布大多不是用本地棉花所纺之线，而是用机纱，当地织布业流行的是商人雇主制即包卖商制，由商人发原料机纱给农妇：原料由各店家发给，系包工制，每匹高者六分，低则三分，重十两，用16支纱棉纱原料，来自上海，年计二千五百包。调查显示，平湖输入品价值中，棉纱占第二位。①

（4）非棉产区和边远地区

安徽宁国县（今宁国市）　宁国地处山区，20世纪30年代未见棉产记录，但有规模不大的手织业："城乡计有织户百五十家，四乡以西乡为多，城厢以城西街为集合点，原料率用上海本厂纱，全年需用量约二万包。"

云南　云南产棉不多，但手织业较普遍，绝大部分用机纱："各地之织布者，其所用之纱，除约百分之五六为各该地之手纺纱外，余均为入口之机制纱，故其销量，亦有相当之多，该省一般人民所需之布均以坚牢为主，故所纺之纱，以十支为最多。"据统计，1931～1935年，云南每年平均可销纱57135件，以1932年最多，为66365件。其中每年销省内平均约5万件，余销川、黔等地。省内玉溪、河西、昆明等36县年销纱达27694件，他如"顺宁、云县、镇沅、元谋等，均为产土布之地，销纱量亦颇相当"。②

贵州　贵州棉产甚少，手织业中，小部分用棉花直接纺纱织布，大部分用机纱。据20世纪30年代初对7县的调查，棉纱为进口货之大宗。其中陆良县当年进口洋纱3600包；安龙县当年进口洋纱6万股另5300捆。③ 1936年，贵阳进口外地棉纱8000余箱。④ 另据调查，1938年外省输入贵州机纱共17580大件，其中10支纱占有量12700大件，最细者亦为20支，"由此可见当地手工木织机之笨拙，与人民俭朴之风矣"⑤。

上述情况表明，在20世纪30年代，即便在农村手工织布业受到重大阻遏的状况下，无论是经济较发达的江南地区，还是经济略欠发达的华北地区和经济相当落后的边远地区；无论是我国东部地区，还是中部、西部地区；无论是靠近大城市及交通便利地区，还是交通极不便的偏远山区；无论是棉产区还是非棉产区，机纱仍然相当普遍地被使用着。而使用机纱的主体，是遍布全国各地的小农。无数的小农成为近代中国最主要的机器工业——棉纺

① 建设委员会经济调查所编《中国经济志·浙江省·平湖》，1935，第30页。

② 全国经济委员会棉业统制委员会：《云南省棉业调查报告摘要》，第7页。

③ 铁道部财务司调查科：《粤滇线云贵段经济调查总报告书》。

④ 张肖梅：《贵州经济》，中国国民经济研究所，1939，第P3页。

⑤ 张肖梅：《贵州经济》，中国国民经济研究所，1939，第L41～L42页。

工业产品的最大主雇。小农使用机纱干什么？用以织布。织布是为了什么？部分是为解决生产者自家的衣、被问题，但更重要的是当作商品，用来交换必需品。机纱实质上是我国近代小农家庭经济用来维持生存的生产资料。没有机纱的大量推行，手织业绝不可能有如此广泛的开展。这个事实确凿无疑地证明：第一，中国近代大工业的市场的极其重要的一部分是生产资料市场，是小农经济用以谋生的生产资料市场；第二，在相当广泛的范围内，大工业可以和小农经济、和农民家庭手工业相互结合、相互补充、相互促进，既促进小农经济的发展，又为大工业建立起极其广阔的国内市场。

3. 各时期及20世纪30年代全国机纱产量中的农村手织用量

30年代中国手织布的数量估计。

30年代特别是抗战前中国手工织布的数量及其在布匹生产中的比例，前人有不同的估量。以下就三种数据（见表7－3、表7－4，表7－5）提出我们的判断。

表7－3　巫宝三估计：1933年

单位：市担

全国产纱量	
1 机纺	11539357（8346559＋3192798）
2 手纺	1866000
合计	13405357
棉纱净出口量	380000
全国国内消费棉纱量	13025357
其中	
纱厂织布用纱	3192798
织布厂用纱	670000
针织品用纱	1229000
手工业用纱	7933559（其中机纱6067559）

资料来源：巫宝三主编《中国国民所得（1933）》，中华书局，1947，第99页。

手工业用机纱占机纱产量比例：

（1）手工业用机纱占机纱总产量比例6067559/11539357＝52.58%；

（2）除纱厂织布用纱外，手工业用机纱占机纱产量比例6067559/8346559＝72.70%。

表 7－4　严中平估计：1932～1936 年

单位：市担

全国产纱量	
1 机纺	9868000（7006000＋2862000）
2 手纺	2780000
合计	12648000
棉纱净出口量	294000
全国国内消费棉纱量	12354000
其中	
纱厂织布用纱	2862000
织布厂用纱	932000
针织品用纱	1448000
手工业用纱	7112000（其中机纱 4332000）

资料来源：严中平《中国棉纺织史稿》，商务印书馆，2001，第 333、386、388、390、393 页。

手工业用机纱占机纱产量比例：

（1）手工业用机纱占机纱总产量比例 4332000/9868000＝43.90%；

（2）除纱厂织布用纱外，手工业用机纱占机纱产量比例 4332000/7006000＝61.83%。

表 7－5　徐新吾估计：1936 年

单位：市担

全国产纱量	
1 机纺	10381444
2 手纺	1067774
合计	11449218
棉纱净出口量	143580
全国国内消费棉纱量	11305638
其中	
非织布用机纱	1535648
机织布用纱	4828832

续表

全国产纱量	
改良土布用机纱	502915
农村土布用机纱	3370224
农村土布用土纱	1067999（1067774）

注：农村土布用土纱实际计算为1067999市担，按徐新吾主编《江南土布史》第225页表原农村土布用纱数882.75关担折算为1067774市担。

资料来源：徐新吾主编《江南土布史》，上海社会科学院出版社，1992，第225页。

土布用机纱占机纱产量比例：

（1）土布用机纱占机纱总产量比例3873139/10381444＝37.31%；

（2）除机织布用纱外，土布用机纱占机纱产量比例3873139/（10381444－4828832）＝3873139/5552612＝69.75%。

徐新吾的改良土布之概念仍是手工布，将其与农村土布合并计算用纱量，共为4941138（502915＋3370224＋1067999）市担。其中机纱3873139（502915＋3370224）市担，为严中平数据的89%（3873139/4332000），相差尚不算太远，主要差距在对土纱的估量上，只为严中平估量的38%，原因何在？原来徐新吾估算的方法与严中平、巫宝三完全不同，是首先推算全国棉布应有消费量，加上出口量，得出全国棉布应有产量，再减去机制布数量，即为手织布数量。我们觉得，这种方法比严中平、巫宝三根据全国棉花实际产量减去机纱用棉量再减去国民棉絮消费量的方法，误差要大得多。另外，根据徐新吾估算法得出的数据，与我们所接触的材料后的印象也大相径庭：按徐新吾数据，近代全国手织布和农村土布最高产量在1860年，至1920年，手织布产量反而小于1860年，这个结论是我们想不通的。大量史料证明，1920年前后，农村已开始广泛使用机纱，许多老织区生产明显增加，生产区域扩大，各地还出现了新土布生产区域，城镇中的手工工场也大量涌现。包括农村土布在内的手织布产量不可能低于未使用机纱前的1860年。同理，1936年的手织布产量只相当于1860年的一半强即58%，也颇令人生疑，前述各地的实际调查报告和各项报道都表明，尽管在此期间手织业遭遇重大挫折，但在30年代机纱的使用已相当普及，并对偏远地区的手工纺织业有重要的推动。因此，我们的重新估算不打算采用徐新吾估计数据，而以巫宝三、严中平估计数据为基础。由于严中平估计数据不包括东北地区，而巫宝三估计数据为1933年的，为求出30年代包括1936年在内的手工业用纱，我们将两类估计适当调整，做出以下估算（见表7－6）。

表7－6　本书估计：抗日战争前

单位：市担

全国产纱量	
1 机纺	11539357（巫宝三估）
2 手纺	3079000（本书估）
合计	14618357
棉纱净出口量	294000（严中平估）
全国国内消费棉纱量	14324357
其中	
纱厂织布用纱	3192798（巫宝三估）
织布厂用纱	670000（巫宝三估）
针织品用纱	1229000（巫宝三估）
手工业用纱	9232559（其中机纱6153559）

手工业用机纱占机纱产量比例：

（1）手工业用机纱占机纱总产量比例6153559/11539357＝53.33%；

（2）除纱厂织布用纱外，手工业用机纱占机纱产量比例6153559/（11539357－3192798）＝6153559/8346559＝73.73%；

（3）除所有机织布用纱外，手工业用机纱消纱比例6153559/（11539357－3192798－670000）＝6153559/7676559＝80.16。

有了对手工业用纱的估量，实际上已经基本解决了我们的问题，即可以估量出手织布的总量概况及其与机织布的比例：机织布用纱量为3862798（3192798＋670000）市担，手织布用纱量为9232559市担，手织布用纱量为机织布用纱量的239%。在全部织布用纱量13095357市担中，机织布用纱量占29%，手织布用纱量占71%。即约至抗战前，中国所生产的全部棉布中，手织布约占71%，机织布约占29%，手织布数量是机织布的2.45倍。这个重新估算的结果，与严中平在50多年前估算的手织布与机织布的比例竟完全一致。由于机织布的规格，尤其是手织布的规格极不一致，以用纱量换算其匹数是极繁难也是无必要的。为“形象化”起见，我们将机布、土布按统一的布匹重量标准，将纱折合为布匹，以资比较：

机布产量 = 机布用纱量/1 匹布纱重量 = 386279800 斤/10.9 斤 = 35438514 （匹）

土布产量 = 土布用纱量/1 匹布纱重量 = 923255900 斤/10.9 斤 = 84702376 （匹）①

按上述方法计算，手织布产量约为机织布产量的 2.4 倍。

四　农村和农民需求构成中国近代机器工业的重要市场

（一）农用机械与新式农具开始推广使用

中国的近代机器制造业，除了依赖以农村经济为基本发展条件的棉纺工业外，还直接与农村和农户的经营活动发生关联，从而形成自身发展的又一个重要“基因”，并由此促成了农业机械和农机动力机械工业部门的产生和发展。

在中国近代早期机械工业产品的需求市场中，农机产品是重要的部分，正是它引起了大量机械工厂的产生。农机产品市场的扩大又进一步促使农机行业生产的繁荣和发展。而一旦农机产品市场萎缩，会毫不迟疑地引发生产下降和众多工厂倒闭。事实表明，农村和农民家庭经济活动对农机市场的重大影响，是决定许多机械厂生死的生命线，也是影响整体机器制造行业兴衰的基本因素之一。

1. 碾米等农产品加工开始使用机器

中国是有数千年农业历史的文明古国，在农业生产和粮食加工方面自古以来积累了丰富的经验和方法并长期应用。仅就江南一带看，晚清时史料称：“沿扬子江一带，素称产米之乡……独是由糙而白，端赖碾工。”② 江苏武进一带是农产较发达地区，碾米在当地为一重要农村产业。据当地史料载，碾米一业，旧有砻碾、滚碾二法，砻碾，以稻入石磨，运之以牛，用风力扇去稻壳，而成糙米，更以米盛于缸臼，人工足踏木杵舂臼之。滚碾，用石碌碡，运之以牛，以碾成白米为度，不再入舂，此类以北乡为多。

① 需注意的是，土布已按标准机织布重量折合，1 匹 10.9 斤，见巫宝三主编《中国国民所得》（1933）（下册），中华书局，1947，第 99～100 页。

② 中国社会科学院经济研究所主编《上海民族机器工业》，中华书局，1979，第 159 页。

虽然沿用传统的人、畜力方法加工粮食已有千百年之历史，但这种方法在清末已明显不能适应对商品性粮食大量加工的新需求："然以一人之力，日舂米三斛，而其力已疲。"① 在一些需要大量供应商品粮食的地区，出现了粮食"加工大户"引进最先进的机器进行粮食加工的现象："故通商大埠，悉舍臼工而用机碾，取迅速而光洁也。"② 自清宣统间邑人吴康、奚九如在西门外日晖桥试购煤油引擎及碾米铁机［据访问是上海求新制造机器轮船厂制造］代用，较之人工臼舂，其加量为一与二十之比例。于是西门外大来、溥利、公信、宝兴泰等，相继行之。③

第一次世界大战以前，上海郊区市镇的米行、米厂已开始使用国产火油引擎拖动碾米机器，以代替落后的人力与牛力碾米。在个别地点的轧花业和农田灌溉上，也开始用国产火油引擎为动力，但数量极少。第一次世界大战期间，内燃机和农产品加工机器的制造有所发展，市场有所推广。④

上海早期的碾米厂，多以蒸汽引擎为动力，间有使用煤气引擎者，常熟、昆山、无锡、芜湖等产米区早期设立的米厂，亦采用蒸汽引擎，大都是外国货，价格昂贵，非大资本之厂莫办。自火油引擎进口后，特别是1910～1920年民族资本机器厂仿制火油引擎以后，因引擎价格低廉，8匹马力连同米机一台不过千元，于是上海及江南、太湖一带产米区始纷纷开设米厂。内地工资低廉，米源丰富，机器碾米流传日广，国产引擎及米机之销路逐渐增加。⑤

自第一次世界大战开始以后的10年（1914～1924年）间，民族机器工业制造的动力机械与农业加工机械主要是火油引擎与碾米机。市场有一定的发展，销售地区亦日渐扩大。

但内燃机及米机的销路仍然有限，估计自1910年起至1931年止，上海民族资本机器工业制造的火油引擎及柴油引擎用于碾米的，大约23540匹马力，大小碾米机约4000台。⑥ 如表7－7所示。

---

① 中国社会科学院经济研究所主编《上海民族机器工业》，中华书局，1979，第159页。
② 中国社会科学院经济研究所主编《上海民族机器工业》，中华书局，1979，第159页。
③《武进工业调查录》，政协常州市文史委，1982，第1～2页。
④ 中国社会科学院经济研究所主编《上海民族机器工业》，中华书局，1979，第354页。
⑤ 中国社会科学院经济研究所主编《上海民族机器工业》，中华书局，1979，第383页。
⑥ 中国社会科学院经济研究所主编《上海民族机器工业》，中华书局，1979，第382～383页。此外提供的数据与表7－7所引数据不可比较，因为来源不同，统计对象和范围不同。

表 7-7 江苏省（包括上海）引擎及碾米机统计（1930 前期）

单位：家，台

县别	厂数	发动机数	碾米机数	备　注
上海	53	53	126	上海米厂之发动机用电力马达
无锡	27	31	101	无锡米厂之发动机多用柴油引擎
镇江	25	30	38	
南京	39	42	112	南京米厂之发动机多用柴油引擎
昆山	18	26	77	除一家用电力马达外皆用柴油引擎
武进	8	8	21	除碾米机 21 部外又有砻谷机 27 部
常熟	11	29	73	
江阴	15	18	22	
宜兴	5	5	8	
崇明	1	1	1	
青浦	15	18	21	
江浦	3	3	3	
金山	30	40	51	
奉贤	20	20	28	
苏州	14	14	17	
高邮	15	15	15	共计马力 180 匹，其中：6 匹者最多，12 匹者次之，24 匹者最少
高淳	42	50	65	
南通	3	7	13	其中一家专营榨油
靖江	1	1	3	兼营榨油
南汇	11	11	14	其中：1 家兼营榨油，2 家兼营轧花
阜宁	1	1	1	
兴化	21	21	30	
六合	10	10	20	
合计	388	454	860	

注：据民国实业部国际贸易局编《中国实业志（江苏省）》，1933，第八编第二章，第 364～365 页。

又据《上海民族机器工业》编者注：上列《中国实业志》所统计的米厂、米机、发动机数是不完全的。据我们调查，很多较小乡镇的米厂或米行附设的米厂都漏列了……据估计江苏全省包括上海，米机数量当在一千二三百台上下，而浙江、江西、安徽几省，亦有米机一千余台。[①]

2. 农田灌溉等农事生产开始使用机器

再看看用于农田灌溉的动力机械情况。在出现抽水机前，江南农村的农田灌溉均用人力及人工水车。一些地方较大面积的农田灌溉还用牛力：在浦东，有不少地主与富农雇工耕种数十亩田，或将耕地包种于“牛户”。所谓“牛户”是只有牛没有田，专门代客耕种的佃户，所有耕田、戽水、施肥等操作，都由牛户代办。每头牛约可耕种 30 亩。在耕作时，由地主供给伙食，待收成时，以收获量的三成给予牛户，而地主坐取七成，称为“牛三七”。[②]

火油引擎问世后，许多地主富农购备一套，主要用于灌溉，每台 3 匹引擎拖动 5 英寸进口、4 英寸出口的帮浦，每小时约可灌六七亩，一天一夜可解决百余（亩）土地的用水问题。

1930 年代前后，太湖流域的机械灌溉已不鲜见，动力多数为内燃机，亦有小型电动马达：今者太湖流域，机械灌溉已甚流行。考其由来，则当五六年前，上海之机器行商，沿沪宁线各处，推销引擎抽水机，用于农事，问津者极鲜，旋在常州、无锡等处售去数具，试用之下，功效甚著……益以常州戚墅堰震华电气公司之提倡，设立杆线，通电于四乡，以转动抽水机，农民得此便利，更乐于采用……自新式机械流行后，自运河起水多改用帮浦，满贮漕河，由各农户任意车取机械为公司或农社所置备，取费按每亩计算，每年每亩约二元。[③]

棉田的灌溉作用较大，大团的棉田每亩收籽花一百四五十斤，如在农历五六月间，天旱无雨，能及时灌溉二三次，可多收获籽花一二十斤，因此，浦东地区使用小引擎帮浦较多。[④]

据估计：1914 ~ 1931 年（主要是 1925 ~ 1931 年），仅上海一地的民族机器工业共生产内燃机引擎约 40240 匹马力，其中用于灌溉的约有 7700 马力，占总生产马力的 19.1% ，见表 7 - 8。

---

① 中国社会科学院经济研究所主编《上海民族机器工业》，中华书局，1979，第 384 ~ 385 页。

② 中国社会科学院经济研究所主编《上海民族机器工业》，中华书局，1979，第 378 页。

③ 中国社会科学院经济研究所主编《上海民族机器工业》，中华书局，1979，第 358 ~ 359 页。

④ 中国社会科学院经济研究所主编《上海民族机器工业》，中华书局，1979，第 379 页。

表 7－8 上海民族工业机器生产的农田灌溉机械动力概况表

单位：台，匹

机器厂	估计生产引擎台数	马力
大隆机器厂	900	3000
中华铁工厂	150	550
新中工程公司	80	500
上海机器厂	25	100
勤昌机器厂	20	250
新祥机器厂	40	600
吴祥泰机器厂	60	700
吴长泰机器厂	40	500
其他机器厂	1500	1500
共　计	1465	7700

资料来源：中国社会科学院经济研究所主编《上海民族机器工业》，中华书局，1979，第 362 页。

加上无锡、常州制造的内燃机（用于灌溉的）估计产量约 6000 匹马力，以及几年间进口的内燃机（用于灌溉的）约 5000 匹马力，共有用于灌溉马力约 18700 匹左右。这些动力机械，在 1931 年前，灌溉的农田数估计为 1181000 亩。①

（二）农村市场促使动力农机工业初步发展

上海的农用动力机械最早由一家叫求新机器制造轮船厂制造，时间在 1909 年前后。

动力机械是机器工业发展的一个重要标志。上海早期的机械工业，已经能凭工人的智慧和技巧制造蒸汽发动机，但限于设备，只能造小型引擎。求新制造机器轮船厂建立后，开始制造大型蒸汽引擎，并试制小型内燃机。小型内燃机制造成功，使一些农产品加工机器得以在内地应用。② 上海民族机器工业制造动力机器，从水汀引擎（蒸汽机）开始。早期，水汀引擎主要是用在小火轮的制造上。

20 世纪初，始有求新机器厂仿制成功内燃机火油引擎。③“我国仿制内燃机，则以求新制造机器轮船仿造的茂成洋行进口的 8 匹煤气引擎为最早，时

① 中国社会科学院经济研究所主编《上海民族机器工业》，中华书局，1979，第 362～363 页。
② 中国社会科学院经济研究所主编《上海民族机器工业》，中华书局，1979，第 153 页。
③ 中国社会科学院经济研究所主编《上海民族机器工业》，中华书局，1979，第 353～354 页。

间大约在1909年。”[①]“本厂［求新］步武泰西，追踪仿造，效其一得，以供同胞……二十五马力之油气合炸力发动机，为本厂先声夺人之举……该机用于轧花、碾米、抽水等机。宣统元年［1909年］连造数十座，悉行售去，今［1911年］更配以8匹半马力火油引擎以运动之，灵便迅速，碾米机之功效益著。按此机能碾米一百余担，连引擎价一千五百两，每昼夜用火油三十斤之谱。”[②]

“火油引擎的制造，以求新厂为最早。开始制造4～6匹马力，适用于拖动轧花车，销行浦东、宁波……进一步制造8～10匹火油引擎，每台引擎拖动碾米机一台，销行江浙两省的碾米厂。”[③]

农村市场的扩展有力促进了求新厂的发展：“及至宣统元年（1909年）……又添建机母工场一所，专造油气合力发动机及碾米机、水机等，本年行销于南汇、川沙、张堰、朱家角一带。”[④]

内燃机仿造成功，对于农产品加工机器的制造起了重要推动作用。水汀体积大、搬运使用不便、价格昂贵，限制了农产品加工机器在内地的使用。自内燃机仿制成功后，使农产品加工机器得以进入内地市场，而农产品加工机器销路的逐步扩大，又促使内燃机市场的发展，它们是相互作用的。

由于轧花、碾米、榨油等是农村最普遍的农产品加工，又有相当的人工动力加工机械的使用历史，在这些加工业中进一步使用内燃机、柴油机等为动力就不会有太多困难，在经济较为发达的江南农村和上海郊区等地，在劳动力价值较贵而人力加工效率不能满足需要的状况下使用非人工动力机械就顺理成章了。

第一次世界大战以后，引擎的燃料改用沙拉油（薄质柴油）以代替火油，费用节省一半。待柴油引擎仿制成功，费用更省，大有利于引擎的推广使用。1925年前后，江浙两省连年苦旱，引擎帮浦业务大为好转，是时，12匹马力以下的火油引擎及柴油引擎，曾经旺销一时。同时，12匹以上至30匹马力左右柴油引擎，由于苏北等地原使用畜力的老式油坊陆续改用了引擎，亦有一定的市场。

1931年前后的三四年间，是民族工业制造内燃机引擎最旺盛时期，估计

---

① 中国社会科学院经济研究所主编《上海民族机器工业》，中华书局，1979，第158页。

② 中国社会科学院经济研究所主编《上海民族机器工业》，中华书局，1979，第159页。

③ 中国社会科学院经济研究所主编《上海民族机器工业》，中华书局，1979，第158页。

④ 中国社会科学院经济研究所主编《上海民族机器工业》，中华书局，1979，第159页。

最高年产量750台，马力约6000台（匹）。[1]

农产品机器加工和机械灌溉等农业生产，得力于农业机械水平的提高而明显扩大，与此同时，农业机械加工作业的扩大，又有力促使农机动力工业开始发展，各种引擎的制造成为机器制造业中的重要生产。这在上海、江苏等地表现得尤其明显，除上述求新机器制造轮船厂外，上海新祥机器厂、吴长泰、吴祥泰机器厂、上海机器厂、新中工程公司、丰泰机器厂、新昌良记机器厂、中华铁工厂、常州厚生机器厂等均是。

大隆机器厂（以下简称大隆）是上海各机器厂中卓有成绩者。注重生产直接面向农村产品是其重要的经营方针，这对大隆的成长壮大有重要帮助。

1926年以前，大隆机器厂专门从事纺织机器的修配业务……1928年……另辟车间，大量仿制美商慎昌洋行经理的万国牌3匹火油引擎，改用薄质柴油，大大降低了经常消用，并附造抽水机和碾米机，以便于向农村推销。

大隆制造引擎较别厂为进步……1928～1932年，大约造有1000台以上，而且还制造了大批配件备货，可以配套、调换使用。大隆为了推广业务，还专门在厂设立农具传习所，凡向大隆购买引擎农机，均可住厂短期学习，授以引擎使用、保养及简单检修调换零件方法。大隆在嘉兴、无锡、周浦、高邮设有代理处……销售地区以苏北高邮及上海浦东二地为大宗，无锡次之，江浙两省以外极少。客户以富农商人为多，往往购买引擎、帮浦、米机三样一套，自用之外，兼做生意。一年之中，打水之后轧花，轧花之后碾米，业务络绎，利润亦厚。因此引擎生意，一时颇呈蓬勃气象。

“一・二八”战争之后，日本帝国主义侵略，江浙等地农村破产，引擎农机销路日蹙，大隆遂复注重纺织机械之制造，而农机制造日益减少。

1930年春，上海中华职业教育社农村服务部组织中华新农具推行所后，大隆便与该所订约，将大隆火油汲水引擎与汲水帮浦……装置船上，游行于江苏省之昆山、常熟、无锡、苏州、青浦、南汇各县，召集民众，实地试验，并广劝农民，利用新式机件，以增农产。[2]

大隆以“用引擎比用人力或牛力都便宜得多”作为宣传。且引擎所需资金并不太大，又逢当时连年干旱，因此一时尚有销路。大隆在抗战以前共造引擎不到二千台，1932年以前的二三年中造达一千余台，年销二三百台。[3]

---

① 中国社会科学院经济研究所主编《上海民族机器工业》，中华书局，1979，第354页。

② 中国社会科学院经济研究所主编《上海民族机器工业》，中华书局，1979，第375页。

③ 中国社会科学院经济研究所主编《上海民族机器工业》，中华书局，1979，第374～375页。

新祥机器厂在上海民族机器工业同业中，特别是在引擎米车制造中属于规模较大者，同样规模的厂不到10家。[①] 其发展与农村农机市场的开拓亦密切相关。该厂于1916年开始仿造小型火油发动机及碾米机等。由于适合农村需要，业务逐渐发展，原有厂房不敷应用，乃在1919年……租地自建厂房，又逐渐添置设备……[②]迄1930年，综计新祥机器厂前后订货客户，约有二百余家，其中绝大部分是经营碾米的……销售区域……百分之九十左右的客户集中在上海郊区、苏南太湖地区及苏北地区一带，浙东、浙西较少，福建、广东、江西、安徽仅有个别客户。新祥机器厂并在昆山自设新诚三厂及祥诚厂，专营代客碾米业务。[③]

新祥机器厂每年营业额经常在10万元上下，其中：百分之五十为制造，百分之四十左右系修配，百分之十左右系代客购办机物料务。该厂产品以农村和农业经济活动需求为主要市场，95%以上的业务客户都是农村和农产品加工客户（见表7－9）。

表7－9 新祥机器厂订货客户类别（1925年）

单位：户，%

项目	米行米厂	油坊油厂	轧花厂	电灯厂	灌溉	合计
户　数	30	7	2	2	6	47
百分比	63.80	14.90	4.30	4.30	12.70	100

资料来源：据新祥机器厂1925年订货薄综合，转引自中国社会科学院经济研究所主编《上海民族机器工业》，中华书局，1979，第388页。

吴长泰、吴祥泰机器厂的发展同样依赖农村市场。两厂在第一次世界大战中，陆续制造了不少火油引擎及农机，初期销售浦东及上海郊区一带。1913年，吴长泰制造的水泵、火油引擎，开始少量销往无锡荣巷乡村。大战结束，火油引擎及碾米机，以销往江西为主，如南昌、吉安、樟树的米商纷来购机，吴祥泰、吴长泰二厂虽各年产四五十台，尚供不应求。南昌最大的客户是郭正丰米厂，该厂全部引擎及砻谷、碾米机器设备，都向吴长泰采购。吴长泰制造的水泵以销往无锡、常州及浙江的南浔等地为主。[④] 吴祥泰机器厂

① 中国社会科学院经济研究所主编《上海民族机器工业》，中华书局，1979，第387页。

② 中国社会科学院经济研究所主编《上海民族机器工业》，中华书局，1979，第211页。

③ 中国社会科学院经济研究所主编《上海民族机器工业》，中华书局，1979，第210~211、387页。

④ 中国社会科学院经济研究所主编《上海民族机器工业》，中华书局，1979，第212页。

制造火油引擎历史较早，在同业中产量最高，1919～1922年的几年中，为该厂的全盛期，常雇工一百人以上，年产引擎五六十台，马力8～30匹，销路遍及江西全省，如南昌、赣州、吉安及九江至南昌铁路沿线一带，莫不有吴祥泰引擎的踪迹。其他如江浙之沪宁、沪杭铁路沿线大小城市，苏北各地，安徽之芜湖，湖北之汉口均有销路，地区之广，同业中无出其右者……吴祥泰制造的引擎，绝大部分用于米车，少数用于帮浦抽水，用于发电者仅有……几家……①

上海机器厂的主产品引擎均销往农村，为了扩充产品销路，该厂专为农村设计不同产品以适应需要：当时的引擎，如用燃料来划分，大别有四种，即汽油、火油（煤油）、沙拉油（薄质柴油）、柴油（黑油）。其中汽油适用于1～2匹小马力引擎，火油适用于3～8匹，沙拉油系火油代用品，将火油引擎零件略做改良，即能应用。柴油则大都用于10匹以上。一般来讲，10匹以下的引擎，汽缸小，进力不够，如用柴油，不易成功也难以制造。火油引擎则需装用进口货“麦尼多”发火器，如引擎销往农村，不但“麦尼多”价贵，成本增加，且调换修理皆属不便；因此，我等另行设计四匹柴油引擎一种……②

黄岩系山区，人口集中，土地肥沃，物产丰富，向称浙东富庶之区，购去引擎，主要用于碾米。当时碾米一担，收费二角小洋，4匹马力五福牌引擎带动一台小米车，最高产量一天10小时碾米70担，平均亦在四五十担。每天收入达8元左右，耗用沙拉油1元多一点儿，人工不到1元，每天可净盈6元左右。如此高利，乡间富农商人自然趋之若鹜。而且引擎米车，皆甚小巧，利于山区，二人扛抬，即可巡回营业，因此在“一·二八”战争以前，五福牌引擎专销台州一带，共达二百台左右，1930年数十台，1931年百余台。“一·二八”战争以后，复陆续销往一百余台。

但4匹马力引擎，马力毕竟太小，拖一台米车，甚为吃力，不耐用，车油浪费较大。“一·二八”战争以后，上海机器厂仿造较为简单的德国引擎，先后仿造成功的有6、8、10、12、16匹等马力几种规格，其中以8匹马力引擎最为优良，客户深为满意，用以拖动一台米车绰绰有余，机器不易损坏，后该厂对于4匹马力引擎即行停造，大量制造8匹马力一种，其他规格，则

① 中国社会科学院经济研究所主编《上海民族机器工业》，中华书局，1979，第397页。

② 中国社会科学院经济研究所主编《上海民族机器工业》，中华书局，1979，第394页。

根据客户订货制造。

上海机器厂制造的引擎销路以销往台州附近各县为多，其中复以黄岩销数最大，大部分用于碾米，客户多是富农商人，也有中农几人合伙购机经营的。其他地区则安徽的六安、江苏的扬中，各销数十台；南京、宜兴、靖江，仅少数。[①]

中华铁工厂为提高经营效益，将主产品定为面向农村的抽水机和小型引擎。

中华铁工厂在1925年成立以后，即着手制造各种机器如搪瓷机、砖瓦机等，颇为各方所乐用。但上列专业机械之制造，每种只有一二主顾，无法大量生产，不能满足该厂已经扩充的生产能力。因此设法制造销路较广的抽水机及小引擎，作为该厂的经常产品。

3匹马力引擎每台售价300元左右。销售地区以上海近郊及江浙两省的沪宁、沪杭铁路沿线为多，苏北高邮的利农站、中华职业教育社组织的新农具推进所，都有一定数量的销路。[②] 当时连年干旱，采购引擎帮浦者增多，中华铁工厂经常日夜赶制，常感供不应求。

沪杭路上的嘉善地方，富农地主雇工耕种较多，采用引擎的也不少。如中华铁工厂的客户之一沈起超，系退职官僚地主，雇工耕种二百多亩稻田，购用引擎、帮浦、碾米机器，以供灌溉轧米之用。[③]

厚生机器厂的资本家奚九如，原在常州设立碾米厂，引擎、米车都是向求新机器制造轮船厂（以下简称求新）购买的。后因引擎发生故障，如去上海修理，非常不便，遂与求新商议，拟在常州设立机器厂。经求新朱志尧的支持，乃于民初创立厚生机器厂，其技术力量由求新支援。求新供给厚生机器厂全部火油引擎图样，使厚生机器厂在1915年也能制造火油引擎。[④]

除上述较大机器厂外，上海机器制造行业的产生和发展直接依赖于农村市场还有许多例证。如合兴机器制造厂：第一次世界大战期间建立。最初亦是制造火油引擎，马力8.5匹、25匹。25匹引擎可拖动三台米车，价格上每部25匹引擎1750元。时合兴每月造3~5台，业务应接不暇。初销嘉兴、平

① 中国社会科学院经济研究所主编《上海民族机器工业》，中华书局，1979，第396页。
② 中国社会科学院经济研究所主编《上海民族机器工业》，中华书局，1979，第378页。
③ 中国社会科学院经济研究所主编《上海民族机器工业》，中华书局，1979，第379页。
④ 中国社会科学院经济研究所主编《上海民族机器工业》，中华书局，1979，第227页。

湖，后远销通州、汉口、常州等地。一般引擎与米车是同时制造的。[①] 又如丰泰机器厂：1918 年创设……初时业务以承包同业加工业务为主，如向徐宾贵开设的一新机器厂包工代车 24 匹马力引擎部件曲轴，每根车工 50 元，飞轮每只车工 25 元，仅堪维持而已…… ［1920～1932 年“一·二八”战争之前，共制造过 50 余台柴油引擎，马力在 12 匹至 25 匹之间，大都用于无锡、常州作灌溉之用。[②]］ 再如新昌良记机器厂：1918 年设立，以专门制造碾米机为业务，开始时每月销售只有三四部，每部价格在 140～150 元，有较好利润。随后业务日益扩大……价格最后减至 100 元，新昌系专业制造，成本较低，还有 20% 左右利润。有些制造农村引擎同业，也向新昌拆购碾米机，价格还可打九折……五卅前后，每年销达二三百部，碾米机头也年销二三百只，添配筛子、滚筒、三角铁、米刀、地轴、轴承等零配件业务也经常忙碌非常，每年营业额有五六万元。1918～1927 年碾米机总销量共有一千台以上，碾米机头也达一千多只。销售遍江浙两省……[③]

除动力农机外，晚清至民国以来，农村经济活动中逐渐使用一些新式农具，如剥棉花花衣、棉籽剥壳机械、水蒸气蒸饼机、黄豆榨油机等，这类新式农机具，不论是否用动力带动，都促进了农机制造行业的发展。

如求新经过改良，既改进了农机具的性能，又为自身开辟了农村市场。

剥花衣机：欧美本有此种机器，本厂后大加改良，便捷远过西式，价亦较廉……本厂造此棉籽剥壳机每昼夜能剥花核二百余担之多，每座报价规元 800 两……

棉籽剥壳机：本厂造此棉籽剥壳机每昼夜能剥壳六百担……

压水力榨油机：每机每日榨棉花籽肉六十余担，出净油二千余斤……

水汽蒸饼机：每机每分钟能加工饼 300 斤，全机纯用生熟铁造成，重 1.5 吨。

黄豆榨油机：求新所制黄豆榨油机出油净多，饼质坚实，较之旧法，奚啻天壤。此机十座为一连，每日出油一千余斤……[④]

至 1930 年代，新式农具的使用及制造更进了一步：新式农具，均系铁工厂兼造。现在我国铁工厂散布各大都市，故新农具于通都大市，常见出品，

① 中国社会科学院经济研究所主编《上海民族机器工业》，中华书局，1979，第 212～213 页。

② 中国社会科学院经济研究所主编《上海民族机器工业》，中华书局，1979，第 220～221 页。

③ 中国社会科学院经济研究所主编《上海民族机器工业》，中华书局，1979，第 227 页。

④ 中国社会科学院经济研究所主编《上海民族机器工业》，中华书局，1979，第 160 页。

但制品之多与制品之精，推江苏省之上海与苏州、河北省之保定、安徽省之安庆等县。上海铁厂兼制新式农具之著名者，为戈登路（江宁路）底之大隆铁工厂、西门陆家浜之中华铁工厂……新民机器厂……新中工程公司……大有农具公司等。[①] 苏州制造农具之著名者，则推苏州胥门内之江苏省立农具制造所。保定之制造农具之著名者，则推保定南关之济农工厂。而安徽之安庆，亦有著名农具制造处，其出品概由安徽省政府建设厅农业推广处推销。现查各厂之出品，计有汲水机、割稻麦机，打稻麦机、剥玉蜀机、中耕机、新式犁、条播机、新农播种机、新农镰刀、磨粉机等十余种如表 7－10 所示。[②]

表 7－10　中国国产新式农具概况

单位：镑，元

项目	说　明	重量	价格
碾米机	原动力需用 12 匹马力每小时出米 12 担	400	100
五齿中耕机	牛力拖动，除草松泥极为合用	50	12
三齿中耕机	同上	45	9
新式 8 英寸犁	牛力拖动耕田轻速	40	15
玉蜀黍条播机	牛力拖动播种匀速	60	14
棉花条播机	牛力拖动播种匀速	42	0.28
新农割稻麦机	简便迅速妇孺均能使用		
新农镰刀	割稻麦用		
新农播种机	播种用，平匀迅速一人足抵数人	4	6
打稻麦机	妇孺亦能使用一机足抵三人	69	25
剥玉蜀机	一人之力每小时可剥六百数十斤	24	12
磨粉机	用人力磨碎饲料		2.5
桑剪机			1.5

资料来源：《中国国产农具之制造情形》，《工商半月刊》2 卷 9 号，1930 年 5 月 1 日，转引自中国社会科学院经济研究所主编《上海民族机器工业》，中华书局，1979，第 415 页。

（三）农村市场的兴衰是制约农机制造厂命运的根本因素

农村市场是农机制造企业的生命线，农村市场的兴衰决定了农机厂家命运。在农村市场兴旺时，大量农机企业得以产生和发展，但是一旦农村市场

① 中国社会科学院经济研究所主编《上海民族机器工业》，中华书局，1979，第 413 页。
② 中国社会科学院经济研究所主编《上海民族机器工业》，中华书局，1979，第 413 页。

萎缩，农机厂家就难以避免转产乃至破产的境地。当然，农村经济好坏是制约其市场的根本因素，在近代中国，农民、农户和整体农村经济的发展状况总体不佳，存在诸多严重问题和弊端，这从根本上制约了农机市场的需求，是影响近代中国农机工业和机器制造工业发展壮大的根本原因。

中华厂的情况是：农业机械的销路也只有江浙两省，而在江浙两省的有限地区中，只有为数极少的地主富农商人购买，其范围之小，应用不广，数量有限，至为明显。加上……天灾人祸……农村日趋破产，三四年后，各制造农机的机械厂纷纷减产，或改制其他产品，中华厂的制造也逐渐转向机床方面。①

同时，美人何德华与美商美生洋行合作设厂，制造同样的 4 匹马力柴油引擎，名红龙牌……我们曾向海关摸过底，据称上海每年进口小马力引擎约达五六百台，马力 3000 匹以上。因此，何德华一开始制造，就以托拉斯方式，以每年生产 500 台为目标，大量制造……但是，由于中国农村购买力薄弱，一时不能大量使用机器，故何德华大量制造以后，存货积压，大都销不出去。加上内地代理商分销处，机器损坏以后修配困难，又是外国人企业，内地客户觉得不便于打交道，引擎质量又差，终致失败。“一·二八”战争以后便停业拍卖。②

由于农村破产，帮浦的使用受到极大限制，即使苏南一带也不普遍。如邻近上海的松江、昆山一带，由于田低水平，田与地距离一般仅一二尺，农民大都使用风力或牛力戽水，一台风车仅数十元，费用省，使用柴油机帮浦不合算，因此极少使用。在常州以上地区又因田高水低，田与水距离往往达二三丈，需要较大马力的柴油机帮浦，成本较大，农民无力负担，因此又无法推广。苏北某些地区则水高田低，帮浦大都用于排灌，而小规模的排灌大部用风车代替，大规模的则无力举办，因此购用者亦有限。至于浙江、宁波等山地，又因水源不大，田地分散，加上运输不便，无法将引擎装在船上移动，除非有较大灾害发生，否则帮浦销路很少。

帮浦在无锡有销路，主要由于无锡有充足的水源，有取之不尽的太湖水。另外，无锡的耕田与水源高低差距一般在一丈以上，当地耕牛很少，一向雇用人力戽水。无锡是发展较早的工业城市，产业工人有一定数量，农村人力

① 中国社会科学院经济研究所主编《上海民族机器工业》，中华书局，1979，第 379 页。

② 中国社会科学院经济研究所主编《上海民族机器工业》，中华书局，1979，第 395 页。

较缺，雇工工资较高，特别在农忙时，戽水日夜不息，雇工更为困难。因此，柴油机帮浦出现后，农民乐于接受。[①]

宏观来看，农机制造业的兴衰完全取决于农村经济和农民的需求，没有农村经济的需求，机器制造业不可能在晚清以后发展起来，且形成一个完整行业并使整个行业进一步发展和升级。

① 中国社会科学院经济研究所主编《上海民族机器工业》，中华书局，1979，第368页。

第八章　以农村、农户经济为基础的近代工业间的产业关联

一　中国近代机械工业与棉纺织业的产业关联

（一）简析大隆机器厂的“铁棉联营”

中国近代机械工业以棉纺织机械为主要客户。大隆机器厂（以下简称大隆）是中国近代机器制造业中少见的有成绩的大企业。大隆的发展壮大离不开棉纺织工业的整体发展，更有赖于其“铁棉联营”的经营方针。“铁棉联营”促进了大隆发展，也提高了相关的棉纺织厂的经营成效。

大隆与棉纺织企业的关系不是孤立的。在近代上海乃至全国，机器制造工业的发展与否都与棉纺织工业有重要关联，不过大隆做得更好而已。而中国近代棉纺织工业又以农村为主要市场，是为农村手工织布业提供原料的。在颇大程度上，“机器制造业（主要重工业之一）依赖于棉纺织工业（主要轻工业之一）；棉纺织工业又主要依赖于农村经济”这一基本史实，为我们思考中国“现代化”道路的本土特征提供了值得注意的历史素材。

1. 大隆的生存发展与近代棉纺织业①

大隆机器厂可谓近代中国机器制造业中发展成效显著的厂家。大隆的产品和服务的主要对象是棉纺织厂。它发展的成功离不开近代棉纺织工业的发

---

① 本部分中有关大隆机器厂的事例，除另注外，都采用中国科学院上海经济研究所、上海社会科学院经济研究所著《大隆机器厂的发生发展趋势与改造》，上海人民出版社，1958。

展，而近代棉纺织工业的不景气也对大隆起了重要制约。

从轮船修理转向纺织机械修配奠定了大隆的生存基础。

大隆初创于1902年，最初十分简陋，只有资本7500两，为三家合股，厂主严裕棠占1/3股即2500两。租用上海杨树浦一个里弄中的二间平房为临时厂房，有工人7人、学徒4人，没有什么设备，只做些零星修理工作。

1903年大隆迁址正式建厂，初期业务是外国轮船机件的修配。由于业务有限，竞争较多，经营业绩并不理想。

当时纺织工业的一定发展促使大隆向修配纺织机械业务转轨并开始初步扩张。

1905～1913年，国内纺织厂从18家增至31家，增加了13家，共计纱锭842812锭，[①] 在上海有16家纱厂，纱锭485400枚，占国内棉纺工业的58%。纺机零件多，损耗率大。当时普遍使用的蒸汽引擎也易出毛病，常需修理。这些都大大增加了机械修理业务的需求。但机器修理厂增加不多，当时上海共有8家机器厂，除新祥外都是小厂以至半手工作坊。此时的大隆，在技术上已积累了一定经验，设备较前大为增加，机器修配能力较同业高出一筹。在"需要多、利润大"的刺激下，很自然地转向纺机零部件的制造和修配业务。

长期承接两项纺机工程奠定了大隆业务向纺织机械成功转轨的基础。其一，1909年日商内外棉株式会社在上海建厂，日厂的蒸汽锅炉发电机损坏，英商船厂无法承造，大隆却成功生产，声名顿起，此后内外棉的机器修配工程长期都归于大隆。其二，为英商恒丰洋行代制传动装置（恒丰洋行专营机器订购业务，主要是纺织机械和面粉机械。传动装置把动力传导到工作机上使其运转，制造比较容易，恒丰洋行为节省运费，就把它包给大隆代制。大隆承包这项工程不仅是大而稳定的买卖，而且由于设计图纸和技术指导都是恒丰提供，有力推动了大隆的生产技术提高和机器制造业务的发展）。至1912年前后，大隆的主要生产业务已经转到修配纺织机件方面。

大批纺织机械修配业务为大隆奠定并巩固了生存基础。业务的发展使大隆于1913年开始初步扩充，工人和设备增加，1914年沿平凉路新增厂房落成，工人从六七十人增至一百余人。

---

① 丁昶贤：《中国近代机器棉纺工业设备、资本、产量、产值的统计和估量》，《中国近代经济史研究资料》1987年第6期，第87～89页。

1914 年后至 1923 年前后，第一次世界大战为中国纺织工业带来的繁荣机遇使大隆在初步扩充后获得第二次大扩充。

1914 年，国内有中外纱厂 33 家、纱锭 956076 枚。至 1924 年，纱厂增至 112 家，纱锭 2977462 枚。厂数增加 239%，纱锭增加 211%。因为纱厂生意特好，厂家只求机器能正常运转，因机器停顿一日，厂家即损失一日利得，因此厂家只求机器修配快速，并不过多计较修配价格。纱厂的修配生意数量既多，价格又高，这无疑为以纱厂机械为业务的机器修配厂的发展提供了大好空间。由于大隆的设备和技术明显高于一般厂家，在工作速度和质量上占有优势，对于一般厂家无力完成的任务，大隆不仅可以漫天要价，而且扩大了自身信誉。这些都促使大隆业务迅速发展，在同业中独树一帜。此时的大隆业务除了日本纱厂外，还增加了申新、大成等许多民族资本纱厂。

棉纺织机械修配业务的扩充使大隆的生产能力和生产规模大为发展，上了一个大的新台阶。

在生产能力和技术水平方面，1920 ~ 1923 年，大隆成功完成从修配零部件到制造部分纺织机械的过渡：①能够独立承造全部纺织机械的传动设备；②试制成功工作母机以及柴油引擎、抽水机、碾米机等农用机械；③最重要者，于 1922 年试制成功部分重要纺织机械，如织布机、清花机、打包机等。

生产规模进一步扩大：1918 年夏，在大连湾路购地另建新厂房，1920 年全厂迁入新址。新厂厂基占地 10 亩，新增进口机器如铣床、磨钻床等，全厂有各式工作母机和机床 100 余部、工人 300 余名。

2. “铁棉联营”的双向效应

随着“黄金时代”的逝去，1923 年后中国棉纺织工业步入整体困境。棉纱销路锐减，大量纱厂转为亏损，对纺织机械设备的需求大减，以纱厂机器设备为主要业务的机械制造行业难免颓势，大隆自然难免。

大隆虽然已有制造织布机等纺织机械的能力，但纺织工业的不景气以及一些大的厂家对国产设备的不信任，使大隆织布机的销路相当困难。但大隆的起家和发展的经历告诉厂主严裕棠，以机纱为主产品的棉纺织工业是当时中国最大的产业部门，只有坚持以纱厂为主要服务对象，以修配、生产棉纺织机械为基本业务，才最有可能保住生存乃至发展的空间。1925 年，严裕棠毅然决定租用尚在停产中的苏州苏纶纱厂（以下简称苏纶），在 1927 年更以银 30 万两将苏纶买下，试图走出一条“铁棉联营”的经营战略，以修整、更新苏纶设备促使其发展，在苏纶的发展中打造大隆的前途。

严裕棠的“铁棉联营”战略获得了成功。1926～1937 年，与之联营的苏纶纱厂、仁德纱厂等从亏损变为赢利，大隆也获得较大发展。

苏纶创办于 1897 年，是近代中国最早兴办的纱厂之一。成立后经营效果一直不好，数度更换厂主，机器陈旧，厂房破败。在大隆租用前，有纱锭 20000 枚，处于停产状态。租用期间，因厂房有倒塌危险，曾被当局勒令停工。严裕棠并未退缩，反而逆势而上，在 1927 年毅然买下苏纶。

经过一年多整修，苏纶面貌焕然一新。1930 年，苏纶增设新厂，设纱锭两万。1931 年，苏纶新设立织布厂，有布机 300 台，后增至 1000 台。1930～1931 年，苏纶年销机纱 2 万余件，布 11 万匹。年平均纯利润 40 万两。1932～1937年，苏纶进一步扩展：1933 年，资本 105 万元；1935 年，资本 130 万元；1937 年，资本 200 万元。

与苏纶联营的成效使严裕棠大大坚定了贯彻“铁棉联营”的方针并加以扩大。1934 年，严裕棠以 35 万两买下隆茂纱厂，改名仁德纱厂。将原有纺纱机器扩充为 17000 锭；新增织布机 470 余台，1935 年全部开工。

1935 年 3 月～1937 年 6 月，仁德纱厂纯益 533248 元。1937 年 7 月一个月中，获纯益 78405 元，资产合计为 2277513. 85 元。

除直接收购上述两纱厂外，大隆还向常州民丰纱厂、郑州豫丰纱厂、江阴通仁毛棉纺织厂部分投资，严庆祥（严裕棠之子）在 1933～1934 年曾任这三厂的总经理。

以上是大隆“铁棉联营”的基本内容。此外，大隆产品还大量行销本地、外地的纺织厂，如上海的永安纱厂、鸿章纱厂，江阴的利用纱厂，等等。

值得注意的是，1933～1936 年，中国棉纺织工业特别是民族纱厂经营十分困难，大量纱厂减工停工，严重亏损，企业改组倒闭之声不绝于耳，一些著名大企业如申新系统、大生系统也难幸免。但成效一直不佳的苏纶、仁德纱厂能在大隆接手后赢利不菲，在当时棉纺织工业中可谓奇迹。这是“铁棉联营”效果显著的明证。

“铁棉联营”对大隆发展的贡献尤为重要。

1927～1931 年，当大隆只与苏纶一厂联营时，1931 年大隆纯益 35285 银元。1932～1937年，大隆进一步扩大了“铁棉联营”，企业获得全面大发展。企业资本从30万两增至50万元，1937年增至100万元。企业规模发展：工作母机500余部；工人约1300人（1936～1937年略减）。重要的是，生产技术和工艺组织方面都有较大改进，在铸冶、机械加工、量具制造、热处理等方面都实行了一系列技术改革，使企业生产能力和技术水平得到很大提升。例如，在铸冶方面，设计制造了每小时熔铁3000千克的冲天炉，代替了原有的三节炉，对节约燃料、提高熔化能力、降低废品率都起了显著作用。在机械加工方面，大隆原有车床多为皮带带动，这时设计制造了齿轮变速的6英尺车床数十台，质量相当高，以及16英尺龙门铯床，等等。在热处理方面，过去热处理仅由锻工操作，此时建立了热处理工段淬火车间，设计制造了盐浴炉等设备，在上海首次采用了高温含氰盐浴渗碳，使纺机上的主要零件的产量和质量大大提高。

随着技术和生产能力的提高，大隆最终成功实现了纺织机械制造业中最关键的跨越，即成功制造整套棉纺织机器。制造能力方面，已达每年制造4万锭左右，所制造的各类纺织机件已达50种之多。

大隆的产品以质量高、品种全在用户中树立了声誉。1935年江阴利用纺织公司致信大隆说：“前向贵厂订购400锭之大隆式大牵伸精纱机，自运转以来已逾十月，其成绩优良，堪称国货机器中之翘楚。至于各部分机构之准确，车面之平衡，齿轮走声之低微，均与舶来品无分轩轾……敝厂经长时间之试验，知贵厂出品之佳，深致钦仰。”①

（二）机器制造业与棉纺织工业的产业关联

大隆与棉纺织企业的关系不是孤立的。在近代上海乃至全国，机器制造工业的发展与否都与棉纺织工业有重要关联，不过大隆做得更出色而已。

1. 对棉纺机械设备的修理安装奠定了上海机械工业的最初基础

1860～1894年，上海尚无纺织机械修配专业，全部机器厂的投资规模只有3600元。

至1895年，上海只有5家纺织厂，所用机械为全套进口新机，还谈不上

---

① 中国科学院上海经济研究所、上海社会科学院经济研究所：《大隆机器厂的发生发展趋势与改造》，上海人民出版社，1958，第51页。

产生纺织机械修配专业的市场需求条件。当时的机器修理业，主要是适应外国轮船的修配需要，总体规模很小。

1895～1913 年是上海纺织机器安装修配业务的开始时期。

1895～1913 年，上海开设了 6 家外商纱厂，共有纱锭 260264 枚。华商纱厂 6 家，共有纱锭 141920 枚。机器厂随着纺织厂的增加而相继设立，并随着纺织业的发展而逐步形成机器修配专业厂（见表 8－1）。

表 8－1　纺织机器修配专业厂（1895～1913 年）

单位：元

创设年份	厂　名	创设资本估计	备　注
1896	协泰机器厂	1000	专修怡和机器
1902	炽丰机器厂	300	专修洋布局机器
1902	大隆机器厂	10270	1905 年前为合伙，修理轮船
1912	东华机器厂	1000	原系进口机器行
1912	永源机器厂	300	火柴机

资料来源：中国社会科学院经济研究所主编《上海民族机器工业》，中华书局，1979，第 183 页。

协泰机器厂：1897 年，与怡和纱厂拉上了业务关系。由于业务的扩展，部分纱厂附件，如皮带盘、地轴配件以及轴承等修理，也陆续经营起来。1911 年以后，杨树浦的德大、厚生、振华、永裕等纱厂相继建立，协泰厂业务始见起色。

大隆机器厂：（1905～1913 年）纺机零件多，损耗率大，当时的动力都是用（蒸汽）引擎，容易出毛病，都常常需要修理。在当时既是需要多，利润大，它（大隆）当然要把生产业务向这方面转移。①

又据徐新吾、黄汉民的较新研究，1895～1913 年上海共开设了 16 家中外商纱厂，有纱锭 485400 枚。② 机器厂随着纺织厂的增加而相继设立，随着纺织业的发展而逐步形成机器修配专业。

至 1913 年，纺织机器修配专业已超过外轮修配专业、公用事业及洋行机器修配业、针织机器制造专业、缫丝机器制造专业、印刷机器制造专业的投资总额，成为机器厂中最主要行业（不计“其他”业），投资额达 12870 元（见表 8－2）。

---

① 中国社会科学院经济研究所主编《上海民族机器工业》，中华书局，1979，第 181 页。

② 徐新吾、黄汉民主编《上海近代工业史》，上海社会科学院出版社，1998，第 311 页。

表 8-2 民族资本机器工厂设厂数资本额统计（1866~1913 年）

单位：家，元

机器厂类别业别	1866~1894 年		1895~1913 年		1866~1913 歇业厂		1913 年合计	
	设厂数	创立资本	设厂数	创立资本	停工厂数	创立资本	厂数	资本
外轮修配专业	2	500	4	2300	-1	-1000	5	1800
公用事业及洋行机器修配业	1	200	4	2500	-2	-1400	5	2700
纺织机器修配专业	1		5	12870	-3	-1200	5	12870
针织机器制造专业	5	400	3	500	-1	-50	3	500
缫丝机器制造专业	3	2200	9	5600			8	4600
印刷机器制造专业		300	7	2100			7	2100
其他机器制造专业			28	9100			28	9100
引擎小火轮制造专业			12	49570			14	50570
轧花机及其他农机制造专业			14	2520			16	2770
合　　计	12	3600	86	87060	-7	-3650	91	87010

资料来源：中国社会科学院经济研究所主编《上海民族机器工业》，中华书局，1979，第 196 页。

2. 1914~1924 年，在中国民族工业的"黄金"发展阶段中棉纺织业的快速发展有力带动了民族资本机器工业，形成纺织机械重要部件的生产能力和整机的仿制能力

第一次世界大战爆发后，我国民族棉纺织工业获得了暂时发展，各纱厂无不利润优厚，纷纷扩大规模，兴建新厂。以纺织工业为服务对象的机器厂也就有了一定的发展。一方面，纺纱机器的修配业务扩大，许多机器厂扩大了规模，增设了一批新厂。另一方面，织布机的制造有所进步，不少工厂转入织机生产。1913 年上海经营纺织、缫丝机制造的民族资本机器厂只有 13 家，至 1924 年，除中间停业者外，共有 50 家。"迄大战后期，纺织工业迅速发展以后，纺织机器零件修配业务随之激增，机器业中专营修配业务的工厂，获得一时的发展机会。老厂纷纷扩充范围，增添设备；新设工厂先后踵起，蔚为一时之盛。"①

① 中国社会科学院经济研究所主编《上海民族机器工业》，中华书局，1979，第 257 页。

（1）纺机修配业务的增长和修配厂的增加

各厂的业务对象方面：大隆以日人设立的内外棉、喜和、大康等纱厂为主，同时兼及国人创设的申新、崇新、鸿裕等纱厂；协泰以英商新老怡和纱厂为主，兼及国人创设的德大、厚生等厂；义兴盛以申新、三新等纱厂为主，兼营翻砂配件铸造业务；炽丰及张仁记业务亦以三新纱厂为主；专门制造纺织机械零件的张万兴等数家，则以国人设立的各大纱厂如上海的申新及南通的大生纱厂为主，同时分包大隆及炽丰厂的业务。①

［大隆］这时的修配生意，为纺机零件、传动装置中的零件以及引擎配件等，修配生意数量既多，出价亦高，因机器停顿一日，资本家即损失一日利得；加以当时纱厂生意甚好，因此只求修得快修得好，价钱并不在乎。一般修配业务已很可观……［大隆］的规模已超过所有同业，成为当时私人经营机器厂中最大的一个。在生产业务上，虽仍以修配为主，但已经开始向制造厂过渡，若干机器已试制成功……大隆在这段时期的主要生产业务仍然是修配纺织机件，但内容和范围都比过去扩大了。在内容上，不仅是修配一般机件和引擎，而且承造全部传动装置……开始独立设计制造。当时它所制造的传动装置，采用的工厂很多，并受到用户欢迎。②

［义兴盛铁工厂］纱厂在该时可谓飞黄腾达，利润极高，只求出纱快，生产多，修理费在所不计。因此机器厂修理纺机的利润亦随之增加，利润率高达200%是普通的事。1921年，将厂房翻造一新，同时……设立分厂，业务扩大。③

［张万兴机器厂］最初，以分包大隆、炽丰等厂的业务为主。迄大战后期，有了恒丰、宝丰、宝通等纱厂客户，后承接南通大生纱厂一批牙齿盘生意，一次就上万只……日夜开工，尚感应接不暇……这时张万兴已发展成为有三个打铁炉的铁店三处，有八台车床的机器厂一所，有十一台车床的机器厂一所，翻砂厂一所，并投资于其他机器厂。④

修配业务大为增加自然促使纺机修配厂的增加，此时期增加的纺织机械修配厂有新民机器厂、久大机器厂、钰昌机器厂、华昌铁厂、发昌机器厂、

① 中国社会科学院经济研究所主编《上海民族机器工业》，中华书局，1979，第256～257页。
② 中国社会科学院经济研究所主编《上海民族机器工业》，中华书局，1979，第259页。
③ 中国社会科学院经济研究所主编《上海民族机器工业》，中华书局，1979，第260页。
④ 中国社会科学院经济研究所主编《上海民族机器工业》，中华书局，1979，第260页。

安泰铁厂……①

这一时期，上海纺织机械行业的变化不仅仅体现在工厂数量和业务量的外延增长方面，更重要的是全行业在生产技术和水平上的提升，即实现了国产纺织机械重要零件的自主制造。

大战以前，经营纺机修配业务的民族机器工厂很少，技术上只能修配皮带盘、齿轮等传动设备……大战后期，业务范围有所扩大，修配零件品种增加。大战之后复有发展……增加了加工精度较高的洋枪管、法兰翼子、钢丝车斩刀、细纱车皮带弹簧、锭胆等零件的修配与制造，并开始修理锭子。中国铁工厂创立以后，更仿制成功细纱机三大零件锭子、钢领圈、罗拉，在纺机零件制造上大大进了一步。②

锭胆是纺织机械中主要零件之一。时日本货倾销，称霸市场。日货锭胆售价每只 7 分，而该厂自制每只成本就要 8 分，锭胆上面的弹簧还是日本进口的。而日本锭胆是家庭工业生产的，成本很低，因此国货锭胆，非加深研究改进品质，不能与日货竞争。经过不懈努力，大昌源厂终于将锭胆制造出来。③

（2）自动织布机整机仿造的实现大大提升了机器制造业的行业水平

第一次世界大战发生以前，上海各大纱厂附设的织布部分的织机设备，绝大部分是进口的铁机……大战发生以后，随着纺纱业务的发展，棉织业继起获得发展，各厂给纷纷添购布机，上海与内地中小型布厂设立者如雨后春笋，盛极一时，所用铁木机大抵为民族机器工业所造。④

1920 年时，脚踏机销路逐渐推广，1921 ~ 1924 年销路最盛。这四五年间也是上海各织布厂逐步用脚踏机代替手拉机的时期。

1923 年上海华洋布厂首先使用马达为动力，拖动脚踏机……上海的布厂先后几年间都陆续改用电力，但内地仍以脚踏为主，脚踏机的销路始终络绎不绝。⑤

中国铁工厂的创立是这一时期中国机械行业发展进程中的大事，它首次实现了仿制日本全自动织布机，标志着机械行业技术和制造水平的明显

① 中国社会科学院经济研究所主编《上海民族机器工业》，中华书局，1979，第 263 ~ 265 页。

② 中国社会科学院经济研究所主编《上海民族机器工业》，中华书局，1979，第 257 ~ 258 页。

③ 中国社会科学院经济研究所主编《上海民族机器工业》，中华书局，1979，第 262 页。

④ 中国社会科学院经济研究所主编《上海民族机器工业》，中华书局，1979，第 268 页。

⑤ 中国社会科学院经济研究所主编《上海民族机器工业》，中华书局，1979，第 269 页。

提升。

当时大战结束未久，民族纺织工业尚处于黄金时代，各棉纺织厂纷纷添置机器……然而是时外国机器制造尚在战后恢复之初，出口有限。有人向当时的纱厂联合会会长、总商会会长聂云台建议制造纺机，立被采纳。1921 年 1 月 1 日中国铁工厂创立会成立。[①]

该厂机器设备是全新的，从美国、英国、德国进口的，共有机床约二百台……规模之大，设备之新，在当时机器厂中可称首屈一指。建厂工作于 1922 年完成。1922 年开工时，该厂共雇有工人一百余人、学徒三十余人、职员三十人、工程师四人。

首先制造的是仿日本丰田式自动织布机，在当时是最新式，共造 50 台，半年完成，售于裕华纱厂，同时兼造锭子、钢领圈、罗拉、粗纱机上的主要零件，各纱厂采购颇多，并远销汉口、天津等地。[②]

1913 年上海经营纺织、缫丝机制造的民族资本机器厂只有 13 家，至 1924 年，除中间停业者外，共有 50 家。

1923 年前后，随着“黄金时代”的逝去，我国棉纺织工业步入困境。至 1928 年前后，形势又有所好转，至 1931 年，上海民族机器工业中与棉纺织业相关的机器工业之地位如表 8－3 所示。

表 8－3　1931 年上海民族机器工业概况

产品	厂数（家）	占全业比重（%）	雇用工人数（人）	每厂人数平均（人）	资本（元）	每厂平均资本（元）
纺织机	45	9.8	2082	46	953700	21190
印染机	9	2	187	21	16500	1830
针织机	41	9	687	17	113500	2770
缫丝机	3	0.7	64	21	9000	3000
丝织机	16	3.5	740	46	236000	14750
动力机	70	15.3	1647	24	428500	6120
农机						
工作母机	8	1.8	134	17	17000	2120

① 中国社会科学院经济研究所主编《上海民族机器工业》，中华书局，1979，第 275 页。
② 中国社会科学院经济研究所主编《上海民族机器工业》，中华书局，1979，第 277 页。

续表

产品	厂数（家）	占全业比重（%）	雇用工人数（人）	每厂人数平均（人）	资本（元）	每厂平均资本（元）
船舶修造	51	11.2	1519	30	500540	9810
印刷机	32	7	629	20	115200	3600
卷烟机	7	1.5	190	27	94200	13460
其他	1	0.2	51	51	400000	400000
修配	174	38.1	1824	10	289860	1660
合计	457	100	9754	21	3174000	6950

资料来源：中国社会科学院经济研究所主编《上海民族机器工业》，中华书局，1979，第457页。

如表8－3所示，1931年，在资本总额和每厂平均资本额数据中，纺织机械在全机械工业中稳居第一，加上印染机械，资本总额超过丝织、船舶修造、印刷、卷烟等机械工业的总和，占机械制造全行业资本总额的39%。

二　棉纺织与上下游工业的产业关联

（一）机器轧花与轧花机制造业

为适应农村棉花加工需求导致轧花机器制造业的产生发展约在1885～1895年，上海郊区对棉花加工的需求大增促使中国轧花机制造业的诞生。1913年前后轧花机制造专业形成。

鸦片战争后，日本等外国资本大量向我国收购棉花，输入成品，原有的土法轧花不能满足需要。1885年前后，日本轧花机始输入。1895年甲午战争后，上海近郊一带每年进口达300部以上，供不应求。不久，民族机器厂开始仿制。[①]

上海第一家制造轧花机的民族资本工厂是张万祥锡记铁工厂，设立于1885年前后。当时的业务，除制造农具外，开始仿造进口日式轧花车。售于上海附近农村，松江等地销路最大，“营业非常发达”。[②]

① 中国社会科学院经济研究所主编《上海民族机器工业》，中华书局，1979，第100页。

② 中国社会科学院经济研究所主编《上海民族机器工业》，中华书局，1979，第101～102页。

1895～1913 年是轧花机制造专业的形成时期。

1897 年 5 月 21 日《伦敦东方报》：上海轧花厂最大者计八家，所用轧车，约五六百辆，大半系日本所造，此外华人之在家中设轧车数辆，以人力为之者，亦复不少，内地轧花仍多用旧法。[①] 1895 年前后，由于出口和国内纱厂的需要，棉花商品量激增。时日本轧花车虽有进口，但往往供不应求，常常脱销。戴聚源铁铺早已有了修理轧花车的经验，复由于市场购求殷切，乃于 1897 年开始仿制轧花车。随着轧花车的仿制，戴聚源铁铺逐步扩大成为铁工厂。[②]

张源祥机器厂：轧花车业务有季节性，一年中仅七月至九月较忙……轧花车没有经常的市场，因此制造的各厂积累较慢。[③]

最早购买新式脚踏轧花车的是浦东及上海郊区的富裕农户。购买数量逐年增加……在收花时，雇工轧花，除自轧外，兼营代客轧花……后花行花厂设立，行销益广，原有木制轧花机遂逐渐被淘汰。浦东原有的木制轧花车，每天只出花 3～5 斤，脚踏轧花车每天可出花衣 60 斤左右，用引擎劳动的轧花车每天可出花衣 200 斤左右。[④]

戴聚源铁工厂：轧花车制造是依靠协作完成的。所有的生铁铸件皆委托方记、义兴隆、顺昌等翻砂厂代铸，轧车皮棍系向中东、东信等五金行购买的日本进口货，地轴车光则由公茂船厂加工。戴聚源本身专营打铁件及装配工作。1902 年迁址……又添购车床一台，改称铁工厂……时一面制造轧花车，一面兼营各种打铁业务。[⑤]

自戴聚源铁铺仿制轧花车成功后，上海的无锡帮打铁店先后购进车床仿制轧花车……新设立的小机器厂风起云涌，一时轧花机的制造非常兴盛，蔚然成为一个专业。自国产轧花车制销后，进口日本货轧花车逐年减少。1900 年前后，国产轧花机的年产销量达二三百部，1913 年达 2000 余部。[⑥] 轧花机制造专业厂如表 8－4 所示。

---

① 中国社会科学院经济研究所主编《上海民族机器工业》，中华书局，1979，第 171 页。
② 中国社会科学院经济研究所主编《上海民族机器工业》，中华书局，1979，第 171 页。
③ 中国社会科学院经济研究所主编《上海民族机器工业》，中华书局，1979，第 175 页。
④ 中国社会科学院经济研究所主编《上海民族机器工业》，中华书局，1979，第 175 页。
⑤ 中国社会科学院经济研究所主编《上海民族机器工业》，中华书局，1979，第 172 页。
⑥ 中国社会科学院经济研究所主编《上海民族机器工业》，中华书局，1979，第 177 页。

表 8－4 轧花机制造专业厂

单位：元

制造年份	厂　　名	创设资本估计
1887	张 万 祥	100
1894	戴 聚 源	100
1898	邓 义 兴	200
1898	邓 永 泰	200
1898	邓 泰 记	100
1898	张 万 兴	100
1898	义 兴 盛	270
1898	吴 长 泰	200
1900	张 源 祥	100
1904	东　　信	500
1905	陈 顺 兴	50
1905	宣 东 兴	100
1905	袁 顺 兴	100
1906	周 茂 兴	100
1906	费 振 兴	50
1907	中东信记	500
1913	鼎 泰 仁	50

资料来源：中国社会科学院经济研究所主编《上海民族机器工业》，中华书局，1979，第 178 页。

东信机器厂：1904 年因轧花车畅销利厚，开始制造轧花机。初仿中铜牌，依靠协作完成：翻砂由义兴盛铁工厂代铸，地轴由戴聚源铁铺代锻，皮棍则由日本进口，自行装配。早期每台价 28 元，业务对象以南通、崇明、盐城、泰兴等地为多数。轧花机销路有季节性，每届农历七八月间，新花登场，销售最盛，一至五月，专做备货。九月以后，停止生产。[①] ［轧花］车之大小以英寸计，大者为 36 英寸，每日夜出花衣 2 担许。小者约 24 英寸，每日夜出花衣 120 斤上下。其中以日本中桐商标为最佳，但上海各铁工厂均能制造。沪上各花厂所用者以 28 英寸、32 英寸居多，大半皆上海制造者。其动力多用工部局电气马达，每车约需马力一匹。轧花厂有设在奉贤（上海浦东）等乡村中产花区域者，俗称乡火机。其机多较小，有 18 英寸、20 英寸者其出花量较

① 中国社会科学院经济研究所主编《上海民族机器工业》，中华书局，1979，第 176 页。

少，动力多用黑油引擎。现上海区域内及各乡间，共有火机厂 27 家，约有车 900 部……此外有日商所设之下云龙一家，有车 120 部……统计约一千部有奇，平均每车日出花衣 120 斤（连乡火机小车并算），以一千部计，每月约出花衣 36000 担。每年以工作 11 月计算，约出花衣 40 万担之谱，大部分供沪上各纱厂之消费，一小部分则由日商运至海外销售。[①] 1909～1930 年，我国棉花丰收。在棉花收获时期，东信厂每天销出轧花车二三十台，供不应求，其中以南通、崇明、盐城、兴化等地为大宗。南通恒昌甡五金号专门包销东信厂轧花机，每年达 2000 台左右……1930 年东信一家约销出轧花机三四千台，全部是 16.5 英寸人力脚踏的；南市周茂兴、张源祥、袁顺兴等数家合计销出约二千余台，共约五千余台。[②]

轧花机的配件业务也不少。在一般情况下，营业额的 60% 以上为制造，其余的为修配业务。

1931 年，轧花机使用动力的限于浦东一地，其他地区大都仍使用人力。浦东共有机动大轧花车约一千台。[③]

轧花机使用火油引擎动力的开始：第一次世界大战期间，民族纺织工业获得发展机会，民族机器工业制造的轧花机亦畅销一时，每年约达一千台以上。以棉花产地，如苏南的上海、浦东、松江、太仓、崇明等地，苏北的南通、海门、靖江以及其他较大的城市如汉口、天津、洛阳等处消纳为多。

由于大战期间棉花市场需要的刺激，浦东的轧花车在使用动力上逐步有了改进。1914 年以前，浦东使用的轧花车，大都用人力脚踏，一人踏一台，轧花车皮棍长度为 16.5 英寸。大战发生以后，部分地区改用“牛车”，用牛力拖动，一牛拖一台，皮棍长度为 24 英寸、26 英寸、28 英寸不等，产量比人力增长 50% 至 100%。“牛车”的销售对象，仅浦东一地，数量有限，各机器厂仅按客户订货然后制造，大量生产的还是人力脚踏轧花机。迄大战末期，火油引擎制造逐渐发展后，用者日增，浦东首先用于轧花车，每匹马力可拖动 32 英寸轧花车一台。初时使用的火油引擎马力较小，仅 3 匹至 5 匹，后逐步扩大到 10 匹至 20 匹，并力用 26 英寸、28 英寸、32 英寸大轧花车，“牛车”遂被淘汰。16.5 英寸人力脚踏轧花车销路亦逐渐减少。当时该厂将浦东

---

① 中国社会科学院经济研究所主编《上海民族机器工业》，中华书局，1979，第 407 页。

② 中国社会科学院经济研究所主编《上海民族机器工业》，中华书局，1979，第 407～408 页。

③ 中国社会科学院经济研究所主编《上海民族机器工业》，中华书局，1979，第 407～408 页。

更新下来的16.5英寸小轧花车，转售至汉口、天津、洛阳等地。①

大战末期及大战结束后的几年间，使用引擎轧花的仅浦东一隅，大轧花车销数有限，其他地区，仍以人力脚踏轧花车为主。②

第一次世界大战期间，民族纺织工业趁机获得较大发展，国外花衣，输入顿减，价格亦昂贵，纱厂所用的大量棉花，不得不依赖国内供应，棉花市场因此大为活跃。上海浦东及近郊等产棉地区，遂纷起添置轧花机，或设厂雇工轧花。

大战以前：浦东的轧花厂尚少，轧花仅作为农村家庭副业，主要花厂设在上海。大战期间，棉花需要激增，浦东花厂陆续增设，专门代客轧花业务亦因此兴起。有部分苏北客民，平时做帮工，积蓄少量资金，购置一台脚踏轧花车，到棉花收获时专门代客轧花。二人踏动一机，每天可轧花一百余斤，可得轧工八角左右。大战以后，尚有不少客民经营这种业务。

轧花厂则大都是经营棉花买卖的花行设立的。大战期间，花衣需要激增，价格扶摇直上，利润甚好，原来雇工脚踏的轧花厂遂开始陆续使用引擎为动力，以增加产量。如浦东南汇县（今上海市南汇区）四团仓地方郁关顺设立的郁顺兴花厂，只有12台脚踏轧花车，在1923年亦安装12匹马力柴油引擎为动力……其他花厂，都先后改用引擎。浦东轧花厂增加以后，早期设立在上海的轧花厂，陆续失却重要地位，如永茂、云龙等轧花厂，都先后相继停业。③ 勤昌机器厂以仿制柴油引擎为主，其他农业机器如碾米机、砻谷机、抽水机、轧豆机等为次，大都售于上海附近地区农村的碾米厂、轧花厂等。初时数量不大，主要对象如常熟莫城镇协昌碾米厂、青浦聚顺振记碾米厂、青浦德茂公米厂、浦东分水墩鼎和泰轧花厂……陆家浜鸿顺米厂、宁波……米厂等，均陆续向该厂购置24至50匹马力引擎，用以拖动农产品加工机器。④

（二）印染机械制造工业

1. 浆纱机的仿制

锦昌机器厂1926年设立……业务逐步发展，制造改良式英国铁木织布机、摇纱车，销内地小布厂。1928年东北营口一纱厂，有布机而无浆纱车，

① 中国社会科学院经济研究所主编《上海民族机器工业》，中华书局，1979，第224页。

② 中国社会科学院经济研究所主编《上海民族机器工业》，中华书局，1979，第224页。

③ 中国社会科学院经济研究所主编《上海民族机器工业》，中华书局，1979，第226页。

④ 中国社会科学院经济研究所主编《上海民族机器工业》，中华书局，1979，第226页。

始由锦昌厂按照无锡丽新布厂美国式浆纱车仿造一台，每台售价3000元，只及外货价格之半……浆纱车造成后，业务大为好转，内地如无锡庆丰、丽新、丽华等布厂，常州大纶、广益等布厂，纷来订货，日夜赶制，甚为忙碌……“一·二八”前的三年，锦昌以制造浆纱机为主。①

2. “阿尼林”机的仿制

“五卅”时，由于抵制洋货提倡国货运动……达丰厂的国产染色布生意大为发展，产品供不应求。达丰厂因此打算增添设备，扩大生产……但国外机器订货一时难以购到……决定委托本厂技术人员承包制造“阿尼林”机一台……制成后，制机者设立“兴鸿昌机器厂”，陆续添置机床20台，雇用工人50名，进一步为达丰厂仿造日本式印花车部件。不久又为常州大成厂造“阿尼林”机一台，营业由此蒸蒸日上。②

3. 其他印染机的仿制

［源兴昌机器厂］最早的业务是为达丰厂修配零件，为机器同业大厂做分包工，为外商瑞昌洋行做钻头等零星工具配件……1928年以后，德商德孚洋行为了便利推销染料，介绍该厂修造印染机配件及调整印染机器工程，该厂因此扩大范围，逐步向印染机制造专业化生产发展……上海各大印染厂都与该厂有业务往来，有光中、达丰、振丰等26家。订货踵至，应接不暇，日夜开工，每月营业额达一万七八千元。外埠如四川及哈尔滨、汉口、广州、济南等地的印染厂及无锡广丰、丽新、常州大成等印染厂，都纷纷到该厂订购印染机器，其中尤以染缸、烘缸、拉幅机等印染机部件为多。③

1925年前曾制造及修配印染机器部件的机器厂有源兴昌、财记精工、合众机器厂等。④

（三）针织机的推广和针织机制造业的产生

1. 针织业源起

在1900年前后，始见有机织衫袜……来自德国，最为国人所欢迎，总计德货盛销达10年之久。其后，英、美、日本，亦渐次有针织品行销于我国。

① 中国社会科学院经济研究所主编《上海民族机器工业》，中华书局，1979，第345～346页。

② 中国社会科学院经济研究所主编《上海民族机器工业》，中华书局，1979，第346页。

③ 中国社会科学院经济研究所主编《上海民族机器工业》，中华书局，1979，第347页。

④ 中国社会科学院经济研究所主编《上海民族机器工业》，中华书局，1979，第347页。

及光绪末年，国人感于利权之外溢，颇思设厂仿制……嗣后手摇机，国人亦知仿造，于是针织业始初具规模。①

2. 国产袜机的制造，租机制的推行，适用技术的巨大效果②

浙江平湖织袜工业近年来年盛一年……几占浙江针织事业之重要位置。查该县织袜事业创设于清宣统二三年间，其时针织工业只有上海有之……该县商人高姓见社会上需用洋袜日多，遂向上海购买袜机十余架，其时袜机均系英美所造，价值较昂，每架需银洋百元上下……至民国元年添购袜机数十架，设立光华袜厂，招收女工四十余人，所出之货，颇能行销沪杭间。唯女工人少，尽一日之工作，每机出货不过一打，而各地需过于供，乃改为女工到厂租机领纱回家工作，缴袜时给予工资。于是有家庭职务之妇女，不能到厂工作者，亦纷纷租机领纱，于家务闲时在家工作。自此制一行，而平邑针织工业遂日臻兴盛，织袜遂为一种家庭之副业。无家务之累者，则日夜工作不稍休息。近来附郭四五里内之乡农妇女，亦均改织布之业而为织袜。此平湖针织工业之起源与经过之大概也。

自光华袜厂始创针织工业后，年有获利，由是而继起而组织袜厂者逐年增多……光华七八厂均系集资而成，各处家庭工厂则其始均以一家之资力见于机数架，尽一家男妇之力，从事于工作，一二年后稍有余资，即添袜机，转租于人。其所出之袜，有委托袜厂代售者，有运至沪上销售者。计现在平邑城乡内外，共有袜厂三十余家，此外乍浦（离县城二十七里）有四五家，新仓镇（离城四十里）有三四家，其营业执照小于平邑城内之袜厂，或即为光华、当湖等分厂。查平邑城乡各袜厂，所有大小袜机，现在约近万架，以光华为最多，约有一千架之谱，当湖有六百余架，启新、怡和各有四百余架，其余二百余架者十余家，此外有五十架以上至百余架者六十余家，有五十架以下者亦有十余家，均称家庭工厂，规模较为狭小。而乍浦、新仓二镇，各有机六七百架……至普通纱袜，若毫无家累之妇女而纺纱有助手者，每日每机可出长筒袜一打半之数，若纱线须自纺而于家务余闲工作者，每日出袜至多不过一打。

近年织袜之制，皆以包工行之，是项工人百分之九十五六皆妇女充之，间有男子亦从事其业者，则多系在家无业之人。

---

① 中国社会科学院经济研究所主编《上海民族机器工业》，中华书局，1979，第183页。

② 中国社会科学院经济研究所主编《上海民族机器工业》，中华书局，1979，第233～235页；《浙江平湖织袜工业之状况》，载《中外经济周刊》147号，1926，第20～25页。

包工制度……厂主之利益为多，盖一则无须巨大之厂屋，实际上得多数人之工作，如光华、当湖两家或有机千架或数百架，以一机供一人工作，光华已有千人之产品……而厂主只需备货栈数间及批发所或发行所房屋三四间耳，是不啻将工厂分寄于各织户家庭间，厂主既不备巨大之厂屋，又无须多数管工之员司及杂费等项，其利于厂主者一。又招工入厂工作，机器等件自应由厂主置备。现平邑织袜既行包工之制，而袜机须由织户向厂租用。租机之制，先付小洋二元，及押租六元（押租俗称顶首，退租时可以领回，小租则退租时不能领回），租用之后，每月须付机费二元，大半都在织袜时工资内扣取，现在各厂所用袜机，大半系牡丹牌一种（上海振兴厂出品），近年来售价不过20元左右，而出租时先已收回小租押租等8元，是每机成本不过15至20元，以区区之本，而月得2元租金，其利率确有可观，而厂家义务，不过损坏时负修理之责耳。且若织户自备袜机，厂家多不肯经发纱令其工作，织户不得已遂多向厂内租机，不自购置，忍受每月2元之损失，是项袜机租金，在光华、当湖等厂每月即二千元或千余元之收入，此其利于厂家者二。

至于织户方面……从前平邑城镇妇女多无确实职业，自有织袜工作，其始贫家妇女多赖此为生，近来则中下等社会之妇女，无不租机工作，得有工资之补助。故凡管理家务不能外出做工之妇女，亦多在家织袜，人人有生产之能力，凡织袜一打，由厂内付给工资2角2分至2角6分之谱（专指织袜言），每日织袜一打平均可得工资大洋2角4分，每月即有六七元之收入，除去机租2元，月可得净余工资5元……至织袜之纱，均向厂家领取，各厂均向上海购入，大抵以日本纱厂出品为多。织户向袜厂领纱1斤，织袜时亦须缴足1斤，如分量短少，须由织户补赔，而袜之件数不论也。初次学习者，多缴不足数，往往受赔补之损失，然数月后一切工作谙练，纱量即无亏耗……平邑全年出袜，约有一百八九十万打，每打工资制度以2角3分计算，已有40万元之巨，况缝纫袜头袜底及熨斗熨袜之工作，又系另一部分，每打工资亦有3、4分之谱，故每年织袜工资，当有50万元之收入。

查浙西针织袜厂，以平湖开办最早，故其工业亦称最盛。现在嘉兴、嘉善、石门、硖石等处，虽皆相继创办袜厂，但嘉兴虽有三十余家，而机数仅及平湖之半（乡镇未详），嘉善尤少。唯硖石为浙西巨镇……刻下袜厂，亦复不少，每年出品堪与平湖伯仲……以上各处袜厂，其织袜制度，亦均采包工方法，一切手续及工资等项，亦多仿平湖办法。此项工业，全在利用妇女之劳力与光阴，而使其为生产之工作。从前浙西妇女，除农家从事耕作外，其城镇妇女，亦多恃男子以为生。自有织袜工业而后，中下级之妇女，亦多恃此以自食其力。

3. 无锡的袜厂

全邑袜厂，合计37家，其在市区者22家，在乡区者15家……各厂在近四年来成立者约占半数，察其易成原因，约有数点：仅集资本数百元，即能营业，此其一。购置袜机十余只，每只只需价银十余元，往往仅备少数袜机即以厂名，此其二。袜机大多数由工人自备，即非自备，亦必由工人出押金向厂主租用（押金数须与该机值相等），待织成打，即可交厂取值，故厂中设备布置等，绝不似他项工厂繁复，盖所谓厂者，大都仅司收发而已，甚有设于家庭者，此其三。上述情形虽非各厂均同，然十之八九，皆属如是，其纯粹如工厂组织者，仅豫泰、人余、三友等少数耳……织袜女工虽有三千人，然在厂工作之数，不过五百人，余均带机回家工作，仅就操持家政之余暇为之……窃查各厂情形，除原料开支外，尚均有利可图。①

（四）因机器工业本身发展需要而建立起来的工作母机制造业（1914～1924年）

大战爆发后，因为五金工业有所发展，车床需要增加，而进口车床削减，民族机器工业制造的车床以商品形式在市场出现。一度行销国外东南亚市场。至1920年代末，已有10家制造车床的专业厂，初步形成工作母机制造专业。

三　棉纺织工业对电力、冶金工业的带动

（一）对电力工业的推动

早在1904年，上海租界工部局电气处已经出租马达，说明电力已经开始使用于上海工业。当时有6家制造厂申请装置马达9只，但马力很小，一共

---

① 中国社会科学院经济研究所主编《上海民族机器工业》，中华书局，1979，第235～236页；《无锡之袜厂》，《工商半月刊》2卷13号，第33页，1930年7月1日。

只有60匹。由于电气马达使用灵活机动，成本低廉，工业上使用马达逐渐增加。迄1908年底，全市共装置了82只马达，使用马力总数为520匹。应用方面，除电气升降机40部外，其他如造船、碾米、印刷、电镀、制酸、救火泵浦等厂均在陆续装置，但马达规格都很小，仅有1匹至50匹。

1909年工部局供应三相电流，1910年就有一家面粉厂装置了一只60匹马力的三相马达，这代替一部蒸汽引擎和两座锅炉。1911年另有两家纱厂在全厂装接了电气马达。这两个先例为其他厂所仿效。1912年后装接马达的工厂大量增加，如恒丰、申新、溥益、三新、内外棉等棉纺厂均先后装接了600匹马力以上的马达，不仅棉纺业中广泛采用了电力，在面粉、米业、榨油、造船等工业中，也被广泛采用，如阜丰、鸿丰、福新等面粉厂，大有、立德等油厂，均装置了200到600匹的马达。[①]

工业用电自1912年的2307482千瓦时到1928年迅速增为401812884千瓦时，增加了173倍。由此可见，马达已经为广大工业用户普遍应用……工业用电中的绝大部分是棉纺业，如1919年使用马力总数33062（32020）匹中，棉纺业使用了18800匹，占全部用电的57%（59%）。其中日本纱厂占了大部分。[②] 1917年棉纺业占全部用电量的59%。如表8－5所示。

表8－5　上海主要工业用电情况

单位：匹，%

工业项目	使用马力总量		1919年较1917年增长百分比
	1917年	1919年	
棉纺织	12017	18800	56
面粉	2719	3300	21
榨油	783	1570	101
碾米	1455	1235	－15
冷藏及食品	322	748	132
锯木	728	1507	107
压力打包		444	
印刷	1023	1230	20
卷烟	142	334	135

① 中国社会科学院经济研究所主编《上海民族机器工业》，中华书局，1979，第416页。

② 中国社会科学院经济研究所主编《上海民族机器工业》，中华书局，1979，第416～417页。

续表

工业项目	使用马力总量		1919 年较 1917 年增长百分比
	1917 年	1919 年	
制　茶	151	154	2
建　筑	193	552	186
麻　纺		335	
机　器	660	1438	118
电　影		161	
丝　厂	23	212	822
总　计	20216	33062（32020）	63.5（58.4）

资料来源：中国社会科学院经济研究所主编《上海民族机器工业》，中华书局，1979，第 419 页。

上海工业除应用电厂集中供电外，大厂多备有自备电力，据有关统计，这些大厂几乎清一色是中外纱厂，由此可见棉纺工业对电力和发电机生产的重要连带关系。如表 8－6 和表 8－7 所示。

表 8－6　上海外商工厂自备电力一览（1933 年 2 月）

单位：千瓦

名　称	性质	设立年份	原动力	发电容量
怡和纱厂	英商	1895（光绪二十一年）	蒸汽	
公益纱厂	英商	1907（光绪三十三年）	蒸汽	3000
杨树浦纱厂	英商	1914（民国三年）	蒸汽	
上海纺织株式会社	日商	1897（光绪二十三年）	蒸汽	4179
公大纱厂	日商	1924（民国十三年）	蒸汽	2500
日华纱厂	日商	1921（民国十年）	蒸汽	7000
内外纱厂	日商	1929（民国十八年）	蒸汽	11750
丰田纱厂	日商	1913（民国二年）	蒸汽	4000
东华纱厂	日商	1921（民国十年）	蒸汽	1100
东洋纱厂	日商	1922（民国十一年）	蒸汽	3000
大日本纱厂	日商		蒸汽	2500
同兴纱厂	日商		蒸汽	2700
合　计				41729

资料来源：中国社会科学院经济研究所主编《上海民族机器工业》，中华书局，1979，第 421 页。

表 8-7 上海华商工厂自备电力一览（1933 年 2 月）

单位：千瓦

名　　称	性　　质	原动力	发电容量
申新五厂	商　办	蒸　汽	1010
恒丰纱厂	商　办	蒸　汽	2198
鸿章纱厂	商　办	蒸　汽	850
三新纱厂	商　办	蒸　汽	1270
永安一、二厂	商　办	蒸　汽	2809
鸿裕纱厂	商　办	蒸　汽	1600
溥益一、二纱厂	商　办	蒸　汽	1650
厚生纱厂	商　办	蒸　汽	2780
纬通纱厂	商　办	蒸　汽	600
统益纱厂	商　办	蒸　汽	2000
恒大纱厂	商　办	蒸　汽	700
振华纱厂	商　办	蒸　汽	120
大丰纱厂	商　办	蒸　汽	1345
振泰纱厂	商　办	蒸　汽	867
华丰纱厂	商　办	蒸　汽	1000
合　　计			20799

资料来源：中国社会科学院经济研究所主编《上海民族机器工业》，中华书局，1979，第 422 页。

（二）棉纺织工业是钢铁冶炼工业的重要主顾

我们已经知道，棉纺织工业带动了机械制造业和机器制造修理业的发展。由于产业链的相关联系，这两业的发展又带动了钢铁冶炼工业的发展，因为这两业的生产制造都离不开以生铁、熟铁为原料的铁坯的翻砂。正如当时国民政府全国经济委员会《机械工业报告书》所称：“钢铁原料于机械工业上之关系固称重要，无钢铁即无机械制造之可言。”①

1912 年以前，上海民族机器工业制造机器所需用的生铁，几乎全部购用汉阳铁厂的 1 号、2 号生铁。自第一次世界大战爆发迄抗战以前（1914～1937 年），大部购自国内扬子等厂矿生产的生铁，同时兼用少数英、日、印等国的进口生铁，但进口生铁比重不大。至于钢及钢材，全部进口。②

① 国民党政府全国经济委员会：《机械工业报告书》，第 22～24 页，转引自中国社会科学院经济研究所主编《上海民族机器工业》，中华书局，1979，第 537 页。

② 中国社会科学院经济研究所主编《上海民族机器工业》，中华书局，1979，第 554 页。

1933 年，据《中国工业调查报告》上海民族机器工业年耗用原料数量如下①：生铁及生铁坯 9995 吨；熟铁 5266 吨；其他五金 40 吨；未分类 1491480 元。

抗战以前，上海年销生铁约 2 万吨。其中 1 万吨用于冶坊手工业、铁管及建筑工业；另 1 万吨用于翻砂厂，供应上海民族机器工业需要。②

这说明，作为中国最大工商业中心的上海，每年生铁用量的一半约用于民族机器工业之需。就全国看，机器制造和机器修理两业所需铁原料占全部生铁业总产值 32563534 元的 57.18%。③ 由此可见，机械制造修理业是中国近代冶铁工业主产品生铁的最主要消费者。

由于缺乏详细资料，我们不能估算出棉纺织工业及相关行业的机器制造

---

① 中国社会科学院经济研究所主编《上海民族机器工业》，中华书局，1979，第 552～553 页。

② 中国社会科学院经济研究所主编《上海民族机器工业》，中华书局，1979，第 552～553 页。

③ 我们只要估算出这两业所用铁坯的数量和价值，再计算出它们在冶铁工业中的比例，即可看出机械制造和机器修理业对冶铁工业的影响。然后，再进一步估算与棉纺织工业相关的机械制造、修理业在全部行业中的比重，就可大致回答我们的问题。我们以 1933 年的调查统计数据，分以下步骤回答问题。1933 年全国冶铁工业产量产值［以下各项数据参见巫宝三《中国国民所得（一九三三年）》第四部，附录，中华书局，1947，第 21～22、35～40 页］如下。

（一）1933 年全国生铁总产量：60369 吨（合 1207394000 斤）

总产值：32563534 元

净产值：15956132 元

（二）1933 年机械制造业所用原料总量值

1　翻砂工厂：1933 年“华厂所用原料……生铁一项，计 7621.6 吨，总值为 535 千元”。

2　手工翻砂业：“计二十二年内地共有翻砂作坊 199 家，总产值 2787 千元。东三省二十一年共有翻砂作坊 52 家，总产值 631 千元。合计全国共有翻砂作坊 251 家，总产值为 3418 千元。”以原料占总产值 75% 计，为 2563 千元。再扣除原料中非铁物料约为 10%（“其他次要原料价值，我们假定相当于总产值的 10%”），则原料铁价值为 2221 千元。

3　工厂原料铁 + 手工原料铁 = 2756 千元

（三）1933 年机器制造修理业所用原料量值

1　工厂

原料：“本业使用之原料以生铁熟铁为主，其次为钢、铜、铅、锡、木材等。二十二年 193 家华厂中，除昆明一厂外，各厂每年使用各种原料价值，我们都有计算，计 6021 千元，占总产值 32%，这个数字里面，有一部分次要原料未加以计算，我们以总产值 20% 为此项原料的使用总值，则全体原料使用总值为 9829 千元。”因我们欲估算铁的使用价值，故粗略估计，暂将 6021 千元作为原料铁的总值。

2　手工业

据巫宝三计算，机器制造修理业的手工业部分，全国生产总值为 14896 千元。而原料铁成本占总产值的 46%，等于 9843 千元。

3　工厂原料铁 + 手工原料铁 = 6021 + 9843 = 15864（千元）

4　1933 年机器制造业 + 机器修理业 = 2756 + 15864 = 18620（千元）

5　两业所需铁原料占全部生铁业总产值 32563534 元的 57.18%。由此可见，机械制造修理业是中国近代冶铁工业主产品生铁的最主要的消费者。

业耗用钢铁量在全部机器工业中的比例。但既然我们已经知道就上海一地而言，棉纺织工业及印染业在机器制造业中占有重要的地位，则其对钢铁原料的需要不能小视，其对钢铁和冶金业的发展十分重要，应该毋庸置疑。

四　小结

以上事实表明，近代中国的工业的主体部门从产生到发展均以农村农业和农民经济为基础。

农村经济从两个方面奠定了中国近代工业的基础并促使其发展。

其一，农村经济通过棉纺织工业的产业关联，为棉纺工业提供了最重要的消费市场，从而促使其生存发展。而棉纺业在形成近代中国最大、最重要的工业部门的过程中，其自身发展又直接要求纺织机械、修理业的发展以及上下游相关产业动力机械的发展，从而带动了中国机器制造业整个行业的发展，这同时又促使电力等动力工业和钢铁冶金等重工业行业的发展。这是一个完整的产业链引发的中国近代工业的形成发展路径。

其二，农村经济自身活动直接要求农业机械和动力机械的参与，从而促进农机制造、修理行业的产生和发展。在近代中国早期的机械工业产品中，农机具类产品是十分重要的基础性产品之一，它引起了大量机械制造厂的产生。农机产品市场需求的增加又进一步引致农机产业的繁荣和发展，并影响了机器制造行业的整体进步。近代中国机器制造业的发展历程清楚地表明了这一点。

近代中国最完整的一次调查统计数据即 1933 年的调查也无可置疑地证明了这一点。从 1933 年的统计数据中可以确认，棉纺工业是近代中国第一大工业部门，该年“全国工业总产值”207632 万元，棉纺工业总产值为 66486 万元，占工业总产值的 32%。而机器制造业是近代重工业中的重要部门，重工业（这里仅包括机械制造、交通用具制造、水电气制造行业）总产值 30474 万元，占工业总产值的 14.7%；在该部门总产值中，机械制造业 2289 万元，占 7.51%；而与棉纺织工业密切相关的水电气制造业则占到重工业的 89%。[①]

① 据巫宝三《中国国民所得（一九三三年）》（上），中华书局，1947，第 64 页第一个表“全国工业总产值统计表”数据计算。

以上工业都离不开农村经济和农民生产经营活动这个基础。因此，中国的近代工业的产生与发展，无疑是建立在农村经济和农民经营活动繁荣的基础上。

从相反的另一角度看，近代工业如果缺乏繁荣的农村经济基础，则其必然发展不好。一种情况是，农村经济的凋敝必然使以其为产品市场基础的工业产业无从发展甚至无从生存；另一种情况是，近代中国的民生工业凡缺乏与农村和农民经济的联系者，一般均难以正常发展，因为它们缺乏发展最必要的一个条件——广阔的国内市场。农村经济又是制约近代工业部门的主要因素，近代中国的面粉和火柴工业在发展中出现的困难和问题都确切证明了这一点。

以上仅仅涉及工业经济发展的一个基本条件：产品市场问题，尚未涉及其他的重要条件如生产原料问题。在近代中国，对于绝大多数民用工业而言，原料以农产品为主，这当然又与农村经济密不可分。

第九章　新动因与家庭工业的改良更新

一　中国经济史承前启后的历史性变革——大工业与家庭工业融合

有一种看法，承认中国手工业在近代并非如固有观点所认为的，即在西方势力侵入后直线衰亡下去，而是发生了若干新变化。但是他们认为，这种变化“不足为训”，不值得过分看重或有多少价值，因为从西方诸国现代化的经历看，资本主义取代封建社会是必然规律，原有的旧事物的消亡总有一个过程，甚至可能要经过数十至百年时间，才会被新生产方式所取代。

第一，这种看上去颇有道理、也可能确实是许多资本主义国家发展史中出现过的现象，能够得到不少认同，是不奇怪的；但是，作为探讨国情制约下中国社会经济发展的长期规律，特别是从所谓“从传统向现代转化”的重大历史变化时代的规律，上述看法，从认识论和方法论的角度加以评论，至少不足取。因为：探讨如中国这样的世上延续数千年文明不中断的大国的历史发展特点，最根本的是要从中国的国情和实际——历史的和时代性的——出发，才有可能进行。那种相对简单化的看法，即以西方资本主义国家的发展历史和现状为蓝图，认为这是全世界所有国家和民族都一定要遵循的“人类社会发展普遍规律”，实在与多年来在世界人文与社会科学领域取得的认真的而不是意识形态性质的成果相去甚远。如果一定要与某些“先进国家”进行历史比较，那么，第一个需要明确的就是，中华文明从发源开始，直到近代，为什么会形成一种基本稳固的农业文明，而与西方早期资本主义国家的海洋文明、商业文明有重大区别？在经历了“黑暗的中世纪”后，“西方诸国”向资本主义转型时期的许多基本特点，与它们的古代社会经济状况有何种联系？与自身文明所由以产生的社会土壤和国情有何联系？又与它们在转型时期的国际关系有何种联系？这种联系的特点与性质，与中国近代转型时期的相同和不同之处是什么？只有大致明了这些基本问题后，才可以进行中国与“西方”的比较。

第二，更重要的是，中国近代过渡时期的历史绝不仅仅是已经消失的过去。它不但对理解当时中国是必需的，而且对理解当代中国和预见未来中国都是必需的，因为它充分反映了中国国情的基本特点。所谓中国国情，有长期、中期和短期之别。我们这里更加强调的是长期国情。它是影响中华文明历史变化的、起基本和长期作用的根本性因素，即它不但影响了中国历经千万年的古代社会，也影响了中国百余年的近代社会，还在继续影响中国的今天（例如家庭承包责任制），不但影响中国的今天，也必将会影响中国的明天。这对于当前和今后相当一段时期内，仍然处于所谓“过渡”“转型”阶段的中国，尤需注意。

近代时期是中国古代社会受外来资本主义影响发生重大变化时期，中国古代固有的基本规律，它的“正”“负”两面特征，在这个时期因受到重大冲击而充分显现，外来势力在与中国本土的搏击中，也发生了重大变异，其为何发生种种变异？这种变异与中国本土国情有何关联？也在近代过渡时期充分暴露和体现。不高度注意近代时期的种种变化特征，就不可能对中国古代国情和发生巨变的近现代中国国情有起码的了解。

第三，充分注意中国历史进程的特点，研究其发展所特有的规律，并不是完全否定在人类的生存和发展过程中存在某种普遍性的规律。不过迄今为止，这种普遍的共同规律究竟是什么？是如何体现的？并没有一个能够令多数人信服的答案，实须进一步探索。而要认识这样一个普遍规律，只有从处于不同国情土壤环境中的各个国家的历史、现状和以后的发展趋势的特点中总结和综合分析才有可能。① 总不能在没有确切认清这种普遍规律之前，就先

① 如果认可“实践是检验真理的唯一标准”，那么迄今为止的被许多人奉为真理的各种“人类社会发展普遍规律”均不能令人释疑，因为人类在自己的发展中只走过了很有限的路程。其中资本主义发展阶段在数十万年的人类史中只有数百年时间。现在的所谓规律，至多作为对已经过去的历史的认识时才有参考作用，但历史是不能重复的。对于今天，特别是对于未来的千千万万年中人类社会的发展，没有什么学说可以先知先觉。近些年来，国际学术界对生存环境于某个国家历史变化特征的重要影响问题，有着相当重要的创新性突破。本书前已数次提示过，在此处还可以补充一点的是〔美〕贾雷德·戴蒙德《枪炮、病菌与钢铁》一书中的理论思考。

入为主地硬行臆造，而且一概抹杀各国特点的历史性特征，强行将各个国家的发展轨迹都纳入这个普遍规律之中，恰如以前我们的主流意识形态那样，将中国历史发展纳入“人类五阶段”发展程序中，且认为社会主义阶段就是公有制加计划经济，结果造成了极其巨大的历史悲剧。①

国际学术界在研究“非原生”资本主义国家向资本主义经济的“转型”过程时，对于它们基于历史文化和社会土壤差别所产生的种种特点有过极其重要的发现，很值得国人学习、借鉴。这些发现，和古典经济学、现代西方经济学一样，堪称人类智慧的巅峰显现。可惜，却被淹没在几近意识形态化的主流经济学之中。这些智慧的代表研究成果之一，是恰亚诺夫的专著《农户机制》。

在恰亚诺夫的启发下，以下试分析近代中国手工业变化中出现的若干问题，从中探讨中国早期现代化过程中的某些很不同于“原发”资本主义国家的“特殊性质”。

在中国近代，包括1927～1937年，手工业在原料来源、市场需求、生产组织形式、生产关系、生产技术、经营机制、“传统”和“现代”的关系等方面，呈现极其多样化的形态，千差万别，而且常相互交织。人们很难用某一个标准去划分它们的类型，也很难用一个单一尺度去衡量、描述它们的兴衰起伏，哪怕在同一个行业中。例如，从手工业的生产组织形式观察，在同一行业中，可以看到个体、家庭、作坊生产直到手工工场和现代工厂中的手工生产工序等诸种形态同时并列甚至相互渗透的现象。从生产关系方面观察，在同一行业中，可以看到手工业劳动者个人生产、家庭成员共同生产、包买商制度生产、家庭雇工生产、纯粹资本主义式的大型工厂化生产的并列共存。从生产目标观察，在同一行业中，可以看到：完全自给性的、为解决家庭生活需要的家内手工业，与农业密切结合、为市场需要进行的商品性手工业，完全为市场需求、以“利润最大化”为经营原则的专业手工生产，它们并列共存。从生产原料来源看，有完全自己生产的土地和副业产物，有完全依靠市场购入的大工业产品，也有二者共同使用者。从生产工具看，从传统的沿用千百年的手推磨，直到除动力外已堪称现代工具机的各式机械，林林总总。从与市场的关系看，有完全脱离市场的自给用品，有只为邻近农村集市生产、

① 不能否认，历史作为人文科学之一，难以避免史学家要受到时代的社会现象和社会矛盾的各种影响，因此使每一时代的历史带有浓厚的“当代史”特点。虽然如此，上乘的学者应该将学术与政治和意识形态区分开来，首先将尊重史实放在最基本的位置上。

专门为个体家庭需要生产的生活产品，有为远地市场生产的高附加值产品，也有专为国外市场生产的消费品或原料品。

但是，无论中国近代手工业的种类多么复杂，它们的形成，无非是外国资本主义生产方式大举进入后与中国传统农业、手工业、家庭生产方式之间的不同冲突或融合关系的不同体现。

大机器生产品的输入（早期以生活用品为主、生产资料和原料为辅）、资本主义工厂化生产的组织形式在中国的出现以及国际市场对中国某些制成品和原料的需求，首先引起中国固有生活方式和消费方式的某些变化，进一步引起传统生产方式即手工业生产方式的变化，包括生产工具、技术和组织形式的变化。但这种变化发生的范围、程度以及变化与固有生产方式的关系（在多大程度上破坏传统乃至消灭传统；或引起传统的改变、革新而形成一种有生命力的新传统；或两者共同形成一种互动互补的新生产方式；或基本对传统不起作用），完全取决于传统生产方式（或保持原有或革新变化后）能够在多大范围和程度上最有效地适应新时代中的生活需要和市场需要（从直接满足生活需要的自给产品到完全满足市场需求的商品）。所谓“最有效”，即能以与新资本主义生产方式相竞争的生产成本生产出适合各类需求的产品。当传统的生产方式仍然能够有效适应新形势下的某种需要时，它能够成功保持传统。当传统必须革新才能适应新生活需求，但它拒绝革新或革新失败时，就会被淘汰；而革新成功，就会形成一种新型手工业。当手工生产方式在现实生活中已无必要存在下去时，它就会灭亡。

传统手工业精华是家庭生产方式中形成的成本节约和低廉。近代变革的核心问题是：传统精华在主观上和客观条件上能否进行所必需的（合适的、与实际需要吻合的却不一定是最“先进”的）生产、技术、组织等方面的革新，使手工生产仍然具有生命力。

在实际生活中，种种差别造成中国手工业在近代对社会经济环境的变化有着不同的反应、不同的适应或不适应，从而导致它们兴衰起伏、发展与不发展的原因、过程和表现也不尽相同乃至有极大差别，甚至在生产同类产品的同一手工行业中，发展的历程也可能殊不一致。

因此，在新事物和传统之间，或冲突或融合或冲突融合并存；而每种矛盾中，都会因程度、比重的不同而呈现多种形式和多种变化。历史事实表明，至少在中国近代时期，绝非如某些教科书所说，资本主义生产和传统手工业之间的关系是自然经济的不可避免地瓦解、资本主义生产方式必然战胜前者并取而代之的关系。

上述矛盾及其变化出现的根本原因，是由历史和当时实际决定的国情。

这个国情是：鸦片战争之后，中国的大部分地区和大部分人口——农村和农民的主要的生产方式、生活方式、经济收入水平和消费方式、消费水平都基本未变；现代城市和现代工商业和新阶级虽然出现并在国民经济中的影响愈益扩大，并影响到农业手工业，但它们的生存和发展从根本上要受制于前者、要建立于前者的基础上。中国近代历史表明，现代经济对农村传统经济有两方面影响，当它能够帮助后者发展、利于后者发展时，它就为本身发展创造出良好条件；反之，它一定发展不好，难免两败俱伤。工商业的市场、原料、劳动力成本、工业品价格、生产成本和竞争力，无一不在主要方面取决于农业、农村、农民经济，取决于农村手工业副业的基本状况。这种状况一天不根本改变，中国的现代经济就一天不可能取代传统、发挥所谓“必然战胜”的历史趋势。

二　基本状况、地区与分布

中国手工业在中国近代经济中有极重要地位，它不仅是工业品生产的主要部门，而且是农村经济中不可或缺的支柱之一，手工业与农业一起构成了近代中国国民经济的基础。在中国近代经济的发展过程中，手工业又是一个颇具特色的部门。一方面，它常常与自给性农业结合在一起，相当大的功能是满足农民日常生活之需；另一方面，它又与国内市场乃至国际市场相联系，与城市和大工业往来密切。它的兴衰成败对中国经济从“传统”向“现代”的转化有非常重要的影响。史料表明，1927～1937 年的手工业（包括用人力带动机械生产的工业）在国民经济中仍占极重要地位，无论从产业种类或从生产总值上看，都远远超过近代机器大工业。

毗邻上海的浙江省，是近代中国经济较发达的地区，但与上海比较，机器工业更少，而手工业在经济中所占地位则更显重要。20 世纪 30 年代初期铁道部对京粤线浙江段的经济调查中说，浙江段工业以杭州为中心点，其有新式机器，并利用电力者，有纱厂、绸厂、棉织厂……他如制皂厂、营造厂……亦悉以该地为中区，其生产能力占全段总值百分之六十以上。此外各处，概为手工业。棉织、针织、制皂等业，以兰溪较为发达，金华次之，衢县（今衢州市衢江区）又次之。至若建德、桐庐、分水、新登、义乌、诸暨等县，虽亦有纺织业，唯产量微小，不敷自给。[①] 例如，该区域内的寿昌县：全县人民皆以务农为业，无工业可言。手工造纸业虽有七十余户，不过农家之副业……至于机械工业，亦只有电灯兼碾米之工厂一所。[②] 淳安县：尚在农村社会状态中。各种手工业亦无特殊出品。机械工业，则仅电灯兼碾米一业。[③] 余姚县（今余姚市）可算是浙江经济尚发达地区，但 30 年代初，工业中亦只有 2 家罐头食品工厂、3 家小机器碾米厂、3 家小电灯公司、1 家机器轧棉厂，余皆属工场手工业或家庭手工业。[④] 当然，在杭州等大中城市，近代工业在 30 年代已有相当发展，但手工业所占地位之重要还是令人吃惊。丝绸业是杭州经济的基础产业，但 1931 年，全市有绸厂 54 家，其中电力织机 867 台、手织铁机 521 台。职工 3009 人，其中工人 2558 人。生产绸缎等织品 122645 匹，值 4961000 余元。另有丝织厂 2 家，其中 1 家有提花机 36 张（可能人力），职工 86 人，1931 年产丝织品 50400 尺，营业额 150000 元。另一厂有手拉机 15 张，雕花机 4 张，职工 36 人，1931 年营业额 60000 元。同年，“纯系家庭工业”的机户，就业人数、产量、产值均远远超过“工厂”。其中，“熟货机户”2596 家，织机 6168 台，工人 9015 人，产量 370880 匹。“生货机户”310 家，织机 600 台，工人 3200 人，产量 44600 匹，产值 1762000 元。此外，还有“零机料户”200 家，织机 310 台，工人 320 人，产量 11000 匹。[⑤] 即便将有人力织机三分之一强的绸厂等全视为近代工业，其产量也只有手工机户（不排除可能有很少数使用电力者）的 29%（未计丝织厂产量）。

同属于东部沿海地区的福建，手工业在经济中的地位超过浙江。铁道部 20 世纪 20 年代末对福建沿海内地 28 县的调查报告称：“福建沿海内地工业不甚发达，仍在手工业时代。机器工业，除福州及厦门两处略具规模、涵江有一罐头厂、龙溪有四厂外，其他各地无有也。”各县手工业概况为：“福鼎工业非常幼稚，完全在手工业时代，其要者计有织布、造纸、织袜、造丝线、造渔网、制酱油、制砖瓦、制灰、制茶油等。”“霞浦重要之工业有冶铁、制灰、制酱油、制菜油、造碗、制李干等。”“福安以制造纸伞、冬瓜糖、粗瓷、

---

① 铁道部财务司调查科：《京粤线浙江段经济调查总报告书》，第 G1 页。

② 建设委员会调查浙江经济所：《浙江经济调查・寿昌县》，1931，第 1 页。

③ 建设委员会调查浙江经济所：《浙江经济调查・淳安县》，1931，第 1 页。

④ 建设委员会调查浙江经济所：《浙江经济调查・余姚县》，1931，第 1～9 页。

⑤ 建设委员会调查浙江经济所编《杭州市经济调查》，1932，第 45～54 页。

砖、瓦、红糖、茶油、酱油、发蓝银器、幼竹火笼及布匹等为著名。”福州（闽侯）是省政府所在地，但看来手工业远较大工业发达：“福州机器工业重要者，有罐头、树胶、榨油及造船四种。”罐头“厂”3家，最大者工人只有16人。树胶厂2家，大者工人50人。“榨油业用新式机器者，只有正记一家，附设于电灯公司内。”只有马尾造船厂，才可算真正的大机器工业。而手工业“举其要者计有漆器55家，皮箱业23家，五金业21家，梳角业39家，篦梳业10家，蜡烛业13家，料器业7家，织袜业39家，毛巾业6家，棉织业55家，伞业百余家”①。

我国中部地区近代以来经济上总体是明显落后于东部的，由于机器工业的不发达，手工业的地位就更显重要。以下仅以安徽、湖南、陕西三省部分地区为例。

据铁道部1930年对京粤线安徽段当涂、和县、芜湖、宣城、繁昌等13县的调查，近代工业集中于芜湖一埠，其他各县基本为手工业，以棉纺织、造纸为主，还有缫丝织绢、针织、皂烛、纸炮等业。② 又据1934年建设委员会对芜湖的调查，“芜湖……完全机器工业，仅纱厂、面粉厂、碾米厂数业……至其余砻坊、肥皂、棉织、织袜、印刷等二十业，虽其中亦有使用机器者，但仍以使用人力部分为多，应属手工工业”。该调查列有一份芜湖工业统计表，包括近代工业和手工业共24业，如果我们把纱厂、电厂、面粉厂、碾米厂、机器厂作为近代工业而其他作为手工业的话，则手工业在单位家数、资本数、营业数方面分别占全工业总数的99%、22%、53%。此外，如绣花、漆业、鞋业、雨伞业、西服业等，均为手工业性质，“特以其作坊多设于商店之内，资本与营业统于商店计算”③。

据1933～1934年对湖南醴陵、湘潭、衡山、衡阳、安仁等20县的调查，总体状况是：“本区地跨湘南粤北，交通不便，民智闭塞，地多贫苦，故近代工业，殊鲜兴办，只湘潭、衡阳、曲江各有电灯厂一家，又衡阳有玻璃工厂两家、染织工厂一家，醴陵瓷业厂前后约十余家。除电灯厂之外，其余仅具雏形，犹未脱旧式手工业之面目。至电灯厂之规模，亦至狭小。”④ “其旧式手工业之较著者，如醴陵之瓷器、夏布、鞭爆，湘潭之纸伞，始兴、仁化之

① 铁道部业务司调查科：《京粤线福建段经济调查报告书》，1929，第722页。

② 铁道部财务司调查科：《京粤线安徽段经济调查总报告书》，第191～207页。

③ 建设委员会经济调查所：《中国经济志·江宁县·当涂县·芜湖县》，1935，第44页。

④ 铁道部业务司调查科：《粤汉铁路株韶段经济调查报告书·工业》，第j1页。

土纸为最。”① “又乡间之农民山户，有制鞭爆者，造纸者，编席者，糊纸伞者，制农具者，烧砖瓦石灰木炭者，织竹器者。”②

从1935年对陕西长安、咸阳、兴平、武功、扶风、岐山、凤翔、宝鸡等24县的调查来看，其近代工业和手工业均不发达，但手工业对经济生活的影响明显大于近代工业。24县中，只长安近代工业略发达，有制造抽水机等小型机器的陕西省机器局及机器砖瓦公司、制酸厂、肥皂厂各一家。其余平民工厂等，只可谓工场手工业而已。此外，除宝鸡有一火柴厂外，就看不到什么近代工业了。该区手工业中著名者为凤翔的烧酒业、木器业，岐山的挂面业。凤酒因产于凤翔而名，县城及柳林陈村两镇，共有烧房60家，每日每家出酒约280斤，60家全年共产酒约4032000斤，一般酒价每百斤10元左右。全县年产烧酒约750万公斤，约值70余万元，多运往西安，转运各地。该县木器亦全省驰名，计全县城木器业共27家，每年制造木器约15000件，普通每件5~6元。岐山县的挂面在省内销流颇远。城内制面店约10家，年产约15000斤，每10斤约1元。此外，兴平年产土布约27万余公斤，值约24万元，分销于陕北、甘肃等地。醴泉年产土布约17万余公斤，约值15万余元，多销甘肃。从调查者的记述中，可看出他们对陕西经济落后的印象极深：“至于家庭工业，各县镇乡村中，生计较好之农户，间有自制旧式织布木机一具，以为家庭妇女生利之用，工作时间无常，大都多于农暇为之，出品多为自用……此种家庭工业，昔年颇为普遍，唯自经旱灾以后，人民救死不遑，多已无力做此副业。每每经过一县县城，恒见农户之有此生产工具者寥寥可数，有时竟遍觅不可得。其他小工业为造纸、农具、烧砖瓦、石灰、木炭之类，皆同此情形，民生凋敝，可见一斑。”③

近代我国西南、西北地区，尤其是边疆部分，或交通艰困，或自然条件恶劣，近代工业和手工业之水平更显落后。以下简述贵州、云南、甘肃部分地区状况。

据抗战前和抗战初期调查，贵州之工商业“目前至多尚在萌芽时代。生产方面，大部分尚赖之于血汗手工；贩卖方面，几全部赖行贾走贩之贯通。装有机器之工厂，规模宏大之商店，迄今尚绝无仅有”④。如棉纺织业方面，

① 铁道部业务司调查科：《粤汉铁路株韶段经济调查报告书·总述》，第6页。

② 铁道部业务司调查科：《粤汉铁路株韶段经济调查报告书·工业》，第j1页。

③ 铁道部业务司商务科编《陇海铁路西兰线陕西段经济调查》，第79~86页。

④ 张肖梅：《贵州经济》，中国国民经济研究所，1939，第K1页。

1937年尚无机器纺织厂，全为手工："黔省之贞丰、安龙、关岭、炉山、都匀、湄潭、罗甸、安顺……之手工棉纺织业，皆相当发达，但全省常年消费所需之布匹，约2444565匹，而自给者仅为1296188匹，约及半数。"① 粮食加工，亦为手工："普通由稻制成米，多用'水碾'，即利用水利碾去稻衣。"其他制品，如油漆、造纸、火柴、烛、皂、玻璃、金属品制造、竹木陶瓷器制造，均为手工业。②

铁道部约20世纪30年代初对湘滇线云贵段附近8县即宣威、瓮安、余庆、铜仁、印江、省溪、江口、思南进行了调查后的印象是："湘滇线云贵段附近各县工业，较之沿线各县尤为幼稚。机械工业，除宣威外，余均为手工业。出品较大宗者，为宣威火腿、各县土布。各种工业多数为农民于耕耘余暇所经营，或作或辍。"③ 其实即便在省府昆明，也仍是手工业占主要地位。另一调查报告说，昆明"县境工业，仅酿酒房、酱油房、打油房、织布房、缝衣房、棺材房、米线房、豆腐房、糖食房、造纸房、木匠房、铁匠房等数种，均系个人经营，无大规模之组织，制造纯用旧法，并未加以改良，一切设备均甚简陋……市区工业较为发达，然据参观所得，犹未脱手工业时代。使用机械者寥寥，即有机械者，多则十余架，少则数架，强半助以手工，所出货品，尚未足供市内之所需"④。

1935年间对甘肃的调查表明，"甘肃之生产状况尚纯在农业社会之阶段"⑤。"机器工业甚为幼稚，全省唯兰州一地有二三工厂而已。"⑥ 然而甘肃的手工业远较近代工业普遍和重要："在食用方面，有磨面、打油、酿酒、制粉条、腌肉等类；在服用方面，有纺纱、织布、皮作、毛编物、麻鞋、草帽、毡毯等类；在器用方面，有陶瓦器、竹席、漆器等类；此外尚有制菸、火柴、肥皂、制纸、制香等。"⑦

至抗日战争前，中国经济已达到近代时期的最高峰。此时期手工业在国民经济中的比重如何，是我们判断手工业的地位和作用的基本依据。如两表

---

① 张肖梅：《贵州经济》，中国国民经济研究所，1939，第L28页。
② 张肖梅：《贵州经济》，中国国民经济研究所，1939，第L4、K26页。
③ 铁道部财务司调查科：《湘滇线云贵段附近各县经济调查》，第49页。
④ 铁道部财务司调查科：《昆明县市经济调查报告书》，第115页。
⑤ 铁道部业务司商务科：《陇海铁路甘肃段经济调查报告书》，第4页。
⑥ 铁道部业务司商务科：《陇海铁路甘肃段经济调查报告书》，第37页。
⑦ 铁道部业务司商务科：《陇海铁路甘肃段经济调查报告书》，第39页。

9－1、表 9－2 所示。①

表 9－1　全国手工业产值与机器工业产值比较（1933 年）

单位：万元，%

产值总计	手工业产值（估计）	占比	机器工业产值（估计）	占比
953666	746033.8	78.2	207632.2	21.8

注：本表数据来自刘克祥、吴太昌主编《中国近代经济史（1927～1937）》，人民出版社，2010，第 1123～1124 页。

表 9－2　全国手工业产值与机器工业产值比较（1936 年）

单位：万元，%

产值总计（估计）	手工业产值（估计）	占比	机器工业产值（估计）	占比
861963	640629	74.3	221334	25.7

注：本表数据来自许涤新、吴承明主编《中国资本主义发展史》（第三卷），人民出版社，1993，第 778、788 页。

虽然以上两表所根据的年份不一致，但基本统计数据均依照巫宝三主编的《中国国民所得（一九三三年）》，可以大致看出在中国近代经济最发展阶段的中国国民经济结构的基本状况，其中手工业产值占全部工业产值的 74%～78%，在产值上即对经济的贡献方面毫无疑问且远超近代机器工业。

三　状况类型及成因

虽然至抗日战争前，中国手工业仍在国民经济中居于主要地位，对国民的生活生产影响远远超过新式工业经济，但其内部的状况是很不平衡的。大致说来，近代中国的手工业状况有三大类：基本维持原状者、明显衰落者、在新经济因素作用下获得改良并发展者。

（一）第一类：基本维持原状者

基本维持原状的手工业以可以直接满足大众（主要是农民）的生活生产

① 表 9－1 和表 9－2 系综合了大量统计数据后，经原作者深度加工而成，均有详细说明。这些说明，本书均未予以转述，读者如引用务请参见原始数据。

的自给性手工业为主，大约有如下几类。

第一，用以满足自身生活需要的“自给性”手工业。典型代表是农民家庭对粮食的加工，如碾米、磨面，又如为满足家庭消费进行的自给性棉纺织业，等等。这类手工业一般沿用极其简单的手工工具，采用家庭劳动力互补、充分利用家庭成员的剩余劳动力和辅助劳动力以不计劳动成本的原则进行，其所花费的生产成本只是非常简陋的手推磨之类的折旧，极其低廉，乃至可以不计的程度。粮食加工的原料大体是自己所种的粮食，是无须购买的。虽然对于每一个家庭来说，这种劳动简直算不上生产性活动，社会各界人士也往往视其为家务劳动，但从总产值计算，这类手工业的比重最大，也最普遍，实际构成一般农民生活不可或缺的组成部分。用以满足自己消费的纺纱、织布、制造简单生活生产用具等也是同一类。这是在各类手工业中最稳定、最不易受外界影响的类型。原因在于，这类仅仅用于为自身消费服务的手工业，其“行为准则”和运行机制极大不同于为市场生产的手工业，两者对国民经济的影响也各不相同。

第二，手工工匠或手艺人为雇主进行的手工业生产。如木匠、泥瓦匠、裁缝、专业织布匠、石匠、小炉匠等。这类工匠凭借自身的手艺，为雇主进行手工业生产，获取工资，如盖房、制造农具或家具、织造布匹，裁缝衣服、修磨、补碗等。据1930年代中期对河北清苑的调查，木匠和泥水匠是当地农村最普遍的副业之一。在所调查的24个村子中，有木匠者14村，从事该业的每村多者4户，少者1户，一般每村2户，从业者每村少则1人，多则20人，一般2~4人。有泥瓦匠者9村，每村从业状况与木匠类同。这类手工业的特点是需求者雇用工匠、供给原料（如需盖房者提供盖房所需的砖瓦木料等全部原料）、有时需提供生产工具（如织布机）、生产（往往是雇主直接需要的）手工产品。这些手工业包括多种行当，如建筑、农具制造修理、织布业、日常生活用品制造等。

第三，为本地小范围需求而进行的小商品手工业。这类手工业的特征是，以家庭生产为重要形式，与农业和农村经济关系密切，基本利用本地或自家的生产物为原料，生产工具相当简单廉价，生产技术水平往往要求不甚高，产品基本是为当地市场的较稳定的需求甚或为了某些人而生产的，市场范围甚少变化。“三就地”即原料就地、加工就地、销售就地，正是其主要特点。它又大体上分为两大类，第一类，不需要专门技术，普通人都能掌握其生产技能、通常与农业密切结合者。最普遍的是以自给棉花进行的家庭棉纺织、以自给蚕茧进行的缫丝（土丝）[①] 等。第二类，专业性较强的个体户或小作坊生产，例如，农村油坊、砻坊、磨坊、粉坊、农家豆腐坊、农村木匠坊（铺）、农具修理售卖店或铁匠铺等。张世文在 1930 年代初对河北定县农村工业的详细调查中，此种手工业共列举有数十种，如制绳、席拍（作锅盖）、席篓、蒲锅盖、苇箔、柳编制品（柳罐、簸箕、篮筐等）、做豆腐、粉条、挂面、磨香油、造酒、制醋、制酱、做芝麻糖；做各种生产生活用品：叉子、农具木柄、镰铲、犁架、木耧、风车、花生筛子、扁担、牲口鞍子、木瓢、擀面杖、椅子板凳、水桶、风箱、纺车、络车、织布机及零件、草纸、高香、木制玩具、猪胰皂、捆扫帚、做鞋等。它们大致可以归于纺织、食品加工、农业生产工具制造、日常生活用品制造等行业。这类手工业中也包括大量与农业生产相结合而进行者。

由于市场范围主要限于附近农村，原料大多来自本地，因此与城市和现代经济的联系不大，其小型化的生产规模、人工动力和传统技术水平是适应它所面临的市场需求种类和大小范围的。这种类型的手工业之稳定性虽然不如完全自给性者，但如果在需求方面没受到生活方式的新变化的影响，而仍然维持传统消费习惯，这类手工业就没有扩大生产规模和提升技术水平的必要性乃至可能性，正如人们对湖南豆豉业所评价的："豆豉业为小规模之作坊手工业，经营规模在内地无须过大。"[②]

在市场仍延续或部分维持传统消费习惯、传统生产方式又能满足需求量时，原有手工业可以随着市场需求变化而发生变化。这在传统手工业如陶瓷、漆器、纸伞、文房四宝、刺绣、鞭炮等中尤为明显。

（二）第二类：明显衰落者

在中国传统手工业中，有很大部分的产品市场远远超出家庭和地方小市场，而是跨地域（县乃至省）的区域性和全国性市场。这类手工业的产品如果在品种和质量上不能适应近代以来的市场新变化，在生产方法和成本上不能抵御外国或国内机器产品的竞争，一般都呈现明显衰落的形势。如南京丝织业、土铁土钢冶炼及某些制品（如土针制造）。

---

① 中国近代农村中自己养蚕缫丝相当普遍，但土丝用于出售，市场范围有国内和国外市场，这是利用农户自家生产原料的"远距离"商品性生产，和从原料到制造最终以本地人为主消费的手工业显有不同。

② 朱羲农、朱保训编纂《湖南实业志》，湖南人民出版社，2008，第 188 页。

较为明显的是钢铁冶炼业：湖南邵阳、武冈、新宁、湘潭一带的土法炼钢，历史悠久。邵阳所产钢称为宝庆大条钢，同治年间，所产钢条每年一万余担，行销汉口、长沙、河南、甘肃、山西、河北等处，有炼钢钢坊 20 余家。湘潭所产钢名曰苏钢，咸丰时有钢坊 40 余家，销湖北、湖南、河南、陕西、山西、山东、天津、东北等地。由于受国外进口钢冲击，营业日下，销路、产量均大缩小。至 1930 年代，邵阳钢坊只剩 8 家，湘潭苏钢坊只有 1 家。两地年产钢约 2300 担。①

山西晋城的土法炼铁颇为著名。在道光年间，营业发达，全县冶铁炉达一千余座。后逐渐衰落，至 1920 年代前，约有四五百座。但在 30 年代，由于“外铁充斥，销路日促”，加以捐税增重、交通不便等原因，“营业愈趋衰落，炉数锐减至百余座”。②

手工铁货业等：中国手工铁货业在外货冲击下受到严重破坏。山西长治的荫城镇是晋南铁货业中心，出品畅销全国，在清代乾嘉时期，每年交易，约银一千余万两。但当海禁大开后“洋货侵入，机制物品，精巧价廉，销场几尽为所夺”，至 1930 年代，由于东北失陷，销路更少，每年交易额只有 40 万元左右。③

（三）第三类：在新经济因素作用下获得改良更新，可在相当程度上与大工业产品抗衡，乃至取得一定发展者④

在产品市场较广阔甚至可以输出国外者，采用原料多非生产者所能生产者，其中包括从外地购入的现代工业产品。随着市场范围的扩大和原料的扩散，这类手工业在生产地域上可以迅速扩展，在生产工具上可以发生从原始

① 民国实业部国际贸易局编《中国实业志（湖南省）》，1933，第七编第六章，第 349～354 页（庚）。

② 民国实业部国际贸易局编《中国实业志（山西省）》，1933，第六编第五章，第 478 页（巳）。

③ 民国实业部国际贸易局编《中国实业志（山西省）》，1933，第六编第五章，第 465 页（巳）。

④ 实际生活是十分复杂的，理论框架不过是把丰富多彩的实际强行纳入人们的主观意识中去。我们看到，在各种类型中间还有若干兼具各类特点的“亚类”，如介于第二类和第三类之间的“亚类”：原料主要来自外地，但产品市场主要在本地区的小范围内。又如：原料主要来自本地区或是自给性的，但产品以供应外地为主。就定县看，前者有以铁为原料却为农村服务的手工业品，如剃头刀、修脚刀、瓜菜擦子、铁制农具、铁织布机、牲口铁掌、洋铁器、旧式锁等。后者的重要代表是手纺纱，还有手织单子（9/10 销张家口、绥远等地）、腰带（7/10～8/10 销西北）、腿带（5/10 销张家口等地，2/10 销外县）等。正是其中的部分产品，或由于原料或由于市场，受到了外国“洋货”的强烈冲击。

手工工具到改良工具到人力机器工具的变化，在生产组织形式上可以发生从家庭到作坊到手工工场乃至到近代机器工厂的转化。但在相反状况下即市场萎缩时，此类手工业又会大幅衰落，从使用机械的工场手工业退回到家庭生产中去。这类手工业的稳定性是较差的。使用机纱为原料的手工棉织布业是典型。

在市场发生重要新变化，而手工业又能跟随需求改变原有生产方式时，该手工业不仅能够生存而且能够得到一定程度的发展，如棉织，上海、杭州的丝织业。

在市场出现新需求且旧式手工业不能解决而新式工业又难以解决市场需求时，就会出现新的手工业，如肥皂、针织、毛巾等，这在上海等大城市尤为显著。

还有一类手工业，由于有生产要素或成本优势，作为现代大工业生产工序的一个组成部分，但用人工生产的手工业，如火柴盒业、机器制造、五金、针织业。

适于国外市场需要、为出口服务的手工业，如草帽辫、花边、发网，如桐油加工、部分大豆榨油作坊、猪鬃加工等。

我们发现，无论何种类型的手工业，只要它在近代中国长期顽强地存在，都与其两方面的特点有关。一方面是与符合中国国情的资源配置优化利用有关，另一方面与现代经济的各种互补关系有关。以下重点分析之。

四　现代经济和大工业对传统家庭工业的促进与改良

（一）生产原料变化

现代工业对传统农村家庭工业在生产原料上的影响，最明显的是机纱替代土纱，本书前有详述，不再重复。

（二）生产工具的改良

生产工具和相应的技术变革对农村家庭工业有极大影响，也是推进近代家庭工业生产的基本原因和动力。这里重点分析农村织布业中织布机的变革。

以下以高阳为典型说明之。①

① 河北大学地方史研究室、政协高阳县委员会编著《高阳织布业简史》，载《河北文史资料》第19辑，河北人民出版社，1987。

20 世纪前，高阳农家织布一直沿用传统的手纺车和木制织机。这种织机和全国各地的旧式织机一样，统称扔梭机，织布时通过双脚交错上下踏动织机脚板，完成开口、投梭、打纬、移综、放经、卷布六种动作，使经、纬线结合织成布匹。使用这种布机，既要双脚上下踏板，又要双手互相投梭，投梭时不能同时打纬，打纬时不能同时移综，卷布时必须停止打纬，各种动作协调才能形成一个连续工序。织布者若手脚配合不协调，顾此失彼，易造成断经和掉梭，费时大而成布少，只能织造面宽 1.2 尺的窄面小布，每天可织 20 尺左右（24 尺为 1 匹）。

约在清末，扔梭机经过改革发展为拉梭。它将扔梭机的织纬机构加装滑车、梭盒、拉绳等器件，织布时只要用一手拉绳，棱子即可往返运动；另一手则可拉纬杆打纬。拉梭机效率比扔棱机提高 1 倍以上，布幅也可加宽至 2.2 尺。

宣统年间，高阳商人杨木森、张造卿等人，从天津购入一批日本产铁轮机。铁轮机织布时利用飞轮和杠杆等原理，将开口、投梭、打纬、卷布、送经等各种动作联成整体，变换各个工序之间不必停机，每分钟打纬数在 120 次以上，一天可织布 80～100 尺，熟练者可达 120 尺，效率又较拉梭机提高 2 倍左右，而布幅宽度增加到 2.7～3.5 尺，若需更宽，还可根据需要调整。因此这种布机传入高阳后大受欢迎，很快盛行。当初购入价每台大洋 80 元，后仅从天津购入铁轮机件，在高阳装配，以降低价格出售。最后设立铁工厂完全由高阳本地制造，其价格每台只需 50 元，但质量不亚于日本货。

铁轮机传入高阳很快盛行，1914～1915 年初兴时，在高阳布区约 5000 台，至 1920 年便增至 21000 台，1926 年达到 27632 台，铁轮机已完全取代了木机。

在民国初年，高阳又引入一种大提花机。可织大而复杂的花纹。1921 年后，由于山东潍县白布的竞争，高阳白布不得不另谋出路，当时由天津引入进口麻丝即人造丝，织造提花麻布，一时提花机盛行。1926 年浆麻法传入高阳后，提花机发展更迅速，至 1929 年达 4300 多台。

华北地区一些主要的织布区，改进木制织布机和引进铁轮机的时间大体一致。宝坻布区引进铁轮机似较高阳更早，据说在光绪末年已较多应用新式布机了。潍县在民国初年引进铁轮机，1915 年约 500 台，到 1930 年代全县铁轮机达 5 万台以上，加上邻近数县，全织区铁轮机数近 10 万台。在华北其他地区，铁轮机虽然未如此普及，但也有相当大的发展。①

相比之下，江南一带铁轮机的普遍推行似乎要逊色得多。在南通织布区，较多使用铁轮机约在20世纪30年代后，且拉梭机还在大量使用。

（三）生产关系的变化

机纱广泛推行后，在中国广阔农村中，农民家庭织布业仍然主要是小农家庭独立经营的，独立生产者农民通过市场购买机纱，现代工业通过市场与独立农户形成产品机纱的供需关系。但不应忽略的是：在不少地方，特别是主要商品织布区出现了商人资本介入土布生产，不再由生产者出资而是由商人运用大量资本购买机纱发放给农民，农民按要求上交产品，最后由商人投放市场。这是机纱出现后的一个新变化。

在华北，光绪末年，布商中出现“包买商”制，在20、30年代达到盛期。除在高阳、宝坻、潍县织区普遍盛行外，在其他地区也间有存在，如河北三河、邯郸、玉田等县，山东桓台，河南禹县，等等。②

在江南，这大量存在于江阴、常熟、常州、无锡等地。在一些地区，商人还将织机发给无资力的小农以扩大生产。应该注意，包买商是“放纱”和“收布”集于一身的。通过放纱收布，商人资本对传统部门的重大作用如下。①大大增加和扩大了传统部门即农家纺织业的生产能量和生产范围：织户中的绝大部分是生活贫困的农民，富裕农民很少，因此缺乏购买机纱资金常常制约了农民织布简单再生产的进行，更谈不上扩大再生产了。“放机”则使农户无须再筹集资金购纱，从而一方面显著增加了原有农民家庭纺织业的生产力，另一方面，使原来因缺少资金而无法从事纺织业的农民得以事之，从而使织布业在地域和数量上都得到扩大。②“放机”使农民无须考虑产品销路。织户若自产自销，必然会在原料购买和产品销售上遇到市场风险，贫困小农经不起价格波动、纱贵布贱带来的损失。行“放机”后，农民只需专心织布、节省物料，就可以稳获收入。这是增加和扩大农民家庭纺织业再生产能力的又一个重要因素。正因为上述原因，尽管织“放机”比自己独立织布销售的收入低，在江阴地区要低20%左右，但广大农民还是选择织“放机”，特别

---

① 史建云：《手工业与乡村经济》，载从翰香主编《近代冀鲁豫乡村》，中国社会科学出版社，1995，第358页。

② 史建云：《手工业与乡村经济》，载从翰香主编《近代冀鲁豫乡村》，中国社会科学出版社，1995，第361页。

对于贫苦农民这更是唯一选择。

放纱收布系于一身的包买商，担当了工业资本扩大产品销路的十分重要的途径和手段的任务，通过包买商将机纱贷放给农民织布，工业资本将自身资本的积累机能与传统部门的繁荣更有效、更稳定地连在一起。

史建云对华北织布业的研究中，对包买商制提出了更深入的见解。其一，包买制在华北农村出现时，不只是商人的赢利工具，它同时是政府和地方士绅、实业界人士推广新技术以发展实业的一种方式。其二，包买商的活动不限于支配个体生产的小农家庭，在另一端，他们还与工场手工业或机器大工业发生联系。如布线庄，不仅其购买的棉纱是机器纱厂的产品，它们收购的棉布通常还要经过染整、轧平等加工过程才能进入市场。有些包买商在放纱收布的同时，自己开设整染工厂从事布匹加工，在高阳、潍县等布区，这类工厂中已有部分使用动力机器。染线工厂则在自设工厂（工场）中将棉纱染色后再放给农户。这种包买商的追加资本不仅是用在购买原料棉纱上，其中已有一部分转化为产业资本了。这样的包买制已经不是商人资本支配生产，而是商业资本家变成了企业主，具有资本主义生产方式的性质。①

还有另一方面的重要新变化值得关注，这就是近代纱厂与手工织布工场、农民家庭织户、近代机器染织工厂组成新型产业组合。纱厂向手工织布工场或小布厂出售特制的“盘头纱”（上好纱的经轴），工场直接发给织户，这可省去一道加工工序，直接上机织布。织户将织成之布交给工场初步整理，最后送到现代机器染织工厂精加工后上市销售。这种形式以江阴至上海之间的联系最典型。这种形式，实际上已在生产技术、生产工序、生产组织和生产资本诸方面初步形成一种现代工业与农民家庭工业、城市与乡村之间的纵向一体化生产组合的雏形。小农传统生产已被纳入现代生产体系之中，成为其中的重要环节。

五　新型手工业的出现及其意义

特别需要注意的是，近代中国出现了一批历史上未曾有过的手工业门类，

---

① 史建云：《手工业与乡村经济》，载从翰香主编《近代冀鲁豫乡村》，中国社会科学出版社，1995，第366页。

我们这里称之为近代新兴手工业。这类手工业的组织形式较复杂，但令人惊异的是，这些中国近代环境的新产物为了发展自己，均程度不等地将中国经济中的传统旧因素如家庭生产、包买商制度等引入了“体制内”。这恰与传统农村棉纺织手工业迅速抓住机纱这类新经济元素以发展自己的状况相呼应，不能不引人深思。

（一）概况与类型

这类近代新兴手工业约可分为几类。

1. 适应国外市场需求，产品主要供出口

常常是外国人主动引入中国的手工业。例如：手工花边编结业、抽纱品、网扣业、草帽辫与草帽业以及丝绣等。

以上都是近代中国新兴的手工业出口重要产品。它们的发展与否，基本上取决于国外市场的需求大小。

（1）手工花边编结业

花边业：“考花边为纯粹家庭手工业，以出洋为唯一销场。”[①] 据说清末起源于山东烟台，当时是适应德国的需要而出口的。民国初年，因为“我国所制花边，成本既低，出品又美”，各国洋行相竞出高价购买，推动手工花边制造业的发展。山东烟台、栖霞、招远、荣城等地，浙江宁波、温州等地，上海川沙、南汇等地，江苏苏州、无锡、常熟等地，广东潮州、汕头，是一些主要产地。

民国初年是手工花边业发展兴旺时期。1914 年“一战”爆发，中国与各国贸易受到严重影响，花边生产一蹶不振。战后，销路又开始兴旺。美国是最大市场。1921 年前后堪称“黄金时代”，出口总值从 1914 年的数十万海关两增加到 500 余万两。[②] 但此后美国实行保护关税，花边进口税从 1%～5% 提高到 90%，由于卖价贵，销路狭，加工者又往往偷工减料，中国花边信誉扫地，花边生产严重下降。[③] 在世界经济危机爆发后，“各国经济支绌，限制进口”，更加剧了花边业生产的困难。1931 年，花边出口值下降至 350 余万两。

---

① 民国实业部国际贸易局编《中国实业志（江苏省）》，1933，第八编第一章，第 293 页。

② 蔡正雅：《手工业试查报告》，转引自彭泽益编《中国近代手工业史资料》（第三卷），中华书局，1962，第 493 页。又一说：出口达一千五六百万元。转引自民国实业部国际贸易局编《中国实业志（山东省）》，1934，第八编第二章，第 135～136 页（辛）。

③ 民国实业部国际贸易局编《中国实业志（山东省）》，1934，第八编第二章，第 135～136 页（辛）。

就全国出口看，1934 年，花边业到达衰落的低谷，1935 年开始好转。1936、1937 年则达到新高峰。

上海自 19 世纪下半叶，就有法国传教士设传习所，教徐家汇、漕河泾一带农村妇女编结码带花边，用于装饰台布、窗帘、服装等，并打开外销市场。

烟台是山东花边业制造中心。1933 年前后，山东全省从事花边生产的庄号有 13 家，资本总额为 259000 余元，花边及其他刺绣、挑花等手工出口产品总值 189000 余元。[①] 其中烟台约有花边庄号 110 家，从事花边生产者 45000 人，出口产值 164 余万元，占全省 90% 以上。[②]

（2）网扣业

网扣业主要集中于山东、广东等地。这一时期山东网扣业正在从沿海口岸向内地扩散。1926 年，昌邑有人从烟台英商远东洋行接到首批网扣订单，在昌邑成立“远东分社”引进外国原料、图样生产网扣。1928 年改名“大有信工厂”，有社会加工 6000 多人、1.44 万件、产值 36 万元。接着烟台出口商又在昌邑开办绣花厂，生产网扣和绣花手巾。1934 年厂家发展，产品销往英、美诸国。[③]

草帽辫业是适应国外市场制造草帽生产的原料需要，约在清道光初或更早时期开始发展。[④] 主要集中在河北、山东两省和河南省部分地区。

（3）抽纱品业

潮州汕头一带是广东和全国抽纱手工业主要产地。汕头出口的抽纱品几占全国输出总额的 9/10。1933 年，输出美国货值达国币 1200 万元，其余输往英、意、澳洲、印度及东南亚各国，价值相当于美国的 30%。至 1934、1935 年，因受不景气影响，跌为 700 万元左右。1936 年因美国商业复兴和英国需求好转，又上升至 900 多万元。[⑤]

（4）丝绣与编结手工业

丝绣是我国传统手工艺品，但未作为商品。作为商品化工艺品，据说是清初在苏州兴起的。

---

① 民国实业部国际贸易局编《中国实业志（山东省）》，1934，第八编第二章，第 135 ~ 136 页（辛）。

② 民国实业部国际贸易局编《中国实业志（山东省）》，1934，第八编第二章，第 135 ~ 136 页（辛）。

③ 潍坊市地方史志编纂委员会编《潍坊市志》（上卷），中央文献出版社，1995，第 400 页。

④ 《草帽辫业之产销及制造概况》，载《中外经济周刊》，1924 年 2 月 23 日。

⑤ 关星三：《改良我国手工业之应有认识与方案》，《实业部月刊》2 卷 6 期，1937，第 255 页。

我国手工丝绣品的市场分为国内外两部分。国内市场在清代时最盛，重要产品是蟒袍、披肩、补褂等，以及皇室贡品。但自民国以来，由于服制变更，刺绣一业因之一落千丈，国外市场对丝绣来说愈加重要。销往国外市场的产品主要是绣枕、绣垫、台布、人物风景等为大宗。锦绣衣服也深受欢迎。清代补服，做工极细致，外国人将其“改制手钱袋，美观过人，兼而有之，今已搜罗殆尽”①。

正因为中国丝绣品的工艺特色，虽然整体经济环境困难，但它的出口形势不坏。我国丝绣品向国际市场的输出，若设 1913 年为指数 100，1928 ~ 1937 年指数变动如表 9 - 3 所示。

表 9 - 3 中国丝绣品出口量指数（1928 ~ 1937 年）

1913 年	1928 年	1929 年	1930 年	1931 年	1932 年	1933 年	1934 年	1935 年	1936 年	1937 年
100	268.4	368.1	463.0	586.6	411.6	466.7	553.1	438.5	551.6	526.6

资料来源：彭泽益编《中国近代手工业史料》（第三卷），中华书局，1962，附录 2。

苏绣主产地在苏州，湘绣主产地在长沙。丝绣中的“精绣品”是高档工艺美术品。“苏绣花，湘绣画”，说明两大绣品的各自特点。

1930 年代前，国际市场需求较旺盛，上述手工艺品出口也相对繁荣。对中国近代手工业的发展有一定的重要贡献。30 年代后，在世界经济危机影响下各国消费品市场剧减，中国手工艺品出口大幅减少。1928 ~ 1937 年中国丝绣、抽纱品出口量值如表 9 - 4 所示。

从表 9 - 4 可看出，在 30 年代的世界经济危机中，国际市场总需求严重下降，我国丝绣品、抽纱品等的出口受到较大影响；但也可看出，这类出口的下降并不严重。多数产品出口额在 1936 年较 1928 年提高。至 1936、1937 年，出口要好过 1928 年。其中，花边出口在 1931 年达到高峰，经过 4 年下降后在 1936 年明显回升并超过 1931 年，1937 年更创新高。危机中丝绣品出口量反而上升，在 1931 年达到高峰，出口值在 1929 ~ 1934 年在高峰上下波动。抽纱品在 1930 ~ 1935 年维持在较高水平，以 1932 年为最高。1936 年大幅下降，1937 年又大幅上升。挑花品在危机中变动不大，在 1936、1937 年猛烈上升，1937 年出口值为 1931 年的 3.5 倍。

1937 年，汕头专营出口抽纱品的洋行，资本 10 万美元以上的达十多家，

① 《沪市刺绣业近况》，《工商半月刊》5 卷 22 号，1933 年 11 月。

表 9－4　花边丝绣抽纱品出口量值（1928～1937 年）

	1928 年	1929	1930	1931	1932	1933	1934	1935	1936	1937
花边										
量（担）										
值（海关两）	3132355	2705697	3196062	3540265	2208124	2089517	1951024	2095204	3739740	5439189
丝绣										
量（担）	1546	2120	2667	3379	2371	2688	3186	2526	3177	3033
值（海关两）	2402286	3457482	4122013	5254963	3032166	3296684	3136965	2139092	2754182	2738409
抽纱										
量（担）		2562880	3740194	4864388	5162114	3103587	3895693	3382974	1398715	4721063
值（海关两）	2169333									
挑花非丝绣品										
量（担）				3757728	3214799	4109803	3485248	5488850	12250881	13256752
值（海关两）										

资料来源：彭泽益编《中国近代手工业史料》（第三卷），中华书局，1962，附录 4。

5 万美元以上的 30 多家。全地区从事抽纱业的妇女达 50 万人。①

在广东省，刺绣中属于挑花及非丝制绣花产品者，以汕头输出最多。属于刺绣花品者，则以广州关输出最多。1930、1931 两年输出总值为 400 多万元，1932、1933 年仅有二百余万元，1934 年再跌至一百余万元。1935 年稍增，为 3752588 元。②

2. 近代大城市新兴的消费风气和时尚引起的产品制造业——上海的近代城市型手工业最为典型

20 世纪初期以来，在中国最大的工商业都市上海产生一类“城市新兴手工业”。它的第一个特点是种类多。第二个特点是产品新，尽量满足社会新消费风气产生的种种需求，并且多为“洋货”的进口替代品。第三个特点是产品多为小商品，产业规模小，被称为“小工业”。在这类小工业中，许多产品的制造不需要大量动力和大型机器设备，可以由人力机械乃至技术工匠生产。在生产组织上，手工工场甚至家庭作坊也可适应生产需要，而且进入行业“门槛低”。这就为手工业生产创下了空间。1930 年代上海众多日常消费品的生产中，手工生产或作为完全独立的手工业，或作为主要工序在动力机械配合下共同生产，或与大工业并存，构成上海近代工业的一个特色。

据 1932 年对上海工业 134 个门类的调查，“内中小工业居十分之八”③，而小工业中主要为人工生产或以人工为动力；还有相当部分是手工（人工）和动力机械相结合或相并存，人力生产占较大比重。其中完全由人工生产者数量已超过一百种。其中大部分是新型消费品产业。

上海新兴城市手工业产品大致可分为文化体育、衣物服装、日用百货、家具用品等类。

近代以来书籍报纸杂志的大量印行造成印刷业务的较大发展，促使铸字业、油墨业、蜡纸业等的产生和发展。新式书写用具和方式的传播促使自来水笔业、粉笔业、墨水墨汁业、胶水糨糊业、打印台业等产生和发展。这些新兴产业，基本都是手工、半手工行业，或是机器与手工生产并存。自来水笔一向由国外主要是日本进口。由于上海“自来水笔风行，教育界中人几人各一支”，1920 年代中后期以来，上海陆续开设大中华、关勒铭、华孚等自来水笔厂。生产设备中，车床多由马达带动，其他工序则多由人力机械或手工

① 《全国手工艺特产品调查》，《实业部月刊》2 卷 6 期，1937 年 6 月，第 219 ~ 266 页。

② 黄瑞伦：《历年来广东对外贸易概观》，《统计月刊》，1936 年 12 月。

③ 何躬行：《上海之小工业》，中华国货指导所，1932，第 2 页。

生产。此外还有家庭工厂，在家中“办一台车床，及手摇小钻床小台钳等，即可从事工作”。如果每月产出自来水笔二三十支，可以解决一家生活。[①] 自来水笔的消费量大增，同时又促使墨水、墨汁需求量大增。它们的生产均为手工，“筹洋三五十元即可在家庭中制造之”[②]。

粉笔的广泛使用促进了粉笔业的产生发展。粉笔“制造简单，设备便利”，上海各大书店所售，大部分由宁波家庭工业生产。

新兴文体用品中，网球拍：向均来自外洋，约 1917 年开始仿制，完全手工业。

制造石膏模型：为完全手工业。

钢琴：以前都由外国进口，自从自制后不但外货绝迹，且每年出口欧美及小吕宋一带，年计三四百机。外壳以柚木制之，音板以白松装之，其工作多系包工制。

服装及相关产品，大量使用手工生产，由此产生相应的新兴手工业。其中如下。

呢帽业：或用手工，或用机械。

毛织业：如手套、围巾、毛衣等，上海从事该业者有 20 多家。工厂生产，使用人力针织机。家庭生产显然是手工织造，“无厂名无商标者不计其数”。[③]

宽紧带业：向系日货，1920 年上海开办第一家生产厂家。织狭带多用铁质摇带车，织宽带多用木机平织。

领带业：系衣西装者之必须用品。“该项工厂设备至简，只需脚踏缝纫机、手摇圆筒机及熨斗数具而已。”[④]

新式生活用品的需求和生产也促使大量新兴手工业产生。如下。

纱带业：制造纱带，全部用人力机械，“系半机械手工业”[⑤]。

灯芯业：向系西洋货，欧战时期日货取而代之，年进口达十余万元。1925 年后，国货上市。用脚踏木机。

表带：以前日本进口，年销量银十万元以上。近年来上海有数十家制造厂商。为家庭工业，一般由江北妇女在家中织造，再由商号趸售，“物美价

---

① 何躬行：《上海之小工业》，中华国货指导所，1932，第 6 页。
② 何躬行：《上海之小工业》，中华国货指导所，1932，第 8 页。
③ 何躬行：《上海之小工业》，中华国货指导所，1932，第 28 页。
④ 何躬行：《上海之小工业》，中华国货指导所，1932，第 33 页。
⑤ 何躬行：《上海之小工业》，中华国货指导所，1932，第 32 页。

廉，日货竟完全绝迹”。[1]

十字线：手工业用品。十年来销用渐广，原均外货，近五年来国货制造渐多。

医用缝线：原以日货为大宗。药棉纱布业向均由外洋进口，日货尤多。30年代后国产。价格较洋货便宜一半。以上均为手工生产。

在新食品制造业中，手工生产占有重要地位。如下。

冰糖业：原进口货，我国自制有20多年（1910年前后）。完全手工。

果子露：原进口，近年国产较多。手工制造。

冰激凌：舶来品，手工生产。

随着手电筒、电池等从国外传入的新产品的较快流行，相应的手工业门类和生产在不断产生和发展。如下。

电池：设立电池厂专门生产手电筒用电池只需小额资本二三百元。制法大部手工。

火漆：主要用途为封口，往日多来自欧西。国人在上海设厂自制，完全手工业。

洋烛业：手工操作。

搪瓷业：上海搪瓷制品营业额1930年达600万两。已取代长江流域一带日货。手工生产占重要份额。

阳伞业：分工合作，零件由各厂制造，伞厂手工装配。

热水瓶业：上海有十多厂。如将瓶上用件一一自制，门类众多，资本巨大，故往往分工于人。

电灯泡制造业：“玻璃管壳……均分部自吹自制。”钨丝进口。

牙刷业：工序达20道。或用机器或用手工。但机器不过钻磨等小机，工人多妇女。

西装袖扣业：开办工厂，只需资本数百元至上千元即可。旧式银楼工匠都能制造，方法相似，不过多几部小钻床螺丝撞床而已。

3. 近代新兴的生活消费品

针织业是中国近代国外针织品传入后始兴的“进口替代”型产业，如线袜、汗衫、卫生衣裤、手绢等，针织袜更是大宗产品，时称洋袜业。针织品美观、舒适、轻便，远胜土布制品，在中国问世后大受欢迎，在城市人口中很快赢得了消费市场。

---

① 何躬行：《上海之小工业》，中华国货指导所，1932，第38~39页。

在 1930 年代后，国内外严峻的经济社会环境使社会购买力和需求市场大受影响，针织业生产也受到重大冲击。但不同地区表现并不完全一样。和其他一些行业相比，针织业受影响的时间较短，受影响的范围也较小，总体表现尚不算太坏。1936 年后，随着国民经济的好转，针织业也得到较快恢复。

上海和江苏是中国近代针织业最发达地区，由上海向各地出口的针织品在 1930 年代初约占全国 96%。从上海向国内外出口的针织品量值上看，世纪初至 1931 年，上海和江苏的针织业“就大体而论，日有增加之势”。1929 ~ 1931 年，上海口岸向国内外出口的袜类价值一直维持在较高水平，且有所增加。

上海附近地区的毛巾业也是新出现的手工业之一。

以人力机器织毛巾，是中国近代新兴手工业之一。从生产工艺看，织造毛巾并不属于针织业，而是使用木制织布机，因此织造毛巾较易利用织布业的“传统资源”在农村中推广。在上海附近各县，由于传统土布业大范围衰落，农民迫切需要以其他工副业替代，在城市中较快发展的毛巾需求自然促使农民发展起毛巾织造手工业。

在嘉定县（今上海市嘉定区），1908 年便有曹某在县城置木机 8 台织造毛巾，获利颇丰。不久，马正昌、吴公顺、杨发记、张浩公等毛巾厂，以及上海三友实业社嘉定工厂等先后开设，织机增至三百多台。在 20 世纪 20 年代，三友实业社生产的三角牌毛巾风靡全国，嘉定生产的双手牌、钻石牌毛巾曾远销南洋。至 30 年代，嘉定农家以织毛巾为副业者几遍及全境，一时号称“城外农家，织毛巾木机，几乎无户不备。少者一二座，多者六七座。每当农隙时，则机声轧轧，随在皆是”①。至 30 年代初，县城内外有 37 家毛巾厂、织机 1170 台、男女工人 1042 人，年产毛巾价值 41 万元。

毛巾业是川沙农村最突出的工副业。情况如表 9 – 5 所示。

表 9 – 5　川沙农村毛巾业概况（1900 ~ 1937 年）

年　　份	厂数（家）	木机数（台）	从业人数（人）	毛巾产量（万打）
1900	1	30		
1920	75	2500	3750	50
1930	142	4390	7123	208
1937	202	5371	8695	260

资料来源：《川沙县志》编纂委员会：《川沙县志》（第 7 卷），上海人民出版社，1990，第 254 页。

① 《上海通志》编纂委员会：《上海通志》（第 8 卷），上海人民出版社，2005，第 257 页。

在江浙一带针织业发展较好地区，1931 年以后，内外经济环境不利因素的冲击明显增加。上海南汇的手工织袜业，在 1920 ~ 1930 年，厂数增加，营业顺利，“可称为鼎盛时期”，但 1931 年后一度“渐趋衰落”。

（二）新型手工业的生产经营特点：向传统回归，现代与传统相互融汇

上述新兴手工业的共同特点是近代中国手工业中最接近西方和大都市市场和消费风气的行业，其中不乏外国直接输入者。按照当下的时髦词汇，它们与“国际接轨”的紧密度最高。按理讲，它们的生产方式和贸易方式都应该更适用于或更符合西方资本主义经济制度。但奇怪的是，这些新兴手工业中的关键性经营方式和生产方式在很大程度上向中国“传统和保守”方面转化。

1. 在生产技术上，放弃或部分放弃动力机器生产，转向人工作业

我们以针织袜业为例说明。该业是从“国外引进”的新行业，国外生产都是机器制造。但引入中国后，只有少数大型工厂使用动力机器生产，大多数是使用小型人力手摇袜机。

上海、江苏地区针织业的动力结构和生产方式呈现十分复杂的形式。但总体上与现代机器工业有明显区别。至于其他地区的针织业，更属于现代手工业范畴。上海、江苏地区的针织袜业在生产动力和工具使用方面有 4 种类型。

第一，现代机器袜厂：大型袜厂，使用动力机器，雇用工人进行工厂化生产。

第二，名为工厂，实际是季节性“放机”生产。除几家大型袜厂外，内地大多数厂均属此类。特点是：每家厂有手摇袜机数部至一百多部不等；多数于秋冬两季临时雇工生产，冬季过后即“解散”；采用“放机制”即将机器原料发放到家庭生产。手摇衫巾厂：与上述形式类似。

第三，手工、电机混合生产：织袜全用人力；其他工作，辅以电机。以上海为主，其他地区绝少。大部分织造“开斯米”等。

第四，电机袜厂：以上海为主，全部使用电力小型织机。电机衫裤厂：与上述类似，仅上海有。

在上海的新兴城市型手工业中，更典型地显现出“舶来品”本土化的生产经营特点。如网球拍、石膏模型、钢琴、宽紧带、领带、灯芯、表带、十

字线、医用缝线、冰激凌、电池、搪瓷、阳伞、热水瓶等。这些新时代出现的都市消费品，在国外很多可以用动力机器生产，也有相应的动力机器可以进口。但在国内变为以人工机械生产为主，以至可以“发放”到家庭去生产。重要原因是动力机器昂贵，生产成本高，而在有限市场需求中显然难以立足。如印刷业推动了铅字铸造业相应发展。在20世纪30年代，上海铅字铸造分为手摇机与自动机两种。手摇铸字机效率较低，每摇一次只能出一个字，并要用刨床刨光、磨工磨光，才能使用。自动机用马达带动，铸出字即可应用。但自动机价格要一万元，而手摇机只要百余元。30年代上海有铸字厂数十家，估计不少为手摇机厂。花边业生产中，由于进口现代机器价格昂贵，德国花边机“每架有价银三千两者”①，为降低成本，花边生产大量采用家庭手工业方式。机器制造修理业本应是机械化程度较高的行业，但仍有大量手工操作的小企业占据主导作用，动力机械化生产的效益反而不如手工、半手工生产。对上海机器修理制造业的一个调查报告说，该市机器制造及修理业大小共一千余家，其中大部分专门从事于修理事业，稍具规模者只数十家，而专门从事制造者更无几。大厂资本及工人技术皆占优势，但营业颇多障碍，不如小工厂远甚。因此种小工厂，其开销极省，其工人极少，且多属学徒，每年吃定用定即可太平无事，故修理价格极低廉。② 这种手工作坊式的小厂，尽管技术水平远远低于大厂，但生产成本极低，其产品或服务也能适应市场需要，因此在一定时期中有较强的生命力。它们的产生发展不仅满足了很大部分国内市场的需要，而且有力地抵制了“洋货”在中国的横行。例如，小小的手帕业：“九年以前（约1920年）……率取给于外洋，今则不但外货难以推销，国货手帕每年出口南洋一带，岁值银十余万金。”③

2. 放弃完全的工厂化生产，和家庭生产方式挂钩

这方面针织业较为典型。

1900年前后，始见有机织衫袜……来自德国，最为国人所欢迎，总计德货盛销达10年之久。其后，英、美、日本，亦渐次有针织品行销于我国。及光绪末年，国人感于利权之外溢，颇思设厂仿制……嗣后手摇机，国人亦知仿造，于是针织业始初具规模。④

---

① 何躬行：《上海之小工业》，中华国货指导所，1932，第44页。

② 上海市社会局编《上海之机制工业》，上海中华书局，1933，第26页。

③ 何躬行：《上海之小工业》，中华国货指导所，1932，第32页。

④ 中国社会科学院经济研究所主编《上海民族机器工业》，中华书局，1979，第183页。

浙江平湖的织袜工业和无锡的袜厂都属于新式手工业，在生产的工具、生产组织形式等方面都有自己之特点，前文已述，不赘。

这些新式手工业的某些特点，确实值得引起注意，它们与直至今天的教科书流行概念有很大不同，甚至可称为一种《现代经济学》的理论悖论，例如在生产上，有运用机器动力生产者，但多数为人力操作小型机器生产，具有投资少①、成本低、技术要求不高、能广泛吸收劳动力、以传统的家庭组织生产等特点。较大的市场需求和适宜中国生产要素配置的生产方式，使针织业在兴起后得以较快发展，兴旺一时。针织业成为中国近代新兴的发展较好的手工业之一。

使用电机生产的厂家并不意味着实施现代化的工业生产和资本主义生产方式。在上海和江苏，可以看到针织业的“多种经济成分”。①自设工厂生产。工厂有厂家牌号，自有资本和生产场地、设备。上海有 130 多家，无锡有 30 多家。②代织。无所谓工厂，无厂家招牌，完全代工厂制造。这种生产形式很多，上海各区不下二三百家，在南汇的针织业中尤为普遍。③自己设厂，也推行代织。这种形式江苏内地颇“发达”，厂家一方面招收工人在厂内生产，另一方面将手摇机租给附近农民家庭代织，计件付工资。由于无锡等地近年蚕桑失败，农家尤以此为补助家庭收入之主要副业。

丝织业中也出现类似状况。20 世纪 30 年代的手工丝织业生产方式较以前并无根本变化。手工丝织在我国丝织业中仍占绝对主导地位，真正称得上资本主义大机器工业的厂家只是很少数。资本主义生产关系虽然广泛存在，但绝大多数并不是所谓大工业时代的资本主义，而更多的带有“手工业资本主义”乃至更为“原始”的资本主义的色彩。不过，新式机器生产毕竟开始推行，传统丝织业开始了向新生产方式转化的步伐。值得注意的是，尽管部分使用了电力织机，仍然有相当的产品生产是从属于“商业资本”的。

上海是丝织工厂最发达地区。1932 年的调查表明，上海各类丝织厂有近 500 家，但除少数大厂外，大量工厂只有织机数台至十余台，工人数名至十余名。专织人造丝的“织绨”工厂规模尤小。在生产工具的数量、质量方面，这些小厂是应与“大机器工厂”有显著区别的，大致只能认为是使用机器生

① “考针织业之固定投资，在于机器，而不在于厂基。往往租赁小屋一所，容工人数人即可成厂开工，故无须多量变之资本。而机械之价值，除上海之大规模用电力织造者外，内地每部价格十余元即够。”民国实业部国际贸易局编《中国实业志（江苏省）》，1933，第八编第一章，第 250 页。

产的家庭企业，“其大者如美亚织绸厂，有分厂9家，织机凡一千二三百。其小者，只有织机三两部，纯为家庭工业”[①]。

上海而外，各地织造绸缎以手工为主，使用动力机器者并不普遍，属于资本主义大机器生产的绸厂就更稀疏了。江苏方面，南京的传统丝织业缎业、云锦业、绒业，始终是“纯粹家庭工业”，完全用手工生产，并无厂家。称为绸厂者，20世纪30年代前期只有一家，且为人力以木机织造。镇江的天然丝织业“纯为一种家庭工业，无所谓厂家，机户散处各地……每家至多三机”[②]。丹阳绸业也以手工业为主。

苏州丝织业分为纱缎业、漳缎业、铁机丝织业三类。前二类为传统手工业，至30年代，仍承袭历史特征，全用手工织造，生产方式亦仍是账房发料、机户织造、领取工钱。铁机业始于民国初，规模较大者为丝厂，机数少者等于家庭工业。30年代初，丝厂约20余家，资本最多者4万元，其余多数千元不等。约共有铁机242部、手机482部。[③] 看来多数绸厂仍属于工场手工业。盛泽丝织业亦分为传统纺绸业与新式电机织绸业。纺绸业为农民副业，“农家织绸，卖予绸庄”。“本县四乡农家，多有织纺机械数具……动力为脚踏，每家农户织机最多者，不过四或五架，大都仅一二架而已。”[④] 30年代之前，盛泽的天然丝织品，全部为纺绸亦即农民家庭手工业产品。

盛泽电机织绸始于1931年之后，全为人造丝制品。因此，笼统地以盛泽的电机数为指标判断大工业替代手工业的程度是不尽确切的，至少在前期，盛泽的电机织绸业主体上是不同于传统的另一类专门织人造丝产品的绸业。直至1936年，盛泽的全部织绸业中，手工业仍占主导地位。

再看看草帽生产。20世纪后，草帽开始在城市工厂中生产，1912年后，上海成立了一批草帽制造厂，但生产草帽并不仅限于大城市的机器工厂，一些农村同样可能利用农民家庭手工业方式生产。1932年有报道说，草帽向为我国家庭手工业之一种，农村妇女孩童以此为业而倚之为生活者为数不少。宁波一带据调查所得，收买草帽之行，约百五六十家，贩户在三千人以上，

① 广东省建设厅蚕丝改良局：《广东蚕丝复兴运动专刊》，报告，1933，第4页。

② 民国实业部国际贸易局编《中国实业志（江苏省）》，1933，第八编第一章，第220页。20世纪30年代镇江尚有一家织人造丝为主的绸厂。

③ 民国实业部国际贸易局编《中国实业志（江苏省）》，1933，第八编第一章，第221～222、227页。

④ 民国实业部国际贸易局编《中国实业志（江苏省）》，1933，第八编第一章，第202～203页。

编结草帽之工人不下十余万名。① 不过宁波一带的草帽生产原料并非是我国的草帽辫，而是外国商人供给的金丝草、玻璃草、麻草等进口原料，成品帽也由外商销往欧美各国。在浙江等地，这种农村草帽手工业在 30 年代相当兴旺。初期限于宁波四乡，后逐渐推广到邻县慈溪、镇海等县，至 1930 年前后，“今则余姚、海门两处营业极盛，大有后来居上之势”②。黄岩县是在 1926 年前后从宁波传入草帽编织方法的。只两年时间，“已推行全县境内，盛极一时”，全盛时期，从事的农户有 4 万户，从业者 6 万余人。

山东琅琊草帽是在民国初年兴起的，用本地出产的琅琊草（俗称黄草）为原料，仿造新式流行式样，由农村妇女手工编织。一度盛销于东三省、天津等地，每年 20 万顶。在东北沦陷后陷入困境。但经过不断改良，草帽的品种式样大有进步，1935 年，琅琊草帽制成巴拿马式和美式两种，“漂亮美观，摩登入时，诚国产草帽之上品”③。

3. **在生产的原料供给或产品销售上，大量采用中国传统商业中最常见的包买商制**

从江苏、上海看，花边织造盛行包买商制。生产大部分在农村农民家庭中进行，小部分在城市中。由商号发给原料，论件计工资。主要花边原料有三种，其中麻布、花线都由外国进口。丝线中的粗线多采用国货，细线也是国外进口。

由于机制洋布对土布的排挤造成农民副业的严重破坏，不少农妇放弃织布而改业花边为生，花边等编织品生产获得较快发展。当时在漕河泾、七宝河一带的 10～40 岁的女子，人人都能娴熟钩结，编结区域迅速扩大至颛桥、曹行和北新泾一带。1924 年后，中外商人见花边业有利可图，大量增设花边行，并与英美的洋行联合组成一个编织品的外销网络。外国洋行和华商行号可以预付一半加工费给花边行，花边行按产品质量等级向编结户计算加工费。至抗战前，编结人数由约 400 人增至 2500 人左右，年产花边、手套 2 万多打，产品销往荷兰、瑞士、英、法等国。④

上海川沙也是著名花边产地。1913 年，有川沙人在上海设立花边公司，发放网扣、花边，并在高昌设立传习所教习女工。一时业此者达千余人，当

① 《上海之草帽业》，《工商半月刊》4 卷 15 号，1932 年 8 月。

② 《宁波一带草帽业之调查》，《工商半月刊》2 卷 8 号，1930 年 4 月。

③ 《全国手工艺特产品调查》，《实业部月刊》2 卷 6 期，1937，第 246 页。

④ 《上海通志》编纂委员会：《上海通志》（第 8 卷），上海人民出版社，2005，第 251～252 页。

地农妇在“工余饭后，均可操作”。川沙花边“花样甚多，异常美观”，深得西方人士喜欢。1915 年后，不少外商竞相收购，花边业发展更快。1920 年的一则报道说，“花边公司以川沙为最盛，大小公司 30 余家，出口额每年在百万余金以上……上年 4 月，美国政府取消禁令，市面销售转旺”。至 1930 年，川沙有较大花边公司和厂家 47 个，从业者超过 23050 人，代发花边的小商号 180 多个，年产花边 100 万张。① 但在 1930 年代后的困难时期，由于出口受阻，销路一度大减。②

上海南汇，花边业发达时期是在 1922 年前后。1925 年渐渐衰落。1930 年代初，南汇有花边商号 18 家，18000 多人从事该业。③

无锡花边业约始于民国初年。1914～1915 年，无锡花边业营业达 1700 万元，经营花边业者不下数百家。

丝绣出口业亦是一例。

近代上海，因海外市场的拓展，相当地区的刺绣手工业很快发展成为十分重要的家庭手工业。

1930 年代，苏绣在苏州一带，不仅在城区，还扩散到农村，以农村妇女为主体，成为著名农村家庭手工业之一。广泛采用了包买商制，农妇“于农隙时间顾绣庄领取绸缎绒线，即从事工作。出品主要为被面、服装、陈设等三项”。当时全县有顾绣庄 14 家，营业“虽不如往昔之盛，但每年出品，估价尚有十余万元之谱”。④

4. 在最大的工商业都市上海，在最时髦的人造丝织品——绨的生产上，盛行家庭生产和包买商制

值得注意的是，在某些已经属于工厂制度生产的行业中，甚至也采用类似包买商制的生产经营体制。

据载：“上海丝织厂除大规模厂家以外，多数厂家，均无流动资本。据调查，各厂中无流动资本者占 65%，有流动资本者占 35%。即有流动资本，亦不过一二千元。不备流动资本之厂家，大抵均仰绸庄之鼻息，由庄家发给原料，指定花样，为之织造，而获得工资，称为料机，实占电机绸厂之大部，

① 《上海通志》编纂委员会：《上海通志》（第 8 卷），上海人民出版社，2005，第 252～253 页。

② 《江苏省各县农村副业调查》，《上海通志》编纂委员会：《上海通志》（第 8 卷），上海人民出版社，2005，第 252～253 页。

③ 关星三：《改进我国手工业之应有认识与方案》，《实业部月刊》2 卷 6 期，1937 年 6 月。

④ 农村经济半月刊社主编《农村经济》一卷一期，1933，第 59 页。

而尤以专织绨者为最普通。”① 由此可见，上海大多数绸厂，在很大程度上类似于历史上丝织业账房与机户间的放料收货的旧式关系，丝绸商是主人，实际上就是传统丝织业中的“账房”，而工厂实质上是使用小型机器为绸商生产的“机户”，并非是独立的资本主义企业。这些织绸厂，与资本主义大机器工厂在生产方式上的区别很明显。

类似上海绸厂中这种工业资本从属于商业资本的现象，在江苏另一重要丝织业中心盛泽也可看到。据 1932 年之调查，在盛泽为数不多的电机织绸厂中，“除郎琴记以外，民生及大中华在上海有发行所。其余各厂，多将织机包于上海绸庄或绸厂。必据主顾订货需要，发下原料，各厂始能开工制造，否则停工”②。除隶属于商业资本外，上海还有一种小厂为大厂代织的生产方式：“其为包工制者，则由大厂供给原料，整经整纬工作，亦由大工厂做妥，而只由小工厂代织，每匹工资 5 元。”③ 这种代织，亦等同于机户与商人资本的关系。

---

① 民国实业部国际贸易局编《中国实业志（江苏省）》，1933，第八编第一章，第 156 页。

② 民国实业部国际贸易局编《中国实业志（江苏省）》，1933，第八编第一章，第 212 页。

③ 《广东蚕丝复兴运动专刊》，1933，第 4 页。

第十章　中国式现代化道路思潮与早期实践，近代三元结构的出现

历史已经表明，中国落后就要挨打。近代以来无数志士仁人浴血奋斗，无不为了中国重新富强。在学术思想界，前人为此经历了艰苦的探索。向已经成功的强国学习，以其取得的成绩为奋斗目标，以其流行的理论为指导思想，以其发展的经验为前进的参照，过去曾经是、今天也仍然是中国“现代化”理论的主流。中国必须向国外先进学习，必须引进世界先进才有可能走向现代化，是毋庸置疑的。但是，170 余年的中国“转型”历史表明，仅如此，不但远远不够，且有可能出现大问题。只有深切了解中国的历史、传统和国情，切实总结本国现代化历程的经验教训，深入明了中国当前的实际，才能把握：在现代化的征程中，什么是中国真正需要学习的，什么是中国应该防止和避免的，什么是中国可以也必须自主创新的。

这就提出了研究“现代化过程中的中国本土特征与本土规律”问题的必要。

“现代化过程中的中国本土特征与本土规律”是很大的题目，作者迄今看到的深具理论高度的讨论“中国本土现代化问题”的论文之一，是甘阳的《〈江村经济〉再认识》一文。甘阳提出：

> “社会科学中国化或本土化”的基本内涵，亦即一方面要对本土“社会变迁”的进程和机制形成本土立场的理解，另一方面则是对“社会科学”的品格形成中国人自己的批判意识……真正的问题其实在于，西方主流社会理论一旦转化成一种被普遍宣传和接受的主流意识形态，则不但以往的历史被大大曲解，而且人类的想象力和历史的多重可能

> 性也就常常被无情地扼杀，而迫使人们臣服于所谓历史必然性的淫威之下……《江村经济》所初步提出来的乡土工业重建问题，看上去非常不符合时代潮流，但它所涉及的其实正是现代性进程中的两个核心问题，即：一、现代工业的发展是否只能是一种高度集中化的大生产方式（centralizedmass production），或今日所谓“福特生产方式”（For－dism），还是同时存在着一条分散化（decentralized）工业发展的道路？以及与此密切相关的。二、社会政治的现代转型是否只能采取这种或那种自上而下的方式，还是同时存在着一条从社会最底层自下而上的社会重组道路？①

不过至今为止，大致说来，就国内而言人们对这一问题的研究仍不充分，对规律的真正认识则更有距离。但无论如何，这需要人们去探索，现在也有人正在探索。李根蟠教授在2017年以来，在《中国农史》发表的系列论文，可以认为是重大突破。②

一　两条路径与中国式现代化道路的两种思潮（近代至20世纪前半叶）

在思想、理论领域，之所以出现中国的传统经济与现代经济的关系问题，并引发人们对它的关注和深入思考，是与鸦片战争以来中国政治经济社会的实际变化密不可分的，它与实际过程中出现的问题和矛盾互相呼应。

（一）初期状况

为了避免亡国灭种，先进的中国人意识到传统的“以农立国”之局限，急迫追求列强诸国的强国之道，“以工立国”“以商立国”之声不绝于耳。在

① 读书编辑部：《读书》1994年第10期，生活·读书·新知三联书店，1994，第57页。

② 可初步认为，当前一大批认真从三农和社会实际入手探讨中国现代化的人士中，有许多是高度注意中国现代化道路的本土特征问题的，他们不仅从书本上，也从实践中艰苦摸索着“中国问题”。笔者见识有限，他们的真知灼见这里不能一一列举，只能表达钦佩之心。李根蟠教授（1940—2019年）在2017～2018年，于《中国农史》发表多篇论文，深入分析了中国古代以来的农学思想和实践对中国社会经济的重大影响，后文还将论及。日本学者祖田修等人的农学哲学思想对李根蟠教授的影响甚多，后文再论。

政府层面，大力推行富国强兵之举。以洋务运动为滥觞，以机船矿路为重点，首先迈出向军事和重工业为方向的工业化，这就是“自强”运动。随着战争失利和军事工业的局限，特别是外国以棉纺织品为主的洋货大肆泛滥，国内的工业开始转向以抵制、求富为目标的轻工业为主干。这种不惜一切代价努力学习西方的举动绝非孤立发生，它基于从民间知识分子到政府要员的一个共识：列强正因为先进才打败了中国，而中国正由于落后才处处挨打。因此，要想救国，必须尽最大努力学习外国先进——资本主义；必须清算并彻底抛弃中国传统。在外国入侵至20世纪初的数十年间，全国的政治主流、思潮主流和学术主流，都或明或暗地被这样一个共同趋势和倾向所主导。从19世纪末期开始的洋务运动、变法维新、辛亥革命，直至彻底打倒孔家店的五四运动，之所以从器物到制度再到思想文化“不断革命”，无非都由此理念引发所致。①

在这个向西方学习的大潮中，经济变革的导向性思潮是以工业化、城市化取代小农经济。现代工业、现代城市与传统农业、传统小农经营在逻辑上被置于截然相反、此消彼长的“二元对立”关系中。

（二）进一步的变化与不同思想的出现

毫无疑问，由于列强侵略带来的种种苦难，由于中国数千年农业文明基础的根深蒂固，在如何看待传统和现代关系问题上，从来就有不同看法。不过更能引起不同思考的是实践的历史过程：历经数十年，无论如何努力，“西风东渐”带给中国的强盛终究很有限。实践告诉人们，中国不可能单凭国人的主观愿望就迅速建立起资本主义，也不可能用清除传统的办法来确立资本主义。从19世纪末至20世纪初，中国在军事上又接连惨败，被迫签订的丧权辱国条约一个接着一个，割地赔款之数倍增，中国被列强瓜分迫在眉睫，百姓处于水深火热之中。

学习西方成效不彰，中国面临的危机日益加深，究竟该如何救国？中国该向何处去？成为所有爱国人士思考的最迫切的中心问题。

与以往只有学习西方才是救国唯一出路——“要救国，只有维新，要维

① 毛泽东曾结合自身经历，生动描绘了“十九世纪四十年代至二十世纪初期中国人学习外国的情形”。《论人民民主专政》，载《毛泽东选集》（第四卷），人民出版社，1966，第1474～1475页。

新，只有学外国”① ——的思潮不同，在中国知识界、思想界出现了注重从本土特点出发考虑中国现代化路径的人物，形成了一股新思潮。

这里所谓中国的本土特点，系指中国从古代历史至当时，都是一个由农业文明维系的世界上农民最多的国家。考虑中国问题、解决中国问题，不能不从这个最根本的国情出发。

从中国本土特点即从农村、农民出发考虑中国前途——既包括眼前的最紧急的救国问题也包括未来中国的建设和发展问题——在知识界不乏其人。其中乡村建设思想是很有代表性的。

乡村建设思想并不完全一致而有各种差别，在具体的实践和做法上也不尽相同，但总体上，在主要代表人物中，大致有基本的共同点，即乡村建设的根本目的是：通过建设乡村，教育和提高农民，达到再造中国的最终目标。在实现这个最终目标的过程中，学习国外先进并革除中国之痼疾是同步的，但一切均要从中国国情出发，绝不盲从外国。中心是围绕中国农民这个“人”的方方面面进行提高和革新，从解决农民最大困难入手，在解决问题过程中培养农民的人格和能动性，最后形成农民对农村的经济自立和政治自主。

晏阳初认为，中国乡村在国家和社会中有压倒一切的重要地位。

第一，乡村是中国的经济基础。他说，我们常说“以农立国”。什么叫“以农立国”？就是离开了农业、农村和农民，国家就不能存在。过去几千年的中国是如此，现在还是如此。我们吃的、住的、穿的甚至走的路都是由农而来，是农民生产的。没有了农村，衣食住行以至一切人生需要就立刻要发生问题。如经济关系最显著的银行家，他们向来藐视至少也是看不起农民的，只放款给工厂、商人，而不给农民，然近年来由于工商业不景气，工厂商家成群成群地倒闭，银行吃了不少倒账，不仅不能获得投资的利益，甚至连资本也无法收回。而工商业不景气的原因是农村的破产。农民失去了购买力，工厂的产品没有销路，只好关门。银行家看清了这一点，不得不改变营业策略，主张对农村放贷。这并不是因为他们看破了本身利益、考虑到国家福利，而是事实的逼迫。

① 《论人民民主专政》，载《毛泽东选集》（第四卷），人民出版社，1966，第1475页。实际上，在如何救国问题上，中国思想界出现了三种明显不同的思潮。一种是向西方强国学习，走西方资本主义道路；另一种是革命，彻底推翻旧政权，革命派的思想主要也仍然是向外国学习的产物；第三种是以中国本土特点为主考虑救国出路，这就是本书以下重点介绍的以乡村建设为中心的所谓改良派。

银行家放贷给农民这一事实充分证明“中国的经济基础不在都市而在农村”。

第二，乡村是中国的政治基础。中国的政治不在中央，也不在省，而在乡村，因为中央政府与省政府都是政治的上层建筑，与农民的关系是间接性的。中央政府各部院官员的调动，省政府委员和各厅官员的进退，很少能引起农民的注意，只有县政府、区政府、乡政府才与农民的利益休戚相关，县长廉洁与否，区长、乡长的好与不好，都是农民所关心的，这说明县政府、区政府、乡政府是中国政治的真正基础，有了好的乡政，才会有好的区政，有了好的区政，才会有好的县政，有了好的县政，才会有好的省政，有了好的省政，才会有好的国政。因此中国的政治出路，必须从建设最基层的农村政治开始。农村不清明，四万万人永不能见天日，中国政治将永远是个黑暗政治。

第三，乡村是中国人的基础。构成国家三要素的是土地、主权和人民。人民又是最重要的要素。中国人民号称四万万，农民则占了80%，因此能真正代表中国的，不是上海的买办，也不是天津的富户，甚至不是城市的居民，而是居住在两千多个县中无数农村里的乡下佬。近代以来，中国之所以会积贫积弱、受列强的欺侮甚至面临亡国灭种的危险，一个重要原因是对人是立国的根本、中国人的基础在乡村这一问题缺乏足够的认识，放着成千成万的农民，固国强国的雄厚力量无人去运用。让农民无知无识到底，不给予教育机会，甚至连他们的生死存亡都不管。“民为邦本，本固邦宁。”中国目下唯一的出路是做“固本”的工作。①

梁漱溟认为，中国是一个农业国家，其文化是以乡村为本的文化，其社会是以乡村为本的社会，人口的80%住在乡村，过着乡村生活。农业是中国的主要产业，是中国的国命所寄，它的好坏是解决中国一切问题的关键和从事其他建设的前提。中国的国命既然寄托在农业，寄托在乡村，所以他的苦乐痛痒也在乡村。只有乡村安定，才可以安辑流亡；只有乡村产业兴起，才可以广收过剩的劳力；只有农业增加产量，才可以增加国富；只有乡村自治真正树立，中国的政治才有基础。一句话，只有乡村有办法，中国才算有办法。②

---

① 晏阳初：《农村建设要义》，载宋恩荣主编《晏阳初全集》（第二卷），湖南教育出版社，1992，第33~35页。

② 中国文化书院学术委员会编《梁漱溟全集》（第一卷），山东人民出版社，1989，第608~610页。

应该说，梁漱溟对中国传统经济的认识基于其深厚的本土文化和哲学根底，20 世纪 30 年代中国农村问题的突显，使他看到，事实已给予自己理论再有力不过的明证。要解救中国的危机，已经到了将自己理论高声呐喊、必须使国人明白的紧要关头。他认为，目前中国社会所受的国际经济的压迫与侵略，最令人不能忍受的地方是农业。[①] 因为农村现在还是中国的命根。虽然我们也要求达到工业化，去找一个新的吃饭的道路，可是现在新的吃饭的道路还未得到之前，旧有的手工业又濒于破产，剩下的就只是农业。农业的问题，绝不仅是农人的问题，而是整个中国人的问题。中国的都市不像西洋。西洋的都市是生产之地，中国的都市是消耗的场所，工商业是附属于农村的，如果中国的农业破坏，根本就动摇，就要牵动每一个中国人。[②]

梁漱溟指出当时的情况是：自“民国”二十年后，全国上下一致的都在喊农村经济崩溃，要救济农村，建设农村。同时这种呼声开始并不出于农民。最先呼喊的是上海的金融银行家，因为他们的利害关系完全在农村。一切的生产与消耗都靠农村。中国没有旁的生产，是靠农产品的出口。因此每到农产品成熟之际，南方的丝茶，北方的豆麦，都要运往海外去出售。这个时候是商人与银行界最活动也最忙碌的时候，商人跑到农村收买，银行界则忙于汇兑。同时因为农民把农产卖了，有了购买力，许多日常用品要从外面大商埠如天津、上海运到内地去、运到农村去。农村消费后，金钱便又流到外面来。如此周流不息，中国的农、工、商业都有了办法。但是，在 30 年代资本主义世界经济危机的冲击下，农村破产，应当出去的农产品出不去，同时国外的农产品又大量进来，农民没有生产，购买力非常薄弱，进出口货物就非常少，商人也就没有生意可做，政府的税收也要减少。梁漱溟说，这一切更可证明，今日的中国无论是商人、银行家还是政府，一切都须依靠农村。[③]

晏阳初、梁漱溟的上述言论表明了他们的如下思想。①农民、农村、农业是中国的立国之本。②这个立国之本在西方列强侵入中国以来受到了最强烈的重创，危害到中国的生存。

---

① 郑大华：《民国乡村建设运动》，社会科学文献出版社，2000。该书十分详细地介绍了民国时期的乡村建设运动，对运动内容和领导人物的思想都有深入的分析，具有很高的开拓性学术价值。本章中笔者在诸多地方均受惠之，尽管郑大华的一些论点笔者并非完全赞同。我们相信，随着中国现代化事业的进展，民国时期晏阳初、梁漱溟、陶行知等先贤的思想和实践努力，定会愈益显现其对中华民族复兴历史性贡献的不朽意义。

② 中国文化书院学术委员会编《梁漱溟全集》（第五卷），山东人民出版社，1992，第 988 页。

③ 中国文化书院学术委员会编《梁漱溟全集》（第五卷），山东人民出版社，1992，第 989 页。

因此，要救中国，唯一途径是做“固本”的工作。这就是进行乡村建设运动。乡村建设运动的直接目的是：帮助农民，提高农民，在帮助和提高农民的过程中改进农民，使农民成为家乡和整个农村的生机勃勃的主人翁，从而在整体上改进和提高中国的农村社会和农业生产。如此，中国就可以最终获得既保持了传统农业文明的精华传统又能够适应新世界变化的“民族再造”，古老的中华民族就有了新生命。

（三）农村经济与近代大工业经济的相互关系——对农村、农民家庭工业在国民经济中重要地位之认识

似乎不少人认为，梁漱溟是近代中国文化保守主义的代表，只强调传统的重要而轻视甚至反对新生产方式。这完全不对。梁漱溟非常重视新式工业，认为这是中国发展的方向。但他反对用西方资本主义方式发展中国的工业，而主张用传统与现代相互帮助的方式、用农业与工业协调发展的方式、从中国本土积极因素出发来实行工业化。他说，我们的目标在工业，必须引发到工业上去，达到工业化的目的，中国经济方可望翻身。[①] 现在我们要问：究竟在发展农业的时候，工业能否跟着抬头而渐次促成工业化的实现？我们的回答是一定可以成功的。不但一定成功，我们还可断言，中国工业的建立，如不借着农业的引发，是没有旁的道路可寻的。

梁漱溟的理由如下。①中国发展工业如靠私人资本与国际资本竞争，则只图营利、各自为谋的商人绝无可能与联合为一个国家的国际资本力量抗衡。②发展工业必需资本与市场，在国际资本统治下两者都难。而如果发展农业，农业所要的先进技术和机器等农具会形成对工业品的需求；农产提高带来的农民购买力的增加也会形成对工业品的需求。有了这两方面的需求，工业才算是建立了根本，这样建立起来的工业才是合理的工业。梁漱溟强调：建立新型工农业关系必须改良旧农业，使农民走上合作、联合的道路。[②]

梁漱溟对中国现代化中的工农业相互关系的认识，远远超出了当代许多“经济学家”们的思维定式和眼界，是那些头脑只局限于“经济学理论”特别是所谓“市场有效配置资源”和“利润最大化”者不能理解的。但时间会最终证明，真理可能在梁漱溟一边。

---

① 中国文化书院学术委员会编《梁漱溟全集》（第五卷），山东人民出版社，1992，第 991 页。

② 中国文化书院学术委员会编《梁漱溟全集》（第五卷），山东人民出版社，1992，第 984 ~993 页。

如果说梁漱溟的思想渊源主要来自中国传统文化和哲学观，有着浓厚的“本土情结”，那么另一些有西方学术背景的学者也提出类似的思想，即中国不能以牺牲农业、农民为代价发展现代化，必须形成两者的协调共进，则又一次说明了从本土特征出发认识中国现代化问题的客观性和重要性。

费孝通对中国从“传统社会”转入“新型社会”的基本理念，建立在他对中国国情的总体把握基础上。他说：“我一直认为，中国农民占中国人口的大多数，认识中国社会特点，应该从认识农民和农村开始。中国社会的变化，一定会从广大的农村开始。”正因为如此，在中国受西方影响后而不能不发生的社会变革过程中，在农民和农村占据中国主体的客观存在下，如何使农民的生产和生活在工业化变革中得到改善和提高，是费孝通全部思想的基础和核心：“如果中国工业只能以牺牲农民为代价而发展的话，我个人认为这个代价未免太大了。”① 为了贯彻这个原则，费孝通从调查江村入手，努力认识中国农业社会的传统，认识渗透传统的相应社会环境中的农民和农村经济的运作机制，得出多数中国农民的经济特点是“人多地少，工农相辅”的结论，由此产生他终身一以贯之的中国现代化基本思路（对费孝通观念的分析详见下文）。

无独有偶，被费正清誉为中国两位真正经济学家之一的方显廷，在获美国耶鲁大学哲学博士学位后，于1929年回国，受聘于南开大学，随即开始了对天津手工业的系列调查。作为参与组建南开经济研究所的学术带头人，他说：“如果可以将‘口号’这个词使用到学术问题上的话……那么南开经济研究所的口号就是要把经济学中国化。”由方显廷主持，吴知、毕向辉等进行的高阳农村织布业调查、宝坻手工织布业调查，做出了当时水平最高的农村手工业研究专著。在这些研究专著中提出的中心思想是主张“复兴农村工业”，认为剥削农村工业的敌人是商人雇主制，摧残农村工业的敌人是大量出产的城市机器工业。他主张走合作制的道路来解决问题，并由现代经济向农村贷款、推广先进技术、提高农民知识文化等途径发展农村工业。②

方显廷对宝坻、高阳农村织布业深入研究后产生的关于中国“新工业制度”的思想，对中国的现代化和工业化，至今仍具有十分重要的启迪和参考价值。他认为，现代工业向大城市高度集中绝非历史的必然趋势和最后结局，

---

① 费孝通：《江村经济——中国农民的生活》，江苏人民出版社，1986，第149页。

② 吴知：《乡村织布工业的一个研究》，商务印书馆，1936，引言，第5页。

而是工业化发展过程中的过渡现象。在他所处的20世纪30年代，世界各工业化国家不仅在理论上提出了工业高度集中的弊端，而且在实际生活中也出现了都市工业向乡村分散的现象："自150余年前产业革命发生以还，工业之集中化——国际的或国内的，久已目为经济发展之最后阶段……然而晚近之发展，则证明其仅为一过渡的而非最后的阶段耳。""近数年来，工业分散化之趋势，已由学理之讨论，而变为事实之必需；其大部原因，不外今日之整个工业机构，已逐渐改变其形态。新原料及代替品之发现；熟练工人被自动及半自动机械所排挤；电力较汽力用途之扩大；资本减趋于有利可图之企业，不问其在都市或乡村；消费地近，亦有工厂之星布；以及乡村环境之宜于工业劳工；凡此起彼伏种种，更加其他因子，足使高度工业化之国家亦趋于工业分散化之一途。"对于大工业和包括家庭工业手工业在内的小工业、城市工业和乡村工业的相互关系，方显廷予以特别注意，他引用国际知名学者陶内（Tawney，中文又译为唐烈）的观点以论证：

> 吾人倘因少数重要企业发生效率之条件乃大量生产，即以为一切企业皆须如依此而行，并竭力设法予以实现，而促使经济之发展，此种观念，实有大谬存焉。此种错误观念，虽流行于欧洲各地，然现今多已加修正。此尤为中国所应警惕者。中国以农立国，手工艺（业）仍将继续发荣滋长。中国人士倘不顾其传统之经济制度，而妄加模仿，其不智盖亦甚矣。[①]

还有一些世界著名的经济学者，对中国社会经济不同于外国而具有的诸多特点有着深刻印象。国民经济专家兼南京国民政府全国经济委员会顾问沙尔德以一个外国专家和经济学者的眼光，对中国经济规律的认识值得我们高度注意。

沙尔德对中国经济的认识和判断可以归纳为以下数点。

第一，对中国国情的认识。

沙尔德对中国基本国情有其自己的了解和解读，其核心认识是，中国是世界上农民最多的国家，人口极多而包括耕地在内的人均资源高度紧张，这个基本国情特征是短期内难以根除的。[②] 他分析说，中国3/4的人口靠田地生

---

① 方显廷：《方显廷文集》（第3卷），商务印书馆，2013，第119页。

② 沙尔德：《全国经济委员会报告汇编第三集》（中国与经济恐慌），全国经济委员会，1934，第1~70页。

活，剩余人口中的大部分又是经营与农业有关之事业。由于人口众多，每户平均耕地面积狭小，即使在农业生产条件好的肥沃地区，因每户农民所恃以生存的田地面积甚小，人口增加又加剧了土地面积的紧张，每家的生产产物除供自己消费外的剩余，也随着人均土地的减少而减缩。这种状况进行土地改革也不能改变。[①] 他又分析说，移民与开垦荒地，对缓解人均耕地过度紧张会有一定效果，但这不能满足因人口自然繁殖总量增加对土地的需要，也不能指望这会补救现今农村人口的过剩状况，因人口繁殖，农家平均拥有的耕地会越来越少。[②] 他总的认为，每家农户平均只有很小的田地，至今仍然是中国经济生命所寄托的中心。[③]

第二，工农业的相互关系，农业是中国经济的生命线。

沙尔德认为，中国经济最重要的特点，是农业为经济的生命。他说，中国经济生命，必以农业生产为基础。增加农业生产，以改进农民状况，或增添他们的农业附属工艺技能，是根本性问题。

为什么沙尔德将农民经济放到如此重要的地位？最重要的理由是，农业和农村经济是现代工业成长发展的根本基础，离开了这个基础，中国的现代工业不可能发展起来。他着重从工业品的市场及中国最需要的先进工业设备和原料的角度论证分析。

其一，中国现代工业的发展从根本上直接受农业的制约。

沙尔德认为，工业问题无疑是当前经济政策实施中最重要者，但如何发展工业，答案应从中国经济组织的特质中去找。这就要对农业和农民予以特别的注意，因为中国工业品的市场主要依靠的是农村市场。但正是因为中国的基本国情是人均耕地面积狭小，使农民生产所获甚少，除去自己的家庭消费，所剩无几（甚至食不果腹，衣不蔽体）。这就从总体上大大局限了农村市场的扩大：只有农民所生产的产品除供给自己消费之外有所剩余，才可能形成市场购买力。由此观之，中国举办工业的原因，同时就是限制工业发展的要素。

---

① 沙尔德：《全国经济委员会报告汇编第三集》（中国与经济恐慌），全国经济委员会，1934，第 53 页。

② 沙尔德：《全国经济委员会报告汇编第三集》（中国与经济恐慌），全国经济委员会，1934，第 68 页。

③ 沙尔德：《全国经济委员会报告汇编第三集》（中国与经济恐慌），全国经济委员会，1934，第 53 页。

对于中国只能主要依靠国内市场，沙尔德进一步解释说，中国如果能开辟国外市场，运销工业品，则自然可进一步走向工业化，果能如此，就可不必依赖农民购买力来形成市场。但在国际市场被已工业化国家控制（特别是推行保护性关税政策）情况下，即便中国有低工资成本，从长期看也难以与先进强国竞争。因此，中国的经济不能不以农村经济为基础。

沙尔德观点的逻辑性相当鲜明：中国要迈向工业化，首要取决于市场，而这个市场只能是国内农村市场。农村市场的形成又只能在农户经济剩余增长后才有可能实现，"中国工业产品之销路，系以国内市场为基础，而国内市场又全以农村经济为基础，必农人以其所获生产品，于自供消费之外，尚有剩余，始能以其剩余，形成市场上之购买力也"①。这是沙尔德报告中，对于中国要摆脱经济困境、迈向发展所走的方向和道路反复强调的最主要观点。

其二，中国人口和农民数量为世界第一，但不能满足本国人基本食物的需要，这真是极不正常的状态。中国所产的食粮和棉花不足，是中国全部经济组织最薄弱之处。② 他认为，中国所需的食粮最好完全由本国供给而不依赖国外，虽然在某些特殊情况下可能需要进口少量粮食，但"为国家经济之发展计，更当以完全停止为必须达到之目标"③。

沙尔德有充分理由这样认识。他分析：1933 年中国进口货主要为 5 大类，按价值依次为：粮食、烟和油类、工业用原料和半原料（主要为棉花）、棉毛制品、金属制造品。其中米、麦和棉花的进口值，已占到全部出口价值的 2/3，仅粮食一项就占全部进口价值的 1/4，所付出的代价占全部出口收入的一半。

沙尔德认为，中国欲要发展，以上 5 大类国际进口货物的位置应该有一个大改变，即前 4 项应变为后 4 项，且数量价值要大幅缩减，而第 5 项应大大增加，变为第一，占到进口货的一大半，因为中国发展经济所需要的是大规模的工厂实业设备（如在初期须购买火车头、钢轨、车辆、车底等）、公路交通器材（公共汽车、载重汽车等）及公用设备（水道、煤气、电力等）、船

① 沙尔德：《全国经济委员会报告汇编第三集》（中国与经济恐慌），全国经济委员会，1934，第 53 ~ 54 页。

② 沙尔德：《全国经济委员会报告汇编第三集》（中国与经济恐慌），全国经济委员会，1934，第 22 页。

③ 沙尔德：《全国经济委员会报告汇编第三集》（中国与经济恐慌），全国经济委员会，1934，第 23 页。

只及江海航行汽船，必要时进口飞机。这些都是中国经济进步所必需，而为工业先进国家善于制造者。也正因为如此，中国经济要想摆脱落后状态，应首先全力发展农业，尽量自给以减少农产品进口。而将可贵的外汇换取最需要的工业品。

其三，既然发展工业必须以农业为基础且直接以提高农户收入为切入点，则中国经济的发展道路就应力求走工业、农业相互补充、相互支援、共同发展之路，首先以发展农户经济为目标。为此，一切有助于提高农户收入的种种途径办法，都是中国工业化和向“现代化转型”努力的着力点，农村工副业当然包括在内。在这些方面，现代工业和科学技术、教育等，均大有用武之地。

沙尔德认为，从对中国经济性质的理解出发，可得出下列结论：

> 中国工业发展，除少数例外，必以人民之购买力为基础。中国欲求工业上之发展，必同时力求农业上之发展，使相辅而行，同时并进。农业生产量增加，工业亦必随之而发展，故工业之富源，系随农业生产量为消长。若农民所获之剩余仍如现在之微末，则任何工业之基础，均难求稳固。在此种情势之下，工业方面，亦不能容纳农村过剩之人口。即使工业如有相当发展，若不能增加农民之购买力，则其工业可容纳之人，亦仅为生产品之分配者而非农村方面之生产者，而亦不能提高大部分中国人民之生活程度也。

他指出，正因为以上原因，“是故一般农人生产量之增加，实为中国经济之根本问题”①。

沙尔德说，由以上各种事业中所得概念，可为结论如下：

> 中国经济生命，必以农业生产为基础。增加农业生产、以改进农民状况或施以附属工艺技能，乃为根本问题。②

在沙尔德给国民政府全国经济委员会提交的《中国与经济恐慌》报告的结论部分，他再一次强调了农业对发展工业和经济发展的重要性。他认为：

---

① 沙尔德：《全国经济委员会报告汇编第三集》（中国与经济恐慌），全国经济委员会，1934，第57页。

② 沙尔德：《全国经济委员会报告汇编第三集》（中国与经济恐慌），全国经济委员会，1934，第58页。

经济发展和经济建设问题，则增加每土地单位之农业生产，为目前之最大需要。此不可以发展工业替代之。盖中国工业产品，将来能竞争于世界市场者希望较少，欲图工业发展，必唯国内市场是赖。易言之，须赖农人之生产限界，今此超越之限度，则尚甚微末也。①

其四，中国发展现代工业一定要针对国情特点，应大力提倡和发展符合中国国情和生产要素特长的工业和产业，尽量避免中国生产要素中短缺的产业，要从有利于全国资源配置优化的全局观着眼发展经济，而不能只顾当前的短期利益。在这个全局和长远的宏观性经济发展中，如何发展工业、农业，如何正确处理各种产业内部和产业之间的相互关系，需要极其了解中国国情，需要宏观经济最高层次的大智慧、大谋略。

沙尔德说，发展工业无疑是中国经济发展的最重要内容之一，但对中国国情而言，一定要考虑以下基本问题：工业对增加中国财富与提高国内生活程度的影响和作用如何？发展工业的环境限度如何？工业需要建立在何种基础之上？某项工业应不应该提倡？其标准是什么？这些问题的答案，应该从中国的国情特点中去研究，从中国经济组织的特质中去探讨，其中对于农业地位之重要尤须注意。因为这是工业产品所依赖的市场。

沙尔德谈及中国工业发展应该遵循的主要原则时，列出以下四条。

一是将来中国大部分工业之发展应提倡扩充能在国内市场运销之工业。

二是输出之工业，应以中国天然物产及固有技能特占优势者为限。凡输出之工业，若需大规模之制造及较大之经济组织，皆不相宜。

三是凡需用小资本之工业，比较大规模及需要大资本之工业更为适宜，且可望成功。此原则选用于国内销路及输出之工业。

四是大部分工业应建设于农业生产与矿藏物产之上，即天然生产力须继以人工生产是也。第一大多数工业应以农民之需要及其购买力为基础，然后依次根据工业本身发展之需要条件、与其工商社会之环境以为进行之程序。

沙尔德提出，最有发展希望的工业，应具下列条件。

一是国内市场足以维持此种工业者。

二是能用小资本经营者。

三是需用手工较多于机械者。

---

① 沙尔德：《全国经济委员会报告汇编第三集》（中国与经济恐慌），全国经济委员会，1934，第68页。

四是与天然物产（农产或矿产）有密切之关系，或现存工业所需要者。

沙尔德进一步提出，能完全符合上列四种条件之工业，为数不多。尽管如此，大部分不能符合上列条件之工业，仍然不宜提倡。因此，发展中国工业，须根据上述原则，做周详的计划，如是，将来结果必佳。

他又提出，中国工业之发展，宜渐次进行，并宜先以国内市场为发展基础，第一步当根据农业产品，以发展此项产品有关之工业（如面粉厂及纱厂，可利用中国所产麦棉等），其次宜按照现在已经创设之工业，视需要及消费程度，循序发展，应付此项需要之工业（如设路轨及修理工厂，以应铁路发展之需要等）。工业中凡需要人工较多、机器设备较少、而其出品又非大规模之制造、在工业进步上及金融制度上得益独厚者，在中国最宜采取。①

其五，正是从中国发展现代工业一定要针对国情特点、要从有利于全国资源配置优化的全局观出发，而农户经济又是中国发展的着力点，沙尔德对大力发展劳动力密集型的小型工业与发展农村工业、手工业和副业予以特别注意。

沙尔德对小工业对中国国民经济整体的影响和作用予以极高评价，认为小工业具有勃勃生机，有充分潜力，将来希望尤大，前途不可限量。它在 1930 年代经济危机前已开始兴起，在危机中不曾退却而勇往直前。这里的小工业主要指大部分依赖手工技术和最简易的机器进行生产的、以农村工业为主体的工业。

为什么对小工业有如此高的评价？沙尔德说，吾人应欢迎此类工业，因其颇有助于农村之经济与商业之平衡，此诚数年来经济上之最良之现象。

沙尔德总结道：总之，各项工业需要手工、而能以小规模经营者，则有发展之可能。近数年来，中国有经济发展之希望者，实为扩充此种小规模之轻便工业。

沙尔德特别指出，农村工业亦有相当发展之可能，并应占特殊重要地位。②这是增加农民收入的重要途径之一，由此对整个国民经济的改进有重大作用。

在以沙尔德为主席的浙江省调查团报告中③，对南京国民政府全国经济委

① 以上诸条，是沙尔德对中国经济的多方面思考和建议，为笔者的归纳，具体可见沙尔德《全国经济委员会报告汇编第三集》（中国与经济恐慌），全国经济委员会，1934，第 68 ~ 70 页。

② 沙尔德：《全国经济委员会报告汇编第三集》（中国与经济恐慌），全国经济委员会，1934，第 56 页。

③ 按全国经济委员会的安排，1934 年 1 月，由沙尔德为主席，组成浙江省调查团，考察了浙江省经济及财政情形及省政府建设计划。代表团成员有：南开大学何廉、方显廷博士，克里伯及勃洛（全国经济委员会外籍专家），郭承恩（前任沪杭、沪宁两路局长），王徵（前任交通部次长），邓贤（南京财政部），周启邦及来脱（全国经济委员会秘书处职员），沙尔德助理温特。

员会提出了调查的评论和建议。所提四条建议之一是：开发农村补助工业及手艺，使农人可利用农作过剩时间制造简单工业物品以应本身及邻舍之需要，而无减其食粮之生产。[①] 该报告认为，根本主要问题总是为增加农业总产量之必要。浙江耕地不足，亩均产量不高。增加平均产量当然必要，但“以户口之繁密过甚，恐实际上可能增加之量，不足资以解决全部问题。是故吾等建议，当劝诱农人，发展农作副业生产，视为切要之务。农事年内，有作有息，以浙省人众地狭，则从事副业之时间亦必较有余裕，而中国农民对手工业工作，勤（需要若干训练）、敏二字皆备，故敢谓发展农村工业实为解决农事问题必要之因素也”[②]。

沙尔德之所以提出上述发展中国工业的原则，完全根据他对中国基本国情的了解和判断，其核心就是中国是一个以农为主的大国，人口极多而包括耕地在内的人均资源紧张，这个基本国情是短期内难以根除的。发展现代工业一定不能脱离这个基础，一定不能以损害农业为代价，工业不但不能损害和妨碍农业，而且要帮助和有利于农业、农村、农民，从而形成工农业相互支援、共同发展的经济进展局面。

认识到中国传统农业经济对现代工业之重要性的不仅仅有一些当时最优秀的学者，还有一些最优秀的民族企业家。吴承明对1930年代中国经济界和理论界有一中肯的评价：“在近代中国理论界，也不乏全盘西化者。但是，以卓越的工业家穆藕初为代表，也曾有一种农本思想，认为工业化不能脱离农业，应从改革农业入手。还有以著名经济学家方显廷为首的一批学者，根据中国国情，主张优先发展乡村工业，以就地利用资源和农余劳动力，降低运输成本；且众擎易举，有类今之乡镇工业。”他还指出，顾翊群、马寅初、刘大钧等都提出了向内地发展小工业的主张。[③]

30年代农村危机中，国民政府对家庭手工业的关注与推广，是当时少见的应对国内经济问题的“政府行为”，惜研究者甚少，应引起我们充分注意。

---

① 沙尔德：《全国经济委员会报告汇编第三集》（中国与经济恐慌），全国经济委员会，1934，第99页。

② 沙尔德：《全国经济委员会报告汇编第三集》（中国与经济恐慌），全国经济委员会，1934，第105页。

③ 吴承明：《近代中国工业化的道路》，载吴承明《吴承明集》，中国社会科学出版社，2002，第74～75页。

当然，共产党的农村包围城市、以土地革命为中心发动农民夺取天下，更从事实上说明，在中国现代化过程中农民、农村方面的决定性作用。

以上，从学者、社会活动家、工业家和政党的言论行动中，可以归纳一些共同点，即中国的现代化首先要考虑一个最基本国情：中国是农民为主体的农业国，是世界农民最多的农业社会。中国的现代化是在这个国情土壤上开始进行的。中国现代化的首要问题，最重要的是处理好现代经济与农业、农民的关系问题。农民的需要和切身利益，是影响现代化走向和道路、形式的第一要素。

二　再造中国与农村社会经济的改革实践

在中国“现代化转型”的历史过程中，不仅出现了极其可贵的“中国特色理论思潮”，也出现了极其可贵的实践行动，虽然这些都未能形成中国现代化的主流，但留下了一份中华民族伟大历史中永远闪烁着辉煌异彩的光环。乡村建设运动就是不应被忽略更不应被遗忘的一环。

（一）乡村建设运动

乡村建设运动的直接目标和宗旨，是帮助农民，提高农民，在帮助和提高中改进农民，使农民成为家乡和整个农村的生机勃勃的主人翁，从而改进和提高农业和农村社会。如此，全中国、全社会就可以最终获得既可以保持历史优秀文化传统又可以适应世界潮流的“民族再造”，中华民族就获得了新生命。

以定县、邹平为典型来看，近代中国的乡村建设运动有一些共同点值得高度注意。

第一，从帮助解决农民最需要解决的问题入手帮助和提高农民大众。所谓最需要解决的问题，既包含目前急需解决的急迫困难，也包括从农民的长远利益来看需要解决的关键性问题。眼前的急迫困难如经济困难、医疗卫生、安全防卫等；长远的利益，如提高文化水平、培养社会团体意识和公民修养等。因此，乡村建设运动对农民和农村问题的解决提供了一个“既治标，又治本”的实验途径。

第二，乡村建设运动十分注重解决农村问题的整体性和互动性。有人主张，乡村建设从一个村或数个村划成的区域开始，依照理想的能实现的预定计划，用最完善最经济的方法技术以化导训练本区以内的一切农民，使全区农民整个生活逐渐改进，由自给自立以达于自治，其设施有三大纲：一为文化的，即全区普及教育、改良风化以及清洁卫生、健全体魄之事属之；二为经济的，即全区改善生计之事属之；三为政治的，即全区团体组织、公共治安、公共建设之事属之。其目的是“教富政三端”：教所以救其愚，富所以救穷，政则化其私，医其散，不私不散乃可结合团体，从事农村整个建设。[①] 梁漱溟也认为：“乡村建设事项虽多，要可类归三大方面：经济一面，政治一面，教育或文化一面。”[②]

第三，乡村建设运动有自身的价值坐标，即建设和培养人。晏阳初说，要民族再造，“首当建设农村，首当建设农村的人”[③]。高践四认为：“一般办理民众教育乡村教育者，虽知积极改进乡村，改善农民生活，但终不免枝枝节节地帮忙农民，给他们一点好处，而不知组织农民、训练农民，使他们自觉发生力量，解决自身问题。所以令人不满意而发起乡村建设运动。”[④] 通过改进提高农民的生产生活特别是提高农民的整体素质——包括文化知识、科学技术生产方法、身体健康和社会公共修养等，激发起农民的奋发精神和能动力，使农民成为农村的真正主人，成为在前所未有的社会大变革中具有明确人生方向、不畏困难、奋发有为的精神面貌，同时又有改进提高经济生活手段的新式农民。这样，农村就有了能够适应时代潮流的新生力量，这就是“固本”所在。

第四，农民在大大提高主人翁精神和社会组织性后，整个中国就有了从农村最基层的村、乡到县（乃至省）的自治、民主、合作基础，在此基础上成立各级农民为主体的组织机构，将学校、教育、政治、社会管理等各方面融合统一而形成全新的中国基层政权机构。这实可谓中国数千年来最值得注意的社会改革。

上述四方面，贯穿于定县、邹平的乡村建设实践活动中，且随着实践而

① 江恒源：《两个名词的解释》，转引自郑大华《民国乡村建设运动》，社会科学文献出版社，2000，第 71 页。

② 梁漱溟：《山东乡村建设研究院设立旨趣及办法概要》，载中国文化书院学术委员会编《梁漱溟全集》（第五卷），山东人民出版社，1992，第 227 页。

③ 晏阳初：《农村建设要义》，载宋恩荣主编《晏阳初全集》（第二卷），湖南教育出版社，1992，第 34 页。

④ 郑大华：《民国乡村建设运动》，社会科学文献出版社，2000，第 74 页。

逐渐深化和丰富，在各项具体改革和实验活动中相互配合而融为一个整体。由于近代中国的乡村建设运动内容十分细致和丰富，即便是局限于定县、邹平两处亦难以全面介绍，以下我们只能举一些有限例证以见其概貌。

以晏阳初为首的中华平民教育促进会推行乡村建设运动，建立于如下的理念之上：乡村是国家经济、政治和中国人的基础，而乡村却有极大问题，要复兴民族、振兴国家，首当建设农村，首当建设农村的人。这也就是晏阳初乡村建设运动的精髓所在。

晏阳初认为，中国乡村的基本问题是“愚、穷、弱、私”。愚：农民没有文化，80%的中国人是文盲。穷：多数农民吃不饱穿不暖，连最起码的生活都难以维持。弱：农村人缺医少药，病是如此之多，所谓科学治疗，公共卫生根本谈不上。私：也可谓散，中国四万万人如一盘散沙，不能团结和合作，形不成团体的力量，这对国家来说，是最危险不过的事。①

为解决这四大问题，晏阳初根据以往从事平民教育事业的经验和教训，提出：用文艺教育攻愚，培养农民的知识力；用生计教育攻贫，培养农民的生产力；用公民教育攻私，培养农民的团结力；用卫生教育攻弱，培养农民的强健力。他强调：这四种力，是今日国民最不可少的。具备了这四种力，才可以在国家将亡的今日有救国图存的能力。② 1926 年，中华平民教育促进会（以下简称平教会）选择河北定县为乡村平民教育实验区。1929 年，平教会总会机关迁至定县。1932 年第二次全国内政会议后，定县被河北省政府划为县政建设实验县。直至 1937 年“七七事变”日军占领华北，平教会的实验被迫中断。在这一时期，平教会在定县全力以赴进行的乡村建设实验，在全国产生了重大影响，被称为“定县模式”。③ 定县实验的主要内容，是在乡村中开展“四大教育”即文艺、生计、卫生、公民的研究实验。

在平民教育工作上，主要在乡村中推广平民文学、艺术教育和农村戏剧。平民文学方面，制定了《通用字表》《基本字表》《词表》，作为教育农民识字、用词的范本。先后编辑了三种《千字课本》以及《高级农民课本》《农民千字课自修本》《农民高级文艺课本》等推广文字教育的课本。编辑了两种

---

① 晏阳初：《中华平民教育促进会工作的演进》，载宋恩荣主编《晏阳初全集》（第一卷），湖南教育出版社，1989，第 433～434 页。

② 晏阳初：《中华平民教育促进会工作的演进》，载宋恩荣主编《晏阳初全集》（第一卷），湖南教育出版社，1989，第 433～434 页。

③ 郑大华：《民国乡村建设运动》，社会科学文献出版社，2000，第 197 页。

平民读物：一种是《平民读物》，又称《平民小丛书》，计划编辑1000册，至1934年已出版600册，其中70%是常识、30%是文艺；另一种是《农民报》，是当时全国唯一的面向农民的报纸。平民科学教育在文艺教育中占有很重要的位置。晏阳初曾指出，文艺教育以治愚为事，治愚则以科学为最便。占《平民读物》70%内容的常识是自然科学和社会科学。艺术教育方面，包括图画、音乐和广播无线电。平民教育会特别重视农村戏剧的教育作用。1932～1934年3月，平教会共计在24个村庄游行公演过话剧，成立农民剧团11个，培养农民演员180余人。1934年3月后，平教会除了继续以前工作外，还发动群众兴建了两座露天剧场。

在生计教育工作方面，平教会认识到只有经济发展才能为其他建设提供物质条件，因此特别重视。1929年，成立生计教育部，制定并推行了一整套生计教育的方案和行动实验。

第一，进行农民生计训练。内容如下。①设立生计巡回训练学校，着眼点是“使农民在农村中取得应用于农村当前实际需要的训练”。按照一年季节的顺序，授以农作上切实需要的技术培训。如春季3个月为植物生产训练，夏季3个月为动物生产训练，冬季3个月为农村工艺及经济合作训练。②建立“表证农家”，表证即表演证明，表证农家的作用：一为试验场，证明他们的试验结果；二是把实验场的东西表证给农民看，使其了解实验场工作；三是领导普通农民。经过表证农家，得到确实可靠的成绩，被认为有推广必要的项目，由平教会向一般农民推广。依设计，每一户表证农家负责30户普通农家的技术推广指导。

第二，农民合作组织的实验和推广。1932年初，平教会选择了定县数十村作为合作事业的实验。1933年河北县政研究院成立，平教会与之合作先行办理自助社，作为合作的预备组织，同时与金城、河北等银行商定活动金融办法，在各大区镇设立仓库，办理抵押贷款业务。自助社社员可以以自助社名义向仓库抵押麦、棉等农产品，通融资金。各村农民感觉便利，纷纷成立自助社，仅一年时间，成立者达300余村，占全县村庄总数3/4，社员达8000多人，请求建立合作社或改自助社为合作社者日益增多。从此合作社在定县不断涌现，至1935年冬，正式成立的合作社有130个之多。

定县合作社组织最初分为村社，各村联合成区联社，区联社再联合成县联合社。后改为村、县两级。县联合社的职能：执行全县合作行政及合作教育；经营全县各村社的运销购买业务；办理全县各村的储蓄借款业务。“虽合作社之基本组织在村，而其功用完成之机能则在于县联合社。”①

第三，农作物生产改进。分为育种和园艺两部分。从 1927 年起，平教会就开始进行在定县的育种工作。在城内有农场 80 亩，专供研究实验园艺之用。在高头村有农场 620 亩，专供研究实验作物之用。棉花是定县主要经济作物，在 1932 年，定县农场就育成“114 号中棉”及“平教棉”两种优良品种。1934 年又与金陵大学农学院合作进行南京脱字棉种试验，据试验结果统计，脱字棉种最优，产量要比普通棉种增加 40% 以上，故自 1936 年起大面积推广南京脱字棉，种植者有 26 村，面积达 11473 亩。收获后，农民因增产而多收入 132000 余元。1937 年种植该棉面积达 114000 亩，扩大约 10 倍，估计农民可增收亦达 10 倍，只因日军侵略战争，定县沦为战场而无从统计。

园艺试验研究方面也在白菜改良、梨树整枝、葡萄栽培等方面取得了较好成绩。

第四，动物生产改进试验。主要进行了猪种改良和鸡种改良试验工作。由于在农场和农户中进行的杂交改良猪种比本地猪生长快、产肉多，颇得农民信赖，农民主动要求饲养，据 1935 年统计，全县改良猪已达 22000 头，估计每年可为当地农民增收 8 万余元。在培育优良鸡种方面，平教会农场进行了美国力行鸡与本地鸡的杂交试验，取得明显增产效果后在农村扩大试验繁殖，并进行了以村为单位的预防鸡瘟注射试验。

在卫生教育研究实验方面，主要工作围绕保健制度、疾病预防、妇幼卫生三方面开展。

以下介绍保健制度的建立。1932 年，平教会在定县对医疗卫生状况进行了调查，发现该县病死人数的 30% 未经过任何医治；在总数 472 个村庄中，有 220 个村庄没有医生和任何医疗设备，其余 252 个村庄也各只有 1 个自封的中医。全县每人每年用于治病的费用仅 3 角钱左右。这使平教会同人认识到，今日中国农村健康最迫切的问题，就是急需建立一种医疗制度。经过他们的研究实验，中国第一个以县为单位的保健制度在定县得以建立起来。

定县的保健制度分为三级。第一级是以村为单位，每村设一名保健员。保健员不领取薪水，也不对病人收取药费。药品由村购买，农民在村中看病，

---

① 晏阳初：《定县实验区工作概略》，载宋恩荣主编《晏阳初全集》（第一卷），湖南教育出版社，1989，第 415 页。

平均药费每次只 1.1 分，保健员不能医治的病人按手续转至区保健所。区保健所有医师 1 人、护士 1 人、助理员 1 人，管理约 3 万人口的区域。县保健院是全县卫生最高机构，任务是管理全县卫生行政、卫生教育、卫生训练和疾病防治等工作。配有男女医生各 1 人、助理医师 2 人、护士 8 人、药剂师 1 人等，附设病床 50 张专供住院治疗，仅 1933 年住院病人达 778 人。

定县的这套保健制度建立后曾引起广泛注意，当时有两位国联官员至定县参观考察，认为这种办法不但适用于中国，也适宜欧洲和南美。

在公民教育研究实验方面。公民教育的重要内容之一是国族精神教育。其意义是教育中国人，一个人不能有不死的身体，却能有不朽的精神。古来有许多志士仁人为国家捐躯，其精神永在天壤之间使后代人读了他的史事兴歌感泣。这才是国族精神，是国族各个人的大生命活动，影响于国家成仁取义的不朽精神。为了国族精神教育，平教会公民教育部主任陈筑山编写了《国族精神论例浅释》，以激励人们急公好义精神，以致在需要时为国家、为社会牺牲生命。公民教育部还编写了《历史图说》，将历史上许多不畏强暴、抵御侵略的民族英雄列入其中。又据《历史图说》编成《公民课本》，作为高级平民学校的教材。[①]

农村自治是公民教育研究实验的重要内容之一。目的是培养村民的公共心与团结力。公民教育的另一重要内容是对农民进行公民知识教育。这种教育可分为两方面，一方面是公民道德，重合群，爱祖国，继承发扬中华民族的优秀传统，这也就是前述的“国族精神”。另一方面是公民知识。为了进行公民知识教育，平教会编辑了多种教材，如《公民道德根本义》《民众道德纲目》《国民生活上应改正之点》《中国伦理之根据》等，并组织公民训练。

中国近代的乡村建设运动绝非少数人、少数地方开展的个别行动。特别是在 1930 年代后，可以说在全国多个地区都有展开，尽管各地规模和效果并不一样，但其影响是全国性的。

1931 年，第一任山东乡村建设研究院院长梁耀祖提出：“不谈建设而已，欲谈建设必须注重乡村建设。”[②] 1933 年 7 月、1934 年 10 月、1935 年 10 月，连续三次召开了“全国乡村工作讨论”年会，出版了会议专集《乡村建设实验》。1933 年春在南京召开了中国社会教育社理事会，通过决议以钮永键提出

---

① 郑大华：《民国乡村建设运动》，社会科学文献出版社，2000，第 239 页。

② 郑大华：《民国乡村建设运动》，社会科学文献出版社，2000，第 76 页。

的《由乡村建设以复兴民族案》为同年 8 月该社召开的第二届年会的讨论中心。

随着乡村教育向乡村建设的方向发展，原来已有的从事乡村教育的机构、团体和院校渐将工作重点转向乡村建设，另外在各地农村又陆续新设立了实验区以从事乡村建设事业，其中较著名的如下。

第一，由黄炎培为主要负责人的中华职业教育社创设的徐公桥乡村改进实验区，1928 年 4 月改由职教社独立续办，1934 年试验期满交地方接办。

第二，定县乡村平民教育实验区，中华平民教育促进会 1926 年选定地点，1929 年开始大规模工作。

第三，无锡民众教育实验区，江苏省立教育学院创办。无锡实验区先后设立过三个区，1929 年春设立黄巷实验区。1932 年将黄巷区交当地自办，又设立了北夏实验区。1932 年 8 月又正式成立了惠北实验区。

第四，晓庄学校，1927 年由陶行知、赵叔愚创办，1929 年改名晓庄学校。1930 年被封闭，1932 年陶行知又继续创办了山海工学团。

第五，邹平乡村建设实验区。1931 年 1 月由梁耀祖、梁漱溟在原河南村治学院班底基础上创办，1931 年 6 月正式成立山东乡村建设研究院。

第六，清和社会实验区，北平燕京大学社会学系主办，1930 年正式开办。

第七，乌江农业推广实验区，由中央农业推广委员会和金陵大学联合创办。

第八，龙山实验区，山东齐鲁大学 1927 年创办于济南附近。

第九，镇平自治区，1930 年起，镇平在彭禹廷领导下开始办理地方自治工作。

第十，东乡自治区，由国民党元老沈定一主持，于 1928 年在浙江萧山东乡开始进行地方自治工作。

上述实验区之外，尚有 1932 年创办的江苏武进东安农村改进区；1932 年成立的江苏武进湖塘桥农村改进区；1932 年成立的江宁西善桥乡村实验区；1933 年成立的江苏句容县下蜀自治实验区；1929 年成立的南京汤山实验区；1929 年南京栖霞乡村师范创办的栖霞新村；1930 年成立的位于镇江金山寺西的中冷新村；1933 年成立的浙江萧山湘湖东乡生活改进实验区；1932 年成立的山东济南历城县祝甸民众教育乡村实验区；1933 年成立的北平师范大学乡村教育实验区；1933 年成立的北平大学农学院农村建设实验区；1933 年成立的洛阳实验区；1932 年成立的四川巴县（今重庆市巴南区）乡村建设实验区；1932 年设立的广西垦殖水利试办区，1934 年更名为广西农村建设试办区；1934 年成立的江西黎川实业实验区；等等。

据南京国民政府实业部的调查，1920 年代末至 30 年代初，全国从事乡村工作的团体有 600 多个，先后成立的实验区有 1000 多处。①

（二）大工业与小农经济的良性互补

中国近代农村改革实践的第二种类型，是抗日战争前以长江三角洲地域为典型的、由市场经济自发形成的大工业与小农经济互动互补、相辅相成的“共同现代化”关系。本书前已论述，兹不赘。值得注意的是，生产力、生产工具的变化还只是农村棉纺织业变化的一个方面。在生产关系上的变化也很值得注意。

近代长江三角洲地区，由不同类型的大工业和小农经济相互关系所引发，出现过小农经济得到局部改进、大工业和农村经济一体近代化发展的雏形。虽然这些工农关系的形式尚处于不成熟的“初级阶段”，常常被旧事物所遮蔽乃至摧残，但对中国现代化来说其意义重大。这些形式可归纳如下。

第一种形式，近代工业与小农户通过市场形成产品相互供求关系。这主要表现在大机器工业纱厂和用机纱织布的农户间的经济联系。对纱厂而言，农民是自己最大的主顾；对农民而言，纱厂是家庭生产原料的供应者。农民用机纱织布，大大提高了土布的生产数量，改善了产品规格，明显增加了市场的竞争力，使土布在数十年时间内有力地与洋布进行了竞争，避免了农民破产。而农村土布之发展，又大大增加了对原料机纱的需求，直接促进了纱厂的发展。

第二种形式，商业资本介入土布生产。不再由生产者而是由商人大批量地购买机纱，发放给农民；农民按商人要求生产，产品交给商人，领取工资或实物。最后由商人将布分类整理，投放市场，这大量存在于江阴、常熟、常州、无锡等地。在一些地区，商人还将织机发给无财力织布的农民按其要求定织，以扩大生产。

第三种形式，近代纱厂与手工织布工场、农民个体织户、近代机器染织厂组成的新型产业组合。纱厂向织布手工工场或小型织布厂出售特制的“盘头纱”，工场直接发给农户，这可以省去农民一道工序，直接上机织布。分散

① 郑大华：《民国乡村建设运动》，社会科学文献出版社，2000，第二章及第 103 页。

的农户将布织成后交给工场初步整理，最后送至城市上的大型染织厂精加工，上市销售。这种形式以江阴至上海之间最典型。各地亦不乏由手工工场加工后直接上市者。

第四种形式，由地方绅士、商人、农民等共同组成农村农副业生产运销合作社，集体购买部分生产资料或设施，共同生产，共同销售。这种形式广泛存在于吴江等地的蚕桑业中，在农村织布业中亦可见。

第五种形式，由大纱厂发起，向社会各界集资，组成垦殖公司，招募农民，以公司加农户的经营形式垦荒植棉，为纱厂提供原料，这体现在淮南盐垦事业上。

第六种形式，缫丝工厂直接改进农村蚕桑业，以期获得优质蚕茧。这体现在无锡的永泰、乾甡等大丝厂扶持建立蚕种场、培训各类蚕桑改良人员、控制茧行、大力组织农村蚕桑改良合作社等举措上。

第七种形式，各界人士（地方政府、士绅、农村改良机构等）共同组织农民，成立蚕桑丝改良生产合作社，在农村建立最先进的机器缫丝厂，形成从原料到精加工工业的近代合作生产组合。这体现在江苏女蚕校对吴江震泽开弦村的改良事业上。

第八种形式，农业改良机构租赁、改良丝厂，使其成为专为农民服务的企业，并代农民将产品销往国际市场。这体现在江苏女蚕校对无锡玉祁、吴江平望、吴江震丰三所丝厂的改造事业上。

从以上近代企业与农户生产的不同形式的相互关系中，我们可以隐约看到农村传统经济向现代过渡的一个由“低”向“高”的演进过程。这里所谓“高”“低”，系指生产、经营组织结构的变化和整体功能的强弱。

在农户以独立生产者身份在市场上购进机纱并自行加工出售的阶段，农民与大工业企业是在市场上相遇的，两者之间仅仅是一种出售购买关系。尽管农村手织业的兴衰在总体上与纱厂的盈亏密切相关，但二者并无生产组织上的任何直接关系。个体农户会因各自的资金多寡、农业丰歉等原因，形成对机纱购买量的诸多不稳定性。在商人资本介入织布生产后，尽管纱厂仍然不能直接施加影响于农户，但商人批量购纱，又批量收布，使纱厂与农村土布间的关系增加了稳定性。特别是许多地区出现的纱商、布商系于一身的现象，使纱厂售纱、商人购纱与土布生产几乎联为整体。当发展到农民织户、手工工场、染织工厂与机器纱厂间的生产联系时，实际上已在某种程度上形成了大工业与农民手工业、城市与乡村组成的纵向一体化生产的雏形，小农家庭生产已被纳入现代生产体系之中，成为其中的一个重要环节，并对这个体系有非常重要的影响。

大丝厂改造农村蚕、桑、茧生产，是另一种类型的城市—乡村构成的纵向一体化生产雏形。与上述形式不同的是，这是一种工业、农副业之间的一体化。大工业资本为了获取优质原料，将工业资本直接用于改造千百年来的传统生产方式，以工业企业—合作组织—农户经营“统分结合”的方式生产面向国际市场的产品。这是中国现代化过程中值得深入研究的颇具特色的经济形式。

在张謇发起参与的淮南盐垦事业中，我们看到了更值得注意的现象，即以现代大工业企业为核心，聚集大量社会资金，以小农为基本单位，组成垦殖公司开发沿海滩涂，种植棉花为大工业生产原料。这可以说是长江三角洲出现的第三种类型的工农业一体现代化的雏形。在这种生产形式中，工业企业、农垦公司、农户之间不仅在经济利益上而且在生产组织上已联为一体，小农户已成为近代工业和农垦体系中的一个有机细胞。这种一体化的更深层意义在于，它不仅是为工业企业本身的利益而设计之，而且考虑到为广大无地、少地的农民提供一个生存途径，体现中国传统思想精华中的“天地之大德曰生”的民本、民生精神。当然，并非所有垦殖公司均抱如此目的，各公司的经营最后亦颇不成功，但客观分析其成败得失的经验教训，对今天仍有意义。

无锡、吴江等地出现的由政府、社会各界、科技机构等各种力量组织农民进行合作生产并引进先进设备为农副业服务，更多地具有“横向一体化”的工农业生产组合色彩。这在中国的经济转型中也具有开启意义，实际上已成为我国今日工业“半壁江山”的乡镇工业的前驱。

虽然形式、层次不同，但我们可从各类大工业与农户经济的相互关系的内部挖掘出一些共同特点，这就是：利益互补，利于民生；生产要素互补，实现生产的最佳组合；工农互补，城乡共同发展。

经济的基础是农业，人口的主体是农民，这既是中国的历史特征，也是中国近代到当代的基本特征。中国现代化的根本问题是农村、农民、小农经济的现代化问题。长江三角洲虽是历史上较有发展区域之一，但农民生活仍然贫困。为了谋生他们在农业之外发展起各种家庭手工业和副业，但生产方法陈旧、资金短缺，工副业发展颇为局限。只是在近代，在国外先进机器工业导入中国以后，依靠先进原料如机纱，依靠先进技术去养蚕植棉，再依靠生产组织的改进，才使农民的家庭工副业得以进展。没有大工业的推动，这种历史性变化是难以发生的。

就家庭生产这种中国古老的经济组织形式来分析，也是在不断改进和发展的。从江阴、常熟、南通、常州等地的事例中可看到，近代长江三角洲的农民家庭经济已发生了重要变化。仅从纺织业看，它早已突破了自种棉花、自纺自织的古代模式。在产品的物质构成上，由全系家庭内部生产物构成，变为利用大工业品为原料。在生产要素的取给上，由基本由家庭内部解决，变为必须部分经过市场交换，或通过商人、手工工场发给。在最终产品的完成方面，由家庭独立完成，变为与工场或工厂共同完成。在生产组织形式和经济关系上，由纯粹家庭形式变为家庭与工厂或手工工场的某种联合。尽管上述变化只是初步的，但在一定程度上，农民家庭纺织已融进了社会化的生产和交换之中，突破了家庭经营范围的局限性，成为兼取传统与现代之长的经济形式的雏形。

大工业在带动农民家庭经济发展的同时，本身也获得了立足发展的条件。农村手织业的发展过程为近代纱厂造就了广阔的市场，而蚕桑业的改进和棉花种植的改良，又为工业生产提供了优质原料。市场和原料是企业生存最基本的外部条件，从这个意义上看，没有农业、农民家庭手工业和副业的发展，中国近代工业的生存发展也是不可能的。

（三）政府对农民家庭工副业的协调帮助

由国家政府出面主动倡导以至以实际行动协调和帮助农村工副业生产，或可以看作中国近代农村经济改革的第三种途径。客观地说，只要认识到农民、农村、农业在近代中国社会经济中的基础作用，即便从巩固自身政权出发，倡导稳定和发展农村和农户经济，都不是什么奇怪之事。这在以河北定县、山东邹平为首的乡村建设运动中，国民党政权对之持基本肯定以至支持之态，都有明显表现。随着乡村建设运动在全国不少地区的开展尤其是定县、邹平和无锡实验区的影响扩大，国民党中央开始注重乡村建设运动。“对于定县、邹平的工作也很注意。”① 1931 年初，蒋介石邀请晏阳初南下，晏阳初先至奉化溪口镇参观该地的乡村工作，后至南京拜会蒋介石夫妇，汇报定县的

① 郑大华：《民国乡村建设运动》，社会科学文献出版社，2000，第 108 页。

乡村建设问题，据说，“说了三个下午三个晚上”。蒋介石对定县的四大教育实验很感兴趣，当即决定自溪口派人赴定县训练。第二天，晏阳初应邀到中央军校高级班演讲，蒋介石亲临会场听讲，并在晏阳初讲完后发表了长达45分钟的致辞，赞许定县实验是三民主义的基本工作。不久蒋介石派员至定县实地考察，该员向蒋介石递交了近10万字的考察报告，并提出建议：在南京近郊择县设立实验区，将所得成绩至其他各省县推广。在推广前先责成河南、湖北、安徽、江西4省提前试办。晏阳初与平教总会同人又应蒋介石电邀至武昌，商谈设立“农村合作指导员训练所”等事宜。[①]

乡村建设运动的基本目标及运动成效是它的经济部分。陈翰生曾指出，穷是四大问题的根本。而在生计教育和实验中，农民家庭副业实占很重要的地位。对农民工副业状况的关注，早已超出了乡村建设的思想和行动范围，南京政府对此亦做过努力。

在抗战前的1930年代“农村破产”危机中，国民党的一些“大佬”如吴稚辉等，曾发表言论主张发展农村工副业以挽救农村经济，并出席一些农村工副业产品展销会活动。一些地方政府也曾积极推动类似活动。如果说，在20世纪早期，中国农村织布业在国民经济中的重要性还未完全显示出来，不少人对其颇为轻视甚至认之为现代工业的跸脚石，那么在1937年7月日本开始全面侵华战争后，复兴和进一步推动农村家庭纺织业就不是一个争论不休而是必须推行的关系国计民生的大问题了。

抗日战争全面爆发后中国在“衣被”这个仅次于吃饭的大问题上状况如何？国民政府又是如何应对的？

据一项研究报告统计，“在战前，本国资本的动力纺织工业计有纺锤三百万锭，现在存留在自由区的纺锤，已开工的只有十九万锭，相当从前的百分之六。若将外商纱厂计算在内，战前计有五百万锭，现在只有战前的百分之四”[②]。

为了应对这种极端困难以缓解全国各个方面的“衣被”问题，当时的国民政府采取了一系列措施，经济部农本局业务的变化是重要一招。农本局1936年成立。在1938～1939年的主要业务是农贷、农业仓库建设、农业生产促进、农产购销四项。但至1940年，随着战事对经济破坏的愈益严重，农本

① 郑大华：《民国乡村建设运动》，社会科学文献出版社，2000，第108～109页。

② 陈洪进：《手工纺织业的推进在全国经济建设上的意义》，《农本月刊》1941年第60期，第8页。

局的业务调整为增加布匹供应，加大了对手工纺纱织布业的扶助力度。该年售出棉花 17 万余担、棉纱千余件、土纱一百余万斤用于推广手织土布。而至 1941 年初，“衣被”问题愈益严重，农本局进行了重大改组，成为政府方面处理解决“衣被”问题的主要机构，由穆藕初出任总经理。业务方面，“成为专营服用品棉花纱布运销调剂的机构，将原经营事项中的农贷业务交中国农民银行接办，农业仓库业务移交全国粮食管理局接管”①。

农本局业务变更后，全力以赴进行花纱布的运销调剂和推广手工纺织的工作。所谓花纱布的运销调剂“目的在实现花纱布的合理供应，而推广手工纺织，增加产量，正是今日实现合理供应的主要手段”②。这是因为，机器纺织工厂被大部分破坏，大后方少量能够开工之工厂又经常面临动力不足，而从国外进口纱、布及原料棉花的渠道已被断绝。在这种情况下，除了依赖传统的手工纺纱、织布外，已无任何办法增加纱、布的有效供应。有专家对抗日战争时期手工纺织的作用做了如下分析。

“在这种困难环境之下，手工纺织业的重要性就突现出来了。”“现在‘七七’纺纱机，依每架每日产纱 20 两，每年开工 10 个月估计，每架全年可产纱 0.98 包。但动力纺纱机每锭产纱 0.68 包。依这个比例计算，每架‘七七’纺纱机，大约相当于 1.4 个动力纺锤。”

“分布于后方各省的‘七七’纺纱机，在二十八年已达二万五千架，二十九年达四万架以上，三十一年约达六万架左右。这六万架‘七七’纺纱机就抵得上八万四千锭的动力纺锤。”③ 而古老的单锭手纺车，虽然生产效率低，但造价十分低廉，特别是在广大农村广泛存在，运作起来，产纱总量惊人。有估计说：“比较原始的单锭手纺车，究竟有若干分布于民间，这是很不容易估计的。单是四川一省，单锭手纺车，全年可纺纱六万三千包。四川一省的手纺车，就相当于九万二千锭的动力纺锤。”④

有专家将手纺、手织可能达到的总产量与现存的机器纺织做一比较，结论如下。

“三十年二十四家纱厂所产的棉纱大约可供织布 560 万匹。六万架‘七七’机所产的棉纱大约可以织布 230 万匹，而单锭手纺车，单四川一省，所

① 张汝砺：《农本局的沿革及目前业务动向》，《农本月刊》1941 年第 60 期，第 18～19 页。
② 张汝砺：《农本局的沿革及目前业务动向》，《农本月刊》1941 年第 60 期，第 19 页。
③ 陈洪进：《手工纺织业的推进在全国经济建设上的意义》，《农本月刊》1941 年第 60 期，第 8 页。
④ 陈洪进：《手工纺织业的推进在全国经济建设上的意义》，《农本月刊》1941 年第 60 期，第 8 页。

产棉纱可以织布220万匹。”“全后方估计起来，‘七七’机和手纺车共计可供给九百万匹棉布的棉纱，而全部纱厂所能供给的棉纱，至多能织560万匹的棉布。动力纺纱工业的生产，只有手工纺纱生产的六成。全部手纺生产的能力，就相当于38万锭的动力纺锤。”①

估算成效，无疑会明确和坚定扶助、发展手工纺织的信念和方针政策。但如何能做到千家万户分散的小农家庭行动起来，使之既能顺利生产和销售，又能获得正常利益，却绝非易事。农本局的具体做法值得称道，也值得后人思考。其特点：一方面是几乎完全按照我国历史上早已出现过并一直盛行不衰的老办法去组织或改善传统办法去生产和销售；另一方面是尽可能发挥现代工业和现代经济的组织形式去帮助、提高农户的小生产，去改进和提高传统方式的不足。两者结合，成效要远远高于单打一。

具体做法是：“在各地帮助农家妇女参加纺织工作。将她们登记编配后，再以弹成的棉条贷与这些纺织手或与他们交换，收进土纱。她们利用着原有单锭手纺机，在庄处（指农本局业务派出机构‘福生庄’在各地的分庄和办事处）的推动之下，都广泛地动员起来。”“收进了土纱，农本局再以一定的比例和机纱配合贷给织户，织造标准宽幅的机经土纬布，或者以纱和她们交换收进土布，这种布也就是农本局经常供应市面的改良市布。所以放花收纱，以花换纱和放纱收布及以纱换布，正是农本局推广手工纺织办法的骨干。”②

农本局的上述做法并非首创，在历史上早已存在而且一直延续到抗战前，这是适合并常见于广大农村家庭棉纺织业的产销形式。但抗战中农本局的做法与传统商人的谋求一己之利不同，它是国家调剂市场、平抑物价、增加总量和稳定保护农户经营利益的手段。

人们可能会关注推广手工纺织对增加布匹供给的作用，但不应忽略的是它对增加广大农户和农村经济收入的重要意义。当年农本局的一位研究专家深刻指出：“在战时的乡村，可能富庶起来的人口，并不是中小农户，而生活日渐困苦的，反是占人口最大多数的中小农户。他们渴求在农业以外，能有相当的经济补助。于是，乡村手工纺织业便是他们的良好副业。在这一点上，他们非但希望能够自给，并且希望能有相当的剩余，向市场换得货币。因此，中小农户的这种要求，一面可以有相当数量的纺织品向市场出售，一面可以

① 陈洪进：《手工纺织业的推进在全国经济建设上的意义》，《农本月刊》1941年第60期，第8页。
② 张汝砺：《农本局的沿革及目前业务动向》，《农本月刊》1941年第60期，第19页。

借此贴补家计，使他们能够继续进行农业生产，使得农业生产不致因他们的困难状态而受到严重的影响。他们的要求正与国家战时经济相符合，就是减轻农村人口对都市工业生产的依赖。农村人口不但能做到相当程度的自给，并且能有相当数量的剩余供给市场，同时借有副业的力量，维持着农业（尤其是粮食）不使它发生减产的现象。”“手工纺织业有巨大的潜在的生产力，这部分自给生产使得囤积居奇方式不易达到全部操纵的局面，同时使得中小农户能够受到农业生产以外的贴补来维持基本的农业生产，这便是中国手工纺织业在战时经济中所发生的重大意义。”①

可以认为这是中国历史上的一个有意义的首创之举。在经济分析上，这可视为国家与农民、民间力量结合以解决经济问题并达到利益“双赢”的一个重要案例。

为了有效实现推广农村手工纺织，农本局还尽力运用了现代经济组织和现代工业和科技力量手段，将现代因素与传统的积极因素结合起来。除大力推广“七七”人工动力纺纱机外（穆藕初是最主要推广者之一），还有如下的重要工作。其一，视业务发展的需要，在各地配置各种事业机构。分支庄和各庄所管辖的办事处，绝大多数是推广手工纺织的据点，但有少数分庄设在交通枢要地方，办理转运工作，如西北的宝庄、广元的马庄等。现有分支庄处九十余处，分布川、湘、滇、黔、陕、豫、鄂等省。又在手纺织业发达地区，特设手纺织推广处，加强它的力量，统筹该地区的推广业务，现有川北和湖南手纺织推广处二处。其二，为了纺织技术的改进和推广，农本局自设纺织机械制造厂，并筹创纺织整染各厂。现在已成立纺织机械制造工厂一所，“七七”动力纺织示范工厂一所，地点均在重庆。此外于宝鸡、成都、浙东、李家沱等地正在分别筹创纺织整染各工厂计五厂，其中浙东设厂计划因战事关系不得不暂行延搁而其他各厂均在加紧进行。② 以上均为1941年初的情况。

仅仅改组一年，农本局的工作便取得明显成效：“改组后一年间农本局的业务，主要是两大部类：（1）棉花纱布的购运和销售；（2）推广手工纺织”，“分布上述等省九十余单位的分支庄和推广处，正在这样努力着以增进纱和布的产量，并以减除目前大规模配置纺织机器的困难，而达到内地自给自足、

① 陈洪进：《手工纺织业的推进在全国经济建设上的意义》，《农本月刊》1941年第60期，第9页。

② 张汝砺：《农本局的沿革及目前业务动向》，《农本月刊》1941年第60期，第19页。

自力更生的目的。三十年度（1941 年）经常和各分支庄往来的纺手共计有十数万名，织户数千户”。“该年度农本局除推广用棉外，平价供售之棉花达二十万市担，约以三分之二供给厂用、军用，三分之一供民用。推广手工纺织的结果，收纱量增至二百万市担，收布量增至近三十万匹，这批布即作为门市平价销售之用。”①

三　近代三元结构的出现及其条件

（一）对“自然经济解体论”的质疑：洋纱取代土纱，是自然经济瓦解还是家庭生产的改良重组？

受到西方资本主义强烈影响后，中国传统手工业发生了重大变化。至抗日战争前夕，一些门类明显衰落下去；一些门类则有了明显改进、提高；还有很大部分基本未变，或是发生了局部变更但仍然保持着生命力。这个不争的事实提醒人们，近代以来手工业中发生的实际情况至少不像那种主流认识那样，在西方资本主义入侵后，手工业的命运不可避免地而且是必定要衰落的。

作为“自然经济”主要代表者之一，“农民家庭手工业”给人的第一印象就是保守、落后、生产效率极差。无须仔细思考，人们就会觉得，它与现代资本主义大工业进行竞争时，毫无疑问会招致惨败和被淘汰的命运。因此在解释中国近代农民家庭棉纺织手工业与现代纺织工厂竞争的命运和后果时，如下说法会轻易建立其统治地位：“机器工厂的生产率是手工的 80 倍，因此洋纱（机纱）首先取代了土纱，完成农家手纺织业瓦解的第一步。尽管农民会利用洋纱织布顽强抵抗，但机器织布效率仍然较手工高出 4 倍，最后也不可避免地被淘汰。”② 这种说法和其灌输的理念，至今仍然在各种教科书和专著中被奉为“经典”式的金科玉律，几无人去质疑其正确性。

但是这个看上去天经地义、无懈可击的说法，如果用中国近代的历史实际去考量一下，特别是把它放在一个历史的长时段中——例如从 19 世纪中期

---

① 张汝砺：《农本局的沿革及目前业务动向》，《农本月刊》1941 年第 60 期，第 19 页。

② 参见严中平《中国棉纺织史稿》，商务印书馆，2011，第 335～336 页。这个认证是严先生 1940 年代初在《中国棉业之发展》一书中提出的。作为后代学人，丝毫不应否定前辈研究的筚路蓝缕之功，而是应该检讨在前辈提出概念后的 80 年后，后来者严重缺乏在前辈基础上继续努力的学风和功力。

直至21世纪的今天——去观察，是存在问题的。

第一，它把大工业大规模生产的优势绝对化和固定化了，没有考虑到随着时代的进展，大规模工厂化和流水线生产同样有其弊端。大规模、流水线、标准化为特征的工厂化生产之优势，在相当一部分的产品生产中被灵活性极强的柔性生产、精细生产和适度规模生产所取代，这种取代多发生在多样化、新潮化和个性化的消费品生产中，如服装、鞋袜类、钟表类等。

与绝对化大工业优势的同时，传统观点又对中国小农家庭生产加以观念上和理论上的绝对落后化，即将农民家庭生产与使用手工劳动、与农民小生产、与技术上的停滞落后保守、与生产规模的微小脆弱紧紧联在一起。又将农民家庭手工业与封建自然经济主要特征、与资本主义和市场经济为代表的先进生产方式的对立和阻碍紧紧联系在一起。它没有考虑到农民家庭生产在不同的历史时期可以容纳不同的生产工具和生产技术，包括将原始手工工具转变为半机械工具（如同近代高阳、南通、潍县等地）乃至现代动力机械甚至当代的电脑控制机器（如同当前的高阳、南通、浙江、广东等地区）。它没有考虑到农民家庭生产可以从一个从原料到成品全部由内部生产要素完成的独立单位，转变成输入大工业产品为原料，同时又将产品纳入现代工业和商业体系之中的颇具弹性的生产经营单位。

第二，它没有考虑马克思所提出过的“在印度和中国，生产方式的广阔基础，是由小农业和家内工业的统一形成的”，“在中国……由农业与制造业直接结合引起的巨大经济和时间节省，在这里对于大工业的生产物提出了极顽强的反抗；因为在大工业生产物的价格中，有它到处都要通过的流通过程的各种虚费加进来”①。

为什么农业与手工业结合的家庭生产可以产生巨大的经济和时间节约，这种节约竟然可以达到与大工业产品抗衡一时的作用？这是一个很值得深入研究的问题，它甚至可以作为我们认识如中国这样的以小农业与家庭工副业密切结合为特征的生产方式内在机制的一把钥匙。对这种生产方式机制之特性，我们在前述古代中国小农家庭的生产结构和机制部分已经做了较多分析。但由于古代文献资料的局限，上述分析尚显不足。至近代，较丰富的资料和当代学者对之深入研究的成果，已经将问题又大大推进了一步。

---

① 马克思：《资本论》（第三卷），人民出版社，1953，第412页。

早在 1852 年，英国外交官米契尔在他致香港总督的报告书中就指出，南京条约签订后中国开放了 1000 多英里的海岸线和东南沿海地区四个最富庶地区的口岸，但 1850 年英国对华输出量反而低于 1843 年。米契尔认为这是中国生产制度的特性造成的：中国的家庭工业是与小农经济相结合的，它具有顽强的抵抗力。①

米契尔的这个看法，被当代一些学者所接受并进一步加以论述。赵冈认为，中国手工纺织业的坚强生存力实导源于家庭生产制的特性。手工纺织业在过去有效地排斥了手工业工场，后来又靠了这种特性对新式纺织工厂进行了顽强的抵抗。这是因为，中国的乡村农户是利用他们的剩余劳动力来从事纺织副业的，参与其事者都是家庭成员，他们没有定额的工资标准，只是全家共享劳动所得。这种生产制不是以获取最大利润为目的，也不受任何最低工资额的约束，因而可以更好地利用劳力资源。即使劳动力的边际生产力已降至最低生活费水准以下，这些家庭还是可以毫无顾虑地进行生产。换言之，这种家庭副业没有任何成本上的限制，赚多赚少都可以，能赚一文总比一文不赚要好。因此不管产品的售价低到何种程度，他们还是可以与国外生产的机制产品进行面对面的竞争。②

第三，只有将棉布类的机制产品与手工产品置于一个完全均等和同质的竞争市场上才可能合理进行价位比较，才能够准确说明某一产品因生产率大大高于竞争对手而将其淘汰的切实原因。

但是在近代中国的棉织品市场上，机制品与手工制品，洋布和农村土布，在质地、规格、款式、重量等方面相差极大，两者的消费群体也殊不相同。洋布多为城市人口作为服装，质感轻柔，颜色鲜艳，是重要的选材特点，在 20 世纪初，穿着洋布本身就是社会时尚的某种体现。而土布多为农村劳作人口服用，他们需要的布的特点是厚重、结实而耐磨，既能保暖又可抵挡强光又能吸汗。洋布用细纱织成，质地轻薄，而土布用粗纱织成，质地厚重而外观粗笨。洋布与土布不是同等产品，有各自的消费市场，并不产生直接的竞争关系，当然不宜笼统地以单一的价格贵贱来论断孰胜孰败。有研究者指出：由于技术原因，手工纺纱只能纺 6～10 支的粗纱，其所织成的布，自然要比用 20～30 支纱织成的洋布重 3 倍。单就技术而言，英国纺织厂很容易就可以

---

① 赵冈、陈钟毅：《中国棉纺织史》，中国农业出版社，1997，第 186 页。

② 赵冈、陈钟毅：《中国棉纺织史》，中国农业出版社，1997，第 190～191 页。

纺许多粗纱，以适应中国消费者的胃口。但这样做，布匹的成本就要提得很高，因为制造棉布的原料成本在总成本中占有绝对高的比率。像英国这样不产棉的国家，最好利用其高超的技术制造高级品，以减少生产成本中的原料成本比率，而提高附加值部分的比率。如果英商纺制粗纱，使棉布的重量增加3倍，则其售价将无法与中国土布的售价竞争。[①] 在19世纪中期洋布输入中国不久，曾有来自香港的报道，英国布商运销中国的棉布在1844～1845年平均亏损35%～40%。[②] 这是中国近代，农村土布之所以与洋布长期共存的基本原因之一。

第四，按照通常教科书定义，纺纱与织布大致为一个整体，甚至植棉、纺纱、织布为一整体的与农业结合的纺织业，是自然经济的主要体现。但前述说法没有解释清楚纺纱工序是如何从这个整体工作中分离出来、并与洋纱进行市场竞争最终失败的。之所以提出这个疑问，是因为，除非纺纱已经与织布分离开来、农民已完全从市场上买进棉纱织布，才有可能因为土纱价格远高过洋纱，农民舍弃土纱，从而发生洋纱取代土纱的大变化。否则，自然经济下的农民自己植棉、纺纱，再继续织布，原料棉花是自给的，纺成棉纱只须耗费劳动力而无须花钱去市场买进纱再来织布；洋纱再便宜农民也不会为此而花钱购买，何能发生洋纱取代土纱之事？而如果在洋纱进入市场前，在全国范围内就已经是纺纱与织布分离了，则中国自然经济分解的第一步早已自我完成，这当然与历史实际相去甚远，迄今无任何史料能证明之。当然，在少数纺织业发达地区，专门的土纱市场早已有之，有人据此论证过自然经济开始瓦解，但颇牵强。在更大更广的地域内，棉花的商品化自明清以来发展得更为明显，但无论是南北方还是邻近地区，农民织户购买棉花大多是纺成土纱再自行织布，这是希图发展家庭纺织业但缺乏原料所致，而主要不是纺成纱去出售。

第五，前述说法，忽略了一个农民使用机纱的最重要原因，即农民为了更有利于发展家庭织布业而主动选择了机纱。

对农民家庭纺织业而言，无论是自己纺纱织布还是买纱织布，最终目的只有一个：进行织布。而购买洋纱织布，一般只会发生在织成布用以出售的商品土布织造中，而对原来自种棉花以自行纺纱再织成布供本家庭消费的织

---

① 赵冈、陈钟毅：《中国棉纺织史》，中国农业出版社，1997，第187页。

② 赵冈、陈钟毅：《中国棉纺织史》，中国农业出版社，1997，第186页。

户来讲，他们没有理由放弃棉花种植反而花钱去买洋纱织布来满足本身的消费需要。这对他们当然是增加了生活的消费费用，对贫苦农民而言，这种做法是不可思议的。从这个意义上说，洋纱流行对为数很大的这部分农村纺织业——所谓的真正意义上的自给自足自然经济的代表——是起不到瓦解作用的。我们甚至可以看到这样的现象：在大量使用洋纱、机纱土布已经流行后的数十年间，在南通还有织布农民用自己所植的棉花纺成土纱织布，只用于自己消费；而花钱买来机纱，专门用来织商品布，以出售赚钱。这种现象再清楚不过地表明，即便在同一个农民那里，也可以存在两种不同的家庭经营准则：一种是以最低成本和最少支出维持生活必要消费；另一种是在条件允许情况下不放弃任何机会和可能增加家庭收入。农民购买洋纱，正是第二种理念指导下的行动。如果我们对农民的经营理念不适当地加以区分，教条式地沿用或引申所谓的“小农自然经济”概念，就会产生两种误判：一方面认为农民的商品交换只是“自给有余”后的行为（这种认识现在还居于主导地位），这既可能夸大了农民生活的富裕程度，又明显缩小了农民主动发展商品生产的积极性和能动性；而一旦农民的商品生产发展到一定规模，又被误认为是中国农民的传统生存方式发生了革命性变化。

从农民实际存在着两种不同的经营理念，就很容易理解下面所述的现象：从南通等地看，使用洋纱和淘汰土纱并不构成因果关系，二者在价格上相差不大。洋纱盛行的主要原因是农民觉得用洋纱织布远较土纱便利：拉力强，不易断头，而且好织；更重要的是，大生纱厂生产的机纱质地优良，供应方便，这就突破了原本只能依赖土纱所导致的、自纺纱或商品纱都满足不了织布之需的瓶颈限制，许多原来不织布或不出售商品土布的地区都成为商品布产区，农民织户迅猛增加。这就是形成机纱市场的关键因素。

由于使用洋纱织布，南通土布在规格和质量上都较传统土布有明显提升，形成了多种标牌，在布商的有力推动下销售市场大为扩张，农民家庭织布生产在地域和产量上得以增长。原来传统的土布由于使用的木织机陈旧老化，无论在布的幅宽和织造质量上均较机纱布远远逊色，日渐萎缩。

南通以及河北的高阳、山东的潍县等一批近代主要土布产区的发展史表明，与其说洋纱取代土纱是自然经济瓦解、小农家庭纺织业被破坏的第一步，毋宁说，这是经过改进的、将传统优势与现代工业优势相结合的新式农家纺织业，在商品市场上局部取代旧式纺织业的结果与体现。它表明的不是农民家庭纺织业不可避免的解体趋势，而是相反，体现了农民家庭手工业完全可能与新生产方式融合，迸发新的强大生命力。

将农民家庭纺织业视为自然经济的重要体现，视为中国现代化的对立物和基本障碍而必须铲除，将其被破坏视为中国资本主义新生产方式得以建立的前提条件——自然经济的破坏和小农家庭经济的瓦解——的必然后果，这是前述论点的理论根源。在这个理念下，必不可免地会做出这样的判断：作为自然经济主要体现的小农家庭手工纺织业被大工业摧毁，是完全符合“社会发展规律”的，因此，土纱被摧毁，是自然经济瓦解的第一步，第二步就是农民家庭纺织业本身的“灭亡”。这种理念的主要问题在于，一方面，将西方资本主义连同其走过的具体道路和实施方法统统作为中国现代化发展的最高目标和唯一准则。另一方面，完全看不见中国本土农业文明和小农家庭经济的本质特点之一是与中国国情的适应和契合。这必然导致忽视乃至否定中国传统小农经济对新环境的适应性、对新事物的包容性和在新历史条件下可能出现的改良和革新。

家庭棉纺织业是近代中国农村分布最为广泛、从业人数最多的手工业。同时也是生产力变化最为显著的手工业之一。如上所述，这突出表现在织布生产原料和生产工具上。原有纺织业中的很大部分，放弃了自行纺纱，采用了机纱专事织布，将原来手工效率很低的纺纱交给了现代机器工业生产，传统地从自己种植原料棉花到纺纱再到织布再到染色的完全家庭内部生产变成了专业化的社会分工与家庭生产最大优势相结合的新型生产分工与组合。当然，在中国近代史上，农民家庭手工业和机器大工业相互结合的事例还有多种，我们将在后文中予以分析。

（二）手工业的变化与近代国情

一部分近代手工业之所以能够在西方资本主义强力冲击下仍能生生不息，“野火烧不尽，春风吹又生”，在变革中向生产的深度、广度曲折前行，实在是因为它凝聚了中国传统中的诸多精华，这种精华实质上就是中华民族运用长期积累起来的适应国情和正确应对的智慧将传统优势与现代新事物相结合以发展自身。具体而言，这种精华体现在如下方面。

第一，家庭经营的积极性。

第二，家庭经营的成本最小化。

第三，生产要素的最优配置：劳动力替代资本；传统手工技术加简易机械替代昂贵机器设备。

第四，生产和供销过程中的纵向一体化。

第五，包括产品和技术在内的资本主义生产最新成就的吸收。

以上诸点，是传统中国的最大优势，与现代工业生产的成就和资本主义经济组织以及市场经济中的中国特色相结合，成就了近代手工业中的新的闪光点。最充分地适应国情的传统优势与现代新事物优点的浑然一体式融合，正是这种精华所在。也正因为如此，近代手工业才可能表现出极顽强的生命力和竞争力。这是中国现代化中最值得注意之处，也是现代化理论中最有创新价值之处。

上述各点，“旧中国”的某些时贤是有相当程度认识的，这些认识并非来自书本和“理论思想”，而是从实际经济的运作中，且多从具体生产流程和生产技术的角度总结而来，因此极为可贵。笔者认为，经济史研究的第一原则是尊重客观实际的真实性。一切理论归纳和观点只能以此为依据。人们所能认识的实际状况越能摆脱偶然、局部和短暂性，其真实性就越高，而在此事实基础上的理论归纳的价值就越大。无论是中国还是外国的理论流派，只要用来解释中国问题，就必须首先经受中国历史发展实际和时间跨度的检验。布·马林诺斯基在1938年给费孝通《江村经济——中国农民的生活》一书所撰序言中的一句话值得铭记：“真理能够解决问题，因为真理不是别的而是人对真正的事实和力量的实事求是。”①

1. 认识之一：传统农村工业——包括手工业和副业——有着自身特殊的机制，具有天生的一系列经济优势和稳定社会的优点②

中国旧有的农村工业存在原因有三。其一是盛行小农家庭经营，每个农场生产的农作物种类多而数量少，大量集中后才能供新式工业作为原料。在这种情况下，极适于分散经营的小规模农产品制造工业，例如，原始收获物的初步整理和调制等。其二是剩余劳动力的经常性存在。农业生产有显著的季节性，特别是受到气候和农田水利设施落后的影响问题更为突出。据华北工业协进社的估计，中国全国15～45岁的农民，因农闲而损失的工作机会，约等于5500万人完全失业。其三是内地交通阻塞、市场缺乏，使农家经济不能不力求自给自足。

---

① 费孝通：《江村经济——中国农民的生活》，江苏人民出版社，1986，序第1页。

② 本部分较多引用了韩稼夫先生的观点，主要摘引自两书：韩稼夫《中国农村工业问题》，正中书局，1945年渝版、1946年沪版；韩稼夫《工业化与中国农业建设》，商务印书馆，1945年。因内容较丰富，具体论点出处不拟详注。

自“海禁大开”以来，中国固有手工业发生了一些重要变化，出现了不同以往的新类型。但这些变化，并不能改变农村工业自身的基本特点。韩稼夫认为，无论农村工业“进化到何种阶段，都不脱下述之四种特色”，这就是“它是适合于农村环境之工业生产”。其主要特性是：第一为原料或劳力之就地供给；二为所用动力极小，所用机械设备甚少；三为所用资本微小，轻而易举；四为原料、人工及销场之散处各地，宜于分散化生产。[①]

2. 认识之二：大工业与包括农村家庭手工业在内的小工业，存在着多方面的互补关系，绝非一概排斥对立

二者的关系是动态的，可以因时因地而变动。至抗战以后，在相当广泛的种类上，两者可以相辅相成，实现良性互动。根本原因取决于中国国情中的农村经济和现代工业的性质。这不仅仅是一个理论概念的问题，而且被大量事实所证明。

中国“近代化”历史的发展过程确凿证明，所谓“农业与家庭工业手工业密切结合是封建自然经济最重要特征，是资本主义现代经济发展所必须铲除的前提”这一理论，至少对中国而言是完全错误的，它不仅造成了对历史本身的曲解和误判，而且对新中国成立后直至当前的现代化建设造成了极为恶劣的坏影响。

韩稼夫认为，基于农村工业在国民经济中的重要和对农民大众的影响，它完全应该和传统农业一样，在社会的现代化过程中，在新生产方式、新工业和技术的影响作用下步入全新的发展中，也就是说，从优化资源配置的角度，农村工业完全应该也完全可能“现代化”。他说，“农村工业亦随社会发展而有进步；国家工业化、工业发达，农村工业亦可逐渐走入现代化及机械化之路”[②]。他批评说，农村工业之经营，不一定即为农家副业，亦可具有作坊手工业或小规模工厂之形态。农村工业，亦可应用简单的新式机械及电动力，不必纯为手工生产，往日学者每对农家副业与农村工业混为一谈，或迳称农村工业为农村手工业，均不甚合理。[③] 韩稼夫的这个认识可以启发人们去重新思考一些中国现代化过程中的重大问题，在他那里，我们看不到什么所谓“农业与家庭工业手工业密切结合是封建自然经济最重要特征，是资本主义现代经济发展所必须铲除的前提”这一理论痕迹的影响，而在不受其影响

① 韩稼夫：《中国农村工业问题》，正中书局，1945 年渝版、1946 年沪版，第 4 页。

② 韩稼夫：《中国农村工业问题》，正中书局，1945 年渝版、1946 年沪版，第 4 页。

③ 韩稼夫：《中国农村工业问题》，正中书局，1945 年渝版、1946 年沪版，第 4 页。

的状况下，人们可以对一些基本事实做出完全不同的判断和结论，而这或许会对中国现代化的道路产生完全不同的后果。

韩稼夫这里强调的是农村副业、手工业和小工业的多样性、复杂性和可变性，以批驳那种一概排斥农村工业的看法。据笔者看来，自西方打入中国以后，农村工业中的各种形式确实发生了生产技术和组织形式的变化，但最值得注意的是有两大特点仍然保持。其一，农村工副业当然是农村经济之一部，其基本生产要素——劳动力、原料中的很大部分或是主要部分、生产场地——和重要产品之一部均源于农村经济；其二，其家庭经营的形式始终是主导。这是农村工业的基本性质所决定的；这变与不变，在何种程度上变，都最终与中国国情——包括近代大工业在中国出现后的国情变化——有直接关系。一些学者从现实生活中的具体例证、以实证方法说明了大工业与农村小工业的相互关系。正是在大量存在的这类关系的基础上，一些学者提出了工农互补、良性互动、乡村城市共同一体现代化的重要思想。

顾毓瑔论证说：

> 推进工业化工作，无疑的应以大规模工厂为主体。但是在工业落后的国家，原有的小工业及手工业多少代表一部分既有的经济力量。在大规模工业开展之时，若计划不周，每会新的力量尚未完成，而旧的方面已被摧毁，这绝非国家之福。

韩稼夫论证说：

> 农村中制作机械工业之部分产品，为实现农村工业化之另一手段，其效果可在瑞士钟表工厂与数国自行车工厂见之。此为农村小工业赖大工厂存在而繁荣之例证，在我国国情之下，此种制度，不难仿效，其意义所在，不仅调和农村与工业之生产关系，且使工业上之分业制度及于农村，使农村副业愈趋工业化，而有以促成工业农村之产生也。[①]
>
> 农村工业利用家庭生产和劳力低廉的优势，就地取材，可以对众多以农产物为原料，而加工又不需精密机器和技术的工业品原料进行初步加工，然后再由现代工业进行精加工，其好处显然易见：既使农村广大剩余劳动力有用武之地，大大提高农户收入，又明显节约了数量庞大的

---

① 韩稼夫：《工业化与中国农业建设》，商务印书馆，1945，第83页。

原材料的加工和远距离运输费用，如此，大为降低了最终工业品的成本，提高了竞争力。

顾毓瑔认为，在各先进国家的工业化推进过程中，正确对待和处理工厂工业与小手工业的关系十分重要。大工业若能帮助和利用改造小工业和手工业，就有可能使两者“共存共荣”“相得益彰”。他指出，日本的小手工业是利用人民的余闲，替大工厂制造零件。大规模工厂应通盘计划，使小工业与手工业成为大工厂以外的分工厂。机械有配合，成品有标准，成本反而能较低廉。美国福特汽车制造厂之利用农人余闲，设立相关工场，制造二十余种零件，是最好例证。在中国手工业占了整个工厂生产之重要一步，在推进工业化时，绝不宜淘汰这一部分之生产能力，而应设法提高小工业之技术水准，并以配合方式来生产。若纺织品中有“机经土纬”，就可以以大规模的工厂化生产与手工业生产相配合。

顾毓瑔列举了桐油、造纸、瓷器、火柴四类生产中手工与机器生产相结合的实例。

> 桐油是在这一次抗战中功绩很大的一种物品。中国后方的桐油生产，约在8万吨左右，可以说大部分是旧式油榨的产品。但是四散的油坊其技术绝不能很好，标准绝不能划一，为使合乎出口的标准，各方收来的桐油，应该经过现代炼油厂的炼制，然后运输出口，经济部的中国植物油料厂与旧式油榨的配合，是现代工业与手工业配合生产的一例。
>
> 再如中国的造纸，是有历史意义的产品，中国手工纸的生产，实占了相当成分，对于农村经济有极大帮助。在整个手工造纸过程中，最不经济的是纸浆之制造。因此中央工业实验所在过去10年中，在各地推广新式制料旧式造纸。新式制料的经济，可从4个月的工作，减到12小时的工作。我们的理想是以集中式及现代式制造纸浆而以分散式纸槽式来抄纸。这种工厂制浆与手工业制纸的方式，可以使不绝如缕的手工业制纸在新基础上重新恢复它的生命。
>
> 中国瓷业亦有历史的光荣的产品，而为什么国际市场被日本完全夺去，国内市场亦要输入多少洋瓷呢？重要的理由是中国瓷业制造的技术不进步，而其中最大的一点是原料向用最旧式的设备与方法来处理，因而不合标准的品质。为恢复中国瓷业已失的光荣，中央工业实验所在过去6年中精制原料，分散制造瓷杯。在一定的品质标准、式样标准甚至

国际标准下，可以大量制造、大量供应。

火柴厂是机器制造火柴杆而分散式手工制造火柴匣。许多中国固有的工业要求改良，工厂工业与手工业的配合生产，实是唯一路线。[①]

韩稼夫认为：

我国之小工业，虽因近代产业发展而有衰落之象，唯小工业在我国工业生产中所占之地位仍有相当重要性。溯自海禁开放以来，为时虽近一世纪，而吾国整个国家组织，迄未脱离古时代农业经济之范畴，农业经济之特征，即为农家生活之自给自足，是以我国农民，于从事土地经营以获得食粮外，仍须制非土地直接生产之日用品，借以维持自给自足之生活。男耕女织，为历代农政之典型。此种日用品之生产，端赖手工之运用，而以小规模之组织经营之。是以我国农业生产与小规模手工业经营，有不可分离之关系，在产业革命之前欧西各国亦然。

农业人口不仅有剩余劳力与工业生产技术与经验，而原料之取给尤为便利。原料之就地制造对农村经济多有利益，如棉花、蚕茧、小麦、菜籽之就地纺纱、缫丝、磨面、榨油，自较以谷物或仅仅依靠种原料换取一切日用品较为经济……

尤有进者，工业制造品之生产，其所以获利者……生产费用之低下，亦极重要，是以工资之低廉，足以提高工业品之竞争力……如纤维工业及其他家庭日用品之生产，工资一项每占生产成本之最大成数……移工业生产于农业社会借以减轻工资成本者。是则农村工业化之发展，非独农民利赖之，即企业家亦为之赞同也。[②]

韩稼夫进一步列举大量实例，说明大工业与农村小工业、工副业的互补现象：

我国纺织工业中“纺”与“织”分野之现象颇为显著，新式纺纱工厂之纷纷设立虽足以减少农村中之“纱工”，惟同时可促进农村织布工业之发达，对农村工业并无打击，高阳土布业之发展是其明证。就农村手工业经营之立场言之，在农家购纱织布所得之利润，实优于自纺自织也。

① 中央训练团编印《中国战后经济建设论文选辑》，1947，第110～111页。

② 韩稼夫：《工业化与中国农业建设》，商务印书馆，1945，第61页。

他如农村生产粗制植物油以供油漆工厂之用，生产土糖以供精炼糖厂之用，土制砂糖副产糖蜜以供酒精工厂之用，以小麦制为面筋以供味精工厂之用，制面筋副产小粉又可供纺纱工厂浆纱及化学工厂制造转化糖、糊精、可溶性淀粉及酱色之用，等等，均有以显示农村工业与现代大工业之不可分离性。①

3. 认识之三：以新的“适用技术”和“适用机械”改进手工业

韩稼夫举例说，新式针织业在我国的发展，可以证明农村工人对简单机械工具的使用是有希望的。

如土法榨糖，蔗汁混入杂质甚多，不易精练，煮糖之际一部分蔗糖经高温而转化，以致减少结晶糖之出产量。且旧法提制白糖，只凭糖蜜本身之重量自然滤清，耗费时间长仍然难以获得纯净产品。如果改用机器榨蔗糖，用压滤机除去沉淀，用真空釜浓缩蔗汁……则前述种种困难问题均可迎刃而解。此种新式作业之规模小者，极适宜农村环境，例如重庆建国机器厂所创设的手摇动力两用离心分蜜机，就是专为在农村环境中用的。

他认为：

现时农村一般环境中，并不需要全面机械化，如造纸，手工打浆人工最费，机器抄纸设备昂贵。若以机器打浆人工抄纸，则可取长补短相辅为用。

又如化学工业对农村工业：江西建设厅研究苎麻韧皮纤维的脱胶工程成功，可以以极低廉的加工费用，看成纤维松散的洁白苎麻，深合农村之用。黄海化学工业社检定多种酵母菌，经过分离培养以供应酒精工业所需，同时发明以人尿代替酒精发酵过程中所需要的硫酸亚，对农村的酿造工业极有裨益，因为现在抗战，后方多数酒精工厂是就农村所产土酒而加以提炼的。②

他认为：

① 韩稼夫：《工业化与中国农业建设》，商务印书馆，1945，第66~67页。

② 韩稼夫：《中国农村工业问题》，正中书局，1945年渝版、1946年沪版，第22页。

总之，农村工业较之新式大工业，看上去在组织、经营、技术上都落后，但它本身是有进步余地的。[①]

他认为：

经大工业的帮助，农村工业的产品现代化也大有前途。例如陶瓷业，有可能试制成电气工程所需的陶瓷制品，如电话线所用的绝缘铁、室内电灯线路所需的夹线板、瓷钉头、分线盒等。两年后这些设想在重庆市郊外的磁器口镇已可见到产品，甚至还有制无线电工程所需要的天线绝缘球及发射器高周率线圈所用的绕线筒。由此可见农村工业产品的现代化并无困难，难在有识之士多未能认识动员农村工业的重要性而为之提倡和推广。[②]

在农村小工业得到大工业的帮助而得到相对发展方面，他列举了抗日战争时期的多个事例：

纺织业舍弃织棉布而改织棉麻交织或毛棉交织布；陶瓷业舍家庭用器而制电工、化工及医药用具，制纸业舍一般包装纸而制印刷用纸，这些，均为旧有设备及技术经验，稍加改进，即可应付自如。

他还专门列举了贸易委员会主办的妇女实验工厂，为了推广中国手工绣品出口而培养各地农村生产合作社技术和人才并获成功的事例。[③]

韩稼夫特别注意到新式工业与农村工业手工业的相互配合、共同发展以相得益彰。

他认为：

新式工业在技术上、设备上及经营方面都可成为农村手工业的劲敌，但在适当情况下，如果能够妥善合理地安排和配置两者的生产，则不但可以避免相互竞争之可能，还可能做到双方取长补短、相得益彰。例如，手工纺纱，生产效率低，品质不能匀净紧实，不能确定生产指定的纱支数，因此无法与新式纱厂产品抗衡。但手工织布，对产品技术要求较易

① 韩稼夫：《中国农村工业问题》，正中书局，1945 年渝版、1946 年沪版，第 22 页。

② 韩稼夫：《中国农村工业问题》，正中书局，1945 年渝版、1946 年沪版，第 23 页。

③ 韩稼夫：《中国农村工业问题》，正中书局，1945 年渝版、1946 年沪版，第 24 页。

满足，因而与其在农村提倡纺纱，毋宁提倡织布，由新式纱厂负责提供乡村织布业所需的棉纱，较为合理。

如制造油漆、油墨、油毡、漆布、假漆、洋烛、润滑油、肥皂所需要的动植物油料，制味精所需的面筋，制糊精、可溶性淀粉，转化糖，酱色所需之小粉，制蚊香及驱蚊油所需之除虫菊粉，等等，都可以通过农村工业，先行农产加工，后将加工品供新式工业作为原料。在这种配置方法下，新式工厂可以设定所需原料的成分和等次，委托农户或农村手工业者按照指定标准，预为加工。如此，工厂方面就不会有原料供应的忧虑，而农村生产者方面，也能依农产品的加工多获利润，双方均有利益。在抗战时期，新式工业与农村工业之取得联系，实为增加双方生产稳定性的唯一方策。①

顾毓瑔举例认为：

在对废弃物的充分利用方面，现代工业与土法生产可以相互配合、取长补短。许多手工业因技术之不良，故废料相当多。以废料提制副产是手工业本身无法解决的。若有工厂工业的配合，亦可相得益彰。例如土法制木炭，废气中的副产全部废弃，中央工业实验所近年来推广的炭窖废气收回方法，已颇著成效，结果国防工业所需要的丙酮与醋酸，不从别处取，就是从散布四方的土法炭窖所供给的。②

为了支持发展农村工业，新式工业可以专门生产农村工业能够生产之产品的原料，并可在适宜范围内与之形成产业联合体。

韩稼夫指出：

农村手工业所需原料，不必完全是当地农村所自产。如制造熟皮器、金属器、抽纱、挑花、丝绣以及制造现代文具品、化妆品、饮食品等，其原料多半系新式工业之产物。我国出口农村手工业之产品，因适应外销之条件，其原料很多取给外洋，如烟台织发网业，所用人发，为从德国输入、经过柔化漂染的人发（其未加工前的原料是中国所出口）。汕头农村的挑花抽纱业，所用麻布和纱线，大半自英国输入，都是十足机制

---

① 韩稼夫：《中国农村工业问题》，正中书局，1945 年渝版、1946 年沪版，第 26 页。

② 中央训练团编印《中国战后经济建设论文选辑》，1947，第 112 页。

品。类似例证尚多，不遑枚举。总之，新式工业之存在与否以及兴衰变迁，多能支配农村手工业之消长。战时动员乡村人口之剩余劳动力推动农村工业，对于农村工业所需之原料，有须设法为之筹措，必要时得设立新式工厂从事制造，以供推广之用。盖农村工业因适于农村产品之加工与调制，但同时亦可对新式工业所生产之原料或半制成品为原料，施行加工精制，而以可供直接消费之制成品供应市场。

新式工厂之一部分作业，亦得委诸农家以副业之方式完成之，是亦为农村工业之一特殊形态。

如日本之自行车工厂及玩具工厂，往往以新式机器所产之零件，交由农村劳工装配之，此其之所以每举“欧美现代生产设备，东亚低廉之劳动力”之标语，引以为自豪者。乡村工人工资常较城市为低，且劳工之使用量可随时视生产量具之进退而伸缩。此种制度，在战时环境下颇宜仿行。

新式工厂以生产工具与原料贷与农家，而以约定之工价收回制成品者，称为“放机包工制度”，我国战前嘉兴之针织业，即盛行此制……惟实际上等于血汗制……①

4. 对农村工业利用和解决剩余劳动力的重要性认识

农村季节性的劳力过剩问题，对小农经济的关系极为重大。据所谓的“中央研究院”在无锡之调查，参加农业工作之壮丁，平均每人每年工作之实量，相当于152个工作日，其间农场面积的大小，对从事农业工作之数量有直接关系。富农每人每年工作181日，中农每人每年工作152日，贫农每人每年工作148日，质言之，农场经营规模愈小，所剩余劳动力亦愈多。故工业合作组织之吸收农村剩余劳动力，可为解决小农问题之一资助。就整个国民经济的立场而论，全国可供利用之土地面积目前并不能为极显著地增加，无从扩张小农之耕地……为摆脱小农经济之困境，势必转移生产方向，舍农而就工，但……家庭生产制度一时不易变革……以大量之农业政策人口舍农村而就工业，谈何容易，势必移工业而就农村，始克逐渐转移人口职业。大型工业既不适宜农村环境，则移工就农之方策，舍工业合作运动莫属也。②

---

① 韩稼夫：《中国农村工业问题》，正中书局，1945年渝版、1946年沪版，第27页。

② 韩稼夫：《中国农村工业问题》，正中书局，1945年渝版、1946年沪版，第37页。

（三）抗日战争时期农村工业手工业功用的特殊发挥

不少学者对农村工业和手工业在抗日战争这种特殊环境中发挥的特殊作用予以高度重视。

从事军需生产，为战时农村工业的新出路。

军装生产中，举凡衣、帽、鞋等服用品及帐篷、军毯等均可取给于农村工业。

> 军粮的生产，尤适于农村环境。战时机器筹措不易，新式食品工业难获发展，但我国固有食品中，多富于保藏性者，苟包装完善，便于运输，能保持特有风味及营养价值，即适于充作军粮之用……①
>
> 农村工业为适于农村环境之一切工业之总称，非必为农家副业，特农业生产者亦得以副业之方式经营之耳。农村工业之所以存在之原因，就农家经济之立场而论，一方面可以利用因农闲而产生之剩余劳动力，另一方面可增加农业经营之集约程度，增进周年农场作业之收入；就工业经济之立场而论，轻小工业之移就农村，可利用当地之原料与劳工，其为农村消费品之生产者，尤可接近消费市场，缩短交易过程。大型工厂之移就农村，则除迁就原料劳工外，兼可节省土地投资，于战时尤可避免空袭损失。而其最终目的，则在实现工业分散化。盖欧美工业先进国家，因工业发展都市膨胀而产生种种劳动问题与都市社会病态，前车可鉴……②
>
> 农村工业可支配农业生产，同时亦受农业生产之支配。吾国为农业国家，农村工业为农业国家特有之产物，自属天经地义。特学者每忽略农村工业之地位，认可自生自灭终归淘汰……而吾国农村工业问题无人过问矣。③
>
> 吾国于闭关自守时代，农村工业殆为民生重要机体，自古言耕必言织，可知农村工业对民衣民食之重要性。溯自海禁大开，帝国主义国家挟产业资本势力，以机器产品输入国门，于是农村旧有手工业基础为之破坏无遗。农村手工业日趋没落之顷，农村过剩人口又不能尽量流入都市，则颠流困

---

① 韩稼夫：《中国农村工业问题》，正中书局，1945 年渝版、1946 年沪版，第 28 页。

② 韩稼夫：《中国农村工业问题》，正中书局，1945 年渝版、1946 年沪版，第 42 页。

③ 韩稼夫：《中国农村工业问题》，正中书局，1945 年渝版、1946 年沪版，第 43 页。

苦，民不聊生，每遇水旱荒歉，灾情綦重，为过去农村经济之严重问题。抗战以来情势顿异，列强在华之经济势力减少，而国内物资之需求激增，因之整个民族工业欣欣向荣，而农村工业亦为之复兴，实吾国国民经济转变之一重要关键也。

战时农村工业之改进，对吾国之民族工业颇多贡献。新工具、新技术之应用，可提高生产效能；产品之现代化、标准化，可扩张市场；而新式工业与手工业妥为配合，相辅为用，尤可奠定战后工业建设之基础……

农村工业为农业国家特有之产物，吾国立国之前途，必须迈进工业化之路，殆无疑义。但工业化究有其最低限度之要求，并非一蹴可及，但吾人并不以时日悠远，稍存观望之念，特于尚未达到国家全盘工业化之前，绝不放弃维持农村工业之存在。[①]

可以认为，以上学者们的实证中体现出的最为可贵之处，是一种密切结合中国国情的最优资源配置思想，这就是中国式现代化道路最有价值也最应该继承发扬的瑰宝。当然应该指出的是，这个最优配置并非完全由市场机制自动可以生成，它必须要有真正的智慧、对中国国情的真正了解，即必须有高层的最优设计，必须有市场、民间组织、行政单位的有机配合，必须符合广大民众特别是农民大众的切身利益和理解支持，还要有必要的国内、国际环境的保障。

在如何处理本国国情和“世界先进潮流”的关系问题上，笔者可以自信地做出一个靠得住的结论：一个国家的社会经济发展方向，归根结底是由它的人民主体的需要和切身利益决定的。就中国论，无论是多么“先进”“科学”的外来事物，它的传播和推广，根本上要取决于以普通生产者为主体的中国最广大老百姓的需求和切身利益，即取决于能否帮助他们提高生存的温饱水平和进一步之提高，从短期行为和长期利益来说都是如此。因为社会是由人组成的，社会的主导力量是经济基础的筑成阶级——生产者和劳动者。即便是某种被认为符合人民大众长远利益的设想或举措，若无大众的理解和支持，也不能实行。重要的关键是，提出某些“科学理论”“社会发展规律”“解决中国问题的根本大法”者，其想法的根据是什么？是否切实符合中国最广大民众的切身利益和

① 韩稼夫：《中国农村工业问题》，正中书局，1945 年渝版、1946 年沪版，第 44 页。

需求？能否获得人民大众的理解和支持？我们回顾历史，在历经了数千年的中华文明史中，最应该记住的，难道不正是这一点吗？

（四）近代经济三元结构的出现及局限

自鸦片战争西方入侵，直至1937年抗日战争爆发，中国在“数千年未有之奇变”的社会经济震荡中已走过了一个世纪。百年激荡，对中国传统经济的基础成分——以家庭生产为主的手工业影响如何，是我们认识和判断中国从“传统”向“现代”社会的变革状况、变革道路和变革特征所必须把握的。以上分析表明：百年来中国传统手工业发生了巨大变化，在很大程度上与西方资本主义生产方式的“入侵与传播”有关。但影响变革的关键是中国的内部因素——中国国情，包括需求、消费习惯和生产要素的配置结构。

在现代化历程中由于中国的生产力在客观上远逊于西方国家，现代化的标准和价值取向又是由已经成功的西方国家制定的，等等，长期以来中国的现代化被认为是只能否定传统的线性发展过程，手工业当然是首先要消灭的对象。这也被众多的教科书编成了一部经济史。但在这个似乎是“社会发展规律”的思维定式下，许多重要的问题被统统忽略了：现代化的方向和标准是什么？有能够脱离传统与国情的、与民族特点无关的现代化吗？

将极其复杂又极其丰富多彩的中国传统及变化纳入某种“原理”之中，而非从中国的历史和实际中归纳真实的“中国原理”，是危险的。

正是从中国近代经济变化的实际状况发端，我们可以认为，中国近代经济结构局部出现了“三元结构”现象。

我们看到，在近代经济发达地区的长江三角洲区域，以及许多农村工业比较发达的地区，如华北高阳织布区和潍县、广东珠江三角洲地区、广西郁林地区（已撤销）等，都程度不等地出现了一种新型经济结构：无论在使用现代部门的产品作为原料的传统家庭手工织布业中，还是在为近代工业提供生产原料的农民家庭农副业中，都可看到一个明确无误的事实：由于和现代部门的种种联系，传统产业部门发生了重大变化，一方面，它仍然顽强保持着传统产业的一些基本的重要特征，另一方面它又和现代部门发生种种联系，产生了不同于传统的重要变革，它既突破传统又未隔绝传统，从产业形式看，它或是农民家庭手工业生产，或是农副业生产，生产组织形式仍然是家庭，生产地域仍然是农村，生产者仍然是家庭成员，生产对象中农副产品仍然是基本物。从这些方面看它是地道的传统部门。但它又不完全等同于古代传统部门，是一种现代化过程中的传统部门。从农家织布业看，出现了多种不同的与现代工业相联系的生产方式，它们已经大大突破了自种棉花、自纺自织的古代基本特征，在产品的物质构成上，由全系家庭内部生产物构成，变为利用大工业品为原料。在生产要素的取给上，由基本家庭内部解决，变为必须部分经过市场交换，或者通过商人、工场发给。在最终产品的完成方面，或仍由家庭独立完成，或变为与手工工场或工厂共同完成。在生产组织形式上，发生由纯粹的家庭经营变为家庭与工厂或手工工场某种联合的变化。尽管上述变化只是初步的，但在一定程度上，农民家庭纺织已融入了社会化的生产和交换之中，突破了单纯经营的局限性，初步形成一种兼取传统与现代之长的新型经济结构①。于是，中国近代以长江三角洲地区为典型，出现了以自给性粮食种植业为主的传统农业部门、以机器大工业为代表的现代部门以及具有两部门共同点的新型农村商品性工副业共同构成的三部门结构。我们把这类新型经济结构称为近代“三元结构”。将新型农村商品性工副业部门称为“三元结构”中的“中元结构”。综上所述，所谓近代“三元结构”之中的“中元结构部门”的内涵是：传统部门中运用资本进行的、与现代部门有直接经济联系的（如供给原料与购入原料、买入与卖出产品关系）商品生产。它以近代出现的新型农村商品工副业为主，但也包括城镇中的和现代部门有关联的各类手工业。通过传统部门和现代部门的相互作用，产生变化和局部更新的传统部门已不是原来意义上的传统部门了，它实际是在社会经济中形成的一种新型经济结构，它源于传统部门但又不等同于传统部门，可以认为它是一个从传统部门中向现代经济转化的部门。但这种转化绝不是使传统部门变成现代部门，而是在充分吸取现代经济的营养中，使传统部门本身得到发展和更新。“中元部门”的出现对于中国早期现代化有不容忽视的意义。在现代部门出现后，以发放原料（放机纱）以至工具、改良生产等方式促使传统部门发展，既有利于现代部门本身，又得以以相对少量资本大大“激活”

① 近代长江三角洲的农村“三元结构”，基本由棉纺织业、蚕桑缫丝纺织业、大生纱厂与淮南棉垦构成的公司农户体系三部分构成。详见林刚《长江三角洲三元结构的形成与发展》，《中国经济史研究》1997 年第 4 期；林刚《关于中国经济的二元结构与三元结构问题》，《中国经济史研究》2000 年第 3 期。另注：我国学术界在 1980 年代中期已提出中国经济的三元结构问题，可参见吴伟东《我国三元结构问题初探》，《农业经济问题》1988 年第 5 期；李克强《论我国经济的三元结构》，《中国社会科学》1991 年第 3 期；陈吉元等《中国的三元经济结构与农业剩余劳动力转移》，《经济研究》1994 年第 4 期……但是本书中的三元结构概念，虽然颇受上述学者的启发，但其内涵有明显不同，故所针对的问题和解决方式也不同。

传统部门、以少量资本充分利用家庭劳动力的功能，在传统产业中形成有顽强生命力的新型经济结构，这比将大量劳动力转移到城市和工业部门的现代化道路所使用的资本要少得多，所吸收的劳动力要多得多，在耗费土地等自然资源方面的代价更要小得多。

但近代中国的内外主导因素，使得工农业—城乡间的良性互动难以成为中国现代化道路的主导趋势。

中国近代“三元结构”的核心是大工业与农村手工业的良性互动。这包括两个基本方面：手工业能够自我改良；大工业同样能够自我调整以适应或服务于农村和农户经济。

但是，如果以为手工业都可以通过改革去适应现代化的要求，那就大错特错了。我们在前文已经指出，近代中国手工业的总体状况可以分为三类，除了与大工业有良性互动关系者外，还有一部分生活自我服务为主者，在这一时期并未受到欧风美雨的多少影响。而第三类，则显著衰落以致被淘汰。

明显衰落的手工业以土钢业、手纺业为主要代表。我们可以初步看出它们似乎有一些共同特点，即在生产工艺和技术上明显落后于现代机器工业，不能适应质优、价廉的市场需求和满足数量要求。在生产组织上本身没有可以降低成本的特殊形式或结构，不能如同家庭生产那样做到“时间上的巨大节省”从而使之在一定条件下可以和工业品一争高下。

如果以为大工业都能够主动调整自己的产品结构以适应农村市场，从而形成两者的互补互动关系，那也是大错特错了。

尽管在工农业的互动关系中，工业发展壮大的基础有赖于农村经济和传统部门，尽管在某些时期、某些行业和企业、某些地区确实发生了两者良性互动关系，但是，在整体上，近代工业却不能做到推进农村经济发生对自己有利的革命性变革。这至少出于以下几方面原因。①近代中国的市场机制，只能使某些企业、行业在一定时期和一定条件下，从自己的直接利益出发去帮助农村经济，如为了获取优质原料帮助农民改良作物品种等，却不可能去帮助与己无关的全国地区的农村。②即便能有这种帮助，但这里还有对农村经济和农民的眼前利益和长远利益的关系问题，即这种帮助是否符合农民和农村的长远利益？例如，种植烟草、棉花，发展蚕桑业，在市场行情大幅下降时，农民可能蒙受极大损失。③在近代中国的整体宏观经济环境下，由于外国资本和产品在中国横行霸道，也由于国内市场的狭小，工业品市场常常处于供求关系失衡、供大于求的恶性竞争中，厂家为了降低成本，不能不千方百计压低原料价格，作为初级产品的农产品自然处于劣势地位。④农村工业同类产品激烈竞争，发展到竞相压价、假冒伪劣，最后两败俱伤，这在土布生产中十分明显。⑤由于中国近代已处于人口与可耕地相对紧张之中，农经比例、工农业比重、城乡经济关系需要形成全局性适宜比例关系，这远远超出当时市场机制所能优化配置的限度。

第十一章　工农业关系的恶性循环

本章所谓的恶性循环是指，新型工业部门与传统产业部门——农业与农村手工业——之间，在原料、市场、生产组织和技术关联等方面，或在某些方面，或在各个方面，存在着相互矛盾、相互损害的经济关系，其结果是双方共同不利乃至两败俱伤。

近代与传统产业有严重制约关系者，主要有机制面粉业、机器火柴工业、机器织布业等。对上述产业的制约主要体现在：在当时条件下，其产品——工业生产的生活消费品，不是广大农村农民所能消费，或消费市场很小，如机制面粉与火柴，在农村中，它们远远不能与传统同类产品——手工制造的土粉乃至火石火绳相匹敌。正因为没有广阔的国内市场，这些工业都未能得到较好发展，在初期就不得不走上少数企业垄断的发展路向。①

由于现代工商业的影响愈趋扩充，随着时间的推移，全国经济中不受"现代因素"影响的部分越来越少。棉纺织工业的建立一开始就是为了"堵塞漏卮"，减轻因洋布进口所造成的外贸赤字。其宗旨不在纺纱而在仿制洋布。这就在很大程度上与农村的传统手织土布发生了冲突。在某种程度上，机制布匹取代了农村土布的部分市场（主要是城市市民的消费市场），常常造成农民家庭手工业的破败和农民经济的巨大损失，这又从根本上限制了机制布匹的农村市场，使近代中国的机器织布业发展的空间一直十分狭小。这也正是中国近代工业的发端——第一批中外资"织布局"纷纷改为纱厂的原因。进入 20 世纪后，这种双方互损的状况愈趋明显。

① 个人关于中国近代面粉和火柴工业的相关问题的不完整研究，可见拙文《对 1927 ~ 1937 年间中国机器面粉工业的若干考察》，《中国经济史研究》2004 年第 4 期。《1927 ~ 1937 年间中国火柴工业发展研究》，《西北师范大学学报》2005 年第 6 期。

1932～1936年，全国纱厂棉布销售量中，外国纱厂生产的棉布从64.4%上升到69.8%，华厂份额不到三分之一。大机器产品尚如此，手工土布的受压之状可想而知。土布失利的更大原因是日本侵占东三省，长江三角洲区域土布丧失最重要市场。南通专销东北的关庄布1920年产量达157万件，1931年只不足4万件，此后更江河日下。

洋布泛滥的冲击造成农村土布生产的种种困难和失利，也对以土布纺织业为基本市场的民族机器纺纱工业产生了重大影响。某些工厂因土布失利而陷入困境；某些工厂改变了以土布业为市场基础的经营方针；更多的厂家则是在继续产纱的同时，加添和扩大了自行织布的份额。这一切都对大机器工业与乡村工业、现代部门与传统部门的协调稳定发展造成巨大影响，致使工厂产纱、农户织布的分工协调关系变为在有限市场中（因洋货已占领很大部分市场）的相互排挤、无情竞争。在洋布和厂布的夹击下，农村土布生产受到重创。

土布业失利促使棉纺织工业从困难发展到危机。20世纪30年代，中国棉纺织工业陷入了一场历时近5年的危机之中，危机的主要特征是机纱的滞销和严重过剩，而这正是由农村手织业的失利所导致："长江向为销纱最多之区，年来京沪路沿线各县之织业日趋衰落，织机大半停工，致使京沪一带购纱甚微。"[①]。在这场重大危机中，一些最著名的纺织企业如上海申新、南通大生都损失惨重。

土布业失利，无疑使南通、海门、启东、崇明一带以织土布为主要生活来源的农民生计受到严重影响："以吾南通有二十万人民的生活，完全靠这花、纱、布三个字上去寻讨"[②]，土布失利"其予平民生计及本公司营业所受影响殊非浅鲜"[③]。

以下通过近代面粉工业与火柴工业的发展历程来观察问题。

一　面粉工业的行业特点与农村市场

（一）洋粉与国产面粉的激烈角逐

自第一次世界大战结束后，进口外国面粉的大规模输入一直对中国民族

① 蒋迪先：《民国二十二年棉业之回顾》，《社会经济月报》1卷1期，1934年1月。

② 讵觉：《南通机织业的福音》，《南通报》民国二十一年五月二十日。

③ 《李升伯致大生董事会函》（1934年8月），南通市档案馆张謇研究中心编《大生集团档案资料选编》纺织编（V），第62页。

工业构成极大威胁。1922～1932 年，“洋粉”每年进口达二百多万关担到五六百万关担，最高的 1929 年近 1200 万关担。年平均进口量，1922～1927 年为 4472193 关担，1928～1932 年为 6926861 关担，增加了 55%。

但 1930 年后，进口和国内外资厂面粉虽然仍是华厂产品的威胁，但已较前大为下降，由于修订关税，自 1934 年起，“洋粉”进口进一步减少（见表 11－1）。

表 11－1　历年洋粉进口数量（1928～1936 年）

单位：关担，%

年份	数量	增减比例（1928 年为 100%）	年份	数量	增减比例（1928 年为 100%）	年份	数量	增减比例（1928 年为 100%）
1928	5984903	100	1931	4889275	82	1934	985367	16
1929	11935296	199	1932	6636658	111	1935	844360	14
1930	5188174	87	1933	3237065	54	1936	512852	8.6

资料来源：据上海市粮食局、上海市工商行政管理局、上海社会科学院经济研究所经济史研究室编《中国近代面粉工业史》，中华书局，1987，第 53 页表改制。

国产面粉的销量与外国面粉进口量大小息息相关。从国内市场观察，1922～1933 年，各关外国粉的年均进口占全部面粉比例为 45.6%，最高年份达 65.3%，最低年份也达 27.6%。自 1930 年代后洋粉进口逐渐减少，国产面粉呈增加趋势。而自 1934 年修改关税后，局势为之一变，关内外国粉进口比例只有 9.9%，国产面粉的比例从少转多，达 90% 以上（见表 11－2）。

表 11－2　面粉海关入口统计

单位：1000 关担，%

年份	全国关内关外入口总量	其中国产粉量	比例	其中外国粉量	比例	关内各海关入口总量①	其中国产粉量	其中外国粉量	关外各海关进口总量②	其中国产粉量	其中外国粉量
1922	6539.7	2930.4	44.8	3609.3	55.2	5052.4	2441.5	2610.9	1477.3	479.0	998.3
1923	8783	3045.2	34.7	5737.8	65.3	6895.0	2293.0	4692.0	1798	752.2	1045.8
1924	12451.6	5850.7	47.0	6601.0	53	8809.6	4235.9	4573.7	3642	1614.8	2027.2
1925	10179.5	7366.6	72.4	2812.9	27.6	6597.1	5279.4	1317.7	3582.3	2087.2	1495.1

① 1922～1934 年关内总量和国产、进口粉数据，根据陈伯庄《小麦及面粉》，交通大学研究所，1936，附表（二），某些年度数据已修改，据中国科学院《旧中国机制面粉工业统计资料》，中华书局，1966，第 99 页表 58。

② 关外总量和国产、进口粉数据的计算，1922～1931 年，系根据中国科学院《旧中国机制面粉工业统计资料》，中华书局，1966，第 73 页表 45、99 页表 58。1932～1937 年的关外数据的计算，根据中国科学院《旧中国机制面粉工业统计资料》，中华书局，1966，表 49 及注。

续表

年份	全国关内关外入口总量	其中国产粉量	比例	其中外国粉量	比例	关内各海关入口总量	其中国产粉量	其中外国粉量	关外各海关进口总量	其中国产粉量	其中外国粉量
1926	11175	7478.8	63.5	4297.1	36.5	8079.6	5515.7	2563.9	3696.2	1963.1	1733.1
1927	10202.4	6377.3	62.5	3825.1	37.5	8688.4	5577.5	3110.9	1514	799.8	714.2
1928	13094.5	7109.5	54.3	5985.0	45.7	11351.7	6562.4	4789.3	1742.7	547.1	1195.6
1929	19794.1	7858.7	39.7	11935.4	60.3	15262.2	7199.0	8063.2	4531.9	659.7	3872.2
1930	11475.8	6287.6	54.8	5188.2	45.2	8095.6	4723.1	3372.5	3380.2	1564.6	1815.6
1931	15185	10295.4	67.8	4889.6	32.2	12056.4	8343.0	3713.4	3128.6	1952.4	1176.2
1932.A	13978.5	8199.8	58.7	5778.7①	41.3	13978.5	8199.8	5778.7	4086.5	1447.6	1076.3
1932.B	18065	9647.4	53.4	8417.6	46.6						2638.9
1933.A	15250.3	9243.4	60.6	3237.4②	39.4	12479.7	9243.4	3237.4	8369.9	2769.5	5600.4
1933.B	20849.6	12012.9	57.6	8837.8	42.4						
1934A	9920.5	8935.1	90.1	985.4	9.9	9920.5	8935.1	985.4	8648.7	254.7	7394.0
1934.B	18569.2	10189.8	54.8	8379.4							
1935				844.4				844.4	7695.6	80.3	7615.3
1936				512.9				512.9	3480.9	381.4	3099.5
1937									1297	22.0	1275.0

表11－2数据表明，自1920年代中期以来至1930年代初，尽管进口面粉在绝对数量上仍增加，但在国内市场比例中趋于缩小，民族工业面粉的数量和市场份额比例在不断扩大，至1934年，由于修订关税，民族工业产品在国内市场上占据了绝对优势。

据估计，1932年后至抗日战争前，国内面粉工业总产量估计不超过8000万包③，此时期洋粉进口量已从1932年的6636658关担（合17699966包）下降为1933年的3230000关担（合8633252包），再下降为1936年的512852关担（合1367776包），占面粉工业总产量的比例（以年产8000万包计）约从22%降到11%，再降到1.7%。

在甚为局限的机制面粉市场中，中国民族工业与外资进行着激烈角逐，

① 自1932年起，A只含关内数据，转引自上海市粮食局等编《中国近代面粉工业史》，中华书局，1987，第53页。1932年原数为6855，包含上半年关外数，现改。B包含关内外数。

② 1933年起系公担折成关担，转引自上海市粮食局等编《中国近代面粉工业史》，中华书局，1987，第54页。1933～1936年，全国进口量只含关内各关。关外数据系根据伪满财政部《国外贸易统计年报》，转引自中国科学院《旧中国机制面粉工业统计资料》，中华书局，1966。

③ 陈伯庄：《小麦及面粉》，交通大学研究所，1936，第9页。

民族工业最终占据了上风。由于国内生产替代了大部分进口面粉，对民族面粉工业而言，市场空间如何扩大主要取决于农村市场能否扩大，这是中国面粉工业能否发展的一个关键性问题。不幸的是，在整个中国近代时期，机制面粉的农村市场始终未成气候，国内市场的狭隘对机制面粉行业整体产生了极大负面影响。

（二）国内面粉工业市场的基本特征与20世纪30年代变动趋势

在近代中国，机制面粉的消费对象是城市市民，而且以大城市为主，经济发达、交通便利的中小城市为辅。在一般的城市和一些乡镇中，机器磨坊和畜力土磨坊占据重要地位。而在广大农村，则是农民直接满足自身消费的手推磨粉、土磨粉的一统天下。

20 世纪以来，随着国内近代工业的扩大和相应的城市化进展，面粉的消费市场逐步扩充。在北方诸城市，面粉及其制品是包括各类工人在内的市民们的主要食品之一。1930 年代的天津，即便是各类手工业者家庭中，按“平均每家 10 个月的食品构成”分析，面粉类食品约为 141 公斤，占主食中的第二位。[①] 在上海等南方大城市，大米虽是市民的主食，但即便在产业工人中，面粉类食品也占相当比例。[②] 因此，自 20 世纪初至抗日战争前，面粉的国内市场是逐步扩张的，进口洋粉和国内生产面粉的销售量都在增加，仅从关内市场看，各海关入口的面粉，包括洋粉和国产粉，1922～1932 年的 10 年期间，从 5052 千关担增加到 13979 千关担，增加 277%。[③]

机制面粉的消费却局限于城市。在我国北方尽管人们喜食面食，但并非广大农民的生活水平所能普遍享用，正如当时一位专家所说：“小麦为比较高价之精粮，北方农村贫乏，多留用粗粮，售出精粮。小麦既非华北唯一粮食，尤非农村之必留粮食，小麦实为都市主要民食。”“机制面粉完全为都市民食。”[④] 在南方，机制面粉更完全是为供给城市特别是大城市市民消费的。以广东省而言：“面粉非粤人主要粮食，乃每年进口占最大宗，居米谷之上。盖粤省制做面点食品及饼饵，俱以面粉为之，其余各制造饮食品业亦需用面粉

---

① 据南开大学《经济统计季刊》一卷三期，冯华年《民国十六年至十七年天津手艺工人家庭生活调查之分析》各数据计算。文中手艺人系指手工业者。

② 上海市政府社会局：《上海市工人生活程度》，中华书局，1934。

③ 陈伯庄：《小麦及面粉》，交通大学研究所，1936，第 9 页附表二。

④ 陈伯庄：《小麦及面粉》，交通大学研究所，1936，第 7 页。

不少，如饼干业、面包西饼业、粉面茶点业、茶楼饼业及酱料业等，皆销用面粉最大事业也。”① 反观内地，“许多城镇的面粉供应，主要是土磨坊的产品。据调查，1936 年山西省 69 个县共有畜力磨坊 1186 家（平均每县 17～18 家），年产面粉 5540 多万斤，按当地计量单位机制面粉每包 37 斤折算，则磨坊土粉年产量将近 150 万包，超过该省机器面粉工厂年产量 90.02 万包的 60% 以上。就当时华北数省来说，山西是有一定代表性的”②。

从全国面粉工厂的产品销路分布中，也可明显看到面粉市场的城市性。据 1931～1933 年的调查，全国民族机制面粉工厂年销量约 8000 万包，其中上海一地约 3500 万包，本地直接消费约 350 万至 400 万包，出口国外 6 万至 100 余万包，余均转口销往国内各地大城市，占全国民族面粉工业输出额的 70%～80%。③ 申粉最重要的市场是天津，销天津者占上海面粉产量的半数。

天津当时号称“东亚最大面粉销场”，每年可销面粉约 2000 万包，占全国总销量的 1/4。据天津面粉商估计，1932 年，经市场销售的面粉约 16644500 包，其中 10093000 包（占 60.6%）为申粉，2616000 包（占 15.7）为天津、济南粉，余为洋粉。购买者主要为批发及零售粮食店、各工厂、各军队、北平各粮食店及外地面粉采购商。天津粉质优价高，“主要消费者为中上级社会”④。在天津市场每年 2000 余万包的销售量中，2/10～3/10 转销北平，约 1/10 销开滦矿区，“平绥平汉津浦三线所取不及 1/10。天津本市及水路约 1300 万包，占 6/10～7/10”⑤。

其他各地面粉的销售也明显呈现以城市特别是交通干线沿线城市为主的特征。无锡地区的面粉厂销路为附近各地并上海。南京、镇江、常州、芜湖及苏北各面粉厂，主要销本地和邻近地区。蚌埠、滁州的面粉销本地和潼关。山东的青岛、潍县、青州、泰安、周村、济宁等地面粉主销本地。汉口面粉销本市及湖南、江西。⑥

① 国民政府西南政务委员会国外贸易委员会编《广东工商业—麦粉》（非正式出版物）。

② 上海市粮食局、上海市工商行政管理局、上海社会科学院经济研究所经济史研究室编《中国近代面粉工业史》，中华书局，1987，第 109 页。

③ 本地和出口量据上海市粮食局等编《中国近代面粉工业史》，中华书局，1987，第 139 页；余据陈伯庄《小麦及面粉》，交通大学研究所，1936。

④ 陈伯庄：《小麦及面粉》，交通大学研究所，1936，第 11～13 页。

⑤ 陈伯庄：《小麦及面粉》，交通大学研究所，1936，第 16 页。

⑥ 陈伯庄：《小麦及面粉》，交通大学研究所，1936，第 25～26 页。

机制面粉以城市为基本市场，在一定程度上是各大城市的新式面粉厂取代原来的旧式商品性畜力以至人力磨坊的结果："北平在民元以前，全销土粉，当时北京之磨坊为极盛企业，用畜力转磨。自民国以后，机制面粉销路日增，土磨面粉销路日缩。今之残余磨坊企业，皆垂垂待毙。"① 也就是说，机粉的销路和市场首先是打败了原有大城市中陈旧落后的土磨坊后获得的，它的进一步发展取决于能否开辟新的国内市场，尤其是在农村市场方面取得明显的进展，否则难免局限。

但是，1921～1936年，机器面粉厂产品在商品面粉中所占比例基本不变。这说明直至抗日战争前，中国机制面粉始终局限于城市。农村市场的缺乏，对机器面粉工业的生产经营构成根本性制约（见表11－3）。

表11－3　近代商品面粉生产方式的结构分析（1921～1936年）

单位：%

	1921年	1936年
1. 商品面粉	45.15	46.3
其中：		
机器粉厂生产	18.36	18.4
机器磨坊生产	1.13	2.21
土磨坊生产	25.66	25.69
2. 非商品面粉	54.85	53.70

资料来源：上海市粮食局、上海市工商行政管理局、上海社会科学院经济研究所经济史研究室编《中国近代面粉工业史》，中华书局，1987，第105页。

（三）狭隘的国内市场与机制面粉行业的生产经营特点

机制面粉工业生产经营的重要特点是销路不足、生产高度集中于少数大城市、大企业垄断明显。

1. 销路不足

必须首先检视一下民族面粉工业的生产状况。1928～1937年，随着国内近代工业的扩大和相应的城市化进展，面粉的消费市场逐步扩充，民族面粉工业的资本额和设备数都有了一定增加，特别是在1933年以后，中国民族工

① 陈伯庄：《小麦及面粉》，交通大学研究所，1936，第8页。

业将外国进口面粉几乎全部逐出国门，赢得了国内大片市场，取得了机制面粉进口替代的重大胜利。同时，面粉产量在1933、1934年曾达到了10年期间的最高水平。但由于近代中国社会经济性质的制约，广阔的农村面粉市场难以形成，特别是日军占领东三省，中国面粉工业1/4市场受到严重损失，面粉工业整体仍不能顺利发展，开工率低下，产量远远低于设计能力。直至1937年抗日战争前，仍未达到1933年的产量水平。

面粉产量远不能满足设备开工能力，表明面粉工业发展中的主要矛盾是市场销路不足。

对于20世纪30年代后的面粉销路呆滞状况，报刊时有报道，如下。

"我国各粉厂实际生产状况，自21年以来即已不振，各地粉厂以粉销不振或缺乏原料之故，时有停工减工之举。据调查，22年上半年上海各粉厂情况较好，各厂颇能开足工，下半年则最低仅开四成，平均总在七八成左右。中秋节后，更宣布停车……至于内地各厂情形亦相类似，济南、天津、汉口、徐州等处，均减工1/4或1/3不等。""23年以来，情况转劣，粉销益滞，粉市日下，各厂维持困难，开工不过五六成。截至2月中旬止，计已得悉之亏累各地厂，上海有祥生厂，亏蚀30万元，信大厂，亏30万元，泰隆厂亏20万元。宁波恒丰厂亏80万元。南京大同厂亏30万元，扬子厂亏30万元。汉口福新厂亏20万元。其余各厂即幸免亏累，亦鲜有盈余者。各厂减工之结果，本年面粉产量乃大为减退。据最近调查，民国23年1月至3月，上海各厂共出粉4082711包，与22年1月至3月之8776344包出数比较，减少达4693633包，即减少达一半以上。"①

销路呆滞的重要表现是面粉销量远低于企业生产能力。在中国最大的面粉工业基地上海，虽然30年代前期的数年中，产销比例在历年可谓不错，但面粉销量仍不能满足企业生产能力（见表11－4）。

表11－4　上海各厂历年销量与生产能力比较

单位：千包，%

年　　份	全年面粉销量	企业生产能力	销量占生产能力比重
1922	8350	29940	27.89
1928	19950	30030	66.43

① 延仲：《最近我国之面粉业》，《工商半月刊》6卷14号，1934年7月。

续表

年　份	全年面粉销量	全业生产能力	销量占生产能力比重
1929	22880	33780	67.73
1930	19070	34170	55.81
1931	30430	32580	93.4
1932	28960	35880	80.71
1933	33700	35880	93.92
1934	29820	35880	83.11
1935	27660	31230	88.57
1936	20450	30330	67.42

资料来源：上海市粮食局、上海市工商行政管理局、上海社会科学院经济研究所经济史研究室编《中国近代面粉工业史》，中华书局，1987，第138～139页。

上海是30年代面粉工业运行状况最佳地区，1922～1936年，粉厂的生产能力停滞乃至下降，其产品销路也不能满足工厂已有设备生产能力。其他地区粉厂的产销状况就更远逊于上海了。

2. 面粉工业资本和生产能力高度集中于少数大城市

机制面粉国内市场的大城市性和极其狭窄性，必然使少数大城市中的少数大厂有凭借其雄厚实力排挤小厂从而在面粉市场中形成少数地区和少数厂家对市场寡头垄断或控制的可能。

据统计，至1936年，全国80多个大小城市都曾设立过民族机器面粉厂。1936年全国民族机器面粉厂实存152家，共有资本52822.4千元，日生产能力452218包。① 但民族面粉工业的生产力布局极为不平衡，生产能力明显集中在少数大城市，仅上海一地即占全国面粉厂资本的1/5强，日生产能力的22.36%。其余资本和生产能力，也主要集中于少数大城市（见表11－5）。

① 中国科学院：《旧中国机制面粉工业统计资料》，“民族资本工业面粉工业统计表”，中华书局，1966。上海市粮食局、上海市工商行政管理局、上海社会科学院经济研究所经济史研究室编《中国近代面粉工业史》，中华书局，1987，第63、66页。

表 11－5 1936 年全国机制面粉工厂资本、日生产能力分布

地　区	资本额（千元）	比例（%）	日生产能力（包）	比例（%）
全　国	52822.4	100	452218	100
上　海	10629.8	20.12	101100	22.36
无　锡	3420	6.47	36100	7.98
南　京	1920	3.63	13200	2.92
天　津	2550	4.83	21530	4.76
济　南	3850	7.29	37700	8.34
汉　口	1450	2.75	25700	5.68
哈尔滨	3700	7	41000	9.06
长　春	4200	7.95	17760	3.93
8 地合计	31719.8	60.04	294090	65.03

资料来源：上海市粮食局、上海市工商行政管理局、上海社会科学院经济研究所经济史研究室编《中国近代面粉工业史》，中华书局，1987，第 66～69 页表。长春数系据中国科学院《旧中国机制面粉工业统计资料》，中华书局，1966。

从表 11－5 可见，全国民族面粉工业的资本额的 60%、生产能力的 65% 集中在 8 个城市中。

3. 在面粉工业集中的少数城市中，少数厂家居于寡头垄断地位

上海最为典型。1913 年上海阜丰厂占全业资本总额的 18%；福新厂则不足 2%。至 1937 年，阜丰已上升到全业资本额的 26.1%，福新上升到 49.25%。如果加上租办的厂，则两大系统占据上海面粉工业资本总额的 95% 以上！① 而在生产能力方面，至 1937 年上半年，上海实存机器面粉厂 12 家，总计日生产能力 111600 包，其中福新系统占 57.8%，阜丰系统占 34.48%，其他厂只占 6.72%。②

少数厂家在当地面粉工业中居于垄断地位的现象在大多数地区都不同程度地存在着。1937 年无锡有面粉厂 7 家，荣家企业系统的茂新一厂、二厂就

① 上海市粮食局、上海市工商行政管理局、上海社会科学院经济研究所经济史研究室编《中国近代面粉工业史》，中华书局，1987，第 151 页。

② 上海市粮食局、上海市工商行政管理局、上海社会科学院经济研究所经济史研究室编《中国近代面粉工业史》，中华书局，1987，第 147 页。

居全业生产能力的2/3。[①] 哈尔滨在1931年"九·一八"事变前，实存面粉厂27家，其中正常营业的只有8家，处于半停状态的10家，完全停业的6家，"除少数资力雄厚，经营得法，产品质量较好的厂家如双合盛、义昌泰、天兴福等都能照常营业并有所发展外，一些经济力量薄弱或经营较差的，就难免被淘汰"[②]。在武汉，1936年有5厂，全业年生产能力为5950千包，年产量为4784千包。其中福新五厂一家，年生产能力即占全部的60.6%，年产量占46.69%。[③] 在天津，自1906年创办第一家面粉厂起，至旺盛时期的1925年曾达11厂。然至1936年仅存6厂，全业日生产能力21530包，其中孙俊卿、杨西园等人的寿丰一、二、三厂的日生产能力合计15250包，占66.65%，福新厂日生产能力5800包，占25.5%，寿丰与福新两大厂合占总日生产能力的92%。[④]

20世纪30年代中国近代民族面粉工业能够尽可能利用各种因素生产价格低、质量高的产品，在中国市场上与洋粉进行有力竞争并在抗战前几乎占领了关内全部国内市场，这是民族面粉工业的最大功劳，也是民族纺织工业和许多民族工业远未达到的。但与此同时，这种发展又有许多负面影响，存在诸多问题。其一，少数大城市和少数大粉厂的生存和扩张是以牺牲大多数地区和厂家的利益乃至生存为代价的。特别对于富于麦产和主要面粉消费市场的广大北方地区，从长期的生产力布局合理化角度分析，建立我国主要面粉工业基地较江南更为有利。但上海各厂及少数通商大埠厂家的强力竞争和压迫，使内地厂尤其是原料产地之厂难以发展壮大而反趋萎缩。其二，内地厂之所以难与上海大厂竞争的重要原因是运输和贸易制度等方面的落后，这和其不是重要通商口岸有直接关系。以直接服务于资本帝国主义和殖民地宗主国在华利益而建立的通商口岸，其建立和发展在很大程度上是依赖外资而与中国本土资源和生产要素禀赋相脱节。依托于殖民地性的大通商口岸而发展起来的面粉工业，不仅在经济环境上与内地面粉工业极不相同因而使两者的

① 上海市粮食局、上海市工商行政管理局、上海社会科学院经济研究所经济史研究室编《中国近代面粉工业史》，中华书局，1987，第220页。

② 上海市粮食局、上海市工商行政管理局、上海社会科学院经济研究所经济史研究室编《中国近代面粉工业史》，中华书局，1987，第238页。

③ 上海市粮食局、上海市工商行政管理局、上海社会科学院经济研究所经济史研究室编《中国近代面粉工业史》，中华书局，1987，第263页。

④ 上海市粮食局、上海市工商行政管理局、上海社会科学院经济研究所经济史研究室编《中国近代面粉工业史》，中华书局，1987，第280～281页。

竞争是一种不平等的竞争，更严重者是这种不平等竞争使内地厂家难以利用本身的资源等优势，也难以在竞争中改进自身之不足而向“现代化”迈进，因为不平等竞争使内地厂家丧失了基本生存条件——市场并很难收复之。其三，靠进口洋麦为原料是上海大面粉厂战胜内地厂的重要因素。对上海民族面粉工业来说，利用廉价外国原料发展加工工业是一件极有利之事。但依赖进口洋麦为原料存在着两方面问题。一是30年代廉价洋麦大量进口有其特殊的历史背景，即处于经济危机中的西方诸国有大量过剩物资急于向落后地区倾销，因此这种廉价能维持多少时日是有问题的，换句话说，一个落后国家依赖先进国家向其提供廉价原料而发展起自己的现代工业进而实现现代化，在经济史和经济理论中都是奇迹。二是不利于充分利用本国原料并改进其不足。中国是产麦大国，国麦作为面粉工业原料之所以常常不敌洋麦，既有品种问题，更有小麦贸易流通领域中的诸多弊端。如若适量进口洋麦，可以在一定时期补充国麦因本身问题引起的面粉工业原料暂时短缺，也可促使改进国麦及贸易中的问题。但如果大量进口洋麦，并严重影响到国麦的价格和生产规模以至农民的利益，则这种进口对中国的小麦生产和改良以至对中国的农村经济和全国经济都会造成巨大不良后果。30年代的洋麦进口，在很大程度上正属于后者。正如1932年一批坚决反对国民党中央政府实行美麦借款的呈文所说：“报载中央拟借美麦……果属实，其影响于本国之农村经济至为重大。况本年各地收获尚丰，粮价惨落，中央正谋救济之策。如果大量美麦运华销售，国产粮价必更惨落至无可收拾之地步，农村经济将濒于万劫不复之境。”① 在更深层次上这是近代中国社会经济矛盾的体现和反映：农村购买力低和消费水平低；农民只能将生活限制在与收入相平衡的水平上。在农民吃不起小麦的状况下当然更不可能指望其吃“洋粉”，哪怕在小麦价格大跌、农民觉得出售不合算、不得不食用部分小麦时，他们也绝不是机制面粉的消费者，而至多是“农民粮食出售无利可获，大都留作自用——小麦自磨土面”②而已。

---

① 《上海市政府转呈请勿续借美麦免伤农村经济代电》（1932年11月4日），（国民政府行政院档案），转引自第二历史档案馆编《中华民国史档案资料汇编》第五辑第一编《财政经济》（三），江苏古籍出版社，1994，第236页。

② 陈伯庄：《小麦与面粉》，交通大学研究所，1936，第13页。

二　火柴工业的行业特点与农村市场

（一）中国近代火柴工业发展概况

1879年，中国人自办的第一家火柴工厂——巧明火柴厂在广东诞生，创办人卫省轩。1880年，外国第一家火柴工厂在上海开办。厂名燧昌，厂主为英商美查。至1933年，前后半个多世纪，国内实存火柴工厂约185家，其中中国民族厂家172家，外国厂家13家。①

近代中国火柴工业的发展历程艰难曲折。大体说来，自产生至1913年，是中国民族火柴工业初步产生时期，工厂数量和产量都很有限，民族厂家资本薄弱，超过10万元者只有6家，且设备简陋，技术落后，生产过程中大量采用人工。

1914年后至1927年，由于第一次世界大战的影响和国内抵制外货爱国运动的开展，民族火柴工业发展较好，形成一个高潮。1915～1919年，由于中国人民掀起了强烈的抵制外货爱国运动，原来对我国民族工业威胁最大的日本火柴势力被遏制，民族火柴工业“取日商地位而代之”，由此形成中国民族火柴工业的一个发展高潮。据统计，至1923年，国内火柴厂已达99家，而到了1928年，全国火柴厂竟达180家左右，5年之内新工厂增加近1倍。据1928年经济讨论处编制的中国火柴厂统计报告，国内火柴厂计184家，资本总额为9285000元，又385000两，2195000元，70000福建台府元，约合国币13225000元。平均每厂约131000元。②

但自1927年以后至抗日战争前又陷入困境。在这一阶段，中国民族火柴工业从前一段的较为“发展”步入艰难险恶之秋。这一时期可以细分为1930年之前、1930～1933年、1933年至抗日战争爆发这几个小阶段。

1. 1928～1930年状况

就中国众多人口的实际需要看，火柴工业发展的余地应是很广阔的，但中国人民特别是占人口绝大多数的农民生活水平很低，购买力十分薄弱，火

① 青岛市工商行政管理局史料组编《中国民族火柴工业》，中华书局，1963，第41页。

② 刘阶平：《战时火柴工业与火柴专卖》，转引自陈真《中国近代工业史资料》（第四辑），生活·读书·新知三联书店，1961，第659页。

柴工厂如此迅猛发展，在一定程度上已超出实际购买力的增加，已经隐藏“自身之生产力过剩，而致衰落”的危机。但就在这些年以来，中国火柴市场同时遭到瑞典火柴倾销的沉重打击。

自1927年起，瑞典火柴对中国大肆跌价倾销，成为中国民族火柴工业的最大威胁。瑞典虽是一个资本主义小国，在当时却几乎垄断了全世界的火柴市场。中国的火柴工业原本由日本工厂占有大量比重，瑞典在控制了日本国内火柴工业后，自1926年后陆续收买了一批日本在华火柴工厂，并将大量瑞典火柴运至中国低价倾销，由此瑞典火柴成为中国国内火柴市场上比重最大的外国货，也成为中国民族火柴工业最强劲的竞争对手。仅从进口量分析，瑞典火柴已经足以对民族工业构成重大冲击。如表11－6所示，可略见一斑。

表11－6　7省国产与进口火柴的市场份额

单位：箱，%

年　　份	七省国产火柴	瑞典火柴进口量	瑞典火柴占国产火柴比重
1927	396000	120516	30.43
1928	455600	128540	28.21
1929	410200	168253	41.02
1930	354000	179164	50.61

注：国产火柴产地七省为：江苏、安徽、江西、浙江、福建、广东、河北。

资料来源：1935年《申报年鉴》；《火柴月刊》25期，转引自青岛市工商行政管理局史料组编《中国民族火柴工业》，中华书局，1963，第29页。

由于瑞典火柴倾销，“1929年下期，东北各厂全数倒闭，广东厂家亦倒闭过半，苏、浙、皖各厂虽根基较固，而停业亦及小半……国内华厂无不自危”①。

1928～1930年，我国民族火柴工业主要产区东北、河北、江苏、安徽、江西、浙江、福建、广东10省的火柴生产量，从614900箱下降为423219箱，降幅达31%。销售量从532200箱下降为389252箱，降幅达27%。②

2. 1930～1933年状况

自1929年底始，国民党南京政府先后四次修改进口税则，提高进口税

---

① 国民党政府全国经济委员会编《火柴工业报告书》，1935，第3页。

② 青岛市工商行政管理局史料组编《中国民族火柴工业》，中华书局，1963，第30页。

率。至 1931 年，火柴进口税由从价计征 7.5% 提高到 40%，进口火柴大为减少，从 1930 年的 8508194 罗减为 1933 年的 72925 罗，[①] 减量达 8435269 罗，减幅 99% 以上。民族火柴工业的市场状况有了相当改观。在这种情况下，1930～1933 年，民族火柴工业开始了新一轮的猛烈扩充，许多厂家开始增加产量，特别是设立了一大批新厂，数量远超过前几年的设厂数。据统计，1928～1937 年抗日战争爆发前，全国共新设 75 家火柴工厂，其中 1930 年前开设的有 19 厂，资本额约 106.5 万元；1930～1933 年开设的高达 42 厂，资本额约 161.31 万元。

但是，这一轮设厂高潮不久即归于平复。1933 年后，设厂数量和建厂资本额都大大减少了。1934 年后设立的只有 12 厂，资本额 14.2 万余元，只相当于 1930～1933 年的 8.8%，且集中于四川、山东、云南、陕西等地（见表 11－7）。

表 11－7　新开设火柴工厂逐年增减统计（1928～1937 年）

单位：家，元

年　份	新开设厂数	资本额	附　注
1928	15	1065000	缺 1 家资本额
1929	4	70000	缺 1 家资本额
1930	11	196900	缺 2 家资本额
1931	10	183000	缺 3 家资本额
1932	18	493200	缺 5 家资本额
1933	3	40000	
1934	4	55000	缺 2 家资本额
1935	6	30900	缺 3 家资本额
1936	2	56430	
1937	2	—	缺 2 家资本额
合　计	75	2190430	缺 19 家资本额

资料来源：青岛市工商行政管理局史料组编《中国民族火柴工业》，中华书局，1963，第 37 页。

在国内火柴生产增长过快和瑞典火柴的倾销冲击的同时，20 世纪 20 年代

① 青岛市工商行政管理局史料组编《中国民族火柴工业》，中华书局，1963，第 36 页。

末至30年代初，中国又连续发生严重影响民众消费水平的事件：1931年长江流域发大水，人民生命财产损失极大。同年9月，日军占领东三省，东北市场全部丧失。特别是1931年以后国际经济危机对我国各个行业严重冲击，民族火柴工业生产大幅下降难以避免。

3. 1933年至抗日战争前火柴工业的基本状况

这一时期的特点是：虽然进口火柴已不构成太多威胁，但外商在华厂家对中国民族产品的压力仍然不小，特别是日本走私火柴猖獗对中国国内市场造成极大破坏。国民党政府对火柴征以重税，对火柴工业的生产销售十分不利。更重要的是，国内市场狭隘的矛盾空前尖锐，对民族企业的生产和销售形成关键性制约。

（1）帝国主义经济侵略的继续及形式变化

1930年中国提高火柴进口关税税率后，尽管明显遏制了外国火柴进口，但日本、瑞典、美国的火柴商并未退出，而是利用不同形式包括非法手段继续与中国民族工业抗衡。

据1934年调查，仍然经营的外商在华火柴厂约11家，其中东北3家（见表11－8）。

表11－8　在华外商火柴厂统计（1934年调查）

厂　　名	所在地	国籍	设立年份	资本（元）	1931年～1933年2月共销量（箱）	附　　注
美光火柴公司	上海	美	1932	？	76278	1933年1月开工
益丰磷寸会社	青岛	日本	1920	5000	11930	1933年2月停工
山东磷寸会社	青岛	日本	1917	550000	61564	
青岛磷寸会社	青岛	日本	1919	300000	113886	
东华磷寸会社	青岛	日本	1931	10000	24944	
华祥磷寸会社	青岛	日本	1924	108000		
中华磷寸会社	天津	日本	1920	400000	14898	
三友磷寸会社	天津	日本	1926	？	13897	
日清磷寸会社	长春	日本	1908	？		
吉林磷寸会社	吉林	日本	1924	？		

续表

厂　　名	所在地	国籍	设立年份	资本（元）	1931年~1933年2月共销量（箱）	附　　注
大连磷寸会社	大连	日本	?	?		
镇江燧生火柴厂	镇江	日本		1103000	1520	1932年1月起停闭
上海燧生火柴厂	上海	日本			14192	同上
合　　计					333109	

资料来源：王雪年《中国境内之外商火柴厂》，《火柴月刊》1934年第26期，转引自陈真《中国近代工业史资料》（第四辑），生活·读书·新知三联书店，1961，第657~658页。

至20世纪30年代中期，据不同渠道统计所知确存的火柴工厂中：有华商厂家65家、未知停闭者27家，华商共92家；外商7家。其资本额与生产能力如表11-9所示。

表11-9　1930年代中期中外火柴厂资本与生产能力概况

企业类别	厂数（家）	资本总额（元）	生产能力①（箱/年）	附　　注
民族工业	92	7246000	1827000	其中14厂资本不详，估算为553600元，合计约7800000元
外资企业	7	2088000	408000	上海美商美光厂估计资本额500000元，天津2家日厂资本额日金折合法币元

资料来源：国民党政府全国经济委员会编《火柴工业报告书》，1935，第17~23页。

就中外火柴厂资本看，估计全部华厂资本额为7800000元，而外厂7家资本额估计为2088000元，华厂平均资本额84783元，外厂为298286元，是华厂的352%。

单就火柴厂厂数看，外商比例不算大，30年代中期在关内约占7%。但其产量比例远高于厂数比例（见表11-10）。

① 按排板机1架每日工作10小时，每月生产150箱估算。

表 11－10　中外火柴厂生产量比较（1931～1934 年）

单位：箱，%

	1931～1932 年	1932～1933 年	1933～1934 年
华　厂	816783.8	944786.8	852278.1
外　厂	130141.1	129692.8	89417.1
外厂比例	13.74	12.12	9.5

资料来源：国民党政府全国经济委员会编《火柴工业报告书》，1935，第 29 页。

如果就外厂的生产能力和生产量与小型华厂比较，则其对民族工业的威胁更为惊人。据国民党政府全国经济委员会的一项估计，“上海美国美光厂生产量为 44312 箱，青岛外厂为 43050 箱，天津两厂合计为 100000 箱，山东厂为 24100 箱，超过华商 46 小厂合计产量甚远。故外籍厂家虽少，而产量则较我国半数以上之小厂合计产量为高也”①。

外资企业对民族工业的又一严重威胁是走私漏税。“据可靠报告，在天津之外籍各厂，其漏税出厂数量，几占全数的 90%。其在青岛私运出厂者亦达 20%～30%。影响于国家税收及华商之销场，至深且钜。”② 其中“天津外商工厂之走私漏税，贬价贱售，亦为华厂之致命伤也。按外商工厂出货，年达十万箱，其完纳出厂税者仅数千箱”③。

（2）重税

1933 年后，国民党政府对火柴工业课以重税，对这一时期火柴工业的发展起了重大遏制作用。1931 年以前，政府征火柴税率为 7.5%；1931 年 2 月裁厘后，改征统税，税率已较前增高二至三倍。1933 年 12 月加订税率，又超过原税率 2 倍以上。加税之后，安全火柴的统税负担，平均占到制造成本的 41.56%，硫化磷火柴统税占制造成本的 43.72%。厂商面对如此重税，唯一出路只有提高火柴价格。但火柴不同于生活绝对必需品，需求弹性大，价格上涨必然会使需求量下降。以致国民党政府全国经济委员会编辑的《火柴工业报告书》都指出：“重税问题，为火柴滞销最大原因之一。”重税导致“成本高则价格涨，价格涨则销路狭，销路狭则工厂不能做大规模之生产，制造成本复因此而节节增高。如此循环相因，则生产过剩、折本倾销、周转不灵等问题，将永为厉阶，必至

① 陈真：《中国近代工业史资料》（第四辑），生活·读书·新知三联书店，1961，第 644 页。

② 国民党政府全国经济委员会编《火柴工业报告书》，1935，第 32 页。

③ 国民党政府全国经济委员会编《火柴工业报告书》，1935，第 43 页。

火柴业崩溃而后已”。认为“挽救危亡，端在统税之裁减”。[①]

不过，较棉纺织等工业而言，在生产方面，火柴工业的外资势力毕竟要小得多，而且呈逐年减弱趋势。因此，火柴工业在1930年代初期以后的困境在很大程度上和国内厂家的竞相建厂、恶性竞争有关。

（二）严重的供过于求和恶性竞争

1. 国内厂家的盲目发展

据《火柴工业报告书》统计，1927～1934年的7年中，我国新建火柴厂37家，平均每年建厂5.3家。而1917～1921年的“黄金时代”，新建厂不过12家；1922～1926年新建厂只有5家，9年平均新建厂不到2家。

在1928年后的新建厂中，大量为资本不足的小厂。据业内人士估计，火柴制造属于轻工业，合理经营状态应是流动资金占主要部分。但大量小厂由于资金过少，除去基本生产器具外（仅寻常的排板机1架为500元），流动资金已所剩无几。“查华商各厂资本在万元以下者占13%有强，合计其资本尚不及全国火柴业资本总额1%；资本在1万元至5万元者计37厂，在资本已知之厂数中几及一半；合计华商各厂之资本在5万元以下者约占2/3。”这种情况，使得小厂营运不能不依赖借贷，但“一遇市面恐慌，银根奇紧，银行放款减缩，假借无术，周转不灵，势必停工倒闭，1928年以来，我国火柴厂停业几及一半实有由来矣”。[②]

2. 恶性竞争

火柴厂的数量、设备和生产能力的增加远远大于市场有效需求的提高。火柴厂设备利用率很低。据国民党政府全国经济委员会不完全统计，30年代中期，全国92家华厂，7家外厂，以每天开工16小时计，全年可产火柴3576000箱。如果把最近二三年停闭的30多家火柴厂的闲置设备计算在内，全年“产500万箱，亦非难事”。而1932～1935年，全国火柴产量“每年不过百万箱左右，不及生产能力五分之一”。[③]

在开工率和设备利用率极低状态下，火柴工业仍是生产量超过销售量。请见以下两组数据。

据国民党政府实业部不完全统计，1932～1934年上半年度，生产量都平均超过销售量（见表11－11）。

① 国民党政府全国经济委员会编《火柴工业报告书》，1935，第71页。

② 陈真：《中国近代工业史资料》（第四辑），生活·读书·新知三联书店，1961，第637～638页。

③ 国民党政府全国经济委员会编《火柴工业报告书》，1935，第23页。

表 11－11　各区火柴生产销售统计

单位：箱

	1932 年		1933 年		1934 年上半年	
	产	销	产	销	产	销
以下苏浙皖区	285840.316	281366	225780.116	218873	118400.116	106850.516
荣昌	31496.416	25690.216	27425	26197.316	14057.316	14509.416
大华	10620	10182.416	7585.116	8059.116	3934.416	3581.416
中华	28191.316	28196.216	21992	20285	8955.216	8351.416
美光（瑞）	44292.116	53479.516	21818.316	17522	15668	11590
民生	1570.516	1567.216	1400	1300.316	1556.116	651
鸿生	29129.216	30652	29019.216	29345.416	12797.316	11102
镇江荧昌	26465	22361	20598.316	21822	9118.416	9274
通燧	12625	12575.316	13192.216	12304.316	7511.516	7867
淮上	13033	10710	9689.516	9993	6515.216	8334
江北	1379.216	948	1334	1800	8416.316	7975.416
正大	16239.216	16128	15381	15196.316	441.316	473.116
燧昌（英）	5940.316	6146	2910.316	2165.116	16911.416	323.316
光明	4176.416	3791	712.216	913	1774.316	10660.316
光华	43520	43088	34643.416	33919.916	97.416	1828
华明	8124.416	7542	3065	3690	3834.416	95
中南	543.116	535	154.516	151	4495.216	3889

续表

	1932 年		1933 年		1934 年上半年	
	产	销	产	销	产	销
中国	5827.216	5385	8440.516	7885.116	2313.216	4349
大明	2666	2388	3018	2640		1996
内河贸易公司			3399.216	200		
赣兴				3483		
以下湘鄂赣区	43627.516	40640.516	34873.416	34126	20288.316	18525
和丰	7519	5840	2304	2222	2385	156
裕生	25623	28355	19618.316	18885	11383.116	11762
楚胜	10485.516	9445.516	12951.116	13019	6460.216	6607
以下鲁豫地区	371595	365770.216	334641.216	323649.216	220663	201143.416
大中	2124	77	4525	723.416	5129	3668
同和裕	846.216	1423	16178.216	5131	5512	7382
鲁兴	6510	240	2716.216	12590	486.416	932
昌兴	12117	9089	33966	2318	18662	17570
济南洪泰	28980	14183	10818.216	32482	8888.216	7329
济南振业	1090	29348	3205.416	12390	1810	440
丰源	14027.416	1115.216	6343.216	3550	22382	1478
东益	7774.416	12856	28442	6104	10523	20544
胶州洪泰	3489.216	8592.416	11538.216	27582	37478	9200

续表

	1932 年		1933 年		1934 年上半年	
	产	销	产	销	产	销
振东	10410	3336	54627	11089. 416	21324	37404. 416
胶东	27972	10486	28038	54887. 416	86	21026
济宁振业	18415. 216	27188	3247. 216	27586	2450	138
鲁东	47655. 216	18526	5334. 416	2431	13910	1670
华北	24808	47536	20172. 216	5362	9216	12738
青岛振业	11097. 216	24850	4613	20160	13636	7374
东华（日）	1946. 416	9757	14574	4612. 416	26006	12000
华盛	19820. 416	2980	18666	14592	249. 216	104
信昌	8020	20386	948. 416	16884	7026. 216	20351
华鲁	16361. 416	9101. 416	37743. 216	1555. 416	1267. 216	100
兴业	22397	16278	13093. 216	32600	1438. 216	5800
山东（日）	8371. 416	178556	2939. 216	2324. 216	219. 216	1246
明华	43339. 416	8285	2043. 416	12848	1002	1251
青岛（日）	4938. 416	36795	1385	2866	439. 416	186
益丰（日）	333. 416	5706	658	2103	1861. 416	1180
大有	5478. 216	1623. 416	3742. 216	180	12. 416	428
德威	12781. 416	4404	127	864. 216	1357. 416	1770
东源	2416	13226	2267. 216	537	3164	1862

续表

	1932 年		1933 年		1934 年上半年	
	产	销	产	销	产	销
同济	4990	72.416	2687.416	3688	2611	2346
惠丰	1928.416	4932		138.216	2132.416	2120
海浜	582.216	1828		1346	382	1374
国际	254	601		2102		132
民生	594	332				
中亚	344	508				
福来	1712.216	292				
鲁西	80	1892				
大明	0.416	68.216				
炽昌厚						
敬业						
华洋						
益华						
鲁安						
以下冀晋察绥地区	67807.316	53494	135392.416	158890	72413	63527.216
丹华天津	20018	12049	36512.416	42736	17816	91.286
北洋天津	12558	6588	17560	24860	8396	7693
荣昌天津	5422	4802	11834	12354	3406	1590

续表

	1932 年		1933 年		1934 年上半年	
	产	销	产	销	产	销
三友天津（日）	268	304	2530	2051	485	676
中华天津（日）	294	250	1342	2028	2954	2906
大生天津（日）	92	100	4052	3954	2040	2036
丹华北平	16257	12986	29764	33641	16914.416	12579.416
永华泊头	8170	10224	23352	25778	11752	8818
荣昌新绛	1181	1475	2393	2436	893.416	1312
燮和新绛	547.316	1127	2007	2722	2275	1810
昆仑汾阳	3000	3594	3976	6330	1416.416	1666.416
西北阳曲					4064	3154
	以上数为该区 1932 年下半年度产销数，上半年缺					
以下福州分区	617.116	355.516	7.316	57.216		
建华	617.116	355.516		57.216		
大中			7.316			
以上合计	769487.264	741626.248	730694.48	735595.432	431764.432	390046.148

资料来源：国民政府实业部档案，转引自第二历史档案馆编《中华民国史档案资料汇编》第五辑第一编（六），江苏古籍出版社，1994，第 344 ~ 348 页。

从表 11 - 11 可看出，火柴生产量逐年减少，但产量仍然超过销售量，1932 年超出 3. 8%；1933 年虽然销量大于产量，但 1934 年产量大于销量近 11%。市场需求对生产的重大遏制作用已然明显。

又据国民党政府全国经济委员会估算，1931 ~ 1934 年全国火柴产销量如表 11 - 12 所示。

表 11 - 12　全国火柴产销量

单位：箱

年　度	产　量	销　量
1931 ~ 1932	946924. 9	932302. 6
1932 ~ 1933	1074479. 6	1034546. 4
1933 ~ 1934	941695. 2	948853. 8

资料来源：国民党政府全国经济委员会编《火柴工业报告书》，1935，第 63 页。

据表 11 - 12 可知，1931 ~ 1932 年度产量超过销量 1. 6%；1932 ~ 1933 年度超过 3. 9%；1933 ~ 1934 年度则产销基本平衡，销量略微超过产量 0. 8%。

在市场经济中，厂家的生产量一般不会超出销售量太多，因此，仅从生产量超过销售量的比例观察，尚不能反映市场过剩的全貌。价格的大幅下降是产品过剩、市场萎缩的另一重要反映。如表 11 - 13 所示。

表 11 - 13　1931 ~ 1933 年国产火柴价格变化统计

单位：元

厂　名	火柴种类、等级	每箱火柴平均价格			
		1931 年 7 月	1932 年 1 月	1932 年 7 月	1933 年 1 月
大中华	甲级安全	39. 75	34. 19	32. 98	30. 07
	乙级安全	54. 32	45. 59	45. 11	41. 23
	丙级安全	67. 42	54. 32	54. 32	50. 44
宁波正大	甲级安全	38. 00	37. 50	37. 25	34. 25
	乙级安全	48. 00	49. 00	46. 50	41. 00
	丙级安全	59. 50	59. 50	58. 50	52. 50
济南振业	甲级硫化磷	22. 00	21. 00	20. 00	17. 00
青岛华北	甲级硫化磷	2. 50	19. 50	17. 50	15. 25
	乙级硫化磷	22. 00	20. 00	18. 00	15. 75

续表

厂　　名	火柴种类、等级	每箱火柴平均价格			
		1931 年 7 月	1932 年 1 月	1932 年 7 月	1933 年 1 月
天津荣昌	甲级硫化磷	21.00	21.00	20.00	14.50
北京丹华	甲级硫化磷	22.00	22.00	21.00	17.60
	乙级硫化磷	23.50	23.50	22.25	20.00

资料来源：《火柴月刊》第 15 期，第 3 页，转引自青岛市工商行政管理局史料组编《中国民族火柴工业》，中华书局，1963，第 44～45 页。

在这个狭隘的国内市场中，各火柴工厂之间竞争的激烈程度是不难想见的。

河北各厂火柴的销路，本省只占 35%，其余如东北四省和内蒙古占 30%，山西占 15%，河南占 5%，察绥等西北地区占 10%。由于东北沦陷，山西等地“实行所谓经济统制”，“于是滦县、保定各厂纷纷停业，天津北洋第二厂荣昌厂亦先后倒闭”。① 山东火柴业发展较迟，自 1929 年以来，虽然增加到七八家厂，但各厂大都规模狭小，行销范围仅限于临近各县……以小厂过多，生产漫无限制，年来过剩问题亦日甚一日②。“江浙两省之火柴，在全盛时代，除沿江各省外，北尚可至东北四省，南入闽粤云贵，华中华南各省几无不见江浙之火柴踪迹。近时东北市场沦没，四川广东又复设局重征……广东之销路既绝，云、贵、广西之去路亦断，福建则漏税火柴充斥，无法立足。”③

三　中国火柴工业经营方式的特征及后果

以少数大厂为首实行联营，控制产量和价格，以便在狭小的市场中维持现有企业的生存和既得利润，是中国火柴工业自产生不久就出现的经营方式。这种经营方式伴随着火柴工业在近代中国的全部历史，从局部到整体，从初级到完备，在 1928 年后至 1937 年发展成为全行业主导性的经营方式。

① 国民党政府全国经济委员会编《火柴工业报告书》，1935，第 42 页。

② 国民党政府全国经济委员会编《火柴工业报告书》，1935，第 43 页。

③ 国民党政府全国经济委员会编《火柴工业报告书》，1935，第 44 页。

中国民族火柴工业产生不久，在天津、重庆、汉口、北京、济南等地，就有约 7 家工厂获取过火柴生产制造（有的包括销售）的专利权，期限 10 年至 25 年不等。① 所谓专利权，指经过政府批准的、在一定地区和一定年限内享有“只此一家”的制造和生产产品权利，不准他人再开设同类工厂。显然，这是一种借政府权力垄断市场的行为。此外，1905 年，四川省内有 9 家火柴厂共同成立了“华洋统销公司”，这是在产品销售不畅、各厂滥价竞销状况下为保障各厂利益主要是大厂利益的垄断性组织，属于贩卖辛迪加之类。该公司从政府处取得了 25 年的“专卖权”，规定各厂的年产销额，公订价格，统一销售。② 1908 年，广东也有名为“启源堂”的火柴工业垄断性组织成立。启源堂由 13 家厂组成，经广东劝业道批准，管理六县一府的火柴工业，在各厂周边 5 里之内不得再设新厂。③

如果说早期的火柴工业的垄断性行业组织主要是凭借政府的封建权力建立起垄断市场产销的特权，那么在 1920 年代末渐次产生的“江苏省火柴同业联合会”（1928 年）④、“全国火柴同业联合会”（1929 年 11 月）⑤、广州的“维业堂”（1930 年）⑥、“东北火柴专卖条例”⑦ 等组织，就主要是因火柴市场狭小、生产过剩方面的经济原因，由生产厂家自己推动实行的控制产销和价格的行业行为。

“火柴联营”起因于民族火柴工业与外国主要是瑞典火柴进行日益激烈的市场竞争的需要所致。从刘鸿生创立大中华火柴公司到中华全国火柴产销联营社的建立，可以清晰看到“联营”特征的形成过程。

1928 年，刘鸿生创办的苏州鸿生火柴厂，已经兼并了上海燮昌、苏州燮昌，总资本已扩大至 50 多万元，成为江苏省第二大火柴厂。但刘鸿生认为，正在中国大肆扩充的瑞典火柴是自己发展的最大敌人，于是和他人联合发起，成立了江苏省火柴同业联合会，设想以通过同业共同议价、防止内部竞争的

① 青岛市工商行政管理局史料组编《中国民族火柴工业》，中华书局，1963，第 10 页。

② 青岛市工商行政管理局史料组编《中国民族火柴工业》，中华书局，1963，第 13 页。

③ 青岛市工商行政管理局史料组编《中国民族火柴工业》，中华书局，1963，第 15～16 页。

④ 青岛市工商行政管理局史料组编《中国民族火柴工业》，中华书局，1963，第 59 页。

⑤ 青岛市工商行政管理局史料组编《中国民族火柴工业》，中华书局，1963，第 31 页。

⑥ 青岛市工商行政管理局史料组编《中国民族火柴工业》，中华书局，1963，第 88 页。

⑦ 青岛市工商行政管理局史料组编《中国民族火柴工业》，中华书局，1963，第 94 页。早在 1923 年吉林省的中日火柴厂就组织了“北满联合会”，接着沈阳诸火柴厂组织有“奉天火柴同业联合会”，以规定生产比例、联合采购原料、联合贩卖等，青岛市工商行政管理局史料组编《中国民族火柴工业》，中华书局，1963，第 92 页。

手段，联合同业共同抵御瑞典火柴。由于未能实现议价，1929 年 11 月，在江苏火柴联合会基础上又成立了全国火柴同业联合会。这些都是民族火柴工业试图通过内部联合方式加强竞争力与洋货竞争的重要措施。但火柴同业联合的目标并未实现，刘鸿生不得不从扩大自身企业实力着手加强竞争力。1930 年，在瑞典火柴压迫下遭受亏损的江苏三大火柴厂鸿生、荧昌、中华实现合并，成立大中华火柴股份有限公司，由刘鸿生任总经理。之后，大中华又合并了九江裕生，收买了汉口燮昌，并通过承租、收买其他火柴厂等手段限制火柴的既有生产能力，以保证大厂家的产销量。至 1934 年并进杭州光华为止，大中华的直属企业有七家火柴厂和一个梗片厂，总资本由 191 万元增加到 365 万元，年产火柴 15 万箱以上，占华中地区火柴产量的 50% 以上，占全国产量的 15%，成为当时全国最大的火柴公司。

然无论如何扩张兼并，大中华一家企业不可能控制全国火柴的生产销售来实现刘鸿生对外抵制洋货、对内有序发展的目标。1933 年后，由于国内企业的盲目发展和无序竞争，火柴工业整体陷入生产过剩危机中，大量企业亏损倒闭。大中华在极不景气的市场萧条中遭遇了最困难时期，不但不可能再进行扩充，1934、1935 两年连续亏损 90 多万元。刘鸿生不得不再次全力谋求全国火柴工业的统制和联营以度过危机："目下火柴业情形非适用统制方法无由解决一切困难……合并殊非时宜。"[①] 1933 年 12 月，在全国火柴同业联合会二届二次会议上，刘鸿生提出"呈请政府设立火柴统制委员会"提案，并附《全国火柴统制大纲》和《火柴联合营业大纲》，获得通过。两项大纲的核心是限制产量、限制设立新厂、联合销售。至 1935 年 7 月，"国产火柴制造同业联合办事处"成立，火柴统制、联营的重要内容始得正式实施，即联合办事处成员（即大中华所属 6 厂；上海大明、大华、华明、中国；苏州民生；南通通燧；宁波正大；临淮淮上；汉口楚胜）实现了限制产量、共同议价，并规定各厂所需硝磺护照和统税印花都由联办处按议定产额领发。在酝酿联办处成立的同时，中国、日本火柴业也就参加火柴统制举行着谈判。结果是，成立"中华火柴产销联营社"作为全国火柴统制机构，1936 年 3 月经政府批准，试办 5 年。其统制职权的重要内容是，规定各社员厂必须按照联营社核定的生产比率进行生产；各社员厂的产品统交联营社集中发卖。又制定挽救国内火柴业具体方案，要求"凡各该地无论有无火柴厂，非经过政府

① 青岛市工商行政管理局史料组编《中国民族火柴工业》，中华书局，1963，第 96 页。

特予核准者，不得设立新厂”，此方案也由政府原则通过。由于地区间情况各异等复杂原因，全国火柴联营只在华中6省得到切实实行：“上海分社（华中6省）遂按照联营社章程的规定，实行统一销售，按照产品等级统一核定价格，派驻厂员在各厂监督产销，并在苏州、镇江、南通、南京、芜湖、南昌、九江、汉口、长沙、杭州、宁波、温州、福州、厦门设立支社，于1937年2月正式营业。”①

“火柴统制”“火柴联营”，包括火柴厂的并购是在火柴主要产区的市场已经难以扩大、市场竞争过于激烈、增加新厂家和产量对全行业不利的状况下产生的。从“火柴并购、统制、联营”的后果看，它的积极因素是占主导地位的。第一，它使民族火柴工业从整体亏损中解脱出来，使火柴工业主要产区的大、中型企业获得盈利。华中地区是实施火柴联营的主要地区，包括上海、江苏、浙江、安徽、江西、湖北、湖南、福建等地。大厂以大中华为例，从1935年4月联办处成立后到1937年4月全国火柴联营社上海分社正式营业的两年中，火柴价格提高了50%以上，从1934、1935年亏损930374元到1936年获纯利润838062元，在抗日战争爆发的1937年仍盈纯利333056元。② 中等厂家在参加联办处和联营社后，也转亏为盈。如上海中国火柴厂，1934、1935年共亏损31000元，到1936年则盈利29000元，1937年8个月盈利11000元。③ 第二，它使外国在华企业也加入联营范围，限定了它们的产销额，从而在一定程度上保障了民族工业的生存空间。“美光”火柴公司是瑞典火柴公司在中国的代表企业，是一个火柴工业的国际托拉斯，它在美国注册，1932年全部资产达50万元，制造火柴全部为新式自动机器。1932～1936年平均年产3万箱以上，占上海全部火柴厂产量的30%～40%，对华厂威胁极大。在联办处成立时，经多次谈判，以“美光”为核心的美内团获得华中8省地区火柴产销比率的15.82%，作为成员加入了联办处。日本在关内的火柴企业最终也以理事和常务理事身份加入“中华全国火柴联营社”，获得年产101714箱的火柴产额，占华中、山东、河北8省议定产额848257.21箱的11.99%。④ 第三，由于并购、限制产量和规定最低价格，现存企业获得了一定生存和发展空间，使有条件的企业改进了设备和技术水平，提高了生产效

① 青岛市工商行政管理局史料组编《中国民族火柴工业》，中华书局，1963，第118页。

② 青岛市工商行政管理局史料组编《中国民族火柴工业》，中华书局，1963，第120页。

③ 青岛市工商行政管理局史料组编《中国民族火柴工业》，中华书局，1963，第120～121页。

④ 青岛市工商行政管理局史料组编《中国民族火柴工业》，中华书局，1963，第110页。

率，降低了成本。典型如大中华，企业的扩大使它有条件向银行借入大量资金以进行设备技术改造更新。1930～1937年该厂每年都借入100万元左右，使它有资力专门设立了技术科，购置新式仪器，高薪聘请技术专家研究火柴配方，添置大量新式生产设备，建立新式专业工厂，等等。在30年代初期，大中华厂的人均劳动生产率要较一些厂家高出100%～200%，生产成本却低不少。[①] 在上海分社营业后，实行集中发卖，大中华得以解除与各经销店的合同，将各分事务所的职员转为各支社的办事人员，从而节约了一大笔经销费用和营业开支。

但是，“火柴联营”也有很大的消极影响。第一，由于中国经济的极大不平衡性，在许多较落后地区，火柴工业是有发展和扩大余地的。火柴联营社对增设新厂做了极严苛的限定，对较落后地区火柴工业的发展明显不利。第二，联营对大厂、外企的利益是确保的，而对小厂明显不利。第三，“火柴联营”的限产提价对消费者显然不利。

四 市场狭小、购买力不足是火柴工业难以发展的深层次原因

近代中国是一个四亿多人口的大国，火柴的使用量似应很大，火柴工业也似乎应有广阔的国内市场。但实际状况大相径庭。中国人口绝大多数在农村，而农民的绝大多数生活水平贫困，货币购买力极有限，只要有不花钱的取火方法，即便对日常用品火柴，他们也往往不去购买或使用非常节省。例如，据对山东省莱阳县老农的调查，在清光绪末年，他们首次见到一种圆盒的外国火柴。农民们看着很稀罕却舍不得买。因为买一盒火柴的钱可以买到一个半斤重的烧饼。只有在外经商者和财主家里才用它，农民还是用火镰和火石。[②] 这种情况在1930年后的农村依然如故。据1962年对河北蓟县（今天津市蓟州区）马伸桥某公社农民李某的典型调查表明，在1936年，李家全家五口每日正常需用火柴的数量是：做饭1枝，温猪食2枝，点灯1枝，吸烟20枝，共用24枝，平均每人4.8枝。但他家并不全用火柴吸烟，在夏天则用

① 青岛市工商行政管理局史料组编《中国民族火柴工业》，中华书局，1963，第69页。

② 青岛市工商行政管理局史料组编《中国民族火柴工业》，中华书局，1963，第4页。

火绳，秋冬两季用青麻秸沾硫黄或用火盆引火，因此实际使用量要低于人均4.8枝。又据山东莱阳县河头店村老农对1930年代的回忆，当地农民习惯抽黄菸，一抽就是几袋，一盒火柴点烟两三天就用完了。因此很多农民不用火柴点烟，而是在烟袋杆上拴着两个荷包，一个用来装黄菸，一个装火镰、火石、火纸。生火做饭也可不用火柴，只要看见哪家冒炊烟，拿根柴草引火就行了。估计全村使用火柴人家只有30%。[①]

正是农村和广大农民对火柴消费量的低下，使火柴工业的中国国内市场十分狭小，这无疑是影响火柴工业发展壮大的根本性原因，也是近代火柴工业突出的力图控制产销的行业特征产生的根本原因。而农民火柴消费量的低下，绝非以某种“扩大消费论”就可解决，这需要中国整体经济的根本性变革，特别是在这个变革中极大提升农村经济和农民所得，才有可能。

① 青岛市工商行政管理局史料组编《中国民族火柴工业》，中华书局，1963，第46页。

小　结

一　一种后果

中国要现代化，本身要求农业和农村经济发生重要变革，以适应发展工业和现代城市的要求。但是，传统农村经济完全凭借自己内部因素是难以实现这个变革的，这一定要借助于新型工商业的拉动。但问题恰恰在于，现代工商业的拉动力量远远不足。

于是中国近代工农—城乡关系出现如下“怪圈”：一方面，传统农业部门和农村经济需要现代工业和城市经济的拉动才能向现代转化，并引发全部经济进入“转型”程序，但现代经济部门缺少实力，不能单凭自身资源发展壮大。另一方面，现代工业部门又必须依赖传统农业部门的发展和改良才可能形成自身发展的基础和条件，但传统农业部门又难以从内部自发地“内生”出能够促进工业发展和改良的动力。

这个怪圈在近代历史中造成的后果是：近代中国的工农—城乡的互动关系始终未能“理顺”。尽管二者的良性互动在实践中表现出诸多优越性，尽管在理论上可以说这对中国现代化十分重要乃至必不可少，但它是局部的、间歇性的、自生自灭的；未能形成全国性主流。张謇在南通，以大生纱厂为母体推行地区性的工农一体、城乡一体化，取得伟大成绩但最终未果，可视为区域性实例。1930 年代，在全国性农村经济危机中，大多数现代工业遭遇重重困难；而 1936 年农业丰收，农村经济好转，则与该年工业产值达到旧中国历史最高水准有直接关系，可视为全国性实例。

二 近代经验

近代中国经济发展历程，从正反两方面说明，符合国情的工农—城乡关系，对中国这样一个世界人口数量第一的大农业国实现现代化而言，是一个起根本作用的因素。没有现代工业和现代经济，所谓现代化无从谈起。而中国的现代工业能否发展甚至能否产生，又决定于农村经济与农民家庭经济是否繁荣，决定于现代经济与农村经济、传统农业和手工业能否建立起某种良性互动关系。

良性互动关系是指：新型工业部门与传统产业部门——农业与农村手工业——之间，在原料、市场、生产组织和技术关联等方面，或在某些方面，或在各个方面，存在着相互依赖、相互促进、相互补充的经济关系，其后果是双方共同有利、共同发展。

良性互动的经济联系及产业部门主要有：机器棉纺业与农村织布业；为农业生产和农民生活服务、而传统手工业又空缺的工业，如轧花机、人力织布机（从手拉机、铁木机到人力全铁机）制造业、抽水机、小型马达和柴油机制造业等；以农产品为原料又有国际市场的机器加工业，如缫丝工业、油料精加工（如桐油）；有利于农民利用剩余劳动力、发展家庭经济的某些工业，如近代针织业；等等。

中国近代的历史经验告诉我们，良性互动关系的建立有一个客观存在的经济启动机制和启动过程。这首先取决于现代工业部门对传统部门的支持和拉动。这种支持和拉动，绝非单方面的施舍，而是基于双方的既得利益。此时十分弱小的工业部门要巩固生存基础，必须最大限度地建立和扩大产品市场，历史表明这个市场的主体只能是最适应农民需要的国内农村市场，主要是农民发展家庭手工业的生产资料市场。现代工业对农村经济的拉动，就是主要体现在以先进的技术、动力、方式、设备来促进、提升、帮助农业和农村家庭工业的发展。

现代工业部门要获得发展的基本条件，还必须获取丰富而廉价的原料，这类原料是农民种植业、养殖业和手工业产物。正因为形成了这两类市场，工业部门方得以逐步发展起来。而农村传统产业也因为获得了先进工业的生产资料帮助，扩大了城市经济对农副产品的需求（在数量和价格两方面），得以增加收入并可能进而扩大再生产。

三 恶性循环

如前所示，恶性循环是指，新型工业部门与传统产业部门之间，在原料、市场、生产组织和技术关联等方面，或在某些方面，或在各个方面，存在着相互矛盾、相互损害的经济关系，其结果是双方共同不利乃至两败俱伤。如果从是否有利于中国现代化发展的长远眼光看，所谓良性、恶性，还不能局限于短时期的产业关联。机器工业品取代手工业品，资本家要赚钱，消费者要赶时髦，都无可避免、无可阻挡。但从一国经济发展的长远利益看，短期赚钱行为不一定真正有利或有根本利益。对某个产业和个人言，抓住机遇赚钱可发财，但如果该产业没有潜力扩大消费者市场和满足原料的充分供应，绝不能有发展前途。如果这种替代从长期看对该产业的消费市场和原料市场不利，甚至更会对全国经济问题解决不利，我们仍称之为恶性循环。从一个如中国这样国情的国家在近代历史条件下谋求现代化的角度看，绝不能从某个产业乃至整个行业是否赚钱的眼光去判断其发展的合理性，而一定要从是否对解决全国的根本问题有利、是否对现代化建设整体有利去评价。

近代与传统产业有严重制约关系者，主要有机制面粉业、机器火柴工业、机器织布业等。对上述产业的制约主要体现在：在当时条件下，其产品——工业生产的生活消费品，不是广大农村农民所能消费，或消费市场很小，如机制面粉与火柴，在农村中，它们远远不能与传统同类产品如手工制造的土粉甚至火石、火绳相竞争。正因为没有广阔的国内市场，这些工业都未能得到较好发展，很早形成了少数企业垄断的格局。

近代中国经济发展历程还表明，仅靠市场和企业利益机制，远远不足以实现工农—城乡关系的全面良性互动。必须有国家正确的经济发展战略的指引和相关措施，必须有农民维护自身权益的各类组织与内部协调，必须有国家主权完整和对国内市场的有效调控，当然也必须有国家在政治体制方面对阶级关系的合理调配（应充分注意中国近代时期，全国范围的“封建土地关系”大体维持、固有的对农民生产者的地租赋税大体维持这两大特点对农民和农村经济的严重影响。在这些方面，近代中国的城乡关系是沿袭了古代特点的）。离开了这些，现代和传统、工业和农业的良性互动很难长期巩固和扩大并承担起经济现代化变革的重任。但这一切，近代诸政权都无从做到。

开关前中国的根本国情是，这是一个总体上人均资源高度紧张的、以土地维持国计民生之生存基础的农业社会。中国所处的自然环境不利于它通过国际贸易和交换改变这种状态。在古代中国的社会生产力和交往能力局限下，随着人口周期性增多而形成的生存环境压力的不断增大，导致政治、经济、社会各方面造成的周期性社会危机。一治一乱形成了古代中国最引人注意的历史变动特点，一直延续到它的终结。

随着鸦片战争中国国门之洞开，西方资本主义生产方式和机器工业品进入中国，这个数千年未有之奇变为中国解决古代社会的根本矛盾提供了新的历史契机。

然而，这绝不意味着：包括资本主义生产方式、科学技术和政治体制在内的“先进生产力”的代表就可以必然取代“中国落后的旧传统”，中国从此就能够沿着西方社会的发展道路步入现代化的轨道。根本问题在于中国国情。西方资本主义“市场经济”的基本前提条件，是既要有资源供给的潜力与可能，又要有消费现代工业大规模生产的商品市场和消费水平。这两点不但在古代中国从未产生过（这正是中国资本主义总是处于萌芽而无从成长的根本原因），在整个近代的百余年中也远远不具备。第一个现实是，占人口绝大多数的农民生产剩余很少，他们没有什么“余钱剩米”去购买超过维持生存水平的商品。第二个现实是，大规模的商品市场既然无从产生，也就不可能有以大规模生产获取利润的资本主义工业和商业的显著发展。直至经济水平最高的抗日战争前，大工业连同全部城市在内，吸收的农民极为有限。因此，最多数的中国百姓仍然或只能依靠传统的农业与手工业密切结合的方式生存。这是近代中国最基本的经济特征。这种状况并非表明资本主义的商品经济对中国完全不起作用，而是这种作用与早期西方各国有极大不同：一方面，资本主义工业品在某些领域确有一定“斩获”，如军事工业和某些重工业、矿冶业以及城市和较高消费阶层中对某些生活用品如洋布的消费，大工业品对这些市场的占有对原有的传统手工业产生了明显的冲击和破坏，但由于这类产品的部门和行业发展实在有限——其产品很大部分是从国外进口而不是在国内生产——国内现代部门拥有资本所吸收的工人在数量上远不抵因受上述产业冲击而破产的农民和手工业者。这必然之后果就是相当部分的中国民众生活水平和就业水平的严重下降。这就在中国宏观经济层面上损害、降低了对机器产品主要是民生用品的社会购买力。

但在另一方面出现了完全相反的情况：农民大众又紧紧抓住了有助于其

生存的机制——生产资料产品（以机纱为代表），形成了资本主义轻纺工业的迅速扩张的市场，并由此引发了机器制造乃至电力供应等一系列产业部门的发展，由此奠定了中国最初的现代产业基础。

与此同时，现代机器织布工业却又因农民的新型机纱布之大量生产而在市场受到严重阻碍。

资本主义机器工业及其产品在近代中国的发展历程很好地说明了其生产、供给和销售市场有着极其明显的“指向性”：这就是中国最广大民众最需要的有利于谋生的生产资料品。而中国广大民众对于大机器工业品的消费也同样有着极其明显的“指向性”，这就是消费他们最迫切需要的能够提高其劳动报酬和增加其就业的生产资料产品。这两个指向都确切地表明了一个问题：现代工业乃至中国向“现代”的发展，都不能不与农民大众的生存需求相适应，而农民大众如果能够借助于现代工业的力量，就可能提高自身生存水平，从而逐步产生对资本主义生产品的需求市场。

中国近代历史的变化已经充分表明：西方列强输入的近代资本主义生产方式不但对中国社会予以极大影响，中国社会自身的特点也同样极大影响了资本主义在中国的运行特点。对双方而言，均有激烈冲突的一面，也都有相互吸收的一面。而绝非单方面的“先进”消灭“落后”、“现代”消灭“传统”。正如恰亚诺夫早已在近百年前就指出的那样。

中国传统经济只有在适合国情下努力学习世界上最先进的事物，在保留自身最可贵的优秀传统的同时，去改进、克服“传统时代”难以去除的痼疾，才有希望走向新的未来。而国外的最先进事物，在进入中国后只有适应中国国情的前提下努力“本土化”，才有可能发挥自身的先进功能，西方世界的先进性才可能变成一种施惠于全人类的宝贵财富。在近代中国，中、外双方优秀文明的平衡点和交汇点，就是资本主义大工业与中国传统农村经济、农户经济的相互适应、相互补充、取长补短和相辅相成。这是中国现代化道路中最为可贵、最有价值的精髓所在。

问题的实质在于，什么是中国的国情？什么才算是中国的本土化？

中国的最大国情，就是我们一再强调的：世界上人口最多，人均资源相对高度紧张，农民、土地和农户是国民经济的基础。中国不能够主要依靠国际贸易和交换来解决生存资源——粮食的来源，不能靠输出劳力和国际移民来解决主要劳动力的就业出路。因此，中国人口最多数的农民的生存就是中国最大的政治和经济问题。换句话说，满足以农民为主体的亿万民众的基本需求就是所有“中国问题”的根源。如果在思考问题和解决问题的归宿上明确了这一点，才可算是真正理解了中国本土化的真谛。

从中国自身的角度看，上述认识有两方面的意义。

（1）理论意义。对市场经济理论在中国的普适性的思考。对市场经济和市场机制在不同的社会经济体、不同的历史条件中的适用问题，本书在导论中已经有一定的说明。这里补充一点：认为通过市场及市场机制最大化，达到商业利润最大化和个人利益最大化，而且这会自然导致全社会民众利益的普遍最大化，至少在近代中国是得不到任何事实证明的。近代中国的大资本家们中的明智者都不会这样认为。因为他们知道，自己的商业利益要靠农村和农民经济的繁荣，这就要在农民困难时扶助农村而不是趁火打劫大捞一把。

（2）实践意义。中国人对中国政治经济政策方向的把握和具体制定，应该尽最大可能使其符合中国的国情，处理好如何对待和学习引进资本主义生产方式的积极因素的同时又避免其不利的即不适宜中国国情的一面。在中国近代时期，使之能最大限度地与中国的“国本”农业、农民、农村经济建立“良性互动”的关系，应该是最重要的问题。

通过对基本事实的观察，我们已经看到，对这个最重要的问题，近代中国并没有解决好。这个中华民族数千年文明史的变革任务，只能留给新的历史阶段来完成。虽然如此，在这个风云激荡的大变革时代，前辈还是留给我们一些最为宝贵、最值得珍惜的思想资源和实践参考。笔者才识有限，孤陋寡闻，经过自己的领悟和对中国历史的认知，认为以下是其中的几个要点。

（1）认准了近代中国最根本问题所在：中国是一个以农业、农民、农村为国家基础的社会。农民人均耕地面积过小，加之土地分配不均，因而一般农民的收入很少，就全国看没有多少生产剩余。这就无法形成足够大的社会购买力。人均耕地面积过小，不是通过移民或开垦荒地或土地分配革命所能根本解决的。在中国没有条件以大规模国际市场贸易和海外市场形成现代工业必需前提的条件下，发展工业只能依赖国内市场。这就必须产生足够的农业剩余，必须依靠现有的农民家庭经济的发展，必须有农村经济整体的繁荣。这是唯一的选择。

（2）小农经济是中国农业的基本经营单位，它是中国数千年来的生态环境中社会、经济、文化、政治各类因素作用下形成的综合产物。它在历史的长期变化中能够保持其主要特征，本身就表明了它对中国生存环境的高度适应性，尽管这种适应是经由周期性的一乱一治体现的。在近代中国，现代大工业的有限规模，不可能吸收大量农民变为产业工人和城市市民，也不可能以巨量资本和进口能源替代最丰富的人力资源。中国人的吃饭和就业仍然要依靠农民家庭的小农业和工副业的密切结合来解决。小农家庭经营有其特殊的优越性，如劳动成本的最低化、劳动积极性的最大化、融生产生活和养生送死为一体的社会功能等。但小农家庭经营也有其数千年积累的“愚穷弱私”之痼疾。小农经济要适应中国现代化的要求，必须要运用包括世界所有适合的先进事物加以改造革新，使自身变为既保持历史的优秀传统又适应时代潮流和需要的新经济组织。但绝不是也绝不可能被石油农业、资本主义农场所取代。

（3）从经济和经营层面看，农民家庭经济从古代向现代的转化，主要是从家庭工副业开始的。在外国和本国机器产品的冲击下，农家工副业首当其冲，在产品市场、生产原料、加工程序、流通渠道等方面，或受到破坏性打击，或利用西方产品和其他先进方式发展自己。在后一方面，对于中国的整体现代化具有特别重要的意义。

第一，近代中国的工业产品除重工业、军事、部分交通用品、电力设施和某些轻工产业外，绝大部分民用产品均为手工业生产。手工业生产是中国工业品生产制造能力的十分重要的组成部分。在近代中国的工业总产值中，手工业约占 90%。这意味着：至少在近代阶段，要维持工业品供给的总量，离不开手工业生产。但是国计民生所需的手工业要想继续生存，就需要改进和革新，而这种改进与革新，主要靠工业在原料和生产工具、设施和技术方面来施行，这造就了近代工业的重要市场，也为近代工业提供了大量的重要原料和半成品。没有手工业的革新和现代化，就谈不上中国的工业化。

第二，手工业和副业在农家经济中占有特别重要的地位，它不但是重要的经济收入来源，也是农民家庭安排剩余劳动力、充分利用农业季节性空闲的主要途径。对绝大多数农户而言，工副业与农业是家庭经营的两条腿，谁也离不开谁，因此它是中国农村经济的支柱之一。

第三，中国传统的农村工业、手工业和副业有其诸多特点和优点，尤适于农民家庭生产，主要体现在不计工资性质的劳动力报酬、不固定劳动时间、不受劳动者年龄和体力约束而自行调节等，因此它是充分利用中国最丰富的生产要素——劳动力的极好方式。同时其生产原料一般就地取材，且可尽量利用废弃物。特别是劳动者是为包括自己在内的家庭工作，有着极高的主动性。这些在前已有论述，不再重复。

第四，在现代经济和生产力有一定程度发展的状况下，家庭工业、手工业有可能在一定产品的生产过程中和机器工业发生产业关联，作为工业生产的某些环节来加工生产，两者可在资本、技术、劳动力等生产要素中有机结合，以最优资源配置取得最低生产成本。亦见之前的论证。

（4）主要于1930年代前期开展的乡村建设运动，是中国数千年农业文明适应现代潮流的前所未有的伟大变革的实验活动。它力求从解决农民最迫切、最需要的问题出发，最终落脚于将传统农民“更新”为既保持中国文明优良传统又适应时代变化的新农民，力求将传统农村从历来受封建政权压榨、从来不能保护自己在社会、政治、经济等方面不受侵害的最底层社会，变为由农民作为主人翁治理和建设的新农村社会。乡村建设运动的主要不足是它不能解决农民土地分配不均这个中国社会最主要的痼疾之一，因此它只停留在局部地区的实验上而远远不能解决整个中国的农民和农村问题，在日本帝国主义侵略下，被迫中断。

第四部分　当代中国的工农—城乡关系与现代化道路

导 言

中华人民共和国成立至今（2020年），已度过了71年之岁月。这在人类历史的发展中只是一瞬间，但对于个体的人而言，几乎是整个一生。如果此人是农民，他在今天回顾这71年，是不难看出这一阶段性的明显特点的。广义上的中国的农民，大致经历了土地改革，并建立了有财产和生产主权的个体家庭农户经济这一极为短暂的阶段，到通过近30年的合作化和集体化过程，又丧失了家庭经营基本主权。在农村社会经济几经折腾后，陷入贫困落后困境，以致丧失进入城市生活的可能，与城市市民形成基本“公民权”的两重地位。1980年代初家庭联产承包责任制的实行，全国农民重新获得了经营主权，又开始了可以通过自己的劳动去建立较好生活的社会环境。但是好景并未延续太久。约十几年后的1990年代中期，日益凶猛的城市化、工业化大潮席卷神州大地，大量农民离乡背井远地打工，大量农民失去耕地，大量农村呈空心化、老龄化，城乡差距愈益拉大，“三农问题”成为全党全国迫切需要解决却未能解决好、始终是“重中之重”的头号问题。

71年的经验和反复一再告诉我们，偏离了农业和农村经济的基础地位，违背了农民大众的根本利益，破坏了农民家庭经济的基本功能，中国的经济建设和社会和谐就一定要出大问题。

鸦片战争百余年，特别是晚清覆亡、民国肇始至1949年的38年间，社会经济的最大问题是战乱连绵、国无宁日。国内局部战争从未中断过。即使在被称为“十年建设”时期的1928～1937年，亦战乱未断，包括1931年发生“九·一八”事变，日军快速占领东北。至1937年日军全面侵华之后，全国性大战则连续了11年，横尸遍野，生灵涂炭。

中华民族、全国百姓最为渴望的是早日结束战争，迎来全面和平（当然，这只有在赶走日本侵略者、国内统一后方可能实现）。

1949 年中华人民共和国的成立，标志着全国亿万民众的和平愿望得以实现。在当时的历史条件下，实现统一与和平是依靠枪杆子、用战争武力手段完成的。

与战火频仍局面同时存在的，是中国久已存在的一系列痼疾。其中农民土地问题影响极大。地权分配不均问题，是在中共领导下发动群众，用“人民民主专政”的强力手段通过土地改革解决的。1950 年冬季开始，全国新解放区分三批进行土地制度改革。至 1952 年 9 月，全国性土改基本完成，约 3 亿农业人口的地区在三年中完成了土改，加上三年前已完成土改的老解放区，完成土改地区的农业人口已占全国农业总人口的百分之九十以上。① 1953 年春，除了约 700 万人口的少数民族地区外，土改全部完成。② 土地改革中获得经济利益的农民约占农业人口的 60% 至 70%，约有 7 亿亩土地分给了农民。免除地租达粮食 3000 万吨以上。③

在解决中国最迫切的重大问题上，中国共产党承担起了领导责任，以中华人民共和国的诞生交出了答卷。紧接着，由于要应对美国为首的帝国主义发动的侵朝战争，应对商人投机活动对扰乱粮食等民生必需品价格稳定造成的重大威胁，应对维护稳定全国大局的基本要求，应对迅速改变国家的贫穷落后的紧迫需要，中国共产党将全国的政治经济活动的主导权集中到一党手中。由此形成了高度集中的举国体制。

由此，新中国成立后，影响全国政治经济的直接因素，是中国共产党的决策。这不能不影响到当代中国的工农—城乡关系，影响到农村体制和生产力。

---

① 廖鲁言：《三年来土地改革运动的伟大胜利》，1952 年 9 月 26 日，载《中国的土地改革》编辑部、中国社会科学院经济研究所现代经济史组编《中国土地改革史料选编》，国防大学出版社，1988，第 841 页。

② 薄一波：《若干重大决策与事件的回顾》，中共中央党校出版社，1991，第 111 页。

③ 廖鲁言：《三年来土地改革运动的伟大胜利》，1952 年 9 月 26 日，载《中国的土地改革》编辑部、中国社会科学院经济研究所现代经济史组编《中国土地改革史料选编》，国防大学出版社，1988，第 843 页。

第十二章　农民家庭经济被否定

——新中国前30年的家庭经营概况

一　新中国经济建设基本路线的确定与对农户个体经济的否定和改造

（一）对农户个体经济的否定和理论认识

新中国成立后，中共对个体农民所有制的改造或革除有一个过程。1950、1951年，中央提出的政策是“切实保护人民已得的土地财产，不受侵犯”。新解放区在土地改革完成后，立即确定地权，颁发土地证。提倡“劳动发家”①。但以后的发展（大体从1953年下半年始），对个体农户的政策发生了根本性变化。

1953年10月，毛泽东明确提出：“‘确保私有财产’‘四大自由’，都是有利于富农和富裕中农的……法律说是保护私有财产，无‘确保’字样。”“现在，私有制和社会主义公有制都是合法的，但是私有制要逐步变为不合法。在三亩地上‘确保私有’，搞‘四大自由’，结果就是发展少数富农，走资本主义的路。”②

此说并非偶然，而有其深刻的理论认识根源。

---

① 1950年2月，农业部《关于1950年农业生产方针及粮棉增产计划指示》；1951年2月2日，政务院《关于1951年农林生产的决定》，转引自武力、郑有贵主编《解决“三农”问题之路——中国共产党“三农”思想政策史》，中国经济出版社，2004，第315~316页。

② 关于农业互助合作的两次谈话。《毛泽东选集》（第五卷），人民出版社，1977，第117、123页。

中国共产党在新中国成立前即确立了改造农户私有经济的思路。1949年3月召开的中共七届二中全会，是勾画新中国经济建设蓝图的极其重要的会议。会议确定，即将成立的新民主主义国家的经济纲领，是在国营经济领导下的多种经济成分并存、共同发展。其前途必然是社会主义的。必须引导占国民经济总产值90%的分散的个体农业经济和手工业经济向现代化和集体化的方向发展。[①] 1952年7月4日，经中央同意的《中共中央东北局就当前国内国外的矛盾和农村中的主要问题给松江省委的复电》中认为："当前农村中的主要矛盾问题按以下提法比较适宜，即农民小生产者经济自发发展着的资本主义与党所领导的合作化道路的矛盾，是当前农村中的主要矛盾。"[②]

1954年2月，中共七届四中全会通过决议，正式批准了中央政治局提出的党在过渡时期的总路线。9月，中华人民共和国第一届全国人民代表大会第一次会议通过的《中华人民共和国宪法》，将过渡时期总路线作为国家在过渡时期的总任务写入《总纲》。这条总路线明确规定："从中华人民共和国成立，到社会主义改造基本完成，这是一个过渡时期。党在这个过渡时期的总路线和总任务，是要在一个相当长的时期内，逐步实现国家的社会主义工业化，并逐步实现国家对农业、对手工业和对资本主义工商业的社会主义改造。"

不难看出，在如何对待包括农民家庭经济在内的个体私有制问题上，中共主要领导者的理论根源是：私有制是资本主义的本质体现和根基，而中共领导的新中国的目标是社会主义，它从根本上是不允许私有制存在的。毛泽东多次反复强调了这一思想，并对以刘少奇为代表的思潮进行了坚决斗争。毛泽东说，"总路线也可以说就是解决所有制问题……私人所有制有两种，劳动人民的和资产阶级的，改变为集体所有制和国营，这才能提高生产力，完成国家工业化"。"对于农村的阵地，社会主义如果不去占领，资本主义就必然会去占领。难道可以说既不走资本主义道路，又不走社会主义道路吗？"[③]

对于农民的个体家庭经济，还有一个不容忽视的看法，即它是中国几千年封建经济的基础。总而言之，不管在理论上能否自圆其说（封建经济与资本主义经济居然是同一个经济基础！），农民家庭经济都是落后的，要不得的，它与社会主义绝不相容，在这个意义上，它成为与封建主义和资本主义性质

① 薄一波：《若干重大决策与事件的回顾》，中共中央党校出版社，1991，第27页。

② 中共中央文献研究室编《建国以来重要文献选编》（第三册），1992，第273页。

③ 1953年10月，毛泽东与中央农村工作部负责人的谈话，转引自黄道霞等主编《建国以来农业合作化史料汇编》，中共党史出版社，1992，第168页。

相同的“反动”事物，成为革命的对象，尽管在消灭方式上采取的办法有别。

由此，才可以理解毛泽东在中共七届六中全会的结论中谈到加快农业合作化原因时所说：“在这件事情上，我们是很没有良心哩！马克思主义是有那么凶哩，良心是不多哩，就是要使帝国主义绝种，封建主义绝种，资本主义绝种，小生产也绝种。在这方面，良心少一点好。”①

毛泽东曾强调说：“纲举目张。拿起纲，目才能张，纲就是主题。社会主义和资本主义的矛盾，并且逐步解决这个矛盾，这就是主题，这就是纲。提起了这个纲，各项帮助农民的政治工作、经济工作，一切都有统属了。”②

（二）强调农户经济的落后与国家现代化、工业化的不相容

毛泽东说：“想从小农经济做文章，靠在个体经济基础上行小惠，而希望大增产粮食，解决粮食问题，解决国计民生的大计，那真是‘难矣哉’。”③

“在土地改革胜利完成以后，我国的农业生产力已经从封建剥削制度下面获得解放。但在我国农业中占绝对优势的还是小农经济。小农经济是分散和落后的……无力采用农业机器和新的耕作制度，收获量低，不能很快扩大耕地面积和提高产量。”“这种建立在劳动农民的生产资料私有制上面的小农经济，限制着农业生产力的发展，不能满足人民和工业化事业对粮食和原料作物日益增长的需要，它的小商品生产的分散性和国家计划的经济建设不相适应，因而这种小农经济和社会主义工业化事业之间的矛盾，已随着工业化的进展而日益显露出来……因此，必须按照社会主义的原则来逐步改造我国的农业，使我国农业由规模狭小的个体农业进到规模巨大的先进的集体农业，在农业中采用拖拉机和其他农业机器，采用化学肥料和科学耕作方法，采用机器来进行灌溉和发展水利事业，扩大耕地面积……”④

这里需要注意的是改革开放后杜润生回顾历史时的一个重要认识：“认识

---

① 《农业合作化的一场辩论和当前的阶级斗争》，1955 年 10 月 11 日，载《毛泽东选集》（第五卷），人民出版社，1977，第 198 页；亦见薄一波《若干重大决策与事件的回顾》，中共中央党校出版社，1991，第 350～351 页。

② 1953 年 11 月 4 日，毛泽东与中央农村工作部负责人的谈话，载国家农业委员会办公厅编《农业集体化重要文件汇编（1949—1957）》，中共中央党校出版社，1982，第 201 页。

③ 1953 年 11 月 4 日，毛泽东与中央农村工作部负责人的谈话，载国家农业委员会办公厅编《农业集体化重要文件汇编（1949—1957）》，中共中央党校出版社，1982，第 200 页。

④ 1953 年 12 月，中共中央宣传部《关于党在过渡时期总路线的学习和宣传提纲》，载国家农业委员会办公厅编《农业集体化重要文件汇编（1949—1957）》，中共中央党校出版社，1982，第 205 页。

误区就在于，没有把家庭经营与小农经济区分开，忽略了家庭经营的生命力和小农经济向大生产转变的工业化和市场化等新的条件。这是经历史检验得出的结论。”①

二　对“生产关系一定要适应生产力发展水平”的理论认识

毛泽东对“生产关系一定要适应生产力发展水平”这一马克思主义的基本原理，似一直有所保留，相反却主张，生产关系可以走在生产力之前，为生产力发展开辟道路。早在1951年，他就主张，既然西方资本主义在其发展过程中有一个工场手工业阶段，则中国的合作社……毛泽东在这方面的观点鲜明体现在他在读苏联《政治经济学教科书》的谈话中。他说：“首先制造舆论，夺取政权，然后解决所有制问题，再大大发展生产力，这是一般规律。”“一切革命的历史都证明，并不是先有充分发展的新生产力，然后才改造落后的生产关系，而是要首先造成舆论，进行革命，夺取政权，才有可能消灭旧的生产关系。消灭了旧生产关系，确立了新的生产关系，这样就为新的生产力发展开辟了道路。”②

薄一波对毛泽东评论道：“毛主席则侧重于强调要通过加快生产关系的改造来大力发展生产力……他对邓子恢同志的批评，却实际上给予人们这样的印象，似乎生产关系的改变可以不顾生产力的状况，而且改变得越快就越能发展生产力。”③

杜润生回忆：毛泽东从此认定农业生产关系超前改革一事，不需要进行什么调整，因为生产力会很快赶上来，那时就不存在生产关系超前的矛盾了。他乐观地认为，经济落后的中国，可以在新民主主义完成以后，在15年内加快三大改革，跨越资本主义“卡夫丁狭谷”进入社会主义。④

---

① 《杜润生自述：中国农村体制变革重大决策纪实》，人民出版社，2005，第220~221页。

② 《毛泽东文集》（第八卷），人民出版社，1999，第132页。

③ 薄一波：《若干重大决策与事件的回顾》，中共中央党校出版社，1991，第350~351页。

④ 《杜润生自述：中国农村体制变革重大决策纪实》，人民出版社，2005，第190页。在此书中，杜润生详细回忆了毛泽东在1956年以后关于农村生产力和生产关系问题的想法和做法。详见“50年代中期农业合作化高潮浅析”一节。

三　农业必须为国家工业化做贡献

（一）新中国成立初期严峻的国际形势对决策层制定农业农村和农民政策有着重要影响

新中国成立不久，以美国为首的联合国军悍然发动侵朝战争，目标直指中国。同时台湾的国民党政权也不甘心失败。新中国面临强敌压境的极其严峻的国际形势，新政权迫切需要加强统一，强化中央的一体化领导，以应对外部敌人的种种军事颠覆压力。与此同时，国内尚握有相当经济力量和财力的资本家阶级，也数次利用新政权建立伊始尚未站稳脚跟之际，在物资和市场方面兴风作浪。这种局势，使得面对数亿分散的个体农户的党政领导，不能不努力寻求一个尽可能克服分散性而便于集中统一领导的制度性安排。用各种形式将分散的农户组织起来，就成为必然选择。

（二）农业与工业——农轻重比例关系

新中国成立初，在新中国的经济建设中如何正确处理农业与工业的关系方面，中共领导人有过不同意见。

刘少奇主张，国民经济得到恢复以后，应以主要力量发展农业、轻工业及必要的军事工业，然后建立和发展重工业；最后依靠重工业再进一步发展农业和轻工业。认为只有先发展农业、轻工业，才好安排生活，积累资金。①但这个意见没有被采纳，执行的是以毛泽东为代表的方针。薄一波回顾总结重工业优先的方针时说，设想多发展轻工业，按一般常识讲，一定是投资省、见效快，又能改善人民的物质生活条件，为国家多积累资金。但是，没有机器制造业，发展轻工业的装备从哪里来？没有钢铁等基础工业，机械制造的原材料从哪里来？没有能源和交通运输，整个经济又怎么运转？依赖进口吗？办不到。一是我们没有钱，二是西方资本主义国家对我们实行禁运和封锁……特别是当时美帝国主义实际上还同我们处于军事对峙状态，我们亟须建立强大的军事工业以增强国防力量。这些因素是客观的现实，不是我们的主观意志可以改变的。因此，我们的“一五”计划不能不采取优先发展重工

① 薄一波：《若干重大决策与事件的回顾》，中共中央党校出版社，1991，第59页。

业的指导方针。①

1952 年，开始编制第一个五年计划。1953 年 9 月 8 日，周恩来所做的《过渡时期的总路线》报告中明确阐明了“首先集中主要力量发展重工业，建立国家工业化和国防现代化的基础”之基本方针。

“一五”计划在 1955 年通过，用了三年多时间。“一五计划”的制定和实施，体现了新中国建设中的农轻重关系。“一五”计划规定，在 5 年内，全国经济建设和文化教育建设的支出总额为 766.4 亿元（新币，下同），其中属于基本建设的投资总额为 427.4 亿元，占总支出的 55.8%。在基本建设投资中，工业占 58.2%；农林水利占 7.6%；运输和邮电占 19.2%；贸易、银行和物资储备占 3%；文化、教育、卫生占 7.2%；城市公共事业占 3.7%（“一五”期间，国家基本建设投资用于重工业的占 36.2%，用于轻工业的占 6.4%，用于农业的占 7.1%，三项相加共占 49.7%②）③。具体到各年度的投资比例，更可看出问题：“如以 1949 年总产值为 100，则 1955 年农业、轻工业、重工业的产值指数分别为 107.2、2310.7、540.5。国家的全部基本建设投资中，用于农业方面的投资比例，1952 年为 14.8%，1953 年为 9.8%，1954 年为 4.5%，1955 年为 6.7%；用于轻工业方面的比例，1952 年为 9.1%，1953 年为 6.2%，1954 年为 7.4%，1955 年为 5.2%；用于重工业方面的比例，1952 年为 34.3%，1953 年为 38.8%，1954 年为 42.4%，1955 年为 47.3%。”“各部在编制第二个五年计划中，工业投资要求过大，进一步挤农业投资；在工业投资中，重工业各部的胃口尤大，又挤轻工业。”④

从新中国成立初期十余年的国家基本建设资金和财政支出的安排上，明显表明了国民经济建设的各部门比例关系，实际是以重、轻、农的顺序排列的，后文将详述。

（三）农业农民必须为工业发展做贡献

薄一波认为，在中国这样经济落后的农业大国，进行大规模的工业化建设，在开始一个时期内，要求农民多提供一些积累是必要的，不可避免。他引用了一项研究测算，新中国成立后，农业部门每创造 100 元价值，通过价

---

① 薄一波：《若干重大决策与事件的回顾》，中共中央党校出版社，1991，第 291 页。
② 薄一波：《若干重大决策与事件的回顾》，中共中央党校出版社，1991，第 293 页。
③ 薄一波：《若干重大决策与事件的回顾》，中共中央党校出版社，1991，第 285 页。
④ 薄一波：《若干重大决策与事件的回顾》，中共中央党校出版社，1991，第 473 页。

格转移到工商部门实现的量，1952 年 17.9 元，1957 年 23 元，1978 年平均 5.5 元，1984 年 10 元。[①] 据徐建青的研究，1954～1965 年的 11 年时间，根据棉花收购价格与棉布混合平均价格计算，每百斤棉花可以换得的棉布数量如表 12－1 所示。在此期间，每百斤棉花可以换得的棉布数量从 80 余米下降到 60 余米，表明二者的比价总体上呈扩大趋势。这种情况使农民处于交换的劣势。

表 12－1 棉花与棉布交换数量变化

年份	棉花（百斤）换棉布（米）	年份	棉花（百斤）换棉布（米）	年份	棉花（百斤）换棉布（米）
1954	81.4	1958	80.2	1962	59.1
1955	83.1	1959	80.2	1963	66.7
1956	83.9	1960	74.2	1964	66.7
1957	81.6	1961	69.5	1965	68.0

资料来源：徐建青《统购统销制度下农民家庭棉纺织成本收益探析》，《中国经济史研究》2010 年第 4 期。

1953 年 9 月在一次全国政协会议上，梁漱溟针对新中国成立以来由于"重工轻农"形成农民的地位和经济状况下降状况，向中共提出批评："今建设重点在工业，精神所注更在此。生活之差，工人九天，农民九地。农民往城里跑，不许他跑。人力财力集中都市，虽不说遗弃吧，不说脱节吧，恐多少有点。然而农民就是人民，人民就是农民。对人民照顾不足，教育不足，安顿不好，建国如此？当初革命时农民受日本侵略者，受国民党反动派暴虐，与共产党亲如一家人，今日已不存在此形势。"[②] 毛泽东对此予以激烈批驳：说到施仁政，我们是要施仁政的。但是，什么是最大的仁政呢？是抗美援朝。要施这个最大的仁政，就要有牺牲，就要用钱，就要多收些农业税，有些人就哇哇叫，还说他们是代表农民利益。我就不赞成这种意见。抗美援朝是仁政，现在发展工业建设也是仁政……现在，我们施仁政的重点应该放在建设重工业上。[③]

尽管在具体的历史背景下，新中国的经济建设不能不在局部牺牲农业农民利益下优先发展重工业，但作为经济建设长期贯彻的基本方针长此以往，

① 薄一波：《若干重大决策与事件的回顾》，中共中央党校出版社，1991，第 280～281 页。

② 《1953 年 9 月 11 日政协扩大会议上的发言草稿》，载梁漱溟《梁漱溟全集》（第七卷），山东人民出版社，2005，第 3～6 页。

③ 《毛泽东选集》（第五卷），人民出版社，1977，第 105 页。

难免后果严重。对于这些后果，当时的经济战线主要领导人之中是有清醒预见的。1953 年，陈云论证“统购统销”政策，针对其必要性和负面影响时说，实行统购统销后，农民的粮食不能自由支配了，虽然我们出钱，但他们不能待价而沽，很可能会影响生产情绪……我现在是挑着一担“炸药”，前面是“黑色炸药”，后面是“黄色炸药”。如果搞不到粮食，整个市场就要波动；如果采取征购的办法，农民又可能反对。两个中间要选择一个，都是危险家伙。[①]

1960 年毛泽东曾指出，50 年代在粮食问题上，我们有两次同农民的关系搞得很紧张，第一次就是 1953 年，当时从经济方面来说，华北地区发现的一个重要问题就是把农村初级市场统死了。这给农村的经济生活带来一系列问题。[②]

1954 年，长江、淮河流域遭受百年不遇的大洪灾，为救灾需要，1954 至 1955 年度在非灾区多购了约 70 亿斤粮；1953 至 1954 年、1954 至 1955 年两个粮食年度的统购，有许多强迫命令和买“过头粮”的现象，加剧了国家与农民关系的紧张。到 1955 年春，许多地方几乎是“家家谈粮食，户户要统销”。[③]

农村经济和农民的不满引起了最高领导的注意，以致毛泽东在 1957 年《论十大关系》的报告中说：我们现在的问题，就是还要适当地调整重工业和农业、轻工业的投资比例，更多地发展农业、轻工业。这样，重工业是不是不为主了？它还是为主，还是投资的重点。但是，农业、轻工业投资的比例要加重一些。[④]

虽然在中国的经济运行中农业的基础地位事关全局，在最高领导者的思想中，也认为农业具有十分重要的地位，中国不应该像苏联那样忽视农业而片面发展重工业，但在实际过程中，农业和农村的地位还是远远被置于工业和城市经济之后的。只有当农村经济被过度挤压、威胁到经济运行全局时，才会引起最高领导的震怒，毛泽东曾严厉批评过：“如果你们再不重视农业和轻工业的发展，我就要把‘重轻农’的次序改为‘农轻重’！”[⑤] 这个话，反映了毛泽东在思想深处还是牢牢认为新中国的经济建设应该按照重轻农的比

---

① 陈云：《陈云文选》（一九四九——一九五六年），人民出版社，1984，第 207 页。

② 薄一波：《若干重大决策与事件的回顾》，中共中央党校出版社，1991，第 271 页。

③ 薄一波：《若干重大决策与事件的回顾》，中共中央党校出版社，1991，第 273 页。

④ 《毛泽东选集》（第五卷），人民出版社，1977，第 269 页。

⑤ 薄一波：《若干重大决策与事件的回顾》，中共中央党校出版社，1991，第 294 页。笔者无从考查此话的背景和全文及具体时间，推测可能是 1956 年之后。此话表明，毛泽东仍认为国民经济应该按“重轻农”比重安排。

例安排进行。

正是在上述理论指导下，中国亿万农民依靠勤劳致富努力改进提高生活的天经地义的努力和行动，变为封建主义和资本主义复辟的十恶不赦。从1950年代初至50年代末不到10年，中国数千年文明的根基农民家庭经济作为生产、生活的基本细胞，被基本破坏铲除。大致看，这个过程有三个特点：一是速度之快、规模之大，远远超出领导者的计划；二是在阶级斗争和社会主义革命的政治高压下被推行；三是国家通过无所不包的强制性计划，对粮食、油料、棉花等农产品进行计划收购和计划供应。所谓无所不包，是指在农业生产和产品消费方面，不仅全国，而且每一家农户的吃、穿、用、行，都被严格计划所控制。

首先看看合作化、集体化和人民公社化的高速度，如下。

至1953年底，全国参加临时的和常年的互助组的农户有四千七百九十余万户，占农村总户数的43%，其中农业生产合作社在正常情况下一万四千多个，参加的有二十七万三千余农户。①

1954年3月23日，中央人民政府政务院发出《关于1954年农产品预购工作的指示》，政务院财经委员会决定委托各地合作社对粮食、棉花、油料作物等主要农产品实行预购，由合作社代表国家和农民订立合同，预付一部分定金，而后由农民按照规定的品种、数量、质量和时间，在收购后把农产品卖给国家。

1954年9月9日，政务院通过了《关于实行棉布计划收购和计划供应的命令》《关于实行棉花计划收购的命令》。② 决定从9月15日开始实行棉布的计划收购和供应，从新棉上市时起计划收购。11月7日，《人民日报》社论指出：粮食统购统销的好处是保证粮食供应，稳定粮食市场，支持国家工业化；可以促进互助合作运动的发展，削弱农民和资本主义的联系；促进农业生产的发展。

1954年12月4日《人民日报》披露，农业生产合作社已发展到20万个，要求今冬明春发展到60万个。③

---

① 《中华人民共和国经济大事记》编选组编《中华人民共和国经济大事记（1949年10月—1984年9月）》，北京出版社，1985，第72页。

② 《中华人民共和国经济大事记》编选组编《中华人民共和国经济大事记（1949年10月—1984年9月）》，北京出版社，1985，第89页。

③ 《中华人民共和国经济大事记》编选组编《中华人民共和国经济大事记（1949年10月—1984年9月）》，北京出版社，1985，第96页。

1954 年 11 月 21 日，《人民日报》发表社论《必须继续深入地对农民进行社会主义思想宣传》，指出这是完成今冬明春农村工作任务的最强有力的保证。①

1955 年 2 月 8 日，《人民日报》社论指出，现在全国的农业生产合作社已经发展到 50 多万个，目前的主要任务已经不是发展数量，而应集中注意于提高质量，应当全面转向巩固工作了。②

1955 年 7 月 31 日，中共中央召开了省委、市委、自治区党委书记会议。毛泽东在会上做了《关于农业合作化问题》的报告。他说，"在全国农村中，新的社会主义群众运动的高潮就要到来，我们的某些同志却像一个小脚女人，东摇西摆地在那里走路"。"这是五亿多农村人口的大规模的社会主义革命运动，带有极其伟大的世界意义。我们应当积极地热情地有计划地去领导这个运动，而不是用各种办法去拉它向后退。"③

1955 年 10 月，中共中央召开扩大的七届六中全会，毛泽东做了题为《农业政策合作化的一场辩论和当前的阶级斗争》报告。10 月 28 日，《人民日报》发表社论《防止反革命分子对合作化运动的破坏》，指出剥削阶级一定要采取一切手段对合作化运动进行破坏，我们必须采取一切办法防止和打击地富和各类反革命分子的破坏活动。④

1955 年 11 月 20 日，据新华社报道，从 8 月初到 11 月上旬，全国已新建立了 59 万多个农业生产合作社。加上原有的 65 万个农业政策生产合作社在内，全国已有 124 万多个。⑤

1955 年 12 月 17 日，新华社报道，至 11 月底的不完全统计，全国已经有了新老农业生产合作社 139.7 万多个，还有 18.8 万多个社即将建成。全国入社农户已达 4940 多万户，占全国农户总数 40% 以上。⑥

---

① 《中华人民共和国经济大事记》编选组编《中华人民共和国经济大事记（1949 年 10 月—1984 年 9 月）》，北京出版社，1985，第 95 页。

② 《中华人民共和国经济大事记》编选组编《中华人民共和国经济大事记（1949 年 10 月—1984 年 9 月）》，北京出版社，1985，第 101 页。

③ 《中华人民共和国经济大事记》编选组编《中华人民共和国经济大事记（1949 年 10 月—1984 年 9 月）》，北京出版社，1985，第 107 页。

④ 《中华人民共和国经济大事记》编选组编《中华人民共和国经济大事记（1949 年 10 月—1984 年 9 月）》，北京出版社，1985，第 111 页。

⑤ 《中华人民共和国经济大事记》编选组编《中华人民共和国经济大事记（1949 年 10 月—1984 年 9 月）》，北京出版社，1985，第 113 页。

⑥ 《中华人民共和国经济大事记》编选组编《中华人民共和国经济大事记（1949 年 10 月—1984 年 9 月）》，北京出版社，1985，第 115 页。

1956 年 1 月 25 日，毛泽东召集了最高国务会议，他讲话说，目前我国正处在伟大的社会主义革命的高潮中，“从去年同期夏季以来，社会主义改造，也就是社会主义革命就以极其广阔的规模和极其深刻的程度展开起来”，“农业和手工业由个体所有制变为社会主义的集体所有制，私营工商业由资本主义所有制变为社会主义所有制，必然使生产力大大地获得解放。这样就为大大地发展工业和农业的生产创造了条件”。[①]

1956 年 4 月 29 日，据国家统计局统计，截至 1956 年 3 月底，90% 的农户已加入农业生产合作社。[②]

1956 年农业合作化运动的发展过程大致为：从 1 月到 3 月底，运动处于高潮时期，规模继续扩大，运动的主流转向高级合作化。这时，加入农业社的农户占农户总数的比重由 63.3% 上升到 88.9%，基本完成了初级农业合作化。其中加入高级农业社的农户占农户总数的比重上升到 54.9%，达到了全国半数以上的农户加入了高级社。至 11 月底，全国农业生产合作社（包括高级社）764000 多个，入社农户 11674 万多户，占全国农户总数 96.1%。[③]

1956 年是我国社会制度大变革的一年，在全国组织起了 75.6 万个农业生产合作社，入社农户占全国农户总数的 96.3%，其中加入高级社的农户占全国农户总数的 87.8%。[④]

1958 年 8 月 17～30 日，中共中央政治局在北戴河召开扩大会议，8 月 29 日，通过了《关于在农村建立人民公社的决议》。该决议说，在目前形势下，建立农林牧副渔全面发展，工农商学兵互相结合的人民公社，是指导加速社会主义建设，提前建成社会主义并逐步过渡到共产主义所必须采取的方针。决议认为“共产主义在我国的实现已经不是什么遥远将来的事情了，我们应该积极地运用人民公社的形式，摸索出一条过渡到共产主义的具体途径”[⑤]。决议指出，由集体所有制向全民所有制过渡，有些地方三四年就可以完成，

① 《中华人民共和国经济大事记》编选组编《中华人民共和国经济大事记（1949 年 10 月—1984 年 9 月）》，北京出版社，1985，第 119 页。

② 《中华人民共和国经济大事记》编选组编《中华人民共和国经济大事记（1949 年 10 月—1984 年 9 月）》，北京出版社，1985，第 122 页。

③ 《中华人民共和国经济大事记》编选组编《中华人民共和国经济大事记（1949 年 10 月—1984 年 9 月）》，北京出版社，1985，第 136 页。

④ 《中华人民共和国经济大事记》编选组编《中华人民共和国经济大事记（1949 年 10 月—1984 年 9 月）》，北京出版社，1985，第 146 页。

⑤ 《中华人民共和国经济大事记》编选组编《中华人民共和国经济大事记（1949 年 10 月—1984 年 9 月）》，北京出版社，1985，第 183 页。

有些地方可能较慢，需要五六年或者更长的时间。[①] 会议还做出了《关于今冬明春在农村中普遍开展社会主义和共产主义教育运动的指示》。[②]

1958 年 8 月 6 ~ 8 日，《人民日报》：毛泽东说，人民公社是个好名字，包括工、农、商、学、兵，它的特点是一曰大，二曰公。

1958 年 8 月 9 日，毛泽东在视察山东农村时说，“还是办人民公社好，它的好处是：可以把工、农、商、学、兵合在一起，便于领导”[③]。

1958 年 10 月 1 日，新华社报道，全国农村基本实现公社化。人民日报发表社论《全国农村基本公社化》。[④] 1958 年 12 月 19 日，《人民日报》发表中共八届六中全会通过的《关于人民公社若干问题的决议》。[⑤]

1958 年 12 月 30 日，新华社报道，据 11 月初统计，全国各族农民的 99.1%，一亿两千六百九十多万户，组成了 26500 多个又大又公的人民公社，平均每个公社达 4756 户。[⑥]

1959 年 3 月 6 日，新华社报道，全国各地建立的公共食堂，到去年 12 月底止共有 289 万多处，参加食堂的农户一般都达到当地农户总数的 90%，多的达 100%。[⑦]

农村集体化，是在阶级斗争和社会主义革命的政治高压下被推行的。它是国家通过无所不包的强制性计划，对粮食、油料、棉花等农产品进行计划收购和计划供应，等等办法相互配合的“组合拳”方式进行的。

1957 年 3 月 12 日，毛泽东在中国共产党全国宣传工作会议上指出：“在我国，巩固社会主义制度的斗争，社会主义和资本主义谁战胜谁的斗争，还要经过一个很长的历史时期。”

---

① 《中华人民共和国经济大事记》编选组编《中华人民共和国经济大事记（1949 年 10 月—1984 年 9 月）》，北京出版社，1985，第 185 页。

② 《中华人民共和国经济大事记》编选组编《中华人民共和国经济大事记（1949 年 10 月—1984 年 9 月）》，北京出版社，1985，第 183 页。

③ 《人民日报》1958 年 8 月 12 日。

④ 《中华人民共和国经济大事记》编选组编《中华人民共和国经济大事记（1949 年 10 月—1984 年 9 月）》，北京出版社，1985，第 187 页。

⑤ 《中华人民共和国经济大事记》编选组编《中华人民共和国经济大事记（1949 年 10 月—1984 年 9 月）》，北京出版社，1985，第 190 页。

⑥ 《中华人民共和国经济大事记》编选组编《中华人民共和国经济大事记（1949 年 10 月—1984 年 9 月）》，北京出版社，1985，第 191 页。

⑦ 《中华人民共和国经济大事记》编选组编《中华人民共和国经济大事记（1949 年 10 月—1984 年 9 月）》，北京出版社，1985，第 202 页。

1957 年 4 月 27 日，中共中央发出关于开展整风运动的指示。[①]

1957 年 6 月 8 日，毛泽东为中共中央起草了《组织力量反击右派分子的猖狂进攻》的党内指示，指出“这是一个伟大的政治斗争和思想斗争”。“总之，这是一场大战（战场既在党内，又在党外），不打胜这一仗，社会主义是建不成的，并且有出匈牙利事件的某些危险。”[②]

1957 年 7 月间，毛泽东写了《1957 年夏季的形势》一文，指出“资产阶级右派和人民的矛盾是敌我矛盾”，“我赞成迅即由中央发一个指示，向全体农村人口进行一次大规模的社会主义教育，批判党内的右倾机会主义思想，批判某些干部的本位主义思想，抨击地富的反革命行为。其中主要锋芒是向着动摇的富裕中农，对他们的资本主义思想进行一次说理斗争”。[③]

1957 年 8 月 8 日，中共中央发出《关于向全体农村人口进行一次大规模的社会主义教育的指示》，指出，在目前的农村中，有必要进行一次大规模的社会主义教育，教育的中心题目是：第一，合作社优越性问题；第二，粮食和其他农产品统购统销问题；第三，工农关系问题；第四，肃反和遵守法制问题；等等。

在激烈的反右斗争中，1957 年 8 月上旬，粮食问题成为全国城乡一个突出问题。《人民日报》曾多次报道农村开展大辩论的中心问题之一就是粮食问题，包括国家的统购统销政策。此外，在半个月中，先后发表了三篇与粮食有关的社论，即 8 月 5 日的《粮食问题和思想问题》、8 月 12 日的《粮食销量是能够减少的》、8 月 15 日的《分清粮食问题的大是大非》。[④]

1958 年 1 月 28 ~ 30 日，毛泽东在最高国务会议上讲话，提出完全有把握十五年赶上英国。农业发展纲要四十条，看来八年可以完成。为了达到这个目的，要有干劲，要鼓起勇气，力争上游。现在是一场新的战争，向自然界开火，要讲不断革命。新中国成立后搞土改，土改后搞互助组、合作社，1956 年是公私合营和手工业合作化，接着 1957 年搞整风。[⑤]

---

① 《中华人民共和国经济大事记》编选组编《中华人民共和国经济大事记（1949 年 10 月—1984 年 9 月）》，北京出版社，1985，第 142 页。

② 《中华人民共和国经济大事记》编选组编《中华人民共和国经济大事记（1949 年 10 月—1984 年 9 月）》，北京出版社，1985，第 145 页。

③ 《毛泽东选集》（第五卷），人民出版社，1977，第 456、458 页。

④ 《中华人民共和国经济大事记》编选组编《中华人民共和国经济大事记（1949 年 10 月—1984 年 9 月）》，北京出版社，1985，第 140 页。

⑤ 《中华人民共和国经济大事记》编选组编《中华人民共和国经济大事记（1949 年 10 月—1984 年 9 月）》，北京出版社，1985，第 167 页。

人民公社体制在全国的确立，标志着农民家庭生产经营体制在新中国被彻底排除。直至20多年后的1980年代初，才重新恢复。

四　农民家庭纺织业是如何“灭亡”的?

新中国前30年农村经济的变化过程及其问题已有大量记载和研究，这里不拟详述。然而有一个问题需要辨识，即以农民家庭纺织业为代表的小农经济被现代工业破坏和取代，是“历史必然规律”的体现，还是中国历史发展规律被人为破坏的结果？之所以提出此问题，直接缘由是因为有些人认定，与农业相结合的农民家庭工副业的“灭亡”，毫无疑义地是历史的进步。也正因为这样，他们认为，对中国的现代化而言，至少在20世纪中期以后，已没有任何必要在小农经济的历史作用和功能方面多费口舌了。本书却深不以为然，而是进一步认为，这并非仅是一个农民家庭纺织业的兴衰问题，而是关系到农村副业、农民家庭工业和整体农村工业在中国经济发展中的地位和作用的问题，它既关系到农村经济和农民整体，也关系到中国的工业化和城市经济如何发展和发展方向。这是事关中国国情、历史传统与现代化建设关系的大问题，是中国式现代化道路必须注意的关键性问题之一。

就让我们再一次回顾历史，看看农民家庭纺织业是如何“灭亡”的。[①]

（一）基本事实与特征

由于缺乏全面统计，至新中国成立，我国手工棉布的产量大致如何，与机器织布数量的比例如何，难以确定。有一项估计认为，新中国成立初期，手工棉布（包括土布）仍占全国棉布产量的25%左右。[②] 据不完全统计，在

① 关于新中国成立后的手工纺织历史和理论研究，目前国内最详尽、最杰出的研究当属徐建青教授的系列论文：《棉花统购、棉布统购统销政策与手工棉纺织业》，《当代中国史研究》2010年第2期；《统购统销制度下农民家庭棉纺织成本收益探析》，《中国经济史研究》2010年第4期；《制度变革与手工棉纺织业：1954～1965——兼及统购统销制度下国家与农民的关系》，《中国经济史研究》2009年第4期。本书有关新中国成立后的手工棉纺织业内容，主要参考了徐建青教授的研究成果。

② 当代中国丛书编辑部编辑“当代中国丛书”《当代中国的纺织工业》（电子版），第112页。转引自徐建青《棉花统购、棉布统购统销政策与手工棉纺织业》，《当代中国史研究》2010年第2期。

城镇，约有铁木机 18 万余台（木机数量更多），每年约可织布 2000 万匹以上。在广大农村，更是广泛分布着农民的家庭棉纺织业。[①] 这项估计对手织布产量的估计很可能偏低。因为按各方计算，至抗日战争前，全国的手工织布量是远超过机器织布的。在抗日战争中，因战争对机器工业的破坏，手工织布产量在比例上当远远超过机织布。战后，虽然机器纺织业生产有所恢复，少量城市可能超过战前，但恢复和增加的主要是机纱而非机布，说明机纱主要市场仍为手工织布业。如此，经过三年全国战争的破坏性影响，在全国棉布总产量中，在比例上手织布较机织布不会减少得过多。如果按照吴承明对 1936 年和 1947 年全国近代化工厂制造业产量、产值的估算，1936 年机织布产量为 3734 万匹，1947 年为 4763 万匹，较前增加了 28%；[②] 而抗战前机织布产量只占布匹总产量的 29%。[③] 由此可见，即便考虑到抗战胜利后少数大城市中机器纺织工业有一定发展，但新中国成立前的国内棉布总产量中，手织布应该仍远远多于机织布。

新中国成立后，中央对手工纺织业的总政策是三大递进步骤：维持—限制—取消。[④]

在 1953 年以前的国民经济恢复时期，中央将传统手工业划分为需要发展、继续维持和加以淘汰等几种类型，手工纺织业被列为"维持"类。但主要出于保持全国物价的稳定，1951 年，即对棉纱进行了统购统销。棉纱和粮食、煤炭被称为"两白一黑"，是当时影响国民经济和人民生活的最重要物资，而对棉纱价格和供销渠道的全面控制，就使棉纺织手工业的生产和销售受到极大影响，"维持"旧有状况实际上难以做到。

1953 年开始实施第一个五年计划。为保证有限资源集中于工业特别是重工业核心建设，1953 年 10 月起国家对粮食、油料实行统购统销；1954 年 9 月 9 日中央人民政府第 224 次会议通过，政务院于 14 日同时发布了《关于实行棉布计划收购和计划供应的命令》和《关于实行棉花计划收购的命令》，规定自发布之日起，在全国范围内实行棉布的计划收购（简称统购）和计划供应

① 徐建青：《棉花统购、棉布统购统销政策与手工棉纺织业》，《当代中国史研究》2010 年第 2 期。

② 许涤新、吴承明主编《中国资本主义发展史（第三卷）新民主主义革命时期的中国资本主义》，人民出版社，1993，第 794 页。

③ 参见本书第 122 ~ 124 页关于对抗日战争前农村土布与机制布的产量估算。

④ 徐建青：《棉花统购、棉布统购统销政策与手工棉纺织业》，《当代中国史研究》2010 年第 2 期。

（简称统销），实行棉花的计划收购（简称统购）。①

棉花统购和棉布统购统销是一场重大的制度变革。其中一项重要内容，是如何对待在城乡经济中仍占有重要地位的手工棉纺织业。统购统销命令，严格禁止棉花和土布的自由流通。所有计划内和农民自用有余的棉花都由国家统一收购。手纱纺织的商品土布由供销合作社统一收购，供销社收购的土布，应该地产地销，其剩余部分统由国营公司纳入计划，调拨调剂外区；禁止农村中商品性的土纺土织，在本乡本区范围内，在不准私商参加的条件下，允许生产者与消费者直接少量交换，互通有无；所有流通中的土布，应严格遵守国家的价格规定。② 这就从生产和流通两个方面，对手工棉纺织生产的原料来源、生产规模、产品销售加以控制，排除了私营商业经营者，切断了生产者与市场的自主联系。

1956 年在对待手工棉纺织业的问题上，中央最终确立了维持现状、停止发展、逐步淘汰土纺土织的方针政策。此后政策上略有调整，都不出这个基本政策。③

1958 年的“大跃进”和人民公社化，以及其后几年的调整，因中央提出纺织工业要贯彻“土洋结合、大搞群众运动”的方针，农村手工纺织在局部一度有所恢复。但 1960 年 2 月 7 日，中共中央发出《关于立即停止棉花的土纺土织的指示》（以下简称《指示》）。中央认为，棉花的土纺土织是一种落后的生产方法，不应当发展，特别是在目前棉花原料还不能充分满足机器纺织需要的情况下，更显然是对人力物力一项重大的浪费。《指示》要求各地党委，向群众讲清道理，动员他们立即停止棉花的土纺土织，组织他们从事其他的生产事业。必要时，应当从经济上坚决采取措施，使土纺土织无利可图。在棉花供应方面，应当立即停止供应土纺用棉，并动员人民公社、生产队和社员把过去留下准备用于土纺的棉花卖给国家。④

1963 年 10 月 9 日，中共中央、国务院在《关于力争超额完成一九六三年度棉花收购任务的指示》中，提出要切实加强市场管理，无论城市或农村，无论集中产区或分散产区，棉花、土纱、土布在任何时候都不准进入集市贸

---

① 徐建青：《棉花统购、棉布统购统销政策与手工棉纺织业》，《当代中国史研究》2010 年第 2 期。

② 《中央合作通讯》1954 年第 10 号；《工商行政通报》1957 年 6 月，第 93 期。转引自徐建青《棉花统购、棉布统购统销政策与手工棉纺织业》，《当代中国史研究》2010 年第 2 期。

③ 徐建青：《棉花统购、棉布统购统销政策与手工棉纺织业》，《当代中国史研究》2010 年第 2 期。

④ 徐建青：《棉花统购、棉布统购统销政策与手工棉纺织业》，《当代中国史研究》2010 年第 2 期。

易。这次的规定比此前的任何相关规定都要明确、严厉。[①]

尽管中央对农村土布纺织的限制越来越严，以致几乎全面禁止，但是土布生产不但未被禁绝，历经十余年，产量反而有所增加。据徐建青研究，按1965年3月召开的13个省5个县的土纺土织座谈会上的调查估算，1964年，主要棉纺织区生产的土布约达17亿尺，其中商品土布11亿尺，占64.7%；在商品土布中，农民用自留棉纺织的约5亿尺，用拨给灾区的次棉纺织的约2亿尺，乡镇手工业利用废旧原料生产的再生布4亿尺。[②] 还有6亿尺的非商品土布，应为农民自织自用的。即这一年农民用自留棉纺织的土布约11亿尺，加上次棉纺织土布2亿尺，该年农民自纺自织生产的土布共约13亿尺。又据该会议估计，这些年每年约有80万担自留棉用于土纺土织，可产土布12亿尺，其中进入市场的约5亿尺，即商品土布约占42%。1964年全国棉产量为3325.4万担，收购量为3042万担，[③] 即自留棉为283.4万担，照此估算，用于土纺织的棉花约占自留棉的28.2%，占棉花总产量的2.4%。

与新中国成立初期比较，土纺土织布占全部棉布产量的相对比重在下降，但在绝对量上一直维持着一个基本水平。[④] 同时，由于统购统销后被断绝了机纱来源，原来已经使用机纱织布的农户，现在又回过头来自纺自织，因此土纺土织布的产量反而比新中国成立初期还有所增加。1964年土布产量（按照17亿尺计算）约折合为56667万米，超过了新中国成立以后历年的产量水平，[⑤] 仅低于抗战前的1936年。在全部棉布产量中的比重，仅低于1949年。[⑥]

徐建青测算，我国土布（手纺手织布，不包括机纱手织布）生产占全部棉布产量的比例，1949～1956年分别为（%）：12.2、9.9、8.5、7.9、6.3、

---

① 徐建青：《棉花统购、棉布统购统销政策与手工棉纺织业》，《当代中国史研究》2010年第2期。

② 全国供销合作总社、中央工商行政管理局：《关于农村土纺土织和今后意见给国务院的报告》，1965年5月25日，转引自徐建青《棉花统购、棉布统购统销政策与手工棉纺织业》，《当代中国史研究》2010年第2期。

③ 国家统计局编《中国贸易物价统计资料1952～1983》，中国统计出版社，1984，第128页。转引自徐建青《棉花统购、棉布统购统销政策与手工棉纺织业》，《当代中国史研究》2010年第2期。

④ 徐建青：《棉花统购、棉布统购统销政策与手工棉纺织业》，《当代中国史研究》2010年第2期。注：笔者找到的土布产量数字只到1957年，此后直到1963年不见有统计数字。可能是由于统计上的原因，有一个时期棉布统计不再单独统计土布产量，具体从哪一年开始还有待考证。

⑤ 徐建青：《棉花统购、棉布统购统销政策与手工棉纺织业》，《当代中国史研究》2010年第2期。注：这是按照统计数字来说的，与真实的实际产量会有差距，因为民间特别是广大农村地区的情况很难准确统计。

⑥ 具体数字及计算见徐建青《统购统销制度下农民家庭棉纺织成本收益探析》，《中国经济史研究》2010年第4期。

5.6、3.3、1.3，而1964年则达到11.5%。数字显示，1964年土布产量和占全部棉布产量的比例都超过了统购统销前的水平。也就是说，经过十多年的统购统销，手纺手织业不仅维持了一个基本水平，而且有所发展。①

收紧政策的实际执行效果并不理想，土纺土织问题在中央及有关部门的历次相关指示中，始终占有一席之地。在1965年1月的《全国财贸工作座谈会纪要》（以下简称《纪要》）中，共讲了6个问题，第一是打击粮食投机，第二就是限制土纺土织，统一经营土纱土布，中共中央于同年3月批转了这个《纪要》。

从一些典型调查中，可以看到农户土布纺织生产和买卖，虽屡被严禁却禁而不止，但凡政策稍有松动，则更大行其道。

1952年10月，全国机织布实际销量低于计划销量，而土布则供不应求，江苏、江西、山西、内蒙古等地区土布脱销，农村织布机大量增加。江阴县（今江阴市）1953年比1952年增加织布机3000台以上，有的农民甚至出卖耕牛、土地买回布机织布，已经进城的苏州女工也不辞而别回家织布。② 江阴县周庄镇，7家铁业铺1953年1~8月赶制铁木机800部，价格从80万、90万元涨到120万、130万元，据说一部织机织二三盘（五六十匹）布后，劈柴烧也上算了。③ 土布业巨大的利润吸引了原料、资金和人力流向农村。④

1956年下半年开放农村自由市场后，更有大量统购统销物资流入市场，其中包括棉花、土纱土布。商业部、中央工商行政管理局、全国供销合作总社于1957年6月联合发出加强土布市场管理的通知。⑤ 同年8月9日，国务院发出《关于由国家计划收购和统一收购的农产品和其他物资不准进入自由市场的规定》，进一步明确并严格了统购统销物资的市场管理。

但是，严厉打击“市场投机倒把”远没有能消除土布的生产和交换。农民们总是利用一切可能，在严厉高压下紧紧抓住土布生产不放。当中央政策有机可乘，或者发生某些变化时，农村土布纺织更在一些地区“死灰复燃”。

① 徐建青：《棉花统购、棉布统购统销政策与手工棉纺织业》，《当代中国史研究》2010年第2期。

② 《国内物价》1953年4月号。

③ 中国科学院经济研究所编《手工业资料汇编（1950—1953）》，中国科学院出版社，1954，第107~108页。

④ 徐建青：《制度变革与手工棉纺织业（1954~1965）——兼及统购统销制度下同家与农民的关系》，《中国经济史研究》2009年第4期。

⑤ 《工商行政通报》1957年第93期。转引自徐建青《制度变革与手工棉纺织业（1954~1965）——兼及统购统销制度下国家与农民的关系》，《中国经济史研究》2009年第4期。

在“大跃进”中，由于中央提倡“两条腿走路”“土洋结合”的工业发展路线，被严厉打击的农村手工纺织业利用了这一政策，在一些地区得以恢复，甚至出现盛期。如江苏省梅李镇，自 14 世纪到 20 世纪 60 年代，土纺土织一直是一项农村重要副业，农家绝大多数有纺纱工具和木制的手拉小布机，从棉花到成品布的各道工序都靠自家完成。20 世纪 50 年代末，梅李镇几乎各个大队都办起了小布厂，60 年代被认为是“最盛时期”。①

各地棉花、土纱土布的黑市流通仍很活跃。据 1963 年 7 月，供销总社对 60 个重点集市调查，上市土布 141100 尺，四川三台县一个乡，每次集场倒卖棉花、土布的商贩有六七十人。② 1963 年河北定县，私商买卖土布，在清风店北街口形成一个土布黑市，每日参加交易的不下三四十人，商贩收购土布后，运往晋北、内蒙古等地贩卖。③ 同年 9、10 月份，河北清苑县（今保定市清苑区）武安镇，集市上可以自由成交棉花、土纱土布，且有“交易员”，每成交一匹土布，买卖双方各拿手续费 0.25 元，9 月 20 日，计上市皮棉约 200 斤，籽棉 1000 斤，土纱 150 斤，土布 100 多匹。④ 1964 年 10 月、11 月，江苏、浙江、河南、安徽、山西、山东、湖南、湖北、四川等地，均有棉花、土纱、土布大量上市，形成公开市场，河南柘城县、安徽肥东县还出现了私人开设的棉花行。安徽一些县的供销社货栈，大量经营土布，远销至山东、吉林等地。⑤ 据国务院棉花工作组 1965 年 10 月的调查，新棉上市以后，棉花、土纱、土布不断进入集市贸易，湖北应城县（今应城市）与云梦县交界处有一个两不管的自由市场，上市人数一般在 1000 人以上，仅 10 月 12 日一天，上市的土布有 300 余匹，棉花 90 余斤，棉条 80 余斤，土纱 180 余斤。⑥

---

① 《梅李土纺土织》，《梅李通讯》2009 年 2 月第 86 期。梅李在线，http：//www.meilizhen.net/meili/ReadNews.asp？NewsID = 2389。

② 供销合作总社，1963 年 9 月 19 日，转引自徐建青《制度变革与手工棉纺织业（1954 ~ 1965）——兼及统购统销制度下国家与农民的关系》，《中国经济史研究》2009 年第 4 期。

③ 商业部：《河北定县农村市场的一些情况》，1963 年 7 月 25 日，转引自徐建青《制度变革与手工棉纺织业（1954 ~ 1965）——兼及统购统销制度下同家与农民的关系》，《中国经济史研究》2009 年第 4 期。

④ 《供销合作简报》1963 年 10 月第 38 期，转引自徐建青《制度变革与手工棉纺织业（1954 ~ 1965）——兼及统购统销制度下同家与农民的关系》，《中国经济史研究》2009 年第 4 期。

⑤ 《供销合作简报》1964 年 10 月第 82 期，1964 年 11 月第 93 期，转引自徐建青《制度变革与手工棉纺织业（1954 ~ 1965）——兼及统购统销制度下同家与农民的关系》，《中国经济史研究》2009 年第 4 期。

⑥ 《工商行政通报》1965 年 12 月第 23 期，转引自徐建青《制度变革与手工棉纺织业（1954 ~ 1965）——兼及统购统销制度下同家与农民的关系》，《中国经济史研究》2009 年第 4 期。

以上虽是各地零散事例，但已可说明问题的普遍存在。

徐建青从繁杂的历史资料中，选取了河北、山东、浙江、湖北四个集中产地的典型调查，这些可贵资料可以帮助我们大略了解这些年土纺土织的生产情况。

河北　1961 年 4 月，曲周县安寨公社薛庄生产队有 107 户，其中 70% 左右搞土纺土织；安国县（今安国市）渔村公社北都生产队社员家家纺线织布。[①] 1963 年 9、10 月份的调查反映，正定县朱河公社三个大队有 100 户织土布，均为商品性生产。[②] 同年 11 月，商业部在给国务院财贸办的一个报告中称，河北邢台、保定等地区素来贩运土布到内蒙古呼和浩特、包头等城市，该年 1 月至 4 月，呼和浩特上市的土布有 51820 尺，5 月份加强管理后上市量减少，9 月以后又骤然增加，10 月份上市量达 35509 尺，全部成交。据供销总社统计，1964 年，河北省有 68 个县生产土布，有织布机 20 万台，纺车 120 万辆，参加人数 104 万人，年产土布一亿尺（市尺，下同）。[③] 同期河北省共有 143 个县（1964 年数字），总人口 4289 万人（1965 年数字），[④] 也就是说，有将近一半的县搞商品性土纺土织，涉及人口约 2060 万人，从业人数占总人口约 5%。与新中国成立初期比较，这个数量和比例并不过分。根据重点产区的调查，1950 ~ 1954 年，河北省产土布分别为 2337 万、2117 万、1979 万、1399 万、1280 万匹（自然匹），[⑤] 各地一匹布的长度很不一样，如以每匹 20 尺计，1954 年约为 2.56 亿尺。

山东　1964 年 9、10 月份，广饶县史口区有 80% 以上的生产队都搞商品性土纺土织，有三分之一的农户织土布。高密县（今高密市）、平度县（今平度市）土纺土织情况很严重，生产队长、党支部书记、民兵连长的家属都织土布。据统计，1964 年，山东省有 40 多个县搞土纺土织，占当年 104 个县的 40% 左右，惠民专区一年生产土布 5700 万尺。[⑥]

---

① 《商业工作简报》1961 年 4 月第 199 期。

② 《供销合作简报》1963 年 10 月第 38 期。

③ 全国供销合作总社、中央工商行政管理局：《关于农村土纺土织和今后意见给国务院的报告》，1965 年 5 月 25 日。普通木机的土布一般幅宽一尺左右，铁木机、铁轮机可宽至二尺，如不涉及棉花使用量，幅宽问题在这里意义不大。

④ 内务部民政司编《中华人民共和国行政区划简册》，地图出版社，1965，第 6 页；中国社会科学院人口研究中心编《中国人口年鉴 1985》，中国社会科学出版社，1986，第 809、813 页。

⑤ 中国社会科学院、中央档案馆编《1953 ~ 1957 中华人民共和国经济档案资料选编 · 商业卷》，中国物价出版社，2000，第 282 页。

⑥ 《供销合作简报》1964 年 11 月第 93 期；全国供销合作总社、中央工商行政管理局《关于农村土纺土织和今后意见给国务院的报告》，1965 年 5 月 25 日；内务部民政司编《中华人民共和国行政区划简册》，地图出版社，1965，第 33 页。

浙江 1959年5月，浙江省委曾因没有完成棉花收购任务而发出《关于立即停止土纺生产的通知》，要求各地立即停止土纺生产，大抓棉花收购，并将已收购的棉花全部供应“洋纱厂”的需要（中共中央于同年5月18日向山东、河北、河南等14个省、直辖市批转了这个报告，要求各地仿照执行）。但到1964年，据典型调查，该省有十几个县的生产队搞土纺土织，并且和22个省有业务往来。

湖北 1961年4月，汉川县（今汉川市）公路生产大队第六生产队35户，有24户自织土布，有一户家有4台织机。1963年10月，监利县朱河镇桥南20余户中，搞土纺织的有10余户，木机20余台，织户买入棉花，出售土布，生产昼夜不停。1964年9、10月份，浠水县巴河区和平公社搞土纺土织的有87户，分布在12个大队、28个生产队，其中一个生产队有80%的农户搞土纺土织，这87户中，有30户是常年生产，35户是季节性生产，22户是临时生产、自纺自用的。①

（二）农村土纺织屡禁不止、顽强延续的原因

1. 农民求生存、求温饱的基本愿望和强烈要求

如本书前述，千百年来，农业与家庭副业、手工业的密切结合，是中国农民维持生存的基本方式，舍其一，则难以维持温饱，当人口与生存环境关系紧张时更如此，棉纺织是最为重要普遍的家庭工业。在农民没有其他收入渠道即所谓的“就业机会成本为零”状况下，1950年代初开始打压并采取严格限制、逐步消灭家庭纺织业的政策，对广大农民的生活和农村经济必将产生极为不利的影响。农民为求生存、求温饱，自然要千方百计保留包括棉纺织在内的家庭工副业。据极不完全的调查，虽然受到严重削弱，棉纺织业在农民家庭经济中仍然起着极为重要的作用。徐建青根据1965年上半年全国供销合作总社对辽宁省朝阳县七道岭公社大袁家窝铺生产队进行的调查②，做出如下分析：3个农民家庭的个体经营收入占全年总收入的比重都在50%以上，其中属于“非正当收入”的土布收入占个体收入的比重基本在20%以上（农户3中，1963年和1964年差距较大，如果两年平均，也在20%以上），占全

① 《商业工作简报》1961年4月第199期，1963年10月第82期；《供销合作简报》1964年11月第93期。

② 1965年7月全国供销合作总社关于四个地区副业生产的典型调查，转引自徐建青《统购统销制度下农民家庭棉纺织成本收益探析》，《中国经济史研究》2010年第4期。

年总收入的比重在15%以上。

该生产队并非处于棉花和土布产区，生产队和农民家庭植棉纺织主要还是为了解决自己的穿用问题（而将国家发给的布票出售，很多农户都有此项“非正当收入”）。那么在其他一些棉花和土布生产的主产区，商品性生产早已形成传统，土布产量大，收益也高，作为非法收入的土布收入在农民家庭经营中的比重肯定更高。在利益驱动下，一些地方的农民放弃“正当”的农业生产，专业经营“非正当”的纺纱织布，也就不足为怪了。例如，河北石家庄的土布贩卖到内蒙古、张家口，每匹可赚50～60元。[①] 浙江黄岩县有的农户不参加农业生产劳动，专搞土布，两三年获利1万元，有的农户要求全家退出劳动底分，专搞土纺土织，说是“有钱不怕没饭吃”。[②]

徐建青收集了上海、浙江、山东、山西、湖北、安徽、河南、贵州等省的16县及集镇1961～1965年的土布价格，对之分析，认为：无论什么时期，农民家庭自己植棉并纺纱织布的收益都是相当高的。在1960年代前后的经济困难时期，这可以说是一种高利行业，难怪引起中央的高度重视。1964年以后，经济状况好转，这时的土布价格可以视为一种通常市场价格，这时的收益也是相当可观的。利用自留棉，自纺自织，既解决了家庭穿用问题，又可增加收入。如果留下超产棉（按政策规定本应卖给国家）私分，农户还可以多分棉、多织布、多卖钱。[③]

也正因为土布纺织业对农民家庭经济的重要，一些地区利用中央政策在某些时期的变化，将土布纺织业作为该地区农村经济的组成部分加以保留甚至发展，例如，扶持土纺土织历来是救灾措施之一，其结果也就救了土纺织业。河北省高阳县，1954～1956年，年年水灾，当地政府要求通过开展副业，增加社员收入来弥补农业歉收的损失，鼓励发展包括土纺土织在内的社员家庭副业生产，有一个农业社全社有98张织布机，有96台投入生产，早晚挂灯织布，其中27台双班机子达到昼夜不停。[④]

“大跃进”后的调整时期，压缩城市人口，大批人口回到农村、市镇，这

---

① 《商业工作简报》1962年第6期。

② 《供销合作简报》1964年第93期，转引自徐建青《统购统销制度下农民家庭棉纺织成本收益探析》，《中国经济史研究》2010年第4期。

③ 徐建青：《统购统销制度下农民家庭棉纺织成本收益探析》，《中国经济史研究》2010年第4期。

④ 《高阳县农业副业结合的经验》，《人民日报》1957年12月30日，转引自徐建青《统购统销制度下农民家庭棉纺织成本收益探析》，《中国经济史研究》2010年第4期。

些人员的就业安置是个很大的问题，有的地方就将土纺土织作为下放人员安置的一种措施。1963 年，湖北省监利县朱河镇搞土纺土织的人很活跃。这些人大部分是纺织厂下放的职工，他们买入棉花，自纺自织自染，织成土布出售，昼夜不停。镇政府怕取缔后这批人员不好安排，因此明知不符合政策，影响棉花收购，但也不坚决制止。①

2. 农民家庭纺织业的低生产成本与经济效益

在长期的古代社会和近代社会的条件下，与同类组织形式生产相比较，家庭农业与工副业生产的成本较低，社会、生产效益常常较好，本书已对之进行了分析。在新中国成立的前 30 年间的农村经济中，有资料表明，在以人工为生产动力的状况下，大致同样如此。

徐建青认为：如果计算市场收益，涉及的因素有劳动力成本、棉花成本、纺织工具成本以及土布规格和土布市场价格。农民利用自己种植的棉花纺纱织布，家庭劳动力不计算成本，纺织工具折旧亦可忽略不计。②

从实物量来说，同样是 1 斤棉花，农民自己用来纺纱织布，比上述售棉买布平均交换比价的 3 尺多布，能够多得到 6 尺（宽幅 2 尺）多布。③

不应忽视的是，尽管机器生产效率远高于手工，对于棉纺织业这类技术要求不算太高的行业而言，农民家庭仍有一定的竞争能力，特别是布匹消费要求花色品种多、变化快、随时能适应市场等特点，手工织布仍可获得一定生存空间。“例如四川，据报道，该省有一半的棉布要靠省外供应，可是省内的土机织布有很大潜力，把上海的布样交给本省土机织布工人试织，织出的布并不比上海逊色，由于土布生产灵活，可以随时翻新花样，结果土机织造的条布、格布、线呢，成为四川市场上最吃香的布匹之一。”④ 这里所说的土布，应该是包括了机纱手织布和手纱手织布。看来，即便到了新中国时代，即使在严厉限制和打压手工棉纺织业的政治经济环境下，现实生活对于那些因为“机器生产效率高于手工，手工织布不可能生存下去”的绝对观念，仍

---

① 《商业工作简报》1963 年 10 月第 82 期，转引自徐建青《统购统销制度下农民家庭棉纺织成本收益探析》，《中国经济史研究》2010 年第 4 期。

② 这与传统农民家庭棉纺织业的计算方法是一样的，此外还有机会成本问题。关于传统农民家庭生产的成本收益计算，前人研究已很多，这里不再详细解释。

③ 徐建青：《统购统销制度下农民家庭棉纺织成本收益探析》，《中国经济史研究》2010 年第 4 期。

④ 《四川地方工业生产适应当地人民消费习惯，地方产品在初夏市场占优势》，《人民日报》1958 年 5 月 20 日，转引自徐建青《棉花统购、棉布统购统销政策与手工棉纺织业》，《当代中国史研究》2010 年第 2 期。

是明确否定的。

徐建青认为：在棉花和棉布生产不能满足生产、生活需求的情况下，国家总体上对人民消费的棉布计划供应量被压得很低。城乡居民的棉布需求都得不到满足，以至城市居民也要靠购买一些土布来弥补不足，尤其是那些接近农村的中小城市。

另外，在城乡居民的棉布计划供应量上，城镇明显高于乡村，城乡的巨大差别使得农村的土布（还有机织棉布）市场尤为活跃。这是因为，从计划供应一开始，就不是按照实际需求，而是按照城乡人民购买力的原则来进行分配的。1957 年商业部在报告中说，“因为城市和乡村人民购买力不同，历年发行布票的时候，都采取了城市多发一些布票，乡村少发一些布票的做法”①。

在棉花统购和棉布统购统销期间，农民家庭棉纺织是弥补国家计划供应不足的一条途径，农民穿用很大程度上是靠自纺自织，城乡市场对棉布的需求在一定程度上也是靠土纺土织来补充。在合法与非法之间，存在着巨大的利益空间。获取“额外利益”的可能，是“违法违规”的农村土布生产屡禁不止的一个重要原因。②

五　对农业在国民经济中地位和作用的不同意见

在城乡协调发展对中国经济发展的重要性上，新中国某些领导人是有充分认识的，可惜这些充满大智慧的真知灼见未被始终认可，不能成为得以贯彻执行的决策。

新中国成立后长期主管国家经济工作的陈云，在各个时期，都高度重视农业在国民经济中的基础作用。强调在处理工业和农业的关系上，农业是第一位的，在处理吃饭和建设的关系上，吃饭是第一位的。可以认为在陈云的经济思想中，这居于核心地位。正如他强调的，“没有粮食是最危险的”③，“农业问题，市场问题，是关系五亿多农民和一亿多城市人口生活的大问题，

① 1957 年 4 月 11 日，商业部关于 1957 年棉布供应问题的报告，载中国社会科学院、中央档案馆编《1953～1957 中华人民共和国经济档案资料选编 · 商业卷》，中国物价出版社，2000，第 275 页。

② 徐建青：《统购统销制度下农民家庭棉纺织成本收益探析》，《中国经济史研究》2010 年第 4 期。

③ 陈云：《陈云文选》（一九五六——一九八五年），人民出版社，1986，第 148 页。

是民生问题。解决这个问题，应该成为重要的国策”[①]，“农村能有多少剩余产品拿到城市，工业建设以及城市的规模才能搞多大。其中关键是粮食。这已经有了几次教训”[②]，“经济不摆在有吃有穿的基础上，我看建设是不稳固的”[③]，“农轻重的排列，就是马克思主义与中国革命实践相结合”[④]。

新中国成立伊始，陈云就强调农业对工业、农村对城市的重大作用。1950 年 11 月陈云在第二次全国财政会议闭幕式上讲话指出：半年来的财经工作证明，城市的繁荣是农村经济转动的结果。农副产品卖出去了，可增加农民的购买力，促进城市工商业的发展，减少或消灭城市失业，提高城市购买力。因此，这是中国目前经济中的头等大事。

1951 年 4 月陈云在阐述该年财经工作要点时提出，第一就是做好城乡交流，即将农产品收上来，将城市工业品销下去。陈云指出，如果我们不管，就不算人民政府；如果没有这种交流，工农联盟就不能巩固。在另一次报告中，陈云又指出，农业发展不起来，工业很难发展。

但是，由于当时以美国为首的帝国主义对中国的极大威胁，1951 年 2 月在中央政治局关于从 1953 年开始的五年计划编制工作会议上，毛泽东提出：中国建设要以重工业为中心。这在当时，对于一个十分落后、百年来受尽列强凌辱的中国，是完全必要的。但农业和轻工业则被置于十分“边缘”的地位，这种状况如果长期延续，不可避免会出大问题。也就是说，因具体时局而出台的短期政策，一定不能长久违背国情制约下的社会长期发展的基本规律。陈云后来针对因此而出现的问题时指出，中国土地少，人口多，交通不便，资金不足。因此，农业生产赶不上工业建设的需要，将是一个长期趋势，不要把它看短了。这是在革命胜利后，用突击办法发展工业必然要发生的现象。我国工业化与资本主义工业化不同，资本主义工业化是长期过程，我们是突击；资本主义可以去掠夺殖民地，我们要靠自己；资本主义开始是搞轻工业，我们一开始就搞重工业；资本主义在盲目中依靠自然调节，能够相当地按比例发展，而我们说要按比例发展，是从长时间计算的，在短时间内，只是力求建设与消费、重工业与轻工业之间不要脱节太远，实质上并不是按

---

① 陈云：《陈云文选》（一九五六——一九八五年），人民出版社，1986，第 201 页。

② 陈云：《陈云文选》（一九五六——一九八五年），人民出版社，1986，第 154 页。

③ 陈云：《陈云文选》（一九五六——一九八五年），人民出版社，1986，第 77 页。

④ 陈云：《陈云文选》（一九五六——一九八五年），人民出版社，1986，第 223 页。

比例发展。吃穿的供不应求，实质上是工农业矛盾的反映。①

邓子恢的观点同样值得关注。虽然中央确定了首先发展重工业的经济建设路线，但邓子恢仍然坚持首先发展农业的观点。他在1953年在压倒性的优先发展工业的压力大潮中仍坚持认为，“……先有农业发展，而后有工业发展。我们现在只有发展农业生产，才能为工业化开辟道路；也只有农业发展了，改善了农民的物质生活与文化生活，才能巩固工农联盟，才能把农民团结在工人阶级周围”；“只有农业生产发展了，才能为国家工业化开辟道路。因为，工业化要解决几个问题：要开辟市场，没有销路，工业化不成；要供给原料，没有经济作物，没有原料，不能生产；要粮食供给城市人口，工人要吃饭，没有粮食不行；工业化还要有安定的环境，工农联盟不巩固，乡村动荡不安，化不下去”。②

陈云于1961年，曾极其中肯地总结了新中国成立后工农业比例失调的四次情况和对国民经济的巨大冲击。他说，新中国成立以来，出现过四次粮食供应比较严重的紧张状况。这四次当中有三次是由城市人口增加过多产生的，也就是说，城市人口的增加超过了当时粮食负担的可能。陈云将这四次情况，上升到中国进行社会主义建设必须遵循符合国情的基本经济规律——工农业协调发展——的理论高度加以总结：“农村能有多少剩余产品拿到城市，工业建设及城市规模才能搞多大。其中关键是粮食。这已经有了几次教训。”“国民经济的基础是农业。农业好转了，工业和其他方面才会好转。所以，工业不能挤农业，城市不能挤农村，而要让农业、让农村。”③

邓子恢、陈云等的谈话，一方面说明了他们对中国经济规律的深刻认知，另一方面也说明新中国确立的“重轻农”经济建设路线带来的严重影响和危害。

正是对农民家庭经济的彻底否定、对重工业的片面强调和对农业的实际轻视，使得1949年至1980年代初的约30年间（严格说应自1956年以后），现代中国在城乡——工农产业关系方面发生了两大变化。其一，经过统购统销、农业集体化等措施，中断了数千年来的农民家庭经营以及农民家庭手工

---

① 中共中央文献研究室编《陈云年谱》（中），中央文献出版社，2000，第210页。

② 《农村工作的基本任务和中心环节》，1953年4月23日，载邓子恢《邓子恢文集》，人民出版社，1996，第338~339页。

③ 《动员城市人口下乡》，1961年5月31日，载陈云《陈云文选》（一九五六——一九八五年），人民出版社，第152~156页。

业与农业的结合（容后详述）。其二，城市规模和工业发展多次超过农业能够提供剩余产品的限度。[①]

这两方面造成的后果，在现象上看，是城乡分割、城市工业—农村农业。[②] 在实质上是牺牲农村农业发展城市和工业。

这里不能全面评论其的全面影响。就短期看，按“重轻农”安排的经济建设方针确实为新中国的重工业发展做出了重要贡献，可能有其暂时的必要性。但从长期看，是不可持续的：农业和工副业从来是中国农民赖以生存的两条腿。杜润生曾列举历史资料说：“1950 年的几份材料表明，5 亿农民中，约有 1 亿人专门依靠副业生活。”同年 6 月 14 日，毛泽东为中央起草了《关于农业生产合作社要多种经营的通知》，指出各省“粮食产值似乎不会超过50%，而粮食以外作物及副业的产值至少占 50%，或者在 50% 以上”[③]。这可以充分证明合作化之前农村工副业的重要地位。但是，随着集体化的逐步升级，支撑农村经济的家庭工副业这一条腿被砍掉了，农民收入大大减少。如果农民能够单纯从扩大粮食生产的收入换取工业品，倒也是社会分工扩大的体现，但农民是以低价农产品换取高价工业品，实际上是农民以大大减少的收入去交换大为昂贵的工业品，其结果，即便在农业条件很好的江南地区，也形成“高产穷队”[④]。而农村经济的穷困，也严重影响了农村市场的壮大，影响了轻工产品的发展和资本积累，造成民生基本工业品的长期匮乏。另外，同时造成城市居民的主要副食品的长期匮乏。

从长期看，这是一个工农—城乡两败俱伤的城乡关系。这种“重工业太重，轻工业太轻，农业太弱”[⑤] 的国民经济比例严重失调的经济格局，一直延续到 1980 年代初。

---

① 许多人认为：工农业产品间的“剪刀差”是以损害农业来发展工业的主要体现。

② 实际上，农村中的工业生产并未完全消灭，在人民公社制度下还一度提倡社队办工业。但这种农村工业是建立在对农民家庭工业和手工业的完全否定基础上的（自 1956 年以后），且受到多种限制。

③ 《杜润生自述：中国农村体制变革重大决策纪实》，人民出版社，2005，第 168 页。

④ 费孝通：《九访江村》，载《费孝通学术论著自选集》，北京师范学院出版社，1992，第 84 ~ 86 页。

⑤ 《杜润生自述：中国农村体制变革重大决策纪实》，人民出版社，2005，第 115 页。

第十三章　改革开放后农民家庭经营与城乡关系的重要变化

一　农户经营的全面恢复和农村工业的快速发展

1978年12月召开的中共十一届三中全会，为全国农村的新变革开启了大门，农村形势开始了根本性转折。1980年代初，随着联产承包责任制的建立，倍受摧残的农民家庭经济、农户经营在全国以不可抵挡之势迅速推开。当然，这个变革绝非一帆风顺，而是经过激烈而艰苦的各种斗争：1980～1981年秋天，人民公社的统一经营向分户经营转变；包产到组向包产到户转变；包产向包干转变。① 1982年中央第一个"一号文件"，正式肯定了土地的家庭承包经营制度，结束了包产到户30年来的争论。② 至1983年，家庭联产承包责任制"普及到几乎每个村庄"③。

杜润生认为，包产到户之所以能够在全国推开，其中非常重要的一点，是它解放了土地和劳动力。1978年，中国的粮食产量约为3000亿千克。到1984年，粮食就增加到4000亿千克，紧接着，劳动力从公社制度下解放出来，乡镇企业大发展，加之外贸企业、私人企业形成一大块非国有经济，为农民收入增长开辟了新的巨大来源。④

---

① 《杜润生自述：中国农村体制变革重大决策纪实》，人民出版社，2005，第121页。

② 《杜润生自述：中国农村体制变革重大决策纪实》，人民出版社，2005，第135页。

③ 《杜润生自述：中国农村体制变革重大决策纪实》，人民出版社，2005，第139页。

④ 《杜润生自述：中国农村体制变革重大决策纪实》，人民出版社，2005，第138页。

杜润生的上述看法，值得深思。它实际上透露出对实行了30年的集体经济的深刻反思：这种所谓的集体经济的最集中的一个弊病，就是在仍然要依赖人这个劳动力在生产中起主要作用的生产力水平下，完全否定了对劳动者个人利益及其家庭利益的切身维护。在无所不包的“集体利益”的统治下，劳动者的个人利益、家庭利益、经营选择、经营成果，实际上几乎被剥夺殆尽。

杜润生多次反思过农业生产中的主体劳动者和农民家庭在中国特定条件中的地位和作用，他列举赞成土地家庭承包的理由，如下。

从全世界的经验看，集体化的效率非常低。我国的人民公社，最后还是被家庭经营所取代。这并不是取决于个人的意志，而是取决于经济规律。集体化使农民的各种权益受到剥夺，而且找不到一种可以激励农民积极性的适当的分配机制，最后苏联的集体农庄也变成了工资制。因此，社会主义国家不能没有自留地制度。自留地生产的高效益本身就成为集体统一经营生产效率低下的反证。

土地生产要受自然气候的支配，需要因地制宜，进行现场决策，必须找到现场决策人。在这个意义上，家庭农场是现成的，也是传统的机制。现在，全世界都证明最适合于农业的形式是家庭农场。

中国土地资源是稀缺的，劳力是富裕的。用资本代替劳动，搞大规模的机械化，在美国、苏联等国是合算的，在中国则不上算，不符合效率的原则。从生态意义上，大规模种植，使品种越来越单一，慢慢就会退化，毁掉生物基因库，损失更大；而且有机肥也难以利用，造成环境污染。①

获得了独立经营自主权的农民家庭，不但激发出农业种植业的积极性，也焕发出对家庭副业、工业及其他各业的积极性。就整体看，1980年代改革开放后，农村的农业生产、农村工业包括集体性质的社队——乡镇企业，和农民家庭性质的工业——手工业都出现了明显的发展势头。或许在一定程度上可以认为，农村工业的萌动还要早于集体土地制度的变革。

社员家庭自营经济的发展，经历了数次起伏曲折，直到党的十一届三中全会以后，才得到较快发展，呈现一派生机。1980年代初，在家庭联产承包责任制还未在全国全面实行时，对传统的社员的家庭工业副业生产，理论战线就有文章为之“正名”，有人提出，“农村集体经济的社员群众，在参加集体经济生产经营活动之外，还以户为单位，以自己的劳动为基础，从事养殖、

① 《杜润生自述：中国农村体制变革重大决策纪实》，人民出版社，2005，第160页。

种植、手工业和其他项目的生产经营活动，这是我国社会主义农村经济的必要组成部分”。文章作者将这部分经济称为社员家庭自营经济，而不使用社员家庭副业的传统提法，目的在于强调它在社会主义农村经济中的重要地位。[①]

集体性质的社队企业发展影响，似早于家庭、个体企业。在1970年代，全国不少地区都有农村社队企业的发展。有统计表明，至1979年底，全国共有社队企业148万个，其中社办企业32万个，大队办企业116万个，平均每个公社6个，大队1.7个，全国已有98%的公社，82%的大队有了企业。[②]［1982、1983年中央的“一号文件”，突破了只有社队集体才能办企业的限制，使个体、家庭、合伙等私人企业都得以发展。］而较有影响的江苏苏南，早在“文革”中的1960年代就开始发展了一批社队企业。至1980年，全省社队工业产值占全省工业总产值的比重，已从1970年的5.2%上升到23%，从而带来城乡工业布局的变化。至1981年，全省社队企业总收入可达120亿元，较1970年增长16倍。[③] 就全国来看，至1984年底，乡镇企业的总产值较上一年增长23%，达到1500亿元。《人民日报》评论道：“人们没有想到，农村经济的这支异军突起得这样快。从沿海到内地，从平原到山区，农民企业如雨后春笋，到处破土而出。过去乡镇企业基础薄弱的福建省，大步迎头赶上，去年全省乡镇企业年产值增长30%多。基础好的地方发展更快。在乡镇企业这支异军中又起异军——农民的集资企业和家庭工厂发展异乎寻常得快，据浙江七个县的调查，农民去年集资二亿七千万元，办厂上万。这些厂大都投资小，上得快，经营活，效益高。一些地方如保定地区、温州地区，农村经济踏起专业化的一条龙生产和专业市场两个轮子，加速向商品化转变。不少县抓出几个拳头产品，出现几个主要行业，形成几条龙。技术或经营能手、骨干企业、运销大户、贸易服务中心起龙头作用，带动专业户、联合体、分散的家庭工厂、作坊，组成小区域的专业化、基地化生产；专业市场随之应运而生。”[④]《经济日报》1985年3月报道，据有关部门的权威人士最近指出，我国乡镇企业正进入一个飞快发展的新阶段。这个新阶段主要体现在两个方面。第一，突破了就地取材、就地加工、就地销售“三就地”的封闭式

---

① 张礼华：《社员家庭自营经济的性质和特点》，《四川财经学院学报》1982年第1期。

② 徐宽、沈晓莉、孙方明：《论社队企业》，《经济理论与经济管理》1982年第1期。

③ 顾松年、任新保：《社队企业·小城镇·中心城市》，《经济学周报》1982年1月25日。

④ 姚力文、刘允洲：《在新的战略起点——全国农村工作会议侧记》，《人民日报》1985年1月16日。

经济，按照市场需求竞相发展了商品生产，使越来越多的乡镇企业开始跨地区、跨部门地联合起来……出现了“南北交流，东西对话”的局面。第二，突破了社队两级办企业的框框，形成乡办、村办、队办、个体办和新的联合体办企业的“五个轮子一齐转”的生产和经营的好势头。1984 年，宁夏、河北、福建、安徽中个体和新的联合体产值分别占归乡镇企业总产值的 53%、48%、40%、34%。①

社队集体企业的迅猛发展，有其内在的历史原因即单一农业收入的低下和大量剩余劳动力的沉积，也有其发展的特定时期之影响，即当时一统全国的集体所有制经济中，土地归集体支配，劳动力也服从集体支配。这就使得集体企业的创办和发展的成本要大大低于城镇办企业，因为厂房用地是无偿供给的，企业职工就是农民身份，不需要城市企业中的工资水平和支付各种保障。这两点正是社队企业具有低成本优势和顽强竞争力的主因。而农民家庭企业在这些方面更具优势。它可以启发我们进一步思考：农村企业发展初期的优势，也可以放大到全国范围，即中国作为一个后发展国家，发展现代工业有其特有的传统社会经济优势（农村的亦工亦农传统）和土地集体化优势，使其可能在短时期内极迅速发展。另外，又必须认识到农村工业用地和农民工的低成本是严格受制于资源环境和时代条件的限制的，它不可能是发展工业和“现代经济”的长期性条件。因此，在决策者的战略规划中，就应该在这种低成本的发展中树立相对性、暂时性的观念，在发展势头旺盛时就预判问题，寻求既符合中国国情特点的长期规律又适应时代变化的结合部和融合点，以期经济社会的可持续性发展。这其中，如何找到现代工业和农业现代化的良性循环关系，应该是十分重要的。

二　对工农—城乡协调发展的理论认识和政策建议

自 1979 年开始的农村经济制度变革，使我国农业连续 6 年获得了丰收。至 1984 年还出现了粮食、棉花的“卖难”现象。在此大好形势下，中央在 1984 年 10 月召开的党的十二届三中全会上通过了《中共中央关于经济体制改革的决定》，全面启动了以城市为重点的经济改革。这是在新中国经济建设历

① 经济日报记者：《我国乡镇企业进入飞快发展新阶段》，《经济日报》1985 年 3 月 11 日。

史上意义重大的又一个变化，此后，直至 2016 年的 30 余年，城市经济改革一直被视为全国经济活动中的主导因素。

值得高度注意的是，城市的经济改革虽然时间很长，但效果远不如农村的改革。改革的总目标不确定，要解决的主要问题不明确，出现了种种失误。特别体现在如何处理城市、工业与农村经济和农民的关系问题上，国民经济又回到以城市—工业为重心。而正是这个问题，实质性地影响了城市经济改革乃至全国经济改革的成效。

在开始推进城市改革之时，什么是城市改革的方向和目标？应该遵循何种基本路径和方针？这关系到城市改革的性质和成败，也关系到中国现代化的成败。应该看到，在中央初始提出城市改革的时候，在如何处理城市—乡村、工业—农业的关系方面，一些主要领导和农业战线的政策制定者，有着十分清醒的认识，这就是基于中国“十亿人口、八亿农民”的基本国情，牢牢把握住工业和城市的发展要以农业、农村为基础，要巩固基础、强化基础而绝不能相反。一些领导强调，中国特色的社会主义的重要之处，就是要工农、城乡互动互联、相互促进、协同发展的共同现代化。

万里在 1984 年 12 月 14 日《全国农村工作会议上的讲话》中指出：党的十二届三中全会，认真总结了新中国成立三十多年来的经验教训，特别是最近六年农村和城市改革的经验，做出了以城市为重点的经济体制改革的决定。可以预见，一场伟大的有深远历史意义的振兴中华的革命，即将在全国范围内兴起，这给农村下一步的改革，给农村由自给半自给经济向商品经济发展、由传统农业向现代化农业发展，提供了更有利的条件。城市改革将释放出更大的活力，向农村提供更多、更好的生产资料和生活资料，推动科技、人才、信息等大规模地向农村扩散；将对农村的发展提出更高的要求，特别要求农业提供数量更多、质量更高、品种更加丰富的农产品。一个城乡协作、互相促进、共同发展、日趋繁荣的局面将会出现。邓小平同志指出，要建设中国特色的社会主义。这可能就是一个非常重要的特色。

从以上万里的讲话中，可以看出其推进城市改革的根本目的，是更好地帮助农村经济发展，是要形成城乡互动、共同发展的中国特色。

建立新型的社会主义城乡关系，是万里讲话的重点之一，极为精彩。他说，有计划有步骤地组织城市生产力向农村扩散，是关系城乡经济发展全局的一项战略性措施。1984 年 9 月，我曾讲过北京洗衣机厂的经验。这个厂生产的“白兰牌”洗衣机，98% 的零部件都下放到农村去了。五年来，厂房没有扩大，职工增加不多，产量却增长了30倍，利润增加了50倍，同时带动了一大片农村经济的发展。人们称它为“白兰道路”，这个路子有全国性的普遍意义。近年来，各地在这方面都创造了许多值得借鉴的经验，如制定城乡间有差异的信贷、税收政策，推动一些适宜在农村发展的产业迁出城市；运用适当的调节手段，促进那些以城市为龙头、农村为龙尾的生产协作型产业实现一体化；采取积极的行动，利用城乡各自的优势，开展联合经营。所有这些经验，都要认真总结、推广。中央、国务院已做出市可领导县的决定，即以城市为中心发展经济。今后，城市要打开城门，农村要打开“寨门”，不论从事农村工作还是城市工作的同志，都要总揽城乡关系全局，努力消除城乡之间的各种壁垒，促进城乡经济的联合，逐步建立起新型的城乡之间有分工、多层次的产业结构。

万里说，城市生产力向农村扩散，最有效、最重要的是人才的扩散……农村商品经济的发展，除体制问题、思想问题外，主要是交通、信息、能源特别是知识和人才的问题……有些地方非常重视农村教育改革，大力举办各种类型的农村科技文化学校，对农民进行职业和技能的训练，取得了显著效果。今后城市人才的扩散，要更多地同这种方式结合，以加速科学技术的传播。

万里说，随着农村商品经济的发展，小城镇建设的重要性更明显了。对这件事我是一则以喜一则以忧。既希望它能够很快发展，又怕缺乏领导，盲目发展，坑了农民……这么多的集镇如果同时铺开建设，势必带来一些问题：第一，力量分散……第二，耗资较大，与国家、农民的财力不相适应；第三，占用耕地多，土地利用很难合理，这一点后果特别严重。

县是城乡经济的结合部，是我国社会经济功能比较完整的基本单元。县一级进行综合改革，能够超越微观经济的层次，使微观经济放活和宏观经济协调不适应的矛盾得到缓解，有利于提高指导国家经济活动的能力；能够促进城乡经济的联系，消除城乡之间的壁垒，协调城乡之间的差异，推动城乡全局的共同发展。它既是前一阶段农村经济改革的必然后果，又是目前城市改革的一个重要环节……

目前农村发展商品经济的势头很好，但要警惕瞎指挥、浮夸、形式主义、摆花架子等坏作风的再起。某些地方已开始有这种苗头。还有些地方以权谋私的倾向有所发展，不是全心全意为农民服务，而是卡农民、挤农民、坑农民。①

① 万里：《在全国农村工作会议上的讲话》，1984年12月24日，《红旗》1985年第5期。

1985 年，杜润生在《关于发展农村商品经济的几个社会目标》一文中，提出了农村和农民发展商品生产的历史重要性，以及在发展商品经济中如何正确处理和协调城乡关系等个体与社会发展目标的关系问题。

杜润生指出，这几年实行家庭联产承包制，实行两层经营，除集体经济外，恢复了家庭式的经营，效果很好。要长期保持下去。家庭经营的本质是农民作为相对独立的商品生产者进行活动。有独立性，有自主权，可唤起他们发展生产、劳动致富的兴趣，把千千万万农民身上的不必要的束缚解除掉，让他们在部署生产、处置产品等方面，有一定的自由选择机会，便大大激发了他们身上所蕴藏的巨大的创造能力和主动精神，形成巨大的社会生产要素，加快了农村发展的进程。这是发生在农村的最深刻的伟大变化。

杜润生在讲到农民发展商品经济的积极性与社会整体和谐繁荣的相互关系时，强调要注意处理好几方面的关系。他指出：任何事情都有两个侧面，在不同的方向上起作用。商品经济也是如此。一方面，商品经济发展起来，可以推动生产力的发展……另一方面，发展商品经济也带来一些矛盾。如何才能解决这方面的矛盾？杜润生从中国的历史和国情出发提出了非常重要的思想。他说，我们一定要走城乡结合、共同繁荣的道路。“商品经济的发展，引起城市过度繁荣，乡村长期凋弊，这是许多资本主义国家，以至现在的一些第三世界国家都出现过的现象。”“五年来，我们强调保护农业，让农民休养生息，提高农产品价格，给农村保留一定的资金积累，增加生产资料的供应，特别是实行了联产承包责任制，调动了广大农民的积极性，因而出现了这几年城乡共同繁荣的局面。”“尽管如此，还不能说城乡差别扩大的可能性从此就消失了。今天我们搞城市经济改革，实行有计划的商品经济，就是要利用价值规律的调节作用，鼓励先进的东西，淘汰落后的东西。在这种情况下，城乡原来就存在的技术差距也可能拉大，农村在竞争中仍然会处于不利地位。”

杜润生认为，想缩小农村和城市的差距，需要满足以下两个条件。

第一，农业的劳动生产率要大大提高。

第二，农村的非农业部门的就业人口要相对增加，农业人口要相对减少。

杜润生说，党中央早就指出 8 亿多劳力都集中在农田上，8 亿农民搞饭吃是富不起来的。但如何改变这个局面，好多年来没有找到一个好的解决办法。这几年的经验提供了答案，就是发展多种经营，走综合发展的道路。商品经济的发展，需要有合理的产业政策。农村产业的配置除搞初级产品外，要搞二次产业、三次产业。二次产业是搞加工业，三次产业就是搞各种服务业。人多地少，又不能让农民大量进城，唯一可行的办法是广开门路，吸收剩余劳动力，就地转移，离土不离乡，实现充分就业。这几年来，我国农村非农就业人口增加到将近1亿，1984年乡镇企业产值近1500亿元，为农村新的产业结构的建立打下了基础，开创了城乡共同繁荣的前景，这是一个十分可喜的变化。

农村政策的二次产业大体分为两大类。

第一，农副产品加工业。粮食、棉花、油料、畜产品、水产品、水果、蔬菜、糖、麻、烟、丝等农副产品的初加工、精加工，过去都集中在城市，今后，新发展的主要应放在农村。个人办不了的集体办，集体办不了的地方办，地方办不了的国家办。

我们还可以预计到农业将出现一个崭新的阶段，这就是智力农业阶段。将来把遗传工程、基因组合、细胞融合等最新科学成果运用起来，人类可以按自己的要求生产某些新的动物、植物品种，这些品种抗逆性强，具有不同品质优势。那时，农业生产将有一个翻天覆地的变化。很久以来，科技成果主要投到工业上，没有很好用在农业上，如微电子技术、微生物技术、数学、物理学、化学以及种种边缘科学，好多新工艺、新材料大都没有向农业转移。70年代以来，转移过程加快了，若干年后一定会出现新的突破。世界上很多物质变化都是借助于太阳能实现的。太阳能和土地结合产生植物、动物……

第二，一般的加工工业。这类工业现在大部分集中在城市，在农村也是必须发展也可能发展的。前面说商品经济要优胜劣汰，农村工业是不是难以避免这种命运呢？在价值规律起作用的场合，这是不可避免的。不过商品经济还有另外的作用，即技术平移的作用。世界上的经济不是平衡发展的，因此，出现了技术由先进地区向落后地区位移的趋势……一方面淘汰，一方面转移，这两个过程是同时并存的。我国农村劳动力多、工资比较低，有一些工业尤其是劳动力密集型工业，可以向农村转移。在这里第一步搞劳动密集产品，下一步就可以搞点先进产品了……不赞成农村搞工业的另一个理由是经济效益不高。问题在于经济效益的评价标准，如果单看某一项，经济效益可能不如城市，但从全社会来看，安排几亿劳动力就业，解决了历来很难解决的一个问题，这个经济效益该有多大！

城乡之间不仅仅是工农产品的交换关系，而且要添上一个第二产业、第三产业的经济联系，这种关系带动技术转让、人才交流、资金对流，带动小城镇的发展，形成一个比较均衡的工农业布局，城乡相互支持、协调发展、共同繁荣。

我们农业的第一个市场是城市，第二个市场是国际市场，同时还要扩充我们农村自身的市场。加快落后地区的发展，也就意味着市场容量的扩大，这会成为先进地区进一步发展的条件。农村已有一亿人转到非农部门，成为商品的消费者，落后地区乡镇企业发展起来，还会成倍增加。这不是一个小数字。①

王首道指出，发展乡镇企业“是解决中国各种社会问题的重要环节”。“中国有着十亿人口，光是解决这些人最起码的吃饭问题，已是近百年来旧中国历届政府的一项沉重包袱。何况这些人还要穿衣、住房、求学、就业，享受必要的医疗保健和文化娱乐。而这10亿人口又有80%住在农村。因此，如何解决农村的问题，则是解决中国各种社会问题的关键。但是，解决这些问题，光靠传统的农副业是不行的，单是由实行生产责任制后节余出来的大批劳动力就业问题就难以解决，农民群众随着生活水平的提高，需要的大量现代化服务设施和高级消费品又从哪里来？完全靠国家包下来，同样有困难。只有发展乡镇企业才真正为从根本上解决这些问题创出了途径。”②

胡耀邦在谈到乡镇企业问题时曾说，“你们向高档产品方向走，我也赞成；但是要注意也要有中档、低档。如果都往高档走，大路货就没有了。人民消费能力毕竟有限，高了就买不起。二是要特别注意开拓国内市场，实行薄利多销，不图一时之利，这才是长期的可靠办法”。

胡耀邦还强调说，调整农业产业结构要注意向种植、养殖和加工一条龙的方向发展……这里一个重要问题是不能忽视种植业，否则大家一股劲去搞工副业，农业到一定时候还会萎缩下来。这个问题现在就要预先提出来，以免贻误。总之，种植、养殖、加工一条龙，我国农业才真正有广阔的发展前途，立于不败之地。③

但是，1979～1984年的工农—城乡关系的调整和重视三农并将国家经济建设的战略方向建立在建设农村、提高农村、繁荣农村这个基础和根本之上的指导方针，在1985年之后并未能有效坚持下去。

---

① 杜润生：《关于发展农村商品经济的几个社会目标》，《农民日报》1985年4月16日。

② 王首道：《建设有中国特色的社会主义的重要一环》，《农民日报》1985年1月9日。

③ 《胡耀邦在保定地区汇报农民增收的会上指出：中国翻番基本信心要放在农村》，《天津日报》1985年1月7日。

有研究指出："1978 年党的十一届三中全会开始纠正'重型结构'，选择产业协调发展战略。1979 年对农业资金投入达到历史最好水平。随着农村改革搞活，政策放宽，把农业生产推向新的台阶。但在农村一片大好形势下，忽略了对农业发展后劲的资金投入。"

该研究指出，所谓农业发展后劲，其内涵主要是两个方面的资金投入效益：一是农村基础设施的建设系列，包括农田水利、仓库和道路等建设；二是农用工业的产供销系列。这两个方面的资金投入的滞后效益都存在着一定的周期性规律。一般地说，农产品长期稳定的增长主要依赖长期投入的不断增加。如果长期投入不增加反而减少，不管短期投入有多大幅度的增长，滞后效益规律最终必使农业效益停滞甚至断层。

该研究还指出，"国家的支农资金占财政总支出的比重，由 1979 年的 13.7%，下降到 1986 年的 7.9%；而同期的农村各项税收占财政总收入的比重，由 1978 年的 5.3%，上升到 1987 年的近 8%；国家对农业的基本建设拨款，占国家预算内的基本建设总投资比重，由 1980 年的 14.9%，下降到 1987 年的 7.8%；支农工业投资（包括农机、化肥、农药工业等）占基建总投资中的比重，由 1953～1980 年的 4.3%，下降到 1981～1985 年的 1.3%。抑制了农业的发展后劲，拉大了农产品供求矛盾。尽管国家也采取补贴、提价等之策之方，但终未奏效"。

该研究认为：如果从 1979 年之后，按中央决定，逐步把农业基本建设投资的比重提高到占全国预算内基建投资比重的 18%，绝不会出现 1984～1987 年的农业生产条件的恶化、农业基础设施的建设减弱、许多水利工程失修与老化、有效灌溉面积减少、水土流失严重、沙化面积增大以及农用工业的质次量小远远供不应求等局面。①

上述情况表明，虽然 1979 年之后，中央以农村改革为突破口，抓住了国民经济长期运转中的主要矛盾，开始了新中国成立后的最大变革，但是，还远远不能说以此为突破口就解决了问题、定能取得决定性胜利。因为，1979 年开始农村改革，主要是以前近 30 年中被强行取消的农民家庭经营在党的政策中得以局部修改，农民的生产经营自主权在一定程度上得以恢复，被超经济手段挖走的农民收益在一定程度上有所回归，严重扭曲的工农业产品的价

① 中共中央农村政策研究室、国务院农村发展研究中心：《增加农村资金投入和活力，保障农业稳定增长》，张忠法整理，载《经济研究参考资料》1988 年第 172 期。

格得以局部更正，这些都大大激发了农民生产的主动性和积极性，全国的农副产品供应大为好转，农村的收入水平明显提高，而工农—城乡关系呈现新中国成立后最为良好的局面。

但是，这只是事情的开始。国家政策的放宽，总体上是给了农民一个“休养生息”的外部环境。这个外部环境本身尚有许多需要改进之处。而即便农民有了相对的自主权，对改善特别是提高农业生产和农村经济全局而言，这只是必要条件之一，还有更多的必要条件，需要通过进一步的大改革、大建设去建立，例如，如何在国家经济建设的全局方面，根本调整工农—城乡关系，使农业真正具备基础地位？如何使农业和农村经济本身具备后续发展的主要条件？如何从根本上保障作为弱势群体农民的根本权益？如何在中国这样一个人口极多、人均资源极度匮乏的大国中形成与国情相适应的工农—城乡关系，走出一条中国特色的现代化道路？等等，这些有待于国家层面的总规划，有待于具体的经济建设的路径和方略，有待于正确处理国家、政府和各经济主体的相互关系。它牵扯到工农业领域的建设资金分配的轻重缓急、市场与原材料的安排、国家财政支出的分配、十多亿人口的就业去向、对国民所得在各个行业部门的合理分配、对中国国际和国内市场的战略性计划等问题。所有这些，都不可能仅仅凭借市场经济去自发解决，而一定离不开符合国情的宏观的理论、眼光、策略和决策。当然，这些“顶层设计”绝不是一些负责人或专家拍脑袋的产物，而一定要和在很大程度上以市场机制运行的经济实际运转状况相结合。

我国并非没有出现过有全局观念的高水平的理论研究成果。例如，农业和国民经济关系课题组的《农业和国民经济其他产业关系的研究》。这项研究能够帮助我们清楚了解 1979 年开始农村改革后的若干时期内全国经济的基本境况，以及需要进一步解决的重大问题。因为该研究对于本书所论问题的重要性，所以以下给予较多介绍。①

改革开放后的八年中，国家对农业的资金总量投入的并不少，但农业发

① 以下至 406 页，均引用了这个研究的主要思想。参见农业和国民经济关系课题组《农业和国民经济其他产业关系的研究》，《经济研究参考资料》1988 年 11 月 12 日。课题组成员如下，顾问：梁秀峰（国家计委计划经济研究所）、刘尧清（国家计委农林水利局）；组长：雷锡禄（国家计委计划经济研究所）；副组长：梁真（国家计委经济综合局）、缪树群（国家计委农林水利局）；成员：马晓河（国家计委计划经济研究所）、裴晓林（国家计委计划经济研究所）、郭永利（国务院农村发展研究中心）、吴岩（国家计委计划经济研究所）、王为农（国家计委计划经济研究所）、刘涛（国家计委计划经济研究所）。

展缓慢。1979～1985年，财政支农支出和农产品提价净增加支出共达2800亿元左右，平均每年400亿元，高于改革前的投入水平。但令人不解的是，农业（不包括农村工业）发展缓慢。这一矛盾还要从经济深层来分析……在国家对农业的资金总量投入中，基本建设即长期投资的绝对数及其占国民经济基建总投资的比重都下降了。国家对农业基建投资总量，由“五五”期间的240.08亿元减少到“六五”期间的172.84亿元，投资比重也从10.5%下降到5%，1986年下降到3.0%，使国家、农村集体和农民个人对农业的固定资产投资总和占全社会固定资产投资比重也远远低于10%。农产品长期稳定增长一般要依赖长期投入的不断增加。如果长期投入不增加反而减少，不管短期投入有多大幅度的增长，无后劲必使农业停滞甚至减产。

该研究认为，据钱纳利－塞尔昆的大国模型，在人均国民生产总值从300美元向1200美元过渡的大国，每年固定资本在各产业部门的份额，依次应该是农业10%左右，矿业2%，制造业（能源工业以外的工业）22%，基础设施（能源、交通运输、建筑）40%，服务业25%左右。与该模型的数据相比，我国农业的投资份额明显偏小，制造业偏大，基础设施偏小。该研究认为，问题很清楚，不压缩制造业的增量投资份额，农业以及基础设施的投资额就很难提高。农业投资额不增加，农产品就不能实现长期稳定的增长。

然而，在改革开放时期，中国为什么就难以做到压缩工业投资总额在经济发展中的份额呢？

该研究认为，三十多年以来，我国在倾斜工业发展的战略指导下，长期形成的固定资产存量结构在很大程度上制约着增量投资的方向和结构。这是因为存量结构一旦形成，往往与其配套建立的组织结构融合在一起，构成难以逆转的刚性，它迫使后续投资不可抗衡的叠加。看来，不对存量结构进行伤筋动骨的变革，增量投资也无法实现结构优化。但是，财政体制和投资体制改革以后，中央对投资结构（包括存量和增量结构）的调控能力明显变弱。过去，全民所有制单位基建投资中，预算内投资占80%～90%，若要进行伤筋动骨的变革，利用强制手段还能办到；而现在财政分灶吃饭和投资主体多元化，使国家预算内的投资比例降到不足40%，国家预算外投资比重大幅上升，由于近期利益目标的差异，中央很难调动和联合地方政府和部门扭转结构偏差，很难实现投资结构的优化。地方政府和部门的财力和投资权限扩大后，其投资行为明显趋于短期化，与中央政府的目标形成尖锐矛盾。为了在近期获得更多利润，以期扩大财政收入，各级地方政府往往置农业、基础设施等基础产业于不顾，争相大上回收期短、见效快和价高利大的加工制造业项目。在投资上形成了加工制造业既挤农业又挤基础设施服务业的偏差态势。使国民经济中已经超前的加工制造业更加超前，人为地造成和加大了加工制造业与农业、基础设施服务业之间的供求断裂。毫无疑问，在现有经济体制和产业政策条件下，地方政府的财力和投资权力越大，投资行为倾向加工制造业的冲动就越强烈，由此引起的产业间的供求矛盾也越尖锐。因此，如何进一步改革经济体制，调整产业政策，从宏观上调控各级地方政府和企业的投资行为，使他们也能够与中央政府一起向基础设施投资、向农业投资，是目前亟待解决的问题。

该研究认为，在比较和选择发展战略这个事关中国社会经济方向性的重大问题上，最适宜的是“我国的经济发展实情决定了只能选择协调发展战略”。这不仅仅是因为从工业化阶段上判定我国已经完成初步工业化而迈向成熟工业化阶段，最重要的是从大结构上分析，当前农业与其他产业发出的几大深层矛盾只有靠协调发展或均衡的办法来解决。假若继续保持工业的超高速增长势头，就不可能集中必要的资源强化农业的发展。最理智的办法就是适当压缩工业的增长，调集一定的资源扩张农业，以实现产业的有序发展。即使从次级结构——工业内部结构来考察，面临的主要问题也是要求均衡，而不是靠敛聚大量增量，继续进行外延扩张的倾斜发展。

研究认为，现阶段以及以后一个时期，工业的进一步发展，首先碰到三大难题，一是产品供给不足的同时又产生大量过剩产品，由此，浪费了大量资金和技术，并对能源、原材料等基础设施产生巨量无效需求。据有关部门统计，至 1987 年 2 月底，全国工业企业产品库存总额高达 667 亿元，按照 1985 年形成亿元资产占用的成本资金、耗用能源等指标计算，这 667 亿元积压产品要占用成本资金 497 亿元，耗能 3130 万吨（标准燃料）和 240 多万吨钢材。也就是说，1988 年增加的 560 多亿元企业流动资金贷款、3860 万吨的能源消费和 540 多万吨成品钢材的生产增量中，分别约有 89%、81% 和 44% 基本上是由无效供给引起的。因此，不压缩无效生产或需求，工业就很难实现有效增长。二是在工业设备资产严重短缺的情况下，又出现大量闲置。由此，加剧了资金总量供给不足的矛盾。有关资料表明，目前全国工业 4000 多亿元的设备固定资产中，就有 10% 即 400 多亿元左右是闲置资产，其中 90% 的闲置资产有使用价值。积压和闲置两项合计达 900 多亿元，相当于目前农业向工业提供的三年原始积累总和。三是在能源、原材料和资金等严重短缺的同时，现有工业又是高耗能、低产出结构。

怎么办？理性的做法应该是对工业现存结构进行重大调整，消除低效或无效增长，理顺工业内部及外部关系，为工业实现高级化创造良好环境。如此，我们只有借助于协调战略，现时经济环境不允许我们做出别的选择。

研究进一步认为，农业问题是关系社会经济全局极为重要的战略问题，农业生产的稳定增长又是在国民经济长期稳定的大环境中，特别是在产业结构协调基础上，才能实现。因此，目前和未来政策的主要方向应该是，沿着使产业最必要协调关联的道路，调整原有战略累积起来的结构矛盾，改造基础产业的发展环境，重建新的产业产品供求均衡机制，为国民经济进一步发展创造有利条件。

第一，调整国民收入分配格局，为农业稳定发展提供补偿。

从大格局上判断，今后一段时期内，农业还必须作为积累辅源，为工业化提供一定量的资金积累。在这个大前提下，关键难题是国家如何启动价格和投资等经济标杆，使农业摆脱目前的困境，恢复和保持正常的增长。这实质上是一个国民收入分配结构问题。1979 年以来，国民收入分配结构发生的最大的偏斜是，在较大幅度提高农副产品收购价格的同时，相对或绝对减少了农业生产资料价格补贴和农业长期投资。对农民来说，农产品提价使他们获得了增量货币收入，但不等于说这些货币收入都能转化为农业投资。农用生产资料价格补贴和投资，却可以直接转化为农业的物质技术投入，支撑农业的稳定发展。十分不幸的是，后两部分投入在农民那里把从经营中得到的增量货币投向了非农产业……必须强调的是，今后农业的发展单靠国家的投入是不够的，更加重要的是通过政策和制度，把农民获得的增量货币收入的必要部分，重新转化为农业的短期和长期投入……

理智的做法还是在农村的三次产业间，构造一个产业协同发展的机制。

其一，建立农村发展基金组织系统。该系统替代国家或地方系统原有的经济职能，调节农村资金要素在产业间的流动。

其二，建立农业专项发展基金制度，每年从农村非农产业的利润中，提取适当比例的利润，作为发展农业的专项基金，交由农村发展基金组织监督使用。

其三，国家（包括地方政府）每年从农业、非农产业收取的各种税金（包括土地占用税），通过投资、财政补贴等形式返还给农村的份额，应主要用于农业生产的发展方面。

第二，发展非农产业，扩展劳动力转移空间，为农业逐步实现规模经营创造条件。

其一，进一步拓宽就业弹性较高的产业或行业的发展空间。增加劳动力的吸纳强度。

其二，制定信贷、税收、价格、财政、原材料供给和进出口贸易（包括外汇使用）等优惠政策，大力鼓励和支持东部沿海地区发展劳动密集型产品的出口。目的旨在通过国际大循环，解决部分农村剩余劳动力的出路问题，并利用世界市场转换机制，实现劳动密集型产品价值，获取工业化所需要的外汇。

其三，开放城镇劳动密集型产业或行业的劳动力市场，取消种种限制和关卡，鼓励农民进入城市轻纺、服装、建筑、建材、食品加工以及商业、饮食等服务行业。限制农村劳动力进入城镇劳动力密集型产业或行业，从某种意义上说，这就意味着抑制了农业的发展。

其四，打开或进一步拓宽地区间劳动力市场……设想，能否由国家或地方政府成立一个具有独立经营性质的农村劳动力调节公司系统，统一地、有组织有计划地调节全国两类地区间的劳动力乏剩问题。

其五，积极开拓农村非农产业空间，在政策上鼓励乡镇企业大力兴办劳动密集型产业，由我国最基本国情决定用劳动替代资金发展农村非农产业，是今后农村经济发展的一大战略。这既可缓解发展农村非农产业与农业和国家大工业争资金的矛盾，又可把大部分农村劳动力容纳在农村，因此，建议今后考核乡镇企业的经营实绩时，应该把劳动力就业作为主要指标之一。同时，国家在信贷、税收和出口贸易等政策方面应该鼓励乡镇企业发展劳动密集型产品出口创汇。

该研究提出了协调城乡经济和产业的一个极当引起重视的思想：

> 实行城乡协作分工，也是农村创办劳动密集型企业、发展非农产业的重要条件。我们认为，城乡双方，都应该面向国内外大环境，把自己无优势或优势小而对方有优势或优势大的市场份额让渡给对方加工生产，使双方都能够做到扬长避短。对此，设想按生产阶段和劳动环节分工，农副产品初级加工及某些精加工、机械制造业中的零部件粗加工等，由乡镇企业生产。产品的精加工由城市企业生产。按资金密集和劳动密集程度分工，除了城市发展必不可少的劳动密集型产业或行业外，建议城

市把一些不适宜自己的劳动密集型产业或行业，如食品加工、轻纺、建筑建材和矿业采掘等工业扩散到农村，而城市则相对发展资金、技术密集程度较高的产业或行业（当然这里并不排除经济发达地区农村创办适宜自己经营的资金技术密集型产业）。同时，有些企业和产品的开发，城市和乡村还可以协作经营。城市出资金、技术，农村出劳动力和厂地，把双方的优势要素结合在一起，实质上是把城市工业创造高附加值同农村广泛就业统一起来，使国民经济产业的整体优势，通过城市产业和农村非农产业、农村非农产业与农业、农业与城市产业的紧密关联而得到充分发挥。

其六，建设中小城市和农村集镇。

今后农业剩余劳动力向外转移以及非农产业的发展，不能“遍地开花”。这样必然会浪费大量土地、资金和技术等资源，无法形成规模经营。同时，劳动力转移也不可能像西方发达国家和某些发展中国家那样大批流入大城市，这势必超越我国大城市经济、社会结构的承受能力。另外……这些因素，都决定了劳动力转移空间必须同时满足新兴产业（非农产业）的规模经营和农业稳定发展两方面的要求。因此，建设和发展中小城市和农村集镇，就成为劳动力转移、农村非农产业发展的主要空间。

第三，强化现代物质技术要素投入。

为提高土地生产率，不仅仅需要非农产业为它吸纳大量过剩劳动力，而且更重要的还在于现代产业部门能不能为它提供工业化的成果——现代物质技术要素（包括生物工程、良种、农药、化肥、机械、农膜、能源以及水利灌溉工程等），以增强它对自然力的可控能力，提高土地生产率，为工业化产出更多可供交换的农产品。为此，要建立和完善以农业为基础的支农工业体系，把工业和国民经济的发展转移到以农业为基础的轨道上来。这样，既可保证农业的进一步发展，又为工业化奠定了基础、开辟了道路。事实上，世界各国乃至我国经济发展的经验都表明，农业越发展，就越要依赖工业化物质技术要素的供给。

必须改革现存的农用工业和农业技术保障体系，强化农业的现代物质技术投入，为农业发展创造良好的物质技术基础。

其一，国家要增加农用工业的投资及其比重，确保农用工业自我更新和能力的发展。

其二，调整农用工业现存结构，增加高效优质品种的供给，建议国家今后要多建几个复合化肥厂、高效能低残留农药厂和农膜车间。

其三，相应增加和保证农用工业原料、能源和流动资金的供给。

其四，适当提高农用工业品的出厂价，降低所得税税率，使农用工业生产企业有利可图。

其五，在市场经济发育未成熟之前，建议建立全国农用生产资料总公司，下设分公司，其任务主要是购销农用工业品，按生产成本加平均利润购买农用工业品，低于购价卖给农民，购销价差由国家财政补贴给公司。这样生产企业有利可图，农民也可以得到国家补贴的实惠。

其六，重建一套高效率并能适应现行农业经营方式的技术服务体系。国家应投入一定的财力、物力、人力并制定必要的政策，调整和改造现有的农业技术服务组织，按照有计划的商品经济原则，重新建立一套能适用于当前和未来农业经营方式的技术服务体系，该体系的主要任务是改造传统农业技术，研究、开发和推广现代农业技术，为农民提供土壤改良技术、高产优质良种、新型栽培和养殖技术、灾害防治技术、灌溉工程技术和农副产品加工技术等项服务。

第四，改革现行城镇的福利分配政策，扩大居民商品消费范围，减轻对农产品单一的需求压力。

第五，调整资产存量结构，压缩加工制造业的增长速度，以减轻农业提供积累的压力。

当前的迹象表明，继续在低技术水平上，靠原有产业无限制的外延扩张来实现经济总量增长，不但会使总量增长中的无效成分日益扩大，而且还会对基础产业尤其是农业形成更强的需求……

需要采取以下重大改革措施。

其一，打破目前分割的部门所有制结构，建立一种能统管国家现存资产的机制。对闲置资产进行行业间和地区间的调剂。

其二，利用法律、行政和经济手段，限制加工工业滥铺摊子、乱上项目、盲目发展。并对生产积压产品和无效或低效的加工制造企业，进行切实有力的改造、转产、兼并或破产，把现存结构中无效益的增长速度压下来。

其三，加快大中型企业的技术改造，提高其技术设备水平和产品层次。

其四，集中资产存量来强化能源、交通、原材料等基础产业的发展，使这些产业能在较短时间内成长起来，以适应工业化的要求。

第六，改革宏观管理体制，为农村经济的繁荣和发展提供组织保障。

新战略和新的政策措施的实施，需要新的宏观管理体制，否则功亏一篑。

其一，统一协调农业宏观管理部门的职能（包括农牧渔、林业、水利和气象等部门），建立一个能统管和调节农村各项经济工作的宏观管理共同体。共同体由现行各农业管理部门合并组成。该共同体是间接控制与直接控制相结合的农村宏观管理组织。它旨在在能充分发挥农村商品生产经营者积极性的基础上，从宏观总量上利用行政、法律和经济手段，调节农产品的供求平衡，调节农村产业布局，调节生产要素在产业间、地区间和城乡间的流动，协调城乡—工农之间的分配关系，促进农村乃至国民经济的协调发展。

其二，分解其他部门的农村宏观管理职能。首先，农村基金组织对国家分配的“用之于农”的资金，实行适当承包。同时要把资金使用的结果报告给承包单位。其次，农用工业应划归农村宏观管理共同体管理。再次，由商业部门（包括供销社）经营的农用工业品职能要转交于农用生产资料总公司承担。该公司由农村宏观管理共同体和国家物资管理部门双重领导。最后，农村金融信贷组织的活动也要受共同体监督。

第十四章　三农问题的产生及严重化

一　决策层的认识和指导改革的理论

1988 年，距开始农村改革时间不算太长，三农问题就较明显地暴露出来。有人针对当时的问题指出，当前我国工农业发展上所面临的主要问题是农业发展后劲不足。主要表现如下，一是耕地面积逐年减少，而人口逐年增加，人均耕地面积下降。二是由于农业投入不足，农业基础设施的建设有所削弱，许多水利工程失修，灌溉面积减少，抗御自然灾害能力差。三是水土流失严重，沙化面积扩大，有机肥料的使用越来越少，土壤肥力下降。四是农业现代化的某些方面有退步。

研究者认为，出现这些问题的原因是复杂的。一是农村多种经营的兴起，许多农副产品的价格陆续开放，比价发生变化。有一些产品如水果、水产品、苎麻等，比价是扭曲的。不少农村的第二、三产业收入不但超过农业，也超过城镇职工，相形之下，种田效益低。二是农村实行联产承包责任制后，农民有了较多的经营自主权，但责任制有不完善之处，使农民有较严重的经营短期行为。三是在宏观管理上缺乏一套有效的手段。[①]

以上意见，是针对当时三农出现的问题得出的分析意见，虽紧密联系了当时的实际，但因为问题刚发现不久，对问题产生的原因分析还不能认为是深层次的认知。经过若干年后，对问题可以看得更清楚些了。

至 2016 年，距 1985 年高层“智囊团”提出意见已经过去了 30 年。虽然当时的高见，即“欲求全国现代化建设的健康成长，必须全面协调好工农—

---

① 缪树群等：《农业与工业的关系》，《经济研究参考资料》1988 年第 173、174 期。

城乡关系，必须真正打好夯实农业基础”，真实反映了新中国成立后以及改革开放以来的城乡经济的成绩和问题，反映了当时的国民经济各部门应有的相互关系，也经得起中国长期发展的历史经验检验，但极其遗憾的是，这类真正符合中国经济发展规律的真知灼见，未能在中国的改革开放中作为构建中国特色现代化理论的核心价值观念之一而得到重点推行。

事情发展到今天，“三农”问题似愈益严重，工农—城乡关系的矛盾和不协调似愈加扩大。由于笔者难以获取实证所必需的若干主要数据，不能不以中央的正式文件中透露的信息以及见诸某些媒体的不完全报道以资辅证。

中央的重要会议和文件所提出的大政方针和新的提法，都可以理解为针对实际中发生和急需解决的重要问题的反映，当然不会无的放矢。从这个角度，可以较正确和权威地透视重大问题所在。

前述研究报告中的一个重要建议，就是调整现有的城市和工业的存量资产，调整这些存量资产的经营方针和分配格局，使之向农村经济倾斜，从而在相当程度上扭转严重失衡的工农业关系。

但是，这个建议没有被采纳。对于1980年代城市国有企业改革历程，杜润生在2004年一次会议的发言中回忆说：当时，国企改革有股份制还是承包制之争。国务院领导鉴于国有企业前后部门联系复杂，因而提出暂停存量改革，推动增量改革……转向增量改革，发展了非国有经济后，有乡镇企业异军突起，有引进外资，有个体经济、私营经济恢复，几项非国有经济共占GDP的40%~50%。到90年代，加上其他因素，国民经济呈现快速增长。但取得这个成绩的同时，国企改革滞后导致市场竞争力低下，难以应对全球化环境……

杜润生回忆，1993年，开始提出国有资产流失时，人大开始着手制定《国有资产法》，但被搁置了。在没有立法的情况下，90年代进行产权改革。在股份制改造中，政府产权允许企业经理层出钱“买断”股权。有些人买了股权，没有支付现款，久欠不还。自己人合伙，搞黑箱作业，其性质近似侵蚀公产，被人们称为“权贵私有化”。

杜润生回忆说，为防止国有资产流失，2004年国资委已发了8个文件……如果改革的程序不科学、不透明、不民主，遗留问题很多，将来改革也许要重来。

杜润生认为，落后国家走向现代化，资本主义经济发育是不可避免的，可是资本主义也有好坏之别。从历史上看，西欧某些国家在工业化进程中使农民悲惨地破产。中国要避免坏的资本主义发育方式，首先必须尽快遏制已萌芽的权贵资本主义。

我国的民营经济是中小型资本主义经济，和它并存的还有外国资本主义，据说，外资已占到 GDP 的 40%……另外，部分不公正的权贵资本主义，为数不多，可选择时机用可掌控的清算方式加以解决。因此提出清算，是体现我国法律要保护一切公民的财产权利，但不保护非法所得。我们拒绝那种不择手段的私有化。①

杜润生的这些看法，对中国的发展有重大意义，他做到了提前看到问题、提前提出警告，经过了数十年，历史告诉我们他的正确性，也告诉我们无视警告所引发的重大问题。

虽然在道理上几乎无人会否定农业、农民的基础性作用，虽然最高当局不断强调农业的重要地位，虽然核心智库给出过高水平的建议，但在实际中，作为最大弱势群体的农民、最大弱势产业的农业，无法维护自己在国民经济中的基础地位。相反，在 1980 年代末至 90 年代初兴起的经济建设大潮中，中国农村和农民，一次又一次地作为最主要的提供者，贡献了维持生存和可持续发展的生产要素。不错，在 20 年左右的时间中，中国通过国际大循环和对外贸易，成为世界最大的制造工厂，同时国内兴起的加工业、房地产业、交通运输业以及各种第三产业，一跃成为全球经济总量第二位的超级大国。但所有这些，都建立在中国国内最丰富也是最为宝贵的资源要素——土地和劳动力的支出上。而土地和劳动力，正是中国农业和农民的实体和精髓所在。如果将农业比作一个人的躯体，那么，土地和劳动力就是人体的血液和骨骼。血液的不断更新，骨骼的不断成长，才可能促成人体的成长、发育、壮大。但如血液在不断流失，骨质在不断疏松，人体当然不可能健康成长，甚至危及生命。40 年来的中国农业和农村，正是处于大量失血而未能补充的过程中。

那么，为什么会产生三农问题而且愈来愈严重？深层原因是什么？这是我们真正解决三农问题必须要搞清的。以下仅试做初步的分析以求教于读者。

---

① 《杜润生自述：中国农村体制变革重大决策纪实》，人民出版社，2005，第 343 页。

二　决策层理论认识的不彻底和由此形成的现代化道路和方略的不统一

从1978年底开始，从党的决策层开始了中国要实现现代化必须改革的理论启动。但是，什么是中国的现代化？所谓“工业、农业、国防、科技四个现代化”的标准是什么？这关系到改革的方向和总目标。如果没有明确的方向和目标，改革谈何成功？在世界上唯一的有持续不断的最悠久农业文明、人口最多底子极薄而又不可能像已经现代化的西方世界那样有充分的空间进行稀缺资源交换条件的中国，现代化的方向和目标只能根据中国国情而不可能简单模仿外国先进，当然中国也绝不可能走古老传统和经验的老路。在开始改革时高度集中统一的中国，一旦启动根本性的变革，方向和目标不明确，就难免不走弯路，造成极其巨大的损失。

可以认为，我们启动改革的理论准备是很不充分的。“摸着石头过河”，走一步看一步，是当时状况的写照，大约不错。

当然，我们看问题要从具体的历史条件出发而非事后“坐而论道”。改革出台的背景是：十年“文革”刚刚结束；极“左”思潮有绝大影响；中国丧失了追赶世界先进的大好机遇又面临国内严重的经济社会问题；客观环境不允许中国有一个充分讨论和认识问题的时段。而当时的中央领导层在决心改革时，是较充分地吸取了新中国成立以来近30年建设的正反两方面的经验教训，并且抓住了关键要害：从农村农业和农民问题入手去解决问题。而改革开放初期所取得的明显成效，又毋庸置疑地证明了改革开放路线的正确。也正因为如此，改革开放使国家、政府和各阶层人民都得到了实惠，获得了全社会的拥护。从这个意义上说，以“摸着石头过河”精神去开创改革开放道路有其历史功绩。

然而，我们的现代化事业毕竟是人类历史上从未有过的创新大业。要奔向中国现代化的明天，我们面临的不是要蹚过一条普通的“河流”，而是没有现成经验可以借鉴的、看不清彼岸又深不可测的“大海大洋”。在没有经过历史验证的成熟理论可以作为指南去指引航程的状况下，只有充分意识到自身所处的困难之危险，及时地从以往的实践经验中，特别是注意研讨中国数千年历史行程中的长期规律性中，注重这些规律性的变化与不同历史条件的关联，才有希望及时修正航向，少走弯路。

从改革开放至今40余年的历程看，在及时总结经验并不断提升到理论高度这个问题上，显得仍然很不够。中国并非没有过这方面的高水平理论思考。至迟至1985年前后，已经出现了很值得注意的关于中国现代化建设的全局性理论思考，其中有主要基于对新中国成立后历史和实践的思考，也有对中国历史上第一次大变局——鸦片战争以来至改革开放时期长达近一个半世纪的思考。

但是，相关的理论思考在出现后并未能成为理论界的主流。它们往往被淹没在会随时出现的解决具体问题的对策讨论中——而对这类问题的解决方案常常是以《西方经济学》中关于市场经济的现成或流行观点为蓝图（当然不排除其他更深层原因）。

十分明显的事实是，在1984年底农村改革刚刚取得明显成效后，改革立即转入城市—工业的改革，希望走农村改革的路子，从提高人的物质利益和积极性入手（例如承包和明晰产权等），去激活国有企业为主的工业生产效率，并从增加国民经济的“增量”途径进行。这样，在如何处理并形成长期失衡的农村农业与城市工业相互关系这个影响极大的问题上，实际上放弃了从既有的资产存量入手在国民经济整体中重新建立以工业—城市力量去帮助支持基础农业—农村这样一个新的基础。直至20年后，中央才在2005年底的党的十六届五中全会上在“第十一个五年计划的建议”中，正式提出“国民经济已经达到工业反哺农业、城市支持乡村的阶段，要统筹城乡经济社会发展”。但是经过十年左右的时间检验，这个认识并未真正成为决策层的指导思想。重中之重的“三农”的问题只是在局部和浅层次上得到缓解，在这个口号提出的几年后，中央的方针又变为新型城市化为中心，明确将国家经济力量重心放到了城市一边。中国缺少符合国情的相关理论的参考和指导（这种理论毫无疑问要来自历史和实践经验的总结和升华）。中国的改革理论大大落后于、脱离于实践的需要。这是我们在改革开放的实践中屡现问题的重要原因之一。

三 改革开放大潮中部门、行业的利益转换

1984年后，国家经济发展和改革的重心转向工业和城市，而面向农村农业的投入明显减少。形成工业发展过热、农业生产大滑坡。1984年我国粮食总产

量登上8000亿斤新台阶，而1985年下滑了564亿斤。棉花更下降了33.7%。不仅国家大幅减少了对农业投入的增加幅度，农村资源也向工业倾斜，加上农业生产资料价格迅速上涨，原已初步理顺的工农—城乡关系又出现明显矛盾。1985年挖了300亿斤粮食库存。1986年，原计划粮食能恢复到8000亿斤即增加400亿斤，但实际只增加了200多亿斤，又挖了200亿斤库存。①

1985年粮食生产滑坡的直接原因是当年灾情较重，又减少了粮食种植面积。但深层原因是近年对农业种植业投入不足，农田抗灾能力减弱，土壤肥力下降。而这些，又与国家和农民双方对农业投入减少相关。国家方面，对农、林、水、基建投资，在基建投资总额中的比重由“五五”的10.55%下降到“六五”的5.1%，其中1985年只有3.4%。农民方面，由于农业的比较收益远较其他产业低，农业双层经营制度也不够完善，农民增加的货币收入首先投向建房。1985年用于建房投资从1978年的30亿元猛增至330亿元。而用于农业的各种投入特别是农田基本建设投入大为减少，致使大量水利工程失修，效益下降。1950年代我国灌溉面积每年增加1500万亩，而1980年以来，全国灌溉面积反而减少了1300万亩。“六五”期间，全国自然灾害成灾面积占受灾面积的比重由1981年的47.1%上升到51.2%，其中水灾面积占受灾面积的比重由46.1%上升到63%。②

在农业基础又一次受到冲击、出现明显滑坡的局面下，如果切实接受以往的历史经验，符合逻辑的步骤应该是对农业在国民经济中的基础地位的进一步认识、从理论上和实践中大力强化工业—城市支持农业—农村的认识和力度，将受到影响的工农—城乡关系调整过来，并以此为教训，从此将工农相互协调、共同发展作为中国现代化最重要的、必须坚持的道路坚定不移地走下去。

然而，事情的发展却并非如此。

有学者指出：由于加工工业继续盲目发展，工业与农业、加工工业与基础工业的矛盾又趋尖锐。首先，农业再度成为国民经济中严重的薄弱环节。1987年，粮棉产量仍未恢复到1984年水平，人口的自然增长率却重新上升到1.4%以上。1987年人均粮食由1984年的395.5公斤下降到376公斤，人均棉花由1984年的6.1公斤下降到4公斤上下。农业总产值平均每年增长4.2%，其中种植业平均每年增长1.4%。而同期工业持续高速增长，平均每年增长16.9%，工

① 武力主编《中华人民共和国经济史》，中国经济出版社，1999，第943、945、956页。

② 武力主编《中华人民共和国经济史》，中国经济出版社，1999，第956~957页。

业速度与农业速度、种植业速度之比，急剧扩大为1∶0.5∶0.08，工农业之间的结构矛盾重新加剧。从1987年起，我国粮食再次由净出口转为净进口。[①]

1988年，全国改革的重点，由企业转向价格。农业生产资料在其他产品涨价的推动下，价格上涨幅度超过农副产品收购价格的提高。这种工农业产品比价重新或更加扭曲的状况，对我国经济产生了深刻影响。[②] 就全年看，工农业生产比例失调继续加重。该年工业再一次超高速增长。全年乡和乡以上企业的工业总产值达15481亿元，增长17.7%，超过上年增长幅度3%。农业则增长缓慢，总产值比上年增长3.9%，其中种植业下降0.2%，粮食、棉花、油料产量分别下降2.2%、2.4%、13.6%。[③]

由于1988年下半年经济形势出现的问题，9月26日，中共十三届三中全会召开，确定了治理经济环境、整顿经济秩序和全面深化改革的方针，从此国民经济进入了治理整顿阶段。

1989年11月6日，中共十三届五中全会召开，决定延长治理整顿时间。考虑到当时存在的困难和问题还很多，而且这次治理与以往的经济调整不同，利益格局多元，投资与消费双膨胀，需要触动与调节现有的利益格局；同时加强农业和能源交通建设需要大量资金投入，而国家财政集中度偏低，财力十分薄弱，总量平衡和结构调整难度都较大。全会决定把原定的二年改为“用三年或更长一些时间基本完成治理整顿任务”[④]。

会议正确认识到：“农业的稳定发展是经济、政治、社会稳定的基础，是调整经济结构的关键。”[⑤] 集中力量办好农业，争取粮棉油稳定增长，促进农林牧副渔业全面发展，是治理整顿期间中共中央和国务院采取的主要经济政策之一。1990年，中央掌握的基本建设中，用于农业的投资比上年增长30%，财政支农资金增加17.7亿元。1991年，国家财政用于农业的资金又增加30亿元。从1989年冬起至1990年春，全国共投入劳动积累工42亿个，相当于上百亿资金，完成土石方48亿立方米，建设规模和效果，都是近十年来最好的。[⑥]

---

① 武力主编《中华人民共和国经济史》，中国经济出版社，1999，第967~968页。

② 武力主编《中华人民共和国经济史》，中国经济出版社，1999，第977页。

③ 武力主编《中华人民共和国经济史》，中国经济出版社，1999，第981页。

④ 武力主编《中华人民共和国经济史》，中国经济出版社，1999，第997页。

⑤ 武力主编《中华人民共和国经济史》，中国经济出版社，1999，第997页。

⑥ 武力主编《中华人民共和国经济史》，中国经济出版社，1999，第1004~1005页。

尽管如此，从根本上看，农业与工业、乡村与城市之间，并没有在深层次上解决相互促进、协调发展的问题。

在1990年12月中共十三届七中全会上，提出了关于“八五”计划和十年经济社会发展规划。规划于1991年4月由七届人大四次会议通过。规划强调，要重点加强农业、基础工业和基础设施、改组改造和提高加工工业，积极发展建筑业和第三产业。规划将“八五”期间国民经济平均增长速度定为6%，认为“八五”初期还要继续进行治理整顿，在治理整顿中求发展，即使转入正常发展后，还要继续完成治理整顿留下的某些任务。

笔者解读，1991年4月通过的“八五”规划清楚表明了规划制定者对当时经济全局的基本判断：经济过热、国民经济各部门比例失调特别是农业与工业比例关系失调的现象尚相当严重，而不是已接近解决，特别是引起比例失调的深层因素远未能根除。因此规划中才提出，不仅要在“八五”初期继续执行治理整顿，还要在更长时期内解决治理整顿未完成的某些问题。

大致说来，自新中国成立以来，强调加快发展，可以说是执政党占主导的主张和国家经济建设的主线。只有当经济发展出现严重问题，快速发展进行不下去时，注重平衡并进行调整的主张方得到重视。1980年代末因经济过热而不得不进入治理整顿，并且直至1991年仍然强调整顿继续进行，反映出实际经济运行中问题确实严重。不治理整顿，将会对经济发展的前景造成严重威胁。

但是，在经济过热、国民经济各部门比例失调而不得不进行的治理整顿的目标尚未完全到位，特别是引起比例失调的深层因素远未能根除的状况下（其中最重要的是农业与工业良性互动关系的建立），1992年初，邓小平发表“南方谈话”，要求大大加快发展经济速度。根据邓小平的讲话精神，10月，中共第14次党代会召开。会议明确：“世界上许多国家特别是我们周边一些国家都在加快发展。如果我国经济发展慢了，社会主义制度的巩固和国家的长治久安都会遇到极大困难。所以，我国经济能不能加快发展，不仅是重大的经济问题，而且是重大的政治问题。”“90年代我国经济的发展速度，原定为国民生产总值平均每年增长6%，现在从国内外形势的发展情况看来，可以更快一些。根据初步测算，增长8%~9%是可能的。”“当前，要紧紧抓住有利时机，加快发展，有条件能搞快一些的就快一些，只要是质量高、效益好、适应国内外市场需求变化的，就应该鼓励发展。”①

① 武力主编《中华人民共和国经济史》，中国经济出版社，1999，第1025页。

1993 年 3 月，中共十四届二中全会通过了《中共中央关于调整“八五”规划若干指标的建议》。决定：抓住有利时机，加快经济发展。“八五”期间国民经济平均增长速度，原计划为 6%，拟调整为 8%~9%。其中，第一产业平均年增长速度由原定的 3.2% 调整为 3.5%（农业总产值平均年增 4%）；第二产业平均年增长速度由 5.6% 调整为 10% 左右（工业总产值平均年增长 14%）。第三产业平均年增长速度由 9% 调整为 10% 以上。粮食产量指标暂不做调整，但力争较大幅度增加优质品种的产量。[①]

正是因为未能调整宏观经济中的重大比例和结构性问题，没有从根本上治理可能会由此产生的具有严重后果的诸多潜伏矛盾和问题，1992 年开始所谓的“我国进入了以建立社会主义市场经济体制和经济高速成长为基本特征的发展新阶段”[②]，为今后数十年的中国社会经济发展中出现的重大问题埋下了隐患。

第一，在工农—城乡关系这个事关全局的根本性问题上，因为缺乏国家从全国一盘棋角度的规划协调，城乡、工农两大利益主体不可能自发地从对方利益出发协调双方关系。市场经济行为只能导致只考虑本部门本行业之利，于是作为弱势群体的农民和农村一方，不可避免地会遭受损害和失利。

第二，在全国经济正常运行的基本前提的吃饭和就业保障、环境保护和可持续发展等“公共领域”，为私人行为所难以顾及考虑，其问题之解决也是市场机制的自发力量所难以企及的。解决这些领域的问题，除国家进行科学的、符合国情的正确宏观调节[③]——无论以直接或间接形式——外，别无他法，这早已被世界各“发达”国家的历史和现实所证明。市场机制越是不健全，国家宏观调节的任务就越重（事情的另一方面是，国家宏观调节越要具备科学性和准确性，越需要摒弃人为和主观意识的干扰，也就是越要参考市场等客观条件的影响）。但在中国这样一个生存环境极为严苛的社会经济体中，1992 年以后改革开放的目标重心放在市场调节，没有有效处理好宏观控制与市场机制的相互关系。符合中国国情的科学的国家宏观调节却愈来愈弱，愈来愈失去本应有的作用、力量和有效性。

第三，随着市场经济的扩充，随之而来的是利益的多元化、分散化愈趋

---

① 武力主编《中华人民共和国经济史》，中国经济出版社，1999，第 1029 页。

② 武力主编《中华人民共和国经济史》，中国经济出版社，1999，第 1033 页。

③ 此处之所以强调科学、符合国情的正确宏观调节，是因为有各类宏观调节，非科学的不合国情的宏观调节只会把事情搞得更糟。

强大，难以避免地出现一系列社会冲突和问题。只有在健全的法律及其严格执行下，才有可能逐步规范各利益集团的行为，使全国的社会经济得以正常运行。市场开放得越大越多，法律的约束就必须越严。但实际生活中，相应的法律和法规远远不能适应现实，相反，已有的法律法规多有被严重破坏和不被执行的现象。这不能不对未来的前景埋下难以处理的极大隐患。

1980 年代末，中国社会经济已蕴藏了诸多深层矛盾问题。政治和经济领域相互影响、相互渗透，使矛盾发展到十分尖锐的程度。是从政治和经济两大方面，吸取中国本身的国情特点及吸收世界先进的经验教训，去改革和健全全国的运行，还是仅从经济一个方面，又极其片面地从个体、单位、局部利益推动的被歪曲的所谓“市场经济”角度去“发展”，以迎合“国际标准”去达到“繁荣”目标，这关系到中国改革开放的前途和命运。如果说，当时的情况确实需要中国加快发展经济的速度，有些问题还看不清楚，还来不及完善“顶层设计”，那么，紧要的就是需要在之后的实践中去及时发现问题，并尽快在方针政策上加以补充完善。但是，1992 年距今已二十余年，我们没有看到顶层和主流思潮的相关思考，更谈不上行动，有的却是反其道而行之所导致的问题愈益严重。

客观来看，新中国成立后特别是改革开放后，其面临的工农—城乡关系离不开特有的时代背景。其中诸多错综复杂的、包括历史因素的影响和现代的巨变，使这个关乎全局的问题，至今仍远未求得高度一致。这致使在发展现代工商业城市经济以快速提升经济总量的过程中，不能不极大地影响到农村经济和农民、农业，不能不极大地影响到农村土地问题，以致造成相当程度的负面作用。平心而论，对于决策层，要求他们在前所未有的大变动中事先规划好处理各项矛盾的方策，殊不现实。但这并不等于忽略、放弃基于历史经验的理论思考和正确理论对实践的某种程度上的先导参考意义。特别是注意对每一项“改革”措施的实施进行及时的跟踪调查，发现问题（出问题是完全难免的）并及时纠正，绝不能将某些政策的实施与政治上的争论斗争甚至意识形态搅在一起，以致将暂时性的局部问题扩大成根本性的“伤筋动骨”的大问题。

在以上问题上，杜润生同志在 1997 年的一个思考很值得注意。他语重心长地总结到：今天看来，国家的现代化是一个物质的精神的多系统结构性变化。资源供给、资本积累、人才培养、科学技术发展等都属于经济发展所必备的条件。都需要经过长期而又实实在在的努力才能具备。这种过程是不能跳跃的。我们至今还在为这个目标进行努力。实践证明，想快而不得法，反而会浪费精力和时间。任何一个政党和个人，在推行理想时总难免有脱离现实状况的失误，这本是历史进程中常有的，也是可以理解的。不可忘却的教训是：在我国社会主义革命和建设中，当推行理想遇到阻力时，往往缺乏冷静的分析，弄清原因，对不同意见，未认真分清是敌我问题还是属于是非认识问题，把许多和阶级斗争无关的问题，提到阶级斗争高度，以致在十年动乱中被“四人帮”利用，在“以阶级斗争为纲”的旗帜下，推行清除异己的专制主义。①

四　国家支农力度的减弱②

（一）国家对工农—城乡两部门关系的处理

粗略观察从20世纪90年代初开始至今的二十多年中，中国的工农—城乡关系总体上呈现越来越令人担心的非良性变化趋势。尽管最高决策层屡屡提出要高度重视三农问题，并采取了如免除农业税、给种田农民“直补”等措施，但并未能从根本上消除工农—城乡关系的背离矛盾。其根本原因在于，国家发展经济是建立在对农民、农业、农村长远发展不利甚至损害的基础之上的。这又与国家发展经济的主导方针和路线在执行中的偏差密切相关。中国在推行现代化过程中，面临着人口和资源环境高度紧张的基本国情。农民众多、劳动力价格低廉，有利于国家推行劳动力密集型的产业发展，而农民没有严格的有法律保障的农地所有权，又为各级政府随意征地以发展收益更高的产业大开了方便之门。这一方面为仅靠农业维生的数亿农民弃农从工从商创造了条件，从而推动了中国改革开放以来经济高速发展；另一方面，也造成数以亿计的农民工极其恶劣的生产生活环境和极严重的社会问题，同时造成中国最可贵的耕地资源和自然生态环境的严重破坏。

限于笔者水平和篇幅，这里仅讨论一个基本问题：近三十余年国家的政策层面对工农—城乡关系的影响及后果。

---

① 《杜润生自述：中国农村体制变革重大决策纪实》，人民出版社，2005，第191页。

② 本书不可能全面地从具体事实方面仔细讨论上述问题，这非个人能力所及，也大大超出了笔者的写作计划。以下只限于从城乡—工农关系的视角，最简要地从几个方面加以观察和概括。

主要体现在以下方面。其一，国家主导的所谓“城市化”基本条件之一是巨量优质农田变为城市商品房用地，这直接损害了农业和粮食生产，也造成大量失地农民外出，从而形成农村的萎缩。其二，大多数进城农民打工却难以转化为城市市民，造成二者之间难以缝合的两极分化，又造成进城农民和在乡农民家庭分裂、留守老人、留守儿童等种种社会问题。其三，农村的凋敝和农民工进城后的低质量生存，极大削弱了农村市场的健康成长，在开拓国际市场难度愈增的前景下，阻碍中国国内市场的扩大和城市工商业的发展，最终造成工农—城乡双方关系的恶性循环。

以下，从两大方面试加分析。

1. 国家宏观层面对农业、农民和农村经济的支援力度的分析

应该看到，中央决策层对三农问题是重视的。然而这只是在国民经济出现大问题以致有动摇基础的危险时，三农才被提上日程。

在加快经济发展速度、提高 GDP 量值、培育新经济增长点这些有关经济发展的核心问题上，三农就会被明显淡化。这或可认为是新中国成立以来国家经济政策反复出现的“规律性”。出现这个规律性的深层原因，是决策层始终未将农业、农村经济和农民问题真正置于中国经济发展和现代化建设的基础地位上，没有真正认识到处理好工农—城乡的良性互动关系是中国现代化道路的最大特色。

在改革开放后的 1984 年前后，杜润生和姚依林讨论过中国政治经济体制下的农村和城市、农业和工业的利益分配关系问题。姚依林认为，让农民做点额外贡献，这种体制恐怕要维持下去。① 他的意思实质是中国的建设需要长期以牺牲农民、农村利益为代价，不但过去的几十年如此，在改革开放后仍然需要如此。这当然不能看作是姚依林的个人之见。联系到毛泽东时期的一整套关于工农—城乡关系的政策，说它是中共和国家的根本大计也无不可，只是不便公开。这个关于工农—城乡关系的政策，在市场经济中各利益集团的博弈下，其后果愈益显现。

国家的财政拨款或支出，在宏观方面对三农状况的影响有最为重要的作用。我们知道，在新中国成立后至今，农业、农村的运行状态，在不考虑自然环境影响时，除了农民以及集体化时期的农村集体组织的投入和努力外，国家的政策和财力支持是最直接也是最有效的因素。以下就此做一概述，集

---

① 《杜润生自述：中国农村体制变革重大决策纪实》，人民出版社，2005，第 147 页。

中讨论国家的财政拨款（财政支出）对农业和农村建设的影响问题。

我们从国家对农业的整体资金支持，国家对农业农村的基本建设投资角度入手分析问题。如表 14－1 所示。

表 14－1　国家财政用于农业的支出：农业基本建设

单位：亿元，%

年份	国家财政支出总计	国家财政用于农业合计	支农财政占财政支出总计的百分比	其中：农业基本建设支出	农业基本建设占国家财政支出的百分比	农业基本建设占农业财政支出的百分比
1950	68.08	2.74	4.03			
1951	122.49	4.19	3.43			
1952	175.99	9.04	5.25	3.84	2.18	42.47
1953	220.12	13.07	5.96	5.77	2.62	44.15
1954	246.32	15.79	6.47	4.87	1.98	30.84
1955	269.29	17.01	6.47	5.71	2.12	33.57
1956	305.74	29.14	9.76	13.63	4.46	46.77
1957	304.21	24.57	8.30	10.93	3.59	44.49
1958	409.40	43.28	10.81	30.26	7.39	69.92
1959	552.86	58.24	10.72	29.91	5.41	51.36
1960	654.14	90.52	14.06	45.43	6.94	50.19
1961	367.02	54.79	15.39	12.35	3.36	22.54
1962	305.25	36.82	12.49	8.67	2.84	23.55
1963	339.63	54.98	16.56	18.48	5.44	33.61
1964	399.02	66.98	17.01	26.17	6.56	39.07
1965	466.33	55.02	11.96	23.51	5.04	42.73
1966	541.56	54.14	10.07	23.70	4.38	43.78
1967	441.85	45.64	10.38	22.08	5.00	48.38
1968	359.84	33.24	9.29	12.23	3.43	36.79
1969	525.86	48.03	9.13	17.92	3.41	37.31
1970	649.41	49.40	7.61	22.52	3.47	45.59
1971	732.17	60.75	8.30	33.27	4.54	54.77
1972	766.36	65.13	8.50	31.47	4.11	51.80
1973	809.28	85.17	10.53	37.48	4.63	44.01
1974	790.75	91.21	11.54	36.97	4.68	40.53
1975	820.88	98.96	12.06	35.56	4.33	35.93
1976	806.20	110.49	13.71	39.91	4.95	36.12

续表

年份	国家财政支出总计	国家财政用于农业合计	支农财政占财政支出总计的百分比	其中：农业基本建设支出	农业基本建设占国家财政支出的百分比	农业基本建设占农业财政支出的百分比
1977	843.53	108.12	12.82	35.98	4.27	33.28
1978	1122.09	150.66	13.43	51.14	4.56	33.94
1979	1281.79	174.33	13.60	62.41	4.87	35.80
1980	1228.83	149.95	12.20	48.59	3.95	32.40
1981	1138.41	110.21	9.68	24.15	2.12	21.91
1982	1229.98	120.49	9.80	28.81	2.34	23.91
1983	1409.52	132.87	9.43	34.25	2.43	25.78
1984	1701.02	141.29	8.31	33.63	1.98	23.80
1985	2004.25	153.62	7.66	37.73	1.88	24.56
1986	2204.91	184.20	8.35	43.87	1.99	23.82
1987	2262.18	195.72	8.65	46.81	2.07	23.92
1988	2491.21	214.07	8.59	39.67	1.59	18.53
1989	2823.78	265.94	9.42	50.64	1.79	19.04
1990	3083.59	307.84	9.98	66.71	2.16	21.67
1991	3386.62	347.57	10.26	75.49	2.23	21.72
1992	3742.20	376.02	10.05	85.00	2.27	22.61
1993	4642.30	440.45	9.49	95.00	2.05	21.57
1994	5792.62	532.98	9.20	107.00	1.85	20.08
1995	6823.72	574.93	8.43	110.00	1.61	19.13
1996	7937.55	700.43	8.82	141.51	1.78	20.20
1997	9233.56	766.39	8.30	159.78	1.73	20.85
1998	10798.18	1154.76	10.69	460.70	4.27	39.89
1999	13187.67	1085.76	8.23	357.00	2.71	32.88
2000	15886.50	1231.54	7.75	414.46	2.61	33.65
2001	18902.58	1456.73	7.71	480.81	2.54	33.01
2002	22053.15	1580.76	7.17	423.80	2.38	26.81
2003	24649.95	1754.45	7.12	527.36	2.14	30.06
2004	28486.89	2337.63	8.21	542.36	1.90	23.20
2005	33930.28	2450.31	7.22	512.63	1.51	20.92
2006	40422.73	3172.97	7.85	504.28	1.25	15.89

续表

年份	国家财政支出总计	国家财政用于农业合计	支农财政占财政支出总计的百分比	其中：农业基本建设支出	农业基本建设占国家财政支出的百分比	农业基本建设占农业财政支出的百分比
2007	49565.40 (49781.35)	4318	8.67			
2008	62592.66	5955.5	9.51			
2009	76299.93	7253.1	9.51			
2010	89874.16	8129.6	9.05			
2011	109247.79	9890.1				
2012	125952.97	11973.9				
2013	140212.10	11349.6	8.09			
2014	151661.54	14001.7	9.23			

注：①“国家财政用于农业”统计指标，在各种统计资料中含义不统一，易混乱，本表指包括支农支出、农业基本建设支出、农业科技三项费用、农村救济费等各项支出在内的财政拨款；

②方框数据来自国家统计局编《中国统计摘要2008》，中国统计出版社，2008，第68页；括号数据来自国家统计局编《中国统计摘要2015》，中国统计出版社，2015，第68页。

资料来源：国家财政支出总计，1950～2013年数据来自中国财政年鉴编辑委员会编《中国财政年鉴2014》，中国财政杂志社；2014年数据来自国家统计局编《中国统计摘要2015》，中国统计出版社。国家财政用于农业，1950～1986年数据来自国家统计局编《中国统计年鉴1987》，中国统计出版社；1987～2006年数据来自国家统计局编《中国统计年鉴2007》，中国统计出版社；2007～2014年数据来自国家统计局编《中国统计摘要》（2008、2010、2012、2015），中国统计出版社；其中，农业基本建设支出，1950～1986年数据来自国家统计局编《中国统计年鉴1987》，中国统计出版社；1987～2006年数据来自国家统计局编《中国统计年鉴2007》，中国统计出版社。

表14－1试图对农业的拨款及比例、农业基本建设投资额、农业基本建设支出占财政支出比例等几方面的数据变动，表明国家对农业战线的支持力度。表格给人的大致印象是，在1970年代末至2010年代中期的30余年中，国家对农业的财政支持虽然绝对数明显增加，但在拨款比例上并无相应提高，这与在“十五”至“十二五”时期，财政对城市和房地产建设的支出之大幅上升成鲜明对比，详见表14－2。

人们都知道，农业基本建设是保障农业的现代化程度和发展不可或缺的必要条件。基本建设投资不能随着国力增强提高反而明显下降，对中国农业的长期发展意味着什么。

和基本建设密切相关的是固定资产投资，如表14－2所示。

表 14－2　城乡固定资产投资比例

单位：亿元，%

年份	全社会固定资产投资				投资结构			
	总额	城镇		农村	城镇占比			农村占总投资的百分比
			房地产			房地产占城镇投资的百分比	房地产占总投资的百分比	
六五时期	7997.6	5770.5		2227.1	72.2			27.8
1981	961.0	711.1		249.9	73.9			
1982	1230.4	900.5		329.9	73.2			
1983	1430.1	1014.4		415.7	70.9			
1984	1832.9	1279.0		553.9	69.8			
1985	2543.2	1865.5		677.7	73.4			
七五时期	20593.5	14871.3	1034.1	5722.2	72.2	7.0	5.0	27.8
1986	3120.6	2300.4	101.0	820.2	73.7	3.2		
1987	3791.7	2730.6	149.9	1061.1	72.0	4.0		
1988	4753.8	3431.9	257.2	1321.9	72.2	7.5		
1989	4410.4	3134.0	272.7	1276.4	71.1	8.7		
1990	4517.0	3264.4	253.3	1242.6	72.3	7.6		
八五时期	63808.3	49619.0	8708.0	14189.3	77.8	17.5	13.6	22.2
1991	5594.5	4057.9	336.2	1536.6	72.5			
1992	8080.1	6079.7	731.2	2000.4	75.2			
1993	13072.3	10303.4	1937.5	2768.9	78.8			
1994	17042.1	13534.3	2554.1	3507.8	79.4			
1995	20019.3	15643.7	3149.0	4375.6	78.1			
九五时期	139033.2	109206.6	19096.3	29826.6	78.5	17.5	13.7	21.5
1996	(22974.0)	(17627.7)	(3216.4)	(5346.3)	(76.7)			
	22913.5	17567.2	3216.4	5346.3	76.7			
1997	24941.1	19194.2	3178.4	5746.9	77.0			
1998	28406.2	22491.4	3614.2	5914.8	79.2			
1999	29854.7	23732.0	4103.2	6122.7	79.5			
2000	32917.7	26221.8	4984.1	6695.9	79.7			
十五时期	295531.0	245425.0	53356.4	50106.0	83.0	21.7	18.1	16.9
2001	37213.5	30001.2	6344.1	7212.3	80.6			
2002	43499.9	35488.8	7790.9	8011.1	81.6			
2003	55566.6	45811.7	10153.8	9754.9	82.4			
2004	70477.4	59028.2	13158.3	11449.2	83.8			
2005	88773.6	75095.1	15909.3	13678.5	84.6			

续表

年份	全社会固定资产投资				投资结构			
	总额	城镇		农村	城镇占比			农村占总投资的百分比
			房地产			房地产占城镇投资的百分比	房地产占总投资的百分比	
十一五时期	922871.2	794922.8	160416.1	123977.1	86.1	20.2	17.4	13.4
2006	109998.2	93368.7	19422.9	16629.5	84.9			
2007	137323.	117413.9	25288.8	19859.5	85.6			
2008	172828.4	148738.3	31203.2	24090.1				
2009	224598.8	194138.6	36231.7	30707.0				
2010	278121.9	241430.9	48259.4	36691				
	(251683.8)							
十二五时期								
2011	311021.9	301932.8	61739.8	9089.1	97.1	20.4	19.9	2.9
	311485.1		61796.9					
2012	374694.7		71803.8				19.2	
2013	446294.1		86013.4				19.3	
	4365527.7		111423.8	11611.4				
2014	512760.7		95035.6				18.5	
2015								

注：①以上各项数字，均摘自各年度《中国统计摘要》，但多有城镇、农村数据之和不等于全国总额之处，如，1990年、八五时期的总数，2007、2009年的投资总数等，《中国统计摘要2012》第50页载2011年全社会固定资产总额、城镇与房地产额数字，但该资料第55页表《按行业分固定资产投资》中，又将“城镇固定资产投资额301932.8”作为全国投资总计数；

②本表2011年各数据均摘于《中国统计摘要2012》第50页，又据《中国统计摘要2015》，2011年固定资产投资总额为311485.1，2011年后，在《中国统计摘要》中，“全社会固定资产投资”表中已无对城镇和农村的投资数据；

③国家统计局编《中国统计摘要2014》，中国统计出版社，2014，第83页，该数据“4365527.7”与《中国统计摘要2015》数不合，故加方框区别；

④2009年全社会固定资产投资城镇房地产数据为“36231.7”，《中国统计摘要2015》数据为36241.8；

⑤自2010年起，农村数据均由本书计算，因《中国统计摘要》已无此项数据，故本表加方框以示区别。

固定资产是基本建设投资中的基本内容之一。固定资产投资额在城乡之间的比例变化，是帮助人们判断已有的以及未来的经济建设发展状况和未来趋势的重要指标。表 14－2 数据表明，固定资产投资中农村所占比例是明显下降的，从“六五”时期（1981～1985 年）的 27.8% 下降至“十一五”时期（2006～2010 年）的 13.4%。与此成鲜明对比的是，城镇固定资产投资中的房地产部分的比例，从“七五”时期（1986～1990 年）的 5.0% 快速上升到“十一五”时期的 17.4%，并在“十五”时期就已在绝对量和比例上都超农村。

这个现象充分说明，在 30 多年的市场经济大潮中，农村整体经济（包括农户和非农户亦即农业和非农产业）的发展基础和发展后劲，与城镇经济的差距越来越大。农业和农村经济的国民经济基础地位和国民经济的保障底线作用愈趋薄弱，已远远不能与“挣钱巨鳄”房地产业相匹敌。

那么，这一切是如何发生的？其对中国的国民经济乃至中国的普通民众甚至中华民族的生存和未来前景会产生何种影响？这是本书以下的关注重点。

2. 国家财政收支对农民土地以及对整体三农的重要影响分析

若干年来，政府特别是地方政府财政与土地的关系愈益密切，影响巨大，我们重点讨论土地财政问题。

政府财政与土地的关系，极其复杂，而且现在仍然处于经常变动中，远远无法给出一个明确界定。就目前看，只能有一个粗略认识。

如果顾名思义，将政府的财政收入与土地相联系，那么可以说，传统中国作为农业国家，政府财政收入最重要部分就是土地税。新中国成立数年后，土地归公，土地税变为农业税，而农业税是以土地面积为基准计量的。在 2006 年取消了农业税，似乎意味着从此以后国家财政与农民土地脱离了关系。这对广大农民无疑是极大好事，也是国家扶助农村的重大举措，可谓中国历史上的空前之举。

但是，现实的现象大有不如人意之处。土地在国家财政主要是地方财政中所起作用愈来愈大，其影响和作用也引起多方质疑。所谓的“土地财政”引致多方诟病即是一例。近二十年来，“土地财政”一词出现的频率愈来愈高，对国家财政和整体经济的影响愈益加大，对三农的影响至为明显。

本书这里想搞清的问题如下。

第一，什么是土地财政？为什么会产生土地财政？第二，土地财政收入的构成，土地财政在政府财政中的比例及规模。第三，土地财政是如何支出的，与三农的关系如何？

为解答第一个问题，我们又需要首先搞清一些常识：我国财政收入是由什么构成的，然后检视财政收入中哪些与土地有关，最后试说明与土地财政相关的问题。

目前，我国全国性财政收入即国家财政收入由中央和地方两级财政构成，在每一级财政中，又有三大部分内容，即全国一般公共预算收入、政府性基金收入以及国有资本经营收入。

在国家和地方财政中，一般公共预算和政府性基金中都有与土地相关的收入，以后将分别介绍。这里首先重点介绍与土地关系最大的财政收入部分，即地方财政中的政府性基金收入。在这部分收入中，最大部分就是“国有土地使用权出让收入”。

那么，为什么会产生上述现象？这不是一个简单问题。概括说，改革开放后兴起的全国性开发建设大潮，是建立在利用、开发土地主要是农用土地的基础上：一切的建设项目如工矿、交通设施、城市工商企业、住宅等，当然都是建立于土地之上，都必须利用、使用土地。而土地当然是“有主”的，宪法规定为：“中华人民共和国实行土地的社会主义公有制，即全民所有制和劳动群众集体所有制。”[①] 但在实际生活中，农村集体所有制缺乏严密的集体与国家（政府）、与村民的所有制关系的法律界定。各级政府往往作为国家的代表，对土地所有权的归属拥有最高的解释权和最终的决定权。使用土地必须经过土地的最终所有主国家（由政府代表）的同意、获准，这在中国不容置疑（土地法）。具体到土地的使用和利用上，国家所拥有的这种对所有国土的最终所有权或控制权，被称为“国有土地的使用权”。为使用土地或改变原有土地的使用性质（例如农业用地变为非农用地），就必须缴纳费用，以获得国家在一定时期内对使用权的“让渡”（出让）。这就是产生土地使用者必须向国家缴纳“国有土地使用权出让金”的由来。

“土地财政”由此而来。

土地财政是广为流传的形象化名词，一般泛指政府以出让“国有土地使用权”获取资金作为财政收入的重要来源。说白了，就是政府利用所掌握的国有土地所有权，在固定期限内出卖土地（有研究认为是出租土地）以增加财政收入。

作为政府收入的重要部分，土地所有权出让收入已有一些时间。在1999年之前，该收入曾被列入国家财政的预算项目中。在2000年，被列入地方财政的预算，但自2001年后至今，该项目已不再列入国家（包括中央和地方）

① 全国人民代表大会常务委员会：《中华人民共和国土地管理法》（2019年版本）。

的一般公共预算之中。这当然不是说明土地出让已不存在。据官方文，在2007年之前，土地出让收入先纳入预算外专户管理，再将扣除征地补偿和拆迁费用以及土地开发支出等成本性支出后的余额缴入地方国库，纳入地方政府性基金预算管理。2007年，国家对土地出让收入管理制度进行了改革，将全部土地出让收入缴入地方国库，纳入地方政府性基金预算，实行“收支两条线”管理，与一般预算分开核算，专款专用。①

这就是说，在2007年之后，不管土地出让收入的成本如何，它是如何取得的，也不管这笔钱如何使用，在土地使用之前，“土地出让收入”已先期归入了政府手中，成为政府财政收入纳入了国库。

地方财政的基本构成、土地使用权出让与地方财政的关系，以及由出让土地使用权获得款的总量规模和具体构成如表14－3所示。

表14－3　地方政府财政收入构成

单位：亿元，%

年份	地方政府财政收入		地方政府性基金中：国有土地有偿出让收入	土地出让收入占地方政府性基金的百分比	土地出让收入占广义财政收入的百分比	土地出让收入占一般公共财政收入（本级）的百分比	说　明
	地方一般公共预算收入（本级）	地方政府性基金收入					
2008	28644.91	13110.69	10375.28	91.73	24.84	36.22	
2009	32580.74	15827.37	14239.7	89.97	29.94	43.71	财政部网站
2010	40613.04	32606.37	30108.93*	89.28	39.76	71.68	
2011	52547.11	38232.31	33172.90	86.77	36.54	63.13	
2012	61078.29	34216.74	28517.82	83.34	29.93	46.69	
2013	68969.13	48030.31	41266.18	85.92	35.27	59.83	中国财政年鉴2014
2014	75860.00	49996.00	42940.30	85.89	34.12	56.60	
2015	82982.66	38218.12	32547**	85.16	26.85	39.22	财政部网站

注：可以认为，地方政府财政收入的概念有狭义和广义之分。狭义指地方一般公共预算收入（地方本级收入）。广义在2007～2014年包括公共预算收入以及地方政府基金收入。

*数据来源不同，致数据不一样。这里据《中国财政年鉴2011》第394、396页“2010年地方政府性资金预算、决算收支”表各项数据加总，为30108.93亿元。

**该数据来自《财政部公布：2015年财收支情况》，央广网 http：//www.cnp.cn，2016年1月29日。

表14－3显示，在2008年（即全部土地出让收入缴入国库的新统计口径

① 财政部网站 http：//www.mof.gov.cn/zhengwuxinxi/caizhengshuju/201004/t20100413_286852.html。

第二年）至2015年的8年中，土地出让收入在广义地方政府财政收入中的比例最高占近40%，最低近1/4。平均占32.31%，接近三分之一。如果按狭义口径，只计算土地出让收入在地方政府一般公共性财政收入中的比重，则平均为52.16%。这意味着，如果没有土地出让的收入，地方财政收入将会减少到一半。该表还显示，地方政府性基金主要由土地出让收入构成，一般占到85%左右甚至更高。

本书更关心的问题是，土地出让收入与“三农”的关系，即与农用土地直接相关的土地出让收入是如何取得的？又是如何开支、使用的？在土地出让所得的资金中，失地农民的比例是多少？农民失地及其所获得的补偿大小，对于三农有哪些影响？由于现有的已公布数据很不完整且口径前后不统一，尤其是难以确定这些公开数据的真实基础和计算的程序，本书不可能进行前后一致的精准分析。虽然如此，我们可以从国家相关的政策规定中，大致看到土地出让收益的支出使用原则，为进一步了解事情真相提供某些线索。

财政部对国有土地使用权出让收支有一个《土地出让收支管理政策》，其说明如下。

“按照现行政策规定，土地出让收入缴入国库后，市县财政部门先分别按规定比例计提国有土地收益基金和农业土地开发资金，缴纳新增建设用地土地有偿使用费，余下的部分统称为国有土地使用权出让金。其中，计提的国有土地收益基金专项用于市县土地收购储备，包括土地补偿费、安置补助费、地上附着物和青苗补偿费、拆迁补偿费以及前期土地开发支出，计提比例由省级人民政府确定。计提的农业土地开发资金（其中省级最高可以集中30%），专项用于农业土地开发，具体使用范围包括土地整理和复垦、宜农未利用地开发、基本农田建设以及改善农业生产条件等方面的土地开发。新增建设用地土地有偿使用费是国务院或省级人民政府在批准将农用地、未利用地转为建设用地时，向取得新增建设用地的市县人民政府收取的收入，由市县人民政府从土地出让收入中按规定标准向中央和省级缴纳。新增建设用地土地有偿使用费实行中央和省两级3∶7分成，专项用于耕地开发、土地整理、基本农田建设和保护支出。国有土地使用权出让金主要用于征地拆迁补偿、土地开发、城乡基础设施建设、城镇廉租住房保障等支出。”①

① 财政部网站，http：//www.mof.gov.cn/zhengwuxinxi/caizhengshuju/201004/t20100413_286852.html。

按上述说明（规定），表明了土地出让收益的去向和用途，即按照政府公布的原则，土地出让收入应该分配于以上几个方面。而且每一方面的用途大致上都有相应的比例。比例的确定，在设计土地出让资金分配和使用方案时，应该是大致符合当时实际情况的需要的。

现试做表 14－4。由于各年度官方数据无统一口径，表 14－4 并不能按项目口径加以填写，只能通过加注试填。

2014 年，全国土地出让支出 41210.98 亿元，同比增长 0.8%。从 2007 年开始，全国土地出让收支全额纳入政府性基金预算管理，因此，现行土地出让收入为“毛收入”，包含了成本补偿性费用。相应地，在土地出让支出上区分为两大类：一类为成本性支出，包括征地拆迁补偿支出、土地出让前期开发支出、补助被征地农民支出等，这类支出为政府在征收、储备、整理土地等环节先期垫付的成本，通过土地出让收入予以回收，不能用于其他开支。一类为非成本性开支，从扣除成本性支出后的土地出让收益中安排，依法用于城市建设、农业农村、保障性安居工程三个方面，使城乡居民共享土地增值带来的收益。2014 年，全国土地出让支出主要呈现以下特征。

（1）成本性支出增幅略低于非成本性支出，占比与上年基本持平。2014 年，土地出让收入用于征地拆迁补偿、土地出让前期开发、补助被征地农民等成本性支出 33952.37 亿元，同比增长 0.7%，占总支出 82.4%，占比与上年持平。扣除成本性支出后，当年形成的土地出让收益为 8987.93 亿元，同比增长 13.3%，占全国土地出让收入 20.9%。当年，土地出让收益实际用于城市建设、农业农村、保障性安居工程等非成本性支出 7258.61 亿元，同比增长 1.1%，占 17.6%，占比与上年持平。

（2）在成本性支出中，征地拆迁补偿支出略降，土地开发支出增长较快。在成本性支出中，用于征地拆迁补偿支出 21216.03 亿元，同比下降 2.5%，占 62.5%；用于土地出让前期开发支出 9206.38 亿元，同比增长 7.3%，占 27.1%；用于补助被征地农民、土地出让业务支出等其他成本性支出 3529.96 亿元，同比增长 5.1%，占 10.4%。用于征地拆迁补偿支出减少，主要是当年使用新增建设用地面积同比下降 41.5%，征地面积相应减少所致；用于土地出让前期开发支出增加，主要是各地落实“净地”出让政策，进一步加大了土地出让前期开发整理力度。

表 14－4　地方政府性土地出让收益支出分配表

单位：亿元

支出项目	规定用途	占土地出让收益分项支出金额、比例							
		2008 年	2009 年	2010 年	2011 年	2012 年	2013 年	2014 年	2015 年
		收入 10375.28[①] 支出 10172.54[②]	14239.7[③] 13964.76[④] 12327.1[⑤]	29109.94[⑥] 28304.68	33172.9[⑦] 33171.45	28517.82[⑧] 28476.62	41266.18[⑨] 40877.76	41210.98[⑩]	33657.73[⑪]
国有土地收益基金	专项用于市县土地收购储备，包括土地补偿费、安置补助费、地上附着物和青苗补偿费、拆迁补偿费以及前期土地开发支出	3778.15 征地和拆迁补偿支出 土地开发支出 其他	400.63 征地和拆迁补偿支出 土地开发支出 1322.46 其他 118.33	877.92 征地和拆迁补偿支出 527.52 土地开发支出 154.66 （5.55%） 其他 195.74	1052.31 征地和拆迁补偿支出 681.68 土地开发支出 185.29 （5.6%） 其他 185.34	870.01 征地和拆迁补偿支出 576.92 土地开发支出 171.35 （5.9%） 其他 121.34	1194.44 征地和拆迁补偿支出 842.72 土地开发支出 233.39 （5.7%） 其他 118.33 1259.67		
农业土地开发资金	专项用于农业土地开发，具体使用范围包括土地整理和复垦、宜农未利用地开发、基本农田建设以及改善农业生产条件等方面的土地开发	1286.22	143	148.66	186.42	169.50	204.78		

续表

支出项目	规定用途	占土地出让收益分项支出金额、比例							
		2008 年	2009 年	2010 年	2011 年	2012 年	2013 年	2014 年	2015 年
		收入 10375.28 支出 10172.54	13964.76 12327.1	28304.68	33172.9 32984.02	28517.82 28604.8	41266.18 40877.76	41210.98	33657.73
新增建设用地土地有偿使用费	是国务院或省级人民政府在批准将农用地、未利用地转为建设用地时，向取得新增建设用地的市县人民政府收取的收入，由市县人民政府从土地出让收入中按规定标准向中央和省级缴纳。新增建设用地土地有偿使用费实行中央和省两级 3∶7 分成，专项用于耕地开发、土地整理、基本农田建设和保护支出		923.11 耕地开发专项支出 136.89 基本农田农田建设和保护支出 305.83 土地整理支出 769.36 用于地震灾后恢复重建的支出 0.86	655.98 耕地开发专项支出 162.75 基本农田农田建设和保护支出 50.71 土地整理支出 412.23 用于地震灾后恢复重建的支出 30.29	879.45 耕地开发专项支出 160.22 基本农田农田建设和保护支出 82.57 土地整理支出 634.27 用于地震灾后恢复重建的支出 2.39	773.24 耕地开发专项支出 138.13 基本农田农田建设和保护支出 112.88 土地整理支出 648.85 用于地震灾后恢复重建的支出 1.56	1212.94 耕地开发专项支出 136.89 基本农田农田建设和保护支出 305.83 土地整理支出 769.36 用于地震灾后恢复重建的支出 0.86		

续表

支出项目	规定用途	占土地出让收益分项支出金额、比例							
		2008 年	2009 年	2010 年	2011 年	2012 年	2013 年	2014 年	2015 年
		收入 10375.28 支出 10172.54	14239.7 13964.76 12327.1	28304.68	33172.9 32984.02	28517.82 28476.62	41266.18 40877.76	41210.98	33657.73
国有土地使用权出让金	主要用于征地拆迁补偿、土地开发、城乡基础设施建设、城镇廉租住房保障等支出	10172.5 征地、拆迁补偿、补助被征地农民支出 3778.15 土地开发和耕地保护支出 1286.22 城市建设支出 3035.32 廉租房支出 141.65 农村基础设施建设/基本农田建设保护支出 369.88	12327.1[8] 征地和拆迁补偿支出 4985.67 土地开发支出 1322.46 城市建设支出 3340.99 农村基础设施建设支出 433.1 补助被征地农民支出 194.91 土地出让业务支出 86.89 廉租住房支出 187.1	26622.12 征地和拆迁补偿支出 10206.96 土地开发支出 2479.57 城市建设支出 7621.00 农村基础设施建设支出 1076.53 补助被征地农民支出 457.11 土地出让业务支出 133.71 廉租住房支出 422.01	31052.26 征地和拆迁补偿支出 14358.75 土地开发支出 5324.69 城市建设支出 5564.88 农村基础设施建设支出 760.45 补助被征地农民支出 689.72 土地出让业务支出 217.37 廉租住房支出 519.96	26663.87 征地和拆迁补偿支出 13828.92 土地开发支出 5116.04 城市建设支出 3049.20 农村基础设施建设支出 486.19 补助被征地农民支出 520.75 土地出让业务支出 180.85 廉租住房支出 355.73	38265.60 征地和拆迁补偿支出 20917.69 土地开发支出 8350.28 城市建设支出 3775.14 农村基础设施建设支出 516.50 补助被征地农民支出 852.21 土地出让业务支出 239.26 廉租住房支出 391.81		

续表

支出项目	规定用途	占土地出让收益分项支出金额、比例							
		2008 年	2009 年	2010 年	2011 年	2012 年	2013 年	2014 年	2015 年
		收入 10375.28 支出 10172.54	14239.7 13964.76 12327.1	28304.68	33172.9 32984.02	28517.82 28604.8	41266.18 40877.76	41210.98	33657.73
国有土地使用权出让金	主要用于征地拆迁补偿、土地开发、城乡基础设施建设、城镇廉租住房保障等支出	破产、改制国有企业土地收入用于职工安置等 1561.28	耕地开发/土地整理/基本农田建设和保护 477.56 (3.9%) 农业土地开发 107.25 地震灾后恢复重建/破产或改制国有企业土地收入用于职工安置等支出 1197.17	其他土地出让金收入安排的支出 4225.23	其他土地使用权出让金收入安排的支出 3616.44	教育资金安排的支出 291.41 支付破产或改制企业职工安置费 212.87 棚户区改造支出 68.20 公共租赁住房支出 170.27 农田水利建设安排的支出 231.06 其他土地使用权出让金收入安排的支出 2152.38	其他土地出让金收入安排的支出 3222.71		
财政决算的征地补偿款及其在全部土地出让收益中的比例		3778.15 占出让收益 36.41% 占出让支出 33.30%	5180.58 占出让收益 36.38 占出让支出 41.9%	11191.59 占出让收益 37.2 占出让支出 39.5%	15730.15 占出让收益 47.4 占出让支出 47.7%	14926.59 占出让收益 52.3 占出让支出 52.2%	22612.62 占出让收益 54.8 占出让支出 55.3%		

续表

支出项目	规定用途	占土地出让收益分项支出金额、比例							
		2008 年	2009 年	2010 年	2011 年	2012 年	2013 年	2014 年	2015 年
		收入 10375. 28 支出 10172. 54	14239. 7 13964. 76 12327. 1	28304. 68	33172. 9 32984. 02	28517. 82 28604. 8	41266. 18 40877. 76	41210. 98	33657. 73
政府收入比例									

注：2014、2015 年财政部对土地出让收支数据的公布采用了与以往不同的口径，令人无从与历史数据相比较。新口径采用了“成本性支出”与“非成本性支出”的概念。

① 财政部《中国财政年鉴 2009》，中国财政杂志社，2009，第 21 页。

② 据 2009 年第十一届全国人代会第二次会议上财政部《关于 2008 年中央和地方预算执行情况与 2009 年中央和地方预算草案的报告》。原文将土地出让内容综合列出，本表一起纳入“土地出让金”一栏。

据财政部网站，此数为 2009 年实际缴入国库数，包括实际纳入国库项中的国有土地收益基金 4406. 63 亿元、农业土地开发资金收入 143 亿元等项。

③ 2010 年 3 月 5 日财政部在第十一届全国人代会第三次会议上《关于 2009 年中央和地方预算执行情况与 2010 年中央和地方预算草案的报告》中，该数据为 13964. 76 亿元。

④ 指国有土地使用权出让收入安排，包括征地拆迁补偿以及补助征地农民支出等支出。财政部《中国财政年鉴 2010》，中国财政杂志社，2010，第 25 ~ 26 页。笔者所见公开资料，2009 年土地出让金有 3 项数据，其中③④两项之间的关系，笔者无从判明，为使读者明晰，只好列出以上 3 项，聊供参考。

⑤ 财政部网站，财政部预算司 2010 年地方政府性基金收入决算表；《中国财政年鉴 2011》，中国财政杂志社，2011，第 399 页，注 2。

⑥ 财政部网站，www. mof. gov. cn 201004/t20100413 - 286852. htm，原文未将出让收入分为 4 部分，故本文一并纳入“国有土地使用权出让金”一栏。又：2010 年 3 月 5 日财政部在第十一届全国人代会第三次会议上《关于 2009 年中央和地方预算执行情况与 2010 年中央和地方地方预算草案的报告》中，该数据为 12732. 96 亿元。

⑦ 2011 年数据见《中国财政年鉴 2012》，综合计算。

⑧ 2012 年数据见《中国财政年鉴 2013》，综合计算。

⑨ 2013 年数据见《中国财政年鉴 2014》，综合计算。

⑩ 财政部综合司，2015 年 3 月 24 日公布。

⑪ 财政部综合司，2016 年，土地出让收入 33657. 73 亿元，土地出让支出 33727. 78 亿元。

(3) 在非成本性支出中，城市建设和保障性安居工程支出继续增加，农业农村支出有所减少。2014 年，土地出让收入用于城市建设支出 4063.02 亿元，同比增长 7.6%，占非成本性支出 56%。用于保障性安居工程支出 760.10 亿元，同比增长 5.3%，占 10.5%。其中，棚户区改造支出 182.52 亿元，增长 98.3%。用于农业农村支出 2435.49 亿元，同比下降 9.3%，占非成本性支出 33.6%。其中，农村基础设施建设支出 428.90 亿元，下降 17%；农业土地开发和基本农田建设与保护等支出 1146.72 亿元，下降 19.5%；教育支出 377.07 亿元，增长 3.2%；农田水利建设支出 482.80 亿元，增长 27.6%。农业农村支出减少的主要原因：一是各地更加科学谨慎推进新型城镇化，不再采取简单大拆大建方式，当年用于农村基础设施建设支出减少。二是新增建设用地使用面积大幅度减少，当年新增建设用地土地有偿使用费收入同比下降 19.6%，相应减少安排用于农业土地开发和基本农田建设与保护等支出。

2015 年数据为：在成本性支出中，征地拆迁补偿和补助被征地农民支出 17935.82 亿元，占 66.8%，用于土地开发支出 6533.90 亿元，占 24.3%，占比下降 3.0 个百分点；用于支付破产或改制企业职工安置费等其他支出 2374.87 亿元，占 8.9%，

在非成本性支出中，用于农业农村支出 2528.17 亿元，占 36.7%，占比提升 1.1 个百分点（其中，教育支出 436.69 亿元，增长 16.2%）；用于保障性安居工程支出 823.49 亿元，占 12.0%，占比提升 1.7 个百分点（其中，棚户区改造支出 308.54 亿元，增长 66.5%）；用于城市建设支出 3531.53 亿元，占 51.3%，占比下降 2.8 个百分点。①

既然我们要解决的问题是地方政府土地出让收入的使用与农民经济的关系，那么就有必要验证，表 14－4 所显示的数据是否都按照政府所设定的目标予以支出，或其真实支出是否符合其征收土地出让金时所宣告的各项目标？

这当然不是本书所能完全解决的问题，即便是“国家审计署”这样的权威机构，也只是在 2014 年 8 月份才开始着手进行了一些初步的工作，距离我们所关心问题的基本数据的公开透明相去甚远。“截至目前，这项涉及 15 万亿土地出让金的审计结果已经逾期超过两个月依然未能发布，知情人士表示，

① 据财政部官网、财政年鉴相关数据整理。

土地出让金是腐败高发区域，这使得交待清楚情况变得更加复杂。”①

但对本书的研究目标而言，我们又希望了解一些最基本情况。无奈之下，这里只能做一点最粗糙的尝试，并期望得到各方批评，以臻匡正、补充和完善。

这使我们萌发了从土地出让金入手，验证“出让金的支出中，给农民的各种补偿究竟占有多少比例”的想法。思路是：估计2013年前全国农用地的出让面积，再乘以政府对每一亩农地所付给的平均补偿费，从而估计出全国付出的土地补偿费，最后看看，就一亩农田而言，给农民的补偿究竟占出让金收入的多少，以此来对照、验证政府有关单位人员的“征地补偿约占出让金70%～80%”的说法是否可靠。

我们的估计如下。

在本书所讨论的年限内即2007年后至2014年之间，全国各地的每亩农田的补偿费约为2.5万元至4.5万元。② 我们姑且从高以4.5万元计。③

以此为准，计算年度实际付出的土地补偿费以及占当年政府公布的土地出让金之比例，如表14－5所示。

根据以上估算，若以算术平均值计，在2008～2013年的6年间，被征地补偿款为4.5万元/亩（以最高年份计），而土地出让合同单价平均为57.78万元/亩，被征地实际补偿只相当于土地出让合同价57.78万元/亩的7.78%，这个平均值可以与2009年咸阳市的8.8%加以比较。若咸阳可看作较大的中等城市或三线城市，其地价略高于全国平均数是合理的。

表14－5数据，只是账面的估计。在实际生活中，农民所得的征地补偿还要打相当的折扣。

---

① 《土地出让金成了最难产审计：无公布时间表，情况复杂腐败高发》，澎湃新闻，2015年3月13日。

② 不同土地用途的出让价格差别很大，较为合理的估算应该分别计算。但资料缺乏无法进行。这里只能大致粗糙估算。估算地区数据：全国测评地区有北京、天津、上海、广东、湖南、浙江、广西、河南、河北、江苏、辽宁、江西、海南、山西、福建、陕西、安徽、重庆、甘肃、山东、云南、湖北，数据为各地征地补偿耕地平均费用。22地平均4.37万元/亩。根据《土地管理法》规定要付给农民前三年的平均产值的6～10倍，最高不能超过30倍，也就是付给农民的现金是1.5万～3.5万元。《北京农民不愿放弃农村户口：征地每亩可获20万补偿》，人民网（北京）people.cn，2014年8月19日。

咸阳市辖两区2009年平均每亩地补偿费为3.23万元，而每亩地出让金收益达36.69万元，其差额为33.46万元，这些差额均为当地政府所有。

③ 资料来源：2014年《中华人民共和国征地补偿标准与法规全书》，法律出版社，2014年另补充了4省市数据。少数地区为2015年数。

表 14－5 土地出让合同价款/政府财政补偿征地款与农民实际所得补偿的差距

年份	土地出让面积（万亩）	土地出让合同价款总量（万亿元）	土地出让合同单价（万元/亩）	被征地平均补偿价估算（4.5 万元/亩）占合同单价比重（%）	政府财政对被征地农民补偿款总量（亿元）	按政府财政口径对被征地农民补偿单价（万元/亩）	被征地补偿价（4.5 万元/亩）占财政补偿每亩单价比重（%）
2006							
2007	172.95						
2008	244.65	0.96①	39.23	11.47			
2009	313.5	1.59	50.72	8.87			
2010	437.25	2.71	61.98	7.26	11648.7	26.64	16.89
2011	500.85	3.15	62.89	7.16	15730.15	31.41	14.32
2012	484.2	2.69	55.56	8.10	14926.6	30.83	14.60
2013	550.5	4.20	76.29	5.90	22612.62	41.08	10.95
2014	407.7	3.34	81.92	5.49			
2015	332.1	2.98	89.73	5.10			

注：以国土资源部公布的当年“国有建设用地”供应量为土地出让数量。

征地补偿包括土地补偿费、安置补助费以及地上附着物和青苗的补偿费。征地补偿款数曾数次变动。至 2013 年底，补偿数额被定为征地的安置费则全部归失地农民。

折扣一为村、镇（乡）截留。《土地法》规定集体所有土地的征地补偿应该由村集体所有并分配。[②] 在很多地区，征地补偿款按照二八开或三七开比例分配，如福建省为 70%，江苏、浙江、山东为 80%。但不能排除有的地区按三、三、四的比例分配，即镇政府、村集体各得三成，被征地农民只得四成。[③]

据 2012 年咸阳市的调查，乡镇政府独立参与征地补偿分配。乡镇政府是政府的基层组织，并非农村土地的所有者，但在农村征地补偿分配中，依据“三级所有，队为基础”的原则，截留了 5%～8% 的征地补偿费。[④]

表 14－5 数据，清楚表明了，多年来的以征用农民土地为先决条件的开

① 未见关于 2008 年国土资源部对国有土地使用权出让合同价款的公开数据。

② 《中华人民共和国土地管理法实施条例》第二十六条土地补偿费归农村集体经济组织所有；地上附着物及青苗补偿费归地上附着物及青苗的所有者所有。

③ 盛洪：《应该给征地农民多少补偿》，《新青年・权衡》杂志 http：//finance. sina. com. cn，2006 年 2 月 22 日。

④ 《被征地农民征地补偿安置问题研究：来自陕西咸阳的调查》，中国改革论坛网 http：//www. chinarefom. org. cn/，2013 年 5 月 4 日。

发大潮中，农民是受损最大的群体，农业是受损最大的产业，农村社会经济是受损最大的部门。

那么，在征地过程中什么样的补偿对失地农民较为公正合理？有学者认为，真正的农业用途的土地价值应该是土地的所有未来收益的贴现值。所谓未来，是指永远；土地收益，是指地租。未来收益就是土地带来的永无止境的年代的地租收益。根据土地可以自由买卖和自由租佃时期的调查得出，市场地租率为土地产出的40%~50%。若取平均值45%，贴现率按2%，以50年计，农业用途土地价值应为平均年产值的23倍。如果考虑到土地是农民世代相传的生活资源，贴现率应该为零，土地价值就更高。

即使如此，土地的农业用途价值还不应该是对被征地农民的全部补偿数额。将土地从农业用途转变为城市用途，其价值会有很大增高。在现实中，一旦土地转为城市用途就立刻身价百倍。由于这种用途是两个所有者之间的转换，他们都有权利获得一部分转换带来的土地增值。这是任何一种商品或资源交易的基本逻辑。①

也有学者指出，土地对于农民而言具有了重要的保障功能、归依功能和社会福利功能。由于农村社会保障体制尚未建立，由于征地而给农民带来的非生产性的损失以及被征土地灭失后所产生的生存环境质量下降等损失，等等，现有的征地补偿，是远远未能体现出来的。②

很明显，从深层次看，被征地农民的不公待遇的基本原因之一是我国现阶段的土地所有权没有明确区分国家、集体和农民之间的关系所致。“虽然我国宪法第10条中已经规定：‘农村和城市郊区的土地除由法律规定属于国家所有的以外，属于集体所有’，但在现实中，农村集体并没有完整的土地所有权。如果有一个城市要扩张到原有集体土地的范围来，集体没有权力与土地开发者或使用者直接交易。农村土地只有经过政府征用后，才能经由土地一级市场转变为城市开发用地。所有权之重要的一部分——交易权实际上被侵犯了。”③

问题并不止于此。

---

① 盛洪：《应该给征地农民多少补偿》，《新青年·权衡》杂志 http://finance.sina.com.cn，2006年2月22日。

② 《被征地农民征地补偿安置问题研究：来自陕西咸阳的调查》，中国改革论坛网 http://www.Chinareform.org.cn/，2013年5月4日。

③ 盛洪：《应该给征地农民多少补偿》，《新青年·权衡》杂志 http://finance.sina.com.cn，2006年2月22日。

第一，以上只论及了在农村征地中的“土地出让”，这是影响最大、资金量最多的方面。除此之外，还有多种与土地相连带的国家正式税收。据近年来的国家财政预算报告，它们有：城市维护建设税、房产税、印花税、城镇土地使用税、土地增值税、耕地占用税、契税等。据 2013 年情况，以上各种税收占地方一般公共决算总量的 23.59%，如表 14－6 所示。

表 14－6　2013 年国家财政收入中与土地有关的地方财政税收（决算数）

单位：亿元，%

税种	金额	地方公共财政（本级收入）	占地方公共财政比重	备　　注
城市维护建设税	3243.60			
房产税	1581.60			
印花税	788.81			
城镇土地使用税	1718.77			
土地增值税	3293.91			
耕地占用税	1808.23			
契税	3844.02			
总　　计	16278.94	69011.16	23.59	不计中央财政返还和转移支付为地方公共财政本级收入

第二，我们知道，以上的计算土地出让成本，是根据土地出让过程的支出费用中，对征地农民的土地补偿和各种补助全部由政府完成（支出）的情况。但是，实际生活中的征地是分为政府主导和商业性等不同类型的。政府主导的征地通常以公益性项目为多。在征地中国家或地方政府（通过它们的代理）大体上会负责施工工程所必需的土地征收的各种费用，并计入土地出让收益的成本。而在以房地产交易为主要代表的商业性土地出让过程中，大多数情况，并非政府从所得土地出让的收入款中支付农用地的补偿费用，而是房地产商在拿地时，先行支付土地出让金给政府或代表政府的城建公司，作为拿地的先决条件。在这种情况下，政府就不用再付出拆迁补偿之类的费用，或者只需付出部分费用，而政府就可以将全部或大部土地出让金囊括于己。[①]

① 这可以从房地产开发商的开发项目成本计算中清楚看到。通常的房地产开发地产的成本计算包括土地费用，其中包括土地出让金、土地征用费或拆迁补偿费等，房地产商必须通过招标、拍卖和挂牌才能得到这笔款项。目前在我国城镇商品房住宅价格构成中，土地费用占 20% ～ 50%（以上参考百度文库：《房地产开发企业的成本费用构成》）。

与“土地财政”紧密联系的另一大问题是“土地金融”。简单说，土地金融的含义是地方政府为了缓解资金不足的困难，以农民的土地为抵押向银行借贷。这一方面极大加剧了农民的失地现象，另一方面，极大增加了金融风险，对国民经济的稳定发展极为不利。据国土资源部数据，截至2014年底，84个重点城市处于抵押状态的土地面积为45.10万公顷，抵押贷款总额9.51万亿元，同比分别增长11.7%和22.5%。全年土地抵押面积净增4.56万公顷，抵押贷款净增1.73万亿元。①

有人认为，中国过去多年的高速增长是以高负债、高杠杆作为前提，土地抵押贷款属于典型的“以地套钱”。这是中国独特的“以地谋发展”模式。在我国经济的快速起飞阶段，土地公有制、城乡二元土地制度以及政府垄断的征地权的“三位一体”土地制度，扮演着重要的“发动机”和“助推器”角色。②

在以城市化为标志的所谓现代化中，是以牺牲农民、农村利益为代价的。它的后果，是三农问题愈演愈烈，成为问题的重中之重。换句话说，三农问题严重的根本原因，正在于以牺牲三农而片面发展以城市化为口号的“现代化”所造成的。之所以称之为口号，是因为在以广厦豪楼为标志的城市化中，发大财的是包括房地产商在内的少数豪门和权贵，是某些特殊利益集团。

据以上分析，我们的结论是，在近数十年来工业化、城市化推动的以农村土地为先决条件的现代化建设大潮中，农民、农村、农业获益最小，损失最大。于是形成如下局面。

第一，土地财政——征地——城市化——房地产——绑架国民经济金融体系——绑架国民经济命脉。

第二，征地——农民失地与失业——农民进城——农村空心化——农业粗放经营——农产品质量严重下降与产量不稳定——国家经济基础被动摇。

第三，农民工、无保障就业与农民的无产阶级化——全社会贫富差距与阶级矛盾的加剧。

以上仅仅是从眼前的短期眼光的评估。如果从长远看，这个大潮带来的危害还要大得多，特别是对自然生态环境的破坏性影响。

---

① 2015年国土资源部公报，转引自中国行业研究网 www. China/RN. com，2015年4月29日，同见 http：//finance. chinaim/News/2015/04/29/171129298. html。

② 中国经济导报记者张洽棠：《土地财政是收益而非收入》，《中国经济导报》2015年3月24日。土地金融问题涉及面广，情况复杂，需要深入研究。本书暂不予深论。

不错，几乎无人可以否认改革开放以来中国经济的巨大的飞速发展。无数作品为之讴歌。作为当代中国人之一分子，笔者也曾为此欢欣鼓舞。但是，随着问题变得日趋严重，更应该充分认识这种发展的代价、它的不可持续性、它可能带来的危害。

我们需要冷静思考：如何去解决这些问题，如何避免社会大危机和大动荡，如何使我们的子孙后代有一个健康成长的未来。

（二）耕地问题：数量和质量

中国是现今全球人口最多的国家，又是耕地资源最为紧张的国家之一。它与诸多发达国家的重要区别在于，不能指望通过国际贸易交换来解决本国的吃饭和就业问题。这是中国最重要的国情。农业和粮食，人口就业问题，成为中国经济发展和国家安全的根本制约，成为民族生存的最基本底线。在这个问题上，中国历史以无数次惨痛教训昭示过我们。现今年龄 50 岁以上的普通百姓，绝大多数切身体验过忍饥挨饿的滋味。尽管中国近年来粮食生产连续取得丰收，但这绝不意味着可以在此问题上掉以轻心。真正负责任的有真正高水平的专家学者们，对此有着清醒的认识。

由中国工程院牵头组织的“中国工程科技中长期发展战略研究”项目农业科技领域课题组的研究认为，近 50 年来，中国农业走过了一条高投入、高产出、高速度和高资源环境代价的道路，未来农业发展，必将面临资源短缺、生态恶化、技术薄弱、技术创新不足等困境困扰，既要保证 16 亿人口的粮食安全，又要实现生态安全、环境安全和可持续发展，难度相当巨大。而人口增长和消费增加的趋势都是不可逆转的，这是我国未来 20 年农业面临的第一大挑战。[①]

耕地大面积减少是农业和粮食生产面临的最重大问题之一。而这又是与多年来以侵占和损害农业为先决条件的城市化的超速和无序扩张有直接关系的。

1. 城市化工业化的扩张与耕地剧减

约 1990 年代中期后，以房地产为代表的城市化突飞猛进，同时，工业大规模升级换代，在城市和乡镇同时并举，各类开发区猛增。而高等级公路铁路也开始大干快上。邻近地价高的城市周边，各种形式的小产权房如雨后春笋。所有这些，大都以地理区位和条件最优的农业耕地辟为非农用地为先决

---

① 孙兰英：《中国耕地质量之忧》，《瞭望》2010 年第 38 期、总第 1386 期，2010 年 9 月 20 日。

条件，直接对农业、农村经济造成了严重冲击。

国土资源部负责官员曾列举几类严重侵蚀耕地的现象，如下。

前几年，各级政府热衷于各类开发区的扩建，造成工矿用地成倍增长，已成为滥占耕地、粗放用地的主要推手之一。

小产权房其实就是占用农地盖房。换句话说，就是农民不种粮食而改“种房子”以争取收入。如果城市就在一重又一重的小产权房建设浪潮中一步步向前蔓延，那就很可能成为一种失控的摊大饼运动，城市低密度蔓延就会产生、加剧。

因高速公路过度建设而导致的大量私家车出行。有人算过一笔账，如果中国走美国式的城市蔓延发展道路，把所有耕地都拿来用作停车场、交通道路都不够，由此被耗用的汽油将是 3 个地球的石油供应量。而这样的错误一旦形成，后人是没法纠正的。①

对这一时期开始的城市化高速发展，有专家曾明确指出其建设明显超速。周一星认为：“从 1996 年以来，我国城镇化率连续八年以超过 1.4 个百分点的速度增长，对中国来说这是非常高的速度。”“世界城镇化一般的年均增长速度在 0.3 ~0.5 个百分点。”“自从‘十五’计划提出城镇化战略后，各地对城镇化率攀比得很厉害，地方领导人把城镇化率当作 GDP、吸引外资的指标一样，都是要考核的政绩，一味盲目地提高城镇化率，不少省份年城镇化率增长超过 1.4 个百分点，有的中西部省份甚至超过 2 个百分点。”②

有学者认为，自 1990 年代开始的大规模城市化，是建立在对国民经济极具破坏性的因素基础上的：“当前中国工业化与城镇化模式是以‘土地财政’‘土地金融’为依托，通过扭曲工业、商、住用地相对价格和城市土地利用结构而进行的。地方政府一方面压低工业地价，并以开发区为主体进行大规模制造业招商引资，另一方面又通过限量、高价供应商、住用地获取垄断利润乃至过度抵押未出让商、住用地储备进行借债，并不断吹大开发区、新城区建设泡沫。这个模式虽然短期可以带来较快的增长与就业，但从长期看确实不具备经济、社会和环境的可持续性。”③

首当其冲的就是城市规划和建设中普遍存在的“摊大饼”顽疾。所谓的

---

① 仇宝兴：《城镇化应守住哪些底线》，http：//www.cpcnews.cn/，2014 年 2 月 22 日。

② 周一星，中国发展门户网 www.chinagate.com.cn，2006 年 3 月 27 日。

③ 陶然、汪晖：《中国新城镇化应走出当前误区》，转引自《原创力文档》https：//max.book118.com/。

“摊大饼”就是以现有市区为中心向城市郊区圈层无限扩散的城市发展，例如，北京市已经扩张到七环。一般而言，当城市规模不庞大时，集中的城市发展有利于节省建设成本；但是当城市规模很大时，继续无边缘地发展，也必然带来交通、环境、住房、社会治安上的诸多问题。“摊大饼”式的城市布局，对于中国城市规模和人口密度拐点，具有很强的解释力。

这种普遍的“摊大饼”格局的出现，与当前中国城市政府普遍依赖土地财政和土地市场经营密切相关。2013 年中国地方财政收入 6.8 万亿元，地方财政之外的土地出让金高达 4.1 万亿，相当于地方财政收入的 60%。

目前中国城市政府发展经济，一靠招商引资，二是通过土地经营开发和直接兴建大型基础设施项目等直接经济活动。在招商引资方面，各地为了追求 GDP 增长，普遍存在着不计后果盲目引进产业问题，通过虚假环评等方式规避公众反对，引入高污染、高排放企业或危险品生产储运企业。

中国生产要素市场化推进滞后，城市政府通过对土地、劳动力、资金、矿产资源、生态环境等要素的不合理定价吸引投资者，导致各地资源过度开采、土地过度开发、环境过度使用、资本过度重化工业化、效率偏离最优路线的后果。这些城市短期经济增速快，但由于错误的招商引资，在生态安全和可持续发展方面种下了巨大的隐患。①

这种超高速推行的“摊大饼”式城市化，最显著直接的影响是对我国最根本的不可再生资源耕地的掠夺和破坏。

搞清楚中国耕地面积及其数量变化的系统数据相当困难，因为缺少官方前后一致的统一口径统计。

我们不得不从各种渠道获知的零星数据中加以窥测概况。

中央财经领导小组办公室副主任陈锡文认为，现在为了城市建设和工业发展基础设施建设，每年大概从农民那里征用的土地将近 20 万公顷（300 万亩）。②

2005 年 3 月国土资源部发布的 2004 年度全国土地利用变更调查结果显示，全国耕地面积由 1996 年 10 月底的 19.51 亿亩，减少为 2004 年 10 月底的 18.37 亿亩，耕地净减少 1.14 亿亩，人均耕地由 1.59 亩降为 1.41 亩。③ 以后

---

① 曹建海：《摊大饼理念是中国城市病的政策根源》，和讯网 http://m.hexun.com/opinion/2014-04-30/164391950.html，2014 年 4 月 3 日。

② 据 2006 年 2 月 22 日，国务院新闻办公室新闻发布会，中国网 http://m.china.com.cn/。

③ 国土资源部：《我国人均耕地面积减少到 1.41 亩》，据新华网 2005 年 3 月 29 日电，转引自中国土地市场网 https://www.land china.com。

国土资源部又有数据显示：1997～2005 年的 9 年间，耕地总量由 1996 年的 19.51 亿亩，减少到 2005 年的 18.31 亿亩，人均耕地仅有 1.40 亩。①

2005 年 10 月 24 日，人民日报报道："由于一些地方保护力度不够和违法占地现象较为突出，我国基本农田目前已不足 16 亿亩。今天在石家庄召开的全国基本农田保护工作会议透露：近年来全国基本农田减少 5810.56 万亩，同期补划 1886.55 万亩，减补相抵，净减少 3924.01 万亩。全国在册的基本农田 15.89 亿亩，其中耕地只有 15.36 亿亩。有 27 个省（市区）的基本农田出现减少，16 个省（市区）的在册基本农田面积低于《全国土地利用总体规划纲要》确定的指标。"

又有研究指出，"1978 年我国人均耕地为 1.56 亩，目前（2010 年）下降到 1.38 亩，仅为世界平均水平的 40%"，"我国人均水资源仅为世界平均水平的 1/4，是全球 13 个人均水资源最贫乏的国家之一"。②

"有一部分农民反应很强烈，他们说，我们不是不愿意种地，是因为很多时候被剥夺了选择的权利，耕地很容易就被征走了。"

经党中央、国务院审议批准，2013 年 12 月 30 日，第二次全国土地调查成果正式向社会公布，标志着这项重大的国情国力调查圆满结束。调查显示，截至 2009 年 12 月 31 日，全国耕地面积为 13538.5 万公顷，比基于"一调"的 2009 年变更调查数多出 1358.7 万公顷（约 2 亿亩），这主要是由调查标准、技术方法的改进和农村税费政策调整等因素影响的。

2011 年，随着近几年城镇化进程的加速，房地产用地和企业用地不断扩张，耕地一再受到侵蚀，中国耕地面积仅约为 18.26 亿亩，比 1997 年的 19.49 亿亩减少 1.23 亿亩，中国人均耕地面积由 10 多年前的 1.58 亩减少到 1.38 亩，仅为世界平均水平的 40%。18 亿亩耕地红线岌岌可危。

鉴于耕地保护的严峻形势，2008 年 10 月，中共十七届三中全会明确提出："坚持最严格的耕地保护制度，层层落实责任，坚决守住 18 亿亩耕地红线。划定永久基本农田，建立保护补偿机制，确保基本农田总量不减少、用途不改变、质量有提高。"

统计显示，1990～2015 年，我国耕地面积净减了 13597.35 万亩（见表 14－7）。

---

① 《国土资源部公布 2005 年全国土地利用变更调查结果》，《国土资源》2006 年第 4 期。

② 韩俊：《中国食物生产能力与供求平衡战略研究》，首都经济贸易大学出版社，2010。

表 14－7　中国失地数据

单位：万公顷

年份	年末实有耕地面积	年内新增耕地面积	年内减少耕地面积	年内净减耕地面积
1990	9567.29	48.43	46.74	－1.69
1991	9565.36	46.87	48.80	－1.93
1992	9542.58	51.09	73.87	－22.78
1993	9510.14	40.80	73.24	－32.44
1994	9490.67	51.39	70.86	－19.47
1995	9497.39	68.67	62.10	6.57
1996	13003.92			
1997	12990.31			－13.61
1998	12964.21	30.94	57.04	－26.10
1999	12920.55	40.51	84.17	－43.66
2000	12824.31	60.37	156.60	－96.24
2001	12761.58	26.59	89.33	－62.73
2002	12761.58	34.12	202.74	－168.62
2003	12339.22	34.35	288.09	－253.74
2004	12244.43	34.56	114.60	－80.03
2005	12208.27	30.67	59.49	－36.16
2006	12180.00	36.72	58.28	－26.67
2007	12173.33			－4.07
2008	12171.60			－1.93
2009			20.90	
2010			21.19	
2011			33.39	
2012			32.28	－8.02
2013	20.27（亿亩）	35.96	35.47	＋0.49
2014			27.18	
2015	20.25（亿亩） 13500	351（万亩） 23.4	450（万亩） 30	－99（万亩） －6.6

注：①1990～1995 年耕地资源数据为国家统计局年报数据；1996 年（含）以后耕地资源数据根据国土资源部各年国土资源公报整理；

②2009 年以后，国土资源部数据已无按以上口径的统计数，本表只能按国土资源公报给出的各年出让国有建设用地数量，权作耕地减少面积，对照以前给出的耕地减少数，此数据明显偏小，例如，2006 年的国有土地出让面积为 23.25 万公顷，而该年耕地减少面积为 36.72 万公顷；

③2012 年年内净减耕地面积数据来自《2012 年中国环境状况公报》，新华网，2013 年 6 月 27 日。

虽然数据缺失影响了我们对近数十年来的耕地面积减少的精准认知，

但是总体概况是不容置疑的，这就是我国耕地面积在持续大面积净减少，1990～2015年的25年间约净减少近1.36亿亩。耕地面积锐减的重要原因之一是工业和城市开发用地。这表明，以眼前的既得利益不惜以牺牲三农为代价的所谓城市化工业化是导致耕地减少的直接也是最根本原因。据国土资源部对用地情况分析，表明独立工矿用地是新增建设用地的主要因素。2004年当年全国新增建设用地401.7万亩中，新增独立工矿（包括各类开发区、园区）建设用地187.6万亩，新增城镇村庄建设用地123.0万亩，新增交通、水利等基础设施建设用地91.1万亩。近年来，独立工矿用地占新增建设用地的比例，已从1997年的24%上升为2004年的47%。① 较近统计资料显示，在各地城市化的进程中，仅开发区一项，规划面积不仅超过了现有城镇建设用地总量，甚至超过台湾岛和海南省的面积。但目前国内现有的6015个开发区中，只有259个和1559个是由国务院、省政府及有关部门分别批准的。而这直接影响到耕地的锐减。②

尽管城市化和工业化是经济建设的指导方针，但在这个大潮中引发的侵蚀耕地的状况严重到国土资源部的官员们不能不在国际会议这样的公开场合予以批评和警告。在2006年举行的一次国际会议上，国土资源部耕地保护司司长潘明才强调，要在工业化、城市化进程中，坚持实行最严格的耕地保护制度。③ 调查显示，经济发展较快的地区建设占地数量仍然较多，全国新增建设用地和建设占用耕地有一半以上集中在经济发展较快的9个省份——上海市、北京市、天津市、浙江省、广东省、江苏省、福建省、辽宁省、山东省。从人均水平来看，上述地区人均耕地为0.87亩，仅相当于全国平均水平的61%。④

尽管有新增土地去弥补耕地的占用，但只要稍微了解现实，就会知道这些所谓补偿土地在数量特别是在质量上不能和损失的耕地相比。一位中国农

① 国土资源部：《我国人均耕地面积减少到1.41亩》，据新华网2005年3月29日电，转引自中国土地市场网 http：//www. land china. com/。

② 2007年4月，国家发改委、国土资源部、建设部联合发布了《中国开发区审核目录》，目录显示，经过集中清理整顿，到2006年12月，全国各类开发区由6866个核减至1568个，规划面积由3.86万平方公里压缩至9949平方公里，开发区面积降幅为74.23%（http：//www. sing. com. cn/，《东方早报》2007年4月23日）。但是，之后开发区建立势头仍在继续。

③ 《耕地保护是维护经济平稳运行社会稳定的必要措施》，《经济日报》2006年5月18日。又见中华人民共和国中央人民政府网 http：//www. gov. cn/，2006年5月15日。

④ 《耕地保护是维护经济平稳运行社会稳定的必要措施》，《经济日报》2006年5月18日。又见中华人民共和国中央人民政府网 http：//www. gov. cn/，2006年5月15日。

业政策的学者型高端负责人指出：城市建设又一味地“铺大饼”，城镇郊区的地是我们耕地中的精华，最好的地，水利设施、排灌设施健全，是人们最精心照顾的地，流失的最快也是这个地。① “失去的都是粮食生产条件最好的土地，占补平衡回来的土地大多很差，一般是到山地上开一点、荒地上开一点、滩涂上再围垦一点。”②

耕地占补平衡是《土地管理法》确定的一项耕地保护的基本制度，按照“占多少，垦多少”的原则，建设单位必须补充相应的耕地，以保证耕地不减少。

但被扭曲的土地占补平衡政策对粮食安全带来了极大的隐患。以宁波为例，该市一共有 360 万亩的耕地，310 万亩是（种植粮食的）基本农田。“这么多土地是存在的，没有虚假，但真正能用的耕地只有二百五六十万亩，剩下的 100 万亩占补平衡回来的耕地非常贫瘠。”③

工程院院士戴景瑞表示，预计未来我国人口将以每年 1000 万的速度增长，2030 年有可能达到 16 亿人口；生活水平和城市化水平的提高，将持续拉动粮食需求的增长，到 2030 年，我国粮食需求将达到 6.17 亿吨，粮食总产量需要在这个基础上增长 20% 以上，肉、蛋、奶也分别需要提高 24%、28%、205%。因此，确保粮食安全是我国农业的首要任务，是农业生产的重中之重。与此同时，农产品质量安全问题突出。由于农药、化肥的大量使用，亚硝酸盐、重金属等有毒物质进入食物链，危及人类健康。饲料安全和畜产品安全、动物疫病控制也是农产品质量安全的重要环节。

“虽然我国提出了严格的耕地保护制度和耕地总量动态平衡制度，但未来耕地面积减少将是一种不可避免的长期趋势，这种趋势只能减缓而不能遏制，18 亿亩耕地红线面临最为严峻的考验。目前我国人口耕地不到 0.1 公顷，不到世界平均水平的 1/2，不到发达国家的 1/4，只有美国的 1/6、阿根廷的 1/9、加拿大的 1/14。”④

2. 耕地质量危机

我国耕地不仅面临着面积锐减的危机，耕地质量同样令人担忧。早有专

---

① 《陈锡文：守住根本》，《人物》2011 年 9 月。

② 国际金融报 2013 年 7 月 8 日。

③ 《18 亿亩红线上的失控》，《中国经济周刊》2013 年 7 月 2 日。

④ 中国工程院院士、中国农业大学教授戴景瑞，转引自孙兰英《中国耕地质量之忧》，《瞭望》新闻周刊 2010 年 9 月 21 日。

家学者的深入研究指出了这一点。

由中国工程院牵头组织的“中国工程科技中长期发展战略研究”项目农业科技领域课题组的研究认为，近50年来，中国农业走过了一条高投入、高产出、高速度和高资源环境代价的道路，未来农业发展，必将面临资源短缺、生态恶化、技术薄弱、技术创新不足等困境困扰，既要保证16亿人口的粮食安全，又要实现生态安全、环境安全和可持续发展，难度相当巨大。而人口增长和消费增加的趋势都是不可逆转的，这是我国未来20年农业面临的第一大挑战。

在2010年6月初召开的“两院”院士大会期间，中国工程院院士、中国农业大学教授戴景瑞把未来农业发展面临的严峻形势归结为五大挑战，包括人口增长、耕地减少、水资源短缺、生态环境恶化、全球气候变化对农业影响加剧等，其中最重要的一个挑战就是耕地问题。

一位资深院士向《瞭望》新闻周刊记者强调道：“保护耕地数量固然重要，但没有质量的数量同样令人担忧。如果保持18亿亩耕地数量不变，但分布状态和质量状况由集中、连片、优质逐步向破碎、零星、劣质转变，累积起来的破坏效应将十分严重，而目前，有些地方已经出现了这种苗头。”①

一位不愿具名的农学家也证实说，我国每年城镇发展和各项基础设施建设占用了大量高等级耕地，而补充的耕地主要分布在水热、区位、地形条件相对较差的地区，总体质量不高。“高等级耕地流失过快，补充耕地等级偏低，以次充好的情况很严重，耕地质量总体下降，已严重影响到我国耕地生产能力，威胁国家粮食安全。从这个意义上讲，仅保住18亿亩耕地数量是不够的，还必须保证耕地质量，确保耕地生产能力的稳步提升。”②

对耕地质量深以为虑的不仅仅是专家们，政府部门也有同样共识。2014年11月，农业部指出：粮食安全的根本在耕地，关键在耕地质量。农业部指出，目前，中国耕地退化面积已占耕地总面积的40%以上，东北黑土层变薄，南方土壤酸化，华北平原耕层变浅，特别是一些补充耕地质量等级较低等问题，严重影响耕地产出。③

土壤是人类赖以生存的基础，是发展经济和农业最重要的资源，农田生态系统还是消解城乡生活、生产废弃物、维持碳氮硫磷等物质循环最重要的

---

① 孙英兰：《中国耕地质量之忧》，《瞭望》新闻周刊2010年9月21日。

② 孙英兰：《中国耕地质量之忧》，《瞭望》新闻周刊2010年9月21日。

③ 孙英兰：《中国耕地质量之忧》，新华网2014年11月5日。

基础。我国耕地资源紧缺是不争的事实，不仅人均耕地面积少（仅1.43亩），而且由于人口多，许多不宜农用的土壤被开垦为农田，耕地土壤整体质量偏低，中低产耕地土壤占65%。①

国土资源部2009年12月24日发布的中国历史上第一份耕地质量等级调查与评定成果《中国耕地质量等级调查与评定》也显示，我国耕地质量等别总体偏低。

这一历时十年，投入130多万人次进行的调查，是根据自然条件、耕作制度、基础设施、农业生产技术及投入等因素综合调查与评定，把全国耕地评定为15个等别，1等耕地质量最好，15等最差。

调查显示，全国耕地质量平均等别为9.80等，等别总体偏低。优等地、高等地、中等地、低等地面积占全国耕地评定总面积的比例分别为2.67%、29.98%、50.64%、16.71%。全国耕地低于平均等别的10~15等地占调查与评定总面积的57%以上；全国生产能力大于1000千克/亩的耕地仅占6.09%。中国耕地质量总体明显偏低。

国土资源部发布的《土地整治蓝皮书》显示，我国耕地受到中、重度污染的面积约5000万亩，土地正面临着严重污染和退化。国土资源部副部长王世元对我国现时土壤污染程度的判断是：中重度污染土壤污染相当量是相当于5000万亩，污染比较重的区域都是过去经济发展比较快、经济比较发达的中东部地区。

蓝皮书指出，由污染导致的土地废弃和退化情况严重。尤其是耕地污染问题已经影响到粮食安全，在大城市周边、交通主干线及江河沿岸的耕地，受到的污染更重。

多年来，土壤专家张维理一直对土壤深入研究，对我国土壤存在的种种问题有独到的认识。从1993年开始，张维理就开始了对我国农业面源污染的调查研究。十多年来，她带领研究团队几乎走遍了十余省的100多个县，完成了5000多个田间定位调查、采样和试验。其研究显示，目前我国农业面源污染引起水域富营养化程度和广度已经远远超过发达国家。农业和农村发展引起的水污染已成为可持续发展面临的最大挑战之一。研究结果还显示，我国污染土壤已占耕地面积的1/5，污染最严重的耕地主要集中在耕地土壤生产性状最好、人口密集的城市周边地带和对土壤环境质量的要求应当更高的蔬

---

①　孙英兰：《中国耕地质量之忧》，《瞭望》新闻周刊2010年9月21日。

菜、水果种植基地。

张维理接受《瞭望》记者采访时谈到，我国土壤面临的主要问题中，土壤基础地力不断下降可谓核心。

张维理认为：在20世纪80年代之前，限制我国耕地土壤生产能力的主要问题是土壤氮磷养分不足，随着多年来化肥投入量和作物产量的持续增长，耕地土壤氮磷养分供应状况的较大改进，“低、费、污”已经逐步成为我国耕地土壤质量新一轮的核心问题。

张维理解释说，这里的“低”主要是指基础地力低。基础地力是指不施肥时农田靠本身肥力可获取的产量。优质耕地土壤是长期发育或多年培育的结果，通常土层深厚，富含有机质，水氧气热协调，保水保肥，耐旱耐涝，高产稳产，基础地力高。

据中国农科院土壤肥料研究所近年来在全国的田间定位实验与调查显示，我国各主要农区广泛存在的不合理耕作、过度种植、农用化学品的大量投入和沟渠设施老化已经导致农田土壤普遍性的耕层变薄，养分非均衡化严重，土壤板结，土壤生物性状退化，土壤酸化、潜育化、盐渍化增加，防旱排涝能力差，耕地土壤基础地力不断下降。

我国各主要农区，由于长期使用浅耕机械，同时不重视施用和科学使用有机肥料，农田活土层已明显变浅，作物根系难以下扎。因为缺少适合农民使用的科学施肥技术，全国各大农区化肥氮磷钾养分比例不合理问题依然普遍。在约占全国农田面积20%的集约化种植农区，氮磷肥料严重超高量使用，单季作物化肥纯养分用量平均为569～2000kg/hm^2，氮肥利用率仅为10%左右。因养分供应极度失衡，作物病虫害严重，农田农药用量大幅度增加，导致这部分我国生产条件最好的耕地土壤盐害、酸化严重、结构破坏、农药残留、土壤污染问题十分突出，土壤生物性状、健康功能严重衰退，生产性能大幅度下降。山东、云南等省份一些蔬菜、花卉产区的农民不得不采取深翻底土、客土甚至更换地块等方式减缓产量下降。我国自20世纪80年代农村耕地从集体大面积经营转化为一家一户的经营方式，耕地管理单元变小，使用权变更频繁，对农田基本建设忽视，许多地区农田沟渠失修，尽管国家投资完成了包括河道改造在内的大型水利工程建设，由于农田沟渠老化，难以有效进行农田的防旱排涝。

“费”是由于耕地基础地力下降，保水保肥性能、耐水耐肥性能差，对干旱、养分不均衡更敏感，对农田管理技术水平更苛求，因此土壤更加“吃肥、吃工、吃水，增加产量或维持高产主要靠大量使用化肥、农药、农膜和灌溉用水”，导致“费”。

分析显示，目前在全球高氮化肥用量国家中，我国是唯一的“增肥低增产”类型，2000～2008年9年中，化肥总用量较90年代增长了35%，粮食单产净增加为315公斤/公顷。其他类型分别为：“减肥高增产”类型，如德国、以色列、荷兰，在2000～2006年的7年中氮化肥总用量较90年代下降9%～26%，粮食单产增加约500公斤/公顷；“减肥低增产”类型，如韩国、丹麦、英国、法国在氮化肥用量下降17%～33%条件下粮食单产为较低增产（同期增加为211～296公斤/公顷）；“增肥高增产”类型，如越南、孟加拉国、埃及、智利等，同期化肥用量增加了20%～69%，粮食单产净增加超过400公斤/公顷，最高达1173公斤/公顷。

“污”即耕地土壤污染，它是我国耕地质量存在的另一个主要问题。张维理介绍说，污染主要来源于工业和城市排污、农田农药与农膜等化学品的超高量和不合理使用、规模化畜禽养殖场高环境激素含量畜禽粪便和废弃物的不合理使用。

权威部门提供的资料显示，目前，我国农药使用量已达130万吨，是世界平均水平的2.5倍，受农药污染的耕地土壤面积达1.36亿亩；地膜使用量达63万吨，白色污染相当严重；我国畜禽养殖业始终保持高速发展的势头，畜、禽存栏量每10年增加1～2倍，近年来畜禽粪便产生量已达到工业固废量的3.8倍，在畜禽养殖业主产区，当地畜禽粪便及废弃物产生量往往超出当地农田安全承载量数倍乃至百倍以上，造成严重的土壤重金属和抗生素、激素等有机污染物的污染。

第一，污染土壤占耕地面积的1/5。

张维理认为，近年来高化肥、农药用量的蔬菜、花卉、水果作物播种面积的高速增长、畜禽养殖业的发展在为广大农民带来实惠的同时，也带来了不容回避的环境污染问题，并且在今后相当一段时间内会成为农业面源污染的主要来源。

张维理所说的面源污染是指在农田、村镇与城区场地上各种污染物质，如化肥、农药、生活垃圾、农村家畜粪便等，通过降水或农田排灌水时产生的地表径流、土壤渗透进入水体，造成的水污染。

第二，“死胡同”。

近年来，一方面随着城市化、工业化的发展，城市和村镇周边排灌条件好，经过多年培育的优质耕地被大量占用，中低产田比例大幅度上升，耕地总体质量持续下降；另一方面，由于多年来各地对耕地质量问题重视不够，农村耕地管理方式与技术措施不合理现象十分普遍，造成主要农区耕地土壤基础地力下降，防灾抗灾能力差。张维理分析认为，目前维持高产，主要靠增加农用化学品和能源的投入量。按播种面积计算我国氮素化肥平均施用量仍然分别是法国、德国、美国的151%、159%和329%，而耕地粮食单产水平较这些国家仍然低1~3成。

“尽管我国农村劳动力成本低廉，但氮化肥消耗的能源高于发达国家，农产品生产成本仍然很高，这也使得农民经济效益难以提高，农业产业的国际竞争力薄弱。”张维理说。

资料显示，由于耕地后备资源严重不足，我国耕地面积急剧下降，仅在1996~2003年，由于建设用地等，全国耕地面积就减少近1亿亩，平均每年减少0.8%。根据预测，到2020年，我国耕地的保有量还将较目前减少7%，因而不可能靠扩大耕地面积实现不断增长人口的粮食需求，要实现90%的粮食安全保障率，粮食单产必须在现有基础上提高30%。

张维理不无担忧地说，目前我国化肥用量水平已经很高，受报酬递减率作用，靠增加化肥投入量能够引起的产量增长已近极限。1998年以来，尽管我国化肥、农药、农膜等农用物质投入量一直在增加，粮食单产却多年徘徊。这进一步说明，对于继续提高我国粮食生产能力，“仅靠增加农用化学品和能源投入量的模式将是一条死胡同，而提高耕地基础地力，藏粮于土，才是建立我国未来粮食安全长效机制、实现粮食安全保障的必然选择”①。

与耕地退化同时存在的是土壤受到直接污染或直接破坏。2014年4月17日，环境保护部和国土资源部联合发布了《全国土壤污染状况调查公报》。

公报说：

> 根据国务院决定，2005年4月至2013年12月，我国开展了首次全国土壤污染状况调查。调查范围为中华人民共和国境内（未含香港特别行政区、澳门特别行政区和台湾地区）的陆地国土，调查点位覆盖全部耕地、部分林地、草地、未利用地和建设用地，实际调查面积约630万平方公里。调查采用统一的方法、标准，基本掌握了全国土壤环境质量

① 孙兰英：《提高耕地质量的有效途径》，《瞭望》第38期，2010年9月20。

的总体状况。现将主要数据成果公布如下：

一、总体情况

全国土壤环境状况总体不容乐观，部分地区土壤污染较重，耕地土壤环境质量堪忧，工矿业废弃地土壤环境问题突出。工矿业、农业等人为活动以及土壤环境背景值高是造成土壤污染或超标的主要原因。

全国土壤总的超标率为16.1%，其中轻微、轻度、中度和重度污染点位比例分别为11.2%、2.3%、1.5%和1.1%。污染类型以无机型为主，有机型次之，复合型污染比重较小，无机污染物超标点位数占全部超标点位的82.8%。

从污染分布情况看，南方土壤污染重于北方；长江三角洲、珠江三角洲、东北老工业基地等部分区域土壤污染问题较为突出，西南、中南地区土壤重金属超标范围较大；镉、汞、砷、铅4种无机污染物含量分布呈现从西北到东南、从东北到西南方向逐渐升高的态势。

二、污染物超标情况

（一）无机污染物

镉、汞、砷、铜、铅、铬、锌、镍8种无机污染物点位超标率分别为7.0%、1.6%、2.7%、2.1%、1.5%、1.1%、0.9%、4.8%。

（二）有机污染物

六六六、滴滴涕、多环芳烃3类有机污染物点位超标率分别为0.5%、1.9%、1.4%。

三、不同土地利用类型土壤的环境质量状况

耕地：土壤点位超标率为19.4%，其中轻微、轻度、中度和重度污染点位比例分别为13.7%、2.8%、1.8%和1.1%，主要污染物为镉、镍、铜、砷、汞、铅、滴滴涕和多环芳烃。

林地：土壤点位超标率为10.0%，其中轻微、轻度、中度和重度污染点位比例分别为5.9%、1.6%、1.2%和1.3%，主要污染物为砷、镉、六六六和滴滴涕。

草地：土壤点位超标率为10.4%，其中轻微、轻度、中度和重度污染点位比例分别为7.6%、1.2%、0.9%和0.7%，主要污染物为镍、镉和砷。

未利用地：土壤点位超标率为11.4%，其中轻微、轻度、中度和重度污染点位比例分别为8.4%、1.1%、0.9%和1.0%，主要污染物为镍和镉。

四、典型地块及其周边土壤污染状况

（一）重污染企业用地

在调查的690家重污染企业用地及周边的5846个土壤点位中，超标点位占36.3%，主要涉及黑色金属、有色金属、皮革制品、造纸、石油煤炭、化工医药、化纤橡塑、矿物制品、金属制品、电力等行业。

（二）工业废弃地

在调查的81块工业废弃地的775个土壤点位中，超标点位占34.9%，主要污染物为锌、汞、铅、铬、砷和多环芳烃，主要涉及化工业、矿业、冶金业等行业。

（三）工业园区

在调查的146家工业园区的2523个土壤点位中，超标点位占29.4%。其中，金属冶炼类工业园区及其周边土壤主要污染物为镉、铅、铜、砷和锌，化工类园区及周边土壤的主要污染物为多环芳烃。

（四）固体废物集中处理处置场地

在调查的188处固体废物处理处置场地的1351个土壤点位中，超标点位占21.3%，以无机污染为主，垃圾焚烧和填埋场有机污染严重。

（五）采油区

在调查的13个采油区的494个土壤点位中，超标点位占23.6%，主要污染物为石油烃和多环芳烃。

（六）采矿区

在调查的70个矿区的1672个土壤点位中，超标点位占33.4%，主要污染物为镉、铅、砷和多环芳烃。有色金属矿区周边土壤镉、砷、铅等污染较为严重。

（七）污水灌溉区

在调查的55个污水灌溉区中，有39个存在土壤污染。在1378个土壤点位中，超标点位占26.4%，主要污染物为镉、砷和多环芳烃。

（八）干线公路两侧

在调查的267条干线公路两侧的1578个土壤点位中，超标点位占20.3%，主要污染物为铅、锌、砷和多环芳烃，一般集中在公路两侧150米范围内。

注释

［1］本公报中点位超标率是指土壤超标点位的数量占调查点位总数

量的比例。

［2］本次调查土壤污染程度分为5级：污染物含量未超过评价标准的，为无污染；在1倍至2倍（含）之间的，为轻微污染；2倍至3倍（含）之间的，为轻度污染；3倍至5倍（含）之间的，为中度污染；5倍以上的，为重度污染。

2014年4月17日，国土部、环保部负责人就公报举行了答记者会。

负责人在回答中提到，本次调查以点位超标率来描述土壤污染状况，给出准确的土壤污染面积的数据有较大困难。只能从宏观上反映我国耕地土壤环境质量的总体状况。

本次调查根据“七五”时期全国土壤环境背景值调查的点位坐标，开展了对比调查。结果表明，表层土壤中无机污染物含量增加比较显著，其中镉的含量在全国范围内普遍增加，在西南地区和沿海地区增幅超过50%，在华北、东北和西部地区增加10%～40%。

问：与水体和大气污染相比，土壤污染有哪些特点？

答：一是土壤污染具有隐蔽性和滞后性。大气污染和水污染一般都比较直观，通过感官就能察觉。而土壤污染往往要通过土壤样品分析、农作物检测，甚至人畜健康的影响研究才能确定。土壤污染从产生到发现危害通常时间较长。

二是土壤污染具有累积性。与大气和水体相比，污染物更难在土壤中迁移、扩散和稀释。因此，污染物容易在土壤中不断累积。

三是土壤污染具有不均匀性。由于土壤性质差异较大，而且污染物在土壤中迁移慢，导致土壤中污染物分布不均匀，空间变异性较大。

四是土壤污染具有难可逆性。由于重金属难以降解，导致重金属对土壤的污染基本上是一个不可完全逆转的过程。另外，土壤中的许多有机污染物也需要较长的时间才能降解。

五是土壤污染治理具有艰巨性。土壤污染一旦发生，仅仅依靠切断污染源的方法则很难恢复。总体来说，治理土壤污染的成本高、周期长、难度大。

问：造成我国土壤污染的主要原因是什么？

答：我国的土壤污染是在经济社会发展过程中长期累积形成的，主要原因包括：

首先，工矿企业生产经营活动中排放的废气、废水、废渣是造成其周边土壤污染的主要原因。尾矿渣、危险废物等各类固体废物堆放等，导致其周边土壤污染。汽车尾气排放导致交通干线两侧土壤铅、锌等重金属和多环芳烃污染。

其次，农业生产活动是造成耕地土壤污染的重要原因。污水灌溉，化肥、农药、农膜等农业投入品的不合理使用和畜禽养殖等，导致耕地土壤污染。

最后，自然背景值高是一些区域和流域土壤重金属超标的原因。

问：土壤污染有哪些危害？

答：一是影响农产品的产量和品质。土壤污染会影响作物生长，造成减产；农作物可能会吸收和富集某种污染物，影响农产品质量，给农业生产带来巨大的经济损失；长期食用受污染的农产品可能严重危害身体健康。

二是危害人居环境安全。住宅、商业、工业等建设用地土壤污染还可能通过经口摄入、呼吸吸入和皮肤接触等多种方式危害人体健康。污染场地未经治理直接开发建设，会给有关人群造成长期的危害。

三是威胁生态环境安全。土壤污染影响植物、土壤动物（如蚯蚓）和微生物（如根瘤菌）的生长和繁衍，危及正常的土壤生态过程和生态服务功能，不利于土壤养分转化和肥力保持，影响土壤的正常功能。土壤中的污染物可能发生转化和迁移，继而进入地表水、地下水和大气环境，影响其他环境介质，可能会对饮用水源造成污染。

公报还特别提出，在此次土壤污染调查中涉及的55个污水灌溉区中，有39个存在土壤污染。在1378个土壤点位中，超标点位占26.4%，主要污染物为镉、砷和多环芳烃。

中国许多地区曾有过漫长的污水灌溉历史。1957年，当时的建工部曾联合农业、卫生部门把污水灌溉列入国家科研计划，全国范围内开始兴建污水灌溉工程。1972年召开的全国污水灌溉会议将“积极慎重”作为发展方针。20世纪70年代末至90年代中期，全国污水灌溉面积激增十余倍。至1998年，全国污水灌溉面积达到361.8万公顷，占全国灌溉总面积的7.3%。

中国耕地土壤污染问题一直是各界关注的重点。在2006年，环保部公布的预估数据大大低于此次公报。彼时，据不完全调查，中国受污染的耕地约有 1.5 亿亩，另有污水灌溉耕地 3250 万亩，固体废弃物堆存占地和毁田 200 万亩。三者合计 1.85 亿亩，占中国耕地总量十分之一以上。

中国人民大学2014 年5 月发布的一项报告称，通过对我国 27 个省份的监察，共监测了农田、菜地、养殖场周边、企业周边、污灌区、垃圾场周边等 6 种土地利用类型的 507 个土壤样品，污染超标率在 11.1%~42.6%。

“我们有 5000 万亩左右的耕地受到中重度污染，华北的土地基本都受到了污染。”中国人民大学农业与农村发展学院副院长孔祥智说。①

桑黎川介绍说，土壤不像大气污染和水污染通常都比较直观，通过感官就能察觉。土壤污染往往要通过土壤样品分析、农作物检测、人畜健康的影响研究才能确定，从产生到发现危害所需时间较长。而且，土壤污染具有累积性，污染物容易在土壤中不断累积。土壤性质差异较大，污染物在土壤中迁移慢，导致污染物分布不均匀，空间变异性较大。加之重金属难以降解，其对土壤的污染基本上是一个不可完全逆转的过程。②

（三）粮食安全问题

耕地面积锐减、土壤质量严重下降，不能不对我国粮食生产现况及前景产生极大影响，并直接危及中国的粮食安全乃至生存底线。

粮食进口数量是直观标志。

有学者认为：“按照中国的统计，粮食只包括玉米、水稻、小麦等作物，却不包括大豆。中国在 2010 年进口大豆 5480 万吨，这是一个惊人的数据，仅这一项占到粮食产量的 10%。如果考虑到大豆的单产只有粮食作物的 1/3（据统计，2008 年大豆和粮食作物每公顷产量分别为 1703 公斤和 4951 公斤）。如果大豆换算粮食，中国需要进口 30% 的粮食。加之，中国在 2010 年进口了 260 万吨的棉花，考虑到棉花单产只有粮食的 1/4，差不多进口了相当于粮食 1000 万吨。综合大豆和棉花的进口量来看，2010 年中国粮食自给率只有 70%。”③

1996 年，我国官方公布《中国的粮食问题》白皮书，首次提出粮食自给

① 原标题：《危险的粮食和转型农业》。宋梅：《中国粮食自给率跌至 87%》，《中国周刊》2014 年 7 月 15 日。

② 原标题：《危险的粮食和转型农业》。宋梅：《中国粮食自给率跌至 87%》，《中国周刊》2014 年 7 月 15 日。

③ 《在开放经济中考虑粮食安全》，《新京报》，2013 年 12 月 26 日采访李国祥等。

率要达到95%以上。2008年，《国家粮食安全中长期规划纲要（2008—2020年）》（以下简称《纲要》）再次确认粮食自给率要稳定在95%以上。

中央农村政策相关负责人说，我国进口农业产品折抵耕地已接近6亿亩，是18亿亩耕地红线的1/3。如果此说成立，则中国农业进口约占国内消费量的1/4。由此可见，我国粮食安全面临巨大挑战。①

国家统计局发布，2013年我国粮食生产实现了“十连增”，粮食产量超过6亿吨，突破了历史最高水平。同时发布的统计数据显示，去年我国进口大豆6338万吨，但是国内大豆产量仅有1200万吨，对外依存度高达80%以上。进口大豆的数量在过去13年间翻了6倍。

国务院研究部门有负责人坦承：近年来谷物进口可以用激增来表述，去年进口的谷物是7700多万吨，相当于1550亿斤。如果按一个人一年吃800斤粮食，去年相当于进口的粮食养活了1.9亿中国人。

其中，大豆进口可以用飙升来概括。1996年以前，中国是出口大豆的。1996年，中国开始进口100万吨大豆，到2012年，中国进口大豆是5806万吨，相当于将全世界可以出口大豆的60%都买来了，我国大豆的自给率只有20%。②

中投顾问农林牧渔业研究员宋杰凝表示，粮食自给率下降，表明农业中各项问题非常严重，提升农业竞争力已到了刻不容缓的时刻。进口粮激增将对我国农业产生重大冲击，粮食安全问题将随之出现，整个国民经济的根基有失牢固。

陈锡文推算，2010年，中国进口的农产品已经相当于在境外使用了6.3亿亩国土面积。按照中国目前的农业生产能力，至少需要30亿亩以上的国土面积才能满足需求。“但我们18.2亿亩耕地转化成播种面积，大约只有24亿亩（编者注：一亩地如果一年能种植三季作物，即视为3亩播种面积）。缺口在那儿摆着呢，随着城镇化继续发展，缺口还会越来越大。”③

“我们的粮食自给率已经跌到了87%，全部农产品的自给率差不多是70%左右，30%左右是需要通过国际市场来调节的。”2014年5月25日，农

---

① 宋梅：《中国粮食自给率跌至87%》，《中国周刊》2014年7月15日。

② “中国粮食自给率跌破90%进口粮养活1.9亿中国人”，国务院发展研究中心副主任韩俊在“中国县域经济发展高层论坛”上表示。证券时报网（深圳）2013年1月30日。

③ 郭芳、王红茹、李雪：《粮食保障战：保供给，保耕地，保环境，保人才》，《中国经济周刊》2013年7月2日。

业部农村经济体制与经营管理司司长张红宇在中欧商学院第三届中国国际农商高峰论坛上表示。①

“从2001年开始，中国农产品进口快速增长，当年进口的种植业产品相当于耕地当量的2亿亩左右。此后每年进口新增相当于5000万亩播种面积的农产品，到2013年净进口的种植业产品相当于10.05亿亩播种面积，如果按复种指数128%来计算，相当于耕地8.2亿亩。”钱克明在前述论坛上介绍。②

“从80年代到2003年，中国粮食的出口大于进口，而且粮食自给率（产销比）一直保持在100%以上。但是，2004年中国变成农产品的净进口国，农业贸易赤字逐渐增大。2008年，中国的粮食自给率跌破95%，更是在2011年逼近90%。”③

有一种说法，认为近年来中国粮食进口加剧的主因是国内外市场的粮价差距，即国际粮价较国内便宜所导致。对此我们不予认同。如果进口连年速增的主因是差价，言外之意是我国农业、农村的发展是健全的，并无多少值得注意的大问题。或可曰：一旦粮价逆转，中国完全可以实现自给。这显然不符合实际。

只要略微浏览一下有关文献，就可以看到，无论是官方的文件和负责人的言论，还是学术界的研究成果包括国外学者，对中国的粮食问题都已经有了十分丰富和高质量的论述。虽然有不同意见，但是我们认为如下的观点和分析是令人信服的。

1. 从中国的国情和客观实际出发

这是因为中国农业资源紧缺。“中国要用占世界9%的耕地、6%的淡水养活20%左右的人口。人均耕地是世界平均水平的40%左右，三分之二是中低产田，淡水资源是人均2100立方，是世界平均水平的28%。随着工业化和城镇化的快速发展，资源约束越来越紧，2012年未经调整的耕地大概是18.24亿亩，比1996年减少了1.26亿亩，生态用地、城市建设用地等占的土地越来越多。”钱克明介绍。

而在钱克明看来，更为严重的是水资源的短缺。“每年农业缺水大概300亿立方左右，而从水当量来算，2013年进口的水当量相当于1486亿立方，相当于我国农业用水的38%。最关键的是水土资源匹配不合理，南方水多地少，

① 《宽思窄想：粮食危机离我还有多远》，《中国经营报》2014年6月7日。

② 农业部官员：《中国粮食自给率已低至87%》，《中国经营报》2014年6月7日。

③ 荷兰合作银行：《中国粮食自给面临挑战补救措施亟待实施》，一财网，2014年12月16日。

北方地多水少，以淮河作为一个分界线，淮河以北的耕地占了全国的三分之二，水资源才占了五分之一。”

巨大需求的压力下，中国大量使用化肥和农药。“我国每年大概使用 1 亿吨化肥，相当于每五斤粮食要用一斤化肥，超出了国际公认安全线的一倍左右，化肥使用效率比国际低了大概 50%，每年使用 130 万吨农药，是国际平均水平的 2.5 倍，使用效率也非常低，相当于国际平均水平的一半左右。”钱克明表示，“这使得农业环境问题也非常突出。国土资源部最新公布的数据显示，我国土壤的残留物超标，包括重金属、有机物农药的超标大概 20%”。

此外，农业生态系统退化非常严重。统计数据显示，近十年来湿地面积减少了 340 万公顷，全国土壤盐质化的面积达到了 1.8 亿亩，90% 的天然草原出现不同程度的退化，北方草原的平均超载率也在 36% 左右，每年水土流失损失的耕地在 100 万亩左右。①

以上，仅仅反映了粮食的“供给侧”问题。

以下再看看粮食的“需求侧”问题。

农业部总经济师钱克明和韩俊都认为，随着城镇化的发展和膳食结构的改变，对粮食的需求还会有大幅增加。

“国务院发展研究中心去年做一个调查，一个农村居民到城市来就业和生活，每天直接和间接消费的粮食将会增加 20%。”韩俊表示。

钱克明估算，到 2020 年，每年新增需求为：粮食 1000 万吨、肉类 80 万吨、食用油 40 万吨。②

2013 年 11 月 23 日，包括国务院发展研究中心主任李伟、农业部副部长余欣荣、美国农业部副部长 Darci Vetter 等中外高官以及诸多业界人士，受邀参加了由国研中心农村经济研究部等主办的“中国粮食安全战略峰会”。韩俊在会上公布了国研中心组织的一项粮食安全课题的初步成果。

韩俊表示，根据课题组的调查，2013 年农民工人均粮食需求比农村居民高出 119.14 公斤，比城镇居民高出逾 51 公斤。预计未来 20 年，中国将新增城镇人口 3 亿人左右。③

---

① 《中国经营报》2014 年 6 月 7 日；5 月 25 日，农业部农村经济体制与经营管理司司长张红宇在中欧商学院第三届中国国际农商高峰论坛上表示。

② 《中国经营报》2014 年 6 月 7 日；5 月 25 日，农业部农村经济体制与经营管理司司长张红宇在中欧商学院第三届中国国际农商高峰论坛上表示。

③ 秦中春：《中国粮食安全战略峰会在京成功举行》，财新网，2013 年 11 月 25 日。

"一方面农业在增长，另一方面供给的增长赶不上消费的增长。"陈锡文说。

这是快速城镇化过程中的中国粮食供求矛盾。据《中国国土资源报》报道，2003～2011年，粮食生产累计增长33%；同期消费累计增长41%，消费增速是生产增速的1.24倍。

消费增速何来？陈锡文分析，粮食的工业用量在大幅增长，与此同时，城镇化过程中，每年1700万农民进城成为市民之后，从农产品的生产者转成了农产品的消费者，其生活方式也发生很大变化。

这种生活方式的变化突出体现在对农产品的消费差距上：他们从以谷物消费为主，转而消费更多的肉、蛋、奶等高蛋白食物。仅以2011年的情况看，对新鲜蔬菜的需求，城市居民比农民高出28%，植物油高出24%，肉类高出51%，家禽高出136%，禽蛋高出87%，水产品要高出两倍……毫无疑问，这些需求都需要大量的粮食进行转化，间接地导致了粮食需求量的增长。

而在未来，可以预见，无论是人口增加、收入增长、城镇化以及膳食结构的改变，还是不断壮大的中产阶层，都将使得生产增长与消费增长之间的矛盾进一步加剧。[①]

2008年中国政府发布的《纲要》非常明确地点明了我国粮食的核心问题：我国人口众多，对粮食的需求量大，粮食安全的基础比较脆弱。从今后发展趋势看，随着工业化、城镇化的发展以及人口增加和人民生活水平提高，粮食消费需求将呈刚性增长，而耕地减少、水资源短缺、气候变化等对粮食生产的约束日益突出。我国粮食的供需将长期处于紧平衡状态，保障粮食安全面临严峻挑战。

"近年来，我国粮食生产发展和供需形势呈现较好局面，为改革发展稳定全局奠定了重要基础。但是必须清醒地看到，农业仍然是国民经济的薄弱环节，随着工业化和城镇化的推进，我国粮食安全面临的形势出现了一些新情况和新问题：粮食生产逐步恢复，但继续稳定增产的难度加大；粮食供求将长期处于紧平衡状态；农产品进出口贸易出现逆差，大豆和棉花进口量逐年扩大；主要农副产品价格大幅上涨，成为经济发展中的突出问题。从中长期发展趋势看，受人口、耕地、水资源、气候、能源、国际市场等因素变化影

---

① 郭芳、王红茹、李雪：《粮食保障战：保供给，保耕地，保环境、保人才》，《中国经济周刊》2013年7月2日。

响，上述趋势难以逆转，我国粮食和食物安全将面临严峻挑战。”①

挑战具体体现在如下方面。

（1）消费需求呈刚性增长；

（2）耕地数量逐年减少；

（3）水资源短缺矛盾凸现；

（4）供需区域性矛盾突出；

（5）品种结构性矛盾加剧；

（6）种粮比较效益偏低；

（7）全球粮食供求偏紧。

2. 如何应对挑战

保证粮食安全是基本国策。

《纲要》提出：保障粮食等重要食物基本自给。粮食自给率稳定在95%以上，到2010年粮食综合生产能力稳定在5000亿公斤以上，到2020年达到5400亿公斤以上。其中，稻谷、小麦保持自给，玉米保持基本自给。畜禽产品、水产品等重要品种基本自给。

《纲要》于2008年提出到2020年止，这实质上是国家的一个中期（12年）的保障粮食安全底线目标，是这一时期的粮食基本政策的具体体现。为了实现之，《纲要》提出了一系列应该在全国实现和完成的具体任务和目标，如下。

第一，加强耕地和水资源保护。采取最严格的耕地保护措施，确保全国耕地保有量不低于18亿亩，基本农田保有量不低于15.6亿亩，其中水田面积保持在4.75亿亩左右。严格控制非农建设占用耕地，加强对非建设性占用耕地的管理，切实遏制耕地过快减少的势头。严格控制地下水开采。加强水资源管理，加快灌区水管体制改革，对农业用水实行总量控制和定额管理，提高水资源利用效率和效益。严格控制面源污染，引导农户科学使用化肥、农药和农膜，大力推广使用有机肥料、生物肥料、生物农药、可降解农膜，减少对耕地和水资源的污染，切实扭转耕地质量和水环境恶化趋势，保护和改善粮食产地环境。

第二，切实加强农业基础设施建设。下大力气加强农业基础设施特别是农田水利设施建设，稳步提高耕地基础地力和产出能力。

① 《国家粮食安全中长期规划纲要》，中国国家发展和改革委员会2008年11月13日公布。

第三，着力提高粮食单产水平。强化科技支撑，大力推进农业关键技术研究，力争粮食单产有大的突破，大力促进科技创新，强化农业生物技术和信息技术的应用，加强科研攻关，实施新品种选育、粮食丰产等科技工程。

第四，加强主产区粮食综合生产能力建设。按照资源禀赋、生产条件和增产潜力等因素，科学谋划粮食生产布局，明确区分功能和发展目标。集中力量建设一批基础条件好、生产水平高和粮食调出量大的核心产区；在保护生态前提下，着手开发一批有资源优势和增产潜力的后备产区。

第五，健全农业服务体系。加强粮食等农作物种质资源保护、品种改良、良种繁育、质量检测等基础设施建设。推进农业技术推广体系改革和建设。大力推进粮食产业化发展，提高粮食生产组织化程度。加强病虫害防治设施建设，提高植物保护水平。健全农业气象灾害预警监测服务体系，提高农业气象灾害预测和监测水平。完善粮食质量安全标准，健全粮食质量安全体系。加强农村粮食产后服务，健全农业信息服务体系。

在《纲要》中，提出了为达到目标而应该实行的政策和措施。值得注意的是，政策和措施的主体是对政府和农业领导部门提出的要求，如下。

第一，强化粮食安全责任。要建立健全中央和地方粮食安全分级责任制，全面落实粮食省长负责制。省级人民政府全面负责本地区耕地和水资源保护、粮食生产、流通、储备和市场调控工作。

第二，严格保护生产资源。落实省级人民政府耕地保护目标责任制度，严格执行耕地保护分解任务。严格控制非农建设用地规模，严格执行耕地占补平衡制度，严格土地执法，坚决遏制土地违规违法行为。

第三，加强农业科技支撑。建立以政府为主导的多元化、多渠道农业科研投入体系，增加对农业（粮食）科研的投入。国家重大科技专项、科技支撑计划、863 计划、973 计划等要向农业领域倾斜。加强国家农业科研基地、区域性科研中心的创新能力建设，推动现代农业产业技术体系建设，提升农业区域创新能力。逐步构建以国家农技推广机构为主体、科研单位和大专院校广泛参与的农业科技成果推广体系。积极为农民提供科技服务。深入实施科技入户工程。

第四，加大支持投入力度。增加粮食生产的投入。强化农业基础，推动国民收入分配和国家财政支出重点向“三农”倾斜，大幅度增加对农业和农村的投入，努力增加农民收入。各级人民政府要按照存量适度调整、增量重点倾斜的原则，不断加大财政支农力度。优化政府支农投资结构，重点向提高粮食综合生产能力倾斜，切实加大对农田水利等基础设施建设投入。增加国家对基本农田整理、土地复垦、农业气象灾害监测预警设施建设、农作物病虫害防治的投入。加强对粮食产销衔接的支持。建立健全粮食主销区对主产区利益补偿机制，支持主产区发展粮食生产。

第五，健全粮食宏观调控。健全粮食统计制度。完善粮食统计调查手段。加强对粮食生产、消费、进出口、市场、库存、质量等监测，加快建立粮食预警监测体系和市场信息会商机制。成立粮食市场调控部际协调小组，建立健全高效灵活的粮食调控机制。

很明显，《纲要》的内容表明，实现全国的粮食安全，是需要全国统筹、集全国之力才可能完成的大事。中国的粮食安全不能主要依赖国际市场中粮食进口来解决；不能单纯依赖农村内部的资源和力量来解决，但也不能主要靠农村外部的资源包括资本的力量来解决；同时，这也不是可以凭借国家的行政命令（二十多年的集体化时期，用根本取消农业生产者的经济体利益的办法进行农业生产，已被证明是极为低效且难以持久的）以所谓“计划经济”的办法就能够解决的。

《纲要》的内容，再清楚不过地表明，要解决中国粮食生产和安全面临的主要问题，关键是改善和加强国家在宏观上对农业部门和整体农村经济的支持。所谓支持，本书理解既包括支持内容也包括支持力度。就内容看，除《纲要》提出的诸多国家层面需要做到的任务外，还需要在理论和观念上厘清对农业、农村、农民的一系列问题，其要者如：处理好第一、二、三产业的关系；处理好国民经济基础——农业与发展潮流领域的关系；处理好建立和完善法律保障、严格执法，如农民与耕地的法律关系、农民自身权益保障、法律法规对土壤和水资源的保护；等等。在理论观念上厘清后，才可能坚定实行《纲要》提出的重大支农措施，如：如何从生产和产前产后诸环节扶持农业；如何从国家财政上向弱势农业部门倾斜；如何加强农业中的科技作用；如何培养农村中坚力量；等等。所有这些，都是为了一个目的：改善和强化农业发展的社会经济、生态环境，使农业能够守住最低的“安全底线”，并有可能进一步前进。

值得深思的是，《纲要》提出的对我国粮食安全所面临的严重态势，与本书前面着重叙述的在农村经济中出现的一系列问题，如国家有关工农—城乡关系的大政方针的动向、在农业耕地中出现的数量和质量问题的严重性、国家财政支出比例上对农业部门的下滑等，是一致和吻合的，可以认为，《纲要》的内容绝非主观臆断，而是对农业战线存在的问题洞若观火，具有很强的针对性。

若从历史眼光看，现时中国的农业问题还有其长期和深层次的根源，暂置不论。然而有一点似可认定，现时，粮食之所以突显“确保安全底线”的问题不是孤立的，这虽确实是供求矛盾的体现，但同时也是我们在宏观层面上不是缓解了而是加剧了——大大加剧了矛盾的后果。在客观存在的粮食供需紧张的局面下，人为因素即宏观调控方面的问题，是造成矛盾激化的深层次原因，也是解决矛盾的关键所在。

3. 进一步分析

尽管《纲要》内容在给出问题上和提供解决问题方面已经有了清晰答案，但仍可能有人对此不以为然。我们愿意进一步对粮食安全问题略事分析。

（1）理论认识

有相当部分的“理论界人士”习惯于按市场经济或计划经济来看待当前的实际生活。盛行类似“政府完全退出市场，农业和粮食问题就可解决”的思潮。这实质上是把复杂的现实高度简单化和意识形态化了。不应否定，不少地方政府在征用耕地一事上，以国家名义的诸多行为，特别是对农田的严重损坏起了特别恶劣的作用。但如果仅仅看到这一步就下论断可以说是未得要领。因为政府征地，要害是为了各级官员的利益，和房地产商合谋的结果。国家及其代理人政府，其最基本职能是维护全国人民的公共利益，如果成为私有利益集团的代表，则在任何社会体制中都是丧失了合法性的。市场经济在本质上要求包括政府在内的全体国民都必须遵守法律法规，在合法的范围内让各市场主体活动，而政府则严格依法执法，规范各利益主体的行为。中国的问题正出在政府在很大程度上没有做到这一点。因此，解决问题的关键完全不是政府退出和让市场起决定作用，而是首先纠正那种以国家名义行损害全国利益的情事。这当然不是“市场”或“计划”谁来主导经济的观念所能包含和应对的。

以下仅从经济学概念出发讨论。

先谈市场经济的运作原理。

经济史实告诉我们，任何经济体制及其运行，都是特定社会环境的产物。古典时期的学者们、马克思及当代经济史学家都一再指出过这一点。就市场经济而论，其基本运行和机制作用的发挥，是在供给和需求两方面都有充分弹性的条件下才有可能。这也是我们所熟知的在战争或特殊灾害时期最发达的资本主义国家也不能不实行国家配给制和经济统制制度的原因。

就当代中国看，具体到粮食的生产和需求，是不能满足供给—需求的充分弹性的，即《纲要》所指出的，中国的粮食，在供给方面已经难以完全依靠国内的生产条件去满足需要，只能逐年扩大国际市场的进口。但是即便是进口国际市场的全部贸易粮，也远远不能满足中国一国的巨量需求。由此产生的后果是，中国只能主要依赖自身去解决吃饭问题。但中国自身又存在扩充粮食生产的多种困难。这就是每个中国人所面对的难题。

这个难题告诉人们，在粮食问题上，中国难以完全通过市场机制配置资源的办法来解决问题——无论市场是起基础性作用还是决定性作用，中国都不能用自己最具优势的产品去换取所需粮食。这个道理马尔萨斯早在一百多年前就充分论证过了。

再看国内的粮食生产主体——农户。

数千年来，中国的农户都是粮食生产的主体。而且，中国的农民所处的生存环境总体上是商品生产和自给生产相结合的，农民生产自己大部分所需的粮食，多余和不足，都可通过交换来解决。有人认为中国社会两千年前早已是商品经济社会，这至少是不够严谨的。直至目前，中国的农民都不是完整意义上的商品生产主体，中国农村也不是完整的市场经济体。因为中国的粮食 60% 以上都是由农户生产的，大部分农民在出售商品粮的同时，需首先满足自己的需求应无疑问。

正因为如此，中国农民与土地的关系基本上是谋生与谋生资料的关系，两者不能分离，犹如吃饭与饭碗的关系。

就全国看，农业不仅仅是满足农民吃饭的首要手段，也是他们谋生和就业的主要途径和方式。尽管当前农民就业途径发生了大变化，但只要仍然留在农村从事农业生产和生活，他们本质上就是农民。他们之中，会有部分人从事非农工作，生活来源也主要源于非农收入，但他们的住所、生活环境包括部分生活必需品仍源于农村。他们是和城市居民不同的农村居民。

以上无非说明一个事实：就经济制度看，现有的中国农村经济和农业产业不是教科书中的市场经济。虽然相当复杂和多元化，但离“市场经济体制”实相去甚远。我们不能按照书本概念去人为界定这个复杂的多种经济成分并存的体制并将其划定为有多少成分是市场经济的又有多少成分是非市场经济的。如果一定要寻找这个混合体的大致特点，或许可以认为，现有的中国农业生产体制和农村经济仍然是以农户为基本单位的、在很大程度上解决自身需要的（即以自给为目的）又从事广泛商品生产的——包括农业和非农业——经济、消费的混合体。虽然有用较大资本雇用工人的经营农场，也有偏重于自给性的小农，但这两者均不占主要地位。我们暂时将其称为新型小农户经济。

之所以称这种农户经济为新型，是因为应该严格区分很多人按习惯思维所得出的观念，即将农民家庭经营体一概认为是传统意义上的“小农经济”。这种思维观念有极其强大且广泛的市场，从新中国第一代领导人开始直至当前。“小农经济”体现了一种贬义，大体上总有落后、保守、与现代化不相容的含义，把资本主义大农场认为是农业现代化的唯一标准，完全看不到中国小农经济与国情和历史相适应的一面，也完全看不到它的强烈适应社会、可以“与时俱进”的一面。更认识不到，不管人们评价如何，无论城市化到何种高级程度（如70%以上），中国农民群体还会有数亿之多，超过了最大的资本主义国家的人口总和。中国的“现代化”只能在这个基本国情中进行。

确实，这正是中国的现时国情，其中既含有深层的历史遗传基因，也是现时的中国生存大环境的产物。这意味着，包括粮食问题在内的中国农业和农村，只能在这个历史背景和基础上去寻求出路，它可以因改良而变化，却不能从根本上消除。它距离资本主义发达商品经济中的以资本增值为目的、产品主要或全部供给市场、以大规模的机械化进行生产的农业企业（无论其是家庭农场还是大型资本主义农业企业），无论是宏观经济环境还是微观经济主体，都有明显的差异。

比较而言，中国的家庭经营形式倒与中国数千年沿袭下来的传统小农经济更为接近。但又发生了很多变化，最重要的变化是，它已经处于商品经济高度发展的社会中，不可能像数千年来一样具有孤立和封闭性（相对而言）。

在不可能消除农民家庭经济——在可预见的长时段内它仍然居于农业生产组织的主体——的时代背景下，有效的国家政策，只能是为这个庞大的经济体建立适合其健康成长的环境条件，是帮助和扶持其成长而非相反。

我们理解，在联产承包责任制确立后，中央一直坚持和强调这一制度长期不变，是极其正确的，其积极意义正是看到农民家庭经济长期存在的必然性，这是正确认识中国国情的结果。

然而，问题也正出于此。这个唯一正确的大政方针，在30多年的具体执行过程中，由于各利益主体的利己行为未能被严格控制，扶持帮助农民家庭经济的方针在实际执行中出了问题，以致原本十分紧张的粮食供求关系，在人为因素下更大大加剧了。可以认为，《纲要》所提出的粮食安全问题及解决方案，充分反映了问题之所在。

（2）实践缺位[①]

由历史传承下来保留了众多传统成分的农户经济，在摆脱了集体化的禁锢后，缺乏改革创新，不能随社会商品化程度的提高在经营机制上前进提高，留下了长时间的“革新缺位”，可能是造成今日粮食和农村经济问题的“内源性”原因。

客观说，1980 年代以来，商品化、城市化大潮汹涌，与集体所有制对立的私有化、个体化作为商品经济的必不可少的基础或衍生物势不可当，这似乎是不以人的意志为转移的客观规律。农村中存在了 30 多年的集体所有制严重瓦解崩溃。这个趋势，在农村改革初期不但难以避免而且有其积极意义。

然而，私有化、商品化的内在逻辑是强者为王。由于产业链的位置和历史基础，农村、农业和农民在商业社会中是天生的弱势群体。在其中的少数人富起来的同时，大多数人只能随波逐流。而如果不能在整体上推进农村新建设，不能提高农业生产力，不能引进加强先进农业科技，不能培育农村青年生力军，等等，农村难以避免没落的前景。

而要实现上述改进革新，就需要对农民家庭经济组织进行改造更新。所谓改造更新，当然绝不意味着重回过去的人民公社式的集体化。而要在农民家庭经济的基础上，实现新的联合即新的利益共同体。

如何建构新利益共同体？国内外已有一些研究，既有实践中的可贵探索和经验，也有思想和理论探讨。就中国国内看，除去古代的民约乡规等有宝贵的社会文化意义的借鉴价值外，从中国 20 世纪初的“乡村建设运动”中，即开始了这方面的可贵探索。在改革开放后，也有“晏阳初学院”等的实践。十分遗憾的是，这些可能为中国农村、农民的“现代化”开创新局面的具有伟大历史意义的实验，在中国没有形成一个全国规模的影响力。这是需要全社会投入触及思想、政治、政权建设，以及生产力的布局和协调、重新整合的大工程，仅靠民间人士的推动和农村内在力量，远远不够。

但这可能是构建中国现代化基础的唯一途径。

---

① 在笔者《李集村：农民生产和生活的 60 年变迁》（中国社会科学出版社，2010）第四章第五节中，对此问题有稍详的分析，但仍有待深化。

(3) 法律保障

在保障农民最基本权益方面，中国目前在立法和执法工作上做得很不到位。如农民在承包土地上的经营权，即便早已有法律定则，但在地方政府和房地产商的掠地狂潮中，仍难免被赶出家园，沦为无产者。

当然，“土地确权”已经在一些地区开展，似乎是个好开端，但到目前为止，这项工作与农村中需要解决的问题相比，还有漫长的路要走。

土地问题只是农民缺乏基本权益保障的一个方面的体现。在两千余年的中国古代农业社会中，尽管农民处于社会经济的底层，但“农”的社会地位实际上仅次于“士”，至少他们还有一个名义上的总代表——皇帝。但在当下，“农”不但处于最低贱地位，而且丧失了法律上和实际生活中的代表和代理人。据笔者在一些地区亲身所见，任何一级地方政府都有可能干预有关农民切身利益之事，而作为当事者的农民（特别是处于分散个体状态中）在一般情况下是无法与之抗争的。

大量农民被强迫失去土地的现象，反映出我国在体制、法律、政治等方面的缺陷。国家的政治体制和法律，不能阻止地方政府、基层政权和大小利益集团的私利膨胀。他们为了各种既得利益、权力和金钱的扩张，可以完全在堂而皇之符合党和国家的政策名义下（其中城市化是喊得最响的），行破坏党纪国法之实。

在这种状况下，谈论“解决三农问题”，谈论“农村实现现代化”，其效果能不令人怀疑？

第五部分　实际生活中的城乡关系
——经验与教训（典型案例调研）

自1980年代后期至2010年代中后期，笔者主要以田野调查的方式，实地访问了若干地区的农村和农户。从区域看，有东北的黑龙江、辽宁，西北的宁夏、甘肃，华中的湖南、湖北，华东的江苏、浙江，华北的河北等。从经济发展水平看，有在全国名列前茅的地区，如江苏的苏州、无锡，浙江的诸暨、温州，也有处于贫困的甘肃的陇西、宁夏的西海固山区。从地理环境、气候、地形、植被等看，有年均降雨量不足200毫升，连草都难以滋生的甘肃会宁山区，也有河道纵横的鱼米之乡太湖流域。从城乡关系看，有首都近郊区、农民享受北京城区市民待遇的门头沟山村，也有远离县城和交通干道的少数民族聚集的山区、林区……这些乡村，可以按不同标准划分为不同类型。本书限于篇幅不能详述他们的异同之处，以下挑选三个乡村作为典型个案，供读者参考。

第十五章　湖南绥宁县党坪苗族乡动雷村的自然生态与社会生态问题①

一　概况

动雷村位于湘西山区的绥宁县境内，历史上长期是极为茂密的林区，开发程度甚低。乡史载：清代，动雷村山高林密，原始次生林参天蔽日，森林覆盖率达94%。俗称“屋旁栖野兽，抬头只见林；只听流水响，三丈不见人”。

新中国成立后，在“人定胜天”思想的指引下，山林被大肆砍伐而遭受严重破坏。但即便如此，包括动雷村在内的绥宁县，仍有“三湘林业第一县”的美称。

但就是这样一个集天地之灵气的美丽山川，现在已遇到了日趋严重的自然生态问题，随之而来的是令人担忧的社会生态问题。

让我们简要地介绍一下动雷村的情况。

动雷村是湖南绥宁县的一个普通山村。在县域中部偏南，隶属党坪苗族乡，主要居民为苗族。

绥宁，位于湖南西南边陲，北纬26°16′~27°00′，东经109°48′~110°32′，土地总面积430万亩。县境北部是雪峰山脉南段，分中、东、西三支进入，中支为主脉，纵贯于县境中部，系县境沅江流域和资江流域的分水岭；

---

① 本章拟基于若干第一手调查资料，从微观角度，观察现实生活中的自然环境、生态环境与置身其中的社会经济环境的具体状况。动雷村一节，由林刚、陈明才二人共同调查，村内基本材料由陈明才提供。

西支逶迤于西北境；东支耸立于县界，界东从北至南为洞口县、武冈县（今武冈市）和城步苗族自治县。县境南部是80里大南山北脊的西北面，山峰挺拔峻峭。在这块南北长、东西窄、北端稍向东倾、形同平行四边形的土地上，山地面积占全县土地总面积的73%，层峦叠嶂，林密树深，海拔最高1913米，海拔超千米山头348座，多数挺立在东、南、北三面，形若围屏，海拔最低205米。西部地势稍低，从北至南依次与怀化市的洪江市、会同县、靖州苗族侗族自治县、通道侗族自治县为邻。全县总面积2926.47平方公里，约占全省总面积1.38%。全县八分山地一分田，半分水路半分园。

绥宁先后跻身“全国科技兴林示范县”“全国绿色小康县”“国家生态示范县”“中国竹子之乡”“湖南林业十强县”行列。1982年，被联合国教科文组织誉为“一块没有污染的绿洲”，并邀请绥宁县长参加世界环境保护会议。县境有优良的气候资源，系中亚热带山地性季风湿润气候区。夏少酷暑，冬无严寒；垂直变化大，地形小气候显著；昼夜温差大，雨水充沛，年际变化较小。水资源相当丰富，年径流量24.35亿立方米，水能可开发量11.26万千瓦。

动雷村位于绥宁县党坪乡境西北角，总面积9.98平方公里。耕地面积1713亩，占全村总面积11.4%；山林面积12045亩，占总面积80.4%；水域面积93.7亩，占总面积0.06%。境内盛产水稻、柑橘、油茶、生姜、杨梅、香菇、百合、绞股蓝等30多种粮食、经济作物和药材。

动雷村的地理、气候条件和多类型的土壤适宜多种林木生长，形成了自己的优势条件。

村内森林覆盖率75%，树种多样，以杉树为主，杂竹次之。杉树活立木蓄量26800立方米，松树活立木蓄量39860立方米，杂（阔叶林）490立方米，活立竹21800余根，均居全乡中游偏上。该村山地地貌风化壳较厚，土层深厚，土质好，酸碱适中，适种性强，民谣说这里“杉树蔸”（指杉树砍伐后，从树蔸砍伐部位自然生长树苗长大成林），“松树飞籽成林”（指松球内的树籽经风吹到何处，就在何处生根发芽长成林），“杂树落籽成林”“竹子扩鞭成林”，树木能自生自长，历年不断。这完全是大自然的造化。现在推行人工造林育林，松杉则以人工造林为主。

1990年“八五林调”测得全村有林地12045亩，占土地总面积80.4%，排全乡第五位，森林覆盖率80.45%。2010年全村有林地12445亩，占土地总面积83.1%，森林覆盖率78.1%。

二　动雷山区生态环境的变迁轨迹

动雷村自然环境的破坏始于1958年的“大跃进”。

1958年秋的人民公社化运动，“一大二公”，将原来农户的田土、山林、耕牛农具和房屋四大财产统统归公，建立公共食堂。生产组织军事化，实行“大跃进”。当时县里安排东山区兵团（辖今东山、鹅公、朝仪三个乡）的3000多名劳力进驻党坪公社的米水、党坪、杨庄沿莳竹河长10多华里、宽5华里的山场“剃光头”[①]，砍伐10000余立方米木材，除少量靠近河边的木材运出销售外，其余7000余立方米困在山里运不出而腐朽糜烂。致使这一带约3000多亩山场荒芜30多年，后于1990年代植树造林才初步恢复了元气。动雷村离河边远，虽没有被大片“剃光头”，但也有1000多立方米木材烂在山里。估计1958～1959两年全县木材浪费损失达8000立方米以上。

（一）19世纪60年代

1960～1961年处于经济困难、粮食短缺时期，又在“大办农业、大办粮食”政策促动下，随之掀起了一股毁林开荒高潮，成片的树木被砍倒作柴烧，将林地垦荒种粮。动雷村当年毁林开荒达150亩。1963年县里发文才得以制止。1964年，形势逐步好转。根据省政府指示，建立了集体林育林基金制度，县里开始掌握育林基金，填补了对发展林业所需的资金投放，增加了林农收入，林业走出了低谷。边界护林防火联防组织的扩大与加强，重点保护了以绥宁林区为中心的森林资源的安全。在中共湖南省委书记张平化关于“大唱杉木林戏”的号召下，动雷大队亦和全乡全县一样，集中连片大面积营造杉木林，以弥补国营投资造林之不足，加快荒山绿化过程，但是，好不多时，“文化大革命”运动汹涌而起，冲击了各个方面，林业放任自流，已造的林木，无人抚育管理，幼林毁坏严重。

（二）19世纪70年代

1970年后，为了满足国民经济建设的需要，省地给县下达的商品木材上

---

① 指将山林的草木全部砍光。

交任务越来越重（最终要落实到大队一级坚决完成），而砍伐山场也越来越远，木材运输困难重重。因此林区基本建设被摆上了县里的议事日程。整治溪河、修筑公路是投资重点。又因全县活立木总蓄积量逐渐下降，森林采伐后迹地更新引起重视，建立了南方集体林区林业生产经营的新模式——社队采育场，实行"边砍边造、采育结合、青山常在、永续利用"的采育方式，获得国家农林部的肯定。全县掀起了大办社队采育场高潮。加上社队林场、园艺场的恢复建立，构成了林区以"三场"经营为主体的生产方式，发展了社会主义集体经济。但当时木材价格很低，虽有大量木材外销，林农收入却增加不快，从事木材生产劳动报酬，每天仅 1 元钱左右，一个壮劳力全年从事木材生产向生产队的投资为 200～300 元。动雷大队 1966 年在社教运动中建立了园艺场。从各生产队共抽调 6～8 名劳力常年经营以温州蜜橘为主的 30 多亩果木林，除了正常开支外，分到队里的资金很少。为了增加集体收入，大队又于 1969 年办起采育场，实行"以砍为主、砍造结合"，至 1979 年止，每年砍伐销售木材 900～1000 立方米。动雷村的林木资源仍然在持续破坏中。

（三）19 世纪 80 年代

党的十一届三中全会以后，在改革开放方针指引下，木材价格大幅提高，山林体制变动很大。国有山林层层下放，集体山林析出了"自留山"和"责任山"[①]。1980 年，社队企业大发展，木材实行多家经营，全县办起 180 多家社队木材加工厂，大搞木材粗加工，在使用枯材废材的同时，又乱收乱购正材，助长了乱砍滥伐。动雷大队不仅办起木材综合加工厂，每天消耗着十几二十几立方米木材。厂外的农民还到山上乱砍杉树中幼林，锯成"杉尾"出卖，严重时出售的"杉尾"折成原木达几百立方米之多。在县、乡人民政府的强力干预下，对社队采育场进行整顿，有的进行关闭，对乱收杉尾进行罚款，才刹住了这股歪风，但已形成对林木的巨大损害。1982 年春，农民分到"自留山"和"责任山后"，村内部分人又将"责任山"上的树木砍掉卖黑心钱，又刮起乱砍滥伐风。10 月，贯彻《中共中央、国务院关于制止乱砍滥伐森林的紧急指示》，乡村组成联合工作队（又称"联防队"），重点清理了本村 5 个组 46 户重点对象，进行没收和罚款处理。1985 年初，根据中共中央 1

---

① "自留山"是集体按人头分给社员长期使用的山。"责任山"是集体未分给社员的、由大队划给生产队或社员保护的山。

号文件精神，政府取消木材统购，允许木材上市，放开木材价格，由原来每立方米 80 元左右一下子上升到 300～400 元，林农收入、地方财政收入均大幅上升，社会上的各种附加收费亦同时上升。木材身价的大提高，诱使村内部分人不顾政策法规，一时乱砍滥伐、乱收乱购、转手倒卖行为愈演愈烈。乡村又组织工作队深入重点组、户清理，对违法违规人员处以重罚。为了刹住这屡打不停、屡禁不止的乱砍滥伐和乱收乱购的歪风，县委县政府制定出台了关于森林限额采伐的规定，并撤销 1980 年发布的木材多家经营的决定，改由县木材公司、县供销社、县物资局三家经营，乱砍滥伐歪风一时得到制止。但随着木材价格的不断上涨，1988 年夏秋间，村里少数人又在短短两三个月里盗伐集体山林 100 余立方米。9 月起，在县委县政府开展严惩破坏森林资源违法犯罪专项斗争震慑下，盗伐之风有所收敛。但个别木材收购者凭着木材采伐证、运输证的牌子，唆使当地人乱砍滥伐，并和极少数盗伐者狼狈为奸，你砍我收，你晚上砍我晚上收，你暗里砍我暗里收，致使集体山林每年损失 100 立方米以上。虽然动雷村自 1980 年代末开始人工造林，在全乡率先进行“杉木速生丰产林实验”，三年内造林 1500 余亩，但是纵观整个 80 年代，动雷村林业成材林受到严重摧残，动雷村森林资源多次遭到严重损失。十年中，共计损失约 1000 立方米之多。

（四）19 世纪 90 年代

国家经济体制改革委员会据县统计资料数据，绥宁县于 1991 年消灭了宜林荒山，1993 年实现全面绿化，1995 年森林覆盖率达 75.3%，树木年生长量高于年消耗量。绥宁县的这些指标均居全省首位，在全国也名列前茅。从 1995 年 12 月起，县委县政府根据林业部颁发的《林业经济体制改革总体纲要》精神，提出建设林业强县号召。动雷村支两委根据县里要求，结合本村实际，制定了实施方案，主要如下。①将水土保持林和风景林划为公益林，实行保护性管理，将用材林、经济林划为商品林，实行开发式经营管理。②在不改变林地用途的前提下，允许山地使用权流转，引导山地使用权向有实力的经营者转移。流转形式主要有承包、出租、入股、有限期的拍卖。③按照“山上管严、山下搞活，砍伐管严、经营搞活”的原则，逐步地把竹木推向市场。④推进人工森林资源资产化经营。允许中幼林进入市场，通过拍卖、招标、抵押、委托经营等形式，实现资产变现，滚动开发，缩短生产周期。⑤调整林种结构，逐步把用材林、工业原料林、楠竹和其他经济林的比例调整为 1∶1∶1，形成

“三分天下”的格局。这项综合改革实施后，显现了两方面后果，积极后果约有三处，一是林政管理秩序有所改进，几年来乱砍滥伐、木材倒买倒卖案件比往年减少了60%多，经常开展声势浩大的林业严打斗争，有效打击了林业上违法违规现象。二是林农的积极性空前高涨，全村90%的农户投资投劳上山搞开发，仅1997年，全村造林381亩，抚育446亩，造竹林1400株，总投入15万余元。三是开始拍卖青山后，为林区交通建设解决了大部分资金投入，减轻了林农部分负担。但与此同时，也出现了一些严重问题：由于开放了青山拍卖，让中幼林进入市场，个别村干部便利用这个政策打擦边球，甚至闯红灯，利用手中的权力不按公开程序办事，而是采取招暗标、假招标、自己作价自己买自己卖和收入不入账等手段，大肆侵吞集体山林收入款，中饱私囊，引起村民的极大愤恨，为此上访案件增多。这也涉及管理体制问题。1999年，县委县政府按照对林业资源实行分类管理的总体思路，对现行体制进行改革。一是实行公益林县里管，将全县的天然林、水土保持林和风景林划为公益林，建立公益林补偿机制，确保投入到位。二是施行用材林村（场）管。对全县的杉木林、马尾松和其他用材林，继续实行村（场）集体所有集体统管。三是实行楠竹、经济林农户管，将楠竹、经济林的生产经营权下放，给农户实行“谁造谁管谁受益，权属不变三十年”。实施这些改革后，明晰了“三级”管理权限，进一步保护了森林资源，促进了林业经济发展。但用材林村（场）管仍为少数村干部搞腐败提供了温床。

由于数十年来对林区的“取”远远大于“予”，甚或可以说对林区的破坏远远大于建设，绥宁林业受到严重损伤。就全县看，林木的生长、林区建设和全县的自然生态状况问题，已经出现了十分令人担忧的严重态势。

2010年9月，在我们与一位县委主要负责同志的访谈中，他明显表现出对林区现况的担忧。他认为，绥宁县的主要矛盾，是保护林木、再不能砍伐下去，与老百姓生存所需、除了林木之外缺少其他挣钱手段之间的矛盾。

他说，绥宁原是个靠林业伐木就可取得经济收益的地方。但现在资源枯竭，不能再靠伐木赚钱。滥伐林木的恶果已经愈来愈显露。全县自然灾害近年来十分频繁，除了黄桑坪自然保护区外，各乡镇都频发洪灾。只要一下雨，人们就睡不好觉，担心出现自然灾害。原因就是山地林木被过度砍伐，不能有效保持水土。即便是伐木后又补种，但效果与天然林大不相同。

如表15－1所示，1964～2010年的46年间，全县林业地面积从3752686亩减少至2790000亩，减少了962686亩，即减少26%。因为数据不全，以下只能比较1964～1983年的19年数据，这期间有林地减少233426亩即8.6%，似乎不算太多，但是树龄结构明显变化，成熟林从原占有林地总量（成熟林、中龄林、幼龄林之和）1961436亩的75%下降为占总量1565544亩的44.48%，幼龄林比例从占总量的8.5%上升到30.29%。这反映出绥宁县林木被大量砍伐造成的成活林木材质量严重受损。

表15－1　绥宁县林地面积统计

单位：亩

项目		1964年		1983年		1990年		2000年		2010年	
		总量	人均	总量	人均	总量	人均	总量	人均	总量	人均
林业地合计		3752686	19.97	3401387	12.11	3425120	10.66	3114510	9.18	2790000	7.43
1	有林地	2699699	14.37	2466273	8.76	2695606	8.39				
按用途分类	用材林	1961436	10.44	1565544	5.93	1966953	6.12				
	经济林	143184	0.76	172811	0.62	164903	0.51				
	竹林	195079	1.04	329152	1.17	368516	1.15				
按树龄分类	幼龄林	166519		474146							
	中龄林	317945		395019							
	成熟林	1476972		696379							
2	疏林地	435215		203166		160505					
3	灌木林地										
覆盖率		65.8		67.5		68.3				74.95	

注：①林业地包括有林地、疏林地、灌木林地，其中有林地有两种不同的含义，一种按林木用途定义，分为用材林、经济林以及竹林，另一种按树龄分类定义，分为幼龄林、中龄林、成熟林；

②表中1964、1983、1990年数系国家林业资源调查数据，之后调查未继续进行，2000、2010年数据系县、乡、村统计加推算；

③合计均不等于小项数相加，另有其他小项未列入表内。

从林木蓄积量看，如表15－2所示，问题更显严重，按可比口径，立木总蓄积1990年较1964年下降8470803立方米，下降约44%。这主要缘于成熟林的大量减少，从1964年的15013100立方米、占全部林木的86.1%，减少为1990年的4403888立方米、只占林木总量的50.2%。

表 15－2　绥宁县林木蓄积统计

单位：林木，立方米；竹子，根

项目		1964 年		1983 年		1990 年		2000 年		2010 年	
		总量	人均	总量	人均	总量	人均	总量	人均	总量	人均
立木总蓄积		19058000	101.43	10041755	35.76	10587197	32.96	13450220	39.65	15431000	41.09
树种结构	杉木	4830461 25.3%		3484255 34.7%		4070482 38.4%					
	马尾松	12500582 65.6%		3967782 39.5%		3371251 31.8%					
	阔叶树	1726957 9.1%		2589718 25.8%		3145464 29.7%					
树龄结构		总 17438000		总 8607215		总 8771572					
	幼龄林	261000 1.5%		1089710 12.7%		1172227 13.4%					
	中龄林	2163900 12.4%		2004028 23.3%		3195457 36.4%					
	成熟林	15013100 86.1%		5513477 64.1%		4403888 50.2%					
楠竹		21863500	116.4	36139150	128.7	44949490	139.93	47832840	141	53696500	143
经济林											

注：①表中 1964、1983、1990 年数系国家林业资源调查数据，之后调查未继续进行，2000、2010 年数据系县、乡、村统计加推算；

②合计不等于小项数相加，另有其他小项未列入表内。

再查看木材砍伐状况，如表 15－3 所示。

表 15－3　绥宁县历年商品木材采伐/销售统计

单位：木材，立方米；楠竹，万根

年份	木材	楠竹	年份	木材	楠竹	年份	木材	楠竹
1951	2500		1953	55446	25.0	1955	54986	53.0
1952	9655	24.0	1954	33305	23.2	1956	64589	78.9

续表

年份	木材	楠竹	年份	木材	楠竹	年份	木材	楠竹
1957	80112	62.5	1974	204796	23.32	1990	141045	40.0
1958	78464	111.9	1975	207710	16.84	1991	180000	67.0
1959	182870	97.59	1976	189103	15.73	1992	165000	90.0
1960	184410	28.24	1977	175629	21.49	1993	130000	44.0
1961	61820	19.11	1978	222266	15.94	1994	152100	100.0
1962	96534	23.66	1979	274542	14.52	1995	208000	77.0
1963	99155	22.48	1980	344470	31.73	1996	180000	250.0
1964	124325	22.68	1981	265002	21.77	1997	190000	250.0
1965	116791	16.03	1982	206575	33.08	1998	200000	280.0
1966	128739	43.73	1983	221486	93.08	1999	200000	300.0
1967	159683	30.31	1984	251908	26.0	2000	156300	213.0
1968	163140	36.58	1985	255000	45.51	2001	180000	173.0
1969	133317	22.01	1986	190129	34.49	2002	180000	152.0
1970	104796	27.24	1987	200000	41.47	2003	213855	220.0
1971	176948	25.73	1988	176692	42.37	2004	170000	400.0
1972	206596	32.59	1989	152400	41.0	2005	222196	400.0
1973	226150	13.45						

资料来源：《绥宁县志》第二轮（内部资料未正式出版）。

据表 15－3，新中国成立后 1951～2010 年的 59 年间，全县总计采伐 8950535 立方米，年均 162737 立方米，是 1951 年的 65.09 倍。又据绥宁县负责人谈话，据统计，至 2009 年，绥宁县累计向国家提供木材 2004 万立方米。如此，则相当于县志所载数据的 2.4 倍。若据此数据，以 1 亩成熟林地（即树龄在 20 年以上林地）可出产 8 立方米木材推算，[①] 则全县相当于减少 2505000 亩成熟林地。

如表 15－4 所示，56 年间，全县造林共计 1985249 亩，年均约 35451 亩，为 1950 年的 67 倍。1978～1988 年，迹地更新 233476 亩，荒山造林 265818 亩，两者相差无几。1989～2005 年的 17 年间，迹地更新 451024 亩，大大超过荒山造林的 210123 亩，相当于后者的 2.15 倍。

---

① 陈明才据多次与林业部门专业技术人员的调查推算。

表 15－4 绥宁县历年造林统计

单位：亩

年份	荒山造林	迹地更新	四旁植树（万株）	年份	荒山造林	迹地更新	四旁植树（万株）	年份	荒山造林	迹地更新	四旁植树（万株）
1950	530	—	—	1969	17699	1183	—	1988	32700	24500	—
1951	1575	—	1.53	1970	23506	622	—	1989	16800	35200	—
1952	1803	—	2.05	1971	16736	693	8.49	1990	12200	36500	—
1953	5680	600	8.76	1972	158100	7592	12.0	1991	51600	15347	—
1954	7545	754	7.08	1973	70729	46500	6.32	1992	6551	23079	64.5
1955	15765	825	4.28	1974	58200	5500	17.50	1993	3158	30093	65.2
1956	24953	850	4.63	1975	41075	2200	11.0	1994	4560	25650	80.0
1957	9378	1000	2.05	1976	33729	15700	5.77	1995	3210	27990	67.0
1958	22141	504	10.50	1977	25700	8975	12.64	1996	5400	25125	60.0
1959	29266	800	9.41	1978	25459	24774	9.00	1997	2300	46275	36.0
1960	10790	2458	4.90	1979	13941	17275	12.96	1998	1985	32216	27.0
1961	3288	1760	1.35	1980	18349	22342	15.87	1999	2100	21470	70.0
1962	2180	700	5.33	1981	12080	22092	12.00	2000	2501	21534	70.0
1963	4202	900	2.36	1982	16997	11010	15.31	2001	2000	17697	70.0
1964	6704	1680	6.89	1983	44200	23600	65.07	2002	20000	18173	68.0
1965	8170	544	11.00	1984	45965	35552	39.38	2003	35258	15140	60.0
1966	21900	2015	16.25	1985	19825	17572	28.09	2004	38487	21285	63.0
1967	37440	8439	15.00	1986	26304	15640	—	2005	2013	38250	68.0
1968	66430	3600	6.60	1987	9998	19119	—	共计	1184355	800894	

注：迹地更新，指将在山林树木全部砍伐光后的山地上，重新挖坑种树。

动雷村的总体情况和全县基本相同，如表 15－5、表 15－6、表 15－7、表 15－8 所示。

表 15－5 动雷村林地面积统计

单位：亩

项目	1964 年		1983 年		1990 年		2000 年		2010 年	
	总量	人均	总量	人均	总量	人均	总量	人均	总量	人均
林业地合计	12410	18.6	12330	13.2	12045	11.6			12445	11.3
有林地	11790	17.67	11714	12.54	11082				11582	

续表

项目		1964年		1983年		1990年		2000年		2010年	
		总量	人均	总量	人均	总量	人均	总量	人均	总量	人均
按用途分类	用材林					9863				10313	
	经济林					992				962	
	竹林					227				307	
按树龄分类	幼龄林					3236				3662	
	中龄林					4577				4877	
	成熟林					3243				3043	
疏林地						645				605	
灌木林地						298				258	
覆盖率											

注：①林业地包括有林地、疏林地、灌木林地，其中有林地有两种不同的含义，一种按林木用途定义，分为用材林、经济林以及竹林，另一种按树龄分类定义，分为幼龄林、中龄林、成熟林，幼龄林，指树龄在5年以下之林，中龄林，指树龄在5～16年之林，成熟林，指树龄在20多年之林；

②表中的1964、1983、1990年数据为国家林业资源调查数据，2000、2010年为推算数据；

③合计均不等于小项数相加，另有其他小项未列入表内。

表15－6 动雷村林木蓄积统计

单位：林木，立方米；竹子，根

项目		1964年		1983年		1990年		2000年		2010年	
		总量	人均	总量	人均	总量	人均	总量	人均	总量	人均
立木总蓄积		87030	130.5	46720	50.02	42619	41.1	43183	39.8	48685	44.1
树种结构	杉木										
	马尾松										
	阔叶树										
树龄结构	幼龄林					2261				7510	
	中龄林					4119				23135	
	成熟林					36239				18040	
楠竹											
经济林											

注：表中的1964、1983、1990年数据为国家林业资源调查数据，2000、2010年为推算数据。合计不等于小项数相加，另有其他小项未列入表内。

表 15－7 动雷村历年商品木材采伐/销售统计

单位：木材，立方米；楠竹，根

年份	木材	楠竹	年份	木材	楠竹	年份	木材	楠竹
1962	985		1979	770		1995	936	
1963	1044		1980	1015		1996	647	
1964	1240		1981	870		1997	646	
1965	1833		1982	933		1998	718	
1966	992		1983	1082		1999	754	
1967	795		1984	1076		2000	692	633
1968	690		1985	1100		2001	389	1192
1969	472		1986	977	410	2002	1011	
1970	983		1987	896	900	2003	472	
1971	1102		1988	696	816	2004	339	
1972	1034		1989	976	894	2005	301	
1973	987		1990	1053	968	2006	289	
1974	1165		1991	1130	772	2007	352	390
1975	1022		1992	1014	492	2008	279	310
1976	910		1993	1015		2009	331	580
1977	776		1994	1037		2010	353	660
1978	892							

注：1994 年前为实数，1995 年以后推算。

表 15－8 动雷村历年人工造林统计

单位：亩

年份	造林	其中速生丰产林	年份	造林	其中速生丰产林
1954	7		1998	301	—
1985			1999	308	—
1986	14		2000	319	—
1987	46		2001	400	—
1988	270	270（开始造）	2002	359	—
1989	592	560	2003	334	—
1990	652	652	2004	368	—
1991	333	301	2005	392	—
1992	586	383	2006	401	—
1993	613	436	2007	262	—
1994	413	—	2008	276	—
1995	381	—	2009	286	—
1997	396	—	2010	234	—
共计	8543				

注：1994 年前为实数，1995 年起为推算。

我们不能仅凭造林数字，就认为这些人工造林就可以弥补砍伐林木的损失。人工造林是不能全部有效成活的，造林面积远非实际成活面积。据老林农估计，当地造林的成活率分阶段性。荒山造林和迹地更新的成活率也不相同。大体说来，新中国成立后的 50～60 年代，造林成活率约 40%；70 年代的集体林场，大约为 60%；至 80 年代后期，推广营造速生林，成活率上升至 90%。更大问题是人工造林越来越多地采用了“全垦全育”方式，即将 16 年树龄之树全部伐光，然后再种新树，再过 16 年再将其砍光植树。其后果不是对自然生态的保护，破坏性很大，可能远远大于现在人们的认识。县委的一位负责人就指出，即便是伐木后又补种，但效果与天然林大不相同。一是天然林是自然生态林，各类树木特别是阔叶树如杂木等，能有效吸收水分涵养土壤，而人工种植的杉树、马尾松等针叶林不能起到天然林的作用。二是人工林长成材要 20 年以上，且人工林都是新栽树，树小，远赶不上砍伐速度，而且植树 16 年就允许伐树。

当然不能全盘否定动雷村在林业生产上进行的努力和艰苦奋斗，然而从新中国成立至 2010 年 60 年的长时段观察，长期存在问题的严重性远超过了取得的成绩。在 1964～2010 年的 46 年中，人均林地从 18.6 亩减至 11.3 亩。

在 1990～2010 年的 20 年中，虽然经贯彻中央“退耕还林”政策，动雷村恢复了大量林业用地，动雷村的山林发展虽局部有所改善，但是林木要恢复到生态平衡状况是不可能短期奏效的。再加以主要依靠“全垦全育”的人工造林方法，致使现存林地林木出现的主要问题是成龄林大面积减少。

如果按照上述村统计资料，全村有林地中，成龄林减少约 200 亩，比重从 29% 下降为 26%。而幼龄树则增加 400 亩，问题似乎不大。但仅仅凭借表面的林木面积的统计数还很难看出全部问题，有必要从另外一项统计即砍伐出售高品木材的数量中加以证伪。

从砍伐量看，在 1964～2010 年的 46 年中，该村共砍伐出售木材 41071 立方米，以每亩成材林可生长 8 立方米木材计，相当于 5134 亩成熟林被砍伐，即砍伐这些木材需要 5134 亩成熟林地，占 1964 年全部林业用地的 40% 余。虽然，林地被伐后植树还会再次进行，但即便植树成活率达 100%，以 20 余年成材率计，也只能够砍伐 2 次。按照这个最大限度估算，动雷村的成熟林地至少减少了 5134 亩的一半，即减少了 2567 亩。这就远远超过了全村从 1964 年有林地 11790 亩至 2010 年有林地 11582 亩只减少了 208 亩的数据。这直接导致木材蓄积量大幅减少，林木质量整体下降。推算估计，2010 年，立木蓄积量为 33137 立方米，比 1990 年减少 9482 立方米，减少 22.25%，其中：幼龄林 3914 立方米，比 1990 年增加 1653 立方米，增加 73.1%；中龄林 13008 立方米，比 1990 年增加 8889 立方米，增加 215.8%；成龄林 16215 立方米，比 1990 年减少 20024 立方米，减少 55.26%。以上说明，林种变化会对林木蓄积量产生重大影响，而林木蓄积量要比林木面积更能说明林业的真实状况。

现在，山上的成熟林主要生存于社员自留山中，集体山成材林已不多，残存于边远山区。

虽然公布有“边砍边造、造管结合、重在管护、青山常在、永续利用”的方针，但用材林（杉、松、阔扩）是生长周期长、见效慢的林种，要求它速生丰产，特别是人工造林，完全违背自然生长规律，因此长出的材又细又嫩，因而树径小、材质差。加上 16 年左右一次“全垦全造”，使森林植被遭到破坏，造成水土流失。山上的树成了“小老树”“浅根树”。这 10 年来约平均每年减少 948.2 立方米，人均减少 8.6 立方米。树种方面：杉树 9168 立方米，比 1990 年增加 8899 立方米，增加 34.2 倍；松树 23579 立方米，比 1990 年减少 18282 立方米，减少 43.67%；杂（阔叶树）390 立方米，比 1990 年减少 100 立方米，减少 20.4%。县里强调“扩竹兴松、保杂限杉”的发展要求，市场需要和生活日常之用还是以杉木为主，造林还是主唱“杉家浜”。竹林方面，因用途广阔需求量大，价格较大提高，人们比较重视起来，部分农户对原有竹林进行垦复，现仍有 15000 根的保有量。油茶树树龄老化，荒芜严重。1958～1966 年，全村有“光茶山”（指年年垦复修剪的油茶山）1200 亩。1981 年大田责任到户后，80% 的户至今基本未垦复，有的还砍掉油茶树种柑橘树。大量的油茶树树枝稀，树皮老，被松、杉、杂树挤压，产量少，出油率低，一般好年成亩产茶油 2～5 千克，干籽出油率 20%～28%。油桐林则走向衰落，1965 年全村约有 300 多株，现在不到 200 株，主要是认为油桐树寿命不长，结籽少，出油率低，加之现在一般不用桐油油农具、刷家具，因而任其“自生自灭”。

以上，已清楚显示动雷村林业的问题令人担忧。该村所取得的一些成绩虽然可喜，但远远不能遮盖问题的存在和扭转恶化趋势。这是多年来人们对大自然和林木的索取远远超过保护和培育的必然结果。造成这类结果的原因当然不能归罪于动雷村，而是各方面所造成的，我们后面还要详述，但其对动雷人带来的种种不良后果和危害已相当明显，若不能从根本上纠正这种状况，长期性的更严重后果可能为时不远。

三　林木变化对自然生态的影响

目前，绥宁县党坪乡动雷村的森林生态现状是：森林面积表面上没减少，实际因建设和其他损毁大为减少；森林生长量超过砍伐量，实际林木面积大为减少；森林覆盖率有所增加，实际覆盖质量在降低。林木遭受破坏造成了严重后果。

（一）自然灾害频繁，环境恶化

森林是水土的“卫士”，能强有力地涵养水源，保持水土。森林被破坏，地面失去覆盖，土壤结构变坏，减弱了土壤渗透水分的能力，增加地表径流，一遇大雨，连水带土下泄，久而久之，密林变疏林，疏林变荒山，最后变成不毛之地的“剥皮山”（或叫“光秃山”“和尚头”）。1970 年水波界 20 多亩的成材林被砍光后，用老办法造林的树苗大多死光，结果这块地一直是茅草丛生，一下大雨，山下的田里、地里流满黄泥浆。就是现在按新办法“全垦全造”，第二年仍有黄泥浆下泻。至今，全村被山洪冲刷、岩土堆占难以恢复的稻田面积达 50 余亩。堆坏的过水圳 90 多条 1600 多米长。水土流失、山洪危害已成为山区农村农业生产中的一大人为障碍。

动雷村水资源丰富，水质优良。该村坡高（平均海拔 490 米）谷深，森林植被繁茂，雨水较多，山涧小溪纵横交错，水流较平缓，径流季节变化不大，含砂量少，污染很少。据县环保部门在该村采水测定，水中有害物质实际含量 0.003mg－1，仅占国家标准 0.04mg－1 的 7.5%。无霜期 10 个多月，更无长时间冰期（仅 2008 年春遭逢 50 年一遇长达 40 多天的冰雪天气）。全村有 2 条溪（段）、3 条溪涧，总长 10.2 公里，流域面积 8 平方公里。动雷水溪从西北往东南注入文溪后汇入莳竹水党坪宋家塘，全长 26 公里的文溪流经该村龙塘、陈家两村民组范围，长 4.4 公里。

上溯清代“民国”和 1950 年代，由于森林茂密，生态完好，这里是“一年四季溪流响，田间吉口水长流，大小井氹水满溢，十有九年粮丰收”的富水地带。只是 1970 年代以来，过量砍伐森林，超限开挖山土，山火烧毁森林和整个大气候反常等造成“十年有七分干旱三分洪涝”。至今还有 20 多户无法架设自来水，靠肩挑背负用水。干旱时节，有的要到距家六七里的井氹去挑水。

近年连续干旱灾害不仅使作物失收、人畜饮水困难，还导致山林火灾易发。动雷村许多老农反映，历史上四季溢水的井氹，自从周围的森林砍光后，近几年出现干冬。过去常年有水的冲头井水田现在变成了干田。村前的小溪，过去深水潭较多，现在因泥沙淤塞，挽起裤脚就能涉水过溪。就连夏秋落阵雨，也都是大面积森林茂密的地域多得雨。多年的暖冬诱发森林害虫和作物病虫害爆发，并产生了抗药性，增加了生产成本，还影响到人的身体健康。

空气质量下降。森林衰竭，树木较前明显稀疏，主要是树木轮伐过频，造成覆盖浅、树木小、山土瘠、长势慢，已挡不住日益严重的大气污染。每到打农药的时节，一个人背着喷雾器在稻田或菜园打农药，几十米上百米远就能闻到农药的毒臭气，而且这种毒臭气要经过4～5小时后才能散退。一逢下雨，雨水拌合农药水从田园流入溪河，毒死该河里的鱼、虾、鳅、螺等生物。很多山冲小溪小涧流量小、弯度多、流程长，常年没有清淤，很多沉积的污泥秽水在阳光暴晒下散出污浊难闻的臭气。所有这些空气污染，成了危害人们健康的"隐身杀手"。老农陈历泗说，以前我到山上呼吸空气是甜的，现在再也没有吸到过了。

更严重的后果是，森林实行大面积砍伐，剥去了大地绿色的保护层，毁坏了大气中的小循环系统，打乱了自然规律的正常运行。近20年来发生的水、旱、冰冻、火灾等重大自然灾害超过前40年的次数和严重程度的总和，尤其是百年难遇的2001年6月19日和2008年5月28日震惊中央、省、市的山洪地质灾害和2008年元月的特大冰雪灾害，都使绥宁灾区人民生命财产蒙受巨大损失。

绥宁县气象站工程师曾对该县30余年暴雨、山洪造成的严重灾害进行过详细记录和专业分析，如下。①

1979年6月21日，长铺镇、东山乡大暴雨，长铺降水量104.9毫米，东山68.2毫米。27日，金屋乡暴雨，两小时降雨量达150毫米，酿成巨大灾害。瓦屋塘、水口、黄土坑等乡也受灾。

1983年6月2日，武阳、李西、唐家坊、枫木团等地山洪暴发，武阳7小时降水量117.3毫米，14日东山、朝仪大暴雨，12小时降水量185毫米，损失1570万元。

---

① 何广丰等：《气候变暖与我县暴雨灾害》《湖南绥宁地质灾害成因浅析》（内部资料）。

1984 年 5 月 30～31 日，全县各地大暴雨，12 小时降水量 184.9 毫米，造成经济损失 1802 万元。

1986 年 6 月 2 日，水口、联民、枫木团发生山洪，22 日全县又出现暴雨。巫水上涨 3.93 米。

1986 年 6 月 22 日，本站雨量 82.0 毫米，武阳、李西、河口、寨市、枫木团、乐安、塘家坊等 17 个乡镇普降暴雨或大暴雨，18 万人受灾，损坏房屋 20 间，倒塌 10 间，农作物受灾面积 11449 亩，其中中稻 11235 亩，损失木材 523 立方米，损坏河坝 1530 米，损坏公路 15 公里，桥梁 24 座，总经济损失 44.3 万元。

1988 年 6 月 22 日，大暴雨，金屋、瓦屋、梅坪等乡共 31 个村 227 个组 4294 户受灾，19890 人受灾，死 1 人，冲坏房屋 4400 间，9250 亩稻田受灾，冲坏渠道 1265 米、河坝 959 米、桥梁 36 座，倒电杆 61 根，总经济损失 121.4 万元。

1988 年 9 月 3 日，长铺、东山、黄桑、双河等 15 个乡镇出现大暴雨山洪，损坏房屋 98 栋，倒塌房屋 35 户，9892 亩农田受灾，垮小二型水库 1 座、山塘 10 口，毁坏公路 313 公里、桥梁 60 座。

1989 年 5 月 9 日，11 个乡受山洪袭击，损坏房屋 53 间，冲垮田、塘 1340 处，28200 亩农田作物受灾，2610 亩中稻田受灾损失 239 万元。

1990 年 5 月 29～31 日，全县连续暴雨，死 1 人，重伤 5 人，损坏房屋 1400 间，冲毁房屋 66 间，48000 亩农田作物受灾，毁坏河坝 6200 米，垮山塘 21 口，经济损失 400 万元。

1991 年 8 月 8 日，南部普降大暴雨，县城雨量 182.7 毫米，东山 165 毫米，1 小时最大降水量达 99 毫米，其强度大、来势之猛属历史罕见。全县 16 个乡镇、179 个村普遍受灾，重灾人口 2.5 万人，特重灾人口 8600 人，死亡 1 人，伤 32 人，倒塌房屋 189 间，损坏房屋 3120 间。良田成灾面积 3.4 万亩，倒电杆 345 根，断桥 740 座，冲坏公路 1800 处，冲坏山塘 140 处、河堤 3600 处、渠道 9500 处，冲走木材 910 立方米，死亡大牲畜 34 头，冲走家禽 2600 羽、鱼 360 万尾，损失化肥 240 吨，经济损失达 804 万元。

1992 年 6 月 6 日凌晨 1 时 30 分左右，金屋乡遭受暴雨山洪袭击，暴雨从凌晨一直下到下午 5 时，24 小时降水量达 207.6 毫米，砖屋、雄鱼、鱼鳞等 5 个村受灾严重，倒塌房屋 75 间，水稻受灾面积 3440 亩、成灾 1670 亩，西瓜受灾 60 亩、成灾 30 亩，死猪 2 头，冲走鱼 30 万尾，冲毁河堤、渠道 87 处，毁坏公路一处，倒电杆 18 根，经济损失 45 万元。

1993 年 7 月 4 日，全县普降暴雨，雨量 76.2 毫米，过程雨量 193.8 毫米，18 个乡镇受灾，重伤 13 人，损坏房屋 8723 间，倒塌房屋 95 间，受灾面积 9.8 万亩，冲毁河堤、渠道 92 处。总经济损失 1634.3 万元。

1993 年 8 月 1 日 20 时～2 日 8 时，金屋乡降水量 220.7 毫米，重伤 1 人，损坏房屋 382 间，倒塌房屋 83 间，水稻受灾 2560 亩，绝收 250 亩，死猪 27 头，冲毁河堤、渠道 1 处，冲毁公路 3 处，毁坏公路桥 23 座，经济损失 500 万元。

1993 年 8 月 7 日凌晨 3 时～11 时，联民、水口降水量 250 毫米，死亡 2 人，重伤 2 人，轻伤 48 人，损坏房屋 616 间，倒塌房屋 124 间，受灾面积 1.8 万亩，粮食受灾 1960 亩，经济作物受灾 16.04 万亩，损失木材 156 立方米，死牛 16 头，死猪 46 头，冲走鱼 1.08 万尾，冲毁河堤、渠道 17 条，垮山塘 36 口，冲毁小水电站 1 座，毁坏公路 26 处，翻车 1 辆，倒电杆 46 根，损失 2200 万元。

1993 年 8 月 13 日晚，李西连续降了两个小时特大暴雨，雨量达 150 毫米以上，重伤 1 人，轻伤 10 人，损坏房屋 69 间，倒塌房屋 10 间，粮食受灾 1.5 万亩，死猪 6 头，冲毁河堤、渠道 2 处，毁坏公路桥 10 座，倒、断电杆 14 根，经济损失 150 万元。

1994 年 5 月 24 日，全县遭受历史上罕见的特大山洪灾害，山洪暴发范围广，灾情损失大，其中黄桑乡日最大降雨量 240 毫米，过程雨量 290 毫米，4 小时降水量 121.7 毫米，死亡 2 人，重伤 4 人，轻伤 209 人，损坏房屋 19685 间，倒塌房屋 2712 间，受灾面积 18.3 万亩，成灾 8.4 万亩，损坏木材 2517 立方米，死牛 250 头，死猪 270 头，冲毁河堤、渠道 178.2 公里，垮山塘 240 口，毁水电站 4 座，毁坏公路 6950 处，倒电杆 344 根，断线 13 处，直接经济损失 6192 万元。

1994 年 7 月 18 日，全县遭受暴雨山洪袭击，前期雨量多并造成山洪暴发。日最大雨量 76.5 毫米，过程雨量 107.3 毫米，全县 29 个乡镇受灾。死亡 2 人，重伤 3 人，损坏房屋 8715 间，倒塌房屋 948 间，冲淹现粮 24.3 吨，成灾面积 20.6 万亩，粮食作物 9.1 万亩，绝收 1.6 万亩，损失木材 1215 立方米，死牛 100 头，死猪 171 头，冲毁河堤、渠道 3.2 公里，毁坏小电站 2 座，毁坏公路 58.8 公里、桥梁 614 座，倒电杆 105 根，直接经济损失 3495 万元。

1994 年 7 月 24 日，全县降持续性大到暴雨，最大日雨量 120 毫米，过程雨量210毫米，白玉、盐井等24个乡镇受灾，重伤9人、轻伤134人，损坏房屋450间，倒塌房屋70间，冲走鱼1000万尾，冲毁河堤、渠道38.4公里，毁坏小电站4座、水泵15座，毁坏公路61公里，冲毁桥梁214座，倒、断电杆94根，直接经济损失4103万元。

1994年8月5日夜间~6日下午，全县普降暴雨，县城雨量103.0毫米，全县29个乡镇普遍受灾，重伤4人、轻伤97人，损坏房屋7923间，倒塌房屋786间，冲淹现粮4吨，受灾面积12.4万亩、粮田3.1万亩，损失木材51立方米，死牛9头，冲毁河堤、渠道37.4公里，毁坏公路146处，毁坏桥梁196座，倒、断电杆75根，直接经济损失2500万元。

1995年6月26日凌晨~下午3时，全县普降特大暴雨，县城长铺镇雨量179.8毫米，瓦屋232.9毫米，灾情北面重于南面，死亡6人，重伤15人，轻伤272人，损失房屋18945间，倒塌房屋1280间，冲淹现粮261吨，受灾面积27.1万亩，成灾13.6万亩，粮食受灾21.2万亩，成灾11.3万亩，损失木材1625立方米，死牛157头，死猪989头，冲毁河堤、渠道240.1公里，毁坏小水电站5座，毁坏公路2461处，翻车19辆，倒电杆473根，直接经济损失11600万元。

1996年7月13日~1996年7月18日，洪涝，6天总雨量367.6毫米，造成7人死亡，农作物受灾面积567公顷，成灾249公顷，绝收40公顷，损坏房屋4947间，倒塌房屋3219间，冲淹现粮254吨，冲毁河渠堤坝2400条、232公里，垮山塘5110口，毁小水电站1座，毁公路124公里、桥梁195座，倒电杆314根，总经济损失4.08亿元。

2000年5月26日，全县普降大暴雨，县城日雨量169.2毫米，过程雨量213.3毫米，由于暴雨范围大、时间短，全县普遍受灾，受灾人口18.4万人，损坏房屋4234间，倒塌房屋319间，农作物受灾17万亩，成灾5.6万亩，死猪、牛310头，毁坏公路161公里，倒、断电杆359根，经济损失10790万元。

2001年6月9日夜间，北部金屋、瓦屋等乡遭受暴雨袭击，金屋12小时雨量122.0毫米，瓦屋108.2毫米，河口71.5毫米，雨带呈东北-西南向，强度大，迅速造成山洪暴发、山体滑坡，18个乡镇受灾，损坏房屋1680间，受灾面积26万亩，成灾9.66万亩，死猪1570头，冲毁河堤、渠道116公里，垮山塘84口，毁小水电站3座，中断交通40小时，断线37千米，经济损失1240万元。

2001 年 6 月 19 日 20 时～20 日 8 时，宝顶山附近的金屋、水口、枫木团、联民、武阳乡镇遭受百年不遇的特大暴雨山洪袭击，前期雨水多，并已成灾，河口 12 小时日雨量达 313.0 毫米，造成大范围山洪暴发、山体滑坡，重灾 12 个乡镇，死亡 124 人，损害房屋 2433 间，倒塌房屋 2433 间，冲淹现粮 1500 吨，受灾面积 26.9 万亩，成灾 16 万亩，粮食绝收 9.6 万亩，死猪 3.2 万头，溃塘坝 1240 个，冲毁河堤 3000 处，计 1200 公里，毁坏小水电站 13 座，冲毁泵站 23 座，毁坏公路 23 条、851 公里，中断交通 240 小时，断线 434 千米，中断通信及通邮 96 小时，直接经济损失 5.6 亿元。

2003 年 5 月 15 日，日雨量 65.0 毫米，过程雨量 165.6 毫米，全县 13 个乡受灾，受灾人口 5.18 万，毁坏公路 322.8 公里。经济损失 1718.8 万元。

2004 年 7 月 11 日，局部暴雨，金屋、梅坪乡出现大暴雨，6 小时雨量 97.0 毫米，损坏房屋 6 间，受灾农作物面积 350 亩，冲毁桥梁 4 座，倒、断电杆 15 根。

2004 年 7 月 20 日，最大日雨量 118.9 毫米，全县 12 个乡受灾，损失房屋 688 间，受灾面积 10 万亩，冲毁河堤、渠道 89 公里，冲垮山塘 109 口，冲毁小水电站 2 座，毁坏公路 194 公里、桥梁 65 座，倒电杆 100 根，断线 63 处，直接经济损失 8200 万元。

2006 年 5 月 6 日，暴雨，本站日降水量 90.4 毫米，全县大范围暴雨，受灾面积 3400 公顷，绝收 220 公顷，损坏房屋 3050 间，农业经济损失 1550 万元，全县总经济损失 7368 万元。

2006 年 5 月 26 日，局部暴雨，其中唐家坊镇雨量 123.6 毫米，水口乡 109.9 毫米，麻塘乡 105.9 毫米，枫木团乡 99.8 毫米，全县损坏房屋 2450 间，受灾面积 8150 公顷，成灾面积 7620 公顷，绝收 530 公顷（农、林、牧业损失 3780 万元），中断交通 19 条次，损坏公路 115.2 公里，损坏电力线路 5.01 千米，损坏通信线路 2.136 千米（公路、交通损失 1293 万元），损坏堤防 2300 处、长 2412 千米，水坝 193 座，河堤渠道 1213 处，电站受损 4 座（水电总损失 7058 万元），这次暴雨共给全县造成经济损失 12256 万元。

2007 年 6 月 25 日，全县大部分乡镇普降暴雨，部分达到大暴雨，16 个乡镇 195692 人口受灾，农业受灾面积 10494 公顷，成灾面积 4950 公顷，绝收 1498 公顷。倒塌房屋 1325 间，死亡大牲畜 122 头，公路中断 366 条次，毁坏路基 509 千米，毁坏输电线路 146.7 千米、通信线路 2.35 千米，损坏堤防 751 处 345 千米，雷击造成李西镇一村民死亡，当场被雷电击死耕牛 2 头。这次暴雨造成全县总经济损失 1.7887 亿元。

2008 年 5 月 28 日 0 时 30 分~2 时 30 分，绥宁县普降大到暴雨，局部地区出现大暴雨。降雨时间短、强度大、来势猛，为历史之最。全县 25 个乡镇不同程度受灾，其中长铺镇、关峡乡、长铺乡、党坪乡、竹舟江乡严重受灾。县城有一半地方被洪水淹没，特大洪灾造成受灾群众 19.6 万人、被困群众 10.8 万人、2 人失踪、1 人死亡。因灾倒塌房屋 2100 间，损坏房屋 16435 间。长铺乡田心村六、七组 30 多座房屋被山洪全部冲走。冲走大牲畜 3500 多头，农作物受灾面积达 15 万亩，成灾面积达 7 万亩，绝收面积 2 万多亩。交通、通信、电力线路受到严重摧毁。S221 省道全线中断，大部分乡镇电力、通信中断。据不完全统计，洪灾造成直接经济损失达 5.1 亿元。

2009 年 6 月 8 日，绥宁县普降大到暴雨，局部地区出现大暴雨，7 个乡镇降大暴雨，其中长铺雨量 113.3 毫米，1.7 万人受灾，倒塌房屋 21 间，345 公顷农田受灾，死亡大牲畜 62 头，农业损失 173 万元，损坏小水电站一座，这次暴雨造成全县总经济损失 208 万元。

2010 年 6 月 17 日 3 时~6 时，普降暴雨，造成 18 个乡镇受灾，受灾人口 24.5 万人，因房屋倒塌死亡 1 人。全县农作物受灾面积 12.81 千公顷，倒塌房屋 2435 间，紧急转移人员 82500 人，不完全统计，直接经济损失 11.5 亿元。

2010 年 6 月 24 日，大暴雨，全县受灾人口 6.7 万人，转移 32180 人，农作物受灾面积 690 公顷，成灾 470 公顷，倒塌房屋 1210 间，总经济损失 1.52 亿元。全县受灾人口 6.7 万人，转移 32180 人，农作物受灾面积 690 公顷，成灾 470 公顷，倒塌房屋 1210 间，总经济损失 1.52 亿元。

县气象站的专家们认为，暴雨、山洪造成的重大地质灾害发生，与该县森林面积减少有着密切关系。

由于绥宁县是林区，县财政收入大多依靠木材，企业也大多是木材加工类，一般的税收依赖木材收入。随着砍伐的深入，木材资源越来越少。由于经费的严重不足，特别是基层林业工作者工资待遇得不到保障，因而对森林资源的维护越来越差。近年来，随着气候不断变暖，森态受到严重破坏，自然灾害越来越频繁，2001 年的“6·19”、2008 年的“5·28”、2009 年的“6·09”及 2010 年的“6·17”特大地质灾害都给该县人民生命财产造成严重损失。

他们提出：加大对全县生态保护已迫在眉睫，我们要对现有的森林资源和湿地做进一步调研，提出天然林、水源林、防护林的保护和建设方案，加大封山育林、植树造林与退耕还林力度，建立森林保险、林地流转、森林生态效益补贴等机制，改变绥宁财政对森林资源的依赖，更好地保护好全县的森林资源，这样才能降低暴雨对全县造成的严重地质灾害，更好地保护人民生命财产，造福于人类。

（二）资源逐渐枯竭

1. 森林的减少导致整个森林群落的衰落

按植物的生长类型，森林群落通常可分为四个基本层次，即乔木层、灌木层、草本层和地被层，每一个层次都有一定的植物种类。此外，一些藤本、附生、寄生植物依附于各层次的植物体上，成为层间植物。据了解，约至2010年前的20年中，仅动雷村就消失80多种树木，这使以树木为依附的其他各层次的植物失去生存的基础，导致整个森林群落的逐步消失。

据林区老农的观察和有关调查资料，动雷村的森林群落中树木种类的衰减在近数十年中相当惊人。

据1980年绥宁县森林资源考察目录，村境有木本植物82科、196属、810余种，列为国家保护的有穗花杉、楠木、榉木、青钱柳、华榛、银杏、杜仲、鹅掌楸、伯乐树、厚朴、红椿、任木、柔毛油杉等20多种。现在仅有楠木、青钱柳、银杏、杜仲、厚朴等。

主要用材树种有马尾松、杉、樟、梓楠、椆等110多种，现在仅存10多种。

主要观赏树种有黑松、马挂木、蔷薇、杜鹃花、映山红、垂柳、槐树、柏树、山茶花、石榴花等。现在仅存五种。还有能做土农药、树胶、鞣料、橡胶、吸毒、抗烟尘的树木100多种，也仅存20余种。

主要野生竹类20多种，仅存7种，即水竹、观音竹、楠竹、蒿竹、桃竹、胡竹、烟竹。

（1）草本植物

种类较多，以禾本科为主，有冬芭茅、野古草、狗尾草、画眉草、熟禾草、白茅、三芒草、竹节草、鱼腥草、香附子、蒲公英、野百合、灯芯草、野油麻、半边莲、绞股蓝、笔筒草等30余种，仅存不到一半。

（2）蕨类植物

常见的有铁线蕨、乌蕨、贯仲、石韦、铁芒箕等10余种。

花类——荷花、兰花、菊花、梅花、水仙花、桂花、桃花、李花、梨花、石榴花、杏花、杜鹃花、映山红、绣球花、凌霄花、九里香、芍药、海棠、蔷薇、唢呐花、指甲花、月月红、山茶花、莲花、鸡冠花、玉簪花、百合花等100多种，仅存1/3。

（3）野生哺乳动物

野猪、水鹿（又称野牛）、山羊、黑熊、豺、狐、貉、狗獾、水獭、果子狸、原猫、金钱豹、华南虎、华南兔（又称野兔）、穿山甲、松鼠、黄腹鼠、竹鼠、黄毛鼠、刺猬、蝙蝠等30多种，现仅存华南兔、松鼠、竹鼠、果子狸等少数几种。

（4）野生禽类

红腹锦鸡、雉鸡、竹鸡、山斑鸡、八哥、画眉、布谷、百灵鸟、黄鹂、杜鹃、啄木鸟、山麻雀、喜鹊、长尾灰喜鹊、乌鸦、白鹭鸶、燕子、苍鹰、猫头鹰、野鸭等20多种，现在仅存竹鸡、布谷、啄木鸟、喜鹊、苍鹰、白鹭鸶等七八种。

动雷村林密谷深，土壤肥厚，气候温和，雨量充沛，隐蔽性好，为野生动植物提供了良好的生活环境和适宜的发展条件，曾经有900多种野生植物和200多种野生动物在这里栖居和繁衍发展。人们形容："日听白鸟叫，夜闻虎狼吼。个人不出门，走路带斧头。"只是近四五十年生态不断遭到破坏，这多品种多数量的野生动、植物资源被人们疯狂掠夺和摧残，现在已所剩无几。

老农们说，过去，动雷村的山羊、野猪、豹子、穿山甲、野兔、野鸡、竹鸡、山雀、杜鹃、锦鸡、喜鹊、啄木鸟、山麂等鸟兽和蛇类相当多，现在很少了。其中，锦鸡、山羊、豹子、穿山甲几乎绝迹。许多老农说，过去屋前屋后一天到晚闻鸟叫，现在没有鸟叫，老鼠倒是越来越多。因为森林的破坏，鸟类蛇类无处藏身，天敌减少，老鼠繁殖加快，生态失去平衡，起了连锁反应。

比如专捉菜青虫吃的竹鸡，又是餐桌上的野味，村内老猎人每年用传统方法仅能捕获五六只。1988年广西区来了几个采松脂的打工者，他们用既简单又先进的捕获工具，一天就能捕获五六只。这种捕获方法当地人学会后两年内就将全村竹鸡捕绝，现在就连邻村也很少有竹鸡了。

（5）野生鱼类

鲤鱼、青鱼、草鱼、鲢鱼、洋角鱼、鲫鱼、土鲢鱼、黄鳝、泥鳅、虾子等20多种。现在仅存李雨晴、草鱼、黄鳝、泥鳅、虾子等。

（6）两栖类

龟、鳖（又称团鱼）、石蛙、青蛙等10余种，现在仅存鳖、青蛙等。

（7）蛇类

银环蛇、稍蛇、五步蛇、眼镜蛇、竹叶青、烙铁头、三道鳞、两头蛇、头发丝、黄号蛇、水蛇等 10 多种，现存五步蛇、竹叶青、黄号蛇、水蛇四种。

（8）野生药材

植物类有灵芝草、沉香木、叶下明珠、地蕾、千金子、白玉兰、多毛猕猴桃、缺萼枫香、苦木、银杏、厚朴、南五味子、铁箍散、海风藤、山木通、土山七、大血藤、十大功劳、草珊瑚、黄樟、野山茶、老虎刺、天仙果、八角枫、马银花、朱砂银、紫金牛、接骨草、女贞、石血、百合、茯苓、胡桃、杜仲、中华五加、山苍子、五倍子、黄连、天麻、黄柏、竹节人参、龙胆草、桔梗、绞股蓝、半边莲、车前草、过路黄、益母草、半夏、石菖蒲、香附子等 400 多种。动物类有野云豹、苏门铃、穿山甲、岩羊、乌龟、大蟾蜍、银环蛇等 100 余种。这些药用动植物现在仅存不到 50 种。

2. 土壤肥力减退

动雷村曾因“三光积肥”“林中烧灰”和现在的“全垦全造”，造成相当部分山体由于森林覆盖少或基本失去覆盖，且多为花岗岩发育而成的红色沙壤土，雨水侵袭，表土流失，腐殖质很少甚至全无，剩下的红色心土和石英砂质母质裸露，肥力严重减退。主要表现在：耐瘠薄的杉树、松树长势很差；阔叶树则站不住脚，甚至连杂草也生得稀、长得慢。到处都有明显的比较。山湾里肥土层厚生的树木与瘠薄的山岭山梁上生的树木要相差 5 ~ 10 年，即肥土树三年胜过瘦土树八年。一些老干部说：“现在山越来越矮（指大径材太少，而且一到中林就拍卖砍伐）、树越来越细（都是中幼林）、水越来越少（山不能贮林、涵养水源）、空气越来越差（林少新鲜空气少），子孙要骂娘的！”如果不加强施肥、松土、砍杂草等管护措施，这些树永远是“小老树”，无论经济效益还是生态效益都大打折扣。

（1）山体土壤日益贫瘠，降低土壤肥力

土壤是生物赖以生存的基础。土壤被侵蚀，植物需要的营养物质随水流失，使土层浅薄、地力衰退，导致农作物减产、林木生长缓慢。如长期风化演变，甚至造成恶性循环，使生物难以立足。特别是花岗岩地区的武阳、李熙桥、黄土矿、唐家坊、枫木团等乡镇的部分地区，1985 年前，山地陡坡开荒、砍柴烧树蔸，严重破坏了植被，有的地方，造成表土基本蚀尽，岩石裸露，变为不毛之地。以动雷村为例，凡是 1985 年前刮土皮积肥的山坡山岭上，树木长得比不刮土皮积肥的地方慢一半多。造林挖山土深的地方年年水土下流，有的形成侵蚀沟，只能长茅草青苔。

（2）土壤肥力衰减已经较明显地影响了林木生长

要使林木生长快、长成大径材，需要好的立地条件。立地条件的关键就是林地土壤的腐殖质越厚越肥越软。据测算，达到 10 厘米厚的腐殖质要 30 年左右，达到 20 厘米的腐殖质要 50 年以上。而现在一个轮伐期（18 年）内就要向山地表层土壤挖 3～5 次，即腐殖质不到 5 厘米厚就被挖掉流失了，如果栽树不增施肥料，叫树木怎么能速生丰产和长成大径材呢？因此外地客商来绥宁调木材总是摇头："你们的木材越来越小、越来越短、越来越嫩，不好用啊！"本地的老农也发愁："今后靠大径材涵养水源、做家具靠不到了！"

（3）植被破坏使水、旱灾害明显增加

因植被的破坏，对雨水的拦截力减弱，下渗量降低，增大地表径流。导致溪河吞吐失调，易造成水旱灾害。据《绥宁县志》记载，山洪灾害新中国成立前平均 18 年一遇，新中国成立后 30 年平均 5 年一遇。据政府简报记载，改革开放以来 30 年平均 2 年一遇。因植被遭破坏，干旱也易于发生。新中国成立前 14 年记载中平均 4 年一遇，1950～1980 年的 31 年中平均 2 年一遇，1981～2000 年 20 年中平均 1.6 年一遇。这些灾害给人民生命财产带来严重损失。

此外，水土流失，泥沙淤塞，使河床抬高、河面加宽，加剧缩小耕地面积。有些地方因山洪暴发，致使河流改道，冲垮沿岸道路、电杆电线，几年难以恢复。因水土流失，泥沙下冲，淤塞了山塘、水库、水渠等水利设施。仅动雷村 5 口小山塘，塘底泥沙堆高近 70 厘米，20 多条水渠的水槽堆平成了坪渠。

以上几个方面，均为人类自身错误引起的山林破坏。此外，还有自然界灾害引发的山林破坏。

此外，因林木植被的严重损坏，该村水资源也受到明显影响。前已略述，不赘。

该村地下水主要为浅变质岩罅隙水。含水岩组由震旦系、寒武系、奥陶系、志留系组成。水量岩组的泉水流量 0.102～5.88 升/秒。除海拔 600 米以上的地下水（泉水）四季冰冷外，其余都是"冬热夏凉、清甜可口"。

但是，自然环境主要是林木的减少，对该村的水资源造成了愈益明显的负面影响。

四　林木对当地社会、民生的影响

动雷村自然生态的恶化趋势令人极为不安。当地的领导层和老百姓都日益体会到了这一点。但是客观说，就整个绥宁看，其自然环境的目前状况还远远未到影响人类正常生活的地步。和全国许多地区相比较，这里甚至还算得上少有的“优质环境”。问题在于，造成生态环境严重恶化的深层次原因在哪里？不能正确认识这个问题，动雷村的自然生态危机难以改观。

以下我们从长期和当前状况，观察林木收入对绥宁、动雷人民的经济和生活的影响。

绥宁县是传统的林区县，长期以来，林业是经济的基础和支柱。县主要负责人估计，就绥宁全县，大致说来，林业产值约占 GDP 的 68%，财政收入的 70%、农民收入的 60% 直接或间接来源于林业，县内 90% 以上的工业企业是以竹、木为原材料加工业。据县有关部门提供的数据，全县计划经济时期每年为国家无偿或廉价提供木材 40 万立方米以上，累计上交省市育林基金上亿元。还有估计认为，新中国成立以来，全县累计砍伐林木 2004 万立方米，平均每年砍伐 33.4 万立方米；楠竹累计砍伐 44482 万根，平均每年砍伐 780.3 万根。由于生产消耗大、培育周期长，林木越砍越少、越砍越小、越砍越远，林业经济效益越来越低。①

（一）木头财政

长期以来，绥宁县财政被称为“木头财政”，直接或间接的竹木税收是县财政收入的主体。计划经济体制下，绥宁因为卖木头，县财政 40 年无赤字。数据显示竹木税收多的年份，县财政日子就好过，竹木税收少则县财政日子吃紧。

竹木税收主要体现于工商税中的产品税和县办企业收入。1951 ~ 1974 年，木材产品税在销地纳税，绥宁县所得仅占工商税收的 8.7%。1975 年改为在产地纳一部分税，1976 年的木竹产品税由上年的 23.7 万元增至 69.5 万元，

① 数据源于 2010 年 9 月苏金花、林刚对绥宁县林业局负责人的采访。苏金花、林刚：《中部边远山区的发展之路——湖南省绥宁县武阳镇调研报告》后记，中国社会科学出版社，2012，第213 ~ 214 页。

占当年工商各税的比重由上年12%上升至29%，成为县内重要税源。1984年工商税制进行全面开放，产品税从工商税中征收，其中木竹产品税占当年产品税的21.7%。随着木材价格的开放和税制改革的深化，从1985年11月起，国家将木竹产品税收改为全部在产区按收购金额征收，当年征收金额占产品税的75.2%。1976～1990年的木竹产品税在同期各税中的比重上升至27.1%。1984～1990年，各种产品税征收总额占同期工商各税总额的35.5%，其中木竹产品税占产品税的76.45%。1985年，根据中央、省、市指示，县人民政府对木材和竹类产品征收农林特产税。原木按征收价8%计征，木制成品折成原木计征；楠木每根按1元计征，杂竹每50公斤按4元计征。竹副成品折成原竹计算：税率一律为5%，同时按应纳税额征收14%的附加。1985年共征收95.1万元。1987年征收117.6万元，占当年县财政收入的7.1%。1990年征收216万元，占当年财政收入的7.1%。以上是木竹直接收入。县办企业和引资企业的上缴税费中，凡属以木竹为原材料加工或流通的都归于木竹间接收入。

据对县林业局的采访，国家政策调整后，特别是林业税费政策“一金两费”的调整给财政带来巨大影响。按2007年基础计算，免征原竹原木税收后，县财政直接减少财力2501.28万元，免征育林基金后，财力减少4101万元。相反，以前从育林基金列支的林业职工的行政事业经费3400万元要全部纳入财政核拨，减收和增支产生7600万元的巨额差距，打破了绥宁40年无财政赤字的神话。国家林业项目资金扶持宗旨出现了偏差，对那些林业生态破坏越严重的，项目资金支持力度越大，大量资金投入生态荒漠化、石漠化的恢复项目中，而对于现有林业生态保护的投入力度则大大减少。绥宁因为林业生态总体比周边县好，不仅没有得到奖励和进一步有效的资金支持，而且获得的资金要远远少于周边生态恶化较严重的县，这大大挫伤了绥宁广大林农进行生态建设的积极性。国家生态公益林补偿金每亩5元、10元的补偿标准，没有考虑到林业地区间的差异。

据2010年县林业局反映，全县年财政支出约4.3亿元，财政收入1.7亿元，财政转移1亿多元，有巨额缺口。为了平衡财政，满足需要，只有砍树。

（二）绝大多数企业以木材为原料

绥宁县的大中小企业，90%以上都是以木竹为原料的加工或制造企业。尤其以绥宁县联纸厂为龙头老大。该厂1986年建成投产，1995年，该厂发展到拥有总资产7800万元，在职职工580人，年产纸浆纸袋2万吨，年产值过亿元，创收1000万元，被评为湖南省工业百强企业。2000年以前，该厂原料专靠木材，5条生产线年消耗木材可达15万立方米，全县还有几十家吃木材的中小企业，原料供应非常紧张。工厂缺料停产一天损失几十万元。每年因待料停产一般1~2个月，损失巨大。但由于造纸企业每年上缴的税金是县财政主要的来源，而且能够解决当地上千人的就业问题，这些高耗能高污染的企业在当地大规模地发展起来。据报道，当地某些造纸厂使用的木材中有很大部分是“黑木”，即从周边县市购进的没有运输证的木材。大量采购“黑木”的结果是造成国家税费大量流失，使本县及周边县市林政资源遭到破坏。据邵阳市林业局不完全统计，仅2001年该县某些造纸厂所购“黑木”流失的税费在1000万元以上，由于多年采伐森林，该县马路两边、交通方便的地方已无林可采。

造纸企业消耗大量木材又造成环境污染。

2000年后，为了解决这一供需矛盾，该企业除保留一些木竹加工项目外，另辟蹊径，向水电和非木竹行业进军开发，使整个企业转型升级增效。这在某种程度上缓解了对木材的消耗量。但是，全县主要企业仍然是建立在以林木、竹木为基本原料的基础上。县委县政府新辟的袁家团工业园区，2010年止已有12家大中型企业进驻，其中联合造纸、佰龙竹木、力马画材、豪鼎板业、丰源竹木等竹木精深加工企业达10家。特别是引进的全球最大集装箱生产商中集集团，将加速绥宁工业园区的竹木产业特色。为解决这些企业的竹木原材料，县委县政府专门出台了一系列优惠政策，保证了他们的正常生产。考虑到楠竹生长周期短（3~4年必须砍伐）、适用范围广的特点，县委县政府早在2004年就下发《关于促进资源培育和精深加工的若干规定》等文件，尽快地把竹产业培育成全县支柱产业。

尽管县里的相关政策注意到减少对木材的直接损耗，但至2010年，似乎还看不到有多少明显好转。而以前对林木的过度砍伐的恶果，却随着林木商品化、林工一体化的发展趋势愈益显现。林农根据市场需求调整树种结构，造成了树种结构的单一化，大量松、杉针叶林代替了阔叶林，而阔叶林涵养水源、保持水土的功能要大于针叶林。树种的调整并不会减少森林的覆盖率，但对林地的生态涵养影响很大。绥宁县现在主要的树种是杉木、松木、楠竹，绥宁县近年来山洪频发，除了气候的因素外，林种结构单一化也是重要的原因。而且单一树种病虫害也比较容易发生。前几年，因为当地造纸厂需要大量的松木，许多林农都大规模地种植马尾松，结果形成了严重的病虫害，损失惨重。

（三）林木被片面视为农民解决生活困难的重要资源，“取”远超过“予”

1. 从“以粮为纲”到“要想富多砍树”

实行大田责任制以前，农民都在生产队从事“以粮为纲”的集体生产，没有其他的挣钱门路。每年年终分配时，没有砍木材卖或砍得少的队每个劳动日价值低，一般 0.3 ~ 0.4 元，而多砍多卖木材的队每个劳动日价值一般 0.6 ~ 0.8 元，因此，生产队千方百计多砍木材。据动雷村 1970 ~ 1976 年生产队年终决算分配方案统计，七年产值收入中，林业产值收入占 30.1%，每 10 分日（即 1 个劳动日价值）平均 0.52 元中，就有 0.16 元是林业收入。

田土分到户后，一些村民产生“要想富，多砍树；千快万快，不如上山砍树卖”的思想，挖空心思多砍树。同时，群众中还有“四愁”思想反映，即一愁日常生活缺烧柴，二愁儿子大了缺建房材，三愁收亲嫁女缺家具材，四愁老了缺棺材。因而有的户生有三五个儿子，怕今后分家闹意见，干脆每个儿子修一栋房子（或一个宅院整套房子）；有的户嫁女比排场，做全套的木器嫁妆；有的不仅为自己砍棺材木，还给仅几岁的小孩都砍了棺材木存放。1980 年代中期以后，有 1/4 的农户拍卖本户自留山所得收入，除留 50% 左右作为造林护林开支外，其余用于家庭房屋建设和补贴日常生活开支。

绥宁作为传统林区不同于东北、西南大林区。这里普通农民每人平均拥有的林地只有十来亩，总共的补偿金也只有百来块钱。而一根木头至少也要卖几百块钱，1 立方米木材市场价格 1000 多元。每亩 5 元、10 元低廉的补偿金和高额的采伐利润形成了巨大的反差，根本无法促成农民保护林木的积极性。加上绥宁地方偏远，农民增加收入的机会和途径十分有限，在要吃饭、要生存的压力下，生态效益根本无法顾及，林木越砍越小、越砍越远，每年实际的采伐量远远超过了规定的采伐指标。我们在当地调研时，看到一家木材加工厂院子里堆放的木材都很细，说是间木伐材。但据知情者说，其实并不是间木伐材，因为大棵树早都被砍光了，只能“越砍越细，越砍越小”了。①

通过调研我们了解到，由于利益驱动，盗伐是极难禁止的。法律规定，

---

① 数据源于 2010 年 9 月苏金花、林刚对绥宁县林业局负责人的采访。苏金花、林刚：《中部边远山区的发展之路——湖南省绥宁县武阳镇调研报告》后记，中国社会科学出版社，2012，第213 ~ 214 页。

盗伐2立方米木材就是犯罪，但是老百姓零星盗伐，半夜拖下山，谁也管不了。1亩林地国家补助5元、10元，盗伐1棵树可卖100多元。在巨大利益反差和刺激下，当然会有人盗伐。一般都是偷别人的，自己的也免不了被盗，于是树越来越少，以至林区被毁。现在全县自武阳以南，山区成材林越来越少，已无什么林木之益。

2. 人口增长的生存压力造成超砍

俗话说："生根的要肥，生嘴的要吃。"动雷村1961～1970年的10年中净增人口314人，相当于现在村民组平均人口85人的3.7个队，1971～1980年的10年中净增人口168人，仍相当于现在2个队人口。人口的增加，林木耗用量随之增多。据调查估计，每增加一户（5人），消耗活立木30立方米左右，全大队20年共增加482人折100户，共耗用活立木3000立方米，等于砍光1个组的活立木资源（这里包含了按计划应增加的人口）。一些户懒得到远处砍柴，就在近处砍成材林劈作烧柴，理由是："靠山吃山，总不能餐餐吃生米饭哪!"

3. 灾害导致被迫超砍

新中国成立以来，动雷村发生几起重大房屋火灾。1956年龙塘团14户房屋、财产全部烧光；1963年高园团7户房屋、财产全部烧光；2008年5月高坡覃家湾9户、10月鸟塘团10户的房屋、财产全部烧毁殆尽。虽然国家和社会、亲邻给予了救灾照顾，但都只是杯水车薪。这些重灾户的房屋大多是建设十几年甚至几年的新房，现在不得不到山上砍伐大量森林来重建家园，按上述每户耗费30立方米活立木计算，共需砍1200余立方米，还不包括平时1～2户房屋火灾损毁的重建用材。这是额外的资源损失，其中多数又是贫困户，导致"因灾返贫""贫上加贫"。

（四）政策导向事关重要

1. 经济发展与林木政策

采伐与经营，是林业生产过程中两大组成部分。前者，是将活立木变成原木，在合理范围内是利用森林，属采伐加工性质；但过度砍伐，则是破坏森林。后者，是把种苗培育成林木，是创造森林财富。1980年代末以前，在经济政策上，一直是重采伐轻营林，刺激了森林利用，忽视了基础工程。砍伐木材的，有钱、有粮、有布票，甚至还有化肥。造林的则强调尽义务，待遇很低。1980年搞"林粮挂钩"，按造林面积补助原粮。有的人又担心政策不稳定，今年补了，明年不知如何，不如搞木材牢靠。1988年实行承包造杉木林速生丰产林，有的又嫌工资低，不如采运木材工资高。从而总是心往木材想，劲往木材使。特别是70年代中期，县里提出“上交10000立方米的公社，奖售解放牌汽车一辆”，在这个片面许愿下，公社压任务到大队，大队压生产队，促使下面盲目超砍。1985年木材经营放开后，多家企业到村到户抢购木材，价格猛涨四至五倍，在高价诱使下，许多林农大肆砍伐自留山甚至责任山木材出售来牟利，造成严重乱砍滥伐。

2. 体制变动的影响

林业，就广义而言，属农业范畴。新中国成立以来，在农业体制的多次调整中，林权占有和生产组织形式均随之变动。每变动一次，森林资源就受到一次冲击。一是对政策有误解，首先伤害林业；二是自私自利本位主义图眼前，多得远得，不如少得现得，到手便是财，先下手为强，大砍森林。并社并队，先打砍树主意；“大跃进”、人民公社化，大砍木材炼钢铁；林权下放，争山砍树不相让。三是趁旧制已破，新制未立的转折时机钻空子。山林定权发证，划自留山和责任山，为的是稳定权属，建立林业生产责任制，以调动群众营林积极性，本是好事，有的队却先砍树后分山，有的队分了山立即砍树，有的户把责任山的树砍光出售，留下自留山的树今后发财。这些使森林又遭殃。

3. 上调任务和支付各种建设项目的压力

木材是国家建设“三材”（即木材、钢材、水泥）之一。随着国家建设的飞跃发展，对木材的需求日日扩大，省、地、县、社层层向大队加指标、压任务，党坪公社1966～1971年每年砍伐任务9500立方米，1976～1983年每年砍树任务1万立方米，摊到动雷村每年1000立方米，按人头每人采伐1.5立方米，按劳力每个3.2立方米，精壮劳力基本是半年务木、半年务粮，一直到1985年初林权开放后才取消上交任务。

新中国成立后，党和政府组织农民进行互助合作，走集体化道路，在大办农业、大办粮食的同时，为了增加集体收入，开展了对山林的开发。一是砍伐松、杉原木，完成国家木材统购任务。二是采伐、加工林业副产品，完成国家上调任务，品种有竹麻、土纸、玉兰片、干笋、松烟、松节油、松针粉、木焦油、木炭、活性炭及药材五倍子、樟脑油、山苍子油、香料、栓皮、香菇、木耳；用具如竹尾、杉尾、子蔑、箩筐、晒席、簸箕、木条、杂木棒、犁弯、扁担、抬杠、小杂竹；还有生漆、桐油、茶油、茶叶、野生纤维、野生淀粉、野生药材等数十种。1970～1988年农副产品收购额全县每年达

4000 万～5000 万元，动雷村每年 2 万～4 万元。1980 年春办的大队木材综合加工厂，在 1981 年春体制变动后被迫停办，仅一年多时间，就分配给生产队现金 23162 元。动雷大队 1977 年 11 月～1983 年 6 月，从木材销售款中共提取青山价 73228 元，用以投资公社基础设施建设，其中拨付党坪中学建校款 6851 元、党坪完小 1614 元、党坪至冻坡公路 9000 元、石桥口电站 26431 元、公社拖拉机 3000 元。1985 年取消木竹统购任务以来至 2010 年，集体山约 2/3 都被拍卖，所得资金 90% 都用于村组基础设施建设。

五　历史巨变中的农民家庭

与自然生态趋于恶化的问题相比较，更令人不安的是当前动雷村的社会生态现状。对当地百姓而言，最突出和紧迫的问题是，历来依靠丰厚的自然资源育养繁衍的山区居民们，在森林资源被严重破坏、失去极为重要的生活收入来源后，他们的经济收入和今后生活改善的方向在哪里，前景是什么？

（一）在乡农户综合收入与构成

我们以 2010 年为时间点，对动雷村全村共 256 户人家中的 34 户村民家庭状况进行详细抽样调查，其中 27 户为在村家庭（包括有部分成员外出打工，但户主等家庭主要成员仍然居住在农村），调查结果中显示农民家庭的收入结构如表 15－9 所示。

表 15－9　动雷村 27 家农户收入结构（加总数）

单位：元，%

	总收入	家庭经营收入	其中						家庭以外工资收入	转移性收入	其中				财产性收入
			农业收入	林业收入	畜牧业收入	第二产业收入	服务业收入	其他收入			非常住人口寄	政策性补贴	往来赠送收入	其他收入	
金额	512117	313800	155700	2700	76200	0	79000	200	87900	107417	56600	28073	13595	9149	3000
占比	100	61.28	30.40	0.53	14.88	0	15.43	0.04	17.16	20.98	11.05	5.48	2.65	1.8	0.58

表 15－9 告诉我们：27 户在村农户，户均收入约 18967 元。平均每户总收入中，家庭经营收入是主要收入来源，占 61.28%；以农业为首的第一产

业，占家庭经营收入的近50%，也占总收入的30.4%；非农服务业在家庭经济活动中有重要地位，占家庭经营收入的15.43%；而第二产业在本地几乎为零。这一现象表明，在动雷村留在农村的居民中，农民家庭经营收入是最重要的来源。但是，依靠当地自然资源为基础的、决定人们生存活动的第一产业，虽在家庭经济范围内仍居首位，但在总收入中已不到1/3。不难判断这在很大程度上导致了农业被轻视，或者说，用市场价值计算，农业已不能成为农民收入来源的主力。加之当地几乎没有第二产业，这两个因素叠加，遂成为当地村民中的中坚力量脱离农村到外地城市打工谋生的主因。

表中显示，家庭以外的收入，主要是工资性收入和由外地成员寄来的"转移性收入"，竟然占到总收入的38%以上，超出了农业收入8个百分点，这从另一个角度说明了农业收入对农民收入影响的下降。这与动雷村主要劳动力外出打工的现象是一致的。

（二）外出打工与在村留守

1. 在村人口和就业

通过2010年动雷村农户摸底调查，我们掌握的关于户籍和人口的基本情况如表15－10所示。

表15－10　2010年动雷村256户户籍基本情况

统计口径	按人数统计户数			按人口流向统计户数			备注
	5人以上户	2～4人户	单人户	全家在村户	家庭部分成员在村户	全家外出户	
户数（户）	107	140	9	14	166	76	
占全村总户数比重（%）	41.8	54.60	3.52	5.47	64.84	29.69	
人口（人）	612	483	9	43	801	260	实地调查人口1104人
占全村人口总数比重（%）	55.43	43.75	0.82	3.89	73.46	23.55	

注：①农村户数人口经常变动，一般有两个儿子以上的老人要将自己的户口分开填于已分家的儿子家中，但有的儿子互相推诿，导致老人单独立户生活，有的兄弟分家后又合，合后又分，有的夫妻同居却不结婚，或生了孩子不办迁进手续，有的大姑娘与人婚姻生子后仍不办迁出手续，有的远走他乡多年未与家乡通信息，不知有否成家……针对上述复杂情况，我们的调查将已成家的常住人口为基础核实户头，再根据户头落实各类人口数，并对户籍进行分类；

②2010年调查人口1104人，剔除未办户籍以及下落不明共7人外，计算实有人口1097人，后文将此人数统一称为"实有计算总人口"。

“年轻力壮外头走，留下老弱守田园；一年到头盼相聚，大过年后泪涟涟。”这是当今动雷农村景况。具体情况如表 15－11 所示。

表 15－11　2010 年动雷村常住人口和在乡就业情况统计

单位：人，%

常住人口	其中							
	务农人口	打零工人	经商行医	家务、带孩子	病残	养老	读书	幼儿
396	205	32	6	36	8	48	46	15
占比	51.77.6	8.10	1.52	9.1	2.0	12.12	11.62	3.79

注：常住人口，指至调查时为止，一年中大部分时间居住在农村者。养老指丧失劳动能力者。

2. 外出人口流向和就业情况

“东南西北中，打工去广东；不怕脏和累，发财保家用。”这是打工仔们最早打工的观念和目的。村境内最早外出打工的是 1980 年代中期，最早流向广东省惠州市，到 20 世纪 90 年代形成打工高潮，一是亲友介绍，二是自己去找，三是政府和部门组织。至 2010 年止，共外出 701 人，分布在全国 15 个省份和 1 个国家（加纳共和国）。具体情况如表 15－12、表 15－13 所示。

表 15－12　2010 年动雷村外出人口流向

单位：人，%

湖南本省							
		县内	市内	长沙	株洲	怀化	其他
合计人数	245	164	14	24	21	7	15
占外出人口比重	34.95	23.40	2.00	3.42	3.00	1.00	2.14
广东省							
		惠州	深圳	东莞	广州	其他	
合计人数	314	128	79	20	4	83	
占外出人口比重	44.79	18.26	11.27	2.85	0.57	11.84	
浙江省							
		温州	杭州	义乌	其他		
合计人数	100	8	5	4	83		
占外出人口比重	14.27	1.14	0.71	0.57	11.84		

续表

国内外其他地区												
		上海	北京	福建	广西	四川	江西	江苏	陕西	山西	河南	国外	不明
合计	42	4	5	16	4	2	3	3	1	1	1	1	1
占外出人口比重	5.99	0.57	0.71	2.28	0.57	0.29	0.43	0.43	0.14	0.14	0.14	0.14	0.14
外出人口总数	701												

表 15－13　2010 年动雷村外出人口就业概况

单位：人，%

职业	老板	管理	经商	电子电工	印刷	五金（制版）	建筑	装修（维修）	运输	装卸	制衣
人数	11	46	42	152	23	38	56	16	18	4	76
占外出人口比重	1.57	6.56	5.99	21.68	3.28	5.42	7.99	2.28	2.57	0.57	10.84
职业	手袋毛线	饮食（超市）	养殖	保安	其他	保姆	理发、杂工等	其他	乡外读书		
人数	21	5	18	6	13	17	11	13	128		
占外出人口比重	3.00	0.71	2.57	0.85	1.85	2.43	1.57	1.85	18.26		

注：①外出人员散居各地，常有变动，与家乡联系疏密不一，确切情况很不易掌握，本表原始根据是外出人留守家属及在乡亲友熟人和村组干部记忆制成，故只能反映大致情况，并不精确，各项数据也难前后吻合；

②本表外出人职业数加总数共 701 人，其中有职业者为 573 人，人数之所以较外出劳动力 523 人为多，是因为一些打工者的工作岗位是变动的，会造成一人从事 2 种工作，如上半年从事一种，下半年从事另一种，结果按工种统计会超过劳动力人数；

③读书人数共 174 人，共占全村总人口的 15.86%；其中离乡读书者 128 人，乡内 46 人，乡内读书均未脱离农村家庭，在经济上不能独立，因此严格说来，他们并不属于外出人口，而在乡外读书者，一部分是与父母一同外出，应作为外出计算。而还有相当部分在县城读书，家庭还在农村，因此也不宜视为外出人口，但为了统计方便，本书对上述情况没有区分，均以外出人口计。

从上列动雷村外出人口流向的统计中，已可以看出如下一些特点。一是流向地域广，相当分散。二是外出主要是打工，从事行业相当广泛。三是打工者主要从事基础性的体力劳动。

以下，我们从现有调查的部分资料中，再对外出主要是打工对家庭单位的影响继续加以分析。①

16～60 岁的劳动力人口约 771 人，约占实有计算总人口 1097 人②的 70.28%；这其中 16～50 岁的青壮年劳力为 680 人，占劳动力人口总数的 88.2%，占村实有计算人口的 61.99%。离乡外出人口中，有劳动能力的人口为 523 人，占全村实有计算人口的 47.68%，占全村劳动力的 67.83%。外出劳动力中的青壮年（16～50 岁）为 510 人，占全村人口的 46.49%，占全村劳动力总数的 66.15%，占全村青壮年的 75%。

这些数据表明，动雷村劳动力中的大部分均已外出，特别是外出劳动力是本村劳动力的中坚力量即 16～50 岁者，占青壮年劳力的 75% 以上，与此同时，留在农村的青壮年只有 25%。③

另一个值得高度关注的是动雷村受过较多教育的人才也大量流出乡村。据村摸底调查数据，本村接受过较多教育者约 162 人，其中高中 126 人、中专 3 人、大专 15 人、本科 18 人。这对一个偏远山区的一千余人口的村来讲，应该不算太少。但他们中绝大部分已离乡。至 2010 年底，留在乡村者为高中包括中专程度者 21 人、大专程度者 1 人，其余均离开本乡。受过较高教育的群体中，只有约 13.58% 在村。

动雷村人口中劳动力的主体和青壮年离开家乡，及本村文化程度最高群体的主要部分离乡，是当地乡村远远不能满足人口中最具活力的、主要生产力的承载者和生力军群体需求（包括物质生活和精神生活之需要）的体现。离村外出固然可能会部分满足外出人员的需求，但同时，也会带来两方面的问题。一是外出家庭及成员本身在生活和情感上遭到的种种困惑和艰难，二是农村“精英”和中坚力量的流出，也必然给当地的社会、经济、人文带来严重问题乃至危机。

（三）固有农民家庭的分裂与瓦解

大量村民外出打工，彻底改变了动雷村农民家庭和全村整体社会经济的

---

① 由于动雷村外出流动人口数量大，持续时间长，流动分布地域广，特别是有一些农户流动到外地后很少与家乡联系甚至难寻踪迹，我们不可能全部掌握按照户口资料所记载的人员和家庭的完整数据以进行全面分析，何况如前所述，户口资料也存在相当问题。由于上述原因，在尽可能剔除不可信和很不完全信息的基础上，在以下的分析中实际不足 1097 人，而只有 1079 人。但为了全书数据的一致，我们仍然以原统计口径全村 1097 人进行分析。

② 以下，本书以 1097 人为计算各项人口比例的基数，均统称为“实有计算总人口”。

③ 外出青壮年中还包括部分非体力劳动者，如白领、读书人、老板等，但人数比例很少，这不足以改变我们的基本结论。

“传统”特征，形成了前所未有的高度复杂的社会经济结构形态，主要表现为：作为社会经济体最基本“细胞”的家庭，已分裂为若干“不完整”家庭。

按照标准的社会学定义，一般将现代社会的家庭分为6种类型。

（1）核心家庭：是指由已婚夫妇和未婚子女或收养子女两代组成的家庭。

（2）主干家庭：又称直系家庭。主干家庭是指由父母、有孩子的已婚子女三代人所组成的家庭。主干家庭特点是家庭内不仅有一个主要的权力和活动中心，还有一个权力和活动的次中心存在。

（3）联合家庭：指包括父母、已婚子女、未婚子女、孙子女、曾孙子女等几代居住在一起的家庭。联合家庭的特点是人数多、结构复杂，家庭内存在一个主要的权力和活动中心、几个权力和活动的次中心。

（4）单亲家庭：是指由离异、丧偶或未婚的单身父亲或母亲及其子女或领养子女组成的家庭。单亲家庭的特点是人数少、结构简单，家庭内只有一个权力和活动中心，但可能会受其他关系的影响。此外，经济来源相对不足。

（5）重组家庭：指夫妇双方至少有一人已经历过一次婚姻，并可有一个或多个前次婚姻的子女及夫妇重组的共同子女。重组家庭的特点是人数相对较多、结构复杂。

（6）丁克家庭：是指由夫妇两人组成的无子女家庭。目前，丁克家庭的数量在我国逐渐增多。丁克家庭的特点是人数少、结构简单。

就全国看，主干家庭曾为主要家庭类型，但随着社会的发展，此家庭类型已不再占主导地位。“核心家庭”已成为我国主要的家庭类型。

根据表15－10，动雷村至2010年底的实际状况是，实有户数256家，其中，全部家庭人口在家即仍住于农村者有14户，占全村总户数的5.5%。全部家庭人口外出离村者76户，占全村总户数的29.7%。家庭人口中部分外出，部分居乡者166户，占全村总户数的64.8%。这确切表明，该村大部分家庭已经处于不完整的分裂状态。

从表15－10数据以及我们对全村家庭户的摸底调查看，根据现有的户口统计，字面显示动雷村主干家庭仍然占多数地位。这可以说明，在1980年代中期以前，该村的家庭仍主要由父母和有孩子的已婚子女三代人构成。但在村民大量外出打工后，尽管在户口簿中的家庭名义上仍然是“主干型”的，但在现实生活中真正的主干家庭已经很少了。

分析固有（或传统意义的）家庭在成员大量外出后的变化，并非易事。至少有两个观察角度，一个是从乡村的原有家庭及其变化观察，另一个是从全家已经完全离开乡村后的新变化观察。以下并未将这两者清楚分开进行分析，故欠精细。大致情况如下。

（1）第二代青年或壮年的家庭成员外出，家中只剩老年的父母一代单独生活。约59例。

（2）如果两老之一死亡只剩下一个老人，则成为一个“独巢”家庭。约24例。

（3）两个老人之一跟随外出打工的成年子女离开家乡，通常是老母亲跟随子女以便照顾第三代，剩下老头一个人，形成实际上的“独巢”。约3例。

（4）16岁或刚刚初中毕业未成年即未满18岁的年轻子女外出打工者，约49人。其中随父母一同外出并在一地打工者为24人。未与父母同在一地（包括父母在乡）、独立打工生活者约25例。①

（5）部分子女与中老年父母在乡，另一些子女带领孙辈外出，包括部分二代与老一辈在家照料第三代，另一部分二代外出。约21例。

（6）夫妻分开，其中一个人在家乡，与老人、儿女在一起，另一人外出打工，包括年幼第三代在家而青壮年者外出。其中留女性在乡，以照顾老、弱、小辈等，男性外出的较为常见。约34例。

（7）夫妻均外出打工，但夫妻分开两地，其中之一离家乡较近（如县城），另一个到外省打工。约6例。

（8）夫妻两人外出打工，留下父母和年幼的第三代在家乡生活，由老年父母照顾第三代。18例。

（9）全家包括中年父母和几个年轻未婚的子女外出打工，但不在一处。有夫妻与子女在同一地区者，有夫妻在一起而子女中有些在他处者；有夫妻与儿女完全分开者；其中又有儿女在同一地区和不同地区之分。其中，父母子女在一地打工者32例；夫妻在一地而只有部分子女在一起者14例；有夫妇在一地而子女完全分开、在另地者10例。

除以上情况外，还有一些类型。

值得注意的是，即便夫妻在同一地打工，也并非一定有自己的住所，哪怕是临时性的。常见的如妇女在别人家当保姆，男人在某处打工（例如当保安）之类。

上述资料显示，动雷村的实际家庭构成的特点大致为：外出打工致使原有的家庭结构发生了多种形式的复杂的裂变状况，其分裂形式达10余种之

---

① 关于不满18岁者外出打工的案例，系根据动雷村256户摸底调查资料整理。外出打工者的年龄，并不限于2010年当年，而是根据调查表中的“开始工作时间”的填报数，包括早于2010年已外出打工者的实际年龄。

多。随着打工地点的多样性，每个家庭内部情况的多样性，打工家庭也呈现复杂多变的类型。但总特点可以概括为：一个完整的家庭常常裂变为 2 ~ 3 个甚至更多的社会经济单元。

从一般的家庭成长过程看，子女长大成人具备了自我独立生活能力而另组家庭，可谓一般规律。但从以上的家庭变动看是“极不正常”的。它显示的是，对固有家庭的未成年少年而言，他们在身体发育和教育学习均不完备的时期，却不得不为谋生打工。据我们对 256 户的调查，18 岁以下外出打工者共 49 名，其中有 25 名完全脱离父母、独自或和 20 岁上下的小哥哥小姐姐在外省打工。据《中华人民共和国未成年法》，不满 18 岁者都是未成年人，在法律上不能脱离家庭而需要家长或监护人的照顾（尽管他们被计入劳动力的统计中），当然不能算在家庭关系上完全独立，和长大成人另组家庭完全是两回事。这些家庭，显然难以尽到对未成年家庭成员应该履行的法律责任。16 岁以上的青少年正处于身体和精神发育的关键时期，极需关注。如果说它会对人的一生产生决定性影响，这是完全可能的。而对占很大比例的老年人而言，固有家庭的分裂在社会的负面影响则会“立马”显现。它显示的是，在人逢年老多病、最需要亲情照料的晚年，却因为家庭成员的外出而不能“老有所养”，相当部分老人在家庭中被“边缘化”，近似于被遗忘。最令人无法容忍的是夫妻之间，为了全家生计而将家庭拆散，异地谋生。在动雷村，因外出打工造成夫妻分居家庭裂变的数量至少有 34 户之多（这里不计第 5 类中的一些情况，也不计即便在同一地打工，夫妻也难以共同生活的情况）。也正因如此，长期打工夫妻分离造成家庭危机的现象屡见不鲜。

在动雷村，我们较多接触的是“留守”老人们。虽然这仅仅涉及家庭裂变的一个类型，但已令人深感农民父老们对家庭被破坏和分裂的极大痛苦和不安。对此将另外专述。

完整家庭的裂变，使动雷村出现了一些全新的经济动向，也在动雷村造成了一系列严重的社会问题。这是中国历史上前所未有的新问题，说是某种类型的“数千年未有之巨变”亦未尝不可。当然，这类问题正处于形成和发展的过程中，其后果和结局如何，目前尚有待观察，只是无论如何，需要高度重视。

（四）农民家庭收入分配的复杂化与新形态

1. 家庭经济收入和来源的破碎化

原来的完整家庭的“破碎”导致统计学中的“家庭收入”构成和“收入

来源”以至“收入分配”都发生了重要变化。

中国传统意义的农民家庭收入，就大部分农业地区和家庭而言，主要是以农业（狭义的种植业）为主，辅之以林、牧、副、渔业，其中副业内涵较广，包括家庭工业（手工业）收入。无论是农业还是家庭工业，大体上都是一个家庭通过家庭成员的劳动，在农村同一地域的生产所得。在一般意义的古代社会即鸦片战争前的两千余年中，情况大致如此。自 19 世纪前期西方资本主义入侵后直至新中国成立的一百多年中，农民家庭经济的构成虽有相当程度的变化却远未发生根本性改变。之后虽然在集体化时期农民家庭经济的完整性一度遭到破坏，但 1980 年代后又在家庭联产承包责任制下得以恢复。但是，目前动雷村的情况与中国农民家庭产生后的数千年状况有极大不同，真正说得上是又一次“数千年来未有之巨变”。由于分裂成不同地域、不同产业部门——城市与乡村、工业与农业——的不同部分，又分别由不同的家庭成员去投入生产劳动（或资金或技术），因而，就不能形成统一的“家庭经济收入”范畴。如果仅仅计算留在农村的家庭部分，又可以据家庭状况的不同，分为可以完全凭农村农业就可以生活、不能完全凭农业自给而必须部分依靠城市打工收入补充而生存的两大部分。在农村农业生产中，实际上又有自给性生产和自给性生产与商品性生产相结合的区别，由于这两者的生产性质和生产成本的计算有重大差异，在收入上难以划一。所有这些，都是目前通行的“家庭收入”和“收入来源”统计指标难以准确反映的（实际上，现有“正规”农民家庭收入统计也不能全面和正确反映农民家庭经济收入的全貌，更何况大大复杂化了的动雷现况）。

2. 农民家庭收入分配的复杂化

正因为上述农民家庭构成的破碎化，不但导致收入本身和来源的复杂化，也必然导致收入分配的复杂化。对每一个家庭而言，收入构成和来源情况不同，分配状况也不同。如有的夫妻年纪在 50～60 多岁，本身尚可进行农业生产，可以凭借现有土地满足基本生活需要，他们就基本或少量依靠外出打工的子女寄钱维生。有的年纪大了，不能过多劳动，无法生产口粮，但还可以种菜、养猪和家禽，他们需要打工子女寄多一些钱以维持生活。但是，在农村生活的老人和其他家庭成员，究竟能获得多少外地打工者寄来的钱款，则完全取决于打工者。有的子女要解决留在农村的第三代的生活和学习费用，就多寄一些钱回家，有的则每年寄钱很少。极端者则数年不回家，甚至音讯全无，家中老人只能靠自己惨度余生。由于打工者本身的工作和收入状况很不稳定，多数只能维持自己消费之需，传统中国的以家庭为生产、生活统一体的农民家庭经济的经济社会功能，就基本瓦解了。

正由于现有户口的家庭单位分成若干个小单元，每个小单元都独立核算，在经济上各自运营收入和开支，同时各个小单元之间又相互往来、难以隔绝，而在农村的“留守家庭经济”也会来源于不同的渠道，现有的农村家庭经济调查表的设计指标已很难准确反映真实的家庭经济状况，因此，我们不得不通过家庭成员之间的日常联系，去大致反映农民家庭的经济流向、分配的复杂化特征。当然，这只是极为粗糙的模糊观察，也是在没有精确的统计分析工具之前的无奈之举。

我们的观察和尝试性推测①如下。

（五）动雷村打工者与家庭联系情况

1. 打工地点选择②

据对外出工作的 701 人之调查，在县内打工、工作者 164 人，占 23.40%；县外省内工作者 81 人（含本市区内），占 11.55%；省外打工者 456 人，占 65.05%。选择在县内打工主要是因为有老人、小孩在家，有事回家方便一些。也有少数认为县内打工虽工资低一些，但花销也小一些。绝大多数到省外（主要是广东和浙江）打工是图收入高、待遇好、见世面广。有传说：“去一年，看地方；去三年存银行；去十年，建（或买）房；十多年，闪金光（成老板）。”少数在省内打工的，主要是在长沙、株洲等城市有家乡人在那里办厂或开店，可以跟随去工作。这些外出打工者有些常换工作地点，但多数是长期固定在一个地方。

2. 每年与家里电话联系的情况

另据包括有人外出工作的 145 户家庭调查，外出的 436 人中，每年给家

---

① 以下资料，源于陈明才于 2011～2013 年，对动雷村 160 户农民的访谈调查。所调查的 145 户按常住户统计，实际有 160 户，因为一对（或一位）老人由几个儿子供养，就把供养户合并在老人户中了。所调查的 436 人中，有国家干部、职工和城镇居民 14 人，为说明家庭联系也将他们统计在内。此项调查户数占全村总户数（256 户）的 62.5%，占全村有外出人口户（166 户）的 96.39%。人数占全村外出人口（701 人）的 62.20%，占外出成年人口（561 人）的 77.72%。基本涵盖全部情况。当然，这只是截止到 2010 年底的情况。随着社会的发展带来的家庭变革和异动，这些数据每年会有变化。

② 以下提到的“打工”有数种含义，既包括通常的以体力劳动为主的工作者，也包括“白领”等管理、技术人员，还有做生意者，等等，详见表 15－13。文中不再细分。

里打电话10次以上的62人，占14.2%；6~10次的183人，占42.0%；1~5次的167人，占38.3%；从未打电话的24人，占5.5%。打电话集中时间为逢年过节、祝寿、红白喜事、探病情之类。电话打得少或从未打电话的一般是对家庭感情淡薄、冷漠，或本人工资低、收入少而没钱打，或生意忙、务工紧张而顾不上打，也有少数是做了坏事、受了惩罚而不敢给家里打电话。打得多的人与家人关系密切，对家人关心支持。有的是家里要求每月至少打一次电话，时间长了形成常打电话的习惯，特别是夫妻、母女、姐妹、密友之间的电话联系多，通话时间也长，有的一个月话费高达200多元。

3. 每年寄钱或带钱回家的情况

据对上述145户共436人的家庭调查，每年给家里寄钱或带钱3000元以上的11人，占2.5%；寄1000~2900元的60人，占13.8%；寄500~1000元的107人，占24.5%；寄500元以下的176人，占40.4%；家里不需要寄的5人，占1.2%；从未寄钱的77人，占17.7%。这里均指一般情况。实际上有的在家里人患大病、做红白喜事、修建房屋、孩子升中学大学等特殊情况下，得花几千、几万甚至十几万不等。因为打工收入是家里的支柱收入和相对可靠来源，那些在公路边及城镇建房买房的都是打工族中高收入者。寄钱少或从不寄的，主要因为本人技能差、工资收入低；或本人患病、发生安全事故把钱用完了不能寄；也有沾染不良习惯或嫖或赌而无钱寄回家；也有对家里有意见不愿寄。更有甚者，有的在外赌博输了大钱，不但本人收入全赔上，还要家里想方设法借钱还赌债。

4. 每年回家次数

据上述调查，制表15－14如下。

表15－14　动雷村外出打工者与家庭联系情况调查（部分）

打工户数（户）	打工人数（人）	打工地点人数分布（人）			每年打电话（次）				每年寄（带）钱回家（元）						每年回家次数（包括探病等）				
		县内	省内	省外	10以上	6~10	1~5	从来没有	家里不需	3000以上	1000~2900	500~1000	500以下	从未寄带	每年1次	2年1次	3至5年	5年以上	从未回家
145	436	64	31	341	62	183	167	24	5	11	60	107	176	77	89	222	108	7	10
占比（%）		14.68	7.1	78.2	14.2	42.0	38.3	5.5	1.2	2.5	13.8	24.5	40.4	17.7	20.4	50.9	24.8	1.6	2.3

注：2010~2013年调查。由于调查口径和时间的不完全一致，本表数据与表15－10~表15－13不尽一致。只说明2010~2013年部分外出人员的情况。

每年回家一次（含几次）的 89 人，占 20.4%；每两年回家一次的 222 人，占 50.9%；3～5 年回家一次的 108 人，占 24.8%；5 年以上回家一次的 7 人，占 1.6%；从未回家的 10 人，占 2.3%。每年回家一次或多次的是因为家里有老人或夫妻一方在家的，“打百个电话不如亲眼所见”“见了面就放心了”。也有因突然变故而回家的。2010 年 9 月，6 组青年陈代瑞母亲病重，夫妇从浙江某厂请假回家照顾，一个月后病情好转，夫妇才离家返浙。在半路上听到母亲病故的信息，立即下火车赶回家料理丧事。类似的事情几乎每年都有。3～5 年回家一两次的主要是考虑春运期间车辆紧张、车票涨价，回家给亲朋好友送钱送礼开支大，平时在厂务工忙且累，故只好几年回家一次，有事打个电话或寄些钱回家就可以了。也有刚进厂的青年，想学好技术多挣些钱，过几年再回家。从未回家的是因为家里没了亲人，有的只剩亲戚，可以不去管了，因而全家放弃故土、抛却乡情而漂泊在外。

从表 15－14 的数据可以大致看出，动雷村外出人口对留守成员的亲情联系和经济往来，总体并不密切。每年打电话回家 10 次以下者近 86%；其中从未电话联系的 5.5%。每年寄钱回家不超过千元者，占 65%，其中不满 500 元的高达 40.4%，从未寄钱者近 18%。而每年回家一次者仅约为 20.4%，3～5 年才回家一次者达 24.8%，还有 2.3% 从未回过家。这种状况，突出了家庭的分裂对每个家庭的巨大冲击，尤其是留守老人们的痛苦和无奈。其前景殊不乐观。

六　动雷村的老龄化、空心化与乡村治理困境

上述情况，使动雷村的老龄化、空巢化、贫困化现象成为当前极为突出的社会问题。

据 256 户摸底调查资料，动雷村 2010 年底老龄人口中 61～70 岁 86 人，占全村人口总数的 7.89%，71～80 岁 64 人，占 5.87%，81～90 岁 17 人，占 1.56%，三项合计 167 人，占 15.32%，高于全国 1.62 个百分点。这些老人大多是空巢老人，仅有二老在家的空巢家庭 34 户 68 人，占老人总数的 40.7%，仅有一老在家的空巢家庭 37 户 37 人，占 22.2%，两项合计 71 户 105 人，占 62.9%。其中儿（媳）女 2 年以上（含 2 年）不回家的老人家庭 34 户 51 人，儿（媳）女只逢年过节回家的 17 户 31 人，2 个儿子以上大家都

不管的老人或只1个儿子管的7户9人，无儿无女的1户1人。这些老人的命运如何，取决于儿女的孝道和儿女的收入水平。

动雷村2012年60岁以上留守在家的老龄人口为167人，占全村总人口（1104人）的15%。其中，男75人占45%；女92人占55%。按居住情况、身体状况、养老形式分述如下。

（1）居住情况。单身独居（丧偶后儿女外出不在身边）51人，占留守老人167人的30.5%；夫妻分居（指一方在城镇一方在农村或一方随大儿子一方随小儿子各居一地）者8人，占4.8%；夫妻同居108人，占64.7%。单身独居和夫妻分居者基本是“空巢家庭”，是真正的“老来难家庭”。他们要自己料理自己，从起居到饮食、砍柴、种菜和养家禽都得自己动手。特别是中小病痛不断，都得忍着挺着，一旦积成了大病卧床不起时，再由近邻通知在外儿女或家人赶来设法抢救。一些人就在治疗不及时情况下过早去世。而夫妻同居家庭，少数因年老心烦为家务琐事经常吵嘴；多数夫妇能关心体贴，有事相商，即便经济不算宽裕，但心情愉快、生活惬意，儿女在外也较放心。

（2）身体状况。身体较好（指较少生病、能做重体力劳动）者55人，占33%；身体较差（指经常生病、只能做轻体力劳动）者84人，占51%；身体很差（指长期患病、行动不便、长期卧床难起）者28人，占17%。10组78岁老农于全耀全身瘫痪，已卧床8年，全靠其妻子细心照料。5组63岁农妇于己玉患病4年，全靠其丈夫担负全部家务并照料。很多打工者深有体会地说：“老人的健康就是自己的幸福，老人患大病，我们财就发不稳，坐立不安了。”

（3）养老形式。分两种：一是居家养老，指夫妻同居或和在家儿女同居同劳动，或单身老人有1～2个儿女在家边劳动边照顾；二是“空巢家庭”。“空巢”者多是70岁以上高龄老人。4组89岁老人于长婮、81岁老人杨莲桂、6组82岁老人于辛香、78岁老人陈历坤等都是个人在家，儿女孙辈都外出打工，他们经常带病砍柴、种菜、做家务，平时找个人讲话都困难，孤独、寂寞给生活雪上加霜、度日如年。随着时间推移，这种状况只会越来越多、越来越严重。

从经济形式分，养老又有不同类型，可以按全养（指由儿女全部负担生活）、半养（指儿女负担和自己劳动收入各占半）、不养（指完全由老人自劳自养或儿女只提供少量补贴）三种分类。全养者78人，占46.71%；半养者52人，占31.14%；不养者37人，占22.16%。全养的多是年龄大、经常患病的老人，他们的儿女收入高、财力足，因此供养得起。不养的主要是老人身体健康，能干活挣钱养活自己，不需要儿女负担；也有的是儿女本身不富裕又不愿负担老人，只好自己拼老命养自己。半养家庭比较和睦，老人自己力所能及解决生活所需，子女再供给一部分，能做到供需平衡或自给有余。这样子女负担减轻，自己适当劳动，"两全其美"。

所有这些空巢老人、高龄老人和年轻因灾因病致贫的贫困户一道迈向贫困化的泥潭里。老年空巢家庭在迅速增多，农村高龄老人、失能老人、残疾老人、独居老人不断增多，他们的照料护理问题越来越突出。

"动雷现象"提出的问题是：在某些地区已没有资源优势，即不能再依靠资源输出来换取自己所需要的物质，而这类地区又处于经济发展水平的低端，没有太多可能通过技术、产业或其他途径从外部输入自己的需求时，该地区应该如何办？

客观说，目前动雷村虽然在自然生态和社会生态方面出现严重问题，但就全国比较，动雷的状况应该说还是相当不错的。在全国不少地方特别是西北的一些地区，自然环境要比动雷恶劣得多，由此带来的社会经济问题也严重得多。以下仅就笔者亲身所见，略举数例，主要看看甘肃西部的会宁县等地区。

会宁地处甘肃中部，缺水干旱，是我国西部有名的生态环境恶劣区。该地区年均降水量 288 毫米，蒸发量却达 1588 毫米以上。据我们 2006 年 9 月的调查，全县总人口 58 万人，其中农村人口 55 万余人，占 96%。而农村人口中有 6 万人居住在"五无"地区，即无水、无电、无路、无学校、无医疗设施。

我们去了一个名为"老鸦沟"的村庄，是在黄土高坡顶上的一处居民点，农民住窑洞，室内尚宽敞，但门外一片荒凉。这里连年干旱，连续四年年均降雨量只有 100 毫米，2006 年只有 70 毫米。当年不但夏粮绝收，秋粮也绝收。我们看到，路边田里的玉米全部枯黄，只有一二尺高，结不出果实，只有空皮。马铃薯（洋芋）只能收回种子。我们访问的这家老乡说，农民缺粮、缺水、缺烧，牲口缺草。取水要到 30 千米远的山间引水站，全年也只有 150 天能取到水。水是由国家兴修的大型引水工程提供的，引的是黄河水，靠电力抽水。在山区，根据地势，通过多级"扬返"向高处输送，可输至四五百米高。这里现在每立方米水费要 100 元，还是苦水。

很明显，这里的农民面临着如何度荒、如何生存的难关。为了解决最基本的饮水和生活用水问题，这里推广了一种"水窖"工程，即将农家院落的土地地面全部铺上水泥，经由浅沟，通到挖好的数米深的水窖中，以使所有的雨水全部流入水窖中储存起来，以供需用。但由于降雨量极少，所蓄之水是很有限的。

同来的干部介绍，像老鸦沟这样的地方属不宜居住区，唯一出路是生态移民。但在甘肃，生活环境稍好的地方如黄河滩地，早已人满为患。会宁有6万人生活在不宜居住区，但目前只迁移了3千人。又说，像会宁这样的地区，全靠黄河水，否则人无法生存。但抽取黄河水只能顾及部分沿河的川地和附近高地，远处和大山地区不可能。他还告诉我们，40年前，会宁一带的山大都有植被，但现在都是光秃秃的了。降雨量原年均200～300毫米，近年来逐渐降至100多毫米，气温也在升高，对当地的自然环境产生了明显影响。

在甘肃西部，还有比老鸦沟的生态更恶劣者。

我们到过一个叫“黄羊趟”的村子。原有103户427人。因为连年大旱，当年已绝收。若秋天再不下雨，明年还会绝收。我们访问时，看到村里很多房屋的门都用大石堵死，全家都离家出走。全村只剩下不足100人，都是走不了的老人、小孩。一个老汉告诉我们，说是去打工，实际就是逃荒。村民维持生存，靠的是低处的一小洼积水，附近居民连人带牲畜，全靠这一点点十分肮脏又即将见底的水。据说这里干旱得连鸟都难以飞过。一个村民小组原有28户200多人，现在只剩8户17～18人。到田里看看，土壤干得成为土灰，种子根本无法发芽。剩下的人，只能靠外出的家人，通过路过的长途汽车带来一点粮食和蔬菜。

在甘肃，只要有水，人民的生产和生活就会好很多。水，可以说是当地社会经济最为重要的决定性因素。我们曾经在一个靠近黄河的农村住过几天。

这个村子在景泰县喜泉镇，叫作南滩村。该村原是一片沙荒滩，实施引黄灌溉后，全村人在1974年从外乡整体迁入。

该村的主要特征是得益于国家投资兴建的引黄高扬程灌溉工程，运用电力从黄河中抽水到干渠—支渠—斗渠，再经龙渠输水入田。所见的支渠、斗渠，都以石块、水泥砌好，通到田边。支渠与路及路面的林木配套。由于有水，庄稼产量不低，村主任介绍，在不缺水的前提下，玉米亩产可达1500～1600斤，小麦亩产可达千斤，洋芋亩产可达7000斤。

水是最重要的生产生活要素。电力灌溉，绝不是随时可以得到水，而是每年分3次供水，时间为灌夏水、灌秋水、灌冬水。夏、秋灌每灌分4次，20余天一次，冬灌约一个多月一次。每次灌水，对农民而言都是头等大事，因为水若晚到田里，可能会水量减少，不能满足需要，经常会因放水的先后、远近等发生矛盾，管理放水之人的权力不言而喻。

在生活用水上，村里有一眼很深的机井，水位下降得很厉害，每天也是定时供水。水质不好，明显苦咸。农民用水非常节约，本来很少的洗脸水还要洗菜、洗碗等，最后浇菜园。在甘肃的缺水区这算不上什么，有的地方农民基本是不洗脸的，顶多是母亲含一口水，往每个要上学的小孩脸上喷上一点儿。

七 小结

从甘肃的老鸦沟、黄羊趟、南滩村到湘西的动雷村，大致可以显示中国当前某些地区的自然生态与社会生态之间的关系特点。

（1）在人类生存环境不能满足生活生产的基本需要时，谈不上任何发展、进步之类。人，作为不可能脱离一定生存条件的生物物种之一，在上述情况下只能是“逃离”，向适合生存的地方迁徙；否则死路一条。

（2）一些地区虽然生态恶劣，但可从外部输入适合要素并达到一定程度，便可以容纳一定量的人类活动。人类活动还可能在一定程度上改善生存环境。但这是有底线限制的，即所能供给的最基本生存物质须与当地人对这种物质需要维持平衡。当这种必须从外部输入的物质数量不能增加而有减少趋势时，人类则只能减少对相应物质的消费，否则不能生存。水就是最有代表性的。

（3）当某地自然环境可以满足人类基本需求，但难以满足他们改善提高的需求时，人们大致可能采取多种方式去努力达标，如下。

第一，大量外出迁徙至“较好”地区。

第二，在大量人口流出后，原住地的人类生存环境可能会有所改善、结构得以“优化”。

第三，输入新生产力、新技术、能源等，使原住地“发展”。

但在实际当中，以上三点并不容易达到。原因如下。

第一，移民要严格受制于欲迁入区的环境和经济等条件。

第二，在大量人口特别是社会精英流出后，会对原住区造成何种影响是不确定的，也有可能形成空心化、贫困化等问题。

第三，从外部引入“先进”，要取决于生产力的整体发展水平、是否“适宜”于当地等。

很值得注意的是，就目前看，虽然生态环境和人口等问题所导致的社会经济困难愈益多发，但也有许多地方出现的问题并非自然和人口问题所直接引发，或者，在自然和人口之外，还有更为重要的因素，如错误或不当的社会经济政策所导致。经常见到的就有实质上以牺牲农民和农村经济整体利益的种种政策，如农民负担过重、工农业产品剪刀差、极不合理地占用农用地发展房地产业、土地财政、对农民工的种种歧视待遇等。

下一章中介绍的江苏省李集村情况，将有所反映。

第十六章　不同城乡关系中的李集村

作为“知青”，我在李集村生活了整整 7 年。回城后又多次返乡。现在回顾这一切，感受最深的是那里的父老乡亲们。他们是活生生的人，是祖祖辈辈在小块土地上劳作、流尽了汗水、吃尽了辛劳却常常欲求温饱而不得的最普通的农民。对于他们而言，不论是什么主义，什么制度，什么工业化、城市化、现代化，无论是社会主义还是资本主义，都不过像天上的一片浮云。他们是农民，是靠自己的双手和双肩去极力干活，只希望土地上的农产物能维持生活，去养育后代，去扶养老人。可令人极为痛心的是，他们的这一最低要求，却在 1950 年代后的集体化中也成了奢望。在经历了近 30 年的煎熬后，联产承包责任制终于使他们有了能部分实现劳动成果的土地。然而好景不长，在 2007 年末，他们又面临着可能失去土地的极不确定的前景。

没有最基本的稳定的生存保障，任何改革都是空话，任何理论都是空话，任何美好的前景都不过是空中楼阁，是实现不了的。

然而，如何去实现这稳定的生存保障？新中国成立后李集村 60 多年的历史，能否给我们一些启示？

一　李集村城乡关系的三个阶段

（一）新中国成立后至 1980 年代初

1. 概况

李集村位于江苏省淮安市境内，1983 年前一直隶属于淮安县，位置在原淮安县城西北，距离城区约 25 华里。距原淮阴市（清江市，现在更名淮安市）正南，距离该市区约10华里。李集村是苏北平原上的一个再普通不过的村子，地理位置恰处于我国中部江淮之间，位于广阔的苏北冲积平原上，地势平坦，气候水文条件优良。全年四季分明，现在气温较30年前明显升高，冬季一般在零下3～4摄氏度，夏季气温一般在30多摄氏度，年降雨量约1000毫米。

1970年代前，李集村与外界的交通不甚方便，农民们去淮安、淮阴城区，只能步行走乡间土路，这种路晴天能走平板车、手推车。但一遇雨雪则道路泥泞。从李集到南京，在50～70年代有两条较近道路可行，一是淮阴到南京的省级公路，有长途汽车，经4～5个小时可达南京。另一是从淮阴乘船，走京杭大运河，经过淮安、宝应、高邮、扬州等地再入长江至南京，30多个小时。

目前的李集村有良好的交通区位条件，距省会南京200公里，在平坦的高速公路上约2个多小时即可到达。它距淮安市区（原淮阴市）中心只有约5公里，市区马路干线淮海南路穿越村西部，并连接宁连（南京—连云港）、京沪高速公路。2005年，新长铁路建成通车，火车从淮安可北至新沂，南至浙江长兴。2007年，由淮安直达北京的列车开通。这又大大便利了李集村与全国各地的交通。

人民公社体制在李集实行了23年。

1981年，李集村实行了联产承包责任制。

至1983年，黄码公社变为黄码乡。李集大队同时改为李集村。同年，黄码乡划归淮阴市（2001年改为淮安市）清浦区。这种行政关系一直延续至2007年2月。

2007年3月，李集村被划入淮安经济开发区。

2. 承包责任制前的生产、产业结构与城乡关系

李集农民在历史上一直是以农业为生。农业又基本是以粮食种植业为主。由于气候恰处于我国中部地区，气温、雨量、土质适中，因此各种农作物都宜于生长。从1950年代末期到1980年代初期，这里主要的农作物是玉米、小麦、水稻、黄豆、花生、棉花、红薯等。

李集的历史概况说明如下问题。

（1）在几千年的封建土地关系中，虽然土地私有，可以自由买卖，但土地分配严重不均，耕者无其田，农民遭受沉重剥削。

生产水平低下的个体农户无力抵御严重自然灾害。农业产量和农民收入以及农村整体经济水平极低。

（2）中共领导土地改革、新民主主义革命，中心是重新分配土地，实行耕者有其田，这是对旧中国农村生产关系的根本变革。

（3）在土改后，为了使全体劳动农民走共同富裕道路，避免两极分化、避免大多数人再受剥削，党和政府积极组织农民的合作互助，开始了组建互助组和初级社，在一段时期中强调了农民自愿和有退社自由的原则。这既保障了农民的生产资料所有权和劳动成果的合理收入权，又帮助农民在可能条件下可以自愿组织起来，克服个体生产的弊病。这是对两千余年中国土地私有制的一个极其伟大的革新之举。

（4）但是，从 1955 年下半年起，彻底否定农民家庭个体经营制度、半强迫性和强迫性地使农民向“全社会主义性质”的高级社转变，成为指导全国农村的基本方针。高级社的一个根本特征，是土地不能作为个人股份获取利益，而是归集体所有。农民由此丧失了赖以生存的生产资料——土地。他们的生产、生活和一切，都集体化了。而这个集体，并不能由其中的成员决定自己的权益和其他重大事项，而是由集体的代理人——干部掌握。在农民不满意或者不愿意时，他们既不能按照自己的意愿罢免干部，也不可能再退出合作社。这就发生了一个本质性变化：农民的命运是由上级政府、国家政策及其执行者来掌握的。

（5）人民公社将这种特性发展到极端。社员完全听命于国家和各级政府、农村集体组织的安排。可悲的是，靠“思想革命化”和“斗私批修”，各级代理人（最直接的是生产队和大队干部），一般说不大可能做到大公无私，去真正代表社员利益和维护集体经济，不可能没有种种自身利益（这种自身利益可能有其合理性，即便如此，也是建立在极其有限的贫困蛋糕中，在相当程度上需要靠牺牲集体和集体成员的某些权益产生）。“贫下中农领导一切”完全是一句政治口号。

（6）中央政府并非从未察觉干群问题是极严重和尖锐地影响国家社会基础的大问题。但靠革命化解决不了这个问题。不间断地搞运动、整干部也解决不了问题。于是公社体制之下必然形成了社员无积极性、效率低下、生产单一（不可能进行发挥各家特长的多种经营）等弊病。农民强烈希望恢复个体家庭经营。于是公社化的解体和家庭承包经营制度的建立就有了难以阻挡的推动力。

让我们通过一些统计数据认识一下集体化时期的当地农民状况。

据笔者感觉，哪怕在革命化最高潮和政治、意识形态压力最大的“文革”期间，李集农民，不论是贫农、中农还是富裕中农，都经常流露出对个体经济时的强烈怀念。现在看来极为正常：因为在很长一段时期中特别是1958年后至1970年代前期，集体化并没有能够使农民们的生活好起来，相反明显不如以前，以至能否吃饱饭是第一号问题，成为农民群众最迫切的愿望。

李集农民的生活常常与贫困连在一起。新中国成立前土地私有制下是如此，在集体化后的相当长的时期内仍未明显改变。1954年冬至1955年春，李集乡有296户1412人接受了救济款。达全乡农户的46%和农民数的46%。1955年，全乡缺粮，项圩村缺粮36户191人，黄庄村缺粮31户191人，李集村缺粮80户365人。①

1957年，需要国家救济的农户，李集高级社达216户，即100%的农民家庭需要救济。支胜高级社则有56%的农户需要救济。

并不能轻易下结论说李集农民的贫困是集体化造成的。历史上的李集绝非富庶之地，老底子的薄弱、水灾、虫灾等自然灾害的频繁，都是贫困的重要原因。但1954～1957年接连数年缺粮，可能是与过早地将农民生产体制大“升级”，农民不能将付出的劳动与成果相联系，从而缺乏积极性有某种关系。

1958年“大跃进”和人民公社、共产风的极端做法，以及“文革”中推行的一系列极“左”政策对农民经济的严重破坏从而造成农民生活的极度困难，应该是难辞其咎的。

多年后，老乡们对1958年共产风带来的极其艰难的苦日子仍记忆犹新。

从1959年到1963年，李集村农民的生活极为艰苦。

据当时任大队支部书记沈国珍的笔记，在困难时期的社员粮食定量如表16－1所示。

表16－1　1962～1963年社员人均日标准口粮计划（1962年12月）

时间 / 生产队	12月（小两）	1月（小两）	2月（小两）	3月（小两）	4月（小两）	5月（小两）	6月（小两）	7个月日平均（小两）	半年口粮共计（斤）
大队平均	6.4	4	5.4	7.9 * 7.7 **	8.4 * 8.3 **	8.4 * 8.3 **	8.3 * 7.8 **	6.9 * 6.8 **	78.7斤
青年	7.9	4	5.7	11	11	11	11		

① 沈国珍笔记。

续表

时间 生产队	12月（小两）	1月（小两）	2月（小两）	3月（小两）	4月（小两）	5月（小两）	6月（小两）	7个月日平均（小两）	半年口粮共计（斤）
黄庄	7.4	4	5	8.7	8.7	8.7	8.7		
支胜	6	4	5	7.2	8	8	7		
跃胜	6.2	4	5	7	8	8	5		
东杨	6	4	5	6.8	7.8	7.8	7.8		
李集	6	4	5	6.7	7.5	7.5	7.6		
后吴	6.2	4	5	6.6	8	8	8		
庄心	5.6	4.2	4.2	7.4	7.4	7.3	7.4		

注：*原表数据；**据实际数据计算。按7个月，日平均6.9两计，合10两秤0.43斤。1斤=16两。

资料来源：沈国珍笔记。

表16-1是长期担任李集大队主要负责人沈国珍当时的记录。需要注意的是，这是1962年12月定出的1963年口粮计划表，以16两制的“两”为计算单位，全大队人均每日合0.43斤；匡算全年，每人口粮只有157斤。但如此低的计划标准，还远不能实现。从1963年的集体经济收入口粮分配标准看，全大队每人年均口粮只有133.8斤，日均不足0.37斤。1963年，最困难时期似已过去，但李集的社员口粮仍极低，正如表16-2所示。

表16-2　1963年李集大队集体收入口粮分配标准

单位：斤

生产队名称	年人均标准
青年	157.8
黄庄	142.3
支胜	147.4
跃胜	147.4
东杨	114.2
李集	125
后吴	123.7
大队平均	133.8

资料来源：沈国珍笔记。

至1963年，国家的农业政策已经有重大调整，恢复了生产队独立核算，生产开始恢复，但李集全年集体劳动所得口粮只有130多斤，每日只能吃到3

两6钱多（合16两秤5.76两）口粮，毫无疑问，农民在严重挨饿。这样的农民是不可能有干农活的力气的。能吃上一顿饱饭对普通社员而言是一种奢望。如果没有一点很少的自留田，很难想象人们如何活下去。在这种情况下，虽然新中国成立前的生活确实很苦，农民为地主干活确实很累，但比较起来，当长工的时候肚子还能填饱，无怪老百姓要怀念以前了。

直至1970年代初期，李集农民的生活仍处于艰苦之中。就生产队具体分析，支胜生产队在1971年夏季分配中，从1970年11月到1971年4月，半年时间，生产队一共吃口粮不到三万斤小麦和豌豆，平均每人55斤，工分（10分工）单价0.14元。

人民公社时期的李集及周边农村，由于处于严格的计划经济管辖之下，城乡分割界限分明，没有也不可能发生与附近城市的直接经济联系。当时国家给农村集体经济下达的任务很明确——以粮为纲，完成国家下达的粮食生产任务，同时满足本集体中成员的口粮供应。在公社时期的20多年中，作为劳动力的李集村民一般是不允许私自脱离集体生产劳动的。在“文革”的10年多时期，社员因私事进城一定要请假，在农忙时期则一律不许请假。

这一时期，对李集农民来说，最羡慕的就是去城里工厂当个工人。

由于这里没有家庭手工业的传统，村内也几乎没有集体企业①，不但农民们的口粮，他们的穿衣、日用消费、住房和其他开支，都要从农业主要是粮食生产中直接、间接获得。农业收成的好坏直接关系到农民的生活水平和温饱。在相当长时期中，李集社员的生活很苦，吃饭都成问题。若要购买最必需的布、衣、被等工业品，只能靠出售家庭副业饲养的猪和很少的鸡蛋——因为缺乏饲料，猪很难养肥，鸡也无法多养——以及自留地上出产的极少量蔬菜甚至口粮。如家中实在需钱用，只有出卖所剩无几的宅旁树木，这大概是农民们最大的财产。

在约30年的时期中，除了合作化之前的短暂年代外，李集农村经济是严格控制在国家的农村政策之中的。从工农—城乡关系角度看，该政策的核心是牺牲农村和农民的利益为国家积累资金，以服务于工业和城市建设。

（二）1980年代后至2000年代初城乡关系的良性互动

1. 李集产业结构变化与农户收益

1981年，李集实行了联产承包责任制。至1983年，黄码公社变为黄码

---

① 至1970年代中期，李集大队设立了一个粮食加工站，有工人两三名，缝纫机组有几名妇女，此外就再无“非农企业”可言。

乡，李集大队同时改为李集村。

实行联产承包责任制后，最重要的变化是农民的生产经营有了自主权，农民的劳动成果完全归于自己，并且完全由自己负责。在强制性的集体经营体制被取消、农产品价格（在相当程度上）由市场而非由政府定价的市场化过程中，农民可以根据市场价格的变化，决定生产什么、如何生产、如何处置生产收益。正是这个变化，使农民有可能，并且在实际生活中实现了生活水平的明显提高。这无疑极大提高了农民生产的主动性和积极性。

我们不想列出太多的数据增加读者的负担，以下仅举数例，说明农民种植结构的变化对收入的影响，如表 16－3、表 16－4 所示。

表 16－3　2006 年种植粮食的成本收益

单位：元/亩

社员姓名	成本		小计	收益		小计	盈亏
	麦	稻		稻	麦		
项瑞光	476.7	546	1023	510	490	1000	－23
项瑞艮	510	331	841	840	560	1400	559
李云山			268（稻麦合计）	45	650	695	427

注：对上述社员的采访由笔者进行，详细数据可见林刚《李集村：农民生产和生活的 60 年变迁》，中国社会科学出版社，2010。

表 16－4　2006 年大棚蔬菜种植成本收益

单位：元/亩

社员姓名	成本	收益	盈亏
黄长松	3602	7609	4007
项瑞光	2024	6364	4340

注：对上述社员的采访由笔者进行，详细数据可见林刚《李集村：农民生产和生活的 60 年变迁》，中国社会科学出版社，2010，第 106～108 页。

从种植水稻、小麦和大棚蔬菜的净收入比较中可明显看到两者的巨大差距。种粮的年净收入在 2006 年最高不超过 600 元，而种蔬菜大棚可达 4000 元以上，约为种粮收入的 7～10 倍。

这正是李集农民改变种植业结构、大力发展大棚蔬菜种植的原因。

2. 改革开放以来的前 30 年中李集村产业结构和产值的变化

虽然各户有别，但自联产承包责任制实行以来和经济明显市场化的近 30

年中，还是有变化的总趋势。从李集村全村来看就是，产业结构从单一的种植业向多种经营发展，种植业内部从单一的粮食种植向农、林、牧、副、渔多种经营发展，农民从单纯从事农村产业向农村以外、城市产业发展。这种发展的同时就是农民收入结构多样化和收入水平提高的过程。如表 16－5 所示（为了简便，我们只用了 1985～1986、2005～2006 年数据）。

表 16－5　李集村产业结构

单位：万元，%

指标		1985 年			1986 年		
		产值	占总收入	占各产业	产值	占总收入	占各产业
总收入		142.74			144.46		
第一产业		132.47	92.8		130.7	90.47	
种植业		92.41	64.74	69.76	101.13	70	
	粮食	84.5	59.2	63.79	90.67	62.3	
	其他作物	0.2	0.14		0.18	0.12	
	蔬菜	7.71	5.4	5.82	10.3	7.13	
畜牧业		28.66	20.1	21.64	28.82	19.95	
	生猪						
	苗猪						
	羊						
	大牲畜						
	家禽						
	蛋						
渔业		1.1	0.77		0.6	0.42	
副业		10.3	7.22		0.15	0.1	
非农产业		10.27	7.19		13.76	9.53	

指标		2005 年			2006 年		
		产值	占总收入	占各产业	产值	占总收入	占各产业
总收入		2757			2620		
第一产业		2067	74.97		2111	80.57	
种植业		1695	61.48		1731	66.07	
	粮食	364	13.20		396	15.11	18.76
	其他作物						
	蔬菜	1331	48.28		1335	50.95	63.24

续表

指标		2005 年			2006 年		
		产值	占总收入	占各产业	产值	占总收入	占各产业
畜牧业		352	12.77		369	14.08	17.48
	生猪						
	苗猪						
	羊						
	大牲畜						
	家禽						
	蛋						
渔业		20	0.73		11	0.42	
副业							
非农产业		690		25.03		509	19.43

与社员家庭收入结构的变化一致，全李集村的产业结构变化如图 16－1、图 16－2 所示。

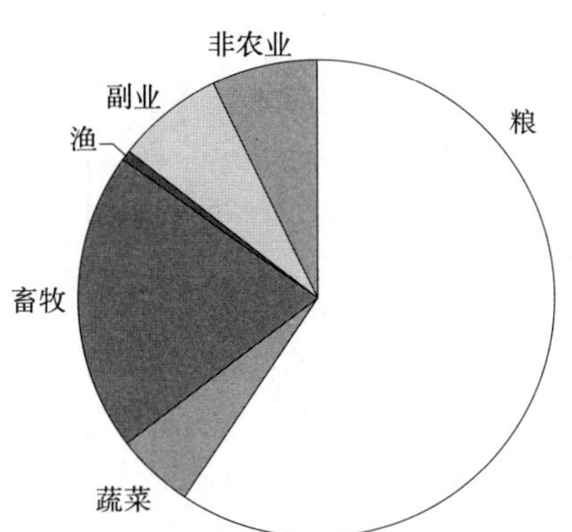

图 16－1　1985 年李集村产业结构示意

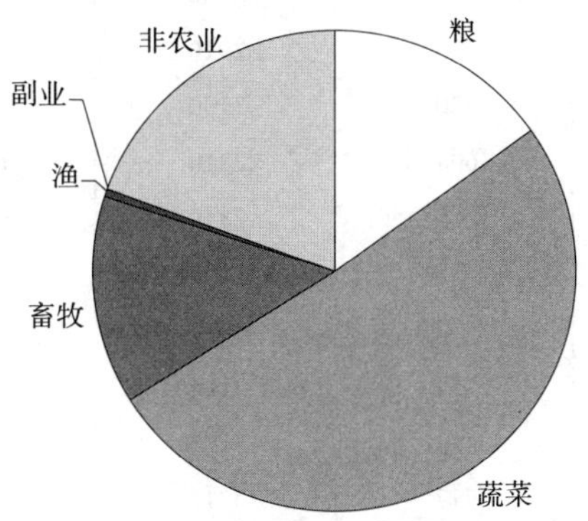

图 16－2　2006 年李集村产业结构示意

3. 产业结构、就业方式的变化，为李集村农民带来明显的巨大收益

根据市场价格进行的产业结构调整为李集农民带来了极为明显的收益。从表 16 - 5 中可以看到，1985 年，李集村蔬菜产值为 7.71 万元，占全村总收入 142.74 万元的 5.4%。至 2006 年，蔬菜产值为 1335 万元，占总收入 2620 万元的 50.95%。

数据显示，李集村农村产业结构在 1985 ~ 2006 年的 22 年中，最重要的变化是农业种植业内部结构的调整，粮食产出在总收入中的比例从 69.3% 到 5.11%，蔬菜收入从 6.32% 到 50% 以上。而农业种植业的比重原占总收入的 75.78%，2006 年虽有所下降，但仍然占总收入的 66%。

从全村角度观察 1985 ~ 2006 年的 22 年间人均收入状况，如表 16 - 6 所示。

表 16 - 6　李集村人均收入变化

年份	总产值（万元）	户数（户）	人口（人）	户均收入（元）	人均收入（元）
1985	121.93	526	2431		502
1986	144.46	527	2472		584
1987	223.1				
1988	237.32				
1989	281.6	594			
1990	313.29	651	2654		1180
1991	314.42		2773		1134
1992	526.67		2823		1866
1993	438.99		2842		1545
1994	648.6		2871		2259
1995	1232.9	682	2876		4287
1996	1396.6	719	2886		4839
1997	1206.1	725	2900		4159
1998	1684	725	2910		5787
1999	1879	720	3100		6061
2000	1801	698	2810	6405	
2001	1890	710	2812		6721
2002	2003.8	750	3050		6570
2003	1946	750	3071		6339
2004	2670	750	3114		8574
2005	2765	750	3118		8867.8
2006	2620	777	3215		8149.3

以上统计数字，系根据村上报乡的年报。但另据2006年12月至2007年1月的实地调查，当年722户农户的总收入为2109.983万元，人均收入7000元，人均数据为村上报数的86%。

比较1970、1995、2006年的农户收支及结构，可以发现如下情况。

公社时期与承包责任制时期，农户收入的来源极不相同。前者绝大部分是靠集体经济的工分收入取得，后者全靠家庭成员自己获取。前者完全靠粮食种植业的收入，而后者是靠农业内部的多种经营以及非农业的各种收入主要是打工工资收入获取。

三个时期的支出结构极大不同。在集体经济中，即便是搞得很好的集体经济，其收入的绝大部分用于吃饭。社员个体家庭除有限的小私有经济（如自留地、家畜等）外，不需要将收入用于投资生产活动。而在承包责任制后，收入的很大部分要用于生产性投资，说明家庭经济功能从被取消到完全恢复。

三个时期的收入和生活水平有很大不同。公社时期吃饭占生活支出的绝大部分，1995年占近49%，而2006年占40%（中等农户）。

（三）1990年代末至今的城乡关系——重入困境

约从1990年代末起，李集的城乡关系又重新陷入困境之中。主要体现在耕地被多次大量征用，对农业和农民收入产生极为严重后果，激起农民深切担忧和强烈不满。

统计如表16－7所示。

表16－7　李集村历年来征地情况统计

单位：亩，元

征地单位或名称	年份	面积	单价
宁涟路征地	1991	286	1920
淮海南路工程及接线工程	1996	204	2000
立交桥征地	1999	140	5000
市农科院征地	2001	490	21000
宿淮高速征地	2003	60	10000
高教园征地	2004	120	22500
西安外国语大学淮安分院	2007	234	30000
合　计		1534	

资料来源：此表系李集村前村会计李建民据当时征地原始数据整理后提供。

1. 2007 年征地过程——大难临头与农民的无奈

李集村从历史到现在都是纯粹的农业区，原属淮安县黄码公社。1990 年代中期划归淮阴市清浦区，至 2007 年 2 月止，为淮安市清浦区黄码乡李集村。新中国成立前的李集地瘠民贫，十年九涝，农产量极低。新中国成立后经过兴修水利、改良土壤，早已变为稳产高产良田，是淮安地区著名的大棚蔬菜产地，一亩地大棚一季收入可达 5000～6000 元。2007 年 3 月，农民们得知，李集村已被划入淮安经济开发区，他们的土地即将被征用（在 2004 年已被高校园区征用基本农田 120 亩）。9 月，征地开始。这次征地与以往不同，农民们未见到任何政府出示的征地公告或文件，只得知是西安外国语学院要在此建分院。听说征地要分数期，这次征用的是李集村青年、黄庄两个组 234 亩农田。据了解，迄今为止，这些土地在土地利用总体规划中仍属于基本农田。

绝大多数农民不愿自己的土地被征用。他们说，之所以在征地条约书上签字，完全是被迫和无奈的。如何对付农民使之同意征地，有关方面很有一套。农民们告诉笔者，这次征地采用的方法主要是“分户瓦解”：①由干部分别包干若干农户，一定要限期完成。白天不同意，晚上也要来“做工作”；②动员亲戚朋友做工作，若不能动员农户签字，有工作的人会受到“不准上班”的威胁；③诱骗：别人都签字了，就剩你们几家了，再不签……④贫困户不签字就拿不到低保；⑤请吃饭，拉关系；等等，无所不用其极。

在各种手段的压力下，有的老农是流着眼泪被迫签字的。

2. 农民不愿意被征地的原因十分简单——土地是农民的命根子

无论走到何处，农民们谈论最多的就是征地，全村人都被即将到来的征地搞得惶恐不安。以下是他们的述说。

一位中年农妇：听说黄庄 1 亩地只给 2 万多元就收走了，我们怎么办？现在就靠这点地生活，年轻人还能去打工，我们四五十岁了，以后怎么办？政府真的不管？我们也没别的要求，如果国家确实要地，一定要拿走，我们也同意，但最起码给安排一个工作，够基本生活，要不怎么活下去？看看马上就要征到这里了，我们上有老，下有小，没地怎么办？现在就怕这个事。要是让我们再种上 10 年地就好了。

70 多岁老头：刚解放后，土改分了田，大家开始过好日子。在合作化之前，只要征完了粮，就什么事也没了。从合作化开始，农民就被套住了。1958 年公社化，共产风、吃食堂，后来饿肚子，老百姓一直是最苦的。直到改革开放分了田，这才好起来。可刚刚好了没几年，地又要被拿走了。现在上面硬压着老百姓签字卖地，又不给任何公文、任何说法。说是用土地换社保，可我们算过账，过了60岁，一人每月200元，按现在生活，除去柴米油盐，每天大概只够吃豆腐。

我们从100户农民的意愿调查问卷中可以详细看到农民对征地的态度。

3. 百户农民对征地的意见

笔者在2007年初对100家农户的户主进行了“是否愿意被征地”的问卷调查。以下归纳100户农民对征地的主要意见。

100位农民征地意见（2007年1月）

李集组

侍廷森　愿意被征地，就是价格太低。

刘兆龙　愿意，但政府给的价格太低。

后吴组

侍建春　我同意土地被征，毕竟政府需要，但征地价格不高。

支胜组

沈志忠　我同意被征地，但国家要考虑提高土地补偿费标准和解决失地农民的生活保障问题，不能让老百姓吃亏。

张巨年　同意被征地，但要提高土地补偿费标准。按现在标准太低了，农民太划不来（现在本地征地标准：每亩23600元）。

赵洪生　国家真的征用到我家地，我服从国家需要，但要考虑提高土地补偿费和解决下一代吃饭问题，以保障失地农民的基本生活。老年人不能劳动，最起码享受最低生活保障金。

青年组

陈进　关于征地，我愿意被征，原因是国家只要征用，我们就得服从。

黄庄组

吉风林　愿意。早征早好，不征地不发财。

陈金鑫（土地已转让，搞运输）　愿意被征地。

后黄组

黄长征　同意。地征完，农民岁数大，就无办法生活。

王圩组

王庭国　我同意，因为我做装璜生意，需要钱投入。

前进组

彭学兵　随大家伙意见。

彭小娟　实际我不愿意种地，只有一亩地怎么种？不靠打工有什么收入？关于征地，随大家吧。

新庄组

李建峰　我们不问，又不识字，跟人家走。

李为科　我们不问，人家怎么办就怎么办。老实人也不会讲话。

卫东组

杨锦飞　看你怎么征，征地是什么用途。最好是不征，因为我们是靠土地。

刘秀成　我们不希望被征地。如果国家真正需要，你不给征能行吗？不可能听你老百姓的。因为土地是国家集体的。

支胜组

沈国军　国家真正需要，你不把征也不行，我们也抗不住，只要政府能给我们口饭吃就行，也要考虑我们的下一代生活保障问题。

跃胜组

项振伟　我同意没有用。但我不同意能行吗？

后吴组

吴廷玉　一般不好说。我们岁数大一点人不希望征地，有地起码吃不愁。但年轻人很多都愿意被征地。

李集组

刘风义　很难说。现在征地价格不理想。年纪大的人要种田，年纪轻的人想被征地。

刘兆洋　我（吴秀华）不愿意，我儿子愿意。他们怕苦。要买粮食就花钱，征地后钱一花就没有了。

青年组

黄长延　不同意被征地。有地就有钱。

金小勇（金玉喜）　不同意被征地。农民无地不能生存。拱大棚长蔬菜，遇到行情好，不用二年，征地补偿款就挣回来了。

陈大桥　不同意被征地。针对岁数（大，离开土地）无法生活（陈建海）。

尚正刚　不同意被征地。没土地（只好）全部到外租地。二年就能把卖地款在大棚地搞出来。

陈桂云（低保户）　对无劳力户征地还好，对有劳力户是不能征的。

陈学员　不同意被征用。沟渠路老百姓分不了，全被乡所有。

黄庄组

黄长树　不愿意被征地，因为（有地）生活有保障。

黄永贵　不愿意被征地。征地钱被用光后，以后生活无保障。

项　摇　不愿意，原因是种田自由。

项瑞苏　不愿意，因为农村人只靠种地。

叶金龙　不愿意被征地。原因是征地后害怕生活无保障。

叶正荣　不愿意被征地。原因是农民要种地。

边树雨　根据目前的情况看，不愿意。原因是土地越来越少，人多地少以后口粮都成问题。这样不被征地的话，家中有粮，心中不慌。再出去打工赚钱作零花。

边树云　不愿意。原因（无地）生活无保障。

王书贵　不愿意被征地。原因（无地）生活无来源。

卫东组

项瑞军　不愿意被征地，原因是害怕征地后生活无法维持。

项瑞发　我不想被征地。因为土地对我们太重要了，没有地生活就没有保障。土地征掉了，我们没事干，而且补偿费也太低了。

李正兵　我肯定不同意征地。因为有二亩地在手里种着，心里踏实，不愁吃的。土地被征拿的钱那是断头钱，用一个少一个。土地在手，它能长远产生效益。

李同兵　不希望卖地。土地卖掉后我们就无法生活。

包正林　我们不愿意被征地。我们一家人主要靠土地吃饭，土地就是我们的命根子。土地征了，我们的生活就没有保障了，心里不踏实。

包正山　我们根本不愿意被征地。因为我一家人就靠这点地维持生活，土地被征，我岁数也大了，没文化、没技术，到哪里去混饭吃？土地被征了，我们的子孙后代怎么办？

沈玉美（村支书）　现在我们不希望被征地。因为土地补偿费太低，老百姓不划算，我算过一笔账，现在土地补偿费每亩地二万多元，我家拱大棚的收入只要两年多到三年时间就可以赚回一亩地的补偿费。如果土地被征以后，我们就永远没收益了，连吃饭都成问题。

宋艾珍　我家不愿被征地。国家征一亩地，按现在价格也就赔二万多元钱，太不划算了。农民没有地，我们吃什么?!

支胜组

李同成　我家不希望被征地，因为补偿费太低。土地是农民的命根子，土地被征用了，我们的生活就没保障了。城市化建设征用农田最坑害农民，叫我们永远没饭吃。

项瑞坤　我不希望被征地。土地卖掉，我们饭碗就没了。子孙后代都没饭吃。不过话又说回来，国家建设真正需要，你不给征能行吗？那就希望政府多为我们失地农民考虑考虑，解除我们的后顾之忧。

前进组

彭学军　我不愿意被征地。征地价格太低，今后的生活成问题，解决不了口粮问题，现在种地又不收费。

李登明　其实我不愿意被征地。大家同意，我也没办法。

李　俊　实际说不愿意被征地，但又能随你愿吗？并不是你说了算的。

张国清　不愿意被征地。但政策（下来）也没办法，土地都是集体的。

胡万梅　目前我们都不愿意被征地。前几年征地价格太低，以后土地价格不断地在涨。

跃胜组

李建飞　我不愿意被征地。我家这么多人口，地被征后口粮就受影响。假如不征地，地里收粮食，我们还可以打工挣钱。

李同群　不愿意被征地。

项瑞竹　不愿意被征地。因为征地后（种不了地）我们没有饭吃，无法生存。

项年生　不愿意。主要原因是地太少，今后的口粮都成问题。

项振欧　不愿意被征地。原因很多。

东扬组

王鹤年　我不愿意被征地。地被征了我们没田种，农民就靠土地为生。我们年龄大了（外出打工不行），收点粮食有保障。

王玉春　我认为国家征地，如建路，无话说，但要是企业征地费用太低，农民生活没有保障。如果年龄大，有土地收到粮食，心里不慌。年纪大的人和年轻人不一样，年轻人不愿意种地，年纪大的人不愿土地被征。

王玉军　我不愿意被征地。一般年龄大一点的人都不愿意，但年轻人就说不准。

王海元　我不愿意。古代传下来我们老百姓就以种田为生，土地被征我们吃什么？

王玉高　不愿意。因为（我家）人口多地少，如果被征用，以后生活没有保障。

王玉刚　我不愿意。土地是我们的命根子，土地征走了，我们没地长粮食。

杨树林　我不愿意被征。老百姓以种田为本，手里有粮心里不慌。我们年纪大了，到外边没有地方打工。

杨士军　我不愿意。要讲原因我说不上来。

新庄组

李少金　我不愿意。地征掉我们生活没有来源。

李少昶　我不愿意被征地。我们老百姓祖祖辈辈靠种田为生，谁愿意被征地？我们岁数大，没有地我们到哪里去打工？谁要我们？

李建平　正常情况下，不愿意。因为政府补助少，没田或少田生活没保障。

李建中　我不愿意。因为现在征地价格太低，以前征我们的地造路，老百姓一分钱都没得到。

李维考　我不愿意被征地。我们认为价格太低，不知道多少钱一亩地。

杨士明　一般问我们年轻人都不愿意种地，但是征地的钱太少，征地后钱一到手，三花两花完了，我们的后代怎么办？我认为还是有地好，收点粮食，心里放心、踏实。

李集组

陈瑞风　不同意被征地。农民得实惠少，种田有把握。

陈瑞军　不愿意。因为地价低，如果地被征用，年龄大了，不能打工，生活没有保障。

吴忠山　不愿意。本来土地就少，再被征用，收入就更少，口粮都不够。

王鹤龙　不愿意。

后吴组

吴振山　不愿意。征地价格太低，征地后钱不够用，以后没粮吃。

吴智山　征不征地，不是我们说了算。我们认为征地不好，地价太低，所得一点钱用完怎么办？买粮食吃就吃不起。

吴刚山　我不愿意被征，价格太低。

裴大靠　我不愿意，原因很多。

侍爱民　我不愿意。土地少或没有，总感到生活没保障。

后黄组

黄国柱　不同意被征地。再征地无粮吃。

黄长进　不同意被征地。不如种地，有粮心里不慌。

黄长友　不同意。农民有地心不慌。

黄长洪　不同意被征地。征掉无法生活。

黄国俊　地是老百姓命根子，无地咱们将来怎么活下去？不同意被征地。

李云生　不愿意被征地，生活就靠这几亩地。

庄心组

李少进　不愿意，因为农民种田生活，如果被征用，下一步没有办法生活。

李少俊　不愿意。因为农民以种田维持生活，如果地被征掉，年龄大不能打工，生活没保障。

李少淮　不愿意。我们世代靠种田为生。如果没有土地，年龄大又不能外出打工，叫我们无法生存。

成金祥　不愿意。农民天生就是种田维持生活，如果地被征，（一次性）得到的钱用完了，加上年龄大不能打工，生活就没有保障，下一步更无法生存。

张巨亚　不愿意。农民以种粮为本。再说征用费价太低。

张巨飞　不愿意。征地的价格太低，土地征完了，随着年龄大了又不能打工，生活无法保证。

宋如何　不同意被征地，生活无保障。

王圩组

刘风清　不愿意。农民要以田为本。

刘风兵　不愿意。农民以种田维持生活，地越征越少，以后拿什么维持生活？

宋为超　不愿意。征地钱太少，到老的时候没有生活保障。

李云巧　不愿被征地。子孙后代只要有田种就有饭吃。如果地被征用，年纪大的要有养老金。

在100户被调查者中，88户明确表示不愿被征地。3户明确表示同意征地。6户表示，如是国家征地，愿意服从，但征地后应保障农民的最低生计，征地地价不能过低。还有3户表示随大流。这说明在李集村，真正愿意被征地的农户只是极少数。

至2006年底，李集村共有农户770多户，常住者720多户。在全村总收入中，以土地为基础的农业收入占80%，其中主要是种菜（以大棚为主），约占总收入的50%以上。非农收入约占20%，主要是在本地区城市打工，多数为早出晚归，早晚饭在家吃，即农业和粮食收入为打工减轻了成本。很明显，如果失去土地，当地农民收入的实际损失将远超过80%。这正是绝大多数农民不愿意被征地的原因。

从上述问卷中我们还可以分析农民对失地极度担忧的更深层原因。①失去基本生活来源与保障：农民家庭生产对就业的极大作用与城市现代化的局限。②失去家庭劳动力的自我最佳配置：年龄与性别配置（年龄大，只宜务农；年龄轻又有一定技能者，打工或者专业性较强的工作；妇女，家务做饭不能离开家的工作；等等）。③失去最基本的自我保障功能：粮食自给。④失地农民面临的，还远远不止自己这一代，而且是子孙后代的稳定就业和生存保障。

李集重新陷入城乡关系恶化困境绝非偶然，这是自 1990 年代中后期以来，“三农”问题愈演愈烈的具体体现和反映。

“三农”问题的表现多种多样，形成原因错综复杂，本书不可能一一申论。但至少有几方面问题较突出。

（1）工业部门包括大型农村工业过度发展，损害了农业农村，特别是对农地的侵占和工业污染的扩散；

（2）各利益集团以各种名目向农民摊派，农民负担极重；

（3）片面的城市化战略使农业、农民、农村利益严重受损；

（4）工农业利益再分配失调，特别表现在农用物资和工业品价格的实际上涨与农产品价格的停滞或下降。

近年来是日趋严重的“三农”问题，实质是以牺牲“三农”来发展城市和工业，最终造成以牺牲环境和可持续为代价来换取暂时经济高增长速度。而城市、工业也不可能健康发展下去。

从 1990 年代开始愈演愈烈的“三农”问题的产生是多方因素造成的，既有改革经验的不足，也有市场经济不完善、政府职能不健全，还有利益集团的肆虐，等等。而“三农”问题的产生也离不开一个思想理论的错误引导，即在中国步入现代化历程后以不同形式出现的、始终有强大影响的观念——传统农业和农民是现代化的对立面，只有消灭它才可能发展现代化。当前盛行的被片面强调的城市化理论只不过是它的翻版。

二　长期影响工农—城乡关系的重大因素

（一）关于工农—城乡关系的基本政策没有根本改变

新中国成立后实行的关于工农—城乡关系的基本经济政策，其实质始终是牺牲“三农”发展工业和城市。正如前述，新中国成立以来的前30余年，国家经济建设的基本方针实质上是以牺牲“三农”为代价发展工业和城市。陈云已不止一次地强调，国家经济建设的一大问题就是工业挤农业、城市挤乡村。

陈云于1961年，曾极其中肯地总结了新中国成立后工农业比例失调的四次情况和对国民经济的巨大冲击。他说，新中国成立以来，出现过四次粮食供应比较严重的紧张状况。这四次当中有三次是由城市人口增加过多产生的，也就是说，城市人口的增加超过了当时粮食负担的可能。陈云将这四次情况，上升到中国进行社会主义建设必须遵循符合国情的基本经济规律——工农业协调发展——的理论高度加以总结：“农村能有多少剩余产品拿到城市，工业建设及城市规模才能搞多大。其中关键是粮食。这已经有了几次教训。”“国民经济的基础是农业。农业好转了，工业和其他方面才会好转。所以，工业不能挤农业，城市不能挤农村，而要让农业，让农村。”①

陈云和邓子恢等的谈话，一方面说明了他们对中国经济规律的深刻认知，另一方面也说明新中国确立的“重轻农”经济建设路线的严重影响和危害。

正是对农民家庭经济的彻底否定、对重工业的片面强调和对农业的实际轻视，使得1949～1980年代初的约30年间（严格说应自1956年以后），现代中国在城乡—工农产业关系方面发生了两大变化。其一，经过统购统销、农业集体化等措施，中断了数千年来的农民家庭经营以及农民家庭手工业与农业的结合（容后详述）。其二，城市规模和工业发展多次超过农业能够提供剩余产品的限度。②

这两方面造成的后果，从现象上看，是城乡分割，城市工业，农村农业。③ 从实质上看，是牺牲农村、农业发展城市和工业。

尽管该政策的提出、实行有其历史原因，有其正确的有益的方面，但长期执行的后果是不好的，这已经被60余年的新中国经济建设的历史经验所证

① 《动员城市人口下乡》，1961年5月31日，载《陈云文选（一九五六——一九八五年）》，人民出版社，1986，第156～160页。

② 许多人认为：工农业产品间的“剪刀差”是以损害农业来发展工业的主要体现。

③ 实际上，农村中的工业生产并未被完全消灭，在人民公社制度下还一度提倡社队办工业。但这种农村工业是建立在对农民家庭工业和手工业的完全否定基础上的（自1956年以后），且受到多种限制。

实。正因为新中国成立后30余年的“强制压榨”、消灭农民家庭经营政策导致了全国农村和农民的贫困化，导致农民生产积极性的严重下降（详见前述），导致集体化生产效率的严重低下，遭到绝大多数农民的抵制，才产生以安徽凤阳小岗村自发实行“包产到户”，才最终形成家庭联产承包责任制在全国范围内的最终确立和迅速推行。

家庭联产承包责任制作为全国农村经济的基本制度，解决了农业生产微观层次的效率问题，但是并没有从根本上厘清中国在“现代化”建设中的现代经济和传统产业、工业和农业、城市和乡村的相互关系问题，并没有从根本性的经济发展理论层次上解决“为什么中国在前30多年中总是形成工业城市压榨农村农业”的问题，并没有彻底真正地认识到在中国这样一个有数千年农业文明传统又有十几亿人口的国情中如何正确看待农村农业农民的作用和地位、什么才是符合中国国情的现代化建设的方向和道路问题。至少，在决策层和理论主导层面没有明确和确立。因此，虽然有人在理论上提出过“工业反哺农业农村”的观点，政府也屡次提出过城乡一体化的建设方针，但在实际行动中，最终还是农业农村为工业城市建设让路，在实质上最终还是牺牲农民利益为工业和城市服务。也正因为如此，“农业是短板”“‘三农’问题是重中之重”提出多年多次却依然如故。而建立在强制掠夺农民土地基础上的“土地财政”，仍然作为县市级政府的最重要“经济基础”难以动摇。

除了上述以国家名义对李集征地①构成对农民切身利益的重大影响外，我们还可以从李集农民在改革开放后的负担方面观察。可以看到，尽管农民有了经营自主权，但其他的方面如“支持”国家和地方政府的财政和各项支出等，负担仍然很重，家庭联产承包责任制并没有解决好这方面问题。

农民负担过重，在“三农”问题中相当突出。这与地方政府和基层政权行为有重大和直接关系。以下我们重点观察李集村的情况。

李集村1985~2006年税费与农民负担情况如表16－8所示。

李集村缴纳农业税的历史变化如图16－3所示（1985~2006年）。

---

① 对李集征地，有些是国家建设中不可避免的，如修公路，但也有为各种目的，抢先“圈地”的多种行为。据笔者初步了解，有若干高校园区并未事先负责任地论证，在圈地后也未有效和充分利用，这都需要详细调查。即便是国家及各级政府为了交通等征地，也应严格按相关政策和程序进行，并尽量向被征地农民沟通与合理补偿。

表 16－8 李集村历年税费与农民负担情况统计

单位：万元，%

年份	农业税	其他国税	集体提留	其中				农民所得	国税/农民所得	集体提留/农民所得	全部负担/农民所得	国家粮机直补
				公积金	公益金	乡统筹	其他提留					
1985	1.1		4.44	3.29	1.15			75.43	1.46	5.89	7.35	
1986	1.097		1.99	0.79	1.1	管理费 906 元		98.29	1.12	2.02	3.14	
1987	1.38		2.47	0.96	1.51			121.36	1.14	2.04	3.18	
1988	1.23		3.55	1.4	2.15			143.52	0.86	2.47	3.33	
1989	1.39		4.73	0.82	3.91			168.5	0.82	2.81	3.63	
1990	1.46	0.05	9	1.51	5.09	2.4		154.1	0.98	4.95	5.93	
1991	1.3	0.2	6.04	0.82	0.52	4.7		156.62	0.96	3.86	4.82	
1992	1.68	0.25	9.41	0.72	0.43	5.48		289.35	0.67	3.25	3.92	
1993	1.67	0.35	6.05	2.44	0.39	3.22		267.66	0.75	2.26	3.01	
1994	2.8	0.5	6.8	1.7	1.6	3.5		347	0.95	1.96	2.91	
1995	3.1		7.9	1.4	1.6	4.9		700	0.44	0.97	1.41	
1996	4		17	2	2	13		827.7	0.48	2.05	2.53	
1997	4.3			村提留 17.4		11.3	0.5＋1.4	826.2	0.52	3.70	4.22	
1998	4			村提留 18		10	1＋4	888	0.45	3.72	4.17	
1999	3.4	1		村提留 17		12.4		1002	0.44	2.93	3.37	
2000	3	1		村提留 17		11	3	1006	0.40	3.08	3.48	
2001	22			村提留 12		5	2	1100	2	1.73	3.73	

续表

年份	农业税	其他国税	集体提留	其中				农民所得	国税/农民所得	集体提留/农民所得	全部负担/农民所得	国家粮机直补
				公积金	公益金	乡统筹	其他提留					
2002	20		6				1217.8	1.64	0.49	2.13		
2003	20	1	14				1315	1.60	1.06	2.66		
2004	11	11	12			10	1430	1.54	3.08	3.08		
2005	0		15			16	1609		1.93	1.93	6	
2006	0		16			8	1833		1.31	1.31	12	

注：1997 年其他提留中的 0.5 为上交部门的；1998、2000、2004 ~ 2006 年，其他提留为上交部门的，并非属于集体提留内容。

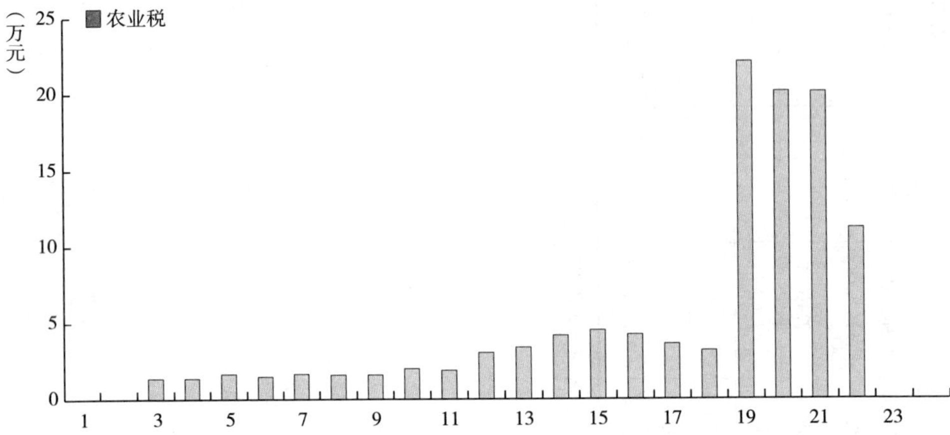

注：横轴表示时间，1985～2006年，共22年，2005年起国家取消农业税。竖轴表示税收金额。

图16－3　1985～2006年李集村缴纳农业税示意

李集村农户上交的集体提留变化如图16－4所示（1985～2006年）。

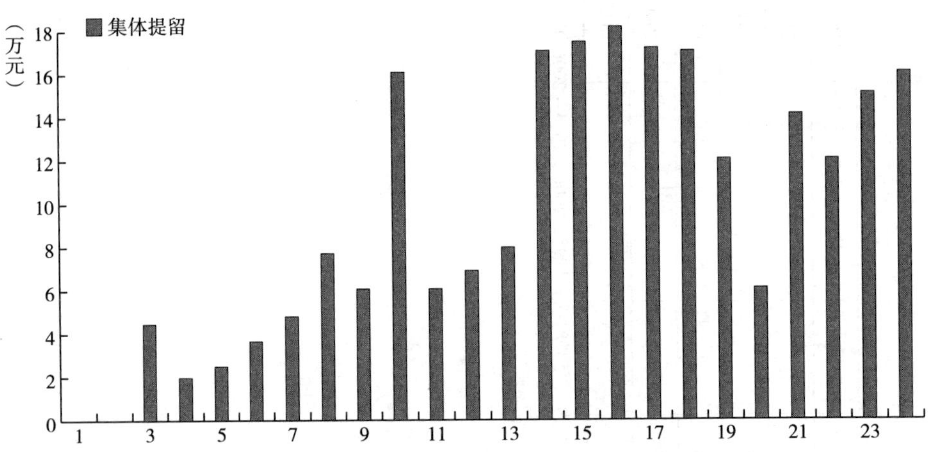

注：横轴表示时间，1985～2006年，共22年。竖轴表示集体提留金额。

图16－4　1985～2006年李集村农户上交的集体提留示意

为了进一步明晰各项税金和提留的具体内容，我们以1990年为例，如表16－9所示。

表 16－9　李集村 1990 年农民负担情况统计

国家税金	其中	金额（万元）		金额（万元）	合计（万元）	人均（元）
	农业税	1.46	农林特产税	0.05	1.51	37.8
村集体提留					10.16	
	1. 公积金					
	（1）农田基本建设	1.45	（2）还陈贷	0.06	1.51	
	2. 公益金					
	（1）五保户供养	5	（2）特困户补助	0.09	5.09	
	3. 管理费					
	（1）干部补助	2.4	报刊费	1.16	3.56	
乡统筹费					4.91	
	1. 乡村办学	2.21			2.21	
	（1）民办教师补助	0.87	（2）建校资金	1.34		
	2. 计划生育					
	3. 烈军属	0.09			0.09	
	4. 民兵训练	0.05			0.05	
	5. 广播	0.07			0.07	
	6. 卫生与合作医疗	0.02			0.02	
	7. 文娱活动	0.13			0.13	
	8. 村镇及道路建设	0.34			0.34	
	9. 其他	2			2	
统筹代办费					2.49	9.4
	水费				1.19	
	电费				0.5	
	畜禽保健				0.27	
	架电					
	育秧					
	水利筹资					
	其他				0.53	

注：①原表数据，负担户数 651 户；负担人数 2654 人；上年人均纯收入 693.74 元；
②此表与表 16－8 数据不符，表 16－8 在集体提留项内未含报刊费 1.16 万元。

从前述统计表中，我们可以得出如下结论。

（1）1985～2006 年的 22 年中，农民负担比例最高的年份为 1985 年，负担比例占农民所得的7.35%，以后再未达到此高度。

(2) 在农民负担中，集体提留是主要部分。国家的农业税等国税数量有逐年增加趋势，但在农民所得的比例中逐年下降，至2005年取消。集体提留部分，乡提留自1996年起大幅增加，为1995年的200%。村集体提留自1997年大幅增加，竟为1996年的8倍。自1997年起，农民负担明显加重，直至2002年，方开始下降。

(3) 2005年取消农业税后，农民负担明显减少。

对本书而言，我们关注农民负担问题实际包括两个方面。一方面，农民本身应得的劳动成果，在未得到农民同意下被任意剥夺。另一方面，直接加重了农业产出成本，减少了农民收入，也由此损害了非农城市人口的利益和以农业为原料的工业的利益。

问题之一是，农民上缴生产所得的一部分作为国家税收和所在社区——村、乡——的公共积累，以用于社区内部事物开支的需要，本是完全必要的。问题在于，如公积金、公益金这种从"集体经济"沿袭下来的"集体提留"究竟应有多少？它的规模该有多大？作为社区成员之一的农民有没有知情权、发言权和参与权？

从李集村的情况看，乡村两级的集体提留完全是"政府行为"，农民只有完全听命上缴的份（十分重要的问题：村、乡提留的来源与筹款方式）。

特别是，当集体提留并不合理，且已构成农民的沉重负担时，农民仍然要分文不少地交纳。正因为如此，农民负担过重，才成为一个事关全局的严重问题。

问题之二是，农民所交纳的农业税，是按照土地面积计算的，这无疑应该计入农业生产成本之内。其他各项费用，是按人头分摊交纳的，由于农户的生产以家庭为单位，家庭成员中无劳动力者的费用由劳动力交纳，这无疑是劳动力成本的一部分。总之，农村的各项税费，都可以计入农业生产的成本之中。税费增加导致成本增加，其后果无非有二，一是减少了农民生产者的收入，二是增加了农产品的价格。从全国和李集若干年的资料看，农产品价格的上涨中，农民得到的是小部分，从粮价看，农民出手的价格甚至无增长。而成本明显加重，损失最大的是农民生产者的利益。而农产品价格上涨也必然导致城市非农业消费者利益的损失（改革开放以来的前30多年，在中国经济的快速发展中农民和农村经济做出了何种贡献、付出了多大牺牲？中国经济高速发展的代价和成本如何？这些会对中国社会经济乃至中华文明造成何种深远影响？等等，是极需要深入讨论的大问题）。

（二）农民对不同时期城乡关系的不同反应

我们已经了解了李集在60多年中城乡关系的三个阶段，了解到在改革开放前的30年中农民们对于强加于他们的集体经济，应对的办法是一般情况下（不包括大忙和特殊情况）为“挣工分”干活而“磨洋工”，最终无从摆脱贫困处境。1980年代后至1990年代末、2000年代初，是李集农民在相当有利的城乡关系中生产和生活的时期。农民主动调整产业结构，实行兼业性生产是该时期取得较好收益的主因。那么，农民们为什么会在不同的经济体制下采取不同的应对行为？农民的应对行为产生的深层原因是什么？这就需要对农民的“经营准则”加以较深入了解，只有如此，才能够进一步认识城乡关系问题。

我们应该认识到，利益主体双方作用是影响城乡关系的基本因素，十分明显，促使农户主动调整产业结构的重要原因是比较利益引起的，而这是来自城市的影响，由城市居民（不限于本地区城市）对蔬菜的消费需求——既包括数量也包括品种——所引发的，它通过市场价格的指引付诸农户的行动，这无疑是直接原因。然而，如果以为城市需求是导致李集农业产业结构变化的唯一因素和决定性因素，则这种看法未免失之简单。

因为城市需求变化之所以能够影响和作用于李集农民，离不开当时的时代背景，即改革开放的实行、原有计划经济一统天下局面的改变和市场经济政策的逐步推进。正是这个国家体制的改革变化，使城乡关系产生了巨大变化。它使农户重新拥有了生产经营的自主权，极大激发了农民从事生产的积极性和主动性，也使农民拥有选择生产、工作种类的选择权。

新时期的新城乡关系的实质，是原来的一直处于受城市和工业压制、忍受城市和工业“政策性剥削”、忍受巨大损失向城市和工业化做贡献的农村和农民获得了他们失去的应有权益——自主经营权和劳动收益权。也正因为如此，在一定范围内，城乡之间的生产要素和产品才得以因比较利益而“自由”流动。

作为利益主体的农户，并非是完全被动地接受城市的影响，他们也不是一个完全类同于资本主义市场经济中的小企业，不是只遵循利润最大化原则，不是有利可图就干，而是有农户自身的基本利益和价值取向、获取利益的经营准则和方法。这就使得以农户为一方，与城市和工业为另一方的双方互动关系中，发生许多单纯城市化工业化的“吸力”“拉力”所不能涵盖或解释的影响因素，也会发生单纯“利润最大化”所不能涵盖的影响因素。这也就导致“市场机制”并不能自动调节出符合农户—农村和城市—工业双方都能受益的“良性互动”关系的原因所在。

1. 在集体化时代的农村 - 农业时期

农民只有也只能在生产队从事农业。由于对生产活动和劳动成果的完全被动，农民们形象地将出工劳动称为“挣工分”。出工一天干什么活，甚至如何干，在什么地点干，都完全听从队长安排。在妇女干活时还往往有队干部在身后监工。队干部的口头禅是“社员是属牛的，不打不拉屎”。社员则把干这种没有丝毫自主性的农活、包括自己在内，称为“会说话的牲口”。在这种状况下，就个人、生产队或更大的农业生产单位，是完全谈不上什么“城乡关系的良性互动”的。在宏观层面，只有农业、农村牺牲自己的利益来奉献给城市和工业。

2. 1980 年代后城乡关系的良性互动——农户兼业、多种经营

李集情况表明，1980 年代后，一方面由于农户成为有经营自主权的经济主体，他们有可能根据市场表现出的职业报酬高低，去选择从事农业还是非农职业。另一方面，工业商业和城市的快速发展，也在客观上为他们提供了某种程度的选择空间。李集人多地少，农业主要是粮食作物，收入低，更是促使农民大力改变以往的全部劳动力只能从事粮食种植业的“就业结构”。他们或是离开农业到附近的淮安城区去寻找高收入的工作，或是在农村从事种粮以外的多种经营，包括经商和服务业。以下，我们从当地农民的就业结构中可以清楚看到这种变化。

（1）722 户农民就业结构的变化过程（1985 ~ 2006 年）

李集村全村农户的“就业选择”、生产结构和收入结构，正反映了上述农户的经营准则。这里就所统计的占全村 775 家农户 93% 的 722 家之就业与收入数据进行分析，得出该村的农户就业结构及其收入结构，如表 16 - 10 所示。

表 16 - 10　李集 722 家农户就业结构与收入结构

兼业类型	户数（户）	占总户数比重（%）	户均收入（千元）	收入排名
粮菜工	196	27.15	28.34	17
粮工	155	21.47	24.48	22
粮菜	60	8.31	29.84	15
粮菜养工	50	6.93	26.75	19

续表

兼业类型	户数（户）	占总户数比重（%）	户均收入（千元）	收入排名
粮工个	33	4.57	32.24	13
粮菜个	32	4.43	35.61	11
粮菜个工	30	4.16	34.59	12
粮个	21	2.91	36.26	8
粮养工	21	2.91	27.57	18
粮工文卫	14	1.94	26.41	20
粮菜养	14	1.94	20.19	24
粮菜工文卫	12	1.66	39.86	3
粮菜养个	8	1.11	39.8	4
粮菜养个工	7	0.97	38.81	5
粮租房其他	7	0.97	35.8	10
粮养个	5	0.69	29.83	16
粮菜文卫	5	0.69	36.84	7
粮个文卫	3	0.42	31.05	14
粮菜个文卫	4	0.55	45.38	2
粮菜养文卫	2	0.28	22.35	23
粮菜养文卫个	2	0.28	38.35	6
粮养文卫工个	2	0.28	26.25	21
粮菜养文卫工	2	0.28	48.25	1
出租土地	33	4.54	36.15	9
无劳力	4	0.55	0.6	25
户均	722		30.44	

注：粮、养、菜即种粮、养殖、种蔬菜大棚。个即个体经营，如木匠、铝合金等手艺工匠及理发、商业等。文卫泛指拿固定工资者，包括领取国家、企业、单位工资和乡、村干部等。工指打工或合同制工人。

可看出，第一，全村真正意义的农户全部为兼业。第二，兼业有多种类型，表16－10虽然分为24类，但仍粗略。其中户数最多者为粮食—种菜—打工。其次为粮食—打工。两者占农户总数的近一半，达48.62%。再其次为粮—菜（8.31%）、粮—菜—养殖—打工（6.93%）、粮—打工—个体工商户（4.57%）。

李集的农户就业虽然有多种形式，但总体上都是农业与非农业的兼业结合，主要是种植业与取得非农业货币收入的兼业。种植业基本是种植粮食、蔬菜，而非农业货币收入包括打工工资、固定工资（如干部、职工、工人）、个体工商经营收入（如房屋装修、水电安装、个体餐饮）等。从这些就业形式中，我们可以看到李集农民就业、谋生方式的重要特征。

我们再看看兼业与就业者的年龄、性别结构。

按一般指标定义①，农村男 18 周岁至 50 周岁、女 18 周岁至 45 周岁为整、劳动力；男 16 周岁到 17 周岁、51 周岁到 60 周岁，女 16 周岁到 17 周岁、46 周岁至 55 周岁为半劳动力。农民家庭整、半劳动力，既包括在上述规定劳动年龄内和在劳动年龄以外有劳动能力并经常参加实际劳动的男女整、半劳动力；也包括农民家庭常住人员中属于职工的劳动力。但不包括在劳动年龄内已丧失劳动能力的人员。

据李集村委会资料，李集全村有劳动力 2222 人，其中女性 1107 人，占 49.8%。在劳动力中，整劳力为 1850 人，占全体劳力的 83%，整劳力中妇女为 915 人，占全体整劳力的 49.5%。由于现在当地农民子弟在 16 岁以下多读初中，而 16～18 岁者也有大量在读高中或技术专业学校，因此一般要到 20 岁左右才加入劳动者队伍。而超过 60 岁者，除身体有病外，绝大多数仍然劳动，因此上述整劳力、半劳力的书面统计并不完全符合实际情况。

李集农民中，20～50 岁的劳动者，大多数从事非农业职业，最多的是到淮安市区打工，少数从事个体经营，如餐饮服务业、个体技工等。而 50～60 岁者，多数从事农业种植业。在 60～70 多岁的人中，只要能够劳动，一般是不吃闲饭的，仍去做力所能及的农活，主要是种粮种菜及其辅助工作，或养殖业，如养猪、家禽等。笔者所接触的农民中，有 80 多岁的老太太仍在干

---

① 农村劳动力指农村常住居民家庭成员中有劳动能力并经常参加实际劳动的人员。农村劳动力是生产的基本要素指标之一，是发展生产增加农民家庭收入的重要源泉。按规定，农村男 18 周岁至 50 周岁、女 18 周岁至 45 周岁为整劳动力；男 16 周岁到 17 周岁、51 周岁到 60 周岁，女 16 周岁到 17 周岁、46 周岁至 55 周岁为半劳动力。农民家庭整、半劳动力，既包括在上述规定劳动年龄内和在劳动年龄以外有劳动能力并经常参加实际劳动的男女整、半劳动力，也包括农民家庭常住人员中属于职工的劳动力。但不包括在劳动年龄内已丧失劳动能力的人员。《未成年人保护法》及有关法规的规定，童工是指未满十六周岁的用工，未成年人是指未满十八周岁的人。设定童工的年龄界限是依据公民的行为能力的不同情形，《民法通则》第十一条规定 18 周岁以上的人是完全民事行为能力人，才是成年人。18 周岁以下的均属于未成年人。但 16 周岁以上不满 18 周岁的人，能以自己的劳动收入为主要生活来源的，视为完全民事行为能力的人。因此，法律上设定童工为不满 16 周岁的用工。任何企业事业单位、个体工商户如果招用未满十六周岁的未成年人从事劳动的，是招用童工性质，属于违法行为。这是国家法律对低龄未成年人的重点保护措施。

活。农民们说，年轻人手脚快，又有文化（多数初中毕业），喜欢城市生活，接受新东西快，适应性强，因此绝大多数外出。而过了50岁，外出打工赶不上年轻人，老板也不欢迎，但是干农活是好手：有经验，也有体力，对土地和农作物有感情（笔者接触的一些50多岁的老农，从小干农活，对种大棚蔬菜很有一套，菜长得漂亮，价格常常较高，还往往会被请到别人家去帮忙扎大棚。他很以此自豪，颇瞧不起那些技不如己者），这恰恰是年轻人所不及的。我们知道，种大棚蔬菜是李集农民收入中的基本来源之一。也正因如此，不但50多岁的农民会在农田中种菜，也有许多30多岁的青壮年在务农种菜。

（2）农民兼业的社会经济原因

农业与非农业兼业的就业方式，绝非偶然，在李集之所以成为绝大多数农户就业的基本形式，是农户们自然而然的选择结果，有其内在的客观规律。

其一，它是建立在强壮的青年、中年整劳力、年龄偏大的劳力、年龄较老但仍能干活的半劳力、妇女劳力的自发选择基础上的，而就业门路的多样化，又很好地促进了不同年龄、不同体力、不同性别的劳动力都有了利用和发挥优势的机会，并因此明显增加了农民收入。

其二，兼业与家庭成员的最佳配置及工作结构。多种兼业方式，又是每个家庭经济中劳动成员“最佳配置”的结果。据村资料，全村共有农户775户，其中3口以下者227户，占29%，70%以上为4口以上，其中5口以上者为293户，占4口以上户数的53%。加上对722户的调查，这似已可说明，李集一般家庭，多为父母、儿女和第三代人组成的主干家庭，年轻人外出工作，父母在家干农活，同时承担照顾第三代的任务，他们要为孙辈做饭、接送他们上学、照料生活。如果第二代在淮安市内或附近干活，往往是早出晚归，他们三顿饭中的两顿还要靠父母做。而如果年轻人自己独立成家，没有老人，他们孩子的生活照料就成了大问题，这时妇女就难以外出了。因此，兼业很好地实现了农民家庭成员之间在劳动力上的“最佳配置”：既能保持社会大变动中家庭的完整、和谐，又能发挥各成员的劳动效率，同时又有效实现家庭成员在年龄、性别上的互补。①

其三，兼业与农民家庭经营获取最佳保障功能与收益的目标直接相关。农户经营是以分散的家庭为单位的，尽管对外部环境的不利有顽强的忍耐力，

① 需要指出，在李集，有部分农户虽然在户口统计上是三代同堂，但实际老年人是与下一代分灶吃饭的，同时下一代也承担老人的必需生活费如口粮，而老人们也为子女照料第三代。

但无力抵御较大的风险。一旦市场或自然环境方面出现问题，他们孤立无援，可能会陷入灭顶之灾。因此，农民在日益卷入市场化的经济中以获取收益时，不能不充分考虑规避风险问题，并往往将此作为家庭经营的优先考虑目标。通过笔者以上对一些农民的访谈，已有了一定了解。

实行种田与获取非农业收益的兼业，实行种粮种菜与工资货币收入的兼业，是达到农户经营这一目标的有效也可能是唯一可行的途径。

正因为如此，李集农户的就业结构呈现高度的保障与盈利兼顾特征。不仅收入在普通水平的、占总数最多比例的农户是粮菜粮工兼营，就是收入最高档次者，如个体经营、固定工资收入、专业技术工资收入等户，无一例外都未完全放弃与种植粮食的兼业行为，实令人称奇。[①] 而在对一般农户的观察中，可以看到，农户实现这一兼业行为有其充分的家庭生产要素成本节约和发挥效益的基础，而不是以牺牲效率为代价：在实行家庭自我保障和稳定功能的粮食生产上，一般是由中壮年和有劳动能力的偏老年男性和中年妇女等进行，在农忙时（种、收）全家一起投入生产。在有风险，但生产条件可以由家庭操控、生产条件也较稳定的大棚蔬菜生产上，主要由壮年和年龄偏大的男性整劳力、妇女整劳力进行，而以男性中壮年为主。每年秋季的扎大棚、耕地、上底肥、栽植菜秧等大忙季节，也是全家一起干。而不确定性高、风险大的就业如外出打工，特别是需要技术的工种，由年轻人干。

从李集农户调查中可以发现，农户经营状况因家庭的生产要素即基本生产资料和劳动力的数量、质量不同而发生很大的差异，由此造成了农户之间收入水平的不同。

影响农民从业类型的因素主要有哪些呢？

家庭生产要素的数量与质量，是直接关系到农户从业类型的最大因素。

第一，生产资料的数量与质量：主要为土地数量、土壤性质、土地区位。粘性土壤（当地称之为黑土地）不宜种菜，只能种粮食，这类农户自失去了大棚蔬菜收益的可能。土地过于少，即便能够种菜和种植高收入的作物，但是数量不多，总收入仍然偏少。

在当前地少人多的总状况下，农村土地不能根据需要充分供应，尽管允许土地转包（出租），对于适宜种菜的良田，大多数农民是不愿放弃而转租他人的。愿意并且能够实行转租者，多为不依赖土地维生者，这使得少地的农

---

① 李集农户的兼业及相关的农民经营准则问题，尚需进一步深入讨论，本书不拟深论。

民难以凭借市场调节得到所需要的基本生产资料——土地。

第二，劳动力的数量与质量。在土地数量质量大体均等条件下，家庭劳动力的数量与家庭总人口的比例，对种植业产出有重要影响。例如，一家6口，两个小孩儿，两个老人，只有两个整劳力。与一家六口，两个小孩子，四个整劳力，显然家庭经济收入会有明显的不同。如果耕地面积相同，而且质量一样，都可以种菜，那么，前者会因为劳动力过少而不能够多种收益较高的大棚蔬菜，后者反之。如果土地面积不多，前者劳动力能够满足种大棚的需要，后者的多余强劳力就可以外出打工，获取工资收入。

劳动力的质量更有明显作用。年轻力壮又有一定专业技能的成员，较多的是外出获取较高工资，而年龄偏大，但是种田好手，可以在家拱棚。反之，虽然年轻，但无专业技能者，当他们外出打工时，只能干粗活，工资要少得多。而年龄偏大，又不精于大棚技术者，虽然可以在家务农，但蔬菜收入不会太高。

第三，农民“经营机制”及其对政府政策的应对。那么，李集农民的价值观念、价值取向、衡量标准和实现目标的做法如何？我们可以通过以下几例访谈略见一二。[①]

2006 年 11 月 9 号，访问项瑞良。

提出的问题：家里有 4 亩地，4 个整劳力，你觉得最好的安排是怎样？你会如何打算？

回答：安排两个人外出打工，挣的钱是纯收入。即便其中要自己拿伙食费，也可以从家里种植业收入中统一核算，不另外计算。另外安排两个人种地，种 2 亩大棚蔬菜，种 2 亩粮食。之所以如此是因为：种粮食风险最小、最稳定。如果全部种蔬菜，风险较大。第一，市场价格涨落不定。2000 年，因为前一年种辣椒挣了钱，农民大规模扩大种植面积，但结果辣椒价格大大下降，农民不得不把辣椒倒进大运河。第二，自然灾害风险大。可能会严重减产，例如风灾、大雪等。因此，尽管蔬菜大棚可能挣钱多，但一旦出现风险，可能把所有盈利亏损掉。但是蔬菜大棚一般挣的钱多，比种粮收益高两倍以上，是挣钱的最好办法，因此要分出土地种大棚。由于只剩两个整劳力了，在充分利用家庭劳动力、不雇用外人的情况下，只能种 2 亩大棚。种粮

① 恰亚诺夫“农户机制”在理论上原创性地论述了农业社会中的农民经济行为准则。本书通过对李集的实地调查对上述理论进行了一定程度的验证，认为当地农民在很大程度上是符合其理论的。

食，是因为稳定和风险最小。即便大棚不挣钱，但因为有了可以自给的粮食，就有了基本生活保障。2 亩地收的恰好足够四个整劳力的口粮。自给种田的好处之一，是可以根据需要，合理安排时间，而打工要完全由雇主支配。能够自己安排时间，就可以使农活、销售、家务事都得到高效率。

2006 年 11 月 11 日，与项瑞良谈。

笔者提出问题："农民既种田又打工，是否会影响农业产量?"回答："现在农民每户种田不多。多余劳动力打工，不会影响到农产量。因为农民打工是利用农闲时期，农业上无事可干，此时剩余劳动力对农业产量毫无作用。"问题二："将农田集中，将剩余劳动力全部转入打工，包括到外地打工，是否有利农业提高产量?"回答："现在剩余劳力到外地打工，家里剩下老幼人口，不一定影响产量，因为劳动力市场发展，可以随时雇人生产。"问题三："田都集中于种田大户，是否可能降低种田成本?"回答："（1）如果农业机械是自己的，比请别人要便宜。（2）种田大户购买化肥等农业生产资料，因为购买量大，价格可能会低。（3）种田大户对小型水利设施修建可能有利。但是，亩产量不一定高于个体农户的小块农田。"问题四："关于农民大量从粮食生产转向农副产品生产问题。"回答："农民不敢过多养猪以及进行其他商品性农业，因为市场风险大，没有保护价，一亏就受不了。稳定（有保障）是最主要的。"

2007 年 1 月 21 日。

乔加农：种麦子不上算，老是要坏，现在多数人不种麦了。口粮问题：一亩五分地种稻，我们全家口粮缺二至三个月。不能多种粮的原因是也要种大棚蔬菜，收入比较高。但不种粮也不行，心里不踏实。全小队每家都有田种粮食。

2007 年 11 月 16 日，访问张巨年。

前两年我家拱蔬菜大棚 16 ~ 17 亩地，现在不到 10 亩地。忙的时候还要喊帮工。前几年人工费低，现在高出很多。附近许庄的劳务市场，工资比较贵，原因就是大学城建设需要人，一下子就把工资提上去了。种菜规模太小不行，至少要十几亩地，才能有效益。但是地种得多必须雇人，人工费太贵，雇不起人，只能减小规模，以自己家劳动力为主。家里劳动力多的对提高收益十分重要。李云中家有 4 个劳动力，就可以扩大规模。听说在某某县，国家要搞一个样板，可以为每亩地大棚贷款五千元购买钢架，我想去大干一场，搞上十多亩二十多亩地。要扩大到四五十亩甚至更多完全可以，关键是没有资金。我个人根本贷不到款，这只有村书记、会计等与乡里信用社有关系的人才能找到一点儿。前几年，我曾经借过钱，每月利息要两分六、三分高利贷，为了保持信用，都必须按期还贷。有资金、有技术、会管理，种菜可以搞得好，比别人好。市场价格也很重要，主要取决于供求关系。卖的货品质好坏也非常重要。蔬菜上有外地比如北京的商人，会直接到我地头收购蔬菜。我的菜品质好特别是柿子椒光亮度好，原来一直有一位北京商人长期收购。关于种菜和种粮的关系问题：我在南洪子的那几个大棚，在夏季易受水灾，但我并不种粮，因为种粮要把棚子拆了，很麻烦，不上算。我现在这几个棚子，竹架子已经有些坏了，但我不换，我知道还能再凑合一年。现在这些大棚地都是租的，以前大约有四五家都租过。但都亏本了，我租了几年，不亏反而盈利。我会注意，何时施肥，施何种肥料，施用量多少。例如，我种的辣椒光泽度好，因选用适宜的良种。去年种丝瓜，别人都早早下市了，我家用了一点儿激素，一直结到天冷。我很注意新技术，大队开过不少会，大都空洞无物，但有一次请河南种辣椒的专家来讲课，我收益很大。

2007 年 11 月 22 日，访问几个农民。

提出的问题：如果家里有两个强劳力，4 亩地；可以打工、种粮、种菜，可以租地，不做限制，你会怎样安排?

回答如下。

李云有：选择种地，并且租地种，租 14～15 亩土地。不去打工。因为打工不是天天有工打，做不长。也不种粮，如果菜地生病了，就种植一季粮，再种菜。忙时候临时也可以雇人。

项瑞坤：地如果病了，可以种一季粮食，然后再种菜。

包正林：我家两个劳力，5 亩地。一亩多地种大棚，其他种露天蔬菜。忙的时候两人都在家忙。如果有空闲，我就外出打工，女人在家忙地里的菜。因为大棚需要技术，我们两个人都不太行。一年到头都是老婆卖菜。

李云中：我选择租地拱大棚。如果拱棚，两个人 4 亩地，外出打工就有限。最好是能租入六七亩地，多了忙不过来。如果有 4 个强劳力可以种十多亩地。现在不选择种粮食，因为没有收益，种粮要有收益，最少要 20 亩地。

李金洲：如果只有 4 亩地，有剩余劳动力，在剩余时间可以外出打工。是否扩大种植面积，要看蔬菜行情，以及租地租金的高低，否则有风险。如果种大棚只种一季，即种粮食然后再拱棚也好。我现在就是这样干的。如果土地多，粮食贵，多种些粮食上算。如果地少，还是长素菜。

李云中：因为粮食贵，菜就会更贵，还是种菜上算。我只有 1.1 亩的田种粮，是低田（会遭水灾不宜种蔬菜大棚），每年收一千多斤粮食。

张巨年：如果有可能，有资金补助，例如，每亩地补助五千元，我可以拱 20 亩大棚，雇三四个人。

李登华：我选择一部分地种菜蔬，一部分地种粮食。如果全部种菜，还要买粮食，粮食不经吃，过去粮食不够，买粮买怕了。我们 50 多岁了，打工赶不上别人，到了工地人家也不要。现在实际上，我女儿女婿在淮安被单厂打工，实际种 7.2 亩：3 亩地种大棚菜蔬，其他土地种植粮食。

从上述的访谈中可以分析出农民的两项经营准则：第一，最大努力地获取收益；第二，力避风险，尽可能妥善处理好收益预期与风险损失的关系，合理经营。

农户会根据自身不同的资金和生产资料情况、不同的劳动力数量和特点、不同的技术水平和生产特长进行不同的抉择。虽然抉择不同，但所遵循的准则是高度一致的。

从以上访谈还可以感到，农民家庭经济的行为准则是高度“理性”的，非常切合实际也非常有效，每个家庭，又会根据自己面临的实际情况变化加以调整。任何“经济学家”用某种数学计算工具和公式，也不可能导出某种放之四海而皆准的“公式”。农民会在家庭人口和家庭成员的体力、智力结构所决定的“家庭生产力”水平，在“成效最大化”（每个家庭的标准不一）和“成本最小化”原则下，根据千变万化的环境做出千变万化的应对，这就是我们所知道的“农民经济学”的一般原理。

而当农民失去可以自由决策的外部环境，如集体化时代，那么“农民经济学”将完全失效，农民也只能以最消极的怠工，去进行最低效的生产劳动。

（三）长期性的外部环境对李集村工农—城乡关系的影响

这里首先指土地、人口等对李集的影响。

尽管生产资料和劳动者的数量与质量决定了农民家庭经营状况，但很容易理解，最基本的生产资料——土地——的数量，是影响最大的因素。只要有了土地，不论其质量高低，农民才有进行生产的可能。而农民家庭的人口与劳动力的数量虽然十分重要，但它并非不可变，而是随着一定时期，各个家庭都会发生周期性变化[①]。劳动力的质量在很大程度上则属于农民家庭内部

① 详见恰亚诺夫的农户理论。

的可控因素。正因为如此，“土地是农民的命根子”才成为所有真正意义上的农民们的共识。[①]

1. 耕地与人口

1954～2007年李集土地情况如表16－11所示。

据表16－11，我们可以进一步了解，自1954年至1970年代，李集耕地面积相当稳定，维持不变。自1970年代初、中期，因为大兴农田水利和农田基本建设，开挖了排涝灌溉渠道，以及相应的农村道路，占用了一些农田。但这些工程明显有利于农业生产的稳定和提高。自1970年代至1987年以前，李集村耕地面积保持稳定在4492亩。1988年，耕地面积较上年减少181亩，原因待查。但总体看，在李集村的行政区域固定的1960年代，1964～1987年的24年中，该村耕地面积总共减少不过232亩，减少了5%左右。李集村耕地面积的明显减少是自1980年代末期开始的，自1990年代明显加速。1988～2007年的20年间，李集村共减少耕地面积1715亩，占1987年耕地面积总量的38.12%，不能不说，耕地减少数量之大、速度之快，是极其惊人的。

人均耕地迅速缩减。李集村的耕地面积在大量减少的同时，人口也在增长。特别是计划生育制度以前增长尤快。如表16－12所示。

2. 市场与价格

问题还在于，农民家庭经营的决定性因素除了家庭内部条件之外，还有他们所不能把握而又必须面对和依赖的外部因素，从农民的下述谈话中已明确显示出，外部因素如产品市场和资金市场，市场的不完全性，反过来一定会极大地影响农民的经营准则和行动计划的选择。[②] 只有深刻了解农民家庭内部和外部两方面的各种因素，才可能理解农民的行为，以及农民们面临的问题所在以及解决问题的可能出路，也才有可能了解我们当前社会经济的复杂性。

---

① 可以发现，农户从事的职业与收入并不完全构成显著相关关系。观察各村民小组，其中收入最高和最低者可能都属于同一个职业类型，比如，都是粮食—打工类。换句话说，虽均从事同一类型的兼业，但收入可能极不相同。这似可证明，农户从事何种类型职业，主要取决于他的家庭状况：人口、土地、资金、技术、社会关系等。对某个家庭适合者未必适合于他户。进一步似可悟出，对于亿万情况有别的中国农户，每一个农户都有可能会以最适合自己的“资源配置方式”去应对外部环境，包括其中的商品和市场关系。在个体农户经营仍然是农民生产生存的基本形式的状况下，认为可以某种单一模式使农民统一起来，统一致富，统一城市化、现代化，是一种多么幼稚的主观意识！

② 因此，许多人认为，解决“三农”问题的关键不在“三农”本身而在“三农”之外。

表 16－11　李集历年土地统计

单位：亩

年份	土地总面积及变动										说明
	农用地							非农用地			
	耕地面积					非耕地面积		居民点	房屋	水利、路	
	耕地面积	集体	个人								
			自留地	饲料地	小计	林地	水面养殖				
1954	5965										当时的李集、黄庄、项圩三村面积，相当于现李集村范围
1955	5828										
1956											
1957											
1960											
1961											
1962											
1963											
1964	4724	4392	247	85	332						因 1958 年调整土地，部分划归外队，故面积减少
1965											
1966	4724	4724	247	85	332						
1967											
1968											
1969											
1970											

续表

年份	土地总面积及变动										说明
	农用地							非农用地			
	耕地面积					非耕地面积		居民点	房屋	水利、路	
	耕地面积	集体	个人								
			自留地	饲料地	小计	林地	水面养殖				
1971											
1972											
1973											
1974											
1975											
1976											
1977											
1978											
1979											
1980											
1981											
1982											
1983											
1984	4495										
1985	4492	4162	330		330						
1986	4492										

续表

年份	土地总面积及变动										说明
	农用地							非农用地			
	耕地面积					非耕地面积		居民点	房屋	水利、路	
	耕地面积	集体	个人								
			自留地	饲料地	小计	林地	水面养殖				
1987	4492	4159	333		333						
1988	4311	3978									
1989											
1990											
1991											宁连高速公路征地 286 亩，包括非农业用地
1992											
1993											
1994											
1995											
1996											淮海南路工程征地 204 亩，包括非农业用地
1997											
1998		3952									
1999											立交桥征地 140 亩，包括非农业用地
2000	3728	3340									
2001											市农科所征地 490 亩，包括非农业用地

续表

年份	土地总面积及变动										说明
	农用地							非农用地			
	耕地面积					非耕地面积		居民点	房屋	水利、路	
	耕地面积	集体	个人								
			自留地	饲料地	小计	林地	水面养殖				
2002											
2003	3340										宿迁淮安高速公路征地 60 亩
2004											高校园区征地 120 亩
2005											
2006	2796?				532?	80	265	58		5	据 2006 年行政村调查表 全村土地总面积 4478 亩 耕地面积 2796 亩 承包地面积 2796 亩，自留地 532 亩，居民点 58 亩 第一轮承包面积 4036 亩 第二轮承包面积 3396 亩 二轮承包只有 4 个组 因农科所征地而调整
2007											西安外国语大学淮安分院征地 234 亩

注：2000 年耕地面积据当年 5 月统计，上报面积 3728 亩，二轮承包面积、实际面积、承包到户面积 3340 亩。水面面积 32 亩。

表 16－12　李集村人口变动与人均耕地面积统计

	年份	户数（户）	人口（人）	人均耕地面积（亩）
	1948 年前	280	1463	3.9
李集项圩黄庄三村（约相当于现李集村范围）	1954		1275	4.5
同上	1954 年底		1333	4.4
同上	1955	298	1459	3.9
李集/支胜高级社	1957 年下半年	401	1974	3.8
李集大队	1963		1794	2.82
	1964	420	1790	2.82
	1965			
	1966		1824	2.77
	1967			
	1968			
	1969			
	1970			
	1971		2131	
	1972			
	1973			
	1974			
	1975			
	1976			
	1977			
	1978			
	1979			
	1980			
	1981			
	1982			
李集村	1983			
	1984			
	1985	526		
	1986	527	2472	1.82

续表

	年份	户数（户）	人口（人）	人均耕地面积（亩）
李集村	1987			
	1988			
	1989	594		
	1990	651	2654	
	1991		2773	
	1992		2823	
	1993		2842	
	1994		2871	
	1995	682	2876	
	1996	719	2886	
	1997	725	2900	
	1998	725	2976	1. 32
	1999	720	3100	
	2000	698	2810	1. 32
	2001	710	2812	
	2002	750	3050	
	2003	750	3075	1. 09
	2004	750	3114	
	2005	750	3118	
	2006	777	3215	0. 87

蔬菜市场需求的不确定性。蔬菜大棚是李集农民收入的主要来源，在蔬菜的供给即生产种植方面，农民可以有一定的主动权和一定范围内的合理配置办法，但影响蔬菜生产的另一方面的关键因素是市场需求及价格的涨落，而这是农民们完全不能左右的。在和农民的交谈中，可以深切体会市场因素对农民的影响之大以及农民对此的无奈甚至恐惧、绝望的心态。

2007 年 1 月 7 号。与项瑞艮、刘宝今等谈话。

农民种哪些品种的菜，与时间、劳力、价格均有关系，比如种黄芽菜，时间长，不费人工，俗称懒菜。家庭劳力紧张者宜种，但是价格不高，现在种的人不多。辣椒，特别是秋辣椒，成熟了不必立即摘，农民种它，一方面可减轻集中劳动的时间紧张，另一方面可以适当等待市场价格，比如今天价格比较低，两三天甚至一周后可能高，因此这里秋季大量种植。小白菜从种到收，种植时间很短，又容易生虫，需要劳动力多。但是市场价格高，夏季好卖。四季豆一成熟就要立即摘取，耽误一天就老了。农民会根据家庭劳动力多少、资金多少、兼业情况、市场价格、技术掌握水平，选择种何种菜、是完全靠自己还是雇用人、如何搭配品种以及种植多少面积等。

2007 年 1 月 9 号，关于产品市场和蔬菜价格问题。

问题：种菜一年净收入多少？

回答者项瑞艮、项瑞民：不好说。今年菜价比去年跌了一半。同样的菜，昨天卖的价钱，今天可能一半都不到。没有保护价，就稳定不了，农民只能瞎碰。碰好了就能赚钱，碰不好就赔钱。常常是今年好，明年大家都种，价格就必然下跌。品种也不一样，在某些季节，某种菜贵，在另一季节这种菜却可能贱。

问题：为什么大家不去都种价格贵的菜？

回答：这要根据家庭劳动和时间的条件。有的菜贵，但是季节短，生长快，如果劳动力人工不够，就来不及收、卖。有的菜价格便宜，生长慢，时间长，劳动力少的人可以种得过来，但是赚钱少。农民都会根据自己家劳动力的多少，是否在时间上安排得过来，市场价格如何，雇人是否上算，等等，去选择蔬菜品种。即便雇人，也一定考虑成本，尽量用短工。

2007 年 11 月 7 号。

乔加民：我们卖菜只能卖批发，如果要零售，一是要专门市场柜台，二是他们有固定大客户，比如机关食堂。即使我们零售，也卖不了那么贵。而批零差价有时要差一倍。种什么菜完全要靠碰，现在种的菜，根本不知道明年什么行情，如梅豆（四季豆）去年二三角一斤，今年一元五角一斤。还有，就是季节差价甚至每天早晚差价明显。去年红辣椒一开始是 8 元、10 元一斤，我没赶上季节，只卖 3 元。这是因为我的地里积水，不能及时栽辣椒秧，就迟了。

乔加龙：菜场的固定摊位往往与一些大买主有固定关系，比如机关、学校、饭店等。固定关系的形成靠的是给买家回扣，如发票写的是 2 元/斤，实际是 1.8 元/斤，采购员从中得到好处。卖家逢年过节，给主顾送礼等，如此，卖者能保持稳定的大宗销路。这当然是我们菜农办不到的。同时，一家一户也不可能去租常年摊位。我们卖菜只能卖给批发商。他们大量收购，价格由他们说了算。菜紧张时，价格上涨，他们对菜要求很松，例如成色、价格给的宽。我们只要一到，菜立刻就卖掉。他们还会主动打电话要你送货。但菜一旦滞销，你就很难卖，有时在批发市场等上一天也卖不到好价，时间又耽误不起，只好贱卖。另外对你的菜挑三拣四，压价。

不过，有的批发商在长期收购过程中也会与菜农形成较为稳定的合作关系。尤其是在菜农的产品较好、质量稳定的情况下。例如张巨年，种的辣椒高人一筹，北京的批发商会直接到地头收购。如项瑞光、项瑞艮，会与批发商形成短期合同，按额定价格收购。

2007 年 11 月 12 日。

送粪小张：市场对猪在一定时期有一定要求：比如，太肥的猪不受欢迎，猪瘦、太小又卖不到钱；一定时期市场的要求也不一样，农民并不容易碰上恰恰适合于自己情况的好行情。去年小猪苗只卖七八毛钱一斤，还没人要，竟有农户把刚生的小猪扔了，要养大也是亏本，干脆不要了。现在母猪一头国家补 50 元，太少了，不管用。我收猪粪，都是从一家一户收来的，主要在运南闸等地，养猪户多。今年养猪大大减少，一天连一车猪粪都收不到。现在猪少，主要是猪病，医生看不好。农户都不养了。

从上述谈话中，可以看出如下几个农民十分关心、对农民生产影响很大、农民希望解决却无能为力的问题。

其一，蔬菜价格过于波动对生产者的影响。

价格波动是市场经济的基本特点，从理论上讲，这种波动既有利于消费者的多种选择，也指引着生产者去不断调整生产资源的配置，使生产符合市场的需求。不过，市场需求有效调节供给是一个理论化的甚至是被一些人迷信化的概念，在实际生活中，生产供给和市场需求处于极不相同的生产方式和社会条件之中，这会形成极不相同的供给与需求状态，对资源配置的范围、深度和影响力也大相悬殊。如果学究式的纸上谈兵，用某种公式去套用千变万化的实际，就要出大问题。例如，如果价格波动过于激烈和频繁，往往可能在某种程度上既不反映需求的基本要求，也不反映生产的基本面状况。尤其是生产的主体是广大分散的个体农户时，他们处于“信息不完全”的状况中，价格波动的幅度过大，显然会使他们遭受很大损失，并进而影响生产。如同淮安李集的情况，似乎带有全国一般状况的普遍性。在目前，广大农民不可能都各自配备电脑，通过互联网等现代设施去了解市场行情，在实际生活中，即便每户农民都拥有这样的设备和能力，也不可能去掌握某一个具体市场的、每天不同甚至一天之内随时变化的价格行情，更不用说农民能够把握几个月后甚至一年后某种蔬菜的行情。这就提出了在这种情况下市场机制的规律有否特殊性的问题，在这种情况下如何能够实现供给和需求的平衡问题，大量分散的农民生产者如何面对变化无常的市场进行生产和销售的问题。

其二，具体到淮安蔬菜批发市场的价格变化究竟是哪些因素引起？是一个很值得深入研究的问题。供应和需求固然是基本因素，但从农民的反映看，除此之外还有供销环节上的大问题，如批发商利用价格波动而上下其手，推波助澜，以谋求利润最大化。这是千千万万分散的小农户完全不能左右的。

其三，淮安蔬菜批发市场是一个不完全竞争型的市场，一些大批发商具有相当强的控制能力。

在买卖双方的力量对比中，批发商、经纪人占绝对优势。他们一方面与团体消费单位和外地大批发市场建立了特殊关系，从而确保了产品的大宗销路；另一方面又拥有雄厚资金，有能力抢购或暂缓收购市场中的巨额产品，这种大量抢购或缓购，足以影响到某一时段该市场的产品价格。尽管大商人的抢购或缓购在根本上要受供求关系的影响，但这种供求关系一方面已远远超出本地市场的范围，另一方面商人对市场的操控也一定会影响价格和供给。在蔬菜价格上涨时期，小农固然能增加收入，但大商人的获利幅度要大大超过小农。在蔬菜价格下跌时，小农则要承担损失的主要部分。① 而对广大小农而言，他们不可能每户直接在零售市场设立摊位，也没有时间终日在市场等待行情的有利时机，更不可能将蔬菜保存起来等候价格上涨时出售，而只能将蔬菜卖给批发商。

---

① 淮安市蔬菜批发市场有两个，一个是位于原老市区的市蔬菜批发市场，另一个是位于城南原郊区的五丰批发市场。后者由于新建立，与市内批发市场有尖锐矛盾而实际陷于停顿。对淮安蔬菜批发市场的经营和蔬菜价格的形成、商人与农户的交易行为等问题，需要专门深入研究，本书力不从心。但据最近的有关研究表明，该地的情况具有相当的普遍性。例如，农业部 2008 年 4 月发表的一项关于农产品价格的调研报告，其中有关油菜从田头到超市的内容中说："第一，市场价格波动的风险基本由农民承担。今年和去年相比，农民地头销售价相差 0.15 元，而产地批发商进销差价变化仅为 0.01 元、销地一级批发商进销差价变化仅为 0.04 元。由此可见，市场价格波动最先由农民来消化，而其他流通各环节进销差价相对稳定，市场价格变化中农民承担的风险最大。第二，农民在油菜产销利润分配中获利最少、耗时最长。油菜从生产到超市零售，全过程总利润为每斤 1.07 元，利润分配在生产过程中为 0.049 元，占总利润的 4.58%；经销过程中为 0.11 元，占总利润的 10.28%；超市零售过程中为 0.911 元，占总利润的 85.14%。且农民生产一茬油菜需要近 60 天时间，而零售商和批发商经营一批油菜仅需要 2～4 天。可见，农民在油菜产销利润分配中获利最少，耗费时间最长。"（大江网，2008 年 4 月 30 日）

3. 农产品、农业生产资料变化与工农业关系

据1995、2006、2007年对李集部分农民的访谈调查，经他们回忆，对若干年来的农用物资和粮食价格进行整理，如表16-13、表16-14、表16-15所示。

表16-13　李集地区农资价格变化

单位：元

年代	化肥			农药	
	尿素	复合肥	追肥氮	杀虫剂	锄草剂
	100斤	80斤（1袋）	100斤		
大集体	不足10元	5			
分田到户	30				
1982~1983					
1993		24			
1994	105	30~32			9.5~10
1995	120	40~50			11、14
2000	65	70~80			5.5滴滴味
2002					7.5滴滴味
2004					
2005					
2006	85~100	80~107~120	30~35	8~9	5
2007		140			

表16-14　农资价格变化

年代	农机使用费				农机购买费		柴油（斤）	农膜（斤）	电费	水费	麦种	稻种
	机耕麦亩	机耕稻亩	收割脱粒	机耙亩稻	拖拉机	旋耕机						
大集体					全套							
分田到户							0.14					
1982~1983												
1993							0.6~0.7	1.8~2.0				
1994												1.4~1.5

续表

年代	农机使用费				农机购买费		柴油（斤）	农膜（斤）	电费	水费	麦种	稻种
	机耕麦亩	机耕稻亩	收割脱粒	机耙亩稻	拖拉机	旋耕机						
1995								4.2				
2000	20	20	20	20	8000			3.6～4～6.2				
2002								4.5～5.5～6			1	1.5
2002												
2004												
2005												
2006	25	25	45～50	20		4000					1.2	1.8
2007							2.8～3.4	7～7.8				

表 16－15　李集粮食价格变化

单位：元/斤

年代	水稻	小麦	稻种	麦种
大集体	0.12			
分田				
1982～1983				
1993～1994			1.4～1.5	
1995	0.75	0.8		
2000				
2005	0.7	0.7		
2006	0.7	0.7	1.8；2.8	1.2；3～3.6
2007				

以上显示，从1993、1994年始，至2006、2007年止，对李集农民来说，复合肥上涨了400%，柴油上涨了380%，农用薄膜上涨了290%，而水稻与小麦价格反而在1995～2006年的12年中，不升反降。

4. 农业生产资料完全市场化的问题

种子的市场化种种。

据1995年调查，出售稻种的，有区种子站，也有私人。私人不要先付钱，等作物收获后再收钱。收买稻种，公家种子站将农民卖的种子价格压低，导致农民不愿将种子卖给公家，宁愿卖给私人。①

10 年之后，我们发现，生产资料完全市场化所暴露出的问题愈来愈引起农民的不安以至强烈不满。

2006 年 11 月 11 日。项瑞良谈“关于生产资料市场问题”：

现在农民买种子，根本不知道哪一种好。现在品种很多，不断变化，乱七八糟的，搞不清，完全盲目，只能买来看效果，或者随大流。但是各级农业科研部门是知道哪个品种好坏的，知道哪一个品种适合本地，知道应该向农民宣传指引哪个品种。但现在我们根本得不到农业部门的指导，它们和各个农资部门结合起来，只知道赚钱，只要能够卖掉，能赚钱，巴不得用各种名目、广告效应，甚至少数商人弄虚作假。对农业生产资料来说，第一是种子，第二是化肥，第三是农药。这三方面都对农产量有直接影响。如果不能保证质量，危害极大。但如果完全靠商人、市场，就无法真正惠农。种子名目繁多、效果不清，最好就是推广几种适于本地的，通过宣传让老百姓知道。化肥方面：在大集体时期，每包出厂价与供销社仅相差五角。现在同样的肥料在同一时期，价格可能差二元到四元。现在种麦时期已过，化肥价格每包（一百斤）下降了二元。从私人代替供销社时候开始，每年都如此。现在如果供销社掌握了大量农资，挂出牌价，私人就不能随便操纵价格了。

2007 年 11 月 11 日。一位化肥农药农资经销商：

现在化肥农药等生产资料价格，都是厂家定出厂价，再加批发价，再加零售价。国家完全不管，商人根据市场行情，确定价格和利润率，没有限制。

以上影响农村农户经营的几个方面，尽管很不完全，内容各异，但反映出一个共同问题。在市场交易、价格机制对生产和消费影响极大的社会经济中，尽管“市场机制”发挥出巨大作用，但是，由不同利益构成的经济行为主体的谈判、制衡对抗力量对于保护自身利益依然具有十分关键性的作用。它在很大程度上制约了价格信号的指导作用。而这种谈判力量除经济实力做后盾外，还需要政治上的、组织上的以至法律法规上的作用力参与。② 李集农民之所以只能被动消极地忍受所遇到的外部力量，显然是和以下状况有关的，即农民的个体分散性，没有形成自己的合作组织，没有生产领域、流通领域

① 1995 年 12 月 22 日，访乔家龙。

② 这是一个需要十分深入研究的问题。在实际生活中，完全由市场机制主宰一切的社会经济根本不存在，在以美国为首的最发达市场经济国家爆发的金融危机，最有力地说明了这一点。

从基层到地区到国家层级的组织，没有保护农民农户正当利益的组织上和政治上的机构、团体和代表。①

三　改革、建设与中国的现代化

（一）在现代化过程中，城乡—工农双方保持自身优势和特点，良性互动、相互补充而非一方“化”掉另一方，是符合中国国情的现代化

李集村城乡关系的特点是城市和农村、工业和农业之间由于不同的社会经济禀赋，产生出双方在人、财、物等方面强烈的需求和供给关系，体现为多种类、多要素之间的互动和互补：农村受到城市的强大经济辐射，农村也有自身的优势产业和产品输往城市；城乡相互影响的结果不是城市削弱农村或农村“化”成了城市，而是促进了农村、农业的发展，最终形成城市和农村的“双赢”。

我们应该再次强调，利益主体双方作用是影响城乡关系的基本因素。

资源互补型城乡关系在李集村的具体表现如下。

（1）李集的主要产业是蔬菜种植，农村供给城市必需的蔬菜后获取资金收入以继续生产，资金收入构成农户生活的主要现金来源。从事商品化蔬菜种植可以获得较高收益，这是形成李集城乡关系互动的物质基础。

（2）部分农村劳动力早出晚归，就地进城打工。

（3）农村家庭是城乡资源互补关系的社会基础和载体。其一，农民家庭根据年龄、体力、技能等的不同，择优选择务农或打工。适应新事物能力强的年轻力壮者，多进城打工。50 多岁有丰富的务农经验者在家种菜。其二，打工者早出晚归，住房在农村，吃饭主要靠承包土地的产出，农村、农业为其提供了基本生活保障，极大减轻了打工的成本。其三，每逢农忙，打工者暂时回乡务农，可以谋取农业和城市的双重收益，且可力避不确定的风险。其四，在家的老人可照顾年轻打工者的下一代。

（4）李集城乡关系的多样性体现为农民的多种兼业。李集农户总体上都

---

① 就全国范围来看，中国农民自古以来只能靠“好皇帝”替自己主持公道，但此种情况少之又少，除此之外，农民们从来没有办法保护自己——最后只能铤而走险。

是农业与非农业的兼业结合，从农村和城市两方面获取谋生资源，相互补充。这是该地城乡—工农关系良性互动的结果。应该看到，农民的家庭生产资料——耕地的保有，家庭经营机制的发挥，农民自主择业和城乡经济要素的流动，构成了李集城乡关系的基础。

李集在新中国成立后60多年的发展历程告诉我们，实现城乡关系的良性互动是有严格的条件和前提的，这就是政府经济政策的正确、市场机制的改良和农村社会经济的建设。这三方面相互补充、相互依赖、缺一不可，以下分别简述之。

1. 政府改革

李集城乡关系最为良好阶段的实现，是政府纠正长期实行的错误的工农—城乡关系政策，扭转了牺牲农村农民发展工业城市的做法的结果，是恢复农民的自主权，同时城市经济也通过纠正片面僵化的指令性计划，尊重市场价值规律的结果。这很有力地说明，在中国现代化建设的过程中，政府正确政策的极端重要，同时也说明为了在最大限度上保障政策的正确性，应该从健全机制方面对政府进行改革。这种改革至少有两个方面：一是加强正确认识中国经济发展的基本规律和特点，二是力除政府成为利益集团之弊。

李集发生的强行征地事件，说明政府改革的重要性和迫切性。

2. 市场机制改革

我们已经知道了李集农民在出售粮食、菜蔬和购买化肥和其他工业性生产品方面所遇到的困难和问题。这些困难和问题反映出多方面的农民家庭经济和农民自身无法解决的外部“市场”机制带来的问题，其中有如何进一步认识现有国情中的市场机制问题，在市场机制“不完善”（或不健全）环境下政府的作用问题，如何处理中国现有国情制约下的工业和农产品比价问题，如何解决市场经济中的“买方市场”和“卖方市场”的寡头操纵问题，如何处理市场本身不完善和市场需要监管问题，等等。仅就李集农民的反映，还远不足提出对这些问题的成熟思考意见，但这些问题至少提醒人们，在实际生活中，并不存在理论上的能解决所有经济问题的市场经济万能方案。不能迷信市场能解决一切问题。需要对中国现有的实施了几十年的市场经济的各个方面加以极深入的调查研究，甚至应对中国在历史上出现了数千年的商品经济的变动特点加以联系，总结经验，提出思考，才可能有益于中国经济的健康成长。

至少，李集农民与市场打交道的经历，提出了改革现有“市场机制”的必要性和紧迫性。

3. 农村建设

李集情况表明：1980 年代初期所实行的个体经营承包制使农民有了经营自主权和劳动收益权并极大提高了农民生活水平和农村整体经济水平，但这并不能有效保障农民可以得到其可能获得的收益，不能保证农民和农村经济持续健康发展。原因如下。①农民不能和影响农业生产的日益重要的外部因素，如农用物资供给部门和供应商方面，与之进行平等对话和交往，不能在自己利益受损失时做出有利和合理的谈判行为，以至于没有基本平等的话语权，完全丧失与强势集团对话的条件。②农村经济生产在集体制度瓦解后，个体经济无法解决超出承包范围土地的水利、治虫等一系列重大问题，这些问题是搞好农业生产所必需的。③农民更不可能去对抗直接破坏、掠夺他们的生存保障——土地——的权势集团。

这一切，都与农民没有维护自身利益的团体和组织直接相关。

李集的历史充分表明，缺乏农民维护自身权益的组织团体，是影响新中国成立后 70 多年来当地社会经济发展的根本因素之一。

第一，因为缺乏这种农民组织，就不能纠正“政府失灵”对包括农村经济在内的全国经济带来的灾难（“政府失灵”是市场经济中的用语，在这里并不能准确概括政府错误的本质属性）。从李集 60 多年的历史实际看，政府政策可能符合客观实际和农民利益，起到对当地农民有利的影响，例如，互助组和联产承包责任制的实行。但政府及其政策也可能不符合客观实际和农民利益。不论其主观动机如何，客观上直接违背了人民的意愿，造成很坏的后果——对农民生活、农村经济和农业生产发展的破坏的现象，过去发生过，现在仍在发生。正是由于缺乏有效代表农民利益的组织的作用，当政策错误时，或者执行中有严重问题时，就不能有效地、及时地得到纠正（假设中央政府对农民有维护其利益的良好意愿并愿意纠正自己的政策错误。假如政府能直接受到来自农民群众的不满压力，受到各级农民组织对问题的充分阐述，并因此感受到问题错误之大，就有可能去有效纠错，并有可能收到政府与民间相互补充、共同纠错的互动效果）。

第二，在市场经济中的个体经营，由于缺乏农民维护权益的组织，也不能解决日常生产和生活中必须解决的问题，更不可能与权势集团抗衡。

建立农民有效捍卫自己合理合法权益的民间组织，绝非易事。①需要国家法律支撑，确保该类组织的合法性，使它们能在与各级政府特别是基层政府的违法行为（最突出的如乱占耕地）做斗争时，有法律保护。这涉及政治改革和国家法令修正等。②需要经济方面全国性的统筹安排。缺乏经济实力的支撑，是农民弱势的基本原因。要加强农民的经济实力，仅靠农业和种植粮食是不行的，需要工业与农业相结合，将原来属于农民的部分工业利润重新归于农民，特别是农户经济。农民有了自身雄厚的经济实力，就可以依托农村、土地、家庭工业和副业，从而大大增加了与城市、工业、强势集团对话的力量。农民就可以靠自身的力量解决就业问题，由此，就会从根本上破解或大大减轻当前的只有城市和城市化才能解决就业和经济发展这一个困扰我国经济的健康发展重大理论误区，从而，从国家角度上，既有利于解决长久以来重工业重城市而轻农业的种种行为，也对那些自以为国家经济的发展“非我莫属”并以此为借口肆无忌惮掠夺农民农村的利益集团以沉重打击。③社会结构和组织变革。首先，在古代社会，乡绅有可能在局部农村和贫困农民发生问题的尖锐化时予以一定程度的化解，但这多局限于地域和血缘范围内。其次，中国共产党在土地革命中为发动农民，建立了农会、妇女会、互助组等农民自己的组织，但是它的背景是服从于革命战争，是获取兵员和农民的支持，是坚决执行打击乃至消灭地主等阶级斗争的政策的结果，并不具有让农民在长期和平建设环境中为了自身利益而建立自己组织的长远意义和目标（至少在历史实际进行的过程中，至今我们没有发现这种组织的广泛存在并产生了一定影响）。最后，在近代以来，农村建设改良运动曾有过一定的发展，这个运动企图从提高农民生存能力、改造农村结构和农民自身组织方面下功夫，取得了某些成效。但是因为施行范围小，且因抗战中断而时间过短，没有产生全局性的作用。因此，如何在中国现代化的过程中，建立和形成保障农民根本权益的农民自己的组织团体，建立从基层乡村到乡镇、县区、省市，以至全国的各级组织，在政治、经济、社会、文化教育和医疗卫生方面都能依据国家的相关法规来保障农民的基本权益等问题，从未能得以解决甚至从未被真正提出过。这是极其重要也是极其急迫的大问题。现在已有相当部分学者和社会活动家、民间组织在进行这方面的工作，并取得极为不易的成效。但是应该说，这个大问题现在才刚开始破题。[1]

---

[1] 本书无能力也不奢望提出如何解决农民权益保障组织的有效灵丹妙药（笔者认为，恐怕根本不存在能解决农民各种问题的灵丹妙药）。但毫无疑问，建立农民自己的权益保障组织，是事关全局的大问题，建立权益保障组织需要我们借鉴前人的有关一切思想、经验和智慧，更需要从实践中进行艰苦的探索。本书只是从一个村的历史发展过程中去尽量认识该问题的重要性。望与全国有识之士共同努力。

（二）对农民失地的进一步思考

调查及问卷已明确显示，李集农民对失去土地的最大担忧，是失地直接威胁到他们的收入乃至生存保障。失地农民面临的，还远远不止自己这一代，而且是子孙后代的稳定就业和生存保障。从调查和研究者的角度分析，在农民们巨大的担忧背后，隐含着一系列更深层次的问题。

1. 应高度重视农民家庭经济的效率、对全国就业问题的贡献、对全国社会经济基础的影响问题

从前面对李集农户的年龄、家庭结构与兼业形式的分析中，已说明：总体而言，当地农民能够针对各个家庭的不同人口、年龄与劳动力的数量素质条件，根据自己的具体条件，尽可能做出规避风险和争取利益平衡的抉择和行为。这种行为具有如下三方面的影响。

其一，农户自身，可以实现以低成本生产和获取收入。可以最大限度地安排和优化家庭劳动力的生产和兼业。可以通过多种兼业，力争解决好家庭的完整、协调和社会保障问题。

其二，对社会而言，由于我国农民人数的庞大和城市化的局限，必须充分考虑在相当长的时期内，解决“在城市化、工业化难以吸尽农村人口前提下的现代化道路”问题。农民保有土地和农户经济，实行兼业和多种经营，在极大程度上可能就地消化大量人口的就业，可能有效避免当前日趋严重的农民外出造成的家庭和农村解体等社会问题，并可能缓解国家难以包干的社会保障问题。

其三，基本农田大量损失对国家社会形成极大损害以及自然生态的破坏。粮食安全问题；粮价、蔬菜价格、副食品价格及整体物价上涨；土地是不可再生资源。

2. 李集农民失地，反映出我国现行法律和政治体制的重大缺陷

李集农民失去土地的过程反映了我国体制、法律、政治缺陷。国家的政治体制和法律，不能阻止地方政府和基层政权的私利膨胀。他们为了各种既得利益、权力和金钱的扩张，可以完全在堂而皇之符合国家、党的政策名义下，实行破坏党纪国法之实。该市对城市规划、土地的屡次修改和在开发的名义下大肆侵占农田就是最好的证明。

3. 体制改革的迫切性与建设的长期性

李集很可能被城市化。当地农民很可能因失去土地而丧失主要的生活来源和长久的社会保障。但愿这不至成为全国的普遍现象。如何避免？出路何在？

从造成李集农民失地的原因来分析。①对地方政府的制约：政绩的评价与考核——政府本身的改革；对权力的监督与罢免权，一方面，法律与执法，另一方面，民主权利的形成。②国家根本大法的缺失：如何保障占国家人口主体和经济基础的农民的权益？重要的是允许并且必须建立农民维护合法权益的组织，保障合法维权的行动行为。③农民维护正当权益的组织缺失，因而不能应对“政府失灵”。④市场经济、新的成员关系和现代经济社会的变化，在某些方面为农民建立起自己的利益组织创造了条件。这些有利条件或必要前提是：市场环境下，农民只有建立经济社会功能的合作组织，才能逐渐形成政治功能。

这种组织的建立过程，一方面，必须有政府的相应革新，这是“改革”；另一方面，是一个渐进的长期过程，这是“建设”，难以毕其功于一役。

第十七章　诸暨现象与农户经营

一　基本认识与问题的提出

（1）中国自古以来就有城市与乡村的区分。在漫长的古代封建社会中，可以观察到两种类型的城乡关系。一种是存在时间和数量上都居于绝对统治地位的城乡关系，即城市以盘剥、牺牲、破坏农村利益而繁荣自己。城市消费和发展的物质基础是地租和赋税。这类城市，是政治中心和军事中心，或者可能是商业中心，但不是生产中心（尽管可能会有为城市居民服务的手工业存在）。它的发展建立在农村农民向城市提供剩余产品的物质基础上。一旦城市的索求超出了农民的负担能力，必定会引发天下大乱。这是一种城市利益与农村利益相互背离的城乡关系。另一种，是以长江三角洲为代表，自明清以来大量出现的工商业市镇。这类市镇是围绕和利用农村经济的发展而形成和壮大的，主要得益于周边地区农村的农业和家庭手工业经济，如蚕桑业、丝织业、棉纺织业、粮食种植业的发展，因而产生了为农村产业服务的商业、农产品加工业并随之发展而壮大自身，进一步发展为城市服务业，如饮食业、交通业、旅馆业、金融业等。其大者，尽管在行政建制上是镇，却可在人口规模和经济总量特别是区域经济的重要性上超过县城。这类“小城镇”的发展和繁荣，从根本上是依赖于农村经济、依赖于农业和农家工副业的。这种城乡关系，可以说是城市乡村互补互动，二者“一荣俱荣，一损俱损”。

中国古代社会之所以会形成上述两类城乡关系是历史上的国情决定的。

中国的生态环境使得农业是全国经济的基础。农民家庭经营是中国数千年传统社会经济的基本组织形式。如果把中国传统社会经济比拟为一个有机体，农户经营就是有机体中的细胞。农民家庭经营的主要特点是农业与工副业相结合。城市以及脱离农业的手工业和商业的规模，决定于农业所能提供的剩余产品，而不可能像现代工业社会，靠工商业和城市的发展来为农民提供“非农”谋生机会。但是农民仅靠小块土地维持的农业难以生存。因此，农业与家庭工副业是农户生存的两条腿，二者缺一不可。农业与工副业相结合的经营模式长达数千年仍稳如泰山，甚至被某些学者称为“超级稳定结构”，原因正在于费孝通所说，中国经济的基本特点就是“地少人多，农工相辅”。也正因为如此，中国城市和非农业的发展首先在数量上既要取决于农业中粮食产量剩余产品的多少，也要取决于农村手工业产品自我消费量的多少①，还要取决于农民劳动力是否能保证农忙时期的充分供给②。这些基本条件若不能满足，农村和农民必难以维生，城市和非农业也就无从存在。这正是农业社会基本经济规律的体现。

（2）在所谓“传统社会向现代社会转换”的历史变革中，自鸦片战争至1949年的“近代”阶段，中国经济、社会发生了巨变。资本列强的大工业产品包括生活资料和生产资料，与资本主义生产方式涌进中国，一统天下的农业与手工业密切结合的经济结构受到强烈冲击，古代的城乡关系也在内涵上发生重要变化。

近代中国出现了现代工业—城市经济与传统农村—农户经济两种不同的经济结构。但是，这看似截然对立、此消彼长的“二元经济结构”之间，实际存在着两种相互关系。一种是相互对立、你生我灭的关系，另一种则是相互依存、互补共生的关系。这两种关系是中国历史上两类城乡关系在新历史条件下变化发展而形成的。它既有中国历史和国情固有的因素在起作用，又受新时代新因素的强烈影响。

正是因为存在着两种不同的城乡—工农业关系，所以如果尊重历史事实，认真观察从鸦片战争至1949年的百余年历史变化，可以得出如下结论。

第一，工业化城市化的速度和规模并非越快越大就越好、就越有利于中国的“现代化”，这要严格取决于全国经济的稳定、协调和可持续发展的可能性，而全局稳定协调的基础又依赖于现代经济部门与传统经济部门，即工业

① 农民自给自足产品的量越多，对城市和专业生产同类产品的数量需求越少。

② 在“农业社会”中城市规模受农业与粮食产量的制约是各国的普遍现象，但形成在大一统国家之下，土地可以买卖、农工副业结合、以家庭经营为生产组织并延续数千年，却是西欧诸国所未见。

与农业、城市与乡村的良性协调关系。

所谓城乡经济和工农业部门的良性关系是指：工业和城市经济对农业农村和农户经济的影响，是建设性的还是破坏性的，是有利于解决农村农民的问题（如贫困、落后问题，而在现代经济出现前，仅靠农村自身因素很难解决），还是加剧农村农民的问题。它包括以下几点。其一，工业和城市的发展，在多大程度上吸收农民变为工人和市民？其二，如果在相当长的历史时期内，工业和城市不能做到将大多数农民变为市民，不能实现农村城市化，那么，现代非农部门的发展和扩充，是在一定程度上会有利于农村和农户经济的发展和繁荣（如在农业生产上推广现代科技力量，如在产业结构上有利于农业种植业和农村工业、多种经营的发展，如有助于农村剩余劳动力的出路，等等），还是相反？其三，从全国范围看，工业—城市的发展是否有利于国民经济整体的协调、稳定发展？

第二，中国早期现代化的历史已经充分证明，中国的现代工业和现代经济虽然在某种程度上可以认为是从国外移植而来，但在中国的成长发育离不开本土因素，离不开农村农业和农户经济的滋养。可以十分肯定地说，凡是农业农村经济发生问题的年代，一定会对包括现代工业、商业和金融业在内的现代部门产生极其不利的影响。从经济运行规律的分析中这很好理解：现代经济部门会对中国的现代化过程发生巨大影响，传统经济部门和因素也会发挥巨大影响。这同时发生的两种影响绝非简单的此消彼长，而是在相互影响中双方都发生变化，诸种影响、变化的范围、力度、性质和方向，最终是由国情决定的。

（3）在新中国成立后至当前的经济社会变动过程中，经过 1956 年的合作化和 1958 年的人民公社化，农户经营被取消。至 1980 年代初，公社解体，在家庭联产承包责任制中农户经营再次成为农业经营的主要形式。之后，农村工业化勃生，城市化浪潮汹涌，大量农民向工业和城市转移。其中，农民既离土又离乡的“城市化”被认为是中国现代化必由之路。一方面，数以亿计的农民从农业和农村中“转移”出去，缓解了农村中的剩余劳动力，增加了农民家庭的经济收入；另一方面，出现了如下现象和问题。

第一，所“转移”的农民在很大程度上是靠基本建设投资（如城市市政建设、房地产楼盘、公路等）拉动的。这种投资能否“可持续”颇有疑问，“转移”是否成功也很难确定。

第二，工业和城市化吸收农民的速度和效果愈来愈差，而所谓“转移”的农民并非永久性脱离了农村，其中很大部分是临时性的，又远未和农村割断关系。

一旦城市和基本建设不再需要，他们的基本退路将是何方？这是一个极大的问题 。

第三，城市本身就业相当困难，问题严重。

第四，城市化的成本愈来愈高。经济高速发展对资源、环境形成极大压力。如此形式的城市化难以持续。

第五，十三亿多人口的中国必须靠自己解决吃饭问题，其物质保障是耕地和农业、粮食生产。如果连自己都养活不了，奢谈现代化又有何意义？现代化绝不能够将中国最基本的生存条件都“化为乌有”。但人口还要继续增长，而土地、耕地面积愈益减少。农民转向城市的同时，农村的土地、人才、资金也在大量流失。现有的片面工业化和城市化，在一些方面和相当程度上是以牺牲和破坏农村经济和农民利益为代价的。正因为如此，我国的城市化、非农化已经加速进行了数十年，但“三农”领域中的许多问题，并没有因此而明显好转，相反，似乎有愈演愈烈的味道。今天，解决“三农”问题，已成为全党全国一切工作的重中之重。“三农”问题不是个别而是全局和全国性的，不是明显缓解而是趋于严重，这说明迄今为止，农业和农村经济、农民群体在整体上似乎并未随着工业化、城市化离现代化更近，而是愈来愈远了。

对农民的前景而言，这意味着双重困扰：脱离农业和农村的机会愈来愈艰难，而留在农村从事农业生产的前景也愈来愈艰难。

而已经进行的转移过程，其后果也绝非与中国“现代化程度”完全正相关。在充分估价它的积极作用的同时，也要清醒和客观地看到它的高昂代价和对“三农”的负面影响。[①] 联系历史，今天的“三农”问题，在根本上仍然严格受到延续数千年的固有经济规律的制约：城市和工商业，并不具备足够的力量解决众多人口的生存和就业问题，中国仍将有数以亿计的人口生活在农村，从事农业。而农业和粮食生产仍然是中国国民经济和人民生活的基础和基本保障。

如果我们承认以上的认识基本符合实际，那么我们考虑问题，就应从根

---

① 对于城市化要付出的高代价问题，国内经济学界主流（特别是主张城市化者）讨论得很少。对比之下，一些国外学者倒高度重视。也大力主张中国通过城市化、工业化实现现代化的前美国芝加哥大学经济系主任、美国农业经济学会会长 D. 盖尔·约翰逊在 2001 年就提出，如果中国城镇要安排 4.5 亿个非农职位，仅新建住房就需要 1.75 亿间，建房成本 42000 亿元。他认为需要考虑替代性解决方案：城镇化的新就业机会应该安排在大多数就业者可以每天乘车上班的距离之内（〔美〕D. 盖尔·约翰逊：《经济发展中的农业、农村、农民问题》，林毅夫、赵耀辉编译，商务印书馆，2004），即“转移者”原则上应居住在原农村，实行“就近”城镇化。他的方案虽未必合适，但其出发点值得国人高度注重。

本上反思、质疑以西方国家经验为背景形成的“经典”经济发展观对中国的“借鉴”意义，其一，传统部门与现代化绝不相容。传统农业特别是如同中国的以家庭经营为基础的小农经济，是落后、停滞和无效率的，是现代化的阻力和障碍。传统与现代部门是对立排斥关系。其一，经济发展的过程是现代产业部门不断壮大和传统产业部门不断缩小和被消灭的过程。同时，经济发展的过程必然是现代部门大量吸收传统部门的剩余劳动力过程，当现代工业的发展吸收完传统农业和农村中的多余劳动力时，整体经济就最终从“二元”变为现代化的“一元”，经济的现代化得以实现。

问题恰恰在于，中国的国情使它不可能像西方国家那样，主要靠现代工商业和城市单一力量的拉动走向现代化。中国不具备西方国家开展现代化的国内条件和国际背景。

由此形成的理论逻辑是：必须考虑走一条符合国情的中国式道路，即要靠传统部门和现代部门双方的共同努力和相互帮助实现现代化。

接下来是如何实现传统与现代部门、工业与农业、城市与乡村的互动与互补？这是一厢情愿的理论推导，是人们的主观意愿，还是有实际生活的依据？

我们的思路是：检视、研究中国的历史经验和当前的实践经验，从实际生活中进行实证。中国在受到西方资本主义经济影响后的百余年变化过程中，现代经济与传统经济的关系如何？是否有值得注意的建立在工农—城乡切身利益基础上的互补互动的经验？这种良性互动关系在整个中国的早期现代化中效果如何？[①] 在经历了数十年的计划经济后，现实生活中的情况又如何？

这就是我们到诸暨调查的初衷。

二 产业集群与农民家庭生产

（一）浙江产业集群概貌[②]

在浙江，产业集群曾被俗称为“块状经济”。大致指同一产业上下游产品

---

① 关于中国近代历史中的工农—城乡关系，我们多年来一直在进行研究，已经有了一些成果，如《长江三角洲近代大工业与小农经济》《关于中国经济的二元和三元结构问题》。但局限于历史领域。

② 产业集群的概念，约在 20 世纪 70 年代被提出，90 年代，成为国际学术界在区域发展、产业组织、中小企业研究领域的焦点之一，如意大利的传统产业集群、美国硅谷信息产业集群等。盛世豪、郑燕伟：《“浙江现象”——产业集群与区域经济发展》，清华大学出版社，2004，中心是论述产业集群在浙江经济发展中的作用问题。

的相关生产厂家在一定地理空间的集聚现象。众多企业聚集在同一地域，生产同类或相关产品，企业规模以中小企业为主，年产值上亿元的产业区，被定义为“块状经济”。块状经济在浙江省内“四处开花”，使之成了当前浙江经济中最明显而又最具特色的一大现象。据国家统计局对532种主要工业产品的调查，浙江有56种由块状产业发展起来的特色产品产量在全国位居第一，而居前十位的浙江块状产业还有336种。到2001年为止，浙江的88个县市区已有85个形成了块状经济，其中产业超亿元的就有519个，在这519个区块中，产值10亿~50亿元的有118个，产值50亿~100亿元的有26个，超过100亿元的有3个。而在这500多个大型区块中，有52个区域专业产品的国内市场占有率都在30%以上。

到2002年，已有绍兴县（今绍兴市）的轻纺、温州市的皮革、乐清柳市的低压电器、苍南龙港的印刷业4个大块经济的年产值超过100亿元。2002年，浙江全省块状经济总产值为5993亿元，已占到全省工业总产值的49%，5年间块状经济在工业总值中的比例提升了12个百分点；全省块状经济共涉及175个大小行业，比1997年增加了65个；涉及企业23.7万家，比1997年增加10.7万家。这说明块状经济的快速发展已成为浙江经济一股不可忽视的力量。目前全省已有1/3的县市区的块状经济产值都占到工业总产值的50%以上，其中占到50%~70%的有10个，占到70%~90%的有12个，比例最高的萧山和苍南分别占到91.5%和93%。而今，义乌的小商品、海宁的皮革、嘉善的木材、嵊州的领带、浦江的水晶、绍兴的轻纺、玉环的阀门、平湖的服装、台州的摩托车和缝纫机以及温州的鞋、皮革、防风打火机、剃须刀、眼镜等这些县市型的块状经济，都形成了一个全国之最或世界之最。同时，在乐清柳市的低压电器、虹桥的电子元件、桐庐分水的制笔、桐乡濮院的羊毛衫、上虞崧厦的伞业、永嘉桥头的纽扣、平阳萧江的塑编、慈溪周巷的副食品、湖州织里的童装、诸暨山下湖的珍珠等镇域性的块状产地，也都成为一个个全国之最或世界之最。

具体到诸暨，目前已形成纺织、袜业、五金管业、贡缎、服装、珍珠、制鞋、螺帽、弹簧、充电灯、包装材料、建材、绣花13大块状产业，2002年全市工业总值近600亿元，其中83.6%来自块状经济。目前市区的环保产业、店口镇的小五金、枫桥镇的衬衫、山下湖镇的珍珠、大唐的袜业、应店街镇与陶朱街道的贡缎、浣东街道的电脑绣花、次坞镇的纸箱、直埠镇的保暖鞋、牌头镇的蚊香、草塔镇的弹簧都形成了一定的规模，许多还在国际、国内行业领域占着举足轻重的地位。

产业集群（块状经济）在诸暨经济中占有特殊重要地位。2003 年，全市块状经济完成工业产值 698.49 亿元，占全市工业总产值的 85.9%。农民人均纯收入的 70%、城乡居民储蓄存款的 58%、财政收入的 59% 来自块状经济。其中大唐袜业、店口五金、枫桥服装、山下湖珍珠、织布业五大重点块状是全国重点制造业基地，2003 年，五大重点块状实现工业产值 487.49 亿元，占全市工业产值的 59.9%。如大唐袜业生产袜子 88.03 亿双，产值 139.66 亿元，占全国产量的 65%、全世界产量的 35%，2003 年建成的大唐轻纺袜业城集轻纺原料、袜子、袜机、联托运及会展、旅游购物于一体，成交额达 70 亿元，跻身浙江省十大集贸市场行列。织布业中的三都贡缎生产贡缎 15.11 亿米，产值 91.83 亿元，占全国产量的 80%、非洲市场的 95%。枫桥纺织服装业产值 49.40 亿元。山下湖淡水珍珠及珍珠制品产值 30.42 亿元，产量 350 吨，占全国产量的 35%、全世界产量的 30%；山下湖珍珠市场交易量占全国的 90%、全世界的 30%。店口五金工业产值达 176.18 亿元，其中铝塑复合管件产值 48.13 亿元，占全国的 70%。

包括诸暨在内的浙江块状经济特点如下。①众多中小型企业通过分工和协作，生产同类产品或上下游产品，或供给原料，或产品配套，而不是由少数巨型企业从原料、零配件开始直到最终成品完全由自己完成。②主要产品是日常生活消费品、小商品以及部分五金、机械、化工、建材等劳动密集产品。③产量大，品种多，常常在国内、国际市场占有较大份额。④成本低，价格便宜，市场竞争力强。

以上关于浙江块状经济的特点，已得到对该地产业集群研究的学者们和当地各方面的确认。但对于我们而言，仍然有问题要问：为什么会形成产业集群现象？产业集群的各种特点是如何形成的？为什么浙江产业集群发展得良好且迅速？这和当地的历史和现状有联系吗？和我国的国情有联系吗？

作为调查者，我们一边调查，一边思考。初步觉察到，至少对诸暨来说，产业集群还有一个值得高度注意的特点，即它是与农村、农民家庭经营连在一起的。诸暨的几个著名产业的产生，其源头和根基都是农村和农民家庭工业，其发展壮大也都离不开农民家庭经营。

我们的问题是：在现代化程度极大提升和市场竞争原则无处不存的 21 世纪的今天，作为现代工业生产最先进的形式之一——产业集群为什么竟然与最传统的农民家庭生产相结合？为什么会产生这种现象？它自身有哪些特征？

它是偶然的还是必然的？和当代社会经济的运行规律有何关联？它对工农—城乡关系的影响如何？

我们首先需要了解一下诸暨织布业的起源和发展历程。

（二）从三都镇到五泄镇吴家塔——诸暨贡缎业的产生与发展

浙江是从1989年前后向非洲出口贡缎的。诸暨贡缎（提花布）是从绍兴方面传过来的。当时本地只有2家工厂生产提花布。

从产生、发展到2007年，诸暨贡缎在波折起伏中发展。

自1980年代早期至90年代初。这是三都贡缎开始兴起、发展到第一个高峰时期。

包括诸暨在内的浙江杭嘉湖地区，早有农村家庭从事蚕桑业和织绸的历史传统。在集体化时期许多农村地区也已有集体所有制的织绸工厂。三都镇是诸暨农村家庭纺织业较集中地区之一。三都农民家庭纺织业的兴起，与农村体制改革与市场需求扩大有直接关系。在人民公社解体后的1980年代初期，不少农民已在进行家庭纺织工业，产品根据市场需求，有真丝、人造丝和棉制品。但当时规模很小，每家一般一张机者为多。1983～1984年，贡缎（提花布）在市场上开始走俏，绍兴有人来三都收购提花白坯布，从而刺激了当地贡缎生产的大发展。早期，镇大街马路边有个菜市场，收布者就背个包在市场边收布，付现钱。后来人们见到收布有利可图，营此者渐多，形成小贩收布。在三都收布渐成规模后，约有4家“坐商单位”，其中一家本地印染厂，一家绍兴印染厂，它们收布后进行印染加工，再卖到市场。①

约在1980年代中期，三都贡缎开始向非洲西部市场出口。西非市场的需求成为影响三都贡缎业兴衰的关键因素。

至1980年代末，三都贡缎业发展迅速，农民们大量制造，商人大量收购，一时织机数量大增，有的人从一张机发展到几张机。有人专门向织户输送原料机纱，从中盈利。有人自己干不过来，开始要别人“代织”，渐渐形成自己负责原料、收买产品的专业户。从这两类人中，逐渐产生出包买性质的专业商人。② 据不完全统计，1980年代末至1990年代初，在以三都镇为中心的区域中，有贡缎织机1万多台，直接织布者有一万多人，织机主要来自外

---

① 诸暨及三都贡缎的兴起与国内外市场的先后关系，或是一开始就直接外贸，尚需搞清。

② 包买商在中国历史上早已有之，至少在明清时期已在一些行业中有重要地位。浙江诸暨的“现代包买商”在新历史条件下的复活，很值得研究。本书限于篇幅，不能详论。

地国有企业淘汰的有梭织机，经营方式基本是自产自销。①

也正由于市场机制中价格利益的吸引，贡缎生产一哄而上，快速发展了五六年，到 1991 年初已出现了明显问题，到 1991 年下半年贡缎市场从高峰猛跌，形成第一次市场危机。危机在 1995 年前后发展到顶点，“三都、应店街两镇提花布业锐减 50% 以上”“到了几近崩溃的边缘”。

危机的主因是贡缎质量严重下降。这是由织布所用的机纱越来越细造成的，原来以 32 支纱织成的布被换为 42 支，再换为 60 支，如此，每匹布（以 800 米计）可多得 100 元。这样，纱细了但布的纬密度未变，即原来的幅面宽度未变，从而布变得很稀疏，在需求旺盛的一段时期中，布价当然不会因质量下降而主动降低。毫无疑问，这极为严重地损坏了贡缎的声誉，最终导致市场危机。

由千家万户生产的质量不同的诸暨贡缎既使生产者遭受了巨大损失，也使中国出口商遭受了巨大损失。商人要想继续做生意，就必须建立产品信誉，这不能不首先解决对产品质量和规格的控制，即要求农民生产者按照商人规定好的原料、规格、质量生产。要做到这一点，最有效和现成的办法就是“定机”生产：商人供给农户原料，提出产品的质量规格要求，并严格检验农户提交的产品后付给报酬，商人负责销售。这是标准的包买商制度。安达纺织品有限公司章有安说，1994 年就开始大量定机。形成定机的最大原因就是质量不齐、恶性竞争。

约从 1997 年始，贡缎生产开始恢复，贡缎价格又开始回升，整个行业重新繁荣，形成又一轮的周期。“2002 年底，提花布（贡缎）产业已涉及全市 12 个乡镇（街道），生产经营企业（含个体加工户）总数达 1.8 万多户，从业人员达 6 万多人，拥有各类织机 5.4 万多台，2002 年实现销售收入超 100 亿元，几乎全部实现外销，出口交货值约占全市总量的 30%。”②

现在（2007 年），陶朱贡缎总体上仍在发展扩充，仅就该街道自身看，有各类织机 17500 台，日产坯布 60 万米以上，产品有纯棉织物、棉纤交织等六个系列数百种花型品种，产品 100% 外销贝宁、尼日利亚、刚果、马里等西非国家，其中贡缎出口占全市的 90%。③

---

① 据陶朱街道工业办副主任王路林访谈，《历经风雨见彩虹》等，《诸暨日报》2004 年 10 月 14 日第 3 版。

② 《西施故里行》第 12～13 页。

③ 2005 年 12 月，对王路林的访谈。

但数量扩充中潜在问题不少，许多问题并非市场机制可以自发解决的（详后述，不能解决需求不足、供给不足，也不能解决传递准确的相关信号等问题）。

我们调查的是古塘吴家塔村①，该村的织布业不是孤立产生和发展的，是诸暨市织布工业的组成部分。它的发展历史，明显体现出当前诸暨的城乡—工农业的相互关系。

五泄镇、古塘村的织布业是从诸暨城区、三都镇（现属诸暨市陶朱街道）传播而来。在生产贡缎之前，当地已有农民生产提花被面。据说，在集体经济时期，镇上办有集体所有制的织布厂，有几台提花木制织机，产品是真丝被面，自产自销。后来集体厂办不好而解散，工人买下厂里的木制织机，分别在家中织被面。提花机又高又大，有时一层的屋顶还不够高，需要拆开。至1980年代初，一些村民看到有钱可赚，于是投资一万元左右，买了织机织被面，全村织被面者先只有一二家，因为当时能拿出万元左右的人家是极少数的。以后发展到五六家，逐渐扩展。我们的房东，就是在1982～1983年，花了1万多元买了一张木机，在家里织被面（由于技术不精做不下去，1985年又卖机）。1986年，开始兴起人造丝被面，于是房东又花8000多元买了一台木机织造人造丝被面。当时农家生产被面都是自产自销，顺利时一天可织一匹，一匹有10条被面，卖价80元，商人给现金。但行情好了二三年就不行了。于是开始做贡缎。尽管生产贡缎大致需要与被面不同的织机，但织造工艺和过程相同，生产场地和原料都无大别。生产者和家庭劳动组织更是同一的。特别是农民有极强烈的发展家庭经济的愿望，被面行情不好而转产提花布，是极其自然的。

房东告诉笔者，本地做贡缎，开始都是自产自销，老板上门收购。好的时候，每天日夜不停机，一年做下来可以赚到一万多元。但后来销路困难，到最后不但商人不上门，自己还要骑车到十余里地以外的邻近镇上去卖，但还是经常难以卖掉。原料也要到十多里地的草塔镇去买，当时一袋棉纱要300多元，这对小织户是不小的开支。最后拖到1992年下半年，实在做不下去了，只好以3800元卖掉织机。

① 笔者在2005年12月、2007年5月两次在诸暨一些乡镇和吴家塔村进行调查。第一次调查与博士研究生赵志龙一同进行。

（三）农民家庭织布的生产概况

五泄镇在诸暨市区西 20 千米处，境内丘陵平原交错，经济实力在全市属中等偏下。古塘是行政村，经济、生活水平在五泄镇属中等偏上。2006 年以前，全村 470 多户 1317 人，农田 650 亩，人均耕地不足 5 分，实际耕地只有人均 4 分。2006 年，古塘村已与另一行政村合并，仍称古塘村。

由于人均耕地面积过少，只能满足吃饭需要，古塘农民的经济收入主要靠家庭织布工业。2005 年初，全村有 120 多户织布，有织布机 700～800 台，绝大多数织户同时种田。除去老弱病残和单身户（他们不宜织布也无资本购置织布机），加上不住在村内的 30 多家织布户，该村实际织布劳动力占全部劳动力的 50%、人口的 60%。2007 年我们再一次调查时，就古塘村原有织户范围看，织布情况略有下降。

古塘村吴家塔自然村外貌，农民仍种田，供自家吃米，并相当珍惜仅剩的土地。此图显示部分准备插秧的稻田

我们重点调查的是吴家塔自然村（简称吴村），由于古塘包括吴家塔村的人均耕地面积实际只有 4 分，只能满足口粮和蔬菜用地，因此，除粮、菜外，除非离村、离土到外地从事其他职业，当地农民的生活来源要完全依赖家庭工业。农民们说，除非万不得已，人们是不会离开家园去外地打工的。自己在家织布，加工费再低，也是在自己的家里，给自己干。在外面，人生地不熟，且不说吃住条件和工资，家庭、父母、儿女都无法顾及。

据 2005 年初调查，吴家塔村有 80 多户村民，扣除约 7 户或年老或残疾或有特殊情况不能从事劳动者外，剩下约 73 户。其中自有织机、夫妻双方以织布为主的约 40 户，约占总户数的 55%。剩下的 33 户中，自己家夫妇两人中有 1 人织布者，约 6 户，占 8%，这些户中织布者主要是女劳力，男劳力多从事其他非农工作。无织机但家庭成员中有从事与织布有关工作的农户 9 户，约占 12%，如专业接布、看布（替包买商检验布）、在村里的经轴厂工作等。在本乡本村做临时工、开小店等事的，9 户，约 12%；主要在临近的大唐镇及诸暨市里做事、打工者 10 户，占 14%；到外地主要是到上海做事或打工的 7 户，占 10%。以上因农民兼业，各项数字有相互交叉，故总比例超过 100%。从中可看出，绝大多数农户都在本村或邻近乡镇工作，主要在自己的家庭中从事织布工作，从事织布及与织布相关工作的农户达 75%，可谓是名副其实的纺织专业村了。

值得注意的是：尽管该村家庭工业生产以自己家庭成员的劳动为主，但也有雇用外地打工者共同生产的现象。我们的房东儿子，家中有 8 台箭杆织机，因忙不过来，就雇了 4 个河南打工妹。这意味着家庭工业的发展不但可充分利用家庭内部的劳动力，而且可能吸收一些外来劳力。在诸暨全市，因农村家庭工业发展而“吸引”的外地打工者是相当多的。

吴村家庭织布机织造的提花布

吴村一家农民家庭织布工厂，该厂规模和织机数量在村中名列前茅

进村后感觉最强烈的就是农民们极大的织布积极性和吃苦耐劳精神。2005 年初正值隆冬，连续降雪，南方农村又无取暖设施，夜间室内温度低于零摄氏度。绝大多数织布农户却在日夜连续工作，“停人不停机”：人一般分白天、夜晚两班，织机却一直运转。夜深人静时光，四周房屋中连续不断的织布梭子来回运动的响声，却不绝于耳，格外喧闹，直至天明，以致扰了我们的好梦。由于织布要经常接断头，机房又狭小，织布挡车工既不能戴手套，

又不能穿太厚的棉衣，我们看到，一些织布农民的手都生了冻疮。雨雪天更是农民忙织布的时光。

2007 年 5 月下旬是初夏时节，天气不能说太热，但农民们在狭小闷热的房屋中日夜干活，加之极大的噪音和不流通的空气，一般人是吃不消的。农民织布只穿贴身短衣，不能不待在屋中随时注意机器的运行，可谓辛苦。好在多数“厂房”中都安装了换气的风动机。

织布场地与织机情况。农民织布，都在自己家中。“厂房”有几种：在住处附近属于自家的空地（可能原来是自家的部分宅基地，也可能是为织布向村里买的）上盖几间房子，安置织机；或将住房扩充，如由原先的 3 间扩为 5 间，机房与住宅连在一起；在不住人的旧宅中生产；租别人的空房生产。一般说来，15 平方米的室内面积可安放 2～3 台织机。2006 年初，大多数农民织户都不少于 2～3 台织机，多者 4 台、6 台，最多者 8 台。至 2007 年 5 月，最多的一家达 16 台。

织机都是纺织机械工厂生产的“现代织布机”，大致有两类。一类是前些年盛行的 K74、K84 织机，还有更早的“615”型。这类织机是织幅面较狭的布，织机开动时噪音大，操作劳动强度大。另一种是相当先进的剑杆织机，由电脑控制。2005 年初我们看到的织机，不少是 2000 年后新出厂的。2007 年，老织布机进一步被淘汰而换上了近年出厂的剑杆织机，包括可以织提花的楼式花机，织机的型号和技术含量又有了新一轮的更新和提高。

吴村现存 3 台 K84 式提花织机，为城市工厂所淘汰者

诸暨吴村的农民家庭织布工业常见的农民家庭工厂设备；
近年出品的由电脑控制的剑杆织布机标牌

看到吴家塔农民们夜以继日地忙织布，不禁要问：为什么这里的农民会将织布作为主要工作？为什么他们会这么拼命干？

（四）家庭工业与农家经济

1. 家庭工业对农民与农村经济的重要

对农村经济和农民家庭经济而言，在城市经济不能吸收大量农民就业、农村仍有大量剩余劳动力的情况下，它有利于合理配置剩余劳动力，有利于增加农民收入，织布对农民家庭经济的贡献远远超过农业。

（1）人多地少，是诸暨的主要特点之一。据 2005 年调查，诸暨农村人均约 0.5 亩耕地，多的村落 1 亩，少者 3 分。我们重点调查的吴家塔村，人均耕地只有 4 分。仅靠种粮维持生活所需显然不够。对属于“经济发达地区”的浙江农民来说，更不可能安于这几分地的种粮收入。

（2）在农业之外尽最大可能挣钱以满足生活必需，无疑是当地农民经济上的头等大事。农民首先从自己所能具有的现实条件出发考虑问题，即如何能最大限度地利用现有的有利条件，以最低成本去寻找相应工作。家庭经营是农户现成的最可靠和成本最低的经济组织形式。

一些农民的谈话表达了当地人的普遍想法。

“我从早上 8 点干到半夜 3 点，老公接着干。再冷也要干，在家干总比外出打工强，因此即使借钱也要搞。那年儿子 12 岁，我们出去打工，只留他一人在家，真不知怎么过来的。现在我们 50 多岁了，到哪儿打工也没人要。我们到现在已是第四次买织布机了，吃了四遍苦，还得干。”①

① 2005 年 1 月访蒋伯祥老婆。

“我们做布很苦，但想想总比到外地打工强。我们这里一般农民只要不欠债，生活过得去，看病、小孩上学有着落，就很满意了。”①

不愿意去当无产阶级的打工者，更不愿意背井离乡、抛妻离子而到外地去卖苦力，这恐怕不单是浙江人的特点，可能也是中国一般农民的普遍性。很好理解，当农民有自己的生产资料，能有过得去的收入时，谁还会愿意丢下年老的父母和年幼的儿女，做一个长年漂泊异乡、没有固定工作场所、没有家庭和夫妻生活、没有社会和医疗保障的社会最底层的农民工呢？

但是，诸暨农民能够任意选择保留家庭完整前提下的非农业就业机会吗？如果有这样的选择机会，那么这种选择有多么大的空间和余地，需要付出多么大的“机会成本”？

（3）农民非农就业机会空间很小。据1995年初至2007年两次对吴家塔村近90家农户的调查，约近50%即40余户都从事织布及相关工作，另外40多户中，大部分曾经做过布，后因各种原因改从他业。在所从事的工作中，绝大部分在本地或本村及附近乡镇，早出晚归。本村的主要工作是做小土工（建筑小工等苦力）、为村里的一家经轴厂干活，如“调经纱”、整经等。这类工作，尽管十分辛苦，工资也低，被当地人认为是最差的行当，但苦于无其他更好的工作，不具备织布条件的人只能去做这种苦工。在附近乡镇干活的大体是餐饮、工厂技术工人、市场搬运工等。2005年，全村只有7家有人在上海、杭州做事，其中有2家已于2007年回村。这7家中，有3家是因为有家人（儿女、兄弟）在外地长期工作，本人才可能投亲靠友，去外地“就业”。

相比之下，最适合于当地农民从事的非农职业就是家庭织布业。对吴家塔农户而言，从事非农业工作的机会显然很有限，这并非说绝对没有机会，而是指到外地打工的代价或成本要远远高于在本地从事“卖苦力”的工作。这正是该村绝大多数农民没有去远处打工的原因。

（4）如何让多余劳动力能够有机会挣钱，是每个家庭必须考虑的问题，我们在吴家塔村看到，尽管和国内其他地区比较，这里算是较好的，但多数农民家里都有自己的特殊问题，特别是对于50多岁以上的“向老龄化过渡”型家庭，因为儿女多已成家并有了第三代，一般都会有小孩受教育等问题，家庭经济较紧。老人们不忍心增加儿女的负担，只要自己还能劳动，就会尽最大努力去找活干。对于他们来说，到远地打长期工是不可能的，而如果能

① 2005年1月访蒋国明。

够干下来家庭织布业，就是最好的机会了。

2. 织布业与农民家庭劳动力的配置与家庭收入

（1）劳动者的年龄：家庭织布是多种年龄段都可从事的工作。2005 年，吴家塔有织布家庭 40 户。劳动者的就业年龄段为：23～59 岁，其中：23～39 岁，11 人；40～45 岁，11 人；46～50 岁，5 人；51～55 岁，7 人；56～59 岁，4 人；共计 38 家。

（2）家庭成员的分工。38 家中，家庭主要劳动力，即夫妻 2 人均从事织布或相关工作者 31 户；夫妇中 1 人织布，另一个从事他业者 6 户；夫妻中有一人给他人当雇工织布者 1 户。

（3）织布的经济核算与收入。

3. 织布生产的组织形式：自织与雇工

在吴家塔村，我们看到农户织布生产中并存着两种完全不同的经营方式，一种是以家庭内部生产要素——家庭成员——进行生产、不计算劳动工资或不存在劳动报酬范畴的传统家庭生产；一种是以雇佣劳动进行的“资本主义生产方式”。这两种方式完全可以在同一个家庭中同时运作，并行不悖。对农民家庭而言，何时完全用传统方式或完全用资本主义方式或两种方式同时并用，完全要看这是否对家庭收益最有利而灵活变通。这正是农民家庭的传统功能及其在现代的变化对一个正统治它的“现代经济”发生影响，以及“现代经济”同时对传统家庭经营功能发生影响的最好注释和实例（详见下节）。

那些企图用“现代经济学理论”中的某种概念来解释当代中国经济所有现象并以此开“药方”解决中国问题的企图，会在这里碰得头破血流。

4. 农户织布的生产能力、成本与收益

由于所织布的原料品种和规格不一，同样织机的生产能力是不一样的。初步结论如下。

1 台机（各种型号平均，各类布平均）24 小时生产能力约为 65 米。

1 米加工费各年平均约 1 元/米。一般农民每日可得加工费 50 余元（即便夫妻轮流，也要休息，一般不会 24 小时不停）。

1 年以干满 10 个足月计，约可得工资 15000 元。

织户成本计算如下。

以 1 台大型平面剑杆织机为例（2004 年，1 天 24 小时）。

雇工生产的成本、收益：

成本 = 工资（包括伙食费） + 电费 + 机油与零配件更换、机修 + 折旧

（25000 元，以使用期 10 年计）

按会计账面计，1 台剑杆织机开动 24 小时，生产全棉提花布，纬密 30，标准产量 50 米，实际只能生产 45 米。

24 小时成本 =20 元雇工工资（月工资 900 元，伙食 300 元，这是每日工作 12 小时，看 4 台机的工资）+20 元电费 +15 元物耗（机油与零配件更换、机修、接头换花型）+7 元折旧（25000 元，以使用期 10 年计）

=62 元（1.38 元/米）

收益 = 加工费 - 成本

=100 元（平均加工费）-62 元

=38（元）（0.84 元/米）

实际生活中，加工费高低不同，因此收益差别很大。

加工费最高时，

1 米 =3.3 元，24 小时 45 米近 150 元

1 米收益 =3.3 元 -1.38 元 =1.92 元，24 小时获纯利 1.92 元 ×45 =86.4 元，一天（12 小时计）=43.2 元

加工费最低时，

1 米 =2 元，24 小时 45 米 =90 元

1 米收益 =2 元 -1.38 元 =0.62 元，24 小时获纯利 0.62 元 ×45 =27.9 元，一天 =14 元

据了解，该村农户购买织机很多是借贷方式。

若农户是借贷买机，这里近年来通行利率为 1～1.5 分，以 1.2 分计，25000 元年利息为 3000 元，每日 8.22 元，合 1 米 0.18 元，则借贷农户每日 1 机成本 =1.56 元/米 ×45 米 =70.2 元。

加工费最高时，

农户 1 米收益 =3.3 元 -1.56 元 =1.74 元，24 小时获纯利 1.74 元 ×45 =78.3 元，1 天 =39 元

加工费最低时，

农户 1 米收益 =2 元 -1.56 元 =0.44 元，24 小时获纯利 0.44 元 ×45 =19.8 元，一天 =10 元

从以上计算可以看到，即便农户是用自己资金购织机，加工费高时农户 1 机收益一天 43 元，低时 24 小时获纯利 14 元。

而若借钱购机，如果雇工，在加工费高时，一天收益不过 39 元，在加工

费低时，一天只有 10 元。

如此低的收益，要比做工资最低的小土工工资——每日 30～40 元，大大不如。

这种情况下，织户只有两种选择：要么放弃织布，改务他业，要么辞退雇工，自己干。由于织户都是在行情很好时购买的织机，在已买入织机后，织机已是固定成本，不能清出，于是除非已经“返本”即挣回本钱，农户们的最佳选择只能是解雇雇工自己干。

自织情况如下。

自织的盈利标准是加工费减加工费用，由于是自己干活，不计工资成本，1 台织机 24 小时工作的成本变为：

成本 =20 元电费 +15 元物耗（机油与零配件更换、机修、接头换花型） +7 元折旧（25000 元，以使用期 10 年计）

=42 元（0.93 元/米）

若自费买机，

在加工费高时，

1 米纯收益 =3.3 元 -0.93 元 =2.37 元

24 小时纯利 =2.37 元 ×45 =106.65 元，一天（12 小时计） =53.33 元

在加工费低时，

1 米纯收益 =2 元 -0.93 元 =1.07 元

24 小时纯利 =1.07 元 ×45 =48.15 元，一天（12 小时计） =24.08 元

若为借贷购机，必须加上利息 8.22 元（0.18 元/米），情况如下。

24 小时成本：

42 元 +8.22 元 =50.22 元（1.12 元/米）

在加工费高时，

1 米收益 =3.3 元 -1.12 元 =2.18 元

24 小时纯利 =2.18 元 ×45 =98.1 元，一天（12 小时计） =49.05 元

在加工费低时，

收益 =2 元 -1.12 元 =0.88 元

24 小时纯利 =0.88 元 ×45 =39.6 元，一天（12 小时计） =19.8 元

以上所谓农户纯收入，就是老板付给的加工费减去生产中的物料消耗，亦就是农户的实际劳动报酬。这和我们在实际调查时得到的结论一致：一般情况下，农户自己织布，一天可得到约 50 元收入。

不计算自身劳动价值的成本收益计算，虽然较“市场经济”中核算资本主义企业的成本收益方法更接近诸暨农户的实际情况，但仍然不能真实反映实际生活中农民经营准则，不能真实反映他们的盈亏标准：他们在何种限度上会认为是真正亏了。

在实际生活中，农民的成本概念不包括经济学理念中的折旧。农民不会按织布机的实际使用寿命，将机器价值（以购买价格计）分摊到每单位产品的成本中去，正如农民不会将自己的劳动折合成工资列入成本一样。这样一来，农民对织布业的成本较“会计成本”又减少了相当数量。这里仍然举上例进行说明。

农民家庭生产的成本收益计算方法，与雇工有重大不同。农民不计算自己的工资，一般也不计算伙食费。他们的计算标准如下。

若家有 4 台提花剑杆织机，雇工 2 人，每人看 4 台机，工作 12 小时，轮换。1 个挡车工，月工资 800 元（200 元/台/月，每日 12 小时），伙食费 300 元，共 1100 元。2 人月工资共 2200 元。若只雇工 1 人，由自己代替另 1 人，则：第一，可省工资 800 元；第二，可省伙食费 300 元。这并非主家不吃饭，而是中国传统农家经济的“治理格言”仍在发挥作用：“干与不干，总要吃饭。”“所吃的米、蔬菜，都是自己地里种的，现在自己为自己干活儿，吃自己种的粮、菜，当然不能算钱。”[①] 如果形势不好，老板的加工费给得少，则不能雇工，完全由自己干，否则不上算。

包买商制度下农户是否雇工，完全取决于老板的加工费与农户付出的雇工工资之差额对农户收益的影响。如下。

（1）农户有 8 张织机，雇工 4 人；老板每 1 机加工费 125 元，农户付每人工资 50 元，4 人共 200 元。则农户净收入 = （125 × 8） − （50 × 4） = 800 元。

（2）当加工费减至 800 元时，1 机加工费 100 元，若工资不能减少（市场价），农户要维持净收入 800 元不变，只能仍然开 8 台机，并辞去全部 4 人雇工，完全由自己做。

但农户只有 2 个劳动力，不可能操作 8 台机，最多开 4 台机。这意味着只能得到老板 400 元加工费。

（3）在这种情况下，农户的最佳办法是雇工 1 人，开 2 张机，付工资 50

① 2005 年 1 月访一织布农妇。

元，盈利 150 元，自开 4 张机，盈利 400 元，共盈利 550 元。

（4）加工费继续减少到 1 机 50 元。

此时，农户的最大收益只能是 4 张机的加工费 200 元。他们不能再雇工，因为加工费要全部付给雇工作工资，农户不但没有丝毫收入，并且完全丧失收回机器等固定资产投资的可能，等同于自己出资购买纺织机让包买商老板白白使用。

上述案例，清楚显示出农民经济体的“高度理性化”“追逐收益最大化”。

（1）农民雇工生产时，他们的经济法则完全等同于资本家、企业主的成本—利润计算法则。

（2）当收入水平不利时，两种经济法则相互补充以谋取利益最大化。

（3）在极其不利状况下，农民会毫不犹豫地辞退雇工，完全由自己做操作工进行生产。此时农民家庭生产将完全遵循非资本主义的“农民家庭生产法则”。

5. 简单的认识（小结）

诸暨织布农民难以进行完全独立的自由竞争式的生产，原因是恶性竞争。而与企业联为一体、作为企业的外包加工车间，不仅在相当大的程度上可避免恶性竞争，对农户有较长远的利益保障，而且这也是工厂和出口商认为有利的方式。这实际对经典学说是一大修正。

三　工业企业、包买商制与农民家庭工业——市场经济中的工业企业为何乐于采用农民家庭工业?

在前面我们探讨了农民为什么选择以织布作为主要工作，并且拼命苦干的原因。但这还远不能完满解答我们开始提出的问题：为什么在发展现代化大生产和国际竞争的今天，作为现代工业企业本身，会放弃拥有先进设备、先进管理水平的优势，却寻求并牢牢抓住与最传统的农民家庭生产相结合的生产形式？而且，这种结合形式采取了具有古老传统的包买商制度？

对大工业企业而言，关键在于能够降低成本，从而有利于工业化大生产和外贸出口。有效降低织布的直接生产成本——工资。按照一般认识，现代化的机器织布厂专业化程度高，劳动生产率高，产量大，生产成本应远远低于农民家庭生产。但在现实生活中，具体到诸暨的织布业，却并非那么简单。

这里需要用两种不同的“经济法则”或经济学分析去观察理解。在现代化企业中实行的是资本—利润原则，计算生产成本的公式是：不变资本 + 可变资本 + 社会平均利润。低于这三部分构成的生产价格，资本家亏损，生产无法持续。但在农民家庭经营中，通行的是类似于恰亚诺夫的“劳动——消费均衡”原理的经济行为准则。农民以家庭作为经济组织和社会细胞的统一体，家庭成员作为家庭劳动力，类似于“固定资本”，“做与不做，总要吃饭”。家庭成员劳动力的闲置会造成家庭经济的极大损失，而干一点总会增加一点总收入。因此，农民家庭经济中是不计算家庭成员劳动报酬的。这不但在中国传统中已充分体现，在中国近代经济史中已充分体现，也仍在今日的中国农村包括诸暨农民织布业中得到充分体现。正因为如此，农民家庭能够以大工厂企业不可能实现的低成本进行生产。①

以包买方式利用农民家庭生产，能有效降低直接开办工厂企业所必需的固定资本和管理成本。一位“包买商”坦言，外加工（指农民家庭的坯布加工）对成本来说优势比较多。一是不要建厂房；二是不要办设备；三是精力可以主要放在经营上。

能有效降低大工业企业的间接成本。“正规”企业必须负担职工的各种社会保险，如医疗、工伤、养老等。农民家庭当然不会有这些问题。

对农村经济和农民家庭经济而言，在城市经济不能吸收大量农民就业、农村仍有大量剩余劳动力的情况下，它有利于合理配置剩余劳动力，有利于增加农民收入，织布对农民家庭经济的贡献远远超过农业。

我们需要先看看诸暨贡缎包买商有几种形式。

（一）诸暨贡缎包买商的几种形式

（1）包买商制度是中国历史上、也在国外历史上早已出现过的事物。马克思在著作中曾详细考查过西欧资本主义发展过程中的包买商制度的作用。包买商在中国历史上出现的时间似远远早于西欧国家，有学者甚至认为在隋唐时期就曾有过。但一般都认可，在明清时期的丝织业中，由“账房”和“机户”构成的，账房出资购买原料、机户织造，产品再交给账房由其出售的现象已普遍出现。在鸦片战争后至新中国成立的一百余年中，随着资本主义

---

① 之所以会形成差异极大的两种“经济法则”，源于两种经济组织的生存环境不同，产生条件和构成基础不同，经济的目标模式和经营理念不同，配置内部资源的方式也不同。这里不能展开讨论了。

经济在中国的逐渐推进，包买商制度有了很大发展。常见的有两大类，一类是包买商负责购买原料和产品推销，由他们发原料给加工户，付给工资，产品再交由包买商负责推销。在这种类型中，加工户的生产工具和生产过程中的所有付出都是加工户自己承担。这种形式主要分布在农村农民家庭的棉纺织业中，因而分布最为普遍。另一种是包买商在负责原料和产品销售的同时，还拥有加工的生产资料，如小型机械、机器，租给加工户进行生产，这在织袜业中十分普遍。不过，在近代中国的包买商制中，包买商并不能完全控制原料和产品市场，加工户有选择自己独立干的空间，还出现了既自己干又同时替商人雇主干（甚至同时替几个）的情况。

（2）诸暨贡缎业中的包买商制与中国历史中出现过的制度既有相同之处也有不同。如前所述，诸暨贡缎业的包买商制是个体织户完全无从选择产品的规格、品种下的产物。从这个市场的形成过程中可以看到它的主要特点。最初的市场是真丝被面市场，它基本上不是本地区市场，而是杭州等地的市场，商人来诸暨收购产品，然后在外地卖出。生产者与消费者不是经过市场的直接选择和交易，而是经过中间商，是诸暨早期农户纺织品交易的特点，可以想象，凡是大量分散的农民家庭工业产品，在市场比较远时，很多情况下可能都有这些特点，因为农民生产者不大可能自己亲自将少量产品运到远地贩卖，将它们卖给上门收购的“行商”是成本最小化的必然选择。但这已经孕育着生产者与消费者隔绝、由中间商左右其间、从而引发生产与消费失衡的危机之可能。

诸暨贡缎市场是在真丝被面基础上形成的，这同样是一个由中间商控制的市场，但由于最终消费市场远在西非，而贡缎外销的决定权是由外贸出口公司决定的，在最终消费品市场和生产者之间，又多出了外贸公司这一环节，而且是关键性环节，包买商只是替外贸公司“打工”，在收购、售出产品过程中博取差价。这也意味着农民生产者获得的生产价格较最终卖出价又少了一部分。

如前所述，这个销往西非的贡缎市场在初期是由大大小小的中间商主宰的，尽管如此，由于农民是购买原料的主动者，也有出售产品给某个商人的一定程度的自主权，因此生产者对产品的最后命运还有一点主动权和影响力。可正是这点被农民生产者们充分利用，形成了产品规格质量的千差万别，最终导致贡缎市场产品质量的混乱和市场濒临崩溃。商人们不能不最终统一行动，不再各自为政、分散收购，而是按照出口商的要求，实行收购的“五统一”，于是，贡缎市场（最终所有纺织品市场，包括国内市场）形成了由包买商一统天下的放机生产收买制度。

在这个制度下，农民家庭生产者获得了相对稳定的生产机会，但也同时失去了影响生产的最后一点主动权。

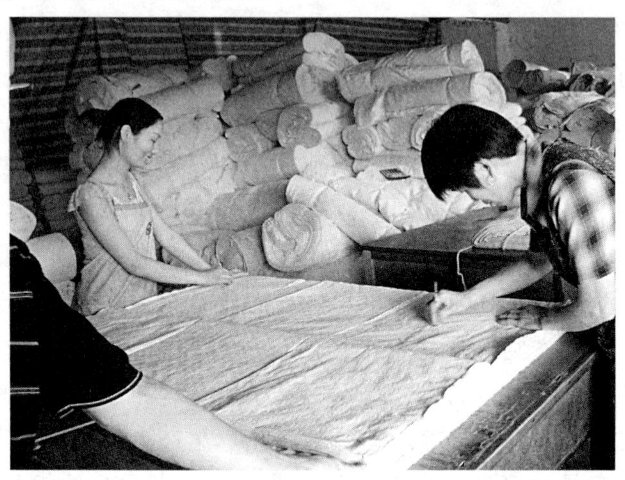

陶朱（原三都镇）贡缎市场中的一处包买商验布处。农民机户用包买商提供的原料织成坯布后，必须送到此处检验，根据发给的原料数量查验布的数量和质量，付给加工费

这个市场的形成对诸暨的经济社会产生了重要影响，对诸暨的工农—城乡关系产生了重要影响。同样，它对诸暨包买商的类型产生具体影响。

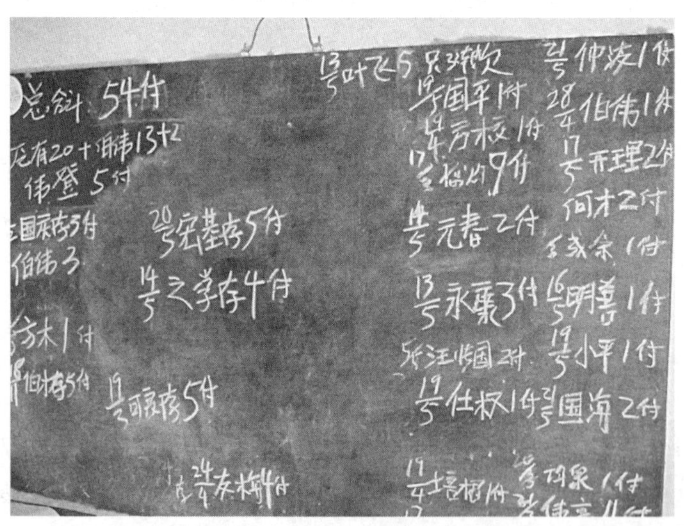

陶朱（原三都镇）贡缎市场中的一处包买商验布处记录的发料收布情况

（二）诸暨包买商制的若干形式

第一种：包买商单纯放机收布，然后将布卖给出口商。

第二种：包买商自己设织布工厂、自行生产的同时，又放机。这其中也有既是为大一点的包买商织布，同时自己又放机，将机户的布收购过来再卖给大包买商的形式。

第三种：包买商开设经轴工厂，自己解决机户的原料，在发展过程中，有人不再放机，专营经轴厂。

第四种：包买商不直接生产坯布，而是自己设立大型印染等后整理工厂，直接将放机户生产的坯布在自己的工厂中精加工和后道整理，然后直接运往国外市场销售，或者与国外市场的销售商结成供销关系。

上述各类包买商我们在诸暨均有多少不同的实地接触。印象最深的是第四种。以下图片是第四种类型，说明农民机户所织的布在包买商工业企业中进行后整理精加工的过程。

诸暨某大印染厂内待染的农民家庭工业生产的白坯布。织布的农民机户是该大企业的外包加工户。该企业“放机”的农户最多时达1万余户

诸暨某大印染厂的检验车间，农民产品被第二次检验。这是工厂精加工的第一道工序

诸暨某大印染厂检验车间内的运布卡车，每天有 5 辆车运送农户布至厂印染加工

诸暨某大印染厂印染设备，包括进口设备

印染厂正在印染加工农户布

印染厂整理包装车间

已包装的成品布，准备运往国外市场

该印染厂部分厂房

以上几类包买商，实际具有两大类不同功能。一种是纯粹的流通领域的商人，如第一种类型。另一种是具有不同生产功能的“企业式包买商制”，如第二至四种类型。

包买商内部之间的分工类型：大型、中型和小型。体现之间的控制与被控制、组织直接控制与市场被动控制关系。

我们不禁要提出问题：在中国“古代社会”已出现和流行了数百年的包买商制度，为什么在21世纪的市场经济已具有巨大优势的环境中仍然复活，而且大行其道，在诸暨的势力和影响远远超过大型工业企业从原料采购到产品生产再到产品出售的单纯“资本主义生产方式”？

（三）诸暨现代包买商制度流行原因

据调查得出的初步结论如下。

1. 最低成本问题

不妨先看看放机包买商和放机工厂主们是如何看的。

据与数位自己开设织布工厂而且又同时放机的老板、专门放机的包买商、织布农户的交谈，一致认为，包买商形式的织布成本要明显低于自己设厂。

蒋红梅：外加工（指农民家庭的坯布加工）对成本来说优势比较多。一是不要建厂房；二是不要办设备；三是精力可以主要放在经营上。

章友安：自己开厂，要资金、地皮、厂房、机器，而放机只要流动资金，其他什么也不需要。

刘国荣：诸暨农民织户很有优势。（如果）开工厂要多少投资！现在户户都有操作优势，有几十年经验，包括机修。

王洛林[①]：（放机）生产模式的最大好处就是成本低、投入少。就企业来说，只需要做好产品原料的供应和产品设计、销售，不必整天忙于管理，也不需要建太大的厂房；对于织机户来说，也不会有太大的风险，他们不需要自己去找市场。也就是因为这种特殊的生产模式，陶朱在1980年代中期就以绝对的价格优势牢牢地占领了西非市场。

放机虽然需要流动资金，但较设厂直接生产要省得多。因为原料和成品的运输费用、织布机的维护和检修费用、工人的劳动保险和医疗及福利等，都是由农户自行承担，而工厂必需的管理部门的设置及管理费用，也一律不再需要。这些费用加在一起数额巨大，占流动资金的很大比例（不过，有关工人的福利保险医疗等，在小织布厂中不一定都会得到兑现）。值得一提的是，包买商付给织户的加工费通常是数月或半年甚至一年一付，与企业自己生产相比，大大减

① 陶朱街道工业办主任。

少了流动资金的实际支出额，相当于农民织户先行垫支了流动资金的主要部分，这无疑对以包买商制代替企业自行生产起了极大作用。

2. 柔性生产的巨大好处

由于诸暨贡缎是外销产品，国外市场的需求是决定生产数量和品种的关键因素。而国外市场需求的基本特点是由外国市场和商人来决定产品数量和品种、规格，国内生产完全不能事先准备。市场需求的不确定性和不稳定性、产品品种的多样性和小批量性、交货时间的紧迫性和意外变化、资金的不安全性和市场的低价位高竞争性等，是这类市场特别是非洲市场的常态。这就对贡缎的生产方式提出了不同于传统的（由国内主导的卖方市场产品以及较稳定的欧美国家产品等）高难度和高灵活性、低成本生产方式的要求。而这恰恰是以往的由内部一条龙式纵向一体化生产的大企业所难以企及的。诸暨贡缎的“放机”生产方式，倒是很能适应。它的特点是，包买商可以根据外销商的要求，随时灵活调整产品的数量和规格。一旦国外有大批订单，包买商可以即刻传递信息，以致采用提高加工费、放松对产品的检验等一系列方法，促使织户开动全部织机日夜生产，在最短时间内迅速增加产品总量。一旦国外市场产品滞销，货物卖不出去，或者发生资金断裂等意外，包买商同样会在最短时间内让织户得知信息，并可以立即采取措施，如压低加工费、增加对产品的质量标准等，造成织户减产，有效减少总量供给。总之，在产品需求量增加时，包买商可以在单位价格和总价值方面稳得收益，在需求量减少时，可以在相当限度内将损失转移到农民织户身上。有这种旱涝保收的经济效益，无怪乎绝大多数老板都愿意采用“放机”生产了。

这种小批量、多品种、低成本、高效率的生产方法，类似于一些文献称为的“柔性生产方法”。它能较好适应当前复杂多变的市场需求状况，明显改进以前的从原料到成品全部由一个企业内部完成、以大型生产线大量生产标准化产品的“传统工业化方式”弊病。显然会受到生产生活消费品的企业家的欢迎。

“放机”制中，不仅仅是生产方法本身灵活多样，适应市场的快速多变和激烈竞争，特别重要的还有：大量风险由农户分担。而开设工厂则损失完全由老板独自承担。

（四）放机老板的利润分析

付给加工户的工资、成本与放机老板的利润情况如下。

加工费即工资是如何确定的？最低和最高限度是什么？不得而知。能够确定的如下。

（1）布的种类不同，织造的难度、织造时间要求不同，如纯棉、化纤，平面、提花，纬密 20 与 40，等等，都会影响加工费的多少。

（2）加工费随市场供求状况而变动。行情好、需要大量供货以至供不应求时，工资会提高；反之亦然。同样，在织机户和他们的雇工数量不能满足生产之需时，工资上涨；反之亦然。

（3）在一定时期的一定地域内，加工费或工资大致“随行就市”。“加工费在正常情况下为每米 1 元。”（2005 年，放机老板蒋春梅）

（4）寡头大老板的定价会明显影响当地加工费的浮动。“大老板对整个行情和市价有决定性影响。大户提高加工费，中小户一定要跟上，否则机户都跑到大户那里去了。大户也正是利用这种影响力，操控机户和织机以扩大或缩小生产，以适合自己需要。”（2007 年，陶朱街道记者，兼放机 30 ~ 40 台老板）

老板利润的计算方法如下：

利润 = 价格—成本（原料 + 加工费 + 其他费用）

放机的一般利润率是多少？（不知道）

1）“32 支 × 32 支　108 × 76　56 规格的纯棉提花布，利润每米一般打 5 分至 1 角。”

如此，则利润/成本（含原料与加工费，不含利息、运费、外贸公司利润等）：

1 米：　　0.05 元/4.83 元 = 0.01

1 米：　　0.10 元/4.83 元 = 0.02

（2005，蒋春梅）

2）“做全棉小贡缎，已五六年。利润 0.05 元/米。前两年还不行，时盈时亏，还不如放 1 分利轻松。但放利有风险，可能收不回。”

（2007，放机女老板章某代大老板放机，数十机）

3）“2006 年百米（化纤箱里衬布）利润 1.05 元，此前只有 0.5 ~ 0.6 元；今年只有保本了：利润百米 0.015 元，几乎无利。”

（2007，放机老板李张忠）

4）“替大老板放机收布：原料、加工费均由大老板付给。大老板另给一定‘服务费’，如 0.05 ~ 0.1 元/米。”

（2007 年，陶朱街道记者，兼放机 30 ~ 40 台老板）

（五）包买商与机户的关系

1. 同一产业链中的外包—协作关系，利益共同体

正是因为利用农民家庭加工是最低成本的生产，各类包买商特别是企业型包买商千方百计地抓住这种生产形式，紧紧不放。而广大农民机户因为织布业较其他工副业更适合家庭生产，也会紧紧抓住不放，唯恐织布业的衰落而影响收入，这就形成了在织布业这一产业链中的外包—协作关系，形成了包买商和农户的利益共同体。

在这一利益共同体中，包买商无疑处于强势支配地位。但由于机户是包买商生产和盈利的基础，每一个包买商都要拥有自己一定基本数量的机户，否则一旦有订单，临时找机户生产是不可能的。而且每当生产旺季，供不应求，只要能生产出产品，包买商就可以赚到大钱，此时包买商都会提高加工费争取更多机户以扩大生产，如果平时不保有基本机户，包买商只有死路一条。正因为如此，包买商高度注意保持和自己有较长时间加工关系的机户数量的稳定，努力维护与基本机户协作关系的稳定。我们在调查中发现有包买商采取了如下办法。其一，付给加工机户的加工费不能过低，即便在市场行情不好时，也往往不减少加工费。有一位在本地加工、销往广东等地的专做衬里布的包买商说，我已做了二十多年布生意，一般全年稳定价格，以使机户稳定，产量稳定，保证机户不外流。还有一位同样经营衬布的包买商说，为什么我十多年来加工费基本稳定？在行情不好时加工费也不减？是因为一减加工费机户就会跑到别人那里去了。今年贡缎行情好，但为了稳定机户，我还增加了加工费。2007 年，诸暨市华越都纺织有限公司章老板娘说："加工费开始时是我们定的。但现在做布的多了，加工费在很大程度上要受市场影响。我要争取机户加工，加工费就不能少于你，否则机户就到你那里去了。于是加工费就不能随意下降。老板都希望机户有一个基本数量，否则一旦有行情、订货多时就来不及做。"其二，在过年过节时，给老机户送油、食品等礼物以加强感情。其三，在预计有行情到来之前，就事先提高加工费以争夺机户。我们还访问过一位当地最大的包买商企业主，他告诉我们，准备在诸暨市工商和金融界的联合会议上提议，由他自己的公司作担保，让有可能发展的机户和经营户得到银行贷款。我们理解，他所说的有可能发展的机户和经营户，就是替他加工坯布和收布的机户和中间包买商。

2. 被控制—反控制关系

我们在吴家塔自然村调查时看到工业和包买商人的强势地位与农民家庭经济的绝对弱势。有农民说，老板（包买商）给我们的加工费太少，估计每米化纤布老板的利润是我们的 5 ~ 6 倍。但我们只好织，要不然不但挣不到钱，机器的本钱也完全赔了。这个说法并未经过严格核算。但反映了农民的一种心理和情绪：农民认为在工资报酬上吃了亏，但毫无办法。农民对于布商没有任何谈判能力。

当农民机户实在不满意包买商的工资条件，或觉得干织布的行当实在划不来时，要么就被迫卖掉织布机，退出织布行当不干了，要么就转向另外的老板，两者都不在少数。不少农民就是因为经不起折腾，再也不干织布行当了。[这就是本村农民外出“打工”的主因。] 我们看到，不少人家是“几起几伏”。在布行情好时，看到别人都能赚到钱，于是赶紧买机。要想赚钱，一台机肯定不行，至少要 3 台，不少人是借款买。615、K84 织机每台都要 6000 ~ 7000 元，在布行情好时要 1 万元。但好景不长，产量过度扩张必将引起产品过剩，农民织户的买机钱还未还清，布商就不要布了。于是很多织户不得不卖机，织机价格只能当废铁卖（3000 元）。而经过一段时期，市场又开始好转，农民怕丧失赚钱机会，于是又千方百计筹款买机，于是开始一轮新循环。“现在我们 50 多岁了，到哪儿打工也没人要。我们到现在已是第四次买织布机了，吃了四遍苦，还得干。”① 这种情况在当地经常可以听到。

换老板可被视为机户对包买商控制行为的反抗，是一种反控制。但是，分散的农户个体是绝无可能建立一种产业的，他们有令人惊叹的吃苦耐劳精神，有掌握电脑织布机的智慧，但是难以形成专业的原料供给与产品销售网络，在一个由包买商和包买商企业构成的产业集群产业链中，农民兄弟们的“反控制”行动总难以跳出老板们组成的“如来佛手心”。

四　诸暨城乡关系的主要特点——工农结合，城市、工业依托农户经济发展

诸暨的城镇化道路与工业化道路是城市和工业依托农户经济、服务于农

① 2005 年 1 月访蒋伯祥老婆。

户经济发展起来的。

诸暨有 1 个开发区、4 个经济园区。1994 年经济开发区经浙江省人民政府批准为省级开发区，总规划面积 21.8 平方公里。经过十多年的开发建设，区内有各类企业近 200 家，年销售收入近 60 亿元，已基本形成机械、服装、环保、医药、电子等行业为主的产业体系和产品高科技、市场国际化的新型工业园区。4 个特色工业园区分别是山下湖珍珠产品加工园区、大唐袜业工业园区、店口新型管业特色园区和枫桥特色工业园区。以下，主要以店口镇产业集群的兴起为典型案例，观察诸暨的工业化城镇化与农村经济的关系问题。

（一）店口镇①

1970 年代之前，店口镇是“一个边缘的山区小镇，千年以降，素以农业为生”。1970 年秋，店口公社新一大队的农民在村支书带领下用砍来的 25 万公斤稻草换来了 8500 元钱，买了 4 台老式车床，在原来农机厂的基础上，办起了当地的第一家五金厂，铸造了第一颗铜螺丝钉。当时店口的交通条件非常差，除了浦阳江的水运航道，连一条像样的马路都没有。没有路就没有车，甚至连一辆三轮车都没有。第一台机器是农民用砍柴卖的钱买的，并且是靠十几个农民的肩膀扛回来的。

店口的五金业，被人称为“农民用肩膀扛起的五金业”。

第一家企业办起来之后，五金企业便以星火燎原之势发展起来。1977 年，这个乡村集体工厂的技术员，带了 5 万颗指甲大小的汽车黄油咀赴福建交货，然后拿到了足足 2.5 万元。

到了 70 年代末，原店口小乡 21 个行政村，村村都办起了五金个体企业，并辐射到了周围其他的乡镇。为五金业的发展奠定了技术、人才、市场基础。

1979 年前后，店口公社已有 20 多家集体所有制的小五金加工厂。此时该地开始推行农村联产承包制。个体承包的小五金厂迅速增加。

生产成本低是店口五金业迅速扩大的最重要因素。一个国营工厂卖 17 元/个的汽车安全阀，店口的售价是 11 元/个，而它被乡村小工厂以 5 元/个的成本生产出来。“中国农民的勤劳，加上灵活的经营手段，使他们在向城市‘大鲨鱼’进攻的过程中，每战必胜。”

---

① 关于店口镇的情况，均摘自绍兴网；《一个五金帝国的财富成长史》，《绍兴日报》2008 年 7 月 29 日。

1985 年起，店口以每 3 天新生一家个体私营企业的速度将五金生产渗透到了大量的农民家庭。1985 年，店口 20 个村的工农业总产值达 1771.81 万元，全镇工业产值比 1984 年惊人地增长了 1031%。

1990 年代后，政府开始从土地征用、融资等方面采取扶优扶强的政策，全力支持企业做大做强。出现了中国海亮集团、浙江盾安集团、浙江万安集团、虹绢集团等一批规模企业。

今天的店口已经拥有如下几大类产业。

第一类是铜加工，以中国海亮集团为龙头企业。海亮集团现在在世界同行业排名第五，在我国铜加工行业中是龙头老大。

第二类是制冷产品。制冷配件是店口比较传统的产品，龙头企业是盾安集团，盾安集团现在在全国私营企业五百强中排第 18，在浙江省是第四。去年它的销售额是 13 个亿。这个集团有一半以上的企业在外省份。它的产品有三个方面，一是阀门；二是食品；三是空调，包括空调配件和整机空调。盾安集团的发展，不但为本地，而且为外省份企业所在地区提供了大量就业岗位。

第三类是汽车配件。汽车配件的龙头企业是万安集团，其主要产品是汽车制动系统的配件。现在万安集团的产品已经与国际知名的汽车厂家相配套，达到了国际先进水平。

第四类是新型管材。新型管材的龙头企业是枫叶集团。管件和管材是企业的主要产品，有铝塑复合管、钢塑管、铜塑管等，主要用于气、水和油的输送，新型管材采取铝塑材料，具有高度密封性，与足够的强度和弹性，与原来的水泥管或铸铁管相比，有无法比拟的优越性。

第五类是丝绸纺织。丝绸纺织是以虹绢集团为代表的。虹绢集团现在生产的绢丝占全国绢丝的 55%，在我国的绢丝行业里是龙头老大。企业的技术也是国内最先进的。绢丝产品主要是出口，市场的扩大意味着对丝绸的需求量将大量增加，也可以带动蚕桑业的发展，推动农业产业化经营。

农村劳动力的一个主要流向就是乡镇企业，店口镇工业经济的发展不但为本地农村劳动力的转移提供了大量机会，也为周围几个省的农村劳动力提供了就业岗位。目前店口镇来自江西、安徽、贵州、河南等几个省的外来人口已经有两万，随着企业规模的不断扩大，还将有大量的外来人口来到店口安家立业。

2003 年，店口五金工业产值达 176.18 亿元，其中铝塑复合管件产值

48.13 亿元，占全国的 70%。店口则从过去生产螺丝螺帽发展到生产汽车零部件、空调整机、新型管材管件。品牌效应不断显现，涌现 2 个国家级名牌、38 个省级名牌。

一个集镇变成一座城市，不仅是一个工业合成化的过程，更多地表现为商业以及大量的资源、人才、资本在店口的集聚。

产业的发展直接推动了流通领域扩充并促使城镇发展。1990 年代后，大力发展商业使产业与市场互为依托、联动发展，成为推动店口经济发展的重要因素。

1992 年，店口完成了征地、规划、设计等工作，并一期投资 4500 万元，建设商业街、五金城、工业区，其中工业小区 250 亩，为企业提供发展用地。那些分散在村庄里的小工厂，逐渐向集镇上的工业小区迁移。

由于一截小巷子已经装容不下汹涌的五金财富，当时的店口官员们在老街西北首的农田、小山坡地带，辟地建城，结果造就了一个现代化繁荣小城镇的崛起。

1994 年，投资 1.4 亿元建起的占地 1.5 平方公里的中国南方五金城在店口开业。当年起，老街上密集的五金店铺，开始向这个现代化的交易市场迁移。店口的政治、经济、社会中心迅速向着南方五金城这个方向迁移。到了 1990 年代中期，店口的五金贸易逐渐由“买地方、卖全国”演变成“买全国、卖全国”。在生机勃勃的景象中，银行、邮政、电信、金融、保险等公司均来到店口。那时候，他们都是傲慢的国有垄断企业，但对于新富店口，表达了浓厚的兴趣。1990 年代快结束的时候，四大国有银行均已在店口开设了营业部或分支机构。而此时，在中国的其他地方，银行正不断地从农村和集镇撤回。

新的政府大楼、财税所、工商所、商场、学校、电力、自来水、排污管道、汽车站、公共厕所，这些公共建筑物，或被改造或在店口新生着。因为工业用电的高速增长，高压线路也越来越密集地出现在店口的天空。

1997 年，店口被列入浙江省小城镇综合改革试点镇。1990 年代，在小城镇星罗棋布的浙江，像店口这样因为产业集聚而逐渐兴旺的地方越来越多。小城镇之路，成了浙江省的重要方略。

2001 年 1 月，店口发生了一件大事。经浙江省政府批准，原店口、湄池两镇合并成新的店口镇。店口，历史上的这块弹丸之地，一跃而成为一个 6 万多人口的大集镇。

店口的城市化一下子加速，则是在 2005 年以后。当年，有人投资 1.5 亿元打造的铭仕广场在店口开业，引进的商业形态包括世纪联华超市、两岸咖啡和浙江电影大世界等。2006 年起，建设一座城市，成为店口官方的叙事基调。2006 年 7 月，店口镇通过《商业网点发展规划》。这个文本对店口商业布局的设想是，形成“一主二副两片四街”的零售网点空间，以及“一心一市”的商品市场和物流中心布局。根据此规划，到 2010 年，店口镇商业营业面积为 10 万平方米。

店口镇当然不是特例，大塘的袜业、山下湖的珍珠业、陶朱的贡缎业等均如此。可以认为，诸暨的产业集群虽各有特色，但有其基本共同点，这就是都与农村经济与农民家庭经营有不可分割的互动关系。正是这种互动关系，形成了诸暨的新兴工农—城乡关系，这就是工农结合，城市、工业依托农户经济发展，农户经济的发展又促进城市和工业的发展。

（二）大唐镇[①]

大唐的集镇原是两个零散的自然村，初时合计不足 800 人。1988 年建镇初期，镇区仅是杭金线上不起眼的荒滩地和人口不满 1000 人的两个小村庄。当时工农业总产值不到 5000 万元，人均不足 800 元。

1969 年，毗邻大唐的原诸暨宜东乡钟家村从上海织袜厂以每台 169 元的价格购得 16 台手摇袜机，创办了诸暨第一家袜厂——钟家袜厂，并设立门市部，生意兴隆，产品远销湖南、山东、江苏、江西等地区。

1974 年 6 月大唐镇（原城山乡）大松村在钟家袜厂的帮助下，从东阳购进 3 台旧手摇袜机（后发展到 11 台），创办了大松袜厂。

1977 年，原城山乡由乡政府出面，创办城山乡袜厂，后转为城山知青袜厂——城山第二袜厂。

最早的袜厂是社队集体企业。随着袜子销路的扩大，小工厂本身不能满足市场需要，促使家庭织户为社队企业配套加工的生产方式兴起。

家庭织袜业兴起的重要原因还在于当地人创造性地改装了原有的手摇袜机，成功研制一种尼龙织袜机并很快推广。改装后的袜机散布于大松、箭路等村农户中，从此拉开了大唐袜业的序曲。

---

① 大唐镇及袜业资料，主要选自《大唐报》2005 年 3 月 20 日，《从大唐袜业组织模式看产业集群的发展》《大唐镇政府工作报告》及相关网站报道。

1977 年，原城山乡大松村附近几个村，约有近百部尼龙袜机，1978 年发展到几百部，遍及城山、城西、外陈、牌头、草塔、宜东等乡镇。生产出来的袜子，最先在安华五指山公路边销售，在火车站销售，后来主要集中在“金三角”杭金线边销售，个体织袜户生产出来的尼龙袜，装在菜篮子里，向南来北往客户进行兜售，被称为“提篮小卖”。第一个“自由”袜子市场开始形成。

1980 年代初在农村推行家庭承包责任制后，随着社队企业的解体以及体制外交易市场的发展，家庭生产大量涌现并成为主导，袜子生产红红火火。

1984 年春，原宜东乡南山村率先购进了电动袜机，电动袜机一经在诸暨大地上出现，立即引起轰动，织袜户纷纷用自己的资本积累购置这种设备。在“金三角”地区，不到两年时间，电动袜机的数量就增加到 2000 多台，袜子机械的“革命”带动了袜子花色品种的不断增加，产品质量不断提高，产品数量成倍增长。

从此，大唐袜业迈出了坚实的一步。

1988 年下半年，当时的诸暨县委、县政府组建设立了大唐庵镇（原柱山乡、城山乡合并），大唐从此拉开了建设的序幕，1990 年 12 月开始建造大唐轻纺原料市场，从此，大唐有了真正意义上的袜业市场，大唐袜业从这里开始走向全国。

1993 年，浙江袜业公司、浙江瑞星针织有限公司分别从意大利购进了 60 多台电脑自动袜机，带动了大唐袜业设备的更新换代。

1994 年 8 ~ 9 月，原宜东乡南山村，原红桥乡个体户，节衣缩食筹集资金引进了韩国产全自动电脑袜机，又一次拉开了大唐袜机新一轮技改高潮。

袜业生产的迅速发展带动了地方经济的发展和城镇建设的加快。

为使大唐袜业更快地发展，从 1992 年 12 月开始筹建浙江大唐袜业市场，1994 年建成。

2001 年新建大唐轻纺袜业城。2002 年 7 月，浙江大唐轻纺袜业城开业，该市场占地 400 亩，建筑面积 12 万平方米，拥有各档商铺 1600 余间，总投资 2.1 亿元，是一座集轻纺原料、袜子、袜机、联托运四大市场于一体的新一代商贸城。这是目前国内最大的袜子业综合商贸城。2004 年成交量达 90 亿元。

当初，大唐是一个既无织袜原料又无织袜子传统的小镇，大唐人白手起家置办手摇袜子机，就是为了织袜子养家，摆脱苦日子。现在，大唐工业产值的 70%、农民收入的 70%、农村就业的 70% 都来自袜业。

大唐镇的镇域面积在2005年已经发展到53.8平方公里，其中城镇建成区面积7平方公里。

以大唐镇为中心的袜业产业集群，是全国最大的袜业生产基地，辐射邻近12个乡镇街道[①]、120个行政村，从事袜业的大小企业1万多家，从业人员近20万人。至2006年6月底，有袜机10.3万台，其中全自动电脑袜机3.8万台。[②]据2003年统计，当年年产各类袜子88亿双，占国内市场份额的65%，国际市场的35%；2005年产袜子116亿双。1999年以来，大唐镇已在这里连续举办了六届中国国际袜业博览会。“袜博会吸引了国内外最大的袜子生产销售企业、最先进的袜业生产设备生产企业和最具影响力的原料生产企业参会参展。”

（三）山下湖镇[③]

1970年代初，山下湖镇长乐村村民何木根在当地白塔湖水域育珠成功，山下湖镇随后在该村建设第一代珍珠专业市场。到80年代末，因市场与产业的互动，山下湖已出现一批珍珠专业村。

1987年9月，人们从杭州机场来山下湖，要转四趟车，花6个多小时。一位记者回忆：当他乘坐的农村“三卡”，沿着尘土飞舞的机耕路到达这里，眼前的景象让他惊讶，在连片的农村露天茅坑边，成群的农民拿着装有珍珠的蛇皮袋，赶去市场交易。

不出20年时间，山下湖淡水珍珠销量已占全世界的73%。全镇1.8万名劳动力，80%以上从事珍珠产业，昔日茅房遍地的山村如今别墅林立，四通八达的路网使山下湖去萧山机场车程仅需20分钟。

诸暨珍珠市场位于山下湖镇中心，历经五次变迁，第五代珍珠市场于2000年11月建成开业，是目前全国规模最大、设施最先进、服务手段最现代化的珍珠专业市场，市场总投资3500万元，占地50000平方米，建筑面积15360平方米，内设精品房100间、营业摊位1000个，集珍珠交易、电子商务、珍珠文化于一体，具有完善的金融、电信、邮政、联托运等市场服务体系。市场交易的商品主要是淡水珍珠，包括原珠、珍珠首饰、珍珠工艺品、

---

① 有报道辐射14个乡镇。

② 大唐镇政府2007年《袜业调查报告》。

③ 林贤富：《从“珍珠之乡”到“珍珠之都”的科学蜕变》，http://www.zjsr.com，2008年4月21日。

珍珠美容保健4大类1000余品种。诸暨珍珠市场以其独特的魅力，吸引了众多国内外客商及知名人士，商品畅销国内，远销美国、日本、俄罗斯及东南亚等国家和地区。目前，市场日人流量近万人次，2004年市场总成交量为680吨，占全国淡水珍珠交易量的80%，香港市场的淡水珍珠90%以上由诸暨珍珠市场提供，市场总成交额16.2亿元，是国内规模最大的淡水珍珠专业市场。

走进山下湖镇，时常能领略到当地的珠光宝气。该镇以珍珠市场为中心，辐射周边6个乡镇，现已形成以珍珠养殖为基础、向工艺品和保健品及药品加工生产延伸、市场与社会化服务相配套、区域内外相结合的产业经济格局。2005年，该镇珍珠加工企业500余家，从业人员近2万人。

诸暨境内块状经济的强势发展，使其由昔日的绍兴穷县发展为今日的浙江强县，对其城镇化进程也产生了重要的影响，尤其是块状经济发展使城市急速扩张与人口集聚现象都相当明显。目前，诸暨已经有店口、大唐、山下湖、枫桥、次坞、牌头、草塔7镇进入浙江百强乡镇之列。另外，产业集群—块状经济之所以发展，就在于与农村农户经济的良性互动，在于农户以不计自己成本的代价生产。

在绍兴市312个农民人均收入超万元的村庄中，诸暨市占了289个，约23万农民人均收入超万元。这恰好证明了农民家庭工业与城镇经济和大工业之间的相辅相成关系。

诸暨的实际表明，位于城镇的大工业企业，或是因为借助农民家庭的低廉成本的加工而获取了终端产品的强大竞争力，或是因为替农民产品进行精加工、后加工而得以壮大。也正是在此基础上，因企业的发展带动了城镇的扩大乃至向城市发展。由此形成了以产业集群为载体（或纽带或体现）的工农—城乡关系。其实质是以一个产业为纽带连接城市和农村家庭不同产业链的利益共同体。它与明清江南的城镇与农村经济关系，有着亲缘和血缘关系。

五　小结：诸暨工农—城乡关系及协调发展问题

从诸暨城乡关系的调查中，我们看到如下几个基本事实。

作为诸暨产业集群之一的贡缎业，其产生和发展、兴旺和衰退，都与当地的农村和农户经济有直接关系。没有农民家庭生产也就没有诸暨贡缎业集群。

作为贡缎产业链的基础环节，农民机户利益的评定准则以及生产方式——雇工或是自己生产——既受市场机制和利润影响，又有传统家庭因素影响并起最后决定性作用。

企业包买商的最低成本核算原则，使他们尽可能利用农民家庭生产，这是贡缎业产业集群形成的基本原因。

诸暨主要产业集群，都和贡缎业一样与农民家庭生产经营密切相关。正是依托工农结合、城乡互动和农户经济发展，才形成诸暨小城镇和城市的发展壮大。诸暨的城市和工业化不是建立在牺牲农村和农民利益的基础上而是依托于后者。这是不同于西方许多老牌资本主义的工业—城市化道路、也是不同于我国许多地区的工业—城市化道路的另一种道路。

在某种程度上可以说，农民的利益和价值取向是影响诸暨地区市场经济最主要的因素。

以上特征值得深思。它与中国国情及当前的城市化道路有重大关系。

（一）"诸暨现象"对当前中国城市化和工业化道路的启示

在中国拥有世界最庞大的农村人口、单纯城市化难以吸收、城市化的代价愈来愈高、对农业的良性互动作用的"边际效益"又愈来愈低的状况下，如何实现中国的现代化？需要考虑挖掘农村内部的积极因素，包括中国传统积极因素作为发展动力，打破单纯依赖城市和城市型工业化为唯一动力的经济发展观。这当然是一个涉及多方面的庞大复杂工程。"诸暨现象"为我们提供了某些方面的启发，即通过建立某一种产业的"产业集群"与农民家庭生产的产业联动关系，达到以下目标。①良性互动关系。第一，工业方面，因产业链的重要环节是农民家庭生产，因此可以极大降低成本与增强竞争力；农村方面，农民因发展了与现代工业相连的家庭工业，可大大增收。第二，避免现今城市化过程中资源向大城市集中以及高代价、农村空心化和边缘化：农民留在家乡以半工半农方式增加收入建设家园。②在一个方面走出符合国情的现代化道路。第一，尽可能利用人力资源，发挥劳动力密集在生产要素配置中的优势和替代其他资源的作用。第二，传统农业和家庭工业因得之于现代工业部门在机器原料等方面的支持而革新，得以提高生产的数量和质量。正是通过这个过程，传统部门进行了"内部革新"。第三，现代工业因农村工业的发展获得了广阔市场：生产资料市场；工业造生活用品的农村市场。这是一条工业农业相互补充、相互支援、共同现代化的发展道路。其最终结果是工农业共同发展，城乡共同发展，在工农城乡共同繁荣的基础上实现全国的现代化。

（二）问题与隐患，历史的经验教训

但是，我们在诸暨看到的产业集群与农民家庭经营的“一体化”，还存在许多问题，远远不能保证良性互动的长期巩固。在中国近代史上，某些产业或某个企业与农民形成纵向产业联合关系并不少见，但就全国看，始终未形成工农—城乡关系的整体良性互动。其存在的问题主要如下。

（1）近代中国的市场机制，只能使某些企业、行业在一定时期和一定条件下，从自己的直接利益出发去帮助农村经济，如为了获取优质原料帮助农民改良作物品种等，却根本不可能去帮助与己无关的全国地区的农村。

（2）即便在发生企业对农村经济的帮助，但这里还有对农村经济和农民的眼前利益和长远利益的关系问题。例如，企业为了获取优质原料，会帮助农民种植烟草和棉花、发展蚕桑业。但在市场行情大幅下降时，农民可能蒙受极大损失。在近代中国的整体宏观经济环境下，由于外国资本和产品在中国横行霸道，也由于国内市场的狭小，工业品市场常常处于供求关系失衡、供大于求的恶性竞争中，厂家为了降低成本，不能不千方百计压低原料价格，作为初级产品的农产品自然处于劣势地位。

（3）农村工业同类产品激烈竞争，发展到竞相压价、假冒伪劣，最后两败俱伤，这在土布生产中十分明显。

（4）由于农民没有自己的组织，在购买原料、出售产品时深受商人控制盘剥。大大影响了农村工业的发展。

（5）中国近代已处于人口与可耕地相对紧张之中，农经比例、工农业比重、城乡经济关系需要形成全局性适宜比例关系，远远超出当时市场机制所能优化配置的限度。

近代中国的经验教训，说明中国这样一个人口众多的大农业国在现代化过程中仅靠市场和企业利益机制，远远不足以实现工农—城乡关系的全面良性互动，必须有国家正确的经济发展战略的指引和相关措施，必须有农民维护自身权益的各类组织与内部协调，必须有国家主权完整和对国内市场的有效调控，更重要的，必须有国家在政治体制方面对阶级关系的合理调配。这些，当时政权都无从做到。

今天的中国与近代已发生重大变化，但在诸暨，某些深层次问题仍显现出与中国近代经济演变过程中内在矛盾的相承关系和相似之处。①市场风险很大，在面对市场风险和投资损失时农民完全无能为力。②工业和商人的强势地位与农民家庭经济的绝对弱势。③店口镇以及大唐镇和其他诸暨市镇的快速成长也伴随着一系列问题，如环境污染、农民失地等，绝不可以忽视。这些问题恰好反映出城市化的推进一定要与农村、农业、农民保持协调发展而不能相反。限于研究局限，这里不能深入。

（三）进一步的思考

上述问题是我们在村子里短短半个月中看到的表面现象，它说明了市场风险和不确定性的巨大，说明了农民家庭工业在风险中承受的巨大损失和无奈。在这个现象背后，似乎还有更多东西需要深思。

（1）市场风险在任何商品经济中都无可避免。但如诸暨这种以农户加工为产业集群加工链的一个环节的形式，农户所承担的风险，按理说，应比分散农户直接面对市场为小，抗风险能力更强。但实际上市场风险带来的重大损失很大程度上是由农民承担了：出口商和介于其与农民之间的包买商，抓住农民急于挣钱的急迫和家庭经营的分散弱势，将直接开设工厂经营的风险转嫁到了农民身上。在低成本竞争中，尽管就中国整体看获利甚小，但在中国产业内部，农民获利的比重更少于商业资本，但承担的风险很大。与商业资本相比，农民的利益与风险殊不平衡。这表明，和近代社会中的企业与农户生产之间的关系一样，在当前的产业集群中，仅靠企业的直接经济利益，仅靠市场调节，并不能保证两者间的互动互补、长期稳固。

（2）降低风险的重要办法是多种经营，“不要把鸡蛋放在一个篮子里”。在历史上，善于经营的农民原本是深谙此道的，他们会尽可能实行多种经营，包括副业和手工业的多种经营，如种田、养猪、养鸡鸭、搞家庭手工业等。但新中国成立后，由于统购统销和合作化、公社化运动，农民的家庭手工业如纺织基本被取消，而被城市工业所取代。在改革开放后，农民家庭经营重新恢复发展，但原本在农民手中的大量工副业已经变为工业部门，并未回到农民手中。尽管许多地区的农民有可能从事某种工业。这就使那些不能进入工业和工厂的农民，仍然缺少“致富门路”。除了拼命从事工业（无论是在工厂还是在农村家庭），他们很少获得挣钱机会。但单一化的工业，就极难避免过度竞争及市场风险了。

农副工结合中，农业居于主要。但当前许多地区的农业已高度萎缩。农田越来越少是重要原因之一。在吴家塔村，农业尽管在农民现金收入构成中远远低于工业，但这并不等于它的重要性丧失。确实，农田是农民生存的最后一道保障线。而当地的农田因各种原因在不断减少。农民们对此非常担忧。无疑，农业的缩小趋势也是农民们拼命扩张家庭工业、希望能抓住机遇多挣些钱以防意外和今后不测的重要原因。

（3）今天的产业集群中，工业的任务实际与农村经济紧密联系在一起。作为龙头，工业的好坏已不仅关系自身，也关系农村和农户。在产业集群中，从工业产业本身的长远发展考虑，已不容许以损坏农户利益来增加自身利益。但无论企业家还是政府机构，对此的认识似乎都不够，特别是政府。为保障产业集群中的农工商良性互动关系，只能由政府从战略目标着手，运用经济杠杆，从宏观角度理顺工农—城乡关系。

那么，应该如何使二者的互利关系长久下去呢？这就提出了农村农民现代化中应该高度注意或必须解决的根本性问题：第一，农民在经济眼界、技能、文化等方面的提高和继续再教育的重要性；第二，农村组织和制度建设，包括农工商关系在生产和商贸领域的创新性整合的必要；第三，农民经济权益的制度和法律保障及提升；第四，国家经济发展战略的调整。

上述问题，绝不仅仅涉及经济问题，也涉及政治问题、社会问题、文化教育问题，涉及中国现代化过程中以新的理念调整和安排国家、农民和农村、工业和农业、城市和乡村的全新关系。尽管诸暨、古塘、吴家塔村调查只是一个小之又小的点，尚远不能对上述问题提出解决方案，但笔者相信，这里的问题绝非孤立和偶然。诸暨、吴村所凸显的生命力和不足，为我们探索中国农村变革方向，为探索新型的农业与工业、农村与城市关系提供了值得思考的有价值的典型个案。

第十八章　结语：变革与传承——中国现代化的双重使命

近代中国正处于从古代农业社会向近现代社会经济转变的“数千年未有之奇变”时代。思考传统农耕社会与现代工业为代表的相互关系，研究这种关系在推动近代中国大变革中的作用，自是题中应有之意。但这种研究需要注意两方面的问题。一是充分注意近代中国与古代的承接关系，要把近代中国放到整个中国大历史的长河中去观察。之所以如此，是因为近代直至当代的中国，与古代中国是不可割裂的一个整体，尽管发生了巨大变化，但在多方面延续了古代中国的特征。特别是资源与人口数量的比例及生存环境诸方面的特征极其深刻地影响和制约了近代以来的中国。二是充分注意研究和分析的方法。若用一句话概括，即欲认识中国社会经济的特点和规律，一定要从中国的实际出发，从中国的历史和国情出发，而不是单纯从名家和名人之理论出发，这些理论的立论基础只要和中国无关就不能盲从，哪怕是诺贝尔奖获得者。有些极端地说，笔者没有发现一条《西方经济学》中的基本定理源于对中国经济历史进程史实的实证性抽象，例如，社会分工、商品经济、市场机制、传统经济的转型等。而正确认识中国的历史和国情，端赖于从浩瀚的文字资料和无穷尽的实际生活中去观察和思考，没有其他途径。

具体到现代化问题也一样。不难发现，在讨论中国现代化道路时，许多人会有意无意地把“已有现代化国家”作为衡量、评价中国现代化程度的标准。由 18 世纪英国肇始的工业革命，被认为是这条全球现代化道路的开端。实际上，当代国际学术界早已不是“西方式工业化是现代化唯一路径”理论一统天下了。如果暂时放下第二次世界大战后出现的对西方资本主义经济持批判态度的“激进”政治经济学流派，美国学术界自 1970 年代后涌动的、对西方中心观主宰的历史观的强烈批评，可以被认为是对“西方道路是唯一现代化道路”观念的一大冲击。[①] 近些年来一些欧美日学术界的知名学者从纯粹学术的角度又提出了一反“传统现代化观”的理论观点。日本著名学者杉原薰近年来强调，从长期历史角度看，世界经济发展存在两种不同的发展路径或发展模式，一种是源于西欧的工业化道路，另一种是东亚的勤劳革命道路。西欧道路的特点是采用资源和资本密集型的发展方式，而东亚道路特点是采用资本节约、劳动密集型技术及用工制度，是“劳动密集型工业化道路”。[②]

无疑，由于“勤劳革命”的观点对现有的现代化及相关经济理论有巨大冲击，难免引起质疑，即便是肯定者也可能有局部异议。但是，如果不能推翻该理论提出的一个构建前提，即“由于东亚人口与其他发展中国家人口问题是如此巨大，很难使他们的生活水准全部提高到西方国家的水准，无论从技术能力还是从资源能力方面都无法达到。无论如何，美国技术都太偏重于资源密集和资本密集形式，因而很不适合发展中国家”[③] 是历史过程中的和现实生活中的一个基本事实，那么，对严肃的学术研究而言，在研究非西方国家现代化问题时，一定要坚持“西方工业化道路”是“全世界经济发展的必然之路和方向，是社会发展的基本规律”，至少是需要讨论的。

在中国现代化的过程中，如何对待传统经济（以农民家庭经营为代表），如何处理好传统与现代化的关系，应该是最重要的核心问题。这个问题是由国情本身特点决定的，不以人们的主观意愿为转移。这也同时决定了对国情能否正确认知是现代化道路健康发展的关键所在。因此，中国的现代化思路，不取决于人们的主观愿望，也不取决于国外模式，只取决于是否正确认识中

① 柯文：《在中国发现历史——中国中心观在美国的兴起》，中华书局，1988。

② 〔美〕乔万尼·阿里吉、〔日〕滨下武志、〔美〕马克·塞尔登：《东亚的复兴：以500年、150年和50年为视角》，社会科学文献出版社，2006。我们注意到，一些国际知名学者，如乔万尼·阿里吉、滨下武志、彭慕兰等，在研究的不同角度上采用了“两种类型的经济发展路径”的视角。

③ 〔美〕乔万尼·阿里吉、〔日〕滨下武志、〔美〕马克·塞尔登：《东亚的复兴：以500年、150年和50年为视角》，社会科学文献出版社，2006，第131页。另注，这是彭慕兰对杉原原话的评论。笔者不认为杉原的论点有什么问题，哪怕是在今天。请注意杉原在《东亚的复兴》第三章提出这个观点时所用的资料和分析角度。非常重要的是，杉原提出了“东亚将两条道路结合起来从而克服了资源约束的障碍”，“只有在冷战开始时（日本）才从劳动密集型工业化道路上找到了两条道路的结合点，日本经济从此具有了世界影响”，“以中国在20世纪80年代至90年代前半期的调整发展以及一个强大的东亚地区经济体的出现为标志，两种发展道路终于结合到了一起”之类的观点。这极值得深思。

国国情，是否适应于中国国情。

这样说的道理何在？

（1）中国号称五千年文明古国，农业文明占据了绝大多数时期，以农户为单位的农民是民众主体。这是最基本的历史和国情，毋庸置疑。

（2）鸦片战争后，发生了数千年未有之巨变。中国原有的历史此时已不能不变：一方面，实力远超农业文明的工商资本列强的武力入侵，使中国面临亡国灭种的危险；另一方面，中国内部的资源与人口矛盾，使得固有的几乎全部以农业支撑的国家稳定格局难以为继，全社会又面临末代王朝覆灭的覆辙。两者并存，中国不能不变。

（3）但是这种历史条件下发生的巨变，不能不具有其内在的一个根本性矛盾。中国所置身的内部和外部环境和条件，使其不能走上西方资本主义方式立国的“现代化”之路，这条道路本质上是一条通过国际交换（包括常态国际贸易和侵略战争）换取自己需要的生产要素来发展和壮大自身。中国国情不能指望以此路径解决庞大人口的吃饭和就业问题。当然国际资本主义也不允许中国与他们平等贸易。如此，中国仍然不能不依赖、至少是不能完全脱离历来有效的以农业、农民作为经济基础的立国之本。然而这一整套治国理政的历史经验却不能有效应对现时问题。这个根本性矛盾，导致中国要改变的绝非仅仅是摆脱单纯的“落后挨打”局面（从鸦片战争后直至现在极少有人不这样认为），而是如何既要在某种程度上改良数千年来的生存方式，同时又要使这种改变适合中国国情和中国人的实际需要。或者说，中国的所谓“现代化”面临的任务是既要变革传统又不能完全丢弃传统。

这至少从逻辑上表明，新式工业与传统农业、现代城市与传统农村之间的相互作用，是推动中国迈向现代化之路的核心原动力。

（4）正因为这个变革是其内在矛盾的外在表现，故其变革历程呈现的完全不是“先进”消灭“落后”的一边倒局面。中国早期现代化的历史表明，新的具有资本主义性质的经济因素与传统的农业农村之间不是一个“新”（以西方生产方式为代表）消灭或取代“旧”的此消彼长、你死我活的替代关系，而是分为两大类型。一类是取长补短、相互融合、互补互动。这种关系是中国早期现代化健康顺利发展的主要原因。另一类是两者互相冲突、互相排斥。在很多状况下，这导致传统部门受到破坏的同时，现代部门也丧失了发展空间，传统与现代经济两败俱伤。

（5）为什么会形成上述似乎与经典理论相悖的现象？并不难理解，这是中国基本国情所致。

一个社会能否革除陈疾、长治久安，基本条件是变革必须符合国情。而国情又约可分为两方面内涵，一方面是随着时代变化的新情况而出现的短期国情，它对国家的影响是短期的可能也是有限的；另一方面是相对固定的长期基本国情。人们往往注意的是短期国情，特别是国家的部分政策会随着这种变化而随时调整。但本书特别注意的是长期基本国情。短期国情若非转变为长期，则从根本上要受长期基本国情的制约。长期国情对国家和社会的影响是深层次的、基础性的，因而也最终是有决定意义的。对于一个向“现代转身不易”的历史悠久、有深厚传统的世界人口最多的文明古国尤有重要性。

什么是中国的基本国情（这里主要指经济方面）？

中国自形成一个地理上可以划分为一个国家的地域后，其国情虽有变化但总体上仍有许多最重要的特征并未随着时间的推移而发生明显改变，且一直延续到今天。笔者将其称为基本国情。基本国情与其所处的自然生态环境有直接关系，例如，地理位置、气候条件、山川水文、土壤成分、矿产资源等，这些往往是数百数千万年大自然的产物。而正是在这种自然环境的孕育下，形成了适应环境的人类社会，通常所说的传统、信仰、风俗习惯等常与之相生。因此，基本国情是国情中相对稳固的部分，它不但深深影响了古代社会，历经晚清的大动荡、新中国的巨变，依然影响着今天。其表现和主要影响如下。

第一，中国是世界人口最多的国家，在清代前期已超过 4 亿人，在目前已近 14 亿人。

第二，中国人均资源高度紧张，特别是耕地、水等不可再生资源的人均拥有量居世界后尘。

第三，就全国范围看，中国庞大人口的吃粮问题只能主要靠自给，而不可能依赖国外进口。

第四，中国人口的就业只能靠国内解决，不可能大量输出劳动力。

正是这些基本国情，对中国的工业化、城市化给定了基本制约和限制，决定了中国的现代化过程中城乡—工农业关系的极端重要性。

第一，必须在国家资源总存量中，留有可供 15 亿以上人口吃饭的份额，如众所周知的 18 亿亩耕地。这是中国人的生命线，也是中国作为一个国家存在的安全底线。

第二，在保障耕地、不能逾越 18 亿亩耕地红线的同时，也就同时对中国的城市化给出了一个不可逾越的“红线”。中国的城市化程度和规模，只能由此决定，而不能由某些外国现代化过程中的城市化数据来判定。中国的城市化过程是以大量占用农业耕地为必要条件的，而现有的18亿亩耕地已是中国人最低限度的生存保障线，且在当前实际中能否确保已成为要“拼命力争”的事（可能早已突破）。这已清楚表明，以耕地承载量为前提的城市化的扩充空间趋于极限。

第三，中国人口、资源状况对城市与农村的规模即工业、农业两大部门的比例关系设定了刚性制约。中国城市化规模接近极限，这就意味着，不久的将来，当中国人口达到或超过15亿时，其中相当多人的就业问题，不能再指望和依靠城市和传统工业以扩大外延的固有方式解决，不能通过城市化过程，以“摊大饼”的办法将人口的主要部分——农民变为市民的方式解决，而只能在现代科学技术的帮助下，通过城市和工商业与农村的融合发展，发展新型的包括家庭经营在内的农工一体化产业和多种经营来解决。努力实现大量农村劳动力就地消化和现代化。

第四，所谓“社会变迁”的主体是活动的人，社会变化的发生，取决于民众的基本要求。“传统”社会中人的主体是农民，农民有自己最基本的生存要求，这就是维护以家庭为根本的经济的健全和相应发展。社会是由人组成，生产力和科学技术能够产生全面影响，归根结底是适应大众需求。社会变革的最终成功亦缘于民众的认可程度。社会发展最终都是由人——农民来左右。中华民族五千年史，正是由以农民为主体的人的生存要求所产生的力量来推动的。

第五，更重要的是，以农民为主体的中国劳动者可被称为世界上能吃苦耐劳的劳动群体之一。他们在数千年时光中以家庭为单位，勤劳俭朴，为了生存不惜任何付出，能够忍受任何苦难，这是中华民族的极为突出的民族特性。在集中统一的政权强制下，中国劳动者在难以想象的艰苦条件下修建出万里长城这样的古代奇迹，在当代新科技支持下创造出以各种人力资本为支撑的新生产力，形成了中国现有条件下独特的生产要素的最佳配置（农民工至少是特色之一），取得了21世纪初的伟大成就。①

在数千年古代社会的历史变迁中，经历无数次动荡、战乱、天灾人祸、

---

① 学术界对人力资本有不同理解。本书的看法是，人力资本泛指包括作为社会生产力要素之一的人的劳动能力在内的综合能力，既包括体力也包括脑力。这是一个有明显历史时空性的动态概念，在西方斯密时代和现代、中国古代和当代，其内涵是有变化的。

政权更迭，除农民家庭的组织形式和经济功能及其相应的文化传统得以保存并延续外，其他一切都灰飞烟灭了。原因何在？

归根结底，是农民的需求、要求。在中国受工业化影响之前，传统中国的家庭经营具有最有利于农民生存的机制。

第一，对农户而言，它的成本最低：一个家庭是由每个成员共同组成的一个不可分割的整体，全体成员“各尽所能”，根据收入总量和每个人的实际需要从事生产和经营，“按需分配”（尽管是低水平的）。如果把农民家庭视为一个微小经济组织，那么其中根本不存在市场经济中的“产权”及其分割，不存在工资范畴，不存在劳资关系，也就根本不存在任何“交易成本”问题。

第二，这种成员之间按自身能力劳作和内部分工协作的经济共同体，家庭整体利益就是每个成员利益的叠加和每个人利益的最大化，自然效率最高、内部矛盾最少。

第三，生命力最持久最顽强：由天然亲情联结在一起的经济组织，“打断了骨还连着筋”，远胜过任何外来强加的“制度安排”。

第四，是一种将经济、社会、血缘最密切地结合、生老病死问题均可解决的满足人类最迫切、最基本需要的天然组织形式。

第五，至少在中国，对于以人力耕作的小规模农业，最适宜的作业方式是小农家庭模式。在推进联产承包责任制时，以杜润生为代表，理论界已有相当充分结合实际的深入讨论。

正是农户经济的上述机制，才会出现在现代大工业雷霆万钧的冲击下，亿万农户拼命抓住自身能把握的原有的部分生产方式，在改良基础上尽最大努力保护之、维持之，因为这不单关系个体，还关系全家的男女老少，关系他们的生老病死。除非新生产方式能够在以上诸方面代替传统，否则农民们不可能毁灭唯一有效的生存方式。

但是仅仅重视传统是远远不能解决问题的。因为中国在近代已经面临历史上从未有过的新变化。在高度重视基本国情中传统因素长期作用的同时，不可能不高度重视国情中的新变化。不过这个新变化并非单纯由外力影响这一个简单因素所引致，而是新事物、新因素作用于传统机体上的后果，是新旧两种事物相互“角力”的产物。在这场角力中，外来因素和中国本土因素都发生了大变化。角力的后果如何，完全取决于二者在多大程度上满足中国最基本的需要。就中国近代状况而言，我们所看到的历史是，中国基本国情中的根本性特点——民众对生存的需要，通过亿万农民的主动或被动的选择，最终推动中华民族走上了中国式的早期现代化道路。

在近代工业的巨大冲击下，近代中国小农经济已大有变异。农业生存环境包括生产和交换都受到了现代经济（包括生产的动力、原料、技术，也包括市场交换）的重大影响。但这并不意味着农户经营已被消灭或发生了本质变化。恰恰相反，我们看到，传统农户经营开始迈向现代化的起因，是亿万农民为了更好生存（或是为了保住生存底线），主动抓住了新生产技术、原料、工具等，与传统生产手段密切结合、改良更新的后果。这最明显地体现在中国近代史上发生的农民利用大工厂的产品机纱为原料，用改良（甚或传统）的织布机和人工织造土布的事例上。在数十年中，这种机纱土布不仅能够在市场上压倒完全的机制布，农村用纱还成为现代纱厂最主要的市场，从而为机器纱厂这个近代中国最大的现代工业部门创造了庞大的市场。不仅如此，轻纺工业的发展又进而带动了机器制造等重工业的发展，为整个中国的早期工业化奠定了初步基础。除此之外，工业化的发展还在多方面可与农村发展相辅相成。近代工业向前发展时，已经开始出现了如下一些迹象。它们并非一定要集中建立在大城市中，而可能分散在广阔的农村中。新型现代工业不一定是早期通行的产品从原料到成品的“纵向一体化”、流水线、大批量生产方式，而可以是多企业分工协作、小批量、柔性化生产。中国经济史已经表明，自采用油气特别是电力后，动力也可以从集中变为分散。这些新的工业生产方式，为小型分散却有顽强生命力的农村小企业和农民家庭工业提供了发展的广阔空间，也为中国版本的政治经济学增加了部分有说服力的注解。

新变化仍在继续。新中国成立迄今已 70 余年，社会经济发生了极大变化。无论是生产力，还是生产方式、交换方式，中国越来越深地融入世界，由此深深影响到其社会经济的发展特征。但是，由国情决定的主要历史特点仍然存在：中国仍需自已解决基本粮食供应而不能依赖外国；中国人的就业仍只能主要依赖国内解决；人口总量和资源 - 能源的紧张状况要远远超过历史以往；城市化率即便达到发达国家水准，农村仍将有数亿农民，超过任何一个发达国家人口总和；同样，经济发展中国际贸易依存度对 GDP 的贡献虽然到了很高程度，但同时也产生了巨大风险和不确定性，高度外贸依存对国家整体经济发展的推动难以一直扩充下去；同时，资源、能源和生态环境对经济发展的硬约束愈来愈大，特别体现在对以“传统方式”推进工业化和城市化方面。只要这些特点仍然存在，中国经济最主要的问题无疑仍是满足人民大众的基本生存——谋生问题，即在可持续前提下解决庞大人口的吃饭和就业问题。

正因为以上诸点，中国现代化从一开始就走上了与典型资本主义国家（如英国）发展资本主义颇为不同的道路：它不可能以掠夺“落后民族”和建立全球霸权作为“现代化”的前提条件；不能以此为前提，先实行国内的资本主义原始积累，剥夺和消灭小农，将他们变为一无所有的无产者而进入工厂，然后再依赖攫取海外乃至全球的暴利将劳动者又变为“工人贵族”；而只能沿着这样一条道路为“现代化”的切入点，即依靠农民生活改善和农村经济提升来发展自己。但中国受条件的限制又不可能单靠农村内部资源来解决问题，由此，不能不形成一条工农业相互依赖、相互补充并且现代经济和现代产业在很大程度上具有民生性质（社会分配相对公平、服务大多数民众特别是农民而非单纯为少数人发财）的现代化之路。①

这就是本书一再强调的“处理好传统与现代的关系是中国现代化的核心问题”之缘由。

最后，我们觉得有必要略谈一下对以西方经济学分析中国问题的反省。当下的学术界，用某些西方经济学理论分析中国经济史可说十分盛行。个人认为，是否值得提倡，不存在一个简单的肯定或否定的答案。这不取决于这些学说本身的正误，最重要的是，在运用这些学说分析中国问题之前，一定要搞清楚它们成立（或许被认为是一种公理）的背景和前提。换句话说，这些理论所分析的问题在中国是否有类似的背景和时代特征。如果用来分析的对象大不同于该理论建立的前提条件，则显然，这些理论是不能适用于分析中国的。

此问题不能详论，只是最简单地提一下。可以分中国古代、近代、当代三个时段观察。

首先检视一下古代中国小农经济及商品交换和市场的特点。中国古代泛指从有文字可考时期至1840年的三千余年。这一时期的绝大部分是以农民家庭经济为主。其重要特点之一是农民家庭为生产和生活的统一单位，在交换上是自给性与商品性相结合。这个重要特点与早期希腊罗马时期的西欧以及

---

① 笔者注意到，若干年来，资本主义世界经济体系内部发生了许多重大的变化，特别表现在西欧、北欧一些国家中，他们特别重视如环境、社会分配、国家与私企的关系等问题，以致有学者著书立说，提出“莱茵模式资本主义”与“新美国式资本主义”之间产生的“资本主义反对资本主义”的观点。这提示人们，在比较历史上的中国与西方资本主义时，应高度关注中西双方的新变化，力避“旧瓶装新酒”问题之产生。

中世纪西欧的生产和交换关系殊不相同，特别体现在中国古代商品经济和“市场机制”的特征上。而当前我国学术界主流理论分析中国经济问题是沿用西方经济学的商品经济理论，例如，斯密的《国富论》等抽象构成的古典经济学为最初基础，之后又有新古典等多个学派。我们知道，古典经济学是以资本主义商品市场经济为分析对象的。不要说中国古代的商品经济和市场，就连当前大行其道的“中国商品经济”，在性质和功能等多方面都不很同于18世纪的西欧（较详细的概论可见拙文《关于斯密型动力及其对中国经济的影响》[①]《小农与中国古代社会的商品经济》[②]）。显然，照搬西方经济学分析的结论实有南辕北辙之嫌。

这又不能不涉及西方商品经济立论的起源——社会分工和交换——与中国古代的小农经济的重大不同。

我们看到鸦片战争以来的“中国近代”时期，此时中国农村的“传统经济”在资本列强冲击下基本不是或在很大程度上不是“二元经济结构”所预设的理论模式，即不是工业化城市化消灭传统农村经济，而是传统农村经济、现代城市工商业和居于二者之间的、经过变革改良的农户经济。这就是笔者所谓的“中国近代三元经济结构”。1970年代后期直至当前，这个结构又在我国农村大量涌现，且方兴未艾。较详细的论述可参考拙文《关于中国经济的二元结构与三元结构问题》[③]。

当代中国的城市和乡村，仍然远远未到西方经济学所谓的城市化工业化阶段。农民工不是现代意义上的城市市民，而城市的产业工人又发生了大变异。每年春节数亿返乡大军的现象有增无减，不过是管中窥豹而已。另外，现代科技如电子网络通信等的发展，使传统的工业生产和商业市场模式极大变化，并对社会分工、就业方式等经济理论中的传统分析对象和经济行为产生明显冲击。这些新变化，无疑对农民的就业和兼业、农民家庭生产、城乡之间的产业关联以至社会分工的新形式，在理论上和实践中都将产生革命性变革。看到这些变化的端倪并预见它们对中国的可能的后果，是难得的也是值得称道的真正意义上的中国经济学人。

可以说，综合有信史记载的中国经济三千年来的运行实际，并与西方经济理论由以立论的历史相比较，差异实在太大。十分明显的是两者的国情不

---

① 林刚：《关于斯密型动力及其对中国经济的影响》，《中国经济史研究》2006年第4期。

② 林刚：《小农与中国古代社会的商品经济》，《中国社会经济史研究》2017年第4期。

③ 林刚：《关于中国经济的二元结构与三元结构问题》，《中国经济史研究》2000年第3期。

同。正如顾准在40年前所指出的“资本主义是从希腊罗马文明产生出来，印度、中国、波斯、阿拉伯、东正教文明都没有产生出来资本主义，这并不是偶然的”[①]。“认为任何国家都必然会产生出资本主义是荒唐的……特别在中国，说会自发地产生出资本主义，真是梦呓！”[②] 顾准立论的核心依据，是认为海上文明与中国大陆农业文明在生存环境上的一个根本性差异，即获取生存资源——包括生产资源和生活资源——的来源不同。本书以为，这不仅决定了二者的资源总量的供给弹性不同，而且决定了二者的资源在经济生活中性质不同。这直接影响到中西文明的生存大环境，进而导致二者不同的社会经济发展路径与基本规律。

在顾准之后的近半个世纪，我们再次注意到了另一位史学大家许倬云关于中西方的不同的社会发展路径的看法：“中国和欧洲两个地区的古代人类各自走了不同的道路；中国人选择了定居的农业，欧洲的古代人类则是不断地征服和扩张。”[③] “远程的商业活动、殖民组织以及繁密的交通网，这些特质在欧洲的发展史上成为一个长期继承的传统。在近代世界，大英帝国的扩张又一次呈现同样的例证……对比中国古代的面貌和欧洲印欧化过程中发展的面貌，我们看到，其间各自保存的传统，终于在后来两三千年的发展过程中分道扬镳，各走各的道路，各自发展相应的价值观念和社会制度。”[④]

近二百年来，中国为了摆脱落后挨打，学习外国先进可谓不遗余力。但片面和教条模仿的效果并不好，甚至会带来灾难性后果。中国人在这方面吃亏实在太大。有成效的是结合中国实际的学习和革新实践。现在看来，仅仅学习还远远不能满足中国现代化的需要。首先，需要虚心和认真借鉴外来先进的历史经验，包括理论观念。其次，不能盲目和教条式地照搬，而一定要真正弄懂这些理论分析的对象和立论根据。最后，不能过分迷信所谓的经济科学，以为它是解决包括所有国家在内的经济问题的灵丹妙药。对社会人文学科而言，没有什么通行于全世界的放之四海而皆准的普遍真理。所谓真理，不过是思想家们对所处时代环境引发问题的思考而已，而时代环境总是因时、因地、因人而变化的。

① 《顾准文集》，贵州人民出版社，1994，第318页。

② 《顾准文集》，贵州人民出版社，1994，第326页。

③ 许倬云：《中西文明的对照》，浙江人民出版社，2016，第27页。许倬云，美国匹兹堡大学历史学系荣休讲座教授，中国台湾“中研院”院士，2004年获美国亚洲学会杰出贡献奖。

④ 许倬云：《中西文明的对照》，浙江人民出版社，2016，第25页。

总之，努力探索符合中国国情的经济学理论，似乎是摆在中国有志之士面前的重要任务。在这个任务面前，中国思想界一定不能随风摇摆，而要保持独立思考的定力。中国的特殊国情和巨大变化，向人们提出了构建中国经济学一定要结合本土实际的要求，也为努力完成这个任务提供了广阔空间。

余论：继续的思考

吾生也有涯而知也无涯。回顾170余年中国从传统向现代“转化”的历程，最值得笔者深思的是什么呢？

最需要切记的是，任何一种“从传统向现代”的变化发展（即现在所谓的现代化），其最终的目的是达到人本身的逐渐完善，是为了整个人类和人类借以栖身的地球的久安。但是，这个根本性的目的已在很长时期中被经济发展、市场经济、个人欲望最大化等价值观所淹没。

我们迫切需要重温一下先哲们的思想。这类思想，将人类的一切活动的最终思考，上升到思维的最高层次——哲学观的层次中去考虑问题和答案。先哲的类似思想是一座取之不尽的人类文明最有价值的宝库，这里仅能摘录一点，挂一漏万，敬请原谅。

一　自然逻辑

这一节的自然逻辑含义，仅指我们现有的对大自然的基本规律的认知。

“物质世界中出现生物和人类，是宇宙进化中最伟大的事件。已经确知的生命仅存于地球圈。现代科学知识告诉我们，宇宙大爆炸发生在150亿年前，地球出现在50亿年前，经过15亿年无生命时代，35亿年前的地球孕育出单细胞生物，地球生物圈由此逐步形成。350万年前人类的产生和上万年前农业的发明，则是它演进的最高成熟和最新阶段。地球生物圈是各种各样生态系统的相互联系的集合体，构成最大的生态体，也是生命的共同体。”①

---

① 李根蟠：《农业生命逻辑与农业的特点——农业生命逻辑丛谈之一》，《中国农史》2017年第2期，第6页。

这意味着作为地球上的一切，都是大自然的产物，都只能遵循大自然的基本规律存在——无论是有机物还是无机物。作为人类，当然不例外。

二　生命和生存逻辑

地球上一切生命物质，都要按照大自然所赋予的规律去完成生命的旅程。对人类而言，人人皆知的是生和死的不可避免。作为全球生物进化最高产物的人类，最宝贵的是什么？无疑就是他的生命。人的生命只有一次。生老病死，这是所有人，无论是何种族，无论何种地位，都是不言自明的。这应该是人类最普遍的一个真理。而对中华民族和中国人而言，“生”可能应该还有更深层的寓意。这就是中国生存和发展的环境、历史造就了农业对中国文明和对中国人的特殊意义。

什么是生命的逻辑？笔者认为，对人类个体而言就是有基本生存条件的保障。其一，是个人的温饱；其二，是全家成员生老病死，即“老有所养、幼有所教”问题的解决。这对中国来讲十分不易。对有着世界上最多人口的国土上的“居民”来说，多数小百姓们的生活总体是不宽裕的甚至常常是很艰苦的。实现“生命逻辑”的设想，需要全体人民的大体公平，包括就业机会和手段的基本公平、以个人劳动（各种形式）的努力和劳动成果持有和分配的公平。这又要求对提供这些条件的外在大环境稳定与平衡的维护，如自然环境、人口和资源的“合理比例”、保障各种基本公平公正措施的制度的有效实施等。正因为这是很不容易的事，所以中国的老祖宗在文明的早期就极为明智地、紧紧围绕着保障人的基本生存条件提出了治国平天下的准则：“养生送死无憾，王道之始也。五亩之宅，树之以桑，五十者可以衣帛矣。鸡豚狗彘之畜，无失其时，七十者可以食肉矣。百亩之田，勿夺其时，数口之家可以无饥矣。黎民不饥不寒，然而不王者，未之有也。”[①] 这看起来非常简单的几句话包含了经济、政治、思想各方面的治理国家的基本原则，这个从解决人根本需求问题入手的“王天下”准则，历经了几千年实践检验而不败。《周易》中提出的“天地之大德曰生”，及“生生之谓易”，[②] 是中国人从哲学

---

① 《孟子》，梁惠王章句上。

② 《周易·系词》。

观念上总结的人类生命活动的总纲，将保有人的生命问题提升到维持整个社会平稳的最高准则的程度。孟子的“养生送死无憾，王道之始也”既是“天地之大德曰生”的具体体现，也是儒家学说的中国生命哲学的元典释意。

无疑，“生”的问题绝非单单是中国古代的头等大事，不过由于中国古代连续数千年的农业文明，古代哲人对此有更深入的体会。李根蟠在论述中国传统的大生命观时指出“中国古代在广度和深度都处于世界前列的农业实践，铸就了具有中国特色的大生命观”。何谓大生命观？笔者的理解就是天下万物最可贵的就是他们的生命，“无论生生观、一体观或是三才观，都以生命为中心”。“大生命观是中国传统文化的精华，体现了有中国特色的世界观、价值观和思维方式”。[①] 李根蟠具体将中国的大生命观与中国传统农业生活联系在一起：认为这是中国传统农业生活的文化功能最重要、影响最为深远的表现。国学大师钱穆认为，中国古圣贤一切大道理皆从农业与农民的实际生活中体会发挥而来。中国文化是一极深厚的农业文化。农业的第一特征是一半赖自然，一半靠人力。而我国古人所称之天人相应、天人合一，正是十足的农村观念。[②]

随着经济高速增长中出现的种种问题，近数十年来，日本的优秀学者如坂本庆一等，亦十分注意从哲学理论的高度，从“生命哲学”中汲取营养，关注和思考“生命与环境及生活”等问题，认为对人类来说农业即意味着“生”。个人认为，他的“生命”理念完全抛开了统治了数百年的西方经济学理论中以盈利、交换和市场之类为根本原则和最重要关注目标的陈旧观念之局限，提出了以人的生命价值为核心的社会伦理、经济伦理和社会治理观念。这是一个既继承古人智慧又鲜明创新了当代陈说的革命性的理论学说。这当然不是说经济发展、增长和盈利观已经过时，而是强调上述种种都应该被置于人的价值观之下。“许多生物的生活只是为了生存而不是为了高效。”[③] 也正如另一日本学者祖田修[④]所说的“现代农业和农学的任

① 李根蟠：《农业生活功能与中国传统的大生命观（下）——农业生命逻辑丛谈之七》，《中国农史》2018 年第 4 期，第 3 页。

② 李根蟠：《农业生活功能与中国传统的大生命观（中）——农业生命逻辑丛谈之五》，《中国农史》2018 年第 2 期，第 56 页。

③ 李根蟠：《农业生命逻辑与农业的特点——农业生命逻辑丛谈之一》，《中国农史》2017 年第 2 期，第 3 页。

④ 〔日〕祖田修，日本京都大学教授，日本学术会议议员，曾任日本农业经济学会会长，日本地域农林经济学会会长，在坂本庆一任教授时的副教授。

务在于追求一种综合价值，即经济价值、生态环境价值和生活价值的和谐实现”①。

日本学者坂本庆一认为，对人类来讲，农业即意味着“生”，具体来说就是生命、生活、人生，也就是说“农 = 生”。这也就是当前时代所应该追求的价值目标。② 他给农业下的定义是“通过地球生态圈中构成生命系统的特定生物的利用和培育，为获得实现人类的‘生所必需的物质和信息而进行的人类主体性和有计划的营生’”③。

祖田修对此评论说，就对农业和农学的认识而言，坂本庆一的认识“由生产的农学到生命的农学是一种质的转换”。李根蟠评论，“坂本庆一是从人的生命活动的意义上理解农业生活的，他以‘生’为贯穿一切农业活动的中心，强调农的原理即是生的原理”，并指出，“这里的生是指生命、生活、人生，或者说性命、过日子、活法的全部。这是首创性的见解”。④

作为农业生产主导者的人，不是孤立的单个的人，而是联结成群体的人，不是脱离社会的自然人……因此，农业生产是一种社会的经济再生产。所谓社会经济的再生产，是指处于一定社会生产关系中的人，利用各种生产资料，作用劳动对象，从而取得经济效益的活动。在这一点上，农业和人类其他生产活动并无二致。但农业的经济再生产是以生物的自然再生产为基础的，这又是农业和人类其他生产活动不一致的地方。正如马克思指出的，经济的再生产过程，不管它的特殊的社会性质如何，在这个部门（农业）内，总是同一个自然的再生产过程交织在一起。农业的自然再生产和社会再生产不是并列交叉的两种生产而是结合为一体。就其主导方面而言，它是社会再生产。生物的自然再生产是作为基础而包含在社会再生产之中的。⑤

① 〔日〕祖田修：《农学原论》，张玉林等译，中国人民大学出版社，2003，第 12 页。

② 〔日〕祖田修：《农学原论》，张玉林等译，中国人民大学出版社，2003，第 12 页。

③ 李根蟠：《农业生命逻辑与农业的特点——农业生命逻辑丛谈之一》，《中国农史》2017 年第 2 期，第 4 页。

④ 李根蟠：《农业生活功能与中国传统的大生命观（上）——农业生命逻辑丛谈之四》，《中国农史》2017 年第 6 期，第 4 页。

⑤ 李根蟠：《农业生命逻辑与农业的特点——农业生命逻辑丛谈之一》，《中国农史》2017 年第 2 期，第 13 页。

三　从哲学观中认识工农业的逻辑问题

更重要的是，农产品是维持人类生存发展的绝对必需品，而工业产品则不具备这种绝对必需性。它们对生命的意义大不一样，而生命是无价的。因此它们并不在同一的等次上。不能将农业产值和工商业产值简单地做数量上的比较。农产品养生作用所衍生的社会政治功能绝非它的经济产值所能衡量。①

从以上的论述中，人们可以看到由于生产的对象不同，生产的原料、过程、条件不同，对外在环境的要求不同，作为两种产业部门，工业逻辑和农业逻辑之间有着巨大的差别。这种差别不仅影响到生产本身，也对生产者和消费者产生巨大影响。非但如此，其不可避免地会对社会整体产生影响。

然而，这还不能看作是根本性的原因，我们还需要从哲学观②中，认识工农业的逻辑问题。

李根蟠介绍日本学者祖田修的观点时说，祖田修在《农学原论》中指出，近代科学建立在以牛顿为代表、以物理学为中心的机械论自然观和以笛卡尔为代表、将人与自然完全分离的人类中心主义的自然观基础之上。虽然也取得巨大成就，但也造成严重的生态和社会问题。

以这种自然观为指导的科学研究，通过具体要素的还原来发现和解释自然，不断地走向专业化和分化，在获得长足发展的同时，各个学科往往变得孤立和保守，从而迷失了自己的位置和方向。而近代科学特别是自然科学又是提倡价值中立的，它与限定的狭隘专业范围相结合，将人们的目光从科学所关注的诸多问题上移开，规避了科学应负的社会责任。李根蟠认为，即便是自然科学也不可能与价值毫无关系，它总是直接或间接地与价值发生着一定的联系。③

祖田修指出，农业原本存在着破坏自然的方面，即将原始的自然环境改

① 李根蟠：《从生命逻辑看农业生产和生态所衍生的功能——农业生命逻辑丛谈之二》，《中国农史》2017 年第 3 期，第 8 页。

② 什么是哲学？日本的西田几多郎认为，哲学是关于人类要做什么和如何生存的世界观、人生观的学问（《农学原论》第 4 页）。

③ 李根蟠：《从生命逻辑看农业生活特点及相关问题————农业生命逻辑丛谈之三》，《中国农史》2017 年第 4 期，第 4 页。

造为所谓的人工自然环境。但过去自然是广阔无垠的，其净化能力也非常强。现代农业已经进化为“农业的工业化”地步。但同时也暴露了许多问题：多头（羽）饲养、大规模单作化、连作化及化肥的滥用，削弱了动植物的生命力。导致病虫害的多发，由此又引起饲料中抗生物质的添加和栽培中农药剂量的增大……以物质生产及其效率为至上使命的现代农法，就这样从内外两个方面将现有的人类自身发展逼上了“慢性自杀”之途。①

以上这些危害，很多都已是日常生活中人们所常见之事了。现在需要研讨的是造成这种危害的深层原因。

农业是唯一一个人与自然相交换并具有多功能的行业。农业逻辑应该是市场逻辑服从于社会逻辑，社会逻辑服从于自然逻辑。但在市场化进程中，市场逻辑凌驾于社会逻辑和自然逻辑之上，这就是“农业体系的逻辑倒置”。②

祖田修援引国外有关的思想和做法时指出，德国的从物质的发展转向知足的精神和生命的发展，从自然的对立转向与自然的共生，从以竞争为中心转向以个性的张扬为中心，从利己性的个人主义转向协调性的个人主义，从大规模志向转向小规模志向，等等，与日本出现的从物质到精神，从长大重厚向短小轻薄，从增长至上、GDP 第一向真正的富裕转变是相似的。③

以上种种，从理论上明确显示，被认为是“社会科学皇冠上的明珠”“放之四海而皆准的真理”的当代经济学早已应该对本身进行严肃认真的反省了。

祖田修深刻指出，今天，科学在带来了巨大的社会进步的同时，也带来了许多攸关人类存亡的重要问题，如全球性的环境问题、合乎人性的生存方式问题等，这些都已经成为迫切需要解决的现实问题。科学，特别是作为实践科学的农学，首先应该从所面临的实际问题出发，从根本上对自身的状况加以重新审视，探讨旨在解决上述问题的新的目的、方法和体系。他认为这才是当代农学哲学的首要任务。④

今天，人类正沉溺于现代科学文明所带来的物质丰富的喜悦之中，委身于市场的逻辑，不分白天黑夜地进行着无休止的经济竞争。祖田修说，他无意否定现代文明的成果，经济发展的确丰富了我们的物质生活，但是我们同时也主动抛弃了人们的多种需求和选择的可能性，而一味地满足于物质世界

---

① 〔日〕祖田修：《农学原论》，张玉林等译，中国人民大学出版社，2003，第 20 ~ 21 页。

② 周立：《农业体系的逻辑倒置及多元化农业的兴起》，《绿叶》2012 年第 11 期。

③ 〔日〕祖田修：《农学原论》，张玉林等译，中国人民大学出版社，2003，第 55 页。

④ 〔日〕祖田修：《农学原论》，张玉林等译，中国人民大学出版社，2003，第 5 页。

和“现世”，从而极大限定了幸福的内涵，忘记了经济的幸福仅仅是部分的幸福这一要义。①

概而言之，将人与社会引入经济的魔性世界的这种经济至上主义思想，给现代社会带来了两大问题，一个是轻视生态环境的混乱所招致的生存危机，另一个是轻视日常生活世界而造成的对的人的生命和人性的制约。这都是我们无法回避的根本问题。②

四　从农业的特性看现代经济学的危机

事实上，农业的发展是内发性的，农业的“发展”和重要性与“资本主义的逻辑”之间存在的距离过大。毋庸置疑，资本本身对农业的发展和农业的必要性是轻视的。资本主义的市场经济追求的只是利润，而很少顾及经济社会的稳定和协调发展，很少顾及社会需求，因而就容易导致所谓的市场失灵。③

农业具有与公路、铁路、港湾、机场、电信电话、住宅、上下水道以及福利设施、文教卫生和国土保全（治水、修筑堤坝、治山）等公共部门相同的特征。也就是说，单纯依赖个人资本是难以期望上述基础建设达到理想状态的……这些部门必须利用社会资本来加以整备，即必须依靠政府的财政来进行资本的第二次分配。具体而言，农业部门必须特别关注农田、灌溉设施及农用道路的建设，并且对个体经营农家提供长期低息贷款等。④

从上述论述中我们似乎可以得出一个结论，那就是，包括农业经济学在内的经济学正处于危机之中。也正基于此，一些学者提出必须进行新的范式转换。比如约翰·罗宾逊夫人在1970年美国经济学会年会上演讲时就提到了“经济理论的第二次危机”，警告说人们已经忘记了经济的本来目的，经济活动轻易地依附于危险的“产军复合体”。她的发言进一步强化了对经济学的全面危机的认识。⑤

祖田修认为，鉴于新的“政府失灵”和“市场失灵”的教训，现代经济

① 〔日〕祖田修：《农学原论》，张玉林等译，中国人民大学出版社，2003，第71页。

② 〔日〕祖田修：《农学原论》，张玉林等译，中国人民大学出版社，2003，第72页。

③ 〔日〕祖田修：《农学原论》，张玉林等译，中国人民大学出版社，2003，第88页。

④ 〔日〕祖田修：《农学原论》，张玉林等译，中国人民大学出版社，2003，第88页。

⑤ 〔日〕祖田修：《农学原论》，张玉林等译，中国人民大学出版社，2003，第73页。

和经济学应该超越狭义的经济合理主义立场以及基于这种立场的单纯的经济价值追求，认识到其局限性，将社会生态、生活质量、社会福利和南北问题、城乡关系问题等纳入研究范围。①

五 经济活动与人类社会的全面发展

在本书的结尾，让我们重新回顾西方古典经济学大师斯密的经济思想。在斯密时代，全力推进经济发展，被集中于财富增长的最大化问题。财富的内涵是什么，财富形成的机制是什么，财富形成与哪些因素有关，是斯密理论关注的重点。据我们所知的英国历史和当时实际，可以说明斯密学说是紧扣英国历史实际的深邃思考，是划时代的伟大学说。

然而，斯密学说有其适用范围吗？其结论的成立需要哪些基本条件？似乎并没有得到很充分的讨论。至少在《国富论》中，我们看不到斯密将“英国式道路”（即斯密论述的以英国为代表的经济发展机制）作为全球经济演化的一种普遍定律的认识。1841 年，《国富论》问世 65 年后，德国历史学派大师弗·李斯特，针对德国的历史发展和当时环境，对斯密的若干理论观点提出了批评，其中，财富及形成财富的力量问题是论证重点之一。②

据李斯特对斯密的研究，斯密所说的财富并不是那种重商主义的财富，即不是被具体化在金、银和其他贵金属或财宝上面的财富，也不是来自商人垄断的财富，而是被理解为由人们每年的劳动所创造的、每年消费的“生活必需品和便利品”的那种财富。在这个场合，重要的一点是：财富这一观念涉及的问题从流通转移到生产上了，并且它被理解为近代的商品特别是商品资本了。③

从李斯特的分析中，可以发现斯密的财富概念已经远超出了以贵金属为代表的重商主义理念，由此奠定了西方古典经济学的一个基础性概念。尽管如此，李斯特仍对斯密提出了重大批评。批评的核心是，李斯特认为斯密的财富概念

---

① 〔日〕祖田修：《农学原论》，张玉林等译，中国人民大学出版社，2003，第 75 页。

② 本部分涉及亚当·斯密与弗·李斯特经济思想的内容，基于笔者对日本东京大学原校长、著名经济理论和社会政策理论家、日本学术院院士大河内一男《过渡时期的经济思想——亚当·斯密与弗·李斯特》相关内容的理解。该书由胡企林、沈佩林译，朱绍文校，中国人民大学出版社，2000。下不一一详注。

③ 〔日〕大河内一男：《过渡时期的经济思想——亚当·斯密与弗·李斯特》，胡企林、沈佩林译，朱绍文校，中国人民大学出版社，2000，第 227 页。

是由交换价值所体现的，体现于市场上所交易的各类商品的价格中。他在批判斯密时，认为不仅交换价值物品，即当作商品的产品是财富，而且存在着远比它重要的财富部分。国家财富并不在于交换价值的占有，而在于生产力的占有。正如一个渔夫的财富不在于占有了多少条鱼，而是在于不断地捕鱼以满足他的需要的那种能力和手段。① 这就是说，财富的多少是由生产力决定的。

但是生产力又是什么？又是如何决定的？李斯特认为，斯密的错误就在于他仅仅从物质层面上来理解生产力。② 生产力不应只限于物质的东西。李斯特把斯密理论的立场称为“价值理论”或“交换价值理论”，而把自己的体系称为“生产力理论”。认为这两者有本质区别，因为“财富的原因与财富本身完全不同”，“财富的生产力比之财富本身，不晓得要重要多少倍”。“一个人可以据有财富，那就是交换价值，但是，如果他没有那份生产力，可以产生大于他所消费的价值，他将越过越穷。”③

那么，李斯特所说的财富的生产力来源于何处，又有哪些具体内容呢？

李斯特认为，国家生产力的来源是个人的身心力量。“是个人的身心力量，是个人的社会状况、政治状况和制度，是国家所掌握的自然资源，或者是所拥有的作为个人以前身心努力的物质产品的工具（即农业的、工业的与商业的物质资本）。即（1）个人的（身心的）生产力；（2）自然的生产力；（3）个人的社会、政治上的生产力；（4）物质的生产力……”④

其中，个人的生产力与自然的生产力如果割裂开来就不成其为任何生产力，为了把它们转化为经济或社会意义上的生产力，就必须把它们置于特定的社会条件下。在这个意义上，他将国家实现“国家的统一”和“市民的自由”作为生产力的源泉提出来，认为它们如果衰退、受压制，生产力也就要倒退。李斯特认为，生产力的发挥主要还是有赖于个人所处的社会状况、政治状况和制度。换言之，“科学与技术是否发达，公共制度与法律对于宗教品质、道德和才智、人身和财产安全自由和公道这些方面是否能有所促进，国

---

① 〔日〕大河内一男：《过渡时期的经济思想——亚当·斯密与弗·李斯特》，胡企林、沈佩林译，朱绍文校，中国人民大学出版社，2000，第224页。

② 〔日〕大河内一男：《过渡时期的经济思想——亚当·斯密与弗·李斯特》，胡企林、沈佩林译，朱绍文校，中国人民大学出版社，2000，第228页。

③ 〔日〕大河内一男：《过渡时期的经济思想——亚当·斯密与弗·李斯特》，胡企林、沈佩林译，朱绍文校，中国人民大学出版社，2000，第224页。

④ 〔日〕大河内一男：《过渡时期的经济思想——亚当·斯密与弗·李斯特》，胡企林、沈佩林译，朱绍文校，中国人民大学出版社，2000，第229页。

内的物质发展、农业和商业这些因素是否受到一视同仁的、相称的培养，是否有强大的力量可以保障它的国民在财富和教育方面世世代代发展下去……这一切决定国家的生产力水平”①。

他还认为，基督教、一夫一妻制、奴隶制和农奴制的废除、王位的世袭，字母书法、印刷机、邮政、货币、度量衡、历书、钟表等的发明，自由土地制度的实行，交通工具的采用，等等，都是“生产力增长的丰富泉源”。而司法公开、陪审制度、国会立法、公众监督行政、地方团体和共同体的自治、出版自由、有益目的结社等，都足以使立宪国民以及官员获得一定程度的精神力量，这种效果是难以用别的方法取得的。②

李斯特进一步认为，与物质财富相比，精神财富更加重要，它是“生产生产力的”。对李斯特来说，所谓精神财富，归根结底无非是创建作为生产力源泉的个人的社会状况、政治状况和制度的力量，是在这个意义上的“精神资本”。在这一点上，李斯特对斯密学派提出了如下的批评：“流行学派把物质财富或交换价值作为研究的惟一对象，把单纯的体力劳动认为是惟一的生产力，我们现在可以看到这个学派在这一点上陷入了多么大的错误和矛盾……按照这个学派的说法，供出售的风笛或口琴的制造者是生产者，而大作曲家或音乐名家，却因为他们表演的东西不能具体地摆在市场，就属于非生产性质。”③

基于上述认识，李斯特得出一个重大结论：所谓社会制度和政治制度的生产力，比人的生产力和自然的生产力本身还重要，而且它们还是后者的根源。④“精神资本”是迄今为止的经济学的核心问题——资本（物质资本）——之外的另一种资本，它对人类社会发展的重要性甚至超过了前者。

这个结论，极具思想深度，极有理论意义，学术界也极有反复深思的必要。斯密的《国富论》问世后的近两个半世纪以来，经济理论已发生了极大变化，但我们不能不看到，以交易、盈利的多少、效率的高低为人类一切行为的终极评价标准仍然是绝大多数人的共同意识，也是现代经济学理论的基

① 〔日〕大河内一男：《过渡时期的经济思想——亚当·斯密与弗·李斯特》，胡企林、沈佩林译，朱绍文校，中国人民大学出版社，2000，第230页。

② 〔日〕大河内一男：《过渡时期的经济思想——亚当·斯密与弗·李斯特》，胡企林、沈佩林译，朱绍文校，中国人民大学出版社，2000，第230页。

③ 〔日〕大河内一男：《过渡时期的经济思想——亚当·斯密与弗·李斯特》，胡企林、沈佩林译，朱绍文校，中国人民大学出版社，2000，第230页。

④ 〔日〕大河内一男：《过渡时期的经济思想——亚当·斯密与弗·李斯特》，胡企林、沈佩林译，朱绍文校，中国人民大学出版社，2000，第230页。

础性坐标（在主流学派看来，市场经济是达到上述目标的唯一途径）。精神资本的提出，是对包括现有经济学各流派的彻底革新。

如果从经济思想进展的历程来看，是否可以认为，李斯特关于财富的生产力观念又上了一个大的台阶。它将后来被归于“上层建筑”的基本内容，如人的精神思想、社会制度以及非直接生产者的主观意识和具体行为，都纳入了“社会财富的生产力”中，在物质资本之外，提出了“精神资本”概念。特别值得注意的是，李斯特提出了“社会制度和政治制度的生产力，比人的生产力和自然的生产力本身还重要，而且它们还是后者的根源”这一经天纬地的思想。

但极其遗憾的是，李斯特的这一思想似乎在一个半世纪的时光中被主流经济理论完全边缘化甚至遗弃了。只是在近数十年中，随着完全物质性的、以货币、金钱、利润、市场、速度等衡量的经济发展暴露出越来越远的矛盾和危机时，在资本市场与人性和民生的距离越来越远时，在“人类的进步”与大自然的规律越来越背离时，重温李斯特的伟大思想才重新显现出重大意义。

本书的主题——以农户经济为中心探讨中国社会经济长期发展的特征，正是期望以基本史实为根据，破除那种以物质盈利为人类一切行为的终极评价标准（在缺乏制约下这将导致灾难性的恶果）去看待中国的农民家庭经济，代之以人民的生活和生命为中心来看待中国的长期经济发展问题。包括上述大师们的思想在内的各种思想资源，从李斯特到日本的《农学原论》理念，均给予了本书以极大启发。

如果用一句话概括本书的中心思想，那就是，满足人类的生命活动和生存需要，是包括经济的、物质的和精神活动在内的人类一切活动的最高目标。人类的发展在任何地区和时代都是不平衡的，也不可能达到理想境界。但只要抱定正确的方向，就有可能避免因思维的缺陷或（以损人利己为基础的）私利的泛滥或法制的败坏而导致的历史倒退，从而迈向更加美好的未来。

无疑，对中国经济发展的长期运行来说，本书的思考仅仅是初步的尝试。还有太多的问题需要探索，需要以百家争鸣、容纳百川的胸怀去思考，需要从无穷尽的历史运行的实际状况中去实证，这些都有待于对浩如烟海的历史资料的深入挖掘与研究。所有这些，都远非少数人可独自完成，很有可能，这是包括中国在内的思想界的永恒课题。摆在我们面前的任务，是集群贤众力，继续思考，继续奋斗！

图书在版编目(CIP)数据

国情、传统与现代化：以农户经济为中心 / 林刚著
. --北京：社会科学文献出版社，2020.9
中国社会科学院老年学者文库
ISBN 978 - 7 - 5201 - 6184 - 8

Ⅰ.①国… Ⅱ.①林… Ⅲ.①农户经济 - 研究 - 中国
Ⅳ.①F325.1

中国版本图书馆 CIP 数据核字（2020）第 026364 号

·中国社会科学院老年学者文库·
国情、传统与现代化
——以农户经济为中心

著　　者 / 林　刚

出 版 人 / 谢寿光
责任编辑 / 史晓琳

出　　版 / 社会科学文献出版社（010）59367142
地址：北京市北三环中路甲 29 号院华龙大厦　邮编：100029
网址：www.ssap.com.cn
发　　行 / 市场营销中心（010）59367081　59367083
印　　装 / 三河市尚艺印装有限公司

规　　格 / 开　本：787mm × 1092mm　1/16
印　张：40.5　字　数：700 千字
版　　次 / 2020 年 9 月第 1 版　2020 年 9 月第 1 次印刷
书　　号 / ISBN 978 - 7 - 5201 - 6184 - 8
定　　价 / 168.00 元